Die Rechtsprechung

des

Königlichen Ober-Tribunals

und des Königlichen

Ober-Appellations-Gerichts

in

Straf-Sachen

herausgegeben

von

Dr. F. C. Oppenhoff,
Ober-Staats-Anwalt beim Königl. Ober-Tribunal.

Zwölfter Band.

Berlin, 1871.
Druck und Verlag von Georg Reimer.

Um es leicht erkennbar zu machen, ob eine Entscheidung vom Kögl. Ober-Tribunal oder vom Kgl. Ober-Appellationsgerichte ausgegangen sei, sind bei den von dem letzteren erlassenen Erkenntnissen und Beschlüssen die Ueberschriften sowohl als die an die Spitze gestellten Rechtssätze mit lateinischen Schriftzeichen gesetzt worden. In ähnlicher Weise sind bei den vom Kgl. Ober-Tribunal (in Frankfurter Sachen) ausgegangenen Entscheidungen, die auf das (neue) Strafverfahren bezüglichen Rechtssätze mit lateinischen, die Ueberschriften dagegen mit deutschen Schriftzeichen gedruckt. Demgemäß deutet der Gebrauch der ersteren bei allen prozessualischen Grundsätzen darauf hin, daß diese dem durch die Strafprozeß-Ordnung v. 25 Juni 1867 geregelten Verfahren angehören.

1871.

1. Geschwornenliste. – Zustellung. – Rüge.
2. Geschworne. – Brüder. – Fähigkeit.
3. Schwurgericht. – Mangel. – Neubildung.

1. Der Angeklagte, welcher sich auf die schwurgerichtliche Verhandlung einläßt, ohne es zu rügen, daß ihm die Geschwornenliste nicht zugestellt worden, kann diesen Mangel in der Nichtigkeitsinstanz nicht mehr geltend machen.

Vdn. v. 3. Jan. 1849 § 82 [n. 9]. Vgl. RdOTr. 1. S. 87; 10. S. 177. 229.

2. Es ist nicht unstatthaft, daß bei einer schwurgerichtlichen Verhandlung zwei Brüder als Geschworne mitwirken.

Ebendas. § 95 [n. 19]. Vgl. RdOTr. 5. S. 442; 6. S. 356.

3. Zeigt es sich bei der Bildung des Schwurgerichts, daß ein von beiden Seiten angenommener Geschworner unfähig ist, in der Sache mitzuwirken, so kann der Mangel nicht dadurch geheilt werden, daß zur Neubildung des ganzen Schwurgerichts geschritten wird.

Ebendas. §§ 86. 87 [n. 4]. Vgl. RdOTr. 5. S. 107.

Erk. (Z. V. I.) v. 4. Jan. 1871 c. Arzt (45. I. Cr.).

Die NB. des vom Schw.-GH. verurtheilten A. rügte:

1. daß ihm die Geschwornenliste nicht zugestellt worden sei;
2. daß nach der Ausloosung von eilf nicht abgelehnten Geschwornen der GH. auf den Antrag des StA.s lediglich deshalb mit der nochmaligen Bildung des Schwurgerichts

verfahren sei, weil sich herausgestellt habe, daß der gezogene eilfte Geschworne ein Bruder des früher gezogenen achten sei.

Das OTr. hat den ersten Angriff für verfehlt erachtet; wegen des zweiten aber das angefochtene Erkenntniß rc. vernichtet. Gründe:

[1.] Wenn auch dem Angekl. am Tage vor der Verhandlung der Sache das Verzeichniß der zum Dienste als Geschworne berufenen Personen nicht eigentlich, wie es der § 82 der Vdn. v. 3. Jan. 1849 vorschreibt „zugestellt," d. h. behändigt worden ist, so ergiebt doch das Protokoll v. rc., daß es ihm im Untersuchungsgefängnisse „mit dem ausdrücklichen Bemerken, daß es jederzeit im Geschäftszimmer zur Einsicht bereit liege, durch langsames und deutliches Vorlesen bekannt gemacht" damit also der Angeklagte in den Stand gesetzt worden ist, sich desselben bedienen zu können. Im Uebrigen würde selbst eine gänzliche Nichtbeachtung dieser Vorschrift, wie solches vom OTr. schon mehrfach ausgesprochen worden ist, im vorliegenden Falle, wo sich der Angeklagte, ohne den Verstoß zu rügen, in der Sitzung selbst auf die Bildung des Schwurgerichts eingelassen hat, eine Nichtigkeit des Verfahrens nicht herbeigeführt haben.

[2.] Der § 95 a. a. O. verbietet nur, daß Jemand in einer Sache Geschworner sei, in welcher er nach allgemeinen gesetzlichen Vorschriften als Richter nicht würde mitwirken können. Diese Vorschrift hätte aber der Zulassung der beiden Brüder H. als Geschworne nicht entgegengestanden, weil eine ausdrückliche gesetzliche Vorschrift nicht vorhanden ist, welche in einem Richterkollegium die Theilnahme zweier Brüder bei Entscheidung einer und derselben Sache schlechthin untersagte; (vgl. §§ 143 ff. I. 2. AGO.; §§ 12—16 III. 3 a. a. O.; § 47 der Krim.-Ordn.; § 5 Nr. 4—8 der Vdn. v. 14. Dezbr. 1833; G. Arch. I. S. 685, II. S. 530). Es war also auch der Staatsanwalt nicht berechtigt, der Zulassung des beiderseits angenommenen A. H. aus diesem Grunde zu widersprechen. Möchte aber der Antrag des StA.s auch als eine Zurücknahme der seinerseits erfolgten Annahme des Geschwornen A. H. anzusehen gewesen sein, die ihm nach § 86 a. a. O. Abs. 2 noch freigestanden hätte, so würde doch äußersten Falls nur die Ausschließung des A. H., nicht aber die Bildung eines neuen Schwurgerichts zulässig gewesen sein.

Antr. d. OStA.: entg. [28.—8.]

Strafvollstreckung. - Requisition. - Ausfertigung.

Der von einer Gerichtsbehörde eines andern Bundesstaats ausgegangenen Requisition um Vollstreckung einer in dem letzteren rechtskräftig verhängten Strafe kann nur dann entsprochen werden, wenn derselben eine Ausfertigung des rechtskräftigen Strafurtheils beigefügt ist; eine bloße Abschrift genügt nicht.

Bund.-Rechtsh.-Ges. v. 21. Juni 1869 § 33.

Beschl. (I.) v. 4. Jan. 1871 c. Erichson (3 B. I. Cr.). [20.—6.]

Unzucht, unnatürliche. - Vollendung.

Der Instanzrichter, welcher annimmt, daß das Vergehen der unnatürlichen Unzucht mit einem Thiere nicht vorliege, so lange der Thäter mit seinen Geschlechtstheilen nicht wenigstens den Körper des Thiers berührt habe, macht sich keines Rechtsirrthums schuldig.

Pr. StGB. § 143; B.-StGB. § 175 [n. 1].

Erk. (S. I.) v. 4. Jan. 1871 c. Fr. (1155. I. Cr.).

Die Instanzrichter hatten den Fr. von der Anklage der „widernatürlichen Unzucht mit einem Thiere" deshalb freigesprochen, weil die erwiesene Handlung noch nicht als Anfang der Ausführung des Vergehens anzusehen sei, da der § eine widernatürliche Unzucht „mit einem Thiere" voraussetze, von einer solchen aber nur dann die Rede sein könne, wenn wenigstens eine Berührung der beiderseitigen Geschlechtstheile oder doch wenigstens eine Berührung des Körpers des Thiers mit den Geschlechtstheilen des Thäters stattgehabt habe, Fr. also nicht über das Stadium der vorbereitenden Handlungen hinausgekommen sei. — NB. des OStA.s. — Zurückweisung. Gründe:

Der App.-Richter ist an und für sich bei der Auslegung des § 143 des Pr. StGB.s von richtigen Grundsätzen ausgegangen, indem er namentlich anerkennt, daß derselbe auch Versuchshandlungen im Sinne des § 31 l. c. umfaßt. Er findet aber in den für erwiesen angesehenen Handlungen des Angeklagten noch nicht den Anfang der Ausführung der in Rede stehenden Strafthat, sondern lediglich vorbereitende Maaßregeln.

Antr. d. GStA.: gleichl. [20.—8.]

Eidesmündigkeit. - Vereidung.

Es unterliegt dem Ermessen des Instanzrichters, ob er ein als Zeuge vernommenes Kind unter vierzehn Jahren vereiden will.

Crim.-Ordn. § 357 Nr. 9. 358.
Vdn. v. 3. Jan. 1849 § 22 [n. 42]. Vgl. RdOTr. 1. S. 319; 8. S. 84. 463.

Erk. (Z. I.) v. 4. Jan. 1871 c. Kreutzinger (78. I. Cr.)

spricht den obigen Grundsatz aus, ohne weiter darauf einzugehen, ob der Instanzrichter eine solche Abweichung von der gesetzlichen Regel durch Angabe der Gründe rechtfertigen müsse. [15.—8.]

Rheinisches Verfahren. - Kassationsrekurs. - Oppositionsfrist.

Nach Rheinischem Verfahren kann ein Kontumazialurtheil vom öffentlichen Ministerium nicht vor dem Ablaufe der Oppositionsfrist durch Kassationsrekurs angefochten werden.

Rh. StPO. Artt. 407. 413. Vgl. RdOTr. 4. S. 234; 8. S. 301; Hélie Th. du C. d'instr. cr. IX. p. 336.

Erk. (Z. II.) v. 5. Jan. 1871 c. Flammang (389. II. Cr.).

Verwerfung des vom PA. gegen ein (verurtheilendes) Kontumazialurtheil ergriffenen Kassationsrekurses:

in Erw., daß der Kassationsrekurs nach Artt. 407 und 413 der StPO. nur gegen in letzter Instanz ergangene Strafurtheile statthaft ist,

daß das Urtheil des Polizeigerichts zu Warweiler vom 10. Okt. c. in contumaciam gegen den Beschuldigten ergangen ist, dasselbe mithin, da dem Beschuldigten, den Artt. 150 und 151 zufolge, dagegen noch das Rechtsmittel der Opposition innerhalb dreier Tage nach der Zustellung zustand, vor Ablauf dieser Frist jedenfalls ein Urtheil letzter Instanz nicht bildete;

daß daher der am 11. Okt. c. vom Pol.-Anwalt angemeldete Kassations-Rekurs gegen dieses Urtheil, ein in letzter Instanz ergangenes Strafurtel nicht zum Gegenstande gehabt hat;

daß ein Gleiches rücksichtlich der am 14. Okt. cr. erfolgten Zustellung des Rekurses an den Beschuldigten gilt, da das Kontumazial-Urtheil selbst dem Letzteren am nämlichen 14. Okt. zugestellt ist und dadurch erst der Lauf der Oppositionsfrist begründet wurde;

daß nach Ablauf dieser Frist eine anderweite Anmeldung des Kassationsmittels nicht stattgefunden hat;

daß mithin der eingelegte Kassations-Rekurs, als gegen ein in letzter Instanz nicht ergangenes Urtheil gerichtet, sich als unstatthaft darstellt;

daß hierin auch dadurch nichts geändert wird, daß mit der Zustellung des Polizeiurtheils die Erklärung verbunden ist, daß der am 11. Okt. gegen dasselbe eingelegte Kassations-Rekurs vorbehalten bleibe und der Beschuldigte von der Opposition keinen Gebrauch gemacht hat, weil der Beschuldigte, zu einer Zeit wo ihm die faktische Vertheidigung wegen der ihm angeschuldigten Uebertretung vor dem Instanzrichter noch freistand, nicht vor den Nichtigkeitsrichter abgerufen werden durfte, und der an einen rechtlich noch nicht statthaften Akt geknüpfte Vorbehalt, jedenfalls die Einlegung des Rekurses nach Ablauf der Oppositionsfrist in der vorschriftsmäßigen Weise nicht ersetzen konnte.

Antr. d. GStA.: gleichl. [27.—3.]

Feststellung. – Abweichung. – Schrift. – Beleidigung.

Hat der Richter erster Instanz eine durch den Inhalt einer Schrift verübte Beleidigung festgestellt,

und als beleidigend zwei Stellen jener Schrift hervorgehoben, so verstößt der App.-Richter, welcher das erste Urtheil ohne neue Beweisaufnahme bestätigt, auch wenn er von dem beleidigenden Charakter einer jener Stellen absieht, nicht gegen

Ges. v. 3. Mai 1852 Art. 101 [n. 22].

Erk. (3. II.) v. 5. Jan. 1871 c. Heinemann (390. II. Cr.).

H. war wegen (einer) schriftlicher Beleidigung des B. verurtheilt worden, weil der Inhalt eines von ihm an den Letzteren abgesendeten Briefs an zwei Stellen ehrkränkend sei. Der App.-Richter hatte dieses Urtheil bestätigt, indem er annahm, daß die erstrichterliche Feststellung jedenfalls durch eine jener beiden Aeußerungen gerechtfertigt sei, auch wenn auf die zweite kein Gewicht gelegt werde. Hierin fand die NB eine unstatthafte Abweichung von der thatsächlichen Feststellung. Zurückweisung. Gründe:

[Aus dem Grunde des ersten Urtheils] geht hervor, daß der erste Richter keineswegs verschiedene selbstständige Zuwiderhandlungen des H., sondern vielmehr ein zusammenhängendes strafbares Handeln desselben festgestellt hat, bei welchem sich die verschiedenen einzelnen als beleidigend erachteten Aeußerungen nur als verschiedene Erscheinungen desselben strafrechtlichen Thatbestandes darstellten. —

Der App.-Richter hat daher nicht gegen Art. 101 gefehlt, wenn er auf eine einzelne von dem ersten Richter als beleidigend erkannte Aeußerung in dem Briefe deshalb kein Gewicht legt, „weil die erstrichterliche Feststellung durch eine andere Aeußerung, deren beleidigender Charakter gleichfalls in demselben festgestellt ist, gerechtfertigt werde," und wenn er daher diejenigen Beweisanträge des H. für unerheblich erachtete, welche dahin abzielten, nachzuweisen: daß die erstgedachte Aeußerung unter den obwaltenden Umständen nicht für beleidigend habe erachtet werden können.

Antr. d. GStA.: gleichl. [37.—3.]

Beschwerde. - Zuständigkeit.

Eine bei dem Ober-Tribunal angebrachte Be-

schwerde ist zurückzuweisen, wenn dieselbe beim App.-Gerichte anzubringen gewesen wäre.

Ges. v. 3. Mai 1852 Art. 13 [n. 9a].

Beschl. (II.) v. 5. Jan. 1871 c. Raffenstein (3. B. II. Cr.).

R. war mit seiner gegen ein verurtheilendes Erkenntniß der Gerichts-Abtheilung ergriffenen Appellation durch das KG. wegen „nicht rechtzeitiger Anmeldung" zurückgewiesen. Hiergegen rügte er eine beim OTr. angebrachte Beschwerde, ward aber auch mit dieser vom OTr. zurückgewiesen,

„weil dieselbe nach § 131 der Vdn. v. 3. Jan. 1849 beim betr. App.-Gerichte anzubringen gewesen wäre."

[Es erfolgte also nicht etwa eine Abgabe der Beschwerde an das zuständige AG.]

Antr. d. GStA.: gleichl. [37.—8.]

Strafgesetz. - Wechsel. - Milderes Gesetz. - Nichtigkeits-Richter.

Der Nichtigkeits-Richter hat nur zu prüfen, ob in dem angefochtenen instanzlichen Urtheil das Gesetz richtig angewendet ist; ist dieses der Fall, so kann er ein erst nach dem Erlaß dieses Urtheils verkündetes milderes Gesetz nicht berücksichtigen.

B.-StGB. § 2 [n. 6]. Vgl. RdOTr. 10. S. 635. 642 und unten Z. v. 13. Jan. 1871 c. Duckscher.

Erk. (3. II.) v. 5. Jan. 1871 c. Pieper (19. II. Cr.).

P., im Laufe des Jahres 1870 aus den §§ 133. 134 des Preuß. StGB.s bestraft, hatte im Wege der NB. „Gesetzverletzung" gerügt. Bei der am 5. Jan. 1871 vor dem Kgl. OTr. stattfindenden Verhandlung machte der Vertheidiger geltend, daß dem Angeklagten die Strafmilderung, welche § 164 des inzwischen in Kraft getretenen B.-StGB.s im Vergleiche mit § 133 des Pr. StGB. eintreten lasse, zu Statten kommen (B.-StGB. § 2), und deshalb das auf der Grundlage des cit. § 133 ergangene instanzliche Urtheil vernichtet werden müsse. — Die Gen.-Staats-Anwaltschaft suchte dagegen auszuführen, daß § 2 Abs. 2 des B.-StGB.s nur da Platz greife, wo es sich davon handle, „das Strafgesetz anzuwenden," d. h. gegen den einer strafbaren That schuldig Befundenen die im Gesetze angedrohte Strafe zu verhängen; der Nichtigkeitsrichter (als solcher) „wende" das Gesetz nicht an, er prüfe nur, ob es vom Instanzrichter richtig angewendet worden sei; er könne nur wegen „Verletzung oder unrichtiger Anwendung eines Gesetzes" vernichten; dieser Fall liege hier nicht vor, der App.-Richter habe den § 164 des B.-StGB.s nicht verletzen können, da dieser zur Zeit der Aburtheilung noch nicht galt; eine entgegengesetzte Verfahrungsweise würde dazu führen, daß in allen Fällen, in welchen das neue Gesetz namentlich auch in Betreff der Begriffsbestimmung mit dem alten nicht wörtlich übereinstimme, eine Vernichtung der früher ergangenen richtigen Entscheidungen unerläßlich sei, weil die damals getroffene Feststellung dem Thatbestande des neuen Gesetzes nicht entspreche. — Zurückweisung,

„weil das Königl. OTr. in der Nichtigkeitsinstanz lediglich die Aufgabe habe zu prüfen, ob der App.-Richter das zur Zeit seiner Entscheidung allein verbindliche Gesetz richtig angewendet habe oder nicht."

Antr. d. GStA.: gleichl. [14.—3.]

Hehlerei. - Theilnehmer. - Bestrafung.

Durch die Theilnahme an einer Strafthat wird eine Bestrafung wegen Hehlerei in Beziehung auf die von derselben Strafthat herrührenden Sachen rechtlich ausgeschlossen.

Pr. StGB. § 34 [n. 17]. Vgl. B.-StGB. § 259 [n. 2]; 258 [n. 2].

Erk. (Z. II.) v. 5. Jan. 1871 c. Schmidt (397. II. Cr.).

Die Instanzrichter hatten den Sch. der Verhehlung mehrerer von einem Diebstahle herrührender Sachen für überführt erachtet und das Vorhandensein mildernder Umstände deshalb verneint, weil Sch. „als der intellektuelle Urheber des Diebstahls angesehen werden müsse." Die NB. gegen das aus § 237 Pr. StGB. verurtheilende Erkenntniß rügte Verletzung dieser Gesetzesstelle, weil die Schlußerwägung des angefochtenen Urtheils feststelle, daß Sch. „Anstifter" zum Diebstahle sei, der Anstifter aber nicht wegen „Hehlerei" der gestohlenen Sachen bestraft werden könne. — Das OTr. hat die NB. zurückgewiesen, weil jene Erwägung nicht feststelle, daß Sch. „Anstifter" zum Diebstahle gewesen sei. Die Gründe erkennen dagegen beiläufig den obigen Grundsatz an. [37.—3.]

Geschworner. - Verwandtschaft mit dem Deprädaten.

Die Verwandtschaft eines Geschwornen mit dem durch ein Verbrechen Verletzten macht ihn nicht un-

fähig, in der betreffenden Untersuchungssache mitzuwirken.

Vdn. v. 3. Jan. 1849 § 95 [n. 20].

Erk. (Z. I.) v. 6. Jan. 1871 c. Figur (1129. I. Cr.) [15.—6.]

Hebamme. – Strafbarkeit.

Frauenspersonen, welche das Hebammen-Gewerbe betreiben, ohne im Besitze eines Prüfungszeugnisses zu sein, verwirken die Strafe des § 147 Nr. 1 der B.-Gew.-Ordn.

Dagegen ist die Annahme des Titels einer „Hebamme" durch eine nicht approbirte Frauensperson nicht strafbar.

B.-Gew.-Ordn. v. 21. Juni 1869 §§ 11. 29. 30. 147 Nr. 1. 3.
Vgl. RdOTr. 11. S. 82. 220.

Erk. (V. Pl.) v. 9. Jan. 1871 c. Burzlaff (2. Pl., 21. Cr.).

Die Wittwe B. war in 1. Instanz auf Grund der Feststellung:

„daß sie, ohne approbirt zu sein und eine polizeiliche Konzession zu besitzen, seit Weihnachten 1869 in mehreren Fällen Hebammen-Pfuscherei betrieben und dafür Geschenke als Belohnung angenommen habe,"

aus §§ 30 und 147 der B.-Gew.-Ordn. zu vierwöchentlicher Gefängnißstrafe verurtheilt, in 2. Instanz aber freigesprochen worden, weil nach der B.-Gew.-Ordn. § 29 die Ausübung der Heilkunde (einschließlich der Geburtshülfe) freigegeben sei und weil dasjenige, was unbestrittener Maaßen von Männern gelte, nach § 11 ibid. auch für Frauenspersonen Rechtens sein müsse.

Die gegen diese Entscheidung vom OStA. ergriffene NB. erachtete der Gen.-Staats-Anwalt für unbegründet. Er führte aus: das Kgl. OTr. habe durch die Erkk. v. 9. Feb. und v. 31. März und durch Beschl. v. 6. Mai 1870 [RdOTr. 11. S. 82. 220] in Uebereinstimmung mit den Anträgen der GStA.-schaft, die Ansicht ausgesprochen, daß nach § 29 der B.-Gew.-Ordn. v. 21. Juni 1869 die gewerbliche Ausübung der Geburtshülfe durch Frauen freigegeben sei und daß die Hebammen-Pfuscherei wie jede Medizinal-Pfuscherei für sich allein und ohne Annahme eines entsprechenden Titels nicht mehr strafbar erscheine. Diese Ansicht sei aus einem zweifachen Grunde gerechtfertigt: könnte man nämlich 1) auch annehmen, daß die B.-Gew.-Ordn. die Ausübung des Hebammen-Gewerbes fortwährend von der Ablegung einer Prüfung abhängig gemacht habe, so bestehe für die Uebertretung des desfallsigen Gebots jetzt keine Strafe mehr und 2) sei durch den § 29 der Gew.-Ordn. die gewerbliche Ausübung der Geburtshülfe auch den Frauen freigegeben, einfache Hebammen-Pfuscherei sei nicht mehr verboten. In Betreff des ersten Grundes habe bis zur B.-Gew.-Ordn. die Pr. Gew. Ordn. v. 1845 im § 42 für Aerzte, Wundärzte und Geburtshelfer eine Approbation des Ministers für die Medizinalangelegenheiten und im § 45 für Hebammen ein Befähigungszeugniß der Regierung vorgeschrieben. Der § 177 habe die Strafbestimmung für die Ausübung derjenigen Gewerbe die einer Konzession, Approbation bedurften, enthalten. Diese Strafvorschrift sei aber in Betreff der Medizinal-Pfuscherei durch den § 199 des Pr. StGB.s v. 1851 absorbirt, indem derselbe einen Jeden mit Strafe bedrohte, der ohne approbirt zu sein, gegen Belohnung die Heilung einer Krankheit oder eine geburtshülfliche Handlung unternahm. Diese Strafvorschrift und nicht mehr der § 177 der Gew.-Ordn. v. 1845 sei seitdem unbestritten auch auf die unbefugte Ausübung des Hebammen-Gewerbes angewendet. — In dieser Lage der Gesetzgebung sei die B.-Gew.-Ordn. v. 1869 ergangen. Die Regierungsvorlage habe, wie bisher, für Aerzte 2c. eine Approbation (§ 29), für Hebammen ein Prüfungszeugniß (§ 30) erfordert und auch im § 163 eine mit der Nr. 1 des § 147 des jetzigen Gesetzes übereinstimmende Vorschrift über die Bestrafung derjenigen enthalten, welche unbefugt ein Gewerbe ausübten, zu dessen Beginn eine besondere polizeiliche Genehmigung 2c. erforderlich war. Diese Vorschrift paßte den Worten nach auch auf die unbefugte Ausübung der Heilkunde; aber der in dem jetzigen Gesetze beibehaltene § 6 der Regierungsvorlage habe ausdrücklich bestimmt, daß das gegenwärtige Gesetz auf die Ausübung der Heilkunde, vorbehaltlich speziell allegirter §§, keine Anwendung finde. Zu diesen §§ habe der die generelle Strafbestimmung enthaltende § 163 der Regierungs-Vorlage, jetzt § 147 Nr. 1, nicht gehört. Es würde daher hinsichtlich der Medizinalpfuscherei bei den Strafvorschriften des § 199 des damals noch geltenden Preuß. StGB.s verblieben sein, wenn die Regierungsvorlage Gesetz geworden wäre. Aber das seit dem 1. Jan. d. J. geltende B.-StGB. habe die in den §§ 199. 200 und 201 des Pr. StGB.s für Medizinalpfuscherei resp. Verweigerung der Hülfe Seitens der Medizinalpersonen und versäumte Zuziehung eines approbirten Geburtshelfers Seitens der Hebamme angedrohten Strafen nicht aufgenommen, und die desfallsigen Strafbestimmungen nicht etwa als eine besondere Materie der Landesgesetzgebung überlassen, sondern nach den Motiven des Regierungsentwurfs, mit Bezugnahme auf die B.-Gew. Ordn. namentlich den § 201 aus dem Grunde weggelassen, „weil mit der

Freigebung der Geburtshülfe für diese Bestimmung im Strafgesetze kein Raum mehr bleibe." Diese ausdrückliche Motivirung beweise, daß die Regierung beim Entwurf des StGB.s von der Ansicht ausgegangen sei, daß nach der B.-Gew.-Ordn. die Ausübung der Geburtshülfe durch Frauen (ohne Beilegung eines Titels) nicht mit Strafe bedroht werden könne und demgemäß auch in der Gew.-Ordn. nicht verboten und mit Strafe belegt sei. — Der § 6 der B.-Gew.-Ordn., welcher die Anwendung des Gesetzes auf die Ausübung der Heilkunde mit Ausnahme speziell angeführter §§ ausschließe, habe zwar die im Reichstage zugesetzte Nr. 3 des § 147, welche speziell die Strafe für Ausübung der Heilkunde unter Annahme eines unbefugten Titels enthalte, unter den Ausnahmen nicht ausdrücklich aufgeführt und ebenso habe die Regierungsvorlage in ihrem § 6 einen ebenfalls speziell von Medizinalpersonen sprechenden § 160, der im Gesetz durch den § 53 ersetzt sei, weggelassen, aber wenn auch diese speziell für die Ausübung der Heilkunde gegebenen Vorschriften nicht um deswillen ohne Anwendung bleiben könnten, weil sie nicht unter die Ausnahme des § 6 aufgenommen wären, so folge daraus nicht, daß auch andere allgemeine Vorschriften des Gesetzes, namentlich die allgemeine Strafvorschrift der Nr. 1 des § 147, ungeachtet des § 6, um deswillen auch auf die Ausübung der Heilkunde angewendet werden könne, weil sie ihrem allgemeinen Wortsinne nach auch auf die etwa noch erforderliche Approbation zur Ausübung der Geburtshülfe passe. Wie gesagt, sei zur Zeit des Erlasses der Gew.-Ordn. die Strafe für unbefugte Ausübung der Geburtshülfe, sofern sie nicht in Nr. 3 § 147 der Gew.-Ordnung enthalten war, im Strafgesetzbuche zu suchen gewesen und vor Einführung des jetzigen StGB.s wirklich gesucht worden.

Der zweite und wesentlichste Grund für die bisherige Entscheidung des OTr. sei, daß die B.-Gew.-Ordn. durch Freigebung der Ausübung der Heilkunde an Aerzte, Wundärzte und Geburtshelfer auch die Geburtshülfe durch Frauen, also das Hebammengewerbe, so weit dasselbe nicht unter Beilegung eines Titels ausgeübt werde, von der Nothwendigkeit einer vorherigen Approbation oder Prüfung entbunden habe. — Die Regierungsvorlage habe jede Ausübung der Heilkunde zu den Gewerben gerechnet, welche einer besondern Genehmigung bedürften. Im § 29 habe sie vorgeschrieben, daß Aerzte, unter denen auch Wundärzte und Geburtshelfer zu verstehen wären, einer Approbation der Bundesbehörde bedürften, welche eine Genehmigung der Praxis im ganzen Bundesgebiete bewirken sollte. Dagegen sollten nach § 30 die Errichtung einer Privat-Krankenanstalt einer Konzession, so wie Hebammen und Heilgehülfen eines Prüfungszeugnisses der Landesbehörde bedürfen, welche eine Genehmigung zum Gewerbebetrieb auch nur für das Landesgebiet, oder einen bestimmten Bezirk ertheilte. Die Trennung der Vorschriften über Personen, die aus der Heilkunde ein Gewerbe machen, in zwei §§ habe lediglich den Grund, daß nur für die erste Art Freizügigkeit im ganzen Bundesgebiet gestattet werden sollte und deshalb Bundesbehörden die Approbation zu ertheilen hatten. Dies ergäben die Motive zur Bund.-Gew.-Ordn. Eine prinzipiell verschiedene Behandlung der Aerzte einerseits und der Hebammen andererseits sei nicht beabsichtigt. Die rein formelle Unterscheidung zwischen Approbation, Konzession und Ertheilung eines Prüfungszeugnisses sei nicht wesentlich. Aeltere und neuere Verordnungen und Verfügungen sprächen auch bei Hebammen von dem Erforderniß einer Approbation (cf. Horn über das Pr. Medizinalwesen Bd. I. S. 11 und 13, Bd. II. S. 225. 244. 260. 264). Auch in älteren Gesetzen und Verordnungen sei das Hebammengewerbe meist abgesondert von den Vorschriften über Aerzte behandelt, aber ungeachtet dieser abgesonderten Behandlung seien sie immer zu den Medizinalpersonen gerechnet und die für diese erlassenen Gesetze auf sie angewendet; Horn führe sie als Medizinalpersonen auf und eine Verfügung des Ministers für die Medizinalangelegenheiten v. 11. Juli 1861 (Horn, Bd. 6 S. 264) führe die für Medizinalpersonen gegebenen Strafvorschriften auf, welche als solche auch auf Hebammen anwendbar seien. Die abgesonderte Behandlung erkläre sich einfach dadurch, daß nach unsern Prüfungseinrichtungen bis dahin Personen weiblichen Geschlechts nur als Hebammen eine Konzession zur Ausübung der Heilkunde erlangen konnten, daß Hebammen jedenfalls nur Medizinalpersonen niederen Ranges seien und ihre Qualifikation auf andere Weise und in beschränkterem Umfange, wie männliche Medizinalpersonen, erlangten. Sobald Frauen die Heilkunde unbeschränkt ausüben dürften, falle jeder prinzipielle Unterschied zwischen ärztlicher Praxis und Hebammengewerbe weg. Im Reichstage seien zum § 29 der Regierungsvorlage Amendements gestellt, welche den Zweck hatten, das Verbot der Medizinalpfuscherei zu beseitigen und die Ausübung der Heilkunde ohne besondere Genehmigung freizugeben; nur wenn man sich als Arzt (Wundarzt, Geburtshelfer ꝛc.) oder mit gleichbedeutenden Titeln bezeichnen wolle, sollte es einer Approbation bedürfen.

Man habe zwar bei der Verhandlung über dieses zum Gesetz gewordene neue Prinzip gar nicht von Hebammen und überhaupt nicht von Frauen gesprochen; ja man habe im § 30 die Worte der Regierungsvorlage „Hebammen bedürfen eines Prüfungszeugnisses“ unverändert beibehalten und hier nur die Heilgehülfen gestrichen, aber daraus könne nicht gefolgert werden, daß auch jetzt noch Frauen nur als Hebammen Geburtshülfe ausüben dürften. Nach § 11 der Gew.-Ordn. solle das Geschlecht in Beziehung auf die Befugniß zum selbstständigen Betriebe eines Gewerbes keinen Unterschied machen. Das sei kein der Gew.-Ordn. eigenthümlicher und deshalb nach § 6 auf die Heilkunde nicht anwendbarer, sondern ein allgemeiner Rechtsgrundsatz, der nur wegen mancherlei Beschränkungen älterer Gew.-Ordnungen hier ausdrückliche Aufnahme gefunden. Es sei daher unbestreitbar, daß auf Grund des § 29 der BGew.-Ordn. nunmehr auch eine Frau ohne Konzession die Heilkunde gewerbmäßig ausüben, daß sie straflos Medizinalpfuscherei treiben dürfe. Von dieser allgemeinen Befugniß könne der § 30 in Betreff der Geburtshülfe durch Frauen keine Ausnahme dadurch begründen, daß Hebammen eines Prüfungszeugnisses bedürfen sollen. Es würde dies eine sonderbare Beschränkung der im § 29 ausgesprochenen Freigebung der gesammten Medizinalpfuscherei, namentlich auch der geburtshülflichen sein. Eventuell würde der § 30 die Frauen auch nur in der Ausübung des speziellen Hebammengewerbes beschränken. Dieses umfasse aber nicht die gesammte Geburtshülfe, sondern nur die leichten Fälle. Dann würde eine logische Folge des Gesetzes sein, daß Frauen ohne Genehmigung innere Krankheiten behandeln, alle wundärztlichen Operationen vornehmen, bei schweren Fällen, z. B. bei Zangengeburten und Kaiserschnitt, Geburtshülfe leisten könnten; aber bei leichten Geburten, die zum Gewerbe der Hebammen gehören, müßten sie sich zurückziehen und, in Ermangelung einer Hebamme, die nöthige Hülfe einer Mannsperson überlassen. Das seien Folgerungen, die der Gesetzgeber unmöglich gewollt haben könne, und deren Voraussetzung auch nicht in den Worten des Gesetzes liege. Die Regierungsvorlage sei in den beiden §§ 29 und 30 davon ausgegangen, daß zur Ausübung der Heilkunde eine Konzession erforderlich sei. Nachdem diese Voraussetzung im Prinzip durch § 29 beseitigt worden, müßten die Worte des § 30 mit dem neuen Prinzip in Einklang gebracht werden. Das sei auch möglich, ohne den Worten Zwang anzuthun. Man habe das Hebammen-Institut nicht beseitigen wollen; Hebamme und Geburtshelferin sei keinesweges identisch. Hebamme sei in Preußen eine auf Antrag einer Gemeinde unterrichtete, für einen bestimmten Bezirk angestellte und vereidete, mit besonderen Vorrechten, namentlich Steuerfreiheit ausgestattete Person. Hebamme sei daher mehr Titel, als Arzt oder Wundarzt. Dies Institut habe man beibehalten, dagegen eine besondere wundärztliche Klasse von Heilgehülfen, welche die Regierungsvorlage in ihrem § 30 aufgenommen, nicht gesetzlich neu sanktioniren wollen. Deshalb seien die Heilgehülfen gestrichen und hinsichtlich der Hebammen der Regierungsvorschlag, daß dieselben **als solche** eines Prüfungszeugnisses bedürften, beibehalten.

Damit sei das Prinzip des § 29, die freie Ausübung der Geburtshülfe, keineswegs zu Gunsten der förmlichen Hebammen auf den nicht in den Bereich der Hebammenpraxis fallenden Theil der Geburtshülfe beschränkt. Wohl aber verfielen Frauen, die sich als Hebammen bezeichneten, in die Strafe der Nr. 3 des § 147. Eine solche Bezeichnung habe hier nicht stattgefunden und sei daher die NB. zurückzuweisen.

Das OTr. (die vereinigten Abtheilungen des Senats für Strafsachen) hat dagegen das angefochtene Erkenntniß vernichtet und die Sache an das AG. zurückgewiesen, weil es noch auf die thatsächliche Prüfung ankomme, ob die B. gewerbsmäßig Geschäfte als Hebamme verrichtet habe. Gründe:

Die wiederholte Prüfung des Unterschiedes, welchen die Gewerbegesetzgebung in Preußen stets zwischen Aerzten und Hebammen gemacht und in die §§ 29 und 30 der B.-Gew.-Ordn. übertragen hat, führt zu der Ueberzeugung, daß die Anwendung der Bestimmungen über die Aerzte im § 29 auf die Hebammen unzulässig ist. Schon das Edikt v. 28. Okt. 1810 § 21 hielt in der Aufzählung der Gewerbe, zu deren Ausübung ein Nachweis über den Besitz der erforderlichen Eigenschaften geboten war, die Aerzte und Wundärzte aller Art (Nr. 2) und die Hebammen (Nr. 10) weit auseinander. Das Gesetz v. 7. Sept. 1811 erforderte in § 89 als Bedingung der Ausübung des Geschäftes von „Aerzten und Wundärzten aller Art," Apothekern 2c. ein Zeugniß der Provinzial-Regierung, ließ aber in § 90 den Hebammen einen Gewerbeschein auf Grund eines Erlaubnißscheins des Kreisphysikus ertheilen und verlangte in § 91 für Privat-Irren- und Krankenhäuser die Genehmigung des Allgemeinen Polizei-Departements. Nach § 42 der Allg. Gew.-Ordn. v. 17. Jan. 1845 bedurften Aerzte, Wundärzte 2c., Geburtshelfer, Apotheker und Unternehmer von Privat-Krankenanstalten einer ministeriellen Approbation und erst nach Behandlung der Erziehungsanstalten und Baumeister (§§ 43. 44) werden in § 45 hinter den Seeschiffern, Bauhandwerkern 2c. die Hebammen in einem Satze mit den Bandagisten und Verfertigern chirurgischer Instrumente zusammengestellt und für alle ein Befähigungszeugniß der Regierung erfordert. § 46 daselbst ertheilt den Ministerien die Befugniß, die in §§ 44 und 45 genannten Gewerbetreibenden auch ungeprüft zu Gewerbehandlungen zuzulassen oder von der vorgeschriebenen Prüfung zu entbinden. Der § 2 des sog. Nothgewerbegesetzes für den Nordd. Bund v. 8. Juli 1868 ist hinsichtlich des Unterschieds zwischen Aerzten und Hebammen zwar von keiner besondern Bedeutung, hält ihre Gewerbe aber doch auch auseinander unter den Ausnahmen von der Regel, daß es keines Befähigungsnachweises mehr für den Betrieb eines Gewerbes bedürfen solle. Wie dieser § auszuführen, blieb der neuen Gewerbeordnung vorbehalten und ist in den §§ 29 ff. derselben bestimmt. Aus derselben und ihrer unmittelbaren Entstehung erhellt nun unzweifelhaft, daß hier so wenig, wie in allen früheren Gewerbegesetzen, Aerzte einschließlich der Geburtshelfer einerseits und Hebammen andererseits unter einen und den nämlichen Begriff gebracht, mit anderen Worten, daß die Hebammen den in § 29 gedachten Medizinalpersonen keineswegs gleich behandelt sind.

Der § 29 des von der Bundesregierung vorgelegten Entwurfs unterschied sich im Eingange von § 42 der Gew.-Ordn. v. 1845 dadurch, daß er die Wundärzte, Augenärzte und Geburtshelfer gar nicht besonders erwähnte, und zwar weil man beabsichtigte, Approbationen für Spezialärzte nicht zu ertheilen (Motive S. 117). Die Geburtshelfer wurden also stillschweigend den „Aerzten" beigezählt und sollten einer Approbation auf Grund eines Nachweises ihrer Befähigung bedürfen. Dagegen wurden die Hebammen und die im Entwurfe daneben genannten Heilgehülfen, gleich wie die zuerst hinter § 29 genannten Unternehmer von Krankenanstalten nicht zu den Aerzten gezählt, was in den Motiven zu § 30 des Entwurfs ausdrücklich gesagt ist, und für sie erforderte man nur ein Prüfungszeugniß der nach den Landesgesetzen zuständigen Behörde. Die Verrichtungen der Hebammen und

Heilgehülfen werden in den Motiven als einander ähnliche „Dienstleistungen" untergeordneter Art betrachtet, und von dem Begriffe der Geburtshelfer als Aerzte ausgeschlossen. Sie erfuhren, wie von je her, eine andere Behandlung in der Gewerbeordnung, sie blieben Gewerbetreibende außer den in § 29 bezeichneten Medizinalpersonen, welcher die Geburtshelfer in einem engeren technischen Sinne umfaßte. Hieran hat auch das Gesetz, indem es die Heilgehülfen strich, hinsichtlich der Hebammen nichts geändert. Das Amendement, woraus der jetzige § 29 entstanden ist (Aktenstück Nr. 86), kennzeichnete durch seine Parenthese die Geburtshelfer noch deutlicher, wie der Entwurf, als Aerzte, und die ganze Diskussion im Reichstage bewegte sich um diese allein zu den §§ 29 und 30; der Hebammen wurde dabei gar nicht gedacht, und es fiel keinem der Redner ein, dieselben dem ärztlichen Stande beizuzählen, für welchen der ebengedachte Abänderungsantrag die Approbation in Wegfall bringen wollte, insofern die betreffenden Personen bei Ausübung der Heilkunde sich nicht als „Aerzte" (Wundärzte, Geburtshelfer ꝛc.) oder mit gleichbedeutenden Titeln bezeichneten oder amtlich anerkannt werden sollten. Unter den „gleichbedeutenden Titeln" konnte man aber nicht die Bezeichnung „Hebamme" verstehen, da der Abänderungsvorschlag lediglich den § 29 betraf, von den Hebammen aber erst in § 30 und erst hinter den Unternehmern von Krankenanstalten die Rede war und dessen Bestimmung über die Hebammen mit keiner Sylbe bemängelt wurde (Aktenstück 86 und Stenogr. Berichte S. 346). Die Frage, ob man nach Abänderung des § 29 des Entwurfs nicht auch den § 30 desselben hinsichtlich der Hebammen folgerichtig hätte ändern sollen, hat das Richteramt nicht zu untersuchen; genug, daß letzterer (abgesehen von der Auslassung der Heilgehülfen) nicht abgeändert worden und keine Andeutung darüber zu finden ist, daß die Faktoren der Gesetzgebung denselben ändern wollten. Die Folgerung: weil nach § 29 die Heilkunde durch Aerzte einschließlich der Geburtshelfer ohne Approbation ausgeübt werden kann, wenn sie sich den Titel „Arzt" nur nicht beilegen, so muß auch das Gewerbe der Hebammen ohne Prüfungszeugniß nach § 30 ausgeübt werden dürfen, — ist vom Gesetzgeber nicht gezogen worden und beruht keineswegs auf logischer Nothwendigkeit. Denn es lassen sich sehr wohl Gründe denken, weshalb das Gesetz keinen Unterschied zwischen Frauen macht, welche gewerbsmäßig Hebammendienste verrichten das ist thatsächlich Hebammen sind und sich nur nicht selbst geradezu so nennen und zwischen solchen, die sich so nennen, gleichwohl die Bestimmung des § 29 hinsichtlich der Aerzte getroffen hat. Da die ganze Geschichte der Gewerbegesetzgebung die Gleichstellung der Aerzte und Hebammen von sich gewiesen hat, so läßt sie sich aus § 29 der Bund.-Gew.-Ordn. unmöglich in den § 30 hineintragen. Schlechterdings unstatthaft ist die Annahme, als hätten Bundesregierung und Reichstag bei der Diskussion und Sanktion des § 30 unabsichtlich vergessen, die beschlossene Aenderung des § 29 auf die Hebammen auszudehnen, während doch beide §§ speziell in's Auge gefaßt und die Heilgehülfen aus § 30 entfernt wurden. Das Belassen des Wortlauts und des damit verbundenen Sinnes des Entwurfs hinsichtlich der Hebammen darf nur als ein von den Gesetzgebern gewolltes angesehen werden, wobei von den Betheiligten alle Konsequenzen für und wider wohl erwogen wurden, keinesfalls aber dem Richteramte das Ermessen übrig blieb, ob der § 30 nach Abänderung des § 29 auch abzuändern oder daran festzuhalten sei, wie der Gesetzgeber daran festgehalten hat. Der Vorderrichter bezieht sich zwar auch auf § 11, allein der hier ausgesprochene, den Bestimmungen des D. HGB.s nachgebildete (Mot. S. 114) allgemeine Satz: das Geschlecht begründe in Beziehung auf die Befugniß zum selbstständigen Betriebe eines Gewerbes keinen Unterschied, würde durch die speziellen Vorschriften der §§ 29 und 30 eine Beschränkung erleiden, wenn er nicht schon gemäß § 6 auf die Ausübung der Heilkunde unanwendbar wäre. Das Nämliche gilt von der Regel der Gewerbefreiheit, welche § 1 aufstellt. Wie nach der bisherigen Ausführung in § 29, so können auch in § 147 Nr. 3 unter den „Aerzten" (ꝛc. Geburtshelfern) die Hebammen nicht mit verstanden sein, und schon bei Vergleichung des Wortlauts der §§ 29 und 147 Nr. 3 ergiebt sich, daß diese Strafbestimmung nur dem § 29, nicht auch dem § 30 entsprechen soll, wie sie auch erst und nur in Folge der Abänderung des Entwurfs des § 29 entstanden ist (vgl. § 163 des Entwurfs). Dagegen sind unter den Genehmigungen oder Bestallungen in § 147 Nr. 1 allerdings auch die Prüfungszeugnisse der Hebammen in § 30 nach wie vor der Abänderung des § 29 des Entwurfs begriffen. Daß sie gemäß dem Entwurfe (§ 163 Nr. 1) dazu gehörten, ist nicht zu bezweifeln, wie auch die Anwendbarkeit des § 177 der Gew.-Ordn. v. 1845 auf die in § 45 daselbst genannten Gewerbe einschließlich der Hebammen, in Konkurrenz mit dem für Norddeutschland nunmehr aufgehobenen § 199 des Pr. StGB.s nicht zweifelhaft war; die Abänderungen der §§ 29 und 163 des Entwurfs im Reichstage (§§ 29 und 147 des Gesetzes) berührten aber, wie gezeigt worden, den § 30 eben so wenig in Betreff der Hebammen wie der Unternehmer von Privat-Krankenanstalten. Nur die Aerzte, welche nach § 163 Nr. 1 des Entwurfs bestraft werden sollten, wenn sie die in § 29 des Entwurfs vorgeschriebene Approbation nicht erworben hätten, erforderten nach Abänderung des entworfenen § 29 die neue Strafandrohung in § 147 Nr. 3 des Gesetzes. Denn ungestraft durfte Niemand bleiben, der eine der unter Nr. 2 Thl. II. Tit. II. (§§ 29 ff.) der B.-Gew.-Ordn. vorgeschriebenen Genehmigungen nicht erlangt hatte, da die Strafbestimmungen in Titel X. selbstverständlich zur Perfektion und Sicherstellung der vorhergeschickten Vorschriften gehörten und deshalb auch in § 6 nicht ausdrücklich erwähnt worden sind.

Sich Hebamme zu nennen, wenn man thatsächlich das Hebammengeschäft besorgt, wurde nirgends verboten und die Urheber der Abänderung des § 29 des Entwurfs mochten es gar nicht angemessen finden, die Bezeichnung „Hebamme" als einen Titel in Parallele mit dem Titel „Arzt" zu stellen; was § 30 gebietet, ist die Erlangung eines Prüfungszeugnisses für diejenigen Frauen, welche aus der beschränkten Hülfeleistung bei normalen Geburten, wobei es der Kunst und Wissenschaft eines Arztes nicht bedurfte, ein Gewerbe machen wollten; was § 163 Nr. 1 des Entwurfs unter das Verbot stellte und § 147 Nr. 1 des Gesetzes verbietet, ist unter Anderm eben die Ausübung dieses Gewerbes ohne Prüfungszeugniß. Die Zurechnung der Prüfungszeugnisse der Hebammen zu den „Genehmigungen" oder „Bestallungen" erhellt übrigens auch aus den §§ 53 und 54 daselbst.

[23.—9.]

Urkunde. – Frachtbrief. – Kosten-Note.

Die einem Frachtbriefe (vom Frachtführer) später hinzugefügte, mit dem Inhalte desselben in keiner Verbindung stehende Kosten-Note ist keine Urkunde.

Pr. StGB. § 247 [n. 124]; vgl. RdOTr. 7. S. 17; B.-StGB. § 267 [n. 101].

Beschl. (Pl.) v. 9. Jan. 1871 c. L. (75B. II. Cr. v. 1870).

L. hatte es in einem mit der (königlichen) Eisenbahnverwaltung abgeschlossenen Vertrage übernommen, die angekommenen Frachtgüter für ein vereinbartes „Rollgeld" an die Adressaten zu befördern. Der Betrag dieses Rollgeldes ward von dem Expeditionsbeamten berechnet, und auf der Rückseite des Frachtbriefes in einer nicht unterschriebenen Note außer dem Frachtgelde selbst besonders mit der Bezeichnung: „R." notirt. L. soll nun diese das Rollgeld betreffende Notiz in mehreren Fällen unbefugter Weise verändert und erhöht haben. Hierin fanden die Instanzrichter nicht den Thatbestand einer „Urkundenfälschung", weil die selbstständige vom Frachtführer einseitig auf den Frachtbrief gesetzte Kosten-Note keine „Urkunde" sei und lehnten die vom StA. aus § 247 des Pr. StGB.s beantragte Versetzung in Anklagestand ab. Die Beschwerde des Ober-Staatsanwalts, welche sich vorzugsweise auf: Jl. 12. Jan. 1866 c. Kowalski (RdOTr. 7. S. 17) stützte, ward vom Plenum des OTr.'s zurückgewiesen; erwogen ward:

daß nach dem thatsächlichen Inhalte des angegriffenen Beschlusses die inkrimirten Zifferveränderungen nur in den auf der Rückseite der Frachtbriefe befindlichen Noten bewirkt sind, diese Noten aber weder durch eine Unterschrift noch sonst durch eine Bezugnahme oder auf irgend eine andere Weise mit den Frachtbriefen in Verbindung gesetzt sind, unter diesen Umständen aber als ein Bestandtheil der Frachtbriefe nicht angesehen werden mußten und an und für sich allein als Urkunden im Sinne des StGB.s mit Recht vom Vorderrichter nicht erachtet worden sind.

Antr. d. GStA.: gleichl. [23.—3.]

Discipl.-Verfahren. - Eröffnungsbeschluss. - Beschwerde.

Gegen den die Eröffnung des Disciplinarverfahrens wider einen Rechtsanwalt aussprechenden Beschluss des Ehrenraths steht dem Angeschuldigten eine Beschwerde nicht zu.

Vdn. v. 30. Apr. 1847; Ges. v. 7. Mai 1851; Vdn. v. 23. Sept. 1867 Art. V.

Beschl. v. 10. Jan. 1871 c. Rechtsanw. C. (OAG. 3 B. II.) spricht den obigen Grundsatz aus, indem er erwägt:

„daß durch die hier in Betracht kommenden Gesetze dem Angeschuldigten ein solches Rechtsmittel ausdrücklich nicht zugestanden worden ist und vielmehr angenommen werden muß, daß in dieser Beziehung keine Abweichnng von der im ordentlichen Strafprozeß bestehenden Einrichtung (StPO. v. 25. Juni 1867 § 403) von dem Gesetzgeber beabsichtigt worden sei."

Antr. d. GStA.: gleichl. [64.—6.]

Beschlagnahme. - Subhastation. - Einleitung.

Die die Einleitung des Subhastationsverfahrens anordnende gerichtliche Verfügung ist, selbst wenn eine Eintragung derselben in das Hypothekenbuch nicht stattgefunden hat, eine „Beschlagnahme" im Sinne des

Pr. StGB.s § 272. Vgl. B.-StGB. § 137 [n. 5. 13]; Subh.-Ordn. v. 15. März 1869 § 9; RdOTr. 9. S. 542; 11. S. 176. 293. 500. 548, und unten Zl. 1. Feb. 1871 c. Suhr.

Erk. (S. l.) v. 11. Jan. 1871 c. Endom (1075. I Cr.).

Auf den Antrag eines Hypothekengläubigers R. war das Gut der E. unter Subhastation gestellt und ein Subhastationsvermerk in das Hypothekenbuch eingetragen worden. Später wurde jener Subhastationsantrag zurückgenommen, der Vermerk im Hypothekenbuch aber nicht gelöscht, weil demnächst auf den Antrag eines Andern, St. die Subhastation durch kreisgerichtliche Verfügung vom 20. Dez. 1868 festgesetzt und durch Verfügung des Subhastationsrichters v. 7. März 1869 auch wirklich eingeleitet wurde. Eine auf den Antrag desselben Gläubigers St. eingeleitete Sequestration wurde später wieder aufgehoben; als sodann aber auf den Antrag eines dritten Gläubigers J. wiederum die Sequestration eingeleitet werden sollte, ergab sich, daß die E. in der Zwischenzeit (31. Aug. — 6. Sept. 1869) eine Menge von Inventarienstücken bei Seite geschafft habe. — Gleichwohl sprachen die Instanzrichter von der aus § 272 des Pr. StGB.s erhobenen Anklage frei, weil der auf den Antrag des R. eingetragene Hypothekenvermerk durch die Zurücknahme des gedachten Antrags erledigt, in Folge des erneuerten Antrags des St. aber ein neuer Vermerk nicht eingetragen worden sei; zwar habe das KG. die E. unter dem 7. März 1869 benachrichtigt gehabt, daß die Subhastation ihres Grundstücks auf Instanz des St. eingeleitet sei; das genüge aber nicht, um eine „Beschlagnahme des Grundstücks“ anzunehmen, zu welcher es außerdem noch der Ingrossation des Subhastationsvermerks bedürfe (RdOTr. 9 S. 543); die hiervon abweichende Vorschrift des § 9 der neuen Subh.-Ordn. v. 15. März 1869 finde auf den vorliegenden Fall keine Anwendung. — Vernichtung. Gründe:

Es handelt sich gegenwärtig um eine, im Wege der Exekution eingeleitete Subhastation eines Grundstücks im Sinne des Einganges des § 2 der Vdn. v. 4. März 1834. Eine derartige nothwendige Subhastation ist ein Akt der Exekutionsvollstreckung und bildet als solcher bereits nach allgemeinen Grundsätzen eine Beschlagnahme des betreffenden Objektes, die, wenn sie, wie hier, dem Exequendus und den sonst dabei interessirenden Personen bekannt gemacht worden, verhindert, daß der Subhastat seinerseits über den diesfälligen Gegenstand zum Nachtheile des Exekutionssuchers und der übrigen Realgläubiger verfügt. Eine spezielle Bestätigung dessen findet sich bereits in dem § 5 I. 51 AGO. ausgesprochen. Nach diesem ist es unzweifelhaft, daß die

Eröffnung also die bloße Einleitung des Kaufgelder-Liquidationsprozesses, die Beschlagnahme des bezüglichen Grundstücks zur Folge hatte. An Stelle des Tit. 51 Thl. I. der AGO. ist später allerdings die Vdn. v. 4. März 1834 über den Subhastations- und Liquidationsprozeß getreten, welche die §§ 2—50 I. 51 AGO. beseitigt hat. Daraus folgt indeß noch nicht die Aufhebung des obigen Grundsatzes, der vielmehr in den § 3 der cit. Verordnung übertragen worden ist. Demzufolge ist die Einleitung der Subhastation das erste, wesentliche Erforderniß des Verfahrens, welches die Beschlagnahme erzeugt, und der von Amtswegen einzutragende Subhastationsvermerk hat nur den Zweck

1) die geschehene Einleitung, die Beschlagnahme zu veröffentlichen,
2) den Kreis der Subhastations-Interessenten zu begrenzen,

sowie denn auch seine Bedeutung blos in civilrechtlicher Beziehung hervortritt, dagegen nach der strafrechtlichen Richtung hin, an und für sich noch nicht entscheidet. Mit diesen Gesichtspunkten sind die früher ergangenen Erkenntnisse des Königl. O.-Trib.s v. 4. Mai 1860 und v. 7. Oktbr. 1862 (Entsch. 44. S. 322; 50. S. 198) einverstanden und stehen ihnen die Präjudikate v. 1. März 1867 c. Kraft, sowie v. 7. Okt. 1868 c. Massow (RdOTr. 8. S. 145; 9. S. 542) nicht entgegen, da in beiden Fällen außer der Einleitung der Subhastation auch die Eintragung in das Hypothekenbuch erfolgt war, und es daher einer Beurtheilung, wie jetzt, nicht bedurfte, überdies in der Entscheidung v. 1. März 1867 ausdrücklich auf die oben allegirten Erkenntnisse v. 4. Mai 1860 resp. v. 7. Okt. 1862 hingewiesen ist.

Antr. d. GStA.: gleichl. [20.—8.]

---

1. Beweisantrag. - Staatsanwalt. - Zurücknahme.
2. Geschwornenspruch. - Veränderte Zeitangabe.

1. Das Gericht kann einen vom Staatsanwalt gestellten, von diesem demnächst zurückgezogenen Be-

weisantrag, selbst wenn demselben inzwischen bereits stattgegeben war, unberücksichtigt lassen, ohne daß es hierzu auch eines Verzichts des Angeklagten bedürfte.

Vdn. v. 3. Jan. 1849 § 52 [n. 69]. Vgl. RbOTr. 7. S. 39. 665; 10. S. 315; 11. S. 328.

2. Es ist den Geschwornen unbenommen, in ihrem Spruche die in der Frage enthaltene Zeitangabe zu ändern.

Ges. v. 3. Mai 1852 Artt. 80 [n. 13] 91 [n. 13a]. Vgl. RbOTr. 9. S. 470.

Erk. (Z. I.) v. 11. Jan. 1871 c. Haase (109. I. Cr.).

In der schwurgerichtlichen Verhandlung gegen H. hatte der GH. einem Antrage des StA. s stattgebend, die sofortige Sistirung zweier Sachverständigen verordnet, um sie über eine für erheblich erachtete Thatsache zu vernehmen. Da diese Sachverständigen aber nicht sogleich aufgefunden werden konnten, verzichtete der StA. auf deren Vernehmung, und der GH. sah von der betr. Beweiserhebung ab. Hierin fand die NB. eine Beschränkung der Vertheidigung; jener Beweisantrag sei vom StA. wesentlich im Interesse des Angeklagten gestellt worden; es habe daher auch seines Verzichts bedurft, um denselben zu erledigen, zumal der GH. denselben bereits durch Beschluß als erheblich anerkannt, und die Vorladung der Sachverständigen angeordnet gehabt habe.

Außerdem rügte die NB. es als unzulässig, daß die Geschwornen die gestellte Frage mit der Maaßgabe bejaht hätten:

> „Ja, der Angeklagte ist schuldig, jedoch ist es nicht erwiesen, daß die That im Dezember 1869, sondern im Winterhalbjahr 1869—70 geschehen sei;"

die Geschwornen hätten der Thatfrage nicht etwas Anderes substituiren dürfen; die veränderte Zeitangabe sei also für nicht geschrieben zu erachten, und die Frage nicht in der Weise bejaht, um eine Anwendung des Strafgesetzes zu rechtfertigen. Zurückweisung. Gründe:

[1.] Der StA. durfte seinen Antrag auf Vernehmung der Sachverständigen zurücknehmen, ohne daß der Gerichtshof genöthigt war, die Zustimmung des Angeklagten zu dieser Zurücknahme ausdrücklich zu erfordern, um dadurch erst den Antrag für erledigt zu erachten. Dem Angeklagten stand es aber seinerseits frei, der Zurücknahme zu widersprechen, den Beweisantrag aufzunehmen und ihn dadurch mit gleicher Kraft zu dem seinigen zu machen. Genügte aber endlich die Zurücknahme des StA.s allein, so bedurfte es eines besonderen Beschlusses des Gerichtshofes über die Erledigung des Antrags nicht.

[2.] Die Zeit der Verübung einer Strafthat ist in der Regel an sich kein Bestandtheil ihres Thatbestandes selbst. Sie dient nur zur Sonderung anderer Strafthaten und zur Beurtheilung über die Verjährung. Allerdings hing im vorliegenden Falle die Strafbarkeit der That von dem Alter der gemißbrauchten Person und damit indirekt von der Zeit der Verübung ab. Der Sinn der vorliegenden Antwort der Geschwornen ist aber der, daß die Verübung der That mit Gewißheit in dem Winter-Halbjahr 1869—70 stattgefunden habe, daß aber eine nähere Zeitbestimmung, insbesondere die in der Frage angegebene unmöglich sei. Ein Zweifel findet also nicht statt. Daß die Geschwornen zu einer solchen Ausdehnung ihrer Antwort berechtigt waren, unterliegt keinem Zweifel, da es sich eben in der Antwort um keine andere Strafthat, als die in der Anklage gemeinte handelte.

Antr. d. GStA.: gleichl. [11.—8.]

Betrug. – Dolus. – Civil-Verantwortlichkeit.

1. Der Thatbestand des Betrugs ist weder durch eine auf Herbeiführung der Vermögensbeschädigung gerichtete Absicht, noch durch das Bewusstsein bedingt, dass eine solche möglicher oder nothwendiger Weise herbeigeführt werde.

2. Ebenso ist es für jenen Thatbestand gleichgültig, ob der Angeklagte für die herbeigeführte Vermögensbeschädigung civilrechtlich verantwortlich gemacht werden kann.

Pr. StGB. § 241; B.-StGB. § 263 [n. 15a. 33a.].

Erk. (Z.) v. 11. Jan. 1871 c. Ulbrich (OAG. II. 195)

U. hatte von Th. als Provision für die Vermittlung eines Verkaufs einen Wechsel über 300 Thlr. erhalten, und in einem besonderen

Reverse zugesagt, daß derselbe erst nach Zahlung des Kaufgeldes ausgelöst werden solle. Gleichwohl hat er vor dem Eintritte dieses Zeitpunkts den Wechsel auf einen Andern girirt, ohne diesem von jenem Reverse Kenntniß zu geben; Th. verlor den auf Erfüllung des Kaufvertrags entstandenen Prozeß, mußte den Wechsel an den Indossatar bezahlen, und suchte vergebens bei U. Ersatz dafür. Der letztere ist dieserhalb in beiden Instanzen wegen „Betrugs" bestraft: „die Verschweigung des Reverses bei Indossirung des Wechsels stelle die „Unterdrückung" einer wahren Thatsache dar, durch welche bei dem Indossatar ein Irrthum erregt, und dem Th. die Möglichkeit genommen sei, dem gutgläubigen Indossatar gegenüber jenen Revers geltend zu machen."

Die NB. des U. rügte Gesetzesverletzung: die Feststellung erschöpfe den Thatbestand des Betruges nicht; es fehle das Bewußtsein des Angeklagten bei der Veräußerung des Wechsels, daß Th. denselben auch beim Nichteintritte der im Reverse enthaltenen Bedingung zahlen müsse; ebenso an einer Vermögensbeschädigung, da Th. durch Ausstellung des Wechsels nur seiner Zahlungsverbindlichkeit gegen ihn (U.) genügt und durch den Revers nur eine Zahlungsfrist erlangt habe; das Verschweigen des Reverses habe nur eine civilrechtliche Verantwortlichkeit begründen können. Zurückweisung. Gründe:

[1.] Die Feststellung erschöpft nach ihrem ganzen Inhalte den im § 241 des Pr. StGB.s gegebenen Thatbestand des Betrugs. Insbesondere kommt es danach nicht darauf an, daß der Angeklagte bei der Veräußerung des Wechsels auch das Bewußtsein gehabt haben müsse, dieser müsse von dem Acceptanten Th. auch beim Nichteintritt der in dem Revers vorgesehenen Bedingung bezahlt werden; denn das Gesetz verlangt nur die durch die Täuschung wirklich herbeigeführte Vermögensbeschädigung des Andern, nicht aber zugleich die darauf gerichtete Absicht des Täuschenden oder dessen Bewußtsein von der möglicher oder nothwendiger Weise durch sein Verfahren bewirkten Vermögensbeschädigung. Daß aber eine solche im vorliegenden Fall erfolgt ist, wird in der thatsächlichen Feststellung ausdrücklich hervorgehoben und durch den Hinweis auf das den Acceptanten zur Wechselzahlung verurtheilende Erkenntniß v. 2c. mit der richtigen Ausführung begründet, daß danach, dem Wechselrecht entsprechend, die Klage gegen den Acceptanten

Th. hätte abfallen müssen, wenn der Kläger beim Erwerb des Wechsels von dem Revers Kunde gehabt hätte, folglich die Vermögensbeschädigung und deren Kausalzusammenhang mit dem erregten Irrthum erhelle. —

[2.] Hiernach erscheint die Annahme eines im Sinne des Pr. StGB.s § 241 strafbaren Betrugs gerechtfertigt und kann es dahin gestellt bleiben, ob Angeklagter dafür auch civilrechtlich verantwortlich gemacht werden kann; jedenfalls schließt dieser Umstand nicht die strafrechtliche Verfolgung aus.

Antr. d. GStA.s gleichl. [63.—6.]

Waarenbestellung. – Aufsuchen. – Bundes-Gew.-Ordnung. Das gewerbscheinlose Aufsuchen von Waarenbestellungen bei Nicht-Gewerbtreibenden ist durch die Verkündung der B.-Gew.-Ordn. nicht straflos geworden.

AKO. v. 8. Dez. 1843; B.-Gew.-Ordn. v. 21. Juni 1869 §§ 44. 55.

Erk. (**B. II.**) **v. 12. Jan. 1871 c. Teipel** (363. *II.* Cr. v. 1870).

T. hatte im Frühjahr 1869 außerhalb seines Wohnorts im Umherziehen Waarenbestellungen bei Nicht-Gewerbtreibenden nach vorgelegten Mustern aufgesucht, ohne einen Gewerbeschein zum Nachsuchen von Waarenbestellungeu im Umherziehen zu besitzen. In erster Instanz aus Hausf.-Regul. v. 28. Apr. 1824 §§ 5. 26 bestraft, ward er in 2. Instanz freigesprochen, weil nach der AKO. v. 8. Dez. 1843 das Aufsuchen von Waarenbestellungen bei Nicht-Gewerbtreibenden verboten gewesen sei, so daß dafür ein Gewerbeschein gar nicht habe ertheilt werden können; eine Zuwiderhandlung gegen jenes Verbot stelle daher gar nicht ein Gewerbe-Steuer-Vergehen sondern nur eine Gewerbe-Polizei-Kontravention dar, welche aber jetzt nicht mehr bestraft werden könne, weil die inzwischen in Kraft getretene Bund.-Gew.-Ordn. v. 21. Juni 1869 (§§ 44. 55) jenes Verbot beseitigt habe. Vernichtung. Gründe:

Richtig ist zwar, daß nach der AKO. v. 8. Dez. 1843 Gewerbescheine auf Waarenbestellungen bei Nicht-Gewerbtreibenden nicht ertheilt werden konnten, allein dies war nicht erst eine Folge der AKO., sondern die Gewerbescheine wurden schon vorher und überhaupt nicht auf gewisse Personen oder Stände, wobei hausirt werden sollte, sondern auf einen gewissen Gewerbebetrieb im Umherziehen beziehungsweise den Hausirhandel mit gewissen Waaren ausgestellt: § 8 des Hausirregulativs v. 28. April 1824.

Wer im Umherziehen Waarenbestellungen suchen will, ist in der Regel steuerpflichtig und muß in Gemäßheit des § 21a des Gew.-Steuer-Ges.s v. 30. Mai 1820 und der §§ 5 und 7 des Hausf.-Regul. v. 28. April 1824 einen Gewerbeschein lösen. Die AKO. v. 8. Dez. 1843 enthielt nun sowohl für solche, welche einen Gewerbeschein Behufs des Suchens von Waarenbestellungen gelöst hatten, als für andere, die keinen gelöst hatten, das Verbot, bei Nicht-Gewerbetreibenden die Bestellungen zu suchen. Die Uebertretung dieses Verbots sollte jedoch unter keinen Umständen dahin führen, daß der betreffende Hausirer steuerfrei und die Umgehung der Steuer straflos werde; die Lage desjenigen, welcher ohne den Besitz eines Gewerbescheins bei Nicht-Gewerbetreibenden Waarenbestellungen suchte, war vielmehr analog dem Hausirer mit Waaren, auf welche nach § 14 des Regulativs oder anderen gesetzlichen Bestimmungen, z. B. der AKO. v. 12. Jan. 1833 (G.-S. S. 22), keine Gewerbescheine ausgefertigt werden durften. Nach der vorderrichterlichen Ausführung hätte derselbe straffrei sein müssen. Der § 26 des Regulativs bestimmt aber in seinem zweiten Satze ausdrücklich das Gegentheil: auch wer hausirend Waaren auf welche er gar keinen Gewerbeschein erlangen konnte, bei sich führt, verfällt in die Steuerstrafe für das Gewerbe im Umherziehen, die konkurrirende Uebertretung des gewerbepolizeilichen Verbots soll ihn aber nicht besser stellen, als er gestellt sein würde, wenn er mit erlaubten Waaren ohne Gewerbeschein hausirte. Die AKO. v. 8. Dez. 1843 änderte nichts an diesem Grundsatze, sondern wandte denselben auch auf die darin ausgesprochenen neuen Verbote, Waarenbestellungen bei Nicht-Gewerbetreibenden zu suchen (1) und Waaren statt Proben oder Muster mitzuführen (2) an, indem in Nr. 3 die Strafe von 48 Thlrn. auch (Nr. 1) denjenigen angedroht wird, welche einen Gewerbeschein besitzen, wie Hausirer ohne Gewerbeschein die nämliche Strafe von 48 Thlrn. als dem vierfachen Betrage der damaligen Jahressteuer im höchsten Satze, schon nach § 26 des Hausirregulativs (vergl. Beilage B. lit. L. zum Gew.-Steuerges. v. 30. Mai 1820 und § 5 des Regl. v. 4. Dez. 1836: GS. S. 13) zu erleiden hatten und auch fortan erleiden, sowie daneben die Steuer nachzahlen mußten. Nr. 3 der KO. bezweckte also keineswegs, Hausirer von der Pflicht, einen Gewerbeschein zu lösen, oder von der Strafe der Umgehung der Steuerpflicht zu befreien, und konnte dies nicht bezwecken, ohne mit dem Prinzip der §§ 26 Abs. und 27 des Regulativs (vgl. das Rescript des Gen.-Dir. d. Steuern v. 1. April 1823) in Widerspruch zu gerathen, welches den guten Grund für sich hat, daß dem Gewerbebetriebe im Umherziehen mit Umgehung der Steuer reiche Gelegenheit geboten worden wäre, wenn man denselben in irgend einer Weise Leuten gestattet hätte, die keinen Gewerbeschein besaßen, sei es, daß sie einen solchen zu einem von ihnen beabsichtigten Gewerbebetriebe gar nicht erlangen oder im Gegentheile sogar steuerfrei erlangen konnten (AKO. v. 31. Dez. 1836: GS. S. 13). Hat demnach nicht die AKO. v. 8. Dez. 1843, sondern die Steuergesetzgebung die Strafbarkeit des Hausirens ohne Gewerbeschein bei Nicht-Gewerbetreibenden begründet, so kann von dem Wegfalle der Strafbarkeit des Angeklagten durch § 44 und § 55 der B.-Gew.-Ordn. keine Rede sein, denn diese Gewerbeordnung läßt die Steuergesetze gänzlich unberührt, wie in den Motiven der Bundes-Regierung zu Tit. III. hervorgehoben, und aus § 5 derselben wie aus den Schlußbestimmungen der §§ 58. 147 im vorletzten Satze und 148 zu ersehen ist. Vollends ist nicht erkennbar, wie der vom Vorderrichter cit. 44 den § 20 des Ges. v. 19. Juli 1861, die hiernach bestehende Steuerpflicht des Angeklagten und die Strafbarkeit der Umgehung derselben hätte berühren und letztere aufheben können, weil er etwa nur bei Nicht-

Gewerbetreibenden Waarenbestellungen suchte und andere Fälle nicht konstatirt sind. Soweit er nach derselben die Steuer für das Suchen von Waarenbestellungen im Umherziehen vor dem Erlasse der Nordd. Gewerbeordnung zu entrichten hatte, ist er durch diese davon sicher nicht befreit worden.

Antr. d. GStA.: gleichl. [23.—3.]

Post-Kontravention. – Dolus.

Die Strafbarkeit der (gegen Bezahlung) erfolgenden Mitgabe oder Beförderung eines Briefes ist nicht durch einen dabei obwaltenden Dolus bedingt.

B.-Postges. v. 2. Nov. 1867 §§ 27 Nr. 2; 30 Nr. 1. Vgl. RdOTr. 3. S. 445; 6. S. 256; 9. S. 44.

Erk. (S. I.) v. 13. Jan 1871 c. Hirsekorn & Günther (891. I. Cr. v. 1870).

H. war, weil er „einen verschlossenen Brief von einem Orte mit einer Postanstalt, nach einem andern Ort mit einer Postanstalt auf andere Weise als durch die Post gegen Bezahlung verschickt" und G. weil er „unbefugt den betr. Brief gegen Bezahlung befördert hatte" aus § 30 Nr. 1, bezw. aus § 27 Nr. 2 des B.-Post-Ges.'s verurtheilt worden. Das die NB. der Angeklagten zurückweisende OTr. erwog:

„es sei rechtlich vollkommen zutreffend, wenn der Appellations-Richter annehme, daß es der Feststellung eines besonderen strafrechtlichen Dolus der Angeklagten, weil es sich hier nur um eine Uebertretung handle, nicht bedurft habe."

[18.—8.]

Gemeinschuldner. – Zahlungseinstellung. – Bevorzugung eines Gläubigers.

Der Gemeinschuldner, welcher nach seiner Zahlungseinstellung einen Gläubiger zum Nachtheil der übrigen befriedigt, ist strafbar, selbst wenn es zu einer Konkurseröffnung gar nicht gekommen sein sollte.

Konk.-Ordn. v. 8. Mai 1855 § 308. Vgl. RdOTr. 2. S. 143; 7. S. 359; 8. S. 784; 9. S. 628.

Erk. (S. I.) v. 13. Jan. 1871 c. Neumann (1170. I. Cr.)

Der Kaufmann N., aus § 308 der Konk.-Ordn. bestraft, weil er nach eingetretener Zahlungseinstellung einen Gläubiger zum Nachtheile der übrigen begünstigt habe," rügte im Wege der NB. Verletzung des cit. §, weil nicht festgestellt sei, daß der Konkurs gegen ihn eröffnet gewesen, als er die ihm zur Last gelegte Handlung vornahm. Zurückweisung. Gründe:

Allerdings ist die erfolgte Konkurseröffnung über das Vermögen des Angeklagten nicht festgestellt und nach Lage der Akten ist dieselbe auch nicht erfolgt. Allein die Anwendung jenes Gesetzes ist davon nicht abhängig. Dasselbe setzt seinem Wortlaute nach nur die erfolgte Zahlungseinstellung voraus und zwar nach dem Geiste der Konkurs-Ordn. in voller Uebereinstimmung mit dem Zwecke derselben, nämlich mit der Sicherung der Rechte der Gläubiger gegen zahlungsunfähige Schuldner. Darum beruhet der Schwerpunkt der Mehrzahl der Vorschriften der Konkurs-Ordn., soweit sie das materielle Rechtsverhältniß der Gläubiger zu dem Kridar betreffen, auf der Zahlungseinstellung, obwohl, um die weiteren und insbesondere die formellen Folgen eintreten zu lassen, die förmliche Konkurseröffnung erforderlich ist. Der § 308 aber spricht lediglich von den nach der Zahlungseinstellung vorgenommenen näher bezeichneten Handlungen. Das Gesetz hindert — wie der § 210 der Konkurs-Ordn. ergiebt — den Gemeinschuldner nicht, sich außergerichtlich mit seinen Gläubigern zu einigen. Unterwerfen sich sonach dieselben den Anerbietungen des Gemeinschuldners zu ihrer Befriedigung, so liegt ein Grund des Einschreitens nicht vor, wohl aber dann, wenn die Begünstigung eines einzelnen Gläubigers zum Nachtheile der übrigen stattfindet, wo also wie hier hinter dem Rücken der übrigen Gläubiger die gesammte Aktivmasse zur Befriedigung eines einzigen Gläubigers verwendet worden ist.

Antr. d. GStA.: gleichl. [15.—8.]

---

1. **Nichtigkeit. - Beweisaufnahme.**
2. **Zurechnungsfähigkeit. - Prüfung.**

1. Ein bei einer Beweisaufnahme vorgekommener Formverstoss kann die Nichtigkeit des

Verfahrens nicht begründen, wenn die ergangene Entscheidung nicht auf jener Beweisaufnahme beruht.

StPO. § 390.

2. Die richterliche Entscheidung über die Zurechnungsfähigkeit des Angeklagten ist nicht durch eine vorgängige Prüfung derselben Seitens eines Sachverständigen bedingt.

StPO. § 3. 90. 153.

Erk. (Z.) v. 18. Jan. 1871 c. Andersdotter (OAG. II. 16).

Die A. war von den Geschwornen zwar des in der Anklage ihr zur Last gelegten Kindesmordes, gleichzeitig aber auf eine (ohne Widerspruch des StA.'s gestellte) Eventualfrage für „unzurechnungsfähig" erklärt und demgemäß durch den Schw.-GH freigesprochen worden. Die NB. des StA.'s rügte:

1) daß, der Vorschrift des § 245 der StPO. zuwider, das schriftliche Gutachten der obduzirenden Aerzte verlesen, und daß

2) unter Nichtbeachtung des § 153 ibid. ohne sachverständige Prüfung über die Frage nach der Zurechnungsfähigkeit entschieden worden sei.

Zurückweisung. Gründe:

[1.] Es kann dahingestellt bleiben, ob durch die Verlesung des schriftlichen Gutachtens der Obduzenten in der Hauptverhandlung die Vorschriften der StPO. §§ 173. 245. 247 verletzt worden sind oder nicht. Jedenfalls begründet die Verletzung nicht im Sinne der StP.-Ordn. §§ 389. 390 eine Nichtigkeit des Erkenntnisses und des vorausgegangenen Verfahrens. Denn weder ist die Beobachtung jener Prozeßbestimmungen bei Vermeidung der Nichtigkeit vorgeschrieben, noch beruht auf ihrer angeblichen Verletzung, auch wenn sie sämmtlich als wesentliche anzusehen wären, das ergangene Erkenntniß. Denn dasselbe gründet die Freisprechung der Angeklagten lediglich auf deren Unzurechnungsfähigkeit, während die Nichtigkeitsbeschwerde sich offenbar gegen die, überdies in Gemäßheit der Anklage durch die Geschwornen erfolgte, Feststellung der vorsätzlichen Kindestödtung bezieht.

[2.] Daß aber die Frage über die Unzurechnungsfähigkeit nicht ohne eine Prüfung von Sachverständigen hätte entschieden werden dürfen, ist unrichtig. Die für eine solche Annahme in der Nichtigkeitsbeschwerde angezogenen Bestimmungen der StPO. §§ 3. 90. 153 sind lediglich nach dem Ermessen des Gerichts anzuwendende Instruktionen, keineswegs aber Vorschriften, welche bei Vermeidung der Nichtigkeit zu beobachten oder doch als wesentliche zu behandeln wären und demgemäß nach der StPO. §§ 389. 390 zum Gegenstande der Nichtigkeitsbeschwerde gemacht werden könnten. Vielmehr entscheidet das Gericht nach den §§ 7. 331 ibid. überall nur nach seiner freien, aus dem Inbegriff der vor ihm stattgehabten Verhandlungen geschöpften Ueberzeugung und ist auch nicht nach § 319 für den Fall einer Fragstellung über die mangelnde Zurechnungsfähigkeit an die Geschworenen eine vorherige Prüfung von Sachverständigen geboten.

Antr. d. GStA.: gleichl. [65.—6.]

Urkunde. - Holzabzählungstabelle. - Holzhauerlohnzettel.

Eine von einem Forstbeamten aufgestellte als Grundlage der Holzverwerthung dienende Holz-Abzählungstabelle, und ein als Nachweisung für den Betrag des zu zahlenden Holzhauerlohns amtlich ausgestellter Holzwerbelohnzettel sind darum noch nicht als „Urkunden“ anzusehen.

Pr. StGB. §§ 247 323. Vgl. B. StGB. §§ 267 [n. 71 a] 348.

Erk. (V.) v. 18. Jan. 1871 c. Blumenstiel (OAG. II. 17).

Der Königl. Forstschutzjäger Bl. war von den Geschwornen des Diebstahls gefällten Holzes aus einem Walde und außerdem (auf die Fragen 3 und 4) schuldig befunden worden:

„— eine Abzählungstabelle für den Schlag X., welche als Grundlage für die Holzverwerthung des Staates diente, und deren Aufnahme ihm vermöge seines Amtes oblag, in gewinnsüchtiger Absicht in der Weise unrichtig aufgenommen zu haben, daß er in dieselbe von dem für den Staat geschlagenen Holze $^1/_2$ Klafter 2c. -Holz 2c. weggelassen hat," — sowie

„— einen Holzwerbungsloszettel für den Holzhauermeister St., welcher als Nachweisung für den Betrag des vom Staate zu zahlenden Holzhauerlohnes diente, und dessen Aufnahme ihm vermöge seines Amtes oblag, in gewinnsüchtiger Absicht in der Weise unrichtig aufgenommen zu haben, daß er bei Aufzählung der als Grundlage für die Berechnung des Holzhauerlohns dienenden Holzsortimente $^1/_2$ Klafter 2c. -Holz 2c. weggelassen hat."

Der Schw.-GH. erachtete diese von Bl. unrichtig aufgenommenen Schriftstücke für „Urkunden" und strafte aus § 323. Auf die NB. des Angeklagten hat das OTG. dieses Erkenntniß vernichtet und von der aus § 323 erhobenen Anklage freigesprochen. Gründe:

Der § 323 des Pr. StGB.s setzt anders als der § 325 bezüglich der Beamten, welche eine Verwahrung oder Verwaltung beweglicher Sachen erhalten haben, solche Schriftstücke voraus, die nicht blos das amtliche Verhältniß des Beamten zu seinem Auftraggeber, dem Eigenthümer der von ihm verwahrten oder verwalteten Sachen, betreffen und seiner Kontrolle dienen, sondern welche die Bestimmung haben, zum Beweise von Verträgen, Verfügungen, Verpflichtungen, Befreiungen, oder überhaupt von Rechten oder Rechtsverhältnissen von Erheblichkeit sind (§ 247 Abs 2 ibid.).

Wenn nun zu Frage 3 durch die Antwort der Geschwornen thatsächlich festgestellt ist, daß die anliegende Holzabzählungstabelle als Grundlage für die Holzverwerthung des Staates dient, und zur Frage 4, daß der anliegende Holzwerbungskostenlohnzettel als Nachweisung für den Betrag des vom Staate zu zahlenden Holzhauerlohnes dient, so kann es nur als Rechtsirrthum aufgefaßt werden, wenn der Schw.-GH. hieraus den Schluß gezogen hat, daß die in Rede stehenden beiden Schriftstücke als Urkunden zu betrachten seien. Die Abzählungstabelle, insofern sie als Grundlage für die Holzverwerthung dient, läßt keinen Gesichtspunkt erkennen, unter dem sie für ein Rechtsverhältniß zum Beweismittel bestimmt wäre, sie ist danach nicht zur Feststellung irgend welcher Rechte des Schutzbeamten oder des Fiskus oder eines Dritten aufgenommen, sondern ein reines amtliches Geschäftsregister zur Abwickelung der der Oberförsterei obliegenden Forstverwaltung, wie deren der § 325 im Gegensatze zu § 323 erwähnt. Nicht minder aber ist es irrig, aus der Bestimmung des Holzwerbelohnzettels als Nachweisung für den Betrag des zu zahlenden Holzhauerlohnes ohne Rücksicht auf den Zweck dieser Nachweisung die Urkundenqualität zu folgern. Die Berechnung des Holzhauerlohns, welche dem Angeklagten vermöge seines Amtes oblag, hat nach der Feststellung keine weitere Bedeutung, als die eines Belags für die von der Forstverwaltung einzureichende Ausgabenrechnung, und es ist in keiner Weise ersichtlich, daß der der Quittung voraufgehende Theil der Tabelle irgend welche Rechte der betreffenden Holzhauer berühre, eine Verpflichtung oder Berechtigung dadurch dokumentirt werde; das eine wie das andere Verzeichniß sind eben nur Stücke der amtlichen Berechnung und Zusammenstellung über die Resultate des Forstaufkommens in einem Nutzungsjahre.

Antr. d. GStA.: entg. [66.—6.]

Appellation. — Abtheilungssache. — Uebertretung.

Urtheile der Gerichtsabtheilung können durch Appellation angefochten werden, sollte die Bestrafung auch nur wegen einer Uebertretung, z. B. wegen einfachen Holzdiebstahls, erfolgt sein.

Vdn. v. 3. Jan. 1849 § 126 [n. 5]; HDGes. v. 2. Juni 1838 § 38. Vgl. RdOTr. 1. S. 141; 7. S. 183.

Erk. (V. I.) v. 18. Jan. 1871 c. Brandt (2. I. Cr.).

B. unter der Anklage des Diebstahls geschlagenen Holzes aus dem Walde vor die Gerichtsabtheilung gestellt, war nur des einfachen Holzdiebstahls schuldig befunden und aus §§ 1. 3. 4 des HDGes.s bestraft worden. Seine Appellation ward vom AG. als „nicht zulässig" zurückgewiesen. Vernichtung. Gründe:

Es ist ein auch vom OTr. mehrfach ausgesprochener Grundsatz (vgl. G. Arch. 6. S. 541; JMbl. 1860 S. 466; 1866 S. 123; [RdOTr. 1. S. 141; 7. S. 183]), daß in

Strafsachen die Zulässigkeit eines Rechtsmittels, nicht wie in Civilsachen von dem Gegenstande der Beschwerde, sondern vielmehr von der Art und dem Gegenstande des Verfahrens abhängt. Das Verfahren betraf hier ursprünglich ein Vergehen; es war daher die in den §§ 38 ff. der Vdn. v. 3. Jan. 1849 in Verbindung mit Art. 13 des Einf.-Ges.s zum StGB. vorgeschriebene Form beobachtet und von der kollegialischen Gerichtsabtheilung des Gerichts 1. Instanz erkannt worden. Gegen ein solches Erkenntniß, mag es demnächst auch den Angeklagten nur einer Uebertretung schuldig erklären, die ursprünglich vor den Einzelrichter gehört hätte, (vgl. Ges. v. 3. Mai 1852 Art. 6) findet aber nach deutlicher Vorschrift des § 126 der Vdn. v. 3. Jan. 1849, unter allen Umständen die Appellation statt, gleich wie umgekehrt gegen ein Erkenntniß des Schwurgerichtshofes, mag es den Angeklagten schließlich auch nur wegen eines Vergehens oder einer Uebertretung verurtheilt haben, nach Art. 106 des Ges.s v. 3. Mai 1852 unter allen Umständen nicht die Appellation bezw. Rekurs, sondern nur die NB. zulässig ist. Hierin kann also auch der vom App.-Richter angezogene § 38 des HDGes.s v. 2. Juni 1852 nichts ändern, weil derselbe selbstredend voraussetzt, daß in 1. Instanz das in diesem Gesetze vorgeschriebene Verfahren wegen einfachen Holzdiebstahls eingeleitet gewesen ist.

Antr. d. GStA.: gleichl. [28.—8.]

---

1. **Kuppelei. - Theilnahme.**
2. **Nichtigkeitsrichter. - Neues Gesetz.**

1. Die Theilnahme an einer Kuppelei ist nach Maassgabe der allgemeinen für die Theilnahme geltenden Grundsätze strafbar.

Pr. StGB. § 147. Vgl. B.-StGB. § 180 [n. 11a].

2. Der Nichtigkeitsrichter kann ein nach Verkündung des angefochtenen Erkenntnisses in Kraft getretenes neues Strafgesetz nur dann be-

rücksichtigen, wenn er aus andern Gründen jenes Erkenntniss vernichtet hat.

StPO. §§ 393. 396. 398; B.-StGB. § 2 [n. 6]. Vgl. oben S. 9.

Erk. (Z.) v. 18. Jan. 1871 c. Duckscher (OAG. II. 14).

D. wegen „Beihülfe zu einer von einem Andern verübten Kuppelei" bestraft, rügte im Wege der NB. Verletzung des § 147 des Pr. StGB.s: die Kuppelei bestehe in der Beihülfe zur Unzucht Anderer, also zu einer an sich nicht strafbaren Handlung; deshalb könne nicht angenommen werden, daß auch noch die Beihülfe zu solcher Beihülfe bestraft werden solle, vielmehr erscheine ein Vorschubleisten in Beziehung auf Unzucht, welche nicht die gesetzlichen Merkmale des StGB.s § 147 erschöpfe, als nicht strafbare Handlung. — Zurückweisung. Gründe:

[1.] Das [Pr.] StGB. will die Theilnahme, zu welcher nach § 38 eine im Voraus zugesagte Begünstigung gehört, nicht etwa wie den Versuch nur bei einzelnen Vergehen, für welche es besonders vorgeschrieben ist, bestraft wissen, sondern allgemein bei allen Vergehen wie bei allen Verbrechen, vgl. die Eingangsworte der §§ 34. 35. — Da nun die Kuppelei, gleichviel ob die Unzucht, welcher im einzelnen Falle Vorschub geleistet worden, zu den an sich strafbaren Handlungen gehörte oder nicht, nach § 147 ein selbstständiges Vergehen bildet, so muß auch auf dieses Vergehen die allgemeine Regel über Strafbarkeit der Theilnahme in Anwendung gebracht werden, und hätte es einer Ausnahmebestimmung bedurft, dergleichen jedoch nicht im Strafgesetzbuch enthalten ist, um die Strafbarkeit der Theilnahme bei diesem Vergehen auszuschließen.

[2.] Der in der mündlichen Verhandlung hinzugefügte Antrag auf Ermäßigung der erkannten Strafe mit Rücksicht auf den inzwischen in Kraft getretenen, ein geringeres Strafmaaß verstattenden § 180 des StGB.s für den Norddeutschen Bund hat schon deshalb keine Berücksichtigung finden können, weil bei nicht befundener Richtigkeit nicht mehr in der Sache selbst zu erkennen gewesen ist, vgl. die StPO. §§ 393. 396. 398.

Antr. d. GStA.: gleichl. [62.—6.]

Bankerutt. – Buchführung. – Verzögerung.

Es schließt keinen Rechtsirrthum in sich, wenn der Instanzrichter die ordentliche Führung der Handelsbücher während der letzten Monate vor der Konkurseröffnung bestraft, obgleich dieselben nach der Konkurseröffnung vom Angeklagten aus den Korrespondenzen ergänzt worden sind.

Pr. StGB. § 261 Nr. 2. Vgl. B.-StGB. § 283 Nr. 2 [n. 13a].

Erk. (Z. I.) v. 18. Jan. 1871 c. Heisig (1184. I. Cr. v. 1870).

[30.—8.]

Strafantrag. – Wechsel der Gesetzgebung. – Anhängiges Verfahren. – Nachträgliche Beschaffung.

1. Bedarf es der nachträglichen Beibringung eines Strafantrages, wenn vor dem 1. Jan. 1871 ein Strafverfahren wegen eines damals ohne einen solchen zu verfolgenden Vergehens eingeleitet worden ist, vor der rechtskräftigen Entscheidung aber das einen Antrag erheischende B.-StGB. in Kraft tritt?

(nicht entschieden).

B.-StGB. § 2 [n. 19].

2. Wird im Laufe des anhängigen Strafverfahrens die nachträgliche Beibringung eines Strafantrags erforderlich, so liegt dem befaßten Gerichte die Pflicht ob, die zur Einholung eines solchen erforderlichen Verfügungen selbst zu erlassen; dieselben dürfen daher nicht der Staatsanwaltschaft überlassen werden, zumal wenn diese die Vernehmung des Verletzten zu jenem Zwecke bei dem Gerichte beantragt hatte.

Ebendas. § 61 [n. 33]. Nach der dort entwickelten Ansicht würde die nachträgliche Einholung des Strafantrags (vorausgesetzt, daß es desselben zur Fortsetzung des Verfahrens bedurft hätte) weder dem Gerichte noch der StA.-schaft obgelegen haben; vielmehr mußte das AG. das verurtheilende erste Erkenntniß aufheben und die Strafverfolgung zur Zeit für unstatthaft erklären; vgl. Zl. 11. Mai 1860 (JMbl. S. 279).

Beschl. (I.) v. 18. Jan. 1871 c. O. (18 B. I. Cr.)

Die O. war im Laufe des Jahres 1870 einer vorsätzlichen erheblichen Körperverletzung angeklagt und dieserhalb in 1. Instanz verurtheilt worden. Ueber ihre Appellation ward am 2. Jan. 1871 verhandelt; das AG. nahm an, daß es mit Rücksicht auf § 232 des inzwischen in Kraft getretenen B.-StGB.s der nachträglichen Beibringung des (zur Zeit noch nicht gestellten) Antrags des Verletzten bedürfe, vertagte dieserhalb die Sache bis zur Beibringung dieses Antrags, event. bis zum 1. Apr. 1871, als dem Ablaufe der im § 61 l. c. vorgeschriebenen Rügefrist, „und überließ es dem OStA. die dazu erforderlichen Schritte zu thun."

Diesen Beschluß focht der OStA. an, weil es nach einmal rite angehobenem Strafverfahren der nachträglichen Beibringung eines erst demnächst erforderlich gewordenen Antrags nicht mehr bedürfe; event. aber habe das AG. die betreffenden Schritte selbst veranlassen, und diese nicht dem OStA. überlassen müssen.

Die Gen.-Staatsanwaltschaft hielt den ersten Angriff für gerechtfertigt, und deshalb ein weiteres Eingehen auf den zweiten für unnöthig. Sie führte aus: allerdings bedürfe es eines Strafantrags, wenn die Strafverfolgung erst unter der Herrschaft des denselben erheischenden neuen Gesetzes angehoben werde; dagegen könne die seiner Zeit rechtsgültig angehobene Verfolgung und das darauf gefolgte gerichtliche Verfahren nicht unwirksam werden, wenn ein nachträglich in Kraft tretendes neues Prozeß-Gesetz für die Zukunft die Verfolgung nur unter einer hier nicht erfüllten Bedingung gestatte, zumal wenn, wie hier, bereits in erster Instanz in legaler Weise eine Verurtheilung erfolgt sei, welches nur im gesetzlichen Rechtszuge abgeändert werden könne. — Das OTr. hat den Beschluß des AG.s insoweit aufgehoben, als durch denselben dem OStA. die erforderlichen Schritte zur Beibringung des Strafantrags überlassen worden waren &c. und dagegen das AG. für verbunden erachtet, die erforderlichen Verfügungen selbst zu erlassen, indem es erwog:

daß die Frage, ob wenn eine Untersuchung wegen vorsätzlicher und erheblicher Köperverletzung aus § 192 a des Pr. StGB.s v. 14. Apr. 1851 vor dem 1. Jan. 1871 ohne den damals nicht erforderlichen Antrag des Verletzten eingeleitet gewesen ist, die Sache aber erst zu einer Zeit zur definitiven Entscheidung gelangt, wo nach den §§ 223. 232 des seitdem in Kraft getretenen B.-StGB.s ein solcher Antrag erforderlich gewesen sein würde, der letztere nachgebracht werden müsse, um die Abfassung eines auf Strafe lautenden Erkenntnisses gegen den Angeklagten zu ermöglichen, vorläufig auf sich beruhen muß, weil das LG. durch den angefochtenen Beschluß die Entscheidung der Sache nur bis zur Nachbringung dieses Antrages, event. bis zum 1. Apr. c. als dem Ablaufe der im § 61 des B.-StGB.s vorgeschriebenen Rügefrist vertagt hat, also noch in die Lage kommen wird, über diese Frage durch ein Erkenntniß zu entscheiden, und hierbei an die Ansicht, welche das OTr. durch Beschluß aussprechen möchte, nicht gebunden sein würde;

i. Erw. jedoch, daß wenn das AG. die Nachbringung dieses Antrages bis zum 1. Apr. c. für erforderlich erachtet, dasselbe als einmal mit der Sache befaßte Gerichtsbehörde, es nicht lediglich dem StA. überlassen kann, den erforderlichen Antrag des dazu Berechtigten zu beschaffen, vgl. Beschl. v. 2. Juli und 8. Sept. 1869 [RdOTr. 10. S. 474. 527], das AG. hierfür vielmehr selbst und unmittelbar Sorge tragen muß;

i. Erw. endlich, daß wenn selbst die Beschaffung des erforderlichen Antrages auch in Fällen der vorliegenden Art vorzugsweise als eine Obliegenheit der StA.-schaft aufgefaßt werden könnte, der OStA. doch nach § 7 der Vdn. v. 3. Jan. 1849 ebensowenig als der StA. in der Lage ist, eine Vernehmung des Antragsberechtigten, deren es hier doch bedürfen würde, selbst zu bewirken, er dieselbe vielmehr immer nur bei der betreffenden Polizei- oder Gerichtsbehörde beantragen kann, und daß ein solcher Antrag, wie das Audienzprotokoll ergiebt, im vorliegenden Falle vom OStA. wirklich beim AG., welches hier die betreffende Gerichtsbehörde war, gestellt worden ist, für das letztere also keine Veranlassung vorlag, die Erledigung eines solchen Antrages, den es selbst für erheblich erachtet hatte, von der Hand zu weisen.

[28.—3.]

Polizei-Verordnung. - B.-Gew.-Ordnung. - Strafmaaß.

1. Durch die B.-Gew.-Ordn. sind ältere Polizei-Verordnungen, welche die Ausübung eines Gewerbes zur Aufrechthaltung der Ordnung und Gesetzlichkeit bei öffentlichen Zusammenkünften gewissen Beschränkungen unterwarfen, nicht aufgehoben.

B.-Gew.-Ordn. v. 21. Juni 1869 § 1. 5. Vgl. RdOTr. 11. S. 342. 544. 567. 569.

2. Uebersteigt die in einer, vor Verkündung des Pol.-Ges.s v. 11. März 1850 erlassenen, Pol.-Verordnung angedrohte Strafe das in den §§ 5. 11 l. c. vorbestimmte Maaß, so darf sie nur noch innerhalb dieser jetzt gesetzlich geregelten Grenze verhängt werden.

Pr. StGB. § 332 [n. 58]; Pol.-Ges. v. 11. März 1850 §§ 5. 11.

Erk. (B. I.) v. 18. Jan. 1871 c. Ortmann (1157. I. Cr.).

Die Regierung zu St. hatte durch Pol.-Vdn. v. 12. Sept. 1837 den Gast- und Schenkwirthen das Halten von Tanzmusik ohne vorgängige ortspolizeiliche Erlaubniß bei Vermeidung einer (im Widerholungsfalle zu verdoppelnden) Geldstrafe von 10 Sgr. bis 10 Thlr. untersagt. Der Gastwirth O. hatte diesem Verbote zuwidergehandelt, war aber durch reformatorisches Erkenntniß 2. Instanz von der dieserhalb erhobenen Anklage freigesprochen worden, weil nach §§ 1 und 5 der B.-Gew.-Ordn. jene Pol.-Vdn. als unzulässige Beschränkung des Gewerbebetriebes eines Gastwirths aufgehoben sei, da die Veranstaltung von Tanzlustbarkeiten im Betriebe des Gewerbes eines Gastwirths liege. — Vernichtung dieses Erkenntnisses und Zurückverweisung der Sache in die 2. Instanz. Gründe:

Es ist bereits in dem Zl. v. 1. Juni 1870 [RdOTr. 11. S. 342] des Näheren ausgeführt, daß der § 1 der B.-Gew.-Ordn. v. 21. Juni 1869, wie schon der bloße Wortlaut ergiebt, lediglich auf Zulassung, zum Betriebe von Gewerben im Allgemeinen, nicht aber auf solche polizeiliche Vorschriften sich erstreckt, unter denen im Interesse der öffentlichen Ordnung die Ausübung des bezüglichen Gewerbes gestattet ist. Diesen letztern muß sich ein Jeder der das Gewerbe betreiben will, zur Erhaltung des Gemeinwohls unterwerfen, und sie sind unabhängig von den etwa früher erforderlich gewesenen Qualifikationen oder den noch jetzt in den gegebenen Fällen, z. B. den in den §§ 33. 24. 43 l. c. u. s. w. enthaltenen Erlaubnißbewilligungen, vorgeschriebenen Beschränkungen. Dem steht auch nicht der § 5 l. c. entgegen, welcher bestimmt, daß in den Beschränkungen des Betriebs einzelner Gewerbe, welche auf den Zoll-, Steuer- und Postgesetzen beruhen, durch die B.-Gew.-Ordn. nichts geändert werde. Denn die diesfälligen Motive besagen ausdrücklich, daß, da die im § 5 l. c. angeführten Gesetze Beschränkungen enthalten, welche auch die Zulassung zum Betriebe gewisser Gewerbe betreffen, es auch gegenüber der veränderten Fassung des § 1 l. c. nöthig gewesen, dieselben besonders vorzubehalten. Rein polizeiliche Anordnungen werden dadurch in keiner Weise berührt. Nun ist es aber unzweifelhaft, daß öffentliche Tanzlustbarkeiten für die Sittlichkeit und öffentliche Ordnung, namentlich in Anbetracht der niederen Volksklassen, gefährlich sind, und daß es daher zur Befugniß der Polizeibehörden gehört, diesfällige Vorschriften zu erlassen, die dann von den dabei Interessirenden, auch wenn sie, wie die Gastwirthe ein Gewerbe betreiben, inne gehalten werden müssen, eben weil sie allgemeiner, und nicht gewerblicher Natur sind. In dieser Beziehung bestimmen denn auch die §§ 6 und 11 des Ges.s v. 11. März 1850 über die Polizei-Verwaltung,

> daß die Bezirks-Regierungen befugt sind, für mehrere Gemeinden, oder für den ganzen Umfang ihres Verwaltungsbezirkes, gültige Polizeivorschriften zu erlassen, welche sich auf Ordnung und Gesetzlichkeit bei dem öffentlichen Zusammensein einer größeren Anzahl von Personen, und auf das öffentliche Interesse in Bezug auf die Aufnahme und Beherbergung von Fremden, die Wein-, Bier- und Kaffee-Wirthschaften und sonstige Einrichtungen zur Verabreichung von Speisen und Getränken erstrecken (§ 6 d. e. ibid.).

Außerdem besagt auch noch der § 12 l. c. ausdrücklich,

> daß die Vorschriften der Bezirks-Regierungen, außer auf die im § 6 l. c. angeführten, sich auf alle anderen Gegenstände beziehen können, deren polizeiliche Regelung durch die Verhältnisse der Gemeinden oder des Bezirks erfordert wird.

Die hier in Rede stehende Verfügung der Königl. Regerung zu St. rc. ist hiernach von der B.-Gew.-Ordn. nicht berührt worden, und hat auch sonst nach § 19 des Ges.s v. 11. März 1850 fortwirkende Kraft. Sie entspricht demnächst allen Vorschriften desselben mit Ausnahme dessen, daß im § 9 derselben bestimmt ist, daß im Wiederholungsfalle die Strafe, welche im ersten Begehungsfalle auf zehn Silbergroschen bis 10 Thaler normirt ist, verdoppelt werden soll und in der Regel die Entziehung der Gewerbsberechtigung auszusprechen ist, während nach dem § 11 des Ges.s v. 11. März 1850 die Bezirksregierungen nur Strafen bis zur Höhe von 10 Thalern androhen dürfen. Dies hat indeß nur zur Folge, daß die Strafe diesen Betrag nicht übersteigen darf und daher in dem diesfälligen Erkenntnisse inne gehalten, auch die event. Gefängnißstrafe nach § 18 l. c. bemessen muß; vgl. VI. 14. Okt. 1864 (RdOTr. 5. S. 174).

Antr. d. GStA.: gleichl. [20.—8.]

Beweisantrag. – App.-Gericht. – Prüfung.

Der App.-Richter rechtfertigt einen die Erhebung eines beantragten Beweises ablehnenden Beschluß nicht genügend durch die Erwägung, daß durch die aufgestellten Thatsachen die erstrichterliche Feststellung nicht erschüttert werde.

Vdn. v. 3. Jan. 1849 §§ 52 [27] 126 [n. 67]. Vgl. RdOTr. 9. S. 287. 689.

Erk. (B. I.) v. 18. Jan. 1871 c. Poetzsch (1179. I. Cr.)

„weil diese Beurtheilung nicht ersehen lasse, ob die Gründe der Zurückweisung thatsächlicher oder rechtlicher Natur seien." [34.—8.]

Beleidigung. – Dolus.

Zum Thatbestande der Beleidigung genügt als Dolus die Vorsätzlichkeit der betr. Handlung verbunden mit dem Bewusstsein von dem ihr unter den obwaltenden Verhältnissen beiwohnenden ehrverletzenden Charakter.

Pr. StGB. Thl. II. Tit. 13; vgl. B.-StGB. Thl. II Abschn. 14 [S. 326 n. 26].

Erk. v. 18. Jan. 1871 c. Thomsen (OAG. II. 20)
erwägt:

daß der Dolus bei der Beleidigung in der vorsätzlichen Vornahme der Handlung und in dem Bewußtsein des Handelnden besteht, daß ihr nach ihrer Beschaffenheit unter den gegebenen Verhältnissen der Charakter einer ehrverletzenden Kundgebung beizulegen ist; ein weiteres aber das Strafgesetzbuch nicht erfordert und insbesondere aus der Entstehungsgeschichte sich ergiebt, daß die weitergehende Absicht zu beleidigen (animus iniuriandi) nicht als ein wesentliches, thatbestandliches Begriffsmerkmal aufgestellt werden sollte; vgl. Oppenhoff, Pr. StGB. zu Thl. II. Tit. 13 n. 25.

Antr. d. GStA.: gleichl. [63.—6.]

Diebstahl. - Auftrag. - Nichtvollziehung.

Derjenige, welcher vom Eigenthümer gefällten Holzes den Auftrag erhalten hat, dasselbe aus dem Walde abzufahren, begeht einen Diebstahl, wenn er dieses Holz in der Absicht rechtswidriger Zueignung in Besitz nimmt und dann eigenmächtig darüber verfügt.

Pr. StGB. § 215. Vgl. B.-StGB. § 242 [n. 44].

Erk. (Z. I.) v. 20. Jan. 1871 c. Fischer (1196. I. Cr. v. 1870).

Der bloße Auftrag, das im Walde lagernde Holz des Auftraggebers von dort abzufahren, enthält für sich allein noch keine Uebergabe durch Anweisung, sobald nicht andere damit verbundene Umstände dem bloßen Auftrage hinzutreten. Der Angeklagte hatte also die Gewahrsam erst durch die Bemächtigung des Holzes behufs der Abfuhr erlangt. Der App.-Richter nimmt aber zugleich als erwiesen an, daß der Angeklagte das verkaufte Holz schon aus dem Walde in der Absicht genommen habe, dasselbe zu dem L., dem Käufer desselben, zu fahren. Die Wegnahme in dieser Absicht war daher zu einer Zeit erfolgt, wo nach der obigen Ausführung das Holz noch in der Gewahrsam des

Auftraggebers war; damit war die zu jenem Zwecke erfolgte Ergreifung und Abfuhr eine diebische.

Antr. d. GStA.: gleichl. [15.—6.]

Oeffentlichkeit. - Ausschließung. - Motivirung.

Ergiebt die Sachlage, daß ein Fall vorliege, für welchen das Gesetz die Ausschließung der Oeffentlichkeit gestattet, so begründet es keine Nichtigkeit, wenn der denselben anordnende Gerichtsbeschluß nicht mit Gründen verkündet ist.

Ges. v. 3. Mai 1852 Artt. 18. 19 [n. 6].

Erk. (Z. I.) **v. 20. Jan. 1871 c. Sommerfeld** (1166. I. Cr.).

Der Mangel der Eröffnung der Gründe, aus welchen die Oeffentlichkeit der Verhandlungen vor dem KG. in erster Instanz ausgeschlossen wurde, ist kein wesentlicher. Sobald nämlich, wie hier der Fall, die Lage der Sache deutlich ergiebt, daß die im Gesetze (Art. 18 l. c.) gedachten Gründe vorhanden gewesen sind, darf mit Zuversichtlichkeit angenommen werden, daß es auch allein diese Gründe gewesen sind, welche den GH. zu seinem Beschlusse bestimmt haben.

Antr. d. GStA.: gleichl. [15.—6.]

Schwurgerichtshof. - Untersuchungsrichter.

Kein Gesetz erklärt den Untersuchungsrichter für unfähig, demnächst bei der Aburtheilung über eine von ihm vorbereitete Sache als Mitglied des Schwurgerichtshofes mitzuwirken.

Vdn. v. 3. Jan. 1849 § 38 [n. 14]. Vgl. RdOTr. 2. S. 53; 8. S. 744.

Erk. (Z. I.) **v. 20. Jan. 1871 c. Weymann** (127. I. Cr.) [28.—6.]

Chausseegeld. - Brennmaterialfuhre.

Eine Fuhre mit Brennmaterialien ist zum eigenen Bedarfe einer Gutsherrschaft bestimmt und demgemäß von der Zahlung des Chausseegeldes befreit, wenn die Materialien an den Schmied dersel-

den und lediglich zur Anfertigung von Schmiedearbeiten für die Herrschaft abgeliefert werden.

Chausseegeldtarif v. 29. Febr. 1840 Befreiungen Nr 7c.

Erk. (Z. l.) v. 25. Jan. 1871 c. Gehrke (1040. I. Cr.).

G. war als Knecht der Gutsherrschaft zu P. bei einer in der Gutsfeldmark belegenen Chausseegeldhebestelle mit leerem Landfuhrwerk in den Wald gefahren, hatte dort Kohlen geholt, war dann auf demselben Wege zurückgekehrt und hatte die Kohlen dem herrschaftlichen Schmied im Dorfe überbracht, welchem sie als sein kontraktliches jährliches Deputat zum Verbrauche beim Schmieden der herrschaftlichen Gutsschmiedesachen abgeliefert wurden, — alles ohne Chausseegeld zu zahlen. Hierin fand die Anklage eine Chausseegeldhinterziehung. Freisprechung. NB. Zurückweisung. Gründe:

Wenn der App.-Richter annimmt, daß jene Kohlenfuhren als Fuhren von Brennmaterialien zum eigenen gewöhnlichen landwirthschaftlichen Bedarf der Gutsherrschaft anzusehen sind, also nach Nr. 7c. des Tarifs v. 29. Febr. 1840 von Entrichtung der Chausseegelder an der Hebestelle zu P. befreit waren, so kann hierin ein Rechtsirrthum des App.-Richters nicht gefunden werden. Denn ob die Kohlen an die Gutsherrschaft unmittelbar oder an ihren Schmied zum Zweck der Verwendung für sie abgeliefert wurden, ist für die Anwendung der Nr. 7c. l. c. gleichgültig, da sie festgestelltermaßen nur zur Anfertigung der Schmiedearbeiten für die Gutsherrschaft, nicht auch für Dritte bestimmt waren.

Antr. d. GStA.: entg. [18.—9.]

Zeuge. - Verwandter. - Vereidung.

Es unterliegt lediglich dem Ermessen des Instanzrichters, ob er einen nahen Verwandten eines [von mehreren] Angeklagten eidlich als Zeugen vernehmen will.

Vdn. v. 3. Jan. 1849 § 22 [n. 42]. Cr.-Ordn. § 358. Vgl. oben S. 4.

Erk. (Z. l.) v. 25. Jan. 1871 c. Nebrich (150. I. Cr.).

Die NB. des N. rügte, daß der Schw.-G.s-Vorsitzende zwei nahe Verwandte eines Mitangeklagten [ohne Widerspruch eines Betheiligten] eidlich als Zeugen vernommen habe. Zurückweisung:

„weil § 358 der Cr.-Ordn. die ausnahmsweise Vereidung solcher Zeugen gestatte, Regeln für die Anwendung dieser Befugniß nicht vorgeschrieben seien, sonach das freie Ermessen des Richters entscheide." [15.—9.]

Bestechung. – Pflichtwidrigkeit. – Ungehorsam.

Zum Thatbestande des Bestechungsversuchs genügt es, wenn einem Unterbeamten ein Geschenk angeboten wird, damit er den Weisungen seines Vorgesetzten entgegen handle.

Pr. StGB. § 311; Vgl. B.-StGB. § 333 [n. 7].

Erk. (Z. I.) v. 25. Jan. 1871 c. Rosenthal (1205. I. Cr.).

Der Kaufmann F., welchem der bei ihm zur Miethe wohnende Kaufmann E. einen bedeutenden Miethsrückstand schuldete, bemerkte in einer Nacht, daß aus dem Laden des E. Waaren auf eine von R. geführte Karre geladen wurden; er veranlaßte deshalb den Stadtwachtmeister X., jene Waaren in Beschlag zu nehmen und auf die Polizei zu bringen; der demnächst von dem Vorfalle in Kenntniß gesetzte Bürgermeister verfügte, daß die Waaren wegen der Miethforderung vorläufig und bis zur gerichtlichen Entscheidung auf der Wache verbleiben müßten. Trotzdem forderte R. den Wachtmeister X. auf, ihm die Sachen herauszugeben und versprach ihm dafür eine Belohnung. Hierin fanden die Instanzrichter einen Bestechungsversuch und straften aus § 311 des Pr. StGB.s. Das AG. erwog: selbst wenn anzunehmen wäre, daß die Beschlagnahme Seitens des X. in Ueberschreitung seiner Amtsbefugnisse vorgenommen sei, würde derselbe, wenn er dem Ansinnen des R. entsprochen habe, dem ihm demnächst ertheilten Befehle seines unmittelbaren Vorgesetzten, des Bürgermeisters, entgegengehandelt und somit sich einer Pflichtwidrigkeit schuldig gemacht haben. — Die NB. rügte Verletzung des § 311 cit. Die dem X. angesonnene Handlung habe nicht zu seinen Berufsgeschäften gehört; die Beschlagnahme sei ungesetzlich gewesen, und sei durch die Anweisung des Bürgermeisters nicht zu einer gesetzlichen geworden; die Nichtbeachtung der letzteren durch X. würde die Verletzung einer amtlichen Pflicht umsoweniger dargestellt haben, als — wie unter Beweis gestellt worden —, das KG. mit der Fortnahme der Sachen Nichts zu thun gehabt habe. — Nichtigkeitsbeschwerde. Zurückweisung. Gründe.

Der Bescheid des Bürgermeisters, der übrigens unter den obwaltenden Umständen als ein ungesetzlicher nicht erachtet werden kann, bestand, und es wurde dadurch dem

Wachtmeister X. zur amtlichen Pflicht gemacht, dieselbe zu befolgen. Dabei kommt es ebensowenig in Betracht, ob das Kgl. KG. später eine entsprechende Verfügung erlassen hat oder nicht, da hierdurch die vorliegende Anweisung des Bürgermeisters nicht berührt wird.

Antr. d. GStA.: gleichl. [20.—9.]

Verlesung. - Zeugenaussage. - Motivirung.

Nichtigkeit tritt ein, wenn in der Hauptverhandlung das Protokoll über die früher erfolgte gerichtliche Vernehmung eines Zeugen verlesen wird, ohne dass der thatsächliche Grund dieser Maassnahme angekündigt ist. Das gilt selbst dann, wenn diese Verlesung von beiden Theilen beantragt war, und ein dieselbe rechtfertigender Grund aus den Akten zu ersehen ist.

StPO. § 246. Vgl. RdOTr. 10. S. 599.

Erk. (V.) v. 25. Jan. 1871 c. Vissering (OAG. II. 19).

Nachdem der Vater der Angeklagten in der Sitzung seine Vernehmlassung als Zeuge verweigert hatte, war die von ihm im Vorverfahren zu Protokoll genommene unbeeidigte Aussage auf den Antrag beider Parteien ohne Angabe eines Grundes verlesen worden. Auf die dieses rügende NB. des Angeklagten erfolgte Vernichtung. Gründe:

Die Vorschrift des § 246 Abs. 2, welche als wesentlich betrachtet werden muß, ist hiernach verletzt worden und die darauf gegründete Entscheidung nichtig, woran dadurch nichts geändert wird, daß die Verlesung von beiden Theilen beantragt worden war, da es sich nur um eine im öffentlichen Interesse erlassene Vorschrift handelt, und ebensowenig dadurch, daß aus den Akten ein die Verlesung rechtfertigender Grund entnommen werden kann, da die Vorschrift dahin geht, daß stets der wirklich die Entschließung bestimmende Grund angekündigt werden müsse.

Antr. d. GStA.: entg. [64.—6.]

Rheinisches Verfahren. – Relative Rechtskraft.

Ist ein zuchtpolizeiliches verurtheilendes Erkenntniß 2. Instanz nur vom Beschuldigten durch Kassationsrekurs angefochten und demzufolge vernichtet worden, so kann das neu befaßte Instanzgericht keine höhere Strafe verhängen, als durch das vernichtete Erkenntniß ausgesprochen worden war.

Rh. StPO. Artt. 216. 373. 407. 408. 413; StRG. v. 12. Nov. 1806. Conf. Dall. Rép. de législ. v°. Cassation n. 2195; Oppenh. Strafverfahren. S. 460 n. 58 a. fgg.

Erk. (**B. II.**) **v. 26. Jan. 1871 c. Rosenthal** (401. *II.* Cr. v. 1870).

Das den R. wegen „Betruges" zu einer viermonatlichen Gefängnißstrafe zc. verurtheilende Erkenntniß 2. Instanz war vom OTr. wegen ungenügender Feststellung am 9. Sept. 1869 (RhOTr. 10. S. 537) vernichtet und die Sache zur anderweiten Verhandlung zc. an eine andere App.-Kammer verwiesen worden. Diese erklärte abermals den Beschuldigten zweier Betrugsfälle überführt und verurtheilte ihn dieserhalb zu einer sechsmonatlichen Gefängnißstrafe zc. Auf den abermaligen Kassationsrekurs des R. ist auch dieses Erkenntniß vernichtet und die Strafe auf viermonatliches Gefängniß ermäßigt worden. Das OTr. erwog:

Eingesehen die Artt. 216. 373. 407. 408. 413 der Rh. StPO. und das mit Gesetzkraft versehene StRG. v. 12. Nov. 1806 (Bullet. des lois IV. B. 126 Nr. 2044), und

in Erw., daß wenn die StA.-schaft von der ihr nach den citt. Artt. der StPO. gegebenen Befugniß ein gegen den Beschuldigten ergangenes kondemnatorisches korrektionelles Urtheil innerhalb der gesetzlichen Frist mit dem Kass.-Rekurs anzugreifen keinen Gebrauch machte, das Urtheil für sie den Charakter der Unabänderlichkeit angenommen hat;

daß durch das von dem Beschuldigten allein eingelegte Rechtsmittel des Kass.-Rekurses der Kass.-Richter nur mit diesem Rechtsmittel befaßt wird;

daß das Rechtsmittel eines Beschuldigten nur die Beseitigung der angegriffenen Entscheidung, soweit sie ihm nachtheilig ist, bezweckt, dasselbe daher auch grundsätzlich zur Erschwerung seiner Lage nicht führen kann;

daß diese aus der Natur der Rechtskraft und der

Rechtsmittel hervorgehenden Grundsätze in dem Staatsraths-gutachten v. 12. Novbr. 1806 wenn auch nur in der Anwendung auf die Civilklage ausdrücklich ausgesprochen sind;

i. E., daß vorliegend der Beschuldigte allein gegen das ihn verurtheilende Erkenntniß der korrektionellen Appell-Kammer des Königl. LG. zu C. vom ꝛc. wodurch er zu einer Gefängnißstrafe von 4 Monaten, 100 Thlr. Geldbuße mit Interdiktion der Ehrenrechte auf 1 Jahr verurtheilt wurde, den Kass.-Rekurs eingelegt hat und die Vernichtung dieses Urtheils lediglich auf dieses sein Rechtsmittel und zwar wegen mangelnder Feststellung der zum Thatbestande der angeschuldigten Vergehen gehörigen Voraussetzungen erfolgt ist;

daß mithin die korrektionelle Appellkammer des Kgl. LG. zu S. in dem jetzt angegriffenen Urtheil, nicht auf eine härtere, als die in dem vernichteten Erkenntnisse ausgesprochene Strafe erkennen konnte und das Urtheil derselben, soweit dies gleichwohl geschehen, wegen Verletzung der Eingangs bezogenen Artikel der StPO. wie des StR.-Gutachtens v. 12. Novbr. 1806 der Vernichtung unterliegt, daß nach dem Ausgeführten hierin auch der Umstand nichts ändert, daß die StA.-schaft gleichfalls gegen das Urtheil 1. Instanz v. 26. Oktbr. 1868 appellirt hatte, da diese Appellation ihre Wirksamkeit über das in dem Seitens der StA.-schaft unangefochtenen [ersten] Urtheil v. ꝛc. festgesetzte Strafmaaß nicht mehr erstrecken konnte.

Antr. d. GStA.: gleichl. [27.—3.]

Geschwornenspruch. – Tödtl. Köperverletzung. – Stimmenverhältniß.

Bejahen die Geschwornen die eine tödtliche Körperverletzung betreffende Frage, so müssen sie in ihrem Spruche das Stimmenverhältniß, mit welchem der erschwerende Umstand des tödtlichen Erfolges angenommen worden ist, ausdrücklich angeben.

Pr. StGB. § 175; B.-StGB § 211 [n. 15]; Ges. v. 3. Mai 1852 Art. 91.

Erk. (B. II.) v. 26. Jan. 1871 c. Scheffler & Gen. (36. II. Cr.).

Die Geschwornen hatten die in Betreff jedes der Angeklagten gestellte Hauptfrage:

> „Ist der ꝛc. schuldig, — — in Gemeinschaft mit Andern dem ꝛc. W. vorsätzlich Körperverletzungen zugefügt zu haben, welche in ihrer Gesammtheit den Tod des ꝛc. W. zur Folge gehabt haben?"

dahin beantwortet: „Ja mit mehr als sieben Stimmen." Die NB. der Angeklagten rügte die Fassung der Frage als unklar, und die der Antwort als ungenügend, weil sie nicht besonders hervorhebe, mit wieviel Stimmen der in der Frage enthaltene erschwerende Umstand (der tödtliche Erfolg der Körperverletzung) bejaht worden sei. — Der StA. hielt diese Beschwerde für unbegründet, weil in Betreff jedes der Angeklagten auch noch (für den Fall der Verneinung der Hauptfrage) zwei Hülfsfragen gestellt gewesen seien, von welchen die erstere eine Betheiligung an einer Schlägerei mit tödtlichem Ausgange, und die letztere die einfache Mißhandlung des W. zum Gegenstande gehabt habe; namentlich durch diese zweite Hülfsfrage sei es den Geschwornen klar gemacht worden, daß die Bejahung der Hauptfrage auch die ausdrückliche Bejahung des erschwerenden Umstandes in sich schließe; daß auch die Geschwornen die Sache so richtig verstanden hätten, gehe daraus hervor, daß sie in Betreff mehrerer anderer Mitangeklagten die Hauptfrage verneint, die zweite Hülfsfrage aber bejaht, und somit die einfache Mißhandlung ohne den erschwerenden Umstand festgestellt hätten. Vernichtung. Das OTr. erwog:

daß der tödtliche Erfolg der den Angeklagten zur Last gelegten Mißhandlung, einen erschwerenden resp. begleitenden Umstand der Hauptthat im Sinne des Art. 91 des Ges.s v. 3. Mai 1852 darstellt, über denselben, auch wenn er in die Hauptfrage mit aufgenommen war, besonders abgestimmt und das Ergebniß in dem Ausspruche besonders erwähnt werden mußte;

daß die auf die Frage gegebene Antwort: „Ja, mit mehr als 7 Stimmen," in welcher des gedachten Umstandes keine Erwähnung geschieht, dieser Vorschrift nicht genügt, und auch rücksichtlich der Intention der Geschwornen, und der von ihnen vorgenommenen Prüfung auch des erschwerenden Umstandes, aus den auf andere Fragen bezüglich anderer Angeklagten gegebenen Antworten nicht ergänzt werden kann,

daß mithin die wesentliche Vorschrift des Art. 91 l. c. verletzt ist; daß es hiernach einer Prüfung des ferneren gegen die Formulirung der Hauptfrage gerichteten Angriffes der NB. nicht bedarf, obgleich nicht verkannt werden kann, daß eine andere Fassung derselben, entweder durch Stellung einer besonderen Frage bezüglich des erschwerenden Umstandes, oder eine schärfere Hervorhebung desselben in der Hauptfrage, der Vorschrift des Schlußsatzes des Art. 80 des cit. Ges.s entsprechend, sachgemäß gewesen wäre, und jeden etwaigen Zweifel beseitigt haben würde.

Antr. d. GStA.: gleichl. [38.—3.]

---

1. **Nichtigkeits-Beschwerde. – Zurückweisung – Kreisgericht.**
2. **Nichtigkeits-Beschwerde. – Zuordnung eines Mandatars. – Beschwerde.**

1. Der Erst-Instanz-Richter kann eine rechtzeitig und formgerecht ergriffene Nichtigkeitsbeschwerde nicht wegen ungenügender Substantiirung der Beschwerdepunkte zurückweisen.

Ges. v. 3. Mai 1852 Art. 112 [n. 2]. Vgl. RbOTr. 2. S. 95; 10. S. 588; 11. S. 495.

2. Die kreisgerichtliche Verfügung, durch welche die vom Angeklagten beantragte Zuordnung eines Mandatars zur Rechtfertigung seiner Nichtigkeitsbeschwerde zurückgewiesen ist, kann nicht durch eine an das Ober-Tribunal gerichtete Beschwerde angefochten werden.

Ebendas. Art. 110 [n. 37]. Vgl. RbOTr. 8. S. 136.

Beschl. (II.) v. 26. Jan. 1871 c. Zink (4. B. II. Cr.)

spricht die obigen Grundsätze aus, hebt demgemäß die die NB. des Angeklagten zurückweisende Verfügung des KG.'s auf, und weist sodann selbst das Rechtsmittel ohne mündliches Verfahren zurück.

Antr. d. GStA.: gleichl. [35.—8.]

Kuppelei. - Eigennutz. - Indirekter Gewinn. - Fremder Antrieb.

Der Instanzrichter macht sich keines Rechtsirrthums schuldig, wenn er bei einer Kuppelei das Merkmal des „Eigennutzes" darin findet, daß der Angeklagte durch seine Handlungen seiner ihn ernährenden Mutter Vortheile habe zuwenden wollen.

Der Thatbestand der gewohnheitsmäßig oder aus Eigennutz betriebenen Kuppelei wird dadurch nicht ausgeschlossen, daß der Angeklagte auf fremden Antrieb gehandelt hat.

Pr. StGB. § 147; B.-StGB. § 180 [n. 5. 5a.].

Erk. (Z. I.) v. 27. Jan. 1871 c. Gotthelf (35. I. Cr.).

Die (gleichzeitig mit ihrer Mutter) wegen „Kuppelei" verfolgte L. G. hatte eingewendet und unter Beweis gestellt, daß sie „nur als Dienerin ihrer Mutter und nicht in selbstständiger Gewohnheit, oder mit dem Streben für sich einen Nutzen zu gewinnen, gehandelt habe; sie habe sämmtliches im Geschäfte der Mutter eingekommenes Geld dieser abgeliefert 2c." Das AG. hatte aber die Erhebung dieses Beweises abgelehnt, weil „aus den betr. Thatsachen nicht folge, daß sie von ihren Handlungen keinen Vortheil gehabt habe; vielmehr habe ihr der Vortheil der Mutter zu Gute kommen müssen, da sie in dem Hause gewohnt, von derselben ihren Lebensunterhalt erhalten und die ihr zur Last gelegten Handlungen mit dem Bewußtsein vorgenommen habe, daß dieselben den Erwerb Seitens der Mutter und daher auch ihren eigenen Gewinn zum Zwecke gehabt hätten; — ebenso sei es gleichgültig, ob sie aus eigener Bewegung oder auf den Antrieb der Mutter gehandelt habe, da sie trotz allen fremden Antriebes für ihre Handlungen verantwortlich bleibe, welchen jener Antrieb auch den Charakter des Eigennutzes und der Gewohnheitsmäßigkeit nicht nehmen könne."

Die Beschränkung der Vertheidigung und Gesetzesverletzung rügende NB. ward aus den oben hervorgehobenen Gründen zurückgewiesen.

Antr. d. GStA.s gleichl. [20.—6.]

Freiheitsberaubung. - Beamter. - Täuschung.

Derjenige, welcher es durch Täuschung eines Beamten herbeiführt, daß dieser in gutem Glauben

eine ungerechtfertigte Freiheitsberaubung vornimmt, verwirkt die Strafe des

Pr. StGB.s § 210. Vgl. B.-StGB. §§ 239 [n. 14]; 47 [n. 3].

Erk. (Z. I.) v. 27. Jan. 1871 c. Jänike (62. I. Cr.).

J. hatte einen Schutzmann durch die wahrheitswidrige Versicherung: „der rc. O. und dessen Tochter hätten sich der Theilnahme an einem Kindesmorde schuldig gemacht," — dazu veranlaßt, die beiden genannten Personen zum Polizeibüreau hinzuführen, und war deshalb aus § 210 des StGB.'s bestraft worden, indem die Instanzrichter darin eine ihm zur Last fallende vorsätzliche und rechtswidrige Freiheitsberaubung fanden. Seine NB. rügte Gesetzesverletzung: „nicht er, sondern der dazu an und für sich berechtigte Schutzmann habe jene Abführung bewirkt; dieser sei zwar von ihm dazu aufgefordert worden, gleichwohl könne derselbe nicht als sein Werkzeug angesehen werden, da er nach eigenem Ermessen zu handeln befugt und verpflichtet gewesen sei.

Zurückweisung. Gründe:

Wenn der App.-Richter feststellt, daß J. den Schutzmann durch die wissentlich unwahre Behauptung: „die genannten Personen hätten sich der Theilnahme an einem Kindesmorde, bezw. der Abtreibung der Leibesfrucht schuldig gemacht," ein Verbrechen, welches die vorläufige Festnahme der Beschuldigten an und für sich gerechtfertigt haben würde, also durch eine Täuschung hierzu veranlaßt habe, so daß der Schutzmann in Ermangelung eines ihm beizumessenden Dolus für die objektive Widerrechtlichkeit der von ihm verübten Freiheitsberaubung nicht verantwortlich sei, — so enthält es keinen Rechtsirrthum, wenn der App.-Richter den Angeklagten selbst als den Urheber des hier vorliegenden, im § 210 a. a. O. vorgesehenen Vergehens bezeichnet; im Gegentheile liegt in seiner Ausführung nur die richtige Anwendung des in der Strafrechtstheorie allgemein angenommenen und auch vom OTr. mehrfach ausgesprochenen Grundsatzes: daß derjenige, der sich zur Ausführung einer strafbaren Handlung eines Anderen, der die Strafbarkeit derselben aus irgend einem Grunde nicht zu erkennen vermag, als eines sogenannten „nicht dolosen Werkzeuges" bedient, — für eben diese Handlung als eigentlicher Urheber anzusehen ist.

Antr. d. GStA.: gleichl. [28.—6.]

---

1. Zeuge. - Versicherung auf den Amtseid.
2. Kommissarische Zeugenvernehmung. - Beschluß. - Unterschrift.

1. Der Nichtigkeitsrichter kann nicht nachprüfen, ob die Aussagen eines als Zeuge vernommenen Beamten nur auf sein Amt Bezug hatten, und ob deshalb die Versicherung auf den Amtseid den Zeugeneid habe ersetzen können.

Vdn. v. 3. Jan. 1849 § 55 [n. 31a. 32]. Vgl. RdOTr. 11. S. 389.

2. Es begründet keine Nichtigkeit, wenn ein die kommissarische Vernehmung eines Zeugen anordnender (außer der Sitzung gefaßter) Gerichtsbeschluß nur von zwei Richtern unterschrieben ist, sobald derselbe anderweitig ersehen läßt, daß er vom ganzen Kollegium gefaßt worden sei.

Vdn. v. 3. Jan. 1849 § 21 [n. 5].

Erk. (Z. I.) v. **27. Jan. 1871** c. **Nowack** (126 I. Cr.).

[1.] Richtig ist es, daß der Gefangen-Inspektor Sch. seine Aussage vom ꝛc., sowie die in der mündlichen Verhandlung nur auf seinen Amtseid versichert hat. Der Nichtigkeitsrichter ist aber nicht in der Lage darüber zu befinden, ob in einem gegebenen Falle die Angaben des Beamten bei seiner Vernehmung nur Thatsachen enthalten haben, die unmittelbar sein Amt betrafen, weil der thatsächliche Inhalt der Zeugenaussagen nicht der Beurtheilung des Nichtigkeitsrichters unterliegt.

[2.] Der Beschluß des Gerichts v. ꝛc. ist zwar nicht von drei Richtern sondern nur von zwei Richtern unterschrieben, die Fassung des Beschlusses ergiebt aber deutlich, daß er vom Kollegio, und nicht blos von zwei Richtern gefaßt ist.

Antr. d. GStA.: gleichl. [18.—6.]

Nichtigkeits-Richter. – Antragsfrist. – Prüfung.

Dem Nichtigkeitsrichter steht die Prüfung zu, ob die gesetzliche Strafantragsfrist inne gehalten worden sei.

Pr. StGB. § 50; vgl. B.-StGB. § 61 [n. 34].

Erk. (B. I.) v. 27. Jan. 1871 c. Sternke (1203 I. Cr. v. 1870).

Das AG. hatte die Verfolgung des St. (wegen fahrlässiger Körperverletzung) für unstatthaft erachtet, weil der vom Vater des verletzten Knaben gestellte Strafantrag verspätet gewesen sei. Das OTr. hat das betr. Erkenntniß aufgehoben, weil der Antragsteller erst am 7. März von der Person des Thäters Kenntniß erlangt habe und somit sein am 23. März gestellter Antrag rechtzeitig erfolgt sei. In den Gründen heißt es:

Die Frage, ob in einem gegebenen Falle die im § 50 des Pr. StGB.s vorgeschriebene Rügefrist inne gehalten ist, ob also die Anklage überhaupt statthaft war, unterliegt als eine formelle Frage nicht blos der Prüfung des Richters der That, sondern auch der des Nichtigkeitsrichters, welcher daran nicht gebunden ist, was die Instanzrichter in dieser Beziehung für thatsächlich erwiesen angesehen haben.

[23.—9.]

Diebstahlsversuch. – Falscher Schlüssel. – Tauglichkeit.

Der bei einem Diebstahlsversuche angewendete falsche Schlüssel ist kein untaugliches (den Anfang der Ausführung ausschließendes) Mittel, wenn derselbe in das Schlüsselloch eingebracht werden konnte, das Schloß aber aufzuschließen ungeeignet war.

Pr. StGB. § 31. Vgl. B.-StGB. §§ 43 [n. 12]. 243 Nr. 3 [n. 79a].

Erk. (Z. I.) v. 27. Jan. 1871 c. Wiedecke (1168. I. Cr. v. 1870).

W. hatte, in der Absicht einen Diebstahl zu begehen, die Kommode der Ehefrau B. mit einem fremden in das Schlüsselloch gesteckten Schlüssel zu öffnen versucht, war aber davon abgestanden weil dieser Schlüssel für das Schloß nicht paßte. Deshalb des Diebstahlsversuchs angeklagt, wendete er ein und stellte unter Beweis, daß der fremde Schlüssel vollständig „untauglich" gewesen sei, das betreffende Schloß zu öffnen; der Versuch mit einem untauglichen Mittel sei straflos. — Das AG. lehnte aber diesen Beweisantrag ab, und bestätigte das verurtheilende Erkenntniß erster Instanz, weil gerade die Untauglichkeit des Schlüssels dasjenige Hinderniß gewesen, welches der vollständigen Ausführung der gewollten That entgegen getreten sei; ein Schlüssel, welcher in ein Schloß hineingehe, sei ein an sich geeignetes, wenn auch im Einzelfalle unwirksames Schließwerkzeug für dieses Schloß; die Anwendung eines solchen Schlüssels enthalte den Anfang der Ausführung der That, der Gebrauch eines falschen Schlüssels sei nicht ein an sich zweckwidriges Mittel. — Die NB. fand hierin eine Verletzung des § 31 des Pr. StGB.s: werde erwiesen, daß ein Schloß mit einem konkreten Schlüssel nicht geöffnet werden könne, so sei dieser ein absolut untaugliches Mittel; die irrige Hoffnung des Thäters, mit einem solchen seinen Zweck zu erreichen, könne denselben nicht zu einem tauglichen machen. Zurückweisung. Gründe:

Im vorliegenden Falle hat der App.-Richter rechtlich nicht geirrt, wenn er den Entlastungsbeweis für unerheblich erklärt hat. Jedenfalls kann von einem untauglichen Mittel dann niemals die Rede sein, wenn dasselbe seiner natürlichen Beschaffenheit nach geeignet war, um, dem gewöhnlichen Verlaufe der Dinge nach, die beabsichtigte strafbare äußere Wirkung hervorzubringen. Ob dann die letztere nicht realisirt wird, ist selbst dann gleichgültig, wenn der Thäter sich in der Stärke und der Tragweite des gewählten Mittels getäuscht sehen sollte, es kommt nur darauf an, ob er nach den in jedem gegebenen Falle geltenden Naturgesetzen annehmen konnte, den gewollten Erfolg möglich machen zu können, oder, wie dies anderweitig ausgedrückt worden ist, ob im konkreten Falle die Thätigkeit tauglich war, um das volle Wesen einer verbrecherischen Absicht erkennbar zu machen. Dies ist jedoch wesentlich Aufgabe der thatsächlichen Feststellung für jeden einzelnen Fall. In der gegenwärtigen Sache hat aber der App.-Richter unzweifelhaft rechtlich nicht geirrt, wenn er angenommen hat, daß der von dem Angeklagten gebrauchte falsche Schlüssel ein an sich geeignetes Mittel um deshalb gewesen, weil er in das Schloß der bezüglichen Kommode hineingegangen. Denn ein solcher Schlüssel giebt von vornherein die in seinem Wesen liegende, berechtigende Erwartung, daß er das Aufschließen des Schlosses bewerkstelligen werde. Tritt dies, wie hier, bei dem Gebrauche nicht ein, bleibt vielmehr der Schlüssel im Schlosse unbeweglich stecken, dann ist die gehegte Hoffnung allerdings nicht verwirklicht, der Thäter getäuscht worden, allein sein strafbarer Wille ist dadurch äußerlich erkennbar geworden, und es kann von einem untauglichen Mittel umsoweniger die Rede sein, als es im Wesen einer jeden Versuchshandlung liegt, daß eine Täuschung in Betreff der Wirksamkeit des angewandten Mittels obwaltend gewesen, welche durch äußere, von dem Willen des Thäters unabhängige Umstände verursacht worden. Alles was die NB. gegen die Begründung des angefochtenen Erkenntnisses ausführt, bewegt sich auf einem, dem gegenwärtigen, fremden Gebiete, und die geltend gemachten Beispiele erledigen die in dem vorliegenden Falle zu lösende Frage nicht, müssen daher auch auf sich beruhen bleiben.

Antr. d. GStA.: entgeg. [30.—6.]

Privatklage. – Schwere Körperverletzung. – Züchtigungsrecht.

1. Wegen schwerer Körperverletzung findet eine Privatklage nicht statt. Ist es dagegen zweifelhaft gelassen, ob die Körperverletzung eine schwere gewesen sei, so stehet nichts entgegen, die Privatklage einstweilen zuzulassen, vorbehaltlich späterer Zurückweisung durch Erkenntniss, wenn sich demnächst jenes herausstellt.

2. Der Umstand, dass eine Körperverletzung in Ueberschreitung des Züchtigungsrechts zugefügt worden, schliesst die Privatklage nicht aus.

StPO. §§ 487. 498.

Erk. (Z.) v. 1. Febr. 1871 Behrmann c. Bohn (OAG. II, 211 v. 1870).

Auf die Privatklage des ꝛc. Behrmann war der Schiffskapitän Bohn wegen einer dem Sohne des Klägers, dem Schiffsjungen J. Behrmann in Ueberschreitung des Züchtigungsrechts zugefügten Körperverletzung aus § 187 verurtheilt worden. Seine NB. rügte Unzulässigkeit der Privatklage:

1. weil in der derselben zum Grunde gelegten Sachdarstellung die ihm schuldgegebene Körperverletzung eine schwere gewesen sein sollte;
2. weil wegen bloßer Ueberschreitung des Züchtigungsrechts eine Privatklage nie statthaft sei.

Zurückweisung. Gründe:

[Zu Nr. 1.] Gewiß soll der Richter in jeder Lage des Verfahrens schon von Amtswegen seine sachliche Zuständigkeit prüfen (vgl. StPO. § 47) und namentlich gleich nachdem die Privatklage bei ihm eingereicht worden (vgl. StPO. § 498). Auch ist es rechtsirrthümlich, wenn in den Entscheidungsgründen der Strafkammer ausgeführt wird, es sei bei solcher Prüfung nicht darauf angekommen, ob in der Anklage leichte oder schwere Körperverletzung behauptet worden sei, indem vermeintlich der schon bei leichten Körperverletzungen gewährte Schutz der Privatklage, nicht bei erlittener schwerer Körperverletzung könne versagt sein sollen, wenngleich wegen derartiger Verletzungen auch noch der Antrag auf strafrechtliche Verfolgung durch den öffentlichen Ankläger verstattet sei. Die Schlußfolgerung von dem Verfolgungsrechte bei der geringeren auf mindestens gleiches Recht bei der schwereren Verletzung ist hier unzutreffend, weil gerade nur für geringere Vergehen ein Strafverfahren mittelst Privatklage als Ausnahme von dem ordentlichen Strafprozesse hat statuirt werden sollen (vgl. die Ueberschrift des Tit. XXI. der StPO. und Abschn. VI. dieses Titels), mithin für die nicht ausgenommenen Fälle allein das die Regel bildende ordentliche Strafverfahren gesetzliche Geltung hat, — auf welches Verfahren übrigens sowohl bei leichten als bei schweren Körperverletzungen von den Betheiligten angetragen werden kann, vgl. StPO. § 2 und § 488 a. E.

Dagegen muß der in den Erkenntnissen beider Instanzen angedeutete zweite Grund für ausreichend erachtet werden, die verstattete Einleitung der Klage zu rechtfertigen, nämlich dieser, daß es nach Maßgabe des auf Bestrafung wegen leichter Köperverletzung aus StGB. § 187 gestellten

Antrags zweifelhaft erscheinen konnte, ob es bei den über nachtheilige Folgen für das Gehör des klägerischen Sohnes gemachten Anführungen etwa blos um übertriebene subjektive Auffassungen, wie nachträglich vom Kläger selbst zugestanden worden ist, oder um ernstlich behauptete Momente eines objektiven Thatbestandes sich handle. Wegen dieser Dunkelheit hätte allerdings die Klage mittelst Resoluts wie angebracht zurückgewiesen werden können, es läßt sich aber andererseits eben wegen dieser Dunkelheit doch nicht behaupten, daß ein Hinderungsgrund der sachlichen Zuständigkeit der Privatklage bereits klar vorgelegen habe, und daher die Verstattung der Gelegenheit zur Hebung der obwaltenden Unklarheit in der vorerst zu eröffnenden Verhandlung, vorbehältlich eventueller demnächstiger Verweisung der Sache durch Urtheil gemäß der StPO. § 507, nach §§ 498 und 89 ibid. unzulässig gewesen wäre.

[Zu Nr. 2.] Dieser vermeintliche Rechtssatz existirt überhaupt nicht, und die Versuche, denselben zu deduziren, sind verfehlt. Aus dem Umstande, daß bei dem zur Züchtigung Berechtigten die Absicht zu beleidigen fehle, läßt sich nicht herleiten, daß leichte Körperverletzung nicht gegen ihn gerichtlich verfolgt werden könne, denn der § 187 des Pr. StGB.s setzt nur Vorsätzlichkeit, nicht die Absicht zu beleidigen, zu seiner Anwendbarkeit voraus. Ob im einzelnen Falle die Grenze des in Betracht kommenden Züchtigungsrechts schon durch eine zugefügte leichte Köperverletzung überschritten sei, gehört zur Feststellnng des Instanzrichters, und das dem Angeklagten vermöge § 29 des Ges.s v. 26. März 1864, betreffend die Rechtsverhältnisse der Schiffsmannschaft auf den Seeschiffen, über den klägerischen Sohn, als Schiffsjungen, zur betreffenden Zeit zuständig gewesene Recht der väterlichen Zucht ist von der Strafkammer ausdrücklich in Betracht gezogen worden.

Endlich kann zugegeben werden, daß die fernere Bestimmung in dem erwähnten § 29, wonach ein Schiffsmann, welcher durch ungebührliches Betragen dem Kapitän zu

Scheltworten oder geringen Thätlichkeiten Veranlassung gegeben, deshalb keine gerichtliche Genugthuung soll fordern können, analoger Weise ebenfalls auf Schiffsjungen anzuwenden ist, aber daß der klägerische Sohn bei der fraglichen Gelegenheit durch ungebührliches Betragen dem Angeklagten Anreizung gegeben habe, hat nicht festgestellt werden können, sondern nur, daß derselbe sich bei früheren Vorgängen störrig und lässig bewiesen habe, welches nur wie geschehen, zur Annahme mildernder Umstände hat führen können.

Antr. d. GStA.: gleichl. [62.—6.]

---

1. Zeuge. - Eid. - Beamter. - Motivirung.
2. Fragstellung. - Dolus. - Besondere Frage.

1. Die Versicherung auf den Diensteid, welche bei einem als Zeuge über Amtsgegenstände vernommenen Beamten an die Stelle der Beeidung tritt, bedarf nicht einer besonderen Rechtfertigung durch Anführung der Gründe.

StPO. §§ 165. 160. 243. Vgl. RdOTr. 11. S. 58.

2. Das in der schwurgerichtlichen Hauptfrage mit enthaltene subjektive Moment kann nicht ausserdem noch zum Gegenstande einer besonderen Nebenfrage gemacht werden.

StPO. §§ 317. 318. 319. Vgl. Oppenhoff, Strafverf. Art. 84 n. 8; RdOTr. 1. S. 274; 5. S. 128; 8. S. 701.

Erk. (Z.) v. 1. Febr. 1871 c. Hagedorn (OAG. II. 26).

[1.] Die Nichtbeeidigung [des als Zeuge vernommenen Gerichtsvogts X.] kann nach dem eigenen Anführen des Angeklagten über den Inhalt der betreffenden Zeugenaussage keinen Nichtigkeitsgrund abgeben, weil das Zeugniß über Zahlungen des Schuldners an den exequirenden Beamten kein solches über Thatsachen genannt werden kann, deren Kenntniß der Zeuge nur bei Gelegenheit der Ausübung seines Amtes erlangt hat, die aber in keiner Beziehung zum Amte stehen, vielmehr dasselbe recht eigentlich einen Gegenstand betrifft, der in das Amt des Gerichtsvogts einschlägt. Sodann aber bezieht sich das Erforderniß der Feststellung eines die Unterlassung einer Zeugenbeeidigung rechtfertigenden Grundes (§§ 160 und 243) nur auf die Fälle — §§ 161. 162 der StPO. —, in denen ausnahmsweise die sonst erforderliche Vereidung eines Zeugen unterbleiben soll oder kann, nicht aber auf die in den §§ 164. 165 vorbehaltenen Modifikationen der Art und Weise, in welcher die eidliche Bestärkung eines Zeugnisses zu erfolgen hat.

[2.] Mit der zweiten Nichtigkeitsbeschwerde wird der die Stellung weiterer Fragen ablehnende Gerichtsbeschluß angegriffen: aber mit Unrecht. Eine besondere Feststellung des zum Thatbestande der Unterschlagung und der Register- 2c. Fälschung erforderlichen rechtswidrigen Vorsatzes ist nur dann nöthig, wenn dessen Bestreitung sich auf spezielle durch die beantragte Frage festzustellende thatsächliche Momente gründet; insbesondere ist bei mangelnder thatsächlicher Grundlage dafür, daß neben der Absicht alsbaldiger Restitution auch die Fähigkeit dazu vorhanden gewesen, das Bewußtsein der Möglichkeit einer Benachtheiligung des Eigenthümers durch die als objektiv benachtheiligend festgestellte Handlung nicht zu bezweifeln. Nun hat aber das Schwurgericht die Fragstellung bezüglich des rechtswidrigen Vorsatzes nicht allgemein, wie der Angeklagte annimmt, als rechtlich unstatthaft abgelehnt, sondern es hat nur einmal die Stellung besonderer Fragen über das in der Hauptfrage mit enthaltene subjektive Merkmal versagt, und dabei völlig im Einklang mit der Vorschrift des § 317 der StPO. verfahren, sodann aber die Bestimmung des § 318 hier nicht für anwendbar erklärt und damit lediglich einen ihm über die konkrete Gestaltung der Sache zustehenden Ausspruch abgegeben, welcher keinen Gegenstand der Nachprüfung in der Nichtigkeitsinstanz darbietet.

Antr. d. GStA.: gleichl. [67.—6.]

Vermögensbeschädigung. – Pächter. – Fremde Pflanzung.

Der Pächter, welcher die auf einem angepachteten Grundstücke von einem Dritten gesäeten ꝛc. Pflanzen zerstört, ehe er die diesem gebührenden Bestellungskosten vergütet hat, verwirkt die Strafe des

Pr. StGB.s § 281. Vgl. B.-StGB. § 303.

Erk. (Z. I.) **v. 1. Febr. 1871 c. Hardt** (42. I. Cr.).

H. war wegen Anstiftung des Sp. zu einer von diesem „vorsätzlich und rechtswidrig verübten Zerstörung fremder (dem K. gehöriger) Gartengewächse" aus §§ 261. 31 des Pr. StGB.s bestraft worden. — In zweiter Instanz wendete er (unter Bezugnahme auf § 215 fgg. I, 9. ALR.) ein, daß er in gutem Glauben an eine vorhandene Berechtigung, also nicht „rechtswidrig" gehandelt habe; der Boden, auf welchem die betreffenden Gewächse standen, gehöre zu einem von ihm angepachteten Gemeinde-Moore, auf welchem zu säen K. nicht befugt gewesen sei. Diesen Einwand erachtete das AG. „durch die stattgehabte Beweisaufnahme, welche die boshafte Gesinnung des Angeklagten ergebe, für widerlegt; derselbe habe wissen müssen, daß er nicht willkürlich die Gartenpflanzen zerstören dürfe, sondern allenfalls richterliche Hülfe nachsuchen müsse." Hierin fand die NB. eine Verletzung des allgemeinen Grundsatzes: daß demjenigen, welchem die Gewahrsam (der Besitz) mit Gewalt entnommen worden sei, dieser Besitz ohne Rücksicht auf ein besseres Recht desjenigen, welcher Gewalt verübt habe, wiedergegeben werden müsse, und daß der Inhaber berechtigt sei, Gewalt durch Gewalt abzuwehren; demgemäß sei der erhobene Beweis über sein Pachtverhältniß erheblich gewesen. — Zurückweisung. Gründe:

Allerdings stehen die Vorschriften [der §§ 275 I, 9 ALR.] unter dem Titel von den unmittelbaren Arten der Erwerbung des Eigenthums, und die Regel des § 221 ibid.:

> die Früchte einer Sache sind, gleich bei ihrem Entstehen, das Eigenthum desjenigen, welcher das Nutzungsrecht der Sache hat,

würde denn auch auf die gleichfalls in dem Abschnitt von der Erwerbung der An- und Zuwüchse befindlichen oben gedachten Bestimmungen über das Säen und Pflanzen auf fremdem Grund und Boden anwendbar sein. Dazu kommt, daß hier der § 275 sagt:

das Eigenthum des Samens und der Pflanzen, womit fremder Grund und Boden bestellt worden, fällt, sobald ersterer ausgesäet ist, und letztere Wurzel getrieben haben, demjenigen anheim, welchem das Nutzungsrecht des Bodens zukommt.

Allein die nachfolgenden Vorschriften über das Verhältniß des Nutzungsberechtigten zu demjenigen, welcher auf seinem Grund und Boden gesäet oder gepflanzt hat, stehen mit jener Auffassung im Widerspruch. Hiernach hat der Dritte in allen Fällen an den Nutzungsberechtigten gewisse Ansprüche, z. B. auf Erstattung des Werths des Samens oder doch der Bestellungskosten, ferner die Befugniß der Zurücknahme des Samens in dem Falle, daß der Nutzungsberechtigte die Früchte u. s. w. nicht will. Hiernach ist es klar, daß das Gesetz in diesem Falle eine unmittelbare Erwerbsart nicht hat eintreten lassen wollen, dieselbe vielmehr erst von der Willenserklärung des Nutzungsberechtigten und von seiner Auseinandersetzung mit dem Säenden hinsichtlich seiner Ansprüche abhängig gemacht hat, der Wortlaut des § 275 also nur mit dieser Einschränkung zu verstehen ist. Eine willkührliche Zerstörung der fremden Pflanzung ist ihm also ohne eine solche Auseinandersetzung nicht gestattet und selbst wenn man annehmen wollte, daß solche Zerstörung zugleich die stillschweigende Willenserklärung einer Eigenthums-Disposition habe, also den Ausdruck der Absicht, die Pflanzung nicht dem Säenden gegen Entschädigung zu überlassen, so würde sich doch darin nicht mit Zuverlässigkeit die zumal nothwendig vorangehende Auseinandersetzung mit dem Säenden erkennen lassen. Eine Gesetzesverletzung hat daher nicht stattgefunden.

[15.—3.]

---

1. **Nichtigkeits-Beschwerde. – Mittheilung. – Vertheidiger.**
2. **Arrestbruch. – Beschlagnahme. – Immobile.**

1. Welchem Vertheidiger ist die Nichtigkeits-Beschwerde des Ober-Staatsanwalts mitzutheilen,

wenn nicht der bevollmächtigte Rechtsanwalt selbst, sondern ein Substitut desselben die Vertheidigung geführt hat?

[nicht direkt entschieden].

Vdn. v. 3. Jan. 1849 § 144 [n. 9].

2. Die richterliche Verfügung, durch welche dem Besitzer eines Grundstückes aufgegeben wird, sich jeder Disposition über dasselbe zu enthalten, ist für sich allein eine „Beschlagnahme," und eine Zuwiderhandlung gegen dieselbe strafbar aus

Pr. StGB. § 272. Vgl. B.-StGB. § 137 [n. 5. 6. 13]. Vgl. RbOTr. 6. S. 44. 237. 239; 8. S. 796; 11. S. 176. 293. 500. 548; 12. S. 22.

Erk. (B. I.) v. 1. Febr. 1871 c. Suhr (1151. I. Cr. v. 1870).

Der Gasthofsbesitzer P. hatte gegen S. eine Verurtheilung zur Zahlung von 25 Thlrn. erwirkt und nachdem eine Mobiliar-Exekution fruchtlos geblieben war, beim KG. dahin angetragen: „zwei im Naturalbesitze des S. befindliche Grundstücke nebst den darauf befindlichen Gebäuden mit Beschlag zu belegen, und demselben jede Verfügung darüber zu untersagen," indem er bemerkte, daß ein Subhastationsantrag nicht statthaft sei, weil S. weder einen Erwerbstitel nachweisen könne, noch einen Besitztitel habe, dennoch aber in der Lage sei, mit Leichtigkeit über das Besitzthum zu disponiren. Demgemäß erließ das KG. an S. eine Verfügung, inhalts deren „auf die gedachten Grundstücke bis zur Höhe von rc. Beschlag gelegt," und S. angewiesen wurde: „sich jeder Verfügung oder Verpfändung derselben bei Vermeidung der in dem StGB. angedrohten Strafen zu enthalten, auch die Dokumente über diese Grundstücke auszuantworten." — Obgleich S. diese Verfügung erhalten, hat er jene Grundstücke demnächst einem Dritten verkauft und übergeben. — Die dieserhalb aus § 272 des Pr. StGB.s erhobene Anklage erachtete das AG. für nicht begründet, weil die Beschlagnahme nicht in der im Gesetz (AGO. I, 24 §§ 110fgg.) vorgeschriebenen, sondern in der nur auf Mobilien bezüglichen Form nach Analogie des § 71 ibid. erfolgt und deshalb unwirksam sei. —

Gegen diese Entscheidung ergriff der OStA. die NB., welche Seitens des Gerichts 1. Instanz dem von S. zur zweiten Instanz bevollmächtigten RA. D., und nicht dem in der Sitzung mit Substitutionsvollmacht des letzteren aufgetretenen RA. H. abschriftlich mitgetheilt wurde.

Bei der Verhandlung vor dem OTr. regte die Gen.-Staatsanwaltschaft die Frage an, ob nicht die abschriftliche Mittheilung der NB. an den in der Sitzung wirklich aufgetretenen RA. H. erfolgen müsse; [vgl. Strafverf. § 144 n. 11] *). Ohne indessen weiter auf diese Frage einzugehen hat das OTr. das angefochtene Erkenntniß vernichtet. Gründe:

Der Ausführung [des AG.s] hat nicht beigepflichtet werden können. In den Fällen der vorliegenden Art handelt es sich nicht um einen der verschiedenen Grade der Exekutions-Vollstreckung, sondern um die Frage, ob im Wege der Exekution dem Schuldner die Disposition über seine Immobilien zum Nachtheile seines Gläubigers, mit der Wirkung einer Beschlagnahme, untersagt werden kann. Dies muß bejaht werden, und läßt sich aus verschiedenen ähnlichen gesetzlichen Bestimmungen herleiten. So verordnet der § 442 I. 20 des ALR.s, daß ein Pfandgläubiger darauf antragen könne, dem Besitzer des verpfändeten Grundstücks aufzugeben, sich „nachtheiliger Dispositionen" zu enthalten. Der § 116 I. 24 der AGO. bestimmt, daß bei Einleitung der Sequestration dem Schuldner alle Disposition über das Grundstück untersagt werden soll. Nach § 8 der Subh.-Ordn. v. 15. März 1869 hat der Subhastations-Richter den Schuldner von der Einleitung der Subhastation in Kenntniß zu setzen, und diese Verfügung bewirkt bereits nach § 9 l. c. zu Gunsten der Subhastations-Interessenten und der Real-Gläubiger eine Beschlagnahme des Grundstücks, sowie auch bereits der § 5 I. 51 der AGO. vorschrieb, daß die Eröffnung des Liquidations-Prozesses über Grundstücke oder deren Kaufgelder, einen Beschlag auf das Grundstück oder dessen Kaufgeld bewirkt, kraft dessen der Schuldner eigenmächtig darüber zu ver-

*) In einer U.-S. c. Jürgens (39 II. Cr.), in welcher die Mittheilung der NB. des OStA.s an den Vertheidiger gänzlich verabsäumt worden war, ordnete ein Beschl. II. 21. Jan. 1871 die nachträgliche Mittheilung nicht an den zur 2. Instanz bevollmächtigten, sondern an den von diesem substituirten Rechtsanwalt an, welcher die Vertheidigung in der Sitzung geführt hatte.

fügen, nicht mehr befugt ist. Hieraus erhellt zur Genüge, daß die bloße Beschlagnahme eines Grundstücks nicht nothwendig in den Formen der §§ 110ff. I. 24 der AGO. erfolgen muß, sondern daß es, wenn es sich nur um eine vorläufige Sicherung von Rechtsansprüchen handelt, ausreicht, daß die Dispositionsuntersagung durch jede andere zweckentsprechende Verfügung kund gethan wird. Es folgt dies deutlich aus den Vorschriften des Tit. 29 Thl. I. der AGO., welcher von Arresten handelt. Arreste sind aber im Wesentlichen antizipirte Exekutionen und es läßt sich kein Grund absehen, weshalb im Wege der eigentlichen Exekutionsinstanz eine vorläufige Sicherungsverfügung unstatthaft sein sollte, und gänzlich unwirksam dem davon betroffenen Schuldner gegenüber bleiben müßte. Er wird durch ein derartiges Inhibitorium in seiner Dispositionsbefugniß beschränkt, für ihn ist das bezügliche Grundstück mit Beschlag belegt, und kann es endlich gar nicht bezweifelt werden, daß im Laufe der Exekutionsvollstreckung auch bloße Sicherheitsmaßregeln ausgebracht werden dürfen, die demnächst die spätere Realisirung ermöglichen. [20.—3.]

Arrestbruch. - Dritter.

Ist eine Aktivforderung des Exequendus oder eine in der Gewahrsam eines Dritten befindliche Sache desselben bei dem Drittschuldner (Inhaber) in Beschlag genommen worden, so verwirkt der letztere durch Auszahlung der verschuldeten Summe oder durch Ausantwortung der Sache an einen Anderen nicht die Strafe des

Pr. StGB.s § 272 Vgl. Ges. v. 20. März 1854 § 18; B.-StGB. § 137 n. 7.

Erk. (B. II.) v. 2. Febr. 1871 c. Lange (25. II. Cr.).

Auf den Antrag eines Gläubigers A. hatte der Prozeßrichter die Abpfändung dreier dem Schuldner S. gehöriger, im Besitze eines Dritten, des &c. L., befindlicher Wagen verfügt, davon aber wieder Abstand genommen, als L. gegen die Abpfändung wegen einer auch ihm angeblich gegen S. zustehenden Forderung Widerspruch erhob. Statt dessen wurde am 5. Febr. 1870 an den Schuldner S. ein Arrestatorium erlassen, mittels dessen auf die gedachten drei Wagen „Beschlag“ gelegt und demselben aufgegeben wurde: „sich bei Vermeidung der im Pr. StGB. § 272 verordneten Strafen jeder Verfügung über die in Beschlag genommene Forderung durch Empfangnahme, Cession, Verpfändung oder sonst zu enthalten.“ Gleichzeitig erging an den Inhaber der Wagen: L. die Benachrichtigung von der stattgehabten Beschlagnahme mit der Aufforderung: „bei eigener Vertretung und zur Vermeidung nochmaliger Zahlung die mit Beschlag belegten Wagen weder an den S. noch auf dessen Anweisung an einen Dritten herauszugeben.“ Dessenungeachtet hat L. nach dem Empfange der betreffenden Verfügung jene Wagen an einen Dritten W. verkauft, und ist deshalb aus § 272 des Pr. StGB.s bestraft worden; dabei erwog das AG.: zwar seien bei der betreffenden gerichtlichen Maßnahme formelle Verstöße begangen, indem dem L. nicht nach Vorschrift des § 18 der Vdn. v. 20. März 1854 aufgegeben worden sei, „die Wagen an das Gericht abzugeben;“ dieses berühre aber das Wesen der wirklich angelegten Beschlagnahme nicht und mache dieselbe nicht ungültig; auch lasse sich nicht aufstellen, daß körperliche Sachen gar nicht durch bloße Verfügung abgepfändet werden könnten, und daß es dazu nothwendig der Besitzergreifung durch den Exekutor bedürfe; vielmehr sei jede richterliche Verfügung zu respektiren.“

Die NB. des L. rügte Gesetzesverletzung und wies darauf hin, daß nach dem cit. § 18 der Vdn. v. 20. März 1854, wenn die Exekution in Sachen oder Gelder des Exequendus, welche sich in der Gewahrsam eines Dritten befänden, vollstreckt werden solle, dem letzteren nur „bei eigener Vertretung der Sachen ꝛc.“ d. h. also bei Vermeidung eines eventuell eintretenden civilrechtlichen Nachtheils aufgegeben werde, dieselbe nicht dem Exequendus auszuantworten, sondern an das Gericht abzuliefern, während dem Exequendus befohlen werde, sich jeder Verfügung „bei Vermeidung der gesetzlichen Strafe“ zu enthalten; der Richter könne dem Dritten gegenüber nicht mehr Rechte in Anspruch nehmen, als der Exequendus hatte, weil das zwischen beiden bestehende Rechtsverhältniß nicht seiner Kognition unterliege; es stehe demselben also auch nicht zu, diesem eine Verfügung zu untersagen; Gegenstand der Exekution sei gar nicht die im Besitze des Dritten befindliche Sache, sondern nur das betr. Forderungsrecht des Exequendus; dieses könne aber der Beschlagnahme nur durch den letzteren, nicht aber durch den schuldenden Dritten entzogen werden. — Vernichtung. Gründe:

Es ergiebt sich aus den Vorerkenntnissen und insbesondere geht der App.-Richter bei der Begründung seiner Entscheidung davon aus, daß die durch die Verfügung vom 5. Febr. 1870 angeordnete Beschlagnahme auf Grund des § 18 des Ges.s v. 20. März 1854 (GS. S. 115) wenngleich nicht überall unter genauer Beobachtung der gesetzlich vorgeschriebenen Form, erfolgt ist. Auch aus den bereits gedachten prozessualischen Vorgängen und dem der Vorschrift des § 18 a. a. O. im Wesentlichen entsprechenden Inhalte der zur Audienz-Verhandlung 1. Instanz verlesenen Verfügungen vom 5. Febr. pr. geht dies unzweifelhaft hervor. Es kann sich also bei Prüfung des ersten Angriffs der NB. nur fragen, ob im Falle eines nach § 18 a. a. O. veranlaßten exekutivischen Verfahrens die strafrechtliche Vorschrift des § 272 des StGB.s auf den Dritten Anwendung findet, welcher über die in seinem Besitze befindlichen, dem zu Exequirenden gehörigen Sachen, der angeordneten Beschlagnahme ungeachtet, anderweitig verfügt. Diese Frage ist zu verneinen. § 101 I. 24 AGO. schreibt für das Verfahren bei Beschlagnahme von Aktivforderungen eines Exequenden vor, daß der Schuldner desselben angewiesen werden soll, seinem Gläubiger keine Zahlung weiter zu leisten, sondern dieselbe, soweit zur Befriedigung des Exekutionssuchers erforderlich, nach Ermessen des Gerichts entweder unmittelbar an den letzteren, oder in das gerichtliche Depositorium abzuführen, mit dem Bedeuten, daß dem Schuldner, wenn er dem Verbot zuwider handele, die Gelder auf seine Schuld als gültige Zahlung nicht angerechnet werden würden. Dem Exequendus wird anbefohlen, sich aller Cession, Verpfändung oder anderweitigen Disposition über die in Beschlag genommenen Kapitalien bei Vermeidung der in den peinlichen Rechten verordneten Strafen zu enthalten. Danach ist es nicht zweifelhaft, daß zwar der Exequendus sich durch Disposition über die in Beschlag genommene Forderung strafrechtlich verantwortlich macht, daß aber das an den Schuldner des Exequenden erlassene Verbot nur von civilrechtlicher Wirkung begleitet ist, der Art, daß die ungeachtet des ergangenen Inhibitorii auf das verkümmerte Aktivum geleistete Zahlung dem Exekutionssucher gegenüber nicht für gültig gezahlt angesehen wird, der Schuldner vielmehr dem letzteren zur nochmaligen Zahlung verpflichtet bleibt. Das ist auch bereits in der Judikatur des Königl. OTr.s anerkannt, vgl. das Z. V. I. v. 16. Septbr. 1864 (RdOTr. 5 S. 119). Nicht anders verhält es sich aber auch bei der nach § 18 des Ges.s v. 20. März 1854 in Sachen oder Gelder des zu Exequirenden, welche sich im Besitze eines Dritten befinden, zu vollstreckenden Exekution. Im § 31 der dem gedachten Gesetze vorangegangenen, für die östlichen Provinzen mit Ausschluß Neu-Vorpommerns erlassenen Vdn. v. 30. Juli 1853 wegen exekutivischer Beitreibung von Steuern und öffentlichen Abgaben (GS. S. 909) ist die Beschlagnahme ausstehender Forderungen und diejenige bei einem Dritten befindlicher Sachen des Schuldners gleichmäßig behandelt. An den Schuldner soll die Aufforderung erlassen werden, sich jeder Cession, Verpfändung oder anderweitigen Disposition über die in Beschlag genommenen Summen oder Sachen zu enthalten. Diejenigen Handlungen, welche der Dritte in Ansehung derselben zum Nachtheil der Kasse vornimmt, sollen in Bezug auf die letztere dergestalt als nicht geschehen angesehen werden, daß der Dritte zur Zahlung der schuldigen Sache oder ihres Werthes der Kasse verpflichtet bleibt. Bei verweigerter Zahlung oder Ausantwortung der Forderung oder Sache wird die Kasse zur Klage gegen den Dritten ermächtigt. § 18 des Ges.s v. 20. März 1854 hat sodann für die Exekution in Sachen oder Gelder, welche dem zu Exequirenden eigenthümlich gehören, sich jedoch im Besitze oder in der Gewahrsam eines Dritten befinden, ein eigenes, dem in § 101 Thl. I. Tit. 24 der AGO. für die Beschlagnahme von Aktivforderungen angeordneten, analoges Verfahren allgemein vorgeschrieben. Das Gesetz ergiebt, daß die in demselben vorgesehene Beschlagnahme das zwischen dem Exequenden und dem dritten Besitzer des Geldes oder der Sache bestehende Rechtsverhältniß, entsprechend dem nach § 101 a. a. O. für die Beschlagnahme von Forderungen vorgesehenen Verfahren, unberührt läßt, und, wie dort die Forderung des Exequenden, so hier den Anspruch desselben, welcher ihm auf die Ausantwortung der Gelder oder der Sache an den Dritten zusteht, zum eigentlichen Gegenstande hat. Der Erlaß des Inhibitorii erfolgt zu gleichem Zwecke, wie bei der Beschlagnahme von Forderungen, um der Beschlagnahme ihre Wirkung zu sichern und zu bewirken, daß die Ausantwortung der Sache in Ansehung des Exekutionssuchers nicht mehr rechtsgültig an den Exequenden erfolgen kann. Dies Alles folgt daraus, daß auch nach Vorschrift des § 18 a. a. O nur dem zu Exequirenden jede Verfügung über die Sache oder Gelder bei Vermeidung der gesetzlichen Folgen untersagt wird, während der an den dritten Besitzer gerichteten Anweisung die Sachen oder Gelder bei eigener Vertretung dem zu Exequirenden nicht auszuantworten, nur das Recht des Exekutionssuchers, zur Anstellung der Klage auf Ausantwortung der Sache an das Gericht ermächtigt zu werden, mithin in Ansehung des Dritten nur ein civilrechtlicher, denselben treffender Nachtheil gegenüber gestellt wird. Im vorliegenden Falle, in welchem nach Anleitung des § 318 a. a. O. dem Imploranten nur aufgegeben ist, bei eigener Vertretung die mit Beschlag belegten, dem Verklagten zustehenden Wagen weder an den Verklagten, noch auf dessen Anweisung an einen Dritten herauszugeben, hat sonach eine Pfändung oder Beschlagnahme dieser Wagen bei dem Imploranten, wie sie der § 272 des StGB.s voraussetzt, überhaupt nicht stattgefunden und die der thatsächlichen Feststellung der Instanzrichter zu Grunde liegende entgegengesetzte Annahme, daß der Implorant sich durch Veräußerung der in seinem Besitze befindlichen dem Verklagten zugehörigen Wagen des in § 272 des StGB.s vorgesehenen Vergehens schuldig gemacht habe, beruht daher auf einer rechtsirrthümlichen Auffassung des § 18 a. a. O. und des § 272 des StGB.s.

[37.—3.

Verjährung. – Anklage. – Irrige Qualifizirung.

Die eine That als Vergehen qualifizirende Anklage und der dem entsprechend ergangene Eröffnungsbeschluß unterbrechen die Verjährung, sollte auch der erkennende Richter in derselben nur den Thatbestand einer Uebertretung finden.

Pr. StGB. §§ 48. 339; Ges. v. 3. Mai 1850 Art. 30. Vgl. Bund.-StGB. § 68 [u. 26]; RbOTr. 1. S. 470.

Erk. (B. II.) v. 2. Febr. 1871 c. Vetter (370. II. Cr. v. 1870).

Der PAnw. hatte gegen V. am 22. (29.) Dez. die Anklage erhoben, daß er: „Anfangs Dezember auf fremdem Jagdgebiet unbefugt die Jagd ausgeübt habe;" die Eröffnung des Verfahrens erfolgte demgemäß durch die Verfügung des Pol.-Richters vom 13. Januar. In der am 1. April stattfindenden Verhandlung wies V. nach, daß er vom Jagdberechtigten die mündlich ertheilte Erlaubniß zu jagen gehabt habe; es erfolgte daher auf den Antrag des PA.s seine Verurtheilung nur aus § 17 des JPol.-Ges. v. 8. März 1850, weil er bei jener Jagdausübung weder in Begleitung des Berechtigten gewesen noch die schriftliche Erlaubniß desselben bei sich geführt habe. Auf seine Appellation erachtete aber das AG. diese Uebertretung für verjährt: des ihm in der Anklage zur Last gelegten Vergehens sei V. nicht schuldig befunden worden; habe er sich gleichzeitig [?] einer Uebertretung schuldig gemacht, so habe es dieserhalb einer neuen Anklage bedurft, da nicht angenommen werden könne, daß die durch § 17 cit. verpönte Uebertretung in dem in § 274 bezeichneten maius als minus enthalten sei; die erst in der Sitzung erhobene Anklage sei dagegen nach dem Ablaufe der Verjährungsfrist erfolgt. — Vernichtung. Gründe:

Die am 29. Dezbr. 1869, innerhalb des Monats der fr. Thathandlung erhobene Beschuldigung umfaßte die unbefugte Ausübung der Jagd im Allgemeinen thatsächlich, also unter anderen alle die Fälle, welche der § 17 des JPol.-Ges.s v. 7. März 1850 vorgesehen hatte, dessen letzte

Bestimmung in den § 274 des StGB.s übergegangen ist. Daß der PAnw. dabei nur auf § 274 als das anzuwendende Strafgesetz hinwies, entzog dem Gericht nicht das Recht und die Pflicht, den incrim. Thatbestand in seinem ganzen Umfange gemäß Art. 30 des Ges.s v. 3. Mai 1852 zu untersuchen, und die Vorladung des Angeklagten v. $\frac{\text{13. Januar}}{\text{14. Februar}}$ setzte diesen in den Stand, sich gegen die Beschuldigung einer strafbaren Jagdausübung zu Anfang Dezember im städtischen Jagdbezirke M., nach allen Richtungen hin und unter allen Modalitäten zu vertheidigen. Er vertheidigte sich in der doppelten Weise, daß er damals dort die Jagd ausgeübt zu haben überhaupt verneinte und daß er die Erlaubniß zur Jagd von dem Pächter derselben besessen zu haben behauptete. Weder dadurch noch durch den bei der Verhandlung vom 6. Mai in Folge jener Vertheidigung und der Beweisaufnahme darüber beschränkten Antrag des PAnw.s auf Bestrafung aus § 17 des JPol.-Ges.s konnte die einmal anhängige Untersuchung ungeschehen und der fortwährende Lauf derselben zu einem Laufe der Verjährungszeit wegen der im Dezember unter Anklage gestellten Thathandlung gemacht werden. Es blieb dem Richteramte nur übrig, den Angeklagten nach Maßgabe des Inbegriffs der Verhandlung der unbefugten Jagdausübung mit allen Momenten des in § 274 des StGB.s vorgesehenen Thatbestandes oder unter anderen, doch noch gemäß § 17 a. a. O. oder einer sonstigen Strafbestimmung strafbaren, Umständen schuldig oder gar nicht schuldig zu erkennen, allein für verjährt konnte es die so untersuchte That nicht mehr erklären. Der Antrag des PAnw.s in der Sitzung vom 6. Mai war in dieser Beziehung ganz unerheblich. So wenig derselbe, wenn er auf Verurtheilung aus § 274 cit. oder auf Freisprechung gelautet hätte, für die erste Anklage angesehen werden und deshalb die Annahme der Verjährung begründen konnte, ebensowenig durfte ihm die Bedeutung einer ersten Anklage beigelegt und die bis dahin geführte Untersuchung, auf deren Ergebniß er sich gründete, für eine demselben fremdartige, darauf nicht bezügliche erachtet werden, weil er die inkriminirte Jagdausübung unter einen andern strafrechtlichen Gesichtspunkt, wie die ursprüngliche Anklage, brachte, welche darum nicht weniger in Gemäßheit des cit. Art. 30 die Richtung der Untersuchung auf denselben mitbewirken mußte und bewirkt hat.

Antr. d. GStA.: gleichl. [23.—3.]

Salz. - Gewerbesalz. - Verkauf wie?

Das zu einem bestimmten Zwecke steuerfrei abgelassene der Verwendungskontrolle unterliegende Salz (z. B. „Gewerbesalz") darf nur als solches verkauft werden. Wer über dasselbe schlechthin als „Salz" ohne den Nachweis der Verwendung zu dem speziell nachgelassenen gewerblichen Zwecke (also als „Gewerbesalz") und ohne Beobachtung der von der Steuerbehörde dieserhalb vorgeschriebenen Kontrollvorschriften verfügt, macht sich einer Defraudation schuldig.

Staats-Uebereinkunft v. 8. Mai 1867 Art. 2 (B.-GBl. s. 49); B.-Ges. v. 12. Okt. 1867 § 13 Nr. 6, § 15 (ibid. s. 41).

Erk. (B. I.) **v. 3. Febr. 1871 c. Körber** (1840. I. Cr. v 1870).

Der Salzgroßhändler K. war, weil er „in fünf Fällen steuerfrei bezogenes Gewerbesalz als Kochsalz verkauft habe," wegen Salzsteuerdefraudation in fünf Fällen aus § 11 des Bund.-Ges.s v. 12. Okt. 1867 verurtheilt worden. Auf seine Appellation ward er aber vom AG. nur der Defraudation in einem Falle für schuldig erachtet, in Betreff der übrigen aber freigesprochen. In dieser letzteren Beziehung erwog das AG., daß eine Defraude nicht vorliege, wenn das abgabenfrei überlassene Salz zwar zu andern als den gestatteten, jedoch zu solchen Zwecken verwendet werde, zu welchen gleichfalls eine steuerfreie Verabfolgung von Salz erfolge, weil dann dem Staate keine Abgabe entzogen werde; es müsse sonach dem Angeklagten nachgewiesen werden, daß er Gewerbesalz als Speisesalz verkauft habe; dieser Beweis sei aber nur in einem jener fünf Fälle, nicht in den vier übrigen erbracht. — Auf die NB. des Prov.-Steuer-Direktors ist dieses Erkenntniß vernichtet und die Sache zur anderweiten Verhandlung an ein anderes AG. verwiesen worden. Gründe:

Es ist rechtsirrthümlich, wenn der App.-Richter in seiner Entscheidung davon ausgeht, daß dem Angeklagten von der Anklage der Beweis geführt werden müsse, daß er das ihm steuerfrei überlassene Gewerbesalz als Speisesalz verkauft hat. Sodann ist es auch ferner unrichtig, daß, wie der App.-Richter annimmt, wenn das abgabenfrei überlassene Salz auch zu anderen Zwecken, als den gestatteten, jedoch zu solchen Zwecken, zu welchen gleichfalls Salz abgabenfrei verabfolgt wird, verwandt ist, niemals eine Defraudation vorliegen könne. Nach Art. 2 der Uebereinkunft v. 8. Mai 1867 unterliegt das im Zollvereinsgebiet gewonnene, sowie das aus dem Auslande eingeführte Salz einer Abgabe von 2 Thlrn. für den Zoll-Centner Nettogewicht, und unter Salz (Kochsalz) sind außer dem Siede-, Stein- und Seesalz alle Stoffe begriffen, aus welchen Salz ausgeschieden zu werden pflegt. Nach § 13 Nr. 6 des Ges.s v. 12. Okt. 1867, betreffend die Erhebung einer Abgabe von Salz, soll aber die Salzabgabe-Defraudation für vollbracht angesehen werden,

> wenn über das unter Steuer-Kontrolle oder unter Kontrolle der Verwendung befindliche Salz eigenmächtig verfügt, oder das steuerfreie oder gegen Kontrollgebühr abgelassene Salz zu anderen als den gestatteten Zwecken verwendet wird.

Am Schlusse des § 13 l. c. heißt es aber:

> „Das Dasein der Defraudation und die Anwendung der Strafe derselben wird in den vorstehend aufgeführten Fällen lediglich durch die bezeichneten Thatsachen begründet. Kann jedoch der Angeschuldigte vollständig nachweisen, daß er eine Defraudation nicht habe verüben können oder wollen, so findet nur eine Ordnungsstrafe nach § 15 statt."

Es ergiebt sich aus diesen gesetzlichen Bestimmungen:

1. daß Salz, welches sich unter Kontrolle der Verwendung befindet, und nur zu dem gestatteten Zweck steuerfrei abgelassen ist, also auch das im denaturirten Zustand

zu bestimmten gewerblichen Zwecken steuerfrei abgelassene Gewerbesalz nur als solches verkauft werden darf;

2. daß schon durch den Verkauf von steuerfrei überlassenem Gewerbesalz schlechthin als Salz ohne den Nachweis der Verwendung zu dem gewerblichen Zweck, für welchen die steuerfreie Verabfolgung geschehen war, und ohne Beobachtung der in dieser Beziehung von der Steuerbehörde vorgeschriebenen Kontroll-Maßregeln, darüber eigenmächtig verfügt, und eine Salzabgabe-Defraudation nach § 13 l. c. begangen wird.

Hiermit im Einklang verordnet denn auch die durch das Amtsblatt publizirte Bekanntmachung des Finanz-Ministers v. 23. Febr. 1869:

1. Viehsalz darf nur zur Fütterung des Viehes, Gewerbesalz nur zu gewerblichen Zwecken, für welche Salz abgabenfrei verabfolgt wird, (§ 20 des Bundes-Ges.s v. 12. Okt. 1867) und zwar stets nur zu dem gewerblichen Zwecke verwendet werden, welcher von dem Gewerbetreibenden im Bestellzettel vermerkt ist;

2. Niemand darf Viehsalz oder Gewerbesalz verkaufen der nicht zuvor der Steuerbehörde von der Absicht solches Salz zu verkaufen, schriftlich Anzeige gemacht, und über diese Anzeige eine Bescheinigung erhalten hat, in welcher zugleich die beim Verkauf zu beobachtenden Bestimmungen mitgetheilt werden."

Es erscheint hiernach im vorliegenden Fall nicht gerechtfertigt, wenn der App.-Richter den Angeklagten von der ihm wegen des stattgehabten Verkaufs von Salz an die Kaufleute P. und F. zur Last gelegten Salzabgabe-Defraudation freigesprochen hat, da dies auf einer unrichtigen Auslegung des Gesetzes beruht. Eventuell hätte es immer noch der Prüfung und Entscheidung darüber bedurft, ob der Angeklagte sich in diesen beiden Fällen nicht wenigstens einer Kontravention dadurch schuldig gemacht hat, daß er der Vorschrift in Nr. 3 der Bekanntmachung des Finanz-Ministers v. 23. Febr. 1869 zuwider an P. und F. Gewerbesalz verkauft hat, ohne daß sich letztere über den Besitz der in Nr. 2 l. c. gedachten Bescheinigung ausgewiesen hatten. [18.—6.]

Verleumdung. - Oeffentlichkeit. - Dolus.

Zum Thatbestande einer öffentlichen Verleumdung gehört nicht die Absicht, daß die betreffende Aeußerung in die Oeffentlichkeit dringe; es genügt in dieser Beziehung das Bewußtsein, daß die Aeußerung an einem öffentlichen Orte gehört werden könne.

Pr. StGB. § 156. Vgl. B.-StGB. § 186 [n. 27].

Erk. (Z. I.) v. 3. Febr. 1871 c. Rudat (105. I. Cr.).

Wenn der App.-Richter die Oeffentlichkeit der Verleumdung daraus herleitet, daß der Angeklagte dieselbe zwar hinter seinem Gartenzaune her, jedoch nach der Straße hin ausgerufen habe, wo sie von der Beleidigten und von noch anderen Personen gehört worden sei, so ist auch hierin ein Rechtsirrthum nicht erkennbar. Ebenso wenig liegt ein solcher darin, daß der App.-Richter nicht ausdrücklich ausgesprochen hat, daß der Angeklagte eine solche Wirkung seiner Worte beabsichtigt habe. Denn eine solche Absicht ist weder zum Thatbestande einer Verleumdung überhaupt, noch einer öffentlichen Verleumdung insbesondere erforderlich; es genügt vielmehr das Bewußtsein des Angeklagten, daß seine Worte an einem öffentlichen Orte gehört werden können.

Antr. d. GStA.: gleichl. [28.—6.]

Feststellung. — Dolus.

Zur Feststellung des zum Thatbestande gehörenden Dolus (des „Wissens ꝛc.") genügt es nicht, auszusprechen: „der Angeklagte habe wissen müssen ꝛc."

Ges. v. 3. Mai 1852 Art. 31 [n. 3].

Erk. (V. I.) v. 8. Febr. 1871 c. Gehrke (76. I. Cr.).

Der Waldwart G. und dessen Kinder waren bald nach dem Tode

seiner Frau schwer erkrankt; demzufolge verbreitete sich die Meinung, daß die verstorbene Frau ihren Mann und ihre Kinder „nachholen" wolle, weshalb sich G. G. (Bruder des kranken Mannes) mit mehreren Befreundeten entschloß, als Mittel zur Abwendung des befürchteten Todes der Kranken, den Sarg zu öffnen und in denselben einen Strick und etwas Leinsamen zu legen. Nachdem sie zu diesem Zwecke das Grab und den Sarg geöffnet und die Leiche mit gerötheten Wangen vorgefunden hatten, schien es ihnen noch rath- und wirksamer, den Kopf der Leiche vom Rumpfe zu trennen; dieses bewirkten sie gesammter Hand, indem der eine die Schärfe eines Spatens auf den Hals der Leiche setzte, die übrigen aber so lange auf das Ende des Spatenstieles schlugen, bis die Trennung bewirkt war; sie legten dann den Kopf unter den Arm der Leiche, worauf sie Sarg und Grab wieder schlossen. Hierin fanden die Anklage und der erste Richter die „unbefugte Beschädigung eines Grabes und einen an demselben verübten beschimpfenden Unfug" (Pr. StGB. § 137; vgl. B.-StGB. 168). In 2. Instanz machte G. G. geltend, er habe — wie er unter Beweis stellte, — im Einverständnisse mit den nächsten Angehörigen der Verstorbenen, also mit Autorisation der dazu berechtigten Personen gehandelt, und die erwähnten Maßnahmen an der Leiche keineswegs frivoler Weise, sondern höchst ungern und widerstrebend, aus brüderlicher Liebe zu seinem erkrankten Bruder, als ein allgemein für heilsam erachtetes Mittel vorgenommen; er habe also nicht unbefugt und nicht mit dem Bewußtsein der mangelnden Befugniß gehandelt und nichts Beschimpfendes vorgenommen. Das AG. bestätigte indessen das Erkenntniß 1. Instanz ohne den beantragten Beweis zu erheben: „es könne dahin gestellt bleiben, ob etwa im Falle des Gelingens dieses Beweises (über die Ermächtigung Seitens der nächsten Angehörigen) der Mangel des erforderlichen Bewußtseins hinsichtlich der Eröffnung des Grabes vorhanden sein würde; jedenfalls bleibe der beschimpfende Unfug bestehen, da G. G. sich habe s a g e n m ü s s e n, daß er trotz der ausdrücklichen Aufforderung der nächsten Angehörigen der verstorbenen Waldwart G. nicht so mit der Leiche verfahren durfte, wie er gethan, und da er habe w i s s e n m ü s s e n, daß er dadurch beschimpfenden Unfug an der Leiche und folgeweise an dem Grabe verübe." — Auf die NB. des G. G. ist dieses Erkenntniß vernichtet und die Sache zur anderweiten Verhandlung und Entscheidung an ein a n d e r e s AG. verwiesen worden. Gründe:

Es ist klar, daß hiermit der Beweisantrag nicht beseitigt ist. Nicht darauf kommt es an, ob der Implorant sich Alles das sagen und es wissen m u ß t e, sondern darauf, daß er es gewußt, und in dieser Kenntniß unbefugt gehandelt hat. Seine Anführung ging grade dahin, daß er in gerechtfertigter Weise, in voller Ueberzeugung seiner Berechtigung und in löblicher Absicht zu Werke gegangen sei, daß es demnach an einem erforderlichen strafrechtlichen Dolus gemangelt habe. Solchergestalt hat der App.-Richter das Vertheidigungsrecht in unzulässiger Weise beschränkt.

[20.—9.]

Zuständigkeit. – Diebstahl. – Rückfall.

Ein im ersten Rückfalle verübter schwerer Diebstahl gehört jetzt zur Zuständigkeit der Gerichtsabtheilung.

Ges. v. 22. Mai 1852 Art. I § 1 Nr. 1. Sic. Beschl. (I, 51 B.) 29. März 1871 c. Talarowski.

Beschl. (I.) v. 8. Febr. 1871 c. Grzesczyk (28 B. I. Cr.).

Die rc. G. war als genügend belastet: [im Okt. 1870] sich im ersten Rückfalle eines Diebstahls in einem Gebäude mittels Einbruchs schuldig gemacht zu haben, — definitiv in den Anklagestand versetzt und vor den Schw.-GH. verwiesen worden. Auf die Beschwerde des OStA.s hat das OTr. diesen Beschluß aufgehoben und die Sache zur Verhandlung und Entscheidung vor die Gerichtsabtheilung verwiesen, indem es erwog:

daß dieser Beschluß zwar den Art. I. § 1 Nr. 1 des Ges.s v. 22. Mai 1852 mit den darin angezogenen §§ 218. 58 des Pr. StGB.s für sich hat, daß jedoch, da derselbe nach dem 1. Jan. 1871, also zu einer Zeit gefaßt worden ist, wo das Pr. StGB. v. 14. Apr. 1851 nicht mehr in Kraft, vielmehr schon durch das B.-StGB. v. 31. Mai 1870 ersetzt war, im vorliegenden Falle nach dem Grundsatze, daß Aenderungen der Prozeßgesetzgebung, soweit das Gesetz nichts Anderes bestimmt, sofort in Wirksamkeit treten, auch das B.-StGB. für die aus dem materiellen Straf-Rechte fließenden prozessualischen Kompetenz-Bestimmungen maßgebend war;

daß nach § 3 des Einf.-Ges.s z. B.-StGB. da, wo

in Landesgesetzen auf strafrechtliche Vorschriften, welche durch das Strafgesetzbuch für den Norddeutschen Bund außer Kraft gesetzt sind, verwiesen wird, fortan die entsprechenden Vorschriften des letzteren an die Stelle der ersteren treten sollen; daß hiernach im Art. I § 1 Nr. 1 des Ges.s vom 22. Mai 1852 zwar an Stelle der darin angezogenen §§ 218. 219 des Pr. StGB.s die entsprechenden §§ 243. 244 des B.-StGB.s gesetzt werden können; daß aber das B.-StGB. eine dem § 58 des Pr. StGB.s entsprechende Bestimmung nicht enthält, weil es den Rückfall als Strafschärfungsgrund nicht allgemein, sondern nur bei einzelnen Verbrechen und Vergehen, so beim Diebstahle (§§ 244. 245), beim Raube (§ 250 Nr. 5), bei der Hehlerei (§ 261) und beim Betruge (§ 264) aufstellt, beim Diebstahle jedoch erst den zweiten, nicht aber schon den ersten Rückfall für einen Strafschärfungsgrund erklärt (§ 244);

daß, wenn hiernach im Art. I § 1 Nr. 1 des cit. Ges.s v. 22. Mai 1852 der darin angezogene § 58 des Pr. StGB.s nothwendig als gänzlich weggefallen zu erachten ist, der zuerst gedachte § gegenwärtig nur dahin lauten kann:

„Die Untersuchung und Entscheidung wegen nachbenannter Verbrechen: 1. des schweren Diebstahls (B.-StGB. § 243), insofern nicht der § 244 a. a. O. zur Anwendung kommt 2c., erfolgt durch die Gerichtsabtheilungen;"

und unter dieser Voraussetzung die Beschwerde des Königl. OStA.s, welcher die Verweisung der vorliegenden Sache vor die Gerichtsabtheilung verlangt, weil es sich nicht um einen schweren Diebstahl im zweiten Rückfalle handelt, begründet erscheint.

Antr. d. GStA.: gleichl. [28.—3.]

Arrestbruch. – Subhastation z. Zweck der Theilung.

Die Einleitung einer Subhastation, welche auf Antrag eines Miteigenthümers zum Zwecke der Auseinandersetzung erfolgt, ist (in Ermanglung der Vor-

aussetzungen des § 2 der Vdn. v. 11. Aug. 1845) keine Beschlagnahme im Sinne des

Pr. StGB.s § 272. Vgl. B.-StGB. § 137 [n. 13].

Erk. (B. I.) v. 8. Febr. 1871 c. Raatz (72. I. Cr.)

Nachdem auf den Antrag eines Miteigenthümers die Subhastation eines Grundstücks zum Zwecke der Auseinandersetzung eingeleitet worden war, hatte ein anderer Miteigenthümer R. „Inventarien- und Viehstücke" von demselbem bei Seite geschafft, und war deshalb aus § 272 des Pr. StGB.s verurtheilt worden. Seine NB. rügte Verletzung und falsche Anwendung von Gesetzen und Rechtsgrundsätzen, insbesondere des cit. § 272, der Vdn. v. 4. März 1834 §§ 2 Nr. 3, und 3, der Vdn. v. 11. Aug. 1843 § 1; des ALR.s I, 2. § 48; I, 11. §§ 83. 84; I, 2. §§ 60. 108; AGO. I, 52. § 21; I, 29. § 81: die in Gemäßheit des im Hypothekenbuche eingetragenen Subhastationsvermerks eintretende Dispositionsbeschränkung des Subhastaten beziehe sich nach der Vdn. v. 4. März 1834 § 3 auf Handlungen, durch welche möglicherweise die Rechte der bis dahin intabulirten Gläubiger benachtheiligt werden könnten; nur in dieser Beziehung sei in der Subhastation eine Beschlagnahme zu finden (RdOTr. 8. S. 146. 10, S. 707; 11. S. 293); bei der nothwendigen Subhastation theilungshalber trete daher eine solche Beschränkung nur ein, insofern auf den Antheil des Miteigenthümers, gegen welchen die Subhastation beantragt ward, Hypothekenschulden oder Reallasten haften, für welche der Antheil des Extrahenten nicht mit verhaftet sei; daß ein solcher Fall vorliege, sei hier nicht festgestellt; dem Miteigenthümer gegenüber sei der Angeklagte durch die Einleitung der Subhastation in seinen Verfügungen nicht beschränkt gewesen. —

Vernichtung. Gründe:

Nach § 2 Nr. 3 der Vdn. v. 4. März 1834 trat eine nothwendige Subhastation mit allen ihren Wirkungen dann ebenfalls ein, wenn ein diesfälliger Antrag eines Miteigenthümers eines Grundstücks zum Zwecke der Auseinandersetzung gestellt wurde. Eine solche war nach dem Eingange des allegirten Gesetzes, den im Wege der Exekution und des Konkurses veranlaßten, gleichgestellt, so daß sie auch ihre Wirkung auf die im Hypothekenbuche eingetragenen Realgläubiger erstreckte. In diesem Umfange involvirte sie zugleich, wie nicht eben bezweifelt werden konnte, eine Beschlagnahme des Grundstücks, wie in denjenigen

Fällen, in denen ein exekutorischer Titel die veranlassende Ursache der eingeleiteten Subhastation war. Diese sehr weitgehende gesetzliche Bestimmung führte jedoch im Laufe der Zeit zu nicht unbedeutenden Härten, und es erging deshalb die Vdn. v. 11. Aug. 1843, um hierin Abhülfe zu treffen. Es bestimmte daher der § 1 l. c.:

„Die nach § 2 Nr. 3 der Vdn. v. 4. März 1834 auf den Antrag eines Miteigenthümers zum Zwecke der Auseinandersetzung eingeleitete Subhastation hat die Wirkungen einer nothwendigen Subhastation nur gegen die Miteigenthümer, nicht aber gegen Pächter, Miether, eingetragene Gläubiger und andere Realberechtigte, deren Zuziehung bei dem Verfahren es daher nicht bedarf."

Mit diesem prinzipiellen Grundsatze ist demnach die frühere, mit der Einleitung derartiger nothwendiger Subhastationen verbunden gewesene Beschlagnahme des Grundstücks, die sich nach § 3 der Vdn. v. 4. März 1834 lediglich durch die Rücksicht auf die bisher eingetragenen Gläubiger rechtfertigte, von selbst in Wegfall gekommen, eben weil derartige Gläubiger bei den in Rede stehenden Subhastationen nicht interessirten und hinsichtlich der Miteigenthümer untereinander von einer Beschlagnahme nicht füglich die Rede sein konnte, da ihnen ein exekutorischer Titel nicht zur Seite stand, und sie wegen ihres Miteigenthums durch die anderweitige Civil- resp. Strafgesetzgebung ausreichend geschützt waren. Dagegen blieben auch bei Subhastationen der gedachten Art die sonstigen prozessualischen Formen und materiellen Folgen einer nothwendigen maßgebend wie z. B. bei Ansetzung der Bietungstermine, des Verfahrens in denselben, des Kautionspunktes, des Zuschlages, des Widerspruchs gegen denselben 2c. Eine Ausnahme hiervon statuirte nur der § 2 der Vdn. v. 11. Aug. 1843 dann, wenn auf dem Antheile eines Miteigenthümers, gegen welchen zum Zwecke der Auseinandersetzung auf Subhastation angetragen wurde, Hypothekenschulden oder andere Reallasten, für welche der Antheil des Extrahenten der Subhastation nicht mitverhaftet war, hafteten, in welchem Falle in Beziehung auf jene

Schulden und Lasten die Wirkungen der nothwendigen Subhastation wie gegen den Miteigenthümer selbst eintreten, und die Inhaber solcher Hypotheken und Real-Rechte rücksichtlich des ihnen verpfändeten Antheils und der darauf fallenden Kaufgelder, nach den Vorschriften der Vdn. vom 4. März 1834 behandelt werden sollten. Hiernach hat der App.-Richter rechtlich geirrt, wenn er ohne Unterschied der Fälle angenommen hat, daß die Einleitung einer jeden Subhastation zum Zwecke einer Auseinandersetzung, eine Beschlagnahme des Grundstücks im Sinne des § 272 des Pr. StGB.s bedinge, — und sein Erkenntniß unterliegt deshalb der Vernichtung.

Antr. d. GStA.: entg. [20.—9.]

Stempel. - Vollmacht. - Datum. - Inhalt.

Ob der Stempel zu einer Urkunde (z. B. zu einer Vollmacht) rechtzeitig beigebracht sei, ist lediglich nach der in derselben enthaltenen Datumsangabe zu beurtheilen.

Stemp.-Ges. v. 7. März 1822 § 12. Vgl. RdOTr. 3. S. 483; 5. S. 58; 10. S. 733.

Erk. (Z. II.) v. 9. Febr. 1871 c. Gerlach (6. II. Cr.).

In einer Prozeßsache war dem KG. am 18. Febr. eine vom 2. Febr. datirte ungestempelte Vollmacht eingereicht, und G. dieserhalb wegen Stempelhinterziehung verurtheilt worden, indem das AG. einen von demselben erbotenen Beweis: „daß jene Vollmacht nicht, wie sie fälschlich besage: am 2., sondern erst am 16., 17. oder 18. Febr. ausgefertigt worden sei," deshalb als unerheblich ablehnte: „weil die Stempelpflichtigkeit eines Schriftstücks und der Thatbestand einer Stempelkontravention lediglich nach dem Inhalte der Schrift wie sie vorliege, beurtheilt werden könne." — NB. Zurückweisung. Gründe:

Es liegt in dem Rechtsbegriffe des Urkundenstempels, welcher sich aus den §§ 12—15. 21 ff. des Ges.s v. 7. März 1822 ergiebt, daß der schriftlich beurkundete Inhalt maßgebend für die Stempelpflichtigkeit des Schriftstücks ist, nicht etwas, welches die Behörde aus diesem selbst nicht erkennen kann, zu dem Schriftstücke als solchem nicht gehört, sondern aus anderweiten Ermittelungen entnommen werden soll. Ein Irrthum in der Urkunde, auf dessen Möglichkeit Implorant hinweist, insbesondere ein Schreibfehler, ist nicht festgestellt. Welchen Einfluß ein solcher haben könnte, ist daher einer Erörterung nicht zu unterziehen.

Antr. d. GStA.s gleichl. [23.—3.]

Haussuchung. - Gendarm. - Widerstand.

Gendarmen und Polizeidiener sind nicht befugt, ohne Auftrag einer gesetzlich dazu ermächtigten Behörde eine Haussuchung vorzunehmen. Thuen sie es dennoch, so ist ein ihnen bei dieser Gelegenheit geleisteter Widerstand nicht zu bestrafen aus

Pr. StGB. § 89. Vgl. B.-StGB. § 113 [n. 18]; Ges. v. 12. Febr. 1850 § 7.

Erk. (Z. II.) v. 9. Febr. 1871 c. Landgraf (30. II. Cr.).

Auf Veranlassung des Försters K. hatten der Gendarm H. und der Polizeidiener Sch. bei L. wegen des Verdachtes der Betheiligung bei einem Holzdiebstahle eine Haussuchung abgehalten, und denselben verhaftet, als er sich weigerte über den Erwerb des bei ihm gefundenen Holzes Aufschluß zu geben. Bei dieser Gelegenheit sollte sich L., sowohl in seiner Wohnung als auf dem Transporte zum Polizeibüreau den gedachten Beamten gewaltthätig widersetzt und sie beleidigt und körperlich verletzt haben. Aus den §§ 89. 102 und 192 verurtheilt, ergriff er die NB., und rügte unrichtige Anwendung der citt. §§. Vernichtung. Gründe:

Der § 27 der angeführten Dienstinstruktion stellt die Gendarmerie ausdrücklich den zu Anordnungen von Haussuchungen kompetenten Behörden gegenüber und verbietet den Gendarmen, selbst bei gesetzmäßiger Veranlassung eine Haussuchung vorzunehmen, es sei denn zur Ermittelung eines groben Verbrechens oder Verbrechers. Es kommt indessen hinsichtlich der vorliegenden Frage dermalen nur noch das Ges. v. 12. Febr. 1850 als maßgebend in Betracht. Der § 7 desselben verbietet in eine Wohnung wider den Willen des Inhabers einzudringen, außer auf Grund einer aus amtlicher Eigenschaft folgenden Befugniß oder eines von einer gesetzlich dazu ermächtigten Behörde ertheilten Auftrages, und § 11 das. nennt die zu Haussuchungen ermächtigten Beamten, wozu weder die Gendarmen, noch die Polizeidiener, wie Sch. gehören. § 21 des H.-Dbst.-Ges.s v. 2. Juli 1852 verweiset die Forstbeamten bei Ermittelung und Verfolgung der Holzdiebstähle ausdrücklich auf jenes Gesetz v. 12. Febr. 1850. Es steht nun nach den Vorerkenntnissen fest, daß weder H. noch Sch. einen Auftrag zur Haussuchung von einer nach dem cit. § 11 kompetenten Behörde hatten, sondern dieselbe aus Veranlassung des Försters K. auf den bloßen Verdacht gegen den Angeklagten (der im 59. Lebensjahre noch unbescholten ist) seit längerer Zeit gestohlenes Holz anzukaufen vorgenommen haben; wenigstens erklärt auch der Vorderrichter die angebliche Erlaubniß der Polizei-Behörde zu B. zu der fraglichen Haussuchung für unerwiesen. Dagegen meint derselbe, wenn K. und Sch. es versäumt hätten, die Genehmigung einzuholen, so hätten sie die Haussuchung nur aus einem Versehen, nicht in regelmäßiger Weise, vorgenommen. Allein sie haben, wie gesagt, eine Handlung vorgenommen, welche ganz außer dem Kreise ihrer eigenen Amtsbefugnisse lag, wozu sie der Autorisation einer kompetenten Behörde gerade wesentlich bedurften, damit die Haussuchung den Charakter einer Amtshandlung erlange. Nicht vermöge ihrer eigenen Amtswirksamkeit konnten sie ihr diesen Charakter aufdrücken, derselbe war nur abzuleiten aus anderen Aemtern, die sie nicht hatten, und ohne deren mitthätige Autorität ihre Haussuchung nicht blos eine unregelmäßige sondern gar keine amtliche Haussuchung war. Auch stellen die Vorderrichter weder fest, daß H. und Sch. sich hierüber in einem Irrthum befunden, noch daß sie sich bei Vornahme der Haussuchung auf einen Auftrag der kompetenten Behörde berufen hätten. Insoweit also die Vorderrichter angenommen haben, daß die Haussuchung diejenige Amtshandlung des H. und Sch. bezw. diejenige ihres Berufes gewesen sei, während deren Vornahme der Angeklagte ihnen Widerstand geleistet und sie beleidigt habe, sind vermöge der vorgedachten Gesetze auch die §§ 89. 102 des StGB.s unrichtig gegen den Angeklagten angewendet.

[23.—3.]

---

1. Betrug. – Vermögensbeschädigung. – Relativer Werth.
2. Urtheil. – Appellations-Gericht. – Motivirung.

1. Eine den Begriff des Betruges erfüllende Vermögensbeschädigung liegt auch dann vor, wenn Jemand gegen Entgelt eine für ihn werthlose Sache erwirbt.

Pr. StGB. § 241. Vgl. B.-StGB. § 263 [n. 16]

2. Für den App.-Richter, welcher die erstrichterliche Feststellung beibehält, ist die, die [thatsächliche] Motivirung des Urtheils betreffende, Vorschrift des Ges.s v. 3. Mai 1852 nicht maßgebend.

Ges. v. 3. Mai 1852 Art. 31 [n. 41].

Erk. (Z. II.) v. 9. Febr. 1871 c. Voigt (24. II. Cr.).

Die Ehefrau des Fleischermeisters B. hatte nach der instanzgerichtlichen Feststellung der Ehefrau B. statt einer Hammel- eine Hundekeule verkauft. Hierin fanden die Instanzgerichte den Thatbestand eines Betruges; insbesondere erachtete das AG. eine Vermögensbeschädigung deshalb für vorliegend, „weil die B. nicht eine Hunde- sondern eine Hammelkeule zur Speise habe kaufen wollen, und dieselbe nicht gekauft und nicht einen Thaler dafür gezahlt haben würde, wenn sie gewußt hätte, daß es eine Hundekeule sei; deshalb ward auch der von der B. gestellte Beweisantrag, „daß die Keule, wenn wirklich eine Hundekeule, wenigstens zwei Thaler werth gewesen sei," als unerheblich abgelehnt. — Die NB. focht diese Entscheidung als rechtsirrthümlich und die Vertheidigung beschränkend an: „bei der Frage, ob eine Vermögensbeschädigung vorliege, müsse stets der objektive Werth der betreffenden Gegenstände in Betracht gezogen werden"; 2c. — Zurückweisung.
Gründe.

[1.] Unzweifelhaft hat der App.-Richter vollkommen Recht, wenn er, ohne auf den zum Beweise gestellten angeblichen objektiven Werth einer Hundekeule Rücksicht zu nehmen, eine Vermögensbeschädigung der 2c. B. darin findet, daß dieselbe, da Hundefleisch ein durchaus ungewöhnliches

Nahrungsmittel für Menschen sei, die Keule, hätte sie gewußt, daß dieselbe eine Hundekeule war, entweder gar nicht gekauft, oder doch 1 Thlr. nicht dafür gegeben haben würde. Denn auch das Vermögen desjenigen erleidet augenscheinlich eine Verschlimmerung, der für einen gewissen aus seinem Vermögen herausgegangenen Werth eine für ihn werthlose, oder eine solche Sache erhält, welche wegen Mangels versprochener, oder doch von ihm berechtigter Weise vorausgesetzter Eigenschaft für ihn nicht einen solchen Werth hatte, daß er sich bei voller Sachkenntniß hätte veranlaßt sehen können den gezahlten Preis dafür zu zahlen. Auf den Werth der Sache in den Händen eines Anderen kann es bei Beurtheilung seiner Vermögenslage so wenig ankommen, als selbstverständlich darauf, ob der für ihn einmal eingetretene Nachtheil durch Veräußerung der Sache oder sonst vielleicht wieder ausgeglichen werden könnte. Bei der Würdigung der Thatsache, daß die Frau B., wenn sie gewußt hätte, daß die fragliche Keule eine Hundekeule war, dieselbe als ein für Menschen ungewöhnliches Lebensmittel entweder gar nicht gekauft, oder doch nicht 1 Thlr. dafür gegeben haben würde, hat der App.-Richter daher nicht rechtlich geirrt.

Antr. d. GStA.: gleichl. [32.—2.]

Vertagungsantrag. – Nichtberücksichtigung.

Nichtigkeit tritt ein, wenn der Instanzrichter ein rechtzeitig eingereichtes Vertagungsgesuch unberücksichtigt läßt.

Vdn. v. 3. Jan. 1849 § 33 [n. 4]. Vgl. RdOTr. 3. S. 164; 11. S. 110. 135. 405.

Erk. (S. I.) v. 10. Febr. 1871 c. Kummer (S. I. Cr.).

Das AG. hatte das den K. verurtheilende erstinstanzrichterliche Urtheil in contumaciam bestätigt, ohne daß dabei eines den Akten beiliegenden Vertagungsgesuchs des zeitweise verhinderten Vertheidigers (im Sitzungsprotokolle oder Erkenntnisse) Erwähnung geschehen wäre. Auf die dieses rügende NB. des Angeklagten erforderte das OTr. vom Vorsitzenden des AG.s eine amtliche Auskunft über den Eingang jenes

Gesuchs, und vernichtete dann das angefochtene Erkenntniß, nachdem auf dem gedachten Wege konstatirt worden war, daß das Gesuch dem Vorsitzenden vor dem anstehenden Audienztermine zugegangen war. Erwogen ward:

> „es habe zwar nur dem pflichtmäßigen Ermessen des G.H.s unterlegen, ob er dem Vertagungsantrage stattgeben wolle; er habe es aber nicht gänzlich ignoriren dürfen, sondern darüber Beschluß fassen, und das Resultat desselben in das Sitzungsprotokoll oder in die Erkenntnißgründe aufnehmen müssen."

Antr. d. GStA.: gleichl. [18.—6.]

---

1. Strafgesetzbuch. – Spezialgesetz. – Materie.
2. Kriegszustand. – Widerstand.

1. Ein neben dem früheren allgemeinen StGB. bestehendes, von den Vorschriften desselben [für einen konkreter gestellten Fall] abweichendes Spezial-Strafgesetz ist durch die Einführung des B.-StGB.s nicht beseitigt, wenn nicht auch seine [Spezial-] Materie durch das letztere erschöpft ist, wenn vielmehr seine Spezialvorschrift auch neben dem neuen Ges.-Buche fortbestehen kann.

Einf.-Ges. z. B.-StGB. § 2 [n. 4. 5].

2. Der während des Kriegszustandes verübte Widerstand gegen ein Mitglied der bewaffneten Macht ist auch jetzt noch strafbar aus

Ges. v. 4. Juni 1851 § 8. Vgl. EG. z. B.-StGB. § 4 [n. 6]; Bundes- [Reichs-] Verfassung Art. 68.

Beschl. (I.) v. 10. Febr. 1871 c. Ramm & Gen. (23 B. I. Cr.)

R. & Gen. waren durch kreisgerichtlichen Beschluß vom 1. Dez. 1870 als genügend belastet, in einem durch den Allerh. Erlaß vom 21. Juli 1871 in Kriegszustand erklärten Bezirke

> „— sich des Widerstandes gegen ein Mitglied der bewaffneten Macht schuldig gemacht zu haben, und zwar in offener Gewalt und mit gefährlichen Werkzeugen"

auf Grund des § 8 des Ges.s v. 4. Juni 1851 vorläufig in Anklagestand versetzt worden. Der Anklage-Senat sprach dagegen durch Beschluß v. 3. Jan. 1871 nur die Eröffnung der Untersuchung aus § 89 des Pr. StGB.s (§ 113 des B.-StGB.s) aus, weil durch § 4 des Einf.-Gesetzes zu dem inzwischen in Kraft getretenen und eventuell bei der

Gesetzesanwendung zu berücksichtigenden B.-StGB.s das allgemeine Landesgesetz d. h. also § 89 des Pr. sowie § 113 des B.-StGB.s an die Stelle des § 8 des Ges.s v. 4. Juni 1851 getreten seien, die That also nur ein Vergehen und die schwurgerichtliche Zuständigkeit nicht begründet sei.

Die vom OStA. gegen diesen Beschluß ergriffene Beschwerde führte aus: § 4 des Einf.-Ges.s zum B.-StGB., sei nicht als die im § 68 der B.-Verfassung vorbehaltene definitive Regelung der Voraussetzungen und Wirkungen des Kriegszustandes anzusehen, da er sich ebenfalls nur als ein neues Interimistikum ankündige; es könne sich daher fragen, ob § 4 eine zulässige Abänderung der Verfassungsurkunde enthalte; davon abgesehen lasse der cit. § 4 den im § 8 des Ges.s v. 4. Juni 1851 mit vorgesehenen (hier vorliegenden) Fall des Widerstandes ꝛc. gegen einen Abgeordneten der Behörde ꝛc. ganz unerwähnt, hebe die betreffende Vorschrift also auch nicht auf, da er eben eine ganz andere „Materie" betreffe, wie dieser.

Die Gen.-Staatsanwaltschaft sprach sich für die Zurückweisung der Beschwerde aus: nach dem Grundsatze des § 2 des Einf.-Ges.s zum B.-StGB. seien mit der Verkündung des letzteren alle Strafbestimmungen des Ges.s v. 4. Juni 1851 (B.-Verfassung Art. 68), insoweit in denselben solche Vergehungen vorgesehen worden, welche auch im StGB. ihre Regelung gefunden hätten, außer Kraft getreten; das gelte unzweifelhaft von den im § 8 des cit. Gesetzes aufgezählten Straffällen, insbesondere von dem hier vorliegenden, welcher im § 113 des B.-StGB.s vorgesehen, definirt und mit Strafe bedroht sei; ebendeshalb habe § 4 des Einf.-Ges.s gerade aus Veranlassung und im Anschlusse an jenen § 2 es für erforderlich erachtet, für den Fall des erklärten Kriegszustandes neue Bestimmungen zu treffen, deren es nicht bedurft haben würde, wenn § 8 des Ges.s vom 4. Juni 1851 in Kraft verblieben wäre; daraus folge aber, daß § 8 überhaupt nicht mehr gelte, und das um so mehr, als sonst seine im Vergleiche mit § 4 des Einf.-Ges.s wesentlich strengeren Vorschriften für den leichtesten der dort vorgesehenen Fälle in Kraft verblieben seien, während für alle schwereren Fälle die Milderung des § 4 Platz greife; § 4 lasse nämlich für die dort vorgesehenen Verbrechen, wenn sie während des Kriegszustandes verübt würden, nur insoweit die Todesstrafe eintreten, als sie im StGB. mit lebenslänglichem Zuchthaus bedroht seien; keiner der dort in Bezug genommenen §§ drohe aber die lebenslängliche Zuchthausstrafe unbedingt, sondern stets nur elektiv neben lebenslänglicher Festungshaft oder zeitlicher Zuchthausstrafe an, während außerdem ein Theil jener §§ (81. 88. 90) beim Vorhandensein mildernder Umstände eine Strafermäßigung vorschreibe, welche bis zu fünfjähriger Festungshaft hinabgehen könne; nach § 4 cit. trete sonach im Kriegszustande die Todesstrafe nur dann ein, wenn der Instanzrichter finde, daß unter gewöhnlichen Verhältnissen das höchste Strafmaaß (lebenslängliches Zuchthaus) als das dem Falle entsprechende anzuwenden sei, während dieselbe auch jetzt ausgeschlossen bleibe, wenn der Fall an sich ein milderes Ermessen gestatte, oder wenn die vom Gesetz zugelassenen mildernden Umstände obwalteten; eine entgegengesetzte Auffassung würde dahin führen, daß das Bund.-StGB., welches sich eine wesentliche Milderung der Strafen zur Aufgabe gestellt habe, gerade hier, wo die so lebhaft angefochtene Todesstrafe in Frage stand, eine höchst bedeutende Strafschärfung habe eintreten lassen, da es nicht — wie cit. § 8 — noch eine besondere Berücksichtigung mildernder Umstände gestatte, so daß für alle dort vorgesehenen Straffälle, wenn sie während des Kriegszustandes verübt würden, die Todesstrafe als die einzig zulässige Strafart erscheine; — sei dem aber so, so sei es undenkbar, daß § 4 für den nicht wiederholten (im Vergleiche mit den aufgezählten jedenfalls weit milderen) Fall des Widerstandes gegen Abgeordnete der Behörden ꝛc., welcher in gewöhnlichen Zeiten nach § 113 des StGB.s im höchsten Maße nur mit zweijährigem Gefängniß, im Mindestmaße aber mit Geldstrafe von einem Thaler geahndet werde, in Zeiten des Kriegs- und Belagerungszustandes die Todesstrafe unbedingt habe fortbestehen lassen wollen, mit der alleinigen Maßgabe, daß beim Vorhandensein mildernder Umstände Zuchthaus von zehn- bis zu einer (im StGB. überhaupt nicht mehr zugelassenen) zwanzigjährigen Dauer eintreten müßte, während selbst in den schweren Fällen des Hochverraths ohne obwaltende mildernde Umstände dem Instanzrichter die Verhängung einer lebenslänglichen Festungshaft unbenommen sei, welche beim Vorhandensein solcher Umstände bis auf fünfjährige Festungshaft ermäßigt werden könne.

Das OTr. hat den Beschluß des AG.s aufgehoben und die Sache an das AG. zurückverwiesen, weil

> „noch näher thatsächlich und rechtlich zu prüfen sei, ob in dem betr. Distrikte die Erklärung des Kriegszustandes gehörig bekannt gemacht, und ob der Gendarm, gegen welchen der Widerstand gerichtet war, als ein Mitglied der bewaffneten Macht oder im vorliegenden Falle nicht vielmehr als Abgeordneter der Civilbehörden anzusehen sei."

Erwogen ward:

daß der Art. 68 der Verfassung des Norddeutschen Bundes, auf den der § 4 des Einf.-Ges.s z. B.-StGB. ausdrücklich verweist, bestimmt,

„daß bis zum Erlaß eines, die Voraussetzungen, die Form der Verkündigung und die Wirkungen einer solchen (sc. Kriegszustands-) Erklärung regelnden Bundesgesetzes, die Vorschriften des Pr. Ges.s v. 4. Juni 1851 gelten sollen,“ —

das letztere Gesetz also hierdurch für den ganzen Umfang des Norddeutschen Bundes, als allgemeines Bundes-Gesetz verbindliche Kraft erhalten hat,

daß sodann zwar der § 2 des cit. Einf.-Ges.s z. Nordd. StGB. vorschreibt, daß mit dem 1. Jan. 1871, das Bundes- und Landesstrafrecht, insoweit dasselbe Materien betrifft, welche Gegenstand des B.-StGB.s sind, außer Kraft tritt, diese Bestimmung aber nur die Bedeutung hat, daß die Aufhebung eines bisher bestandenen, und namentlich, wie hier, eines Spezial-Strafgesetzes, welches für die Abmessung der Schuld und der Höhe der Strafe von den damals geltenden gemeinrechtlichen Strafvorschriften bereits abwich, lediglich dann angenommen werden darf, wenn die bezügliche Materie des früheren Spezial-Gesetzes selbst, durch eine Vorschrift des B.-StGB.s in ihrem gegenstandlichen Umfange erschöpft worden ist, nicht aber auch schon dann, wenn dieses neuere Gesetz das ältere besondere mit bloßen anpassenden Zusätzen versieht, die neben jenen früheren bestehen können, ohne sich zu widersprechen, und solchergestalt die Gesammt-Materie in ihrem Grundwesen gar nicht berühren;

daß diese Auslegung auch durch den hier in Betracht kommenden § 4 des cit. Einf.-Ges.s bestätigt wird, indem dieser selbst auf den Art. 68 der Verfassung und somit zugleich auf das Ges. v. 4. Juni 1851 hinweist;

daß sodann ferner bei der Prüfung, ob und welche Strafbestimmungen das Ges. v. 4. Juni 1851 etwa durch den § 4 des cit. Einf.-Ges.s beseitigt oder modifizirt sein könnten, es nicht genügt, den § 8 des ersteren allein und selbstständig in Betracht zu ziehen, sondern erforderlich ist, diesen in enge Verbindung mit dem nachfolgenden § 9 l. c. zu bringen, welcher in seiner Bestimmung sub c.

wiedernm auf die im § 8 l. c. vorgesehenen Verbrechen zurückkommt, und daran anderweitige Strafen knüpft, so daß beide zusammen die hier maßgebende „Materie," resp. den im § 2 des Einf.-Ges.s bezeichneten „Gegenstand" bilden;

daß es schon hiernach keinem Zweifel unterliegt, daß die im § 4 des Einf.-Ges.s speziell aufgeführten Verbrechen, über welche das B.-StGB. besondere Bestimmungen enthält, welche zum größten Theile in dem Ges. v. 4. Juni 1851 nicht vorkommen, rein zusätzliche zu den §§ 8. 9 des letzteren sind;

daß dies aber dadurch über jedes Bedenken erhoben wird, daß der § 4 des Einf.-Ges. im Hinblick auf die, durch das B.-StGB. eingetretene Beschränkung der Todesstrafe bei den, von ihm vorgesehenen Verbrechen, ausdrücklich hervorhebt, daß bis zum Erlasse der, in den Artt. 61 und 68 der Bundes-Verfassung vorbehaltenen Bundesgesetze die, in den §§ 81. 88. 90. 307. 311. 312. 315. 322. 323 und 324 des B.-StGB.s mit lebenslänglichem Zuchthaus bedrohten Verbrechen mit dem Tode zu bestrafen sind, wenn sie in einem Theile des Bundesgebiets, welchen der Bundesfeldherr in Kriegszustand erklärt hat rc., begangen werden, und somit ausschließlich nur eine anpassende Einschaltung der im B.-StGB. mit lebenswieriger Zuchthausstrafe beahndeten Verbrechen in das, nach wie vor, als Bundesgesetz v. 4. Juni 1851 bezweckt, und ersichtlich ausgedrückt ist;

daß es sich hieraus erklärt, weshalb der § 4 des Einführungs-Gesetzes das, im § 8 des Ges.s v. 4. Juni 1851 enthaltene, ebenfalls mit dem Tode bedrohte Verbrechen des Angriffs oder des Widerstandes gegen die bewaffnete Macht, oder Abgeordnete der Civil- oder Militair-Behörde in offener Gewalt und mit Waffen oder gefährlichen Werkzeugen, — also einen Thatbestand, den in dieser Präzisirung das frühere Pr. StGB. und auch das jetzige Bund.-StGB. nicht kennen, — ausgelassen hat, und eben so die in dem § 9 l. c. aufgeführten Strafbestimmungen, von denen die sub c., wie bereits angeführt, auf den § 8 l. c. speziell Bezug nimmt;

daß, wenn man dem Vorstehenden nicht beipflichten wollte, nothwendig das Ergebniß eintreten müßte, daß auch der § 9 l. c. aufgehoben worden sei, und sogar die im zweiten Absatz des § 8 l. c. befindliche Bestimmung, daß, wenn mildernde Umstände in dem jedesmal gegebenen Falle vorliegen, statt der Todesstrafe auf zehn- bis zwanzigjährige Zuchthausstrafe erkannt werden kann, dies jedoch mit den allgemeinen strafrechtlichen Grundsätzen in Einklang nicht gebracht werden könnte;

daß nach alle dem von einer prinzipiellen Aufhebung des § 8 des Ges.s v. 4. Juni 1851 überhaupt, namentlich aber des gegenwärtig in Betracht kommenden Angriffs oder Widerstandes in der näher gedachten Art, nicht die Rede sein kann, wobei es dahin gestellt bleibt, ob und inwiefern die im § 4 des Einführungs-Gesetzes z. B.-StGB. allegirten §§ 307. 312 l. c. eine Modifikation in der Bestrafung der, in dem § 8 des Ges.s v. 4. Juni 1851, ebenfalls erwähnten Verbrechen der vorsätzlichen Brandstiftung und der vorsätzlichen Verursachung einer Ueberschwemmung, herbeigeführt haben mögen.

[20.—3.]

Nichtigkeitsbeschwerde. - Protokollirung.

1. Es entspricht nicht der Formvorschrift über die protokollarische Aufnahme einer Nichtigkeitsbeschwerde, wenn eine in der Form eines gerichtlichen Protokolls abgefaßte vom Angeklagten überreichte Schrift durch die Unterschrift des Beamten vollzogen wird.

2. Hat der Angeklagte eine Rechtsmittelerklärung in unstatthafter Form zu Protokoll erklärt, so wird dadurch die Frist gewahrt, wenn er nicht

gerichtsseitig auf den betr. Mangel aufmerksam gemacht worden ist.

Ges. v. 3. Mai 1852 Art. 110 [n. 48. 47]. Vgl. RbOTr. 8. S. 640; 10. S. 607. 796; 11. S. 31. 227.

Beschl. (I.) v. 15. Febr. 1871 c. Nebel (25 B. I. Cr.).

Das den Akten beiliegende Protokoll, welches die von dem Angeklagten N. zur Rechtfertigung seiner NB. geltend gemachten Gründe enthält, war ersichtlich von fremder Hand in der Form eines gerichtlichen Protokolls geschrieben, und dann von einem Gerichtsbeamten unter Zufügung eines Vermerks über die geschehene Vorlesung und Genehmigung unterzeichnet worden. Das KG. hatte deshalb die NB. als nicht formgerecht gerechtfertigt zurückgewiesen. Das OTr. hat auf die Beschwerde des N. diesen Beschluß aufgehoben und das KG. angewiesen, den N. binnen zehn Tagen nochmals vorladen und seine NB. zu gerichtlichem Protokoll nehmen zu lassen. Gründe:

Das von der Gerichts-Kommission bei Entgegennahme der Beschwerde des ꝛc. Nebel vom 29. Dezbr. v. J. beobachtete Verfahren entspricht allerdings weder den gesetzlichen Vorschriften über Aufnahme gerichtlicher Protokolle, noch den im Art. 110 des Gesetzes v. 3. Mai 1852 vorgeschriebenen Formen; namentlich ist es bei der gerichtlichen Aufnahme der Nicht.-Beschwerde erforderlich, daß der Deputirte von den Beschwerdepunkten des Angeklagten eingehend Kenntniß nimmt und sie demnächst mit Weglassung alles Unbehörigen in geeigneter Form selbst zu Protokoll bringt.

Durch das beobachtete Verfahren kann jedoch der Angeklagte nicht des rechtzeitig eingelegten Rechtsmittels verlustig werden, da es Aufgabe der Gerichts-Kommission war, die gesetzlichen Vorschriften bei Aufnahme der NB. zu beobachten.

Antr. d. GStA.: gleichl. [30.—6.]

Nichtigkeitsrichter. – Neues Gesetz.

Der Nichtigkeitsrichter kann ein unter der Herrschaft des Pr. StGB.s ergangenes Urtheil nicht deshalb vernichten, weil dasselbe dem B.-StGB. nicht entspricht.

B.-StGB. § 2 [n. 6]. Vgl. oben S. 9.

Erk. (Z. I.) v. 15. Febr. 1871 c. Reuter (216. I. Cr.).

Die NB. kann überhaupt nur auf die Behauptung gestützt werden, daß die Instanzrichter das Gesetz oder einen Rechtsgrundsatz verletzt resp. unrichtig angewendet haben. Eine solche Behauptung ist weder aufgestellt noch denkbar, da die Erkenntnisse v. 24. Nov. und v. 20. Dez. 1870 nicht das erst mit dem 1. Jan. 1871 in Kraft getretene B.-StGB. verletzt haben können, der Nichtigkeitsrichter aber nur die Gesetzesverletzungen der Instanzrichter zu rügen hat.

[15.—3.]

Polizeigericht. - Delegation. - Rechtsmittel

Wenn das Polizeigericht auf Grund einer Delegation über ein Vergehen erkennt, und eine dreimonatliches Gefängniss übersteigendes Strafe verhängt, so überschreitet es die Grenzen seiner sachlichen Zuständigkeit. Das darauf in zweiter Instanz ergehende Urtheil der Strafkammer kann nur durch Nichtigkeits-Beschwerde angefochten werden.

StPO. § 379 Abs. 2. 448—450.

Beschl. v. 15. Febr. 1871 c. Rhein (OAG. II. 11.)

Auf Grund einer Delegation der Strafkammer war Rh. wegen eines der im § 448 der StPO. aufgezählten Vergehen vor das Polizeigericht gestellt und von diesem zu einer, dreimonatliches Gefängniß übersteigenden Strafe verurtheilt worden. Auf seine Berufung hob die Strafkammer das erste Urtheil (wegen Zuwiderhandlungen gegen § 449 l. c.) auf, erkannte dann aber (unter Nichtbeachtung des § 379 Abs. 2) selbst in der Sache. Die von Rh. auch gegen dieses Urtheil ergriffene Berufung ward vom AG. als „unzulässig" durch Beschluß zurückgewiesen. NB. des Rh. — Zurückweisung. Das OAG. erwog:

daß das Appellationsgericht mit Recht die Vorschrift des § 379 Abs. 2 der StPO. auch auf den Fall einer Beauftragung nach § 448 in Gemäßheit des § 450 Abs. 2 angewendet und demgemäß die gegen das Urtheil des Kreisgerichts eingelegte Berufung als unzulässig zurückgewiesen hat, daß auch die Rechtfertigung der Berufung nicht als NB. behandelt werden konnte, weil dieselbe weder bei dem Gerichte erster Instanz angemeldet, noch innerhalb der unerstreckbaren Frist gerechtfertigt war.

Antr. d. GStA.: gleichl. [66.—6.]

Widersetzlichkeit. - Ungehorsam.

Ein bloßer Ungehorsam gegen die Anordnungen eines Beamten rc. ist noch nicht als eine „thätliche Widersetzlichkeit" anzusehen im Sinne des

Ges. v. 31. März 1837 § 1. Vgl. B. StGB. §§ 113 [n. 34 41]. 117.

Erk. (Z. I.) v. 15. Febr. 1871 c. Schlüter. [20.—3.]

---

1. Rechtsmittel. - Schrift. - Unterschrift.
2. Rechtsmittel. - Unannehmbarkeit. - Kosten.
3. Urtheil. - Gründe. - Beweismittel.

1. Eine nicht unterzeichnete Schrift ist zur Wahrung eines Rechtsmittels nicht geeignet.

Vdn. v. 3. Jan. 1849 Abschn. IV [S. 453 n. 15]. Vgl. RdOTr. 4. S. 111; 6. S. 243. 363. 440; 8. S. 186; 10. S. 661. 784.

2. Auch derjenige, welcher mit einem unannehmbaren Rechtsmittel durch Erkenntniß zurückgewiesen wird, ist in die sämmtlichen durch die neue Verhandlung veranlaßten Kosten, insbesondere auch in die einer mit Rücksicht auf andere Mit-Angeklagte veranlaßten Beweisaufnahme zu verurtheilen.

Vdn. v. 3. Jan. 1849 § 179 [n. 2a.].

3. Die Anführung der Thatsachen und Beweismittel, auf Grund deren der Beweis als geführt erachtet wird, ist nicht als ein wesentlicher Bestandtheil eines (verurtheilenden) Erkenntnisses anzusehen.

Ges. v. 3. Mai 1852 Art. 31 [n. 26]. Vgl. RdOTr. 8. S. 568.

Erk. (Z. II.) v. 16. Febr. 1871 c. Brebach & Kuhfuß (49. II. Cr.).

Die in 1. Instanz wegen Betheiligung an einer Schlägerei verurtheilten Angeklagten hatten in verschiedenen Schriften die Appellation angemeldet; die von dem Angeklagten Br. eingereichte Schrift lautete zwar dahin: „In der Untersuchungssache c. Brebach melde ich die Appellation an," trug aber keine Unterschrift. Deshalb ließ das KG. ihm dieselbe wieder zugehen mit der Verfügung: „br. m. zur Unterzeichnung binnen 8 Tagen, widrigenfalls auf die Appellationsanmeldung keine Rücksicht genommen wird." Obgleich nun Br. innerhalb der ihm so gesetzten achttägigen Frist die nachträglich unterzeichnete Schrift wieder einreichte, wies das AG. doch sein Rechtsmittel „als nicht devolvirt" zurück, weil die vervollständigte Schrift erst nach dem Ablaufe der nicht erstreckbaren Appellationsfrist eingegangen sei. Hierin fand die NB. eine Verletzung des § 127 der Vdn. v. 3. Jan. 1849: daß die Schrift von Br. hergerührt, somit den Ausdruck seiner Unzufriedenheit mit dem ersten Urtheile enthalten habe, werde nicht bezweifelt; das müsse genügen, die Unterschrift, als eine nicht wesentliche Form könne auch nach dem Ablaufe der Frist, nachgeholt werden; daß die Unterschrift unwesentlich sei, erhelle, wenn man berücksichtige, daß der Analphabet gar nicht unterschreiben könne; — sei aber nichts destoweniger die Frist nicht gewahrt, habe er also gar nicht formgerecht appellirt, so sei er mit Unrecht (solidarisch mit den Mit-Angeklagten) in alle Kosten 2. Instanz, insbesondere auch in diejenigen einer Beweisaufnahme verurtheilt worden, welche lediglich mit Rücksicht auf jene Mitangeklagten veranlaßt worden sei.

Der Mitangeklagte K. rügte dagegen, daß der App.-Richter in seinem Erkenntnisse nicht die Thatsachen und Beweismittel angeführt habe, auf welche sich eine von ihm getroffene neue Feststellung stütze.

Zurückweisung. Gründe:

[1.] Die Berufung ist durch die §§ 126 und 128 der Vdn. v. 3. Jan. 1849 an eine bestimmte Form und Frist gebunden. Der vorgeschriebenen Form muß daher innerhalb der gesetzlichen Frist genügt werden, wenn das Urtheil nicht in Rechtskraft übergehen soll. Eine Verlängerung der Frist zur nachträglichen Erfüllung der nöthigen Form ist unzuläßig. Der vorgeschriebenen Form ist nun hier innerhalb der Präklusivfrist nicht genügt. Eine zur Untersuchungssache gegen den Angeklagten eingegangene jeder Unterschrift entbehrende Anmeldung der Berufung ist als eine schriftliche im Sinne des § 126 l. c. nicht zu erachten, vielmehr nur eine solche, welche von dem Angeklagten selbst oder seinem mit ausdrücklicher oder gesetzlich vermutheter Vollmacht versehenen Bevollmächtigten wenigstens unterzeichnet ist. Von ihm selbst oder seinen Bevollmächtigten muß seine Unzufriedenheit mit dem Urtheile intra fatale schriftlich bestätigt werden. Inwieweit in diesem Sinne eine von einem Analphabeten nur unterkreuzte erst nach Ablauf der Frist anerkannte Anmeldung genügen würde, kann hier dahin gestellt bleiben. Die behauptete vollständige Analogie dieses mit dem gegenwärtigen Falle ist augenscheinlich nicht vorhanden. Der App.-Richter hat also keine Prozeßvorschriften verletzt, als er in Erwägung, daß B. innerhalb des zehntägigen fatale die Appellation nicht in einer seine Unzufriedenheit mit dem ergangenen Erkenntniß ausdrückenden Form dem Gerichte eingereicht habe, das Rechtsmittel für nicht devolvirt erklärte.

[2.] Auch die eventuelle Beschwerde wegen der Entscheidung über den Kostenpunkt entbehrt der gesetzlichen Begründung. Unter die Kategorie derjenigen, deren Rechtsmittel ohne Erfolg gewesen ist, fällt der Angeklagte B. so gut wie seine Genossen, wenn auch rücksichtlich seiner hierbei andere Gründe maßgebend gewesen sind. Da der § 179 der Vdn. v. 3. Jan. 1849 aber in dieser Hinsicht nicht unterscheidet, so ist nicht abzusehen, wie der App.-Richter das Gesetz dadurch verletzt haben soll, daß er den B. auch an den Kosten der neuen Beweisaufnahme, welche übrigens im Interesse aller Angeklagten verordnet worden, betheiligte.

[3.] Die Vorschrift des Art. 31 Abs. 2 des Ges.s v. 3. Mai 1852 bezüglich der in den Entscheidungsgründen rücksichtlich der Feststellung der einzelnen Thatsachen anzugebenden Beweismittel enthält wesentlich nur eine Instruktion für den Richter, bei deren Nichtbeobachtung keine Nichtigkeit angedroht ist, auch ist sie, wie das Königl. Ob.-Trib. stets erkannt hat, als eine so wesentliche Prozeßvorschrift nicht zu erachten, daß bei ihrer Nichtbeachtung nach Maßgabe des Art. 108 a. E. des alleg. Ges.s auf Vernichtung zu erkennen wäre.

Antr. d. GStA.: gleichl. [32.—3.]

1. 2. Waarenbezeichnung. – Eigener Namen. – Wohn-, Fabrikort.
3. Rheinisches Verfahren – Succumbenzstrafe. – Mehrheit der Kassationskläger.

1. Der fälschlichen Bezeichnung einer Waare rc. mit dem Namen (der Firma) eines Anderen macht sich auch der zur Führung dieses Namens rc. (an seinem Wohnorte) Berechtigte schuldig, wenn er demselben fälschlich den Wohn- oder Fabrikort eines anderen jenen Namen rc. führenden Fabrikunternehmers rc. hinzufügt.

2. Der Instanzrichter kann die Nennung eines Ortes in einer an einer Waare angebrachten Aufschrift als „Bezeichnung mit jenem Orte" ansehen, selbst wenn jener Aufschrift im Zusammenhange eine andere Bedeutung beiwohnen würde.

Pr. StGB. § 269; vgl. B.-StGB. § 287 [n. 8. 10]. Vgl. RbOTr. 4. S. 509; 9. S. 592.

3. Greifen mehrere Beschuldigte ein alle verurtheilendes Erkenntniß durch Kassationsrekurs an, so genügt die einmalige Hinterlegung der Succumbenzstrafe für Alle, selbst wenn einzelne derselben besondere, die übrigen Kassationskläger nicht berührende Kassationsmittel für sich geltend machen.

Rh. StPO. Art. 419; Ges. v. 14. brum. V. Art. 1.

Erk. (Z. II.) v. 16. Febr. 1871 c. Eichhorn & Gen. (3. II. Cr.).

Nachdem E. & G. wegen fälschlicher Bezeichnung der von ihnen fabrizirten Tabacke mit der Firma und dem Fabrikorte der Handlung „Arn. Böninger" in Duisburg verurtheilt worden waren (vergl. RbOTr. 9. S. 592), hatte ein anderer Arnold Böninger in einem Dorfe des Kreises Geldern ein Tabacksgeschäft errichtet und die Firma „Arn. Böninger" in das Firmenregister des Handelsgerichts zu Crefeld eintragen lassen, und bald darauf (im Sept. 1869) den gedachten G. als Gesellschafter in sein Geschäft aufgenommen, diesem auch die ausschließliche Befugniß zur Zeichnung der Firma beigelegt; im Anfange des Jahres 1870 verlegte diese Gesellschaft ihren Wohnsitz nach Kalk (wo bisher E. & G. ihr Geschäft betrieben hatten), und ließ die Firma: „Arn. Böninger I." in das Firmenregister des Handelsgerichts zu Köln eintragen, worauf am 28. Apr. 1870 auch E. in das Geschäft eintrat. Sie meldeten darauf beim Kreis-G. zu Duisburg die Errichtung einer Zweigniederlassung am gedachten Orte an, die Eintragung der Firma „Arn. Böninger I." in das dortige Firmenregister ward aber auf den Einspruch der dort bestehenden Handlung: „Arn. Böninger" abgelehnt.

Alle drei Gesellschafter sind demnächst von den (Rh.) Instanzgerichten für überführt erachtet worden:

> „— im Inlande die Verpackung ihrer Tabacke fälschlich mit dem Namen und dem Wohnort des Kaufmanns Arn. Böninger zu Duisburg, bezw. mit der Firma, dem Wohn- und Fabrikorte der zu Duisburg bestehenden Handelsgesellschaft: „Arn. Böninger" bezeichnet und in den Verkehr gebracht zu haben"

Gegen das sie dieserhalb aus § 269 des Pr. StGB.s verurtheilende Erkenntniß 2. Instanz haben alle Drei den Kassationsrekurs ergriffen, zu dessen Rechtfertigung zunächst der Beschuldigte A. B. geltend machte, daß ihm eine Betheiligung an den ihnen zur Last gelegten Handlungen nicht nachgewiesen, und von den Instanzgerichten auch nicht speziell festgestellt sei; sie hätten die ihn mit umfassende Feststellung offenbar nur aus seiner Betheiligung am Handelsgeschäfte geschlossen, welche aber für die strafrechtliche Seite der Sache nicht entscheidend sein könne.

Sodann führten alle drei Beschuldigte an: sie seien zur Führung der Firma „Arn. Böninger" berechtigt, die Bezeichnung ihrer Tabacke mit derselben sei somit keine fälschliche; ebensowenig liege aber auch eine falsche Bezeichnung mit einem falschen Wohn- (Fabrik-) Orte vor; in der Aufschrift ihrer Packete sei von einer Firma: „J. G. Böninger zu Duisburg" die Rede; eine solche Firma „J. G. Böninger" existire aber zu Duisburg gar nicht; das Gesetz verbiete nur die fälschliche Angabe des (richtigen) Wohnorts des wirklichen Fabrikanten, nicht aber die Wiederholung einer falschen Angabe des wirklichen Fabrikanten. —

Schließlich hoben die Kass.-Kläger hervor, daß sie aus Vorsicht die Succumbenzstrafe zwiefach hinterlegt hätten, weil A. B. für sich einen besonderen Kass.-Grund geltend mache; sie hielten dafür, daß es dieser doppelten Hinterlegung nicht bedürfe, und beantragten daher selbst für den Fall der Verwerfung des Kassations-Rekurses Aller, die Rückgabe des einen der beiden hinterlegten Beträge. —

Das ObTr. hat den Rekurs verworfen, dem zuletzt erwähnten Antrage aber entsprochen. — Zunächst ist der von A. B. gemachte Angriff als gegen die thatsächliche Feststellung des Instanzgerichts ankämpfend beseitigt; sodann ward erwogen:

]1.] daß die Strafbarkeit der fälschlichen Bezeichnung von Waaren oder deren Verpackung mit dem Namen oder der Firma und mit dem Wohn- oder Fabrikorte eines inländischen Fabrikunternehmers zc. im Sinne des § 269 des StGB.s darauf beruht, daß durch eine derartige Bezeichnung das Publikum zum Nachtheil desjenigen getäuscht werde, der sich bisher der von dem Beschuldigten gebrauchten Bezeichnung bedient hat, oder zu bedienen berechtigt war;

daß eine solche Täuschung nur möglich ist, wenn dem gleichen Namen oder der gleichen Firma, welche von mehreren Kaufleuten an verschiedenen Orten selbstverständlich und nach dem Anerkenntnisse des Art. 20 des D. HGB.s ungehindert und ohne Gefahr der Verwechselung unter einander geführt werden können, die Bezeichnung der Waaren oder ihrer Verpackung mit dem gleichen Wohn- oder Fabrikorte wie derjenige eines gleichnamigen oder gleiche Firma führenden Kaufmannes hinzutritt;

daß daher an verschiedenen Orten wohnende Kaufleute oder Fabrikunternehmer, welche an sich zur Führung desselben Namens oder derselben Firma berechtigt sind, schon durch die fälschliche Zufügung des Wohn- oder Fabrikortes eines andern Kaufmannes oder Fabrikanten allein sich die Waarenbezeichnung des Letzteren aneignen, ihren Waaren den Stempel der Herkunft aus der Fabrik oder dem Geschäfte des Letzteren aufdrücken und sich damit auch dessen Namens resp. der Firma anmaßen, deren charakteristisches Unterscheidungszeichen gerade in ihrer Verbindung mit dem Wohn- oder Fabrikorte besteht und hervortritt;

daß es daher auch darauf nicht ankommen und die Annahme der Fälschlichkeit der Waarenbezeichnung nicht ausschließen kann, wenn die Beschuldigten, welche nach der thatsächlichen Feststellung des App.-Richters sich auf ihren Etiquetten derselben Firma bedient haben, wie die von

A. B. in D. bisher geführte, berechtigt gewesen wären die Firma A. B. ohne unterscheidenden Zusatz zu führen, da sie jedenfalls selbst nicht behaupten können, daß sie berechtigt gewesen seien dieser Firmenbezeichnung den Wohn- oder Fabrikort „Duisburg" hinzuzufügen;

[2.] daß in letzterer Hinsicht aber nach der weitern thatsächlichen Feststellung des App.-Richters die am Schlusse beider Etiquetten — derjenigen des Handelshauses A. B. zu D. und derjenigen der ihren Sitz zu K. habenden Handelsgesellschaft der Beschuldigten — befindlichen Worte „tot Duisburg" nach dem Sinne der sämmtlichen Druckworte nur als Bezeichnung des Wohn- oder Fabrikorts des Fabrikanten des Tabacks aufgefaßt werden kann;

daß unter solchen Umständen die nunmehrige Ausführung der Beschuldigten, wonach die Angabe des Ortes Duisburg sich nur auf die darunter angegebene, nicht mehr existirende Firma J. G. B. und Sohn und nicht auf A. B. beziehe, also nicht die fälschliche Angabe des Wohn- oder Fabrikortes des wirklichen Fabrikanten darstellen soll, augenscheinlich mit der thätsächlichen Auffassung des App.-Richters in Widerspruch tritt, welcher in jener Ortsangabe als der Bezeichnung des Wohn- oder Fabrikorts des Fabrikanten des Tabacks selbstverständlich lediglich den Wohn- und Fabrikort des auf den Packeten als Fabrikanten bezeichneten Hauses A. B. erkannt hat;

daß daher jene Ausführung der Beschuldigten als unzulässiger Angriff gegen die faktische Würdigung des Sachverhalts Seitens des App.-Richters keine weitere Berücksichtigung finden kann, und sonach die Beschwerden der Beschuldigten über falsche Anwendung des § 269 des StGB.s, dessen Merkmale gegen sie erschöpfend und ohne Rechtsirrthum festgestellt sind, als unbegründet zurückgewiesen werden müssen;

[3.] soviel die von A. B. nachträglich besonders hinterlegte Succumbenzstrafe betrifft,

in Erwägung, daß es einer solchen Hinterlegung nicht

bedurfte, da die für alle drei Kassationskläger hinterlegte Succumbenzstrafe deshalb genügte, weil es sich von dem Rekurse gegen dieselbe Entscheidung handelt und der Umstand, daß A. B. ein besonderes Kassationsmittel geltend macht, um so weniger in Betracht kommt, als in Strafsachen nach Einlegung des Rekurses alle Nichtigkeitsgründe von Amtswegen zu berücksichtigen sind.

Antr. d. GStA.: gleichl. [32.—3.]

Bankerutt. – Kaufmann. – Gewerbesteuer. – Bilanz. – Konkurrenz.

1. Bei einer Anklage wegen Bankerutts ist für die Frage, ob der Angeklagte „Kaufmann" sei, die von diesem gezahlte Gewerbesteuer für den Strafrichter nicht entscheidend.

Pr. StGB. § 259; vgl. B.-StGB. § 281 [n. 6. 50].

2. Eine Bestrafung wegen Unterlassung der Buchführung schließt eine gleichzeitige Bestrafung wegen unterlassener Ziehung der Bilanz nicht aus.

Pr. StGB. § 261 Nr. 2. 3. Vgl. B.-StGB. § 283 Nr. 2. 3 [n. 18].

Die gänzliche Unterlassung der Bilanzziehung dürfte nicht unter § 261 (B.-StGB. § 283) Nr. 3, sondern unter die allgemeine Vorschrift der Nr. 2 ibid. fallen.

Erk. (Z. I.) v. 17. Febr. 1871 c. Caro (44. I. Cr.).

Die NB. des wegen einfachen Bankerutts (unordentlicher Buchführung und Unterlassung der Bilanzziehung) aus § 261 Nr. 2 und 3 bestraften C. rügte u. A.:

1. daß der Instanzrichter ihn mit Unrecht für einen Kaufmann und die Ausnahmebestimmung des Art. 10 des HGB.s bei ihm für unanwendbar erachtet habe, obgleich er zur Einkommensteuer nur nach dem Steuersatze B. eingeschätzt sei;

2. rechtsirrthümliche Anwendung des § 261 Nr. 3; eine Bestrafung wegen unordentlicher Buchführung schließe eine gleichzeitige Bestrafung wegen Nichtziehung der Bilanz aus, weil bei einer unordentlichen Buchführung die Ziehung der Bilanz nicht möglich sei. —

Zurückweisung. Gründe:

[1.] Der Umstand, daß der Angeklagte zur Gewerbesteuer und nach dem Steuersatze Litt. B. eingeschätzt ist, ist für den Instanzrichter kein Hinderniß, die Eigenschaft desselben als Kaufmann im Sinne des Art. 4 des D. HGB.s auf Grund der konkreten Sachlage festzustellen; vgl. Z. I. v. 16. Nov. 1866 (RdOTr. 7. S. 642).

[2.] Auch diese Beschwerde ist nicht zutreffend, denn der Angeklagte ist nicht etwa deshalb für strafbar erachtet, weil die von ihm gezogenen Bilanzen ungenügend, und ihre Fehler die Folge der unordentlichen Buchführung waren, sondern deshalb, weil er überhaupt unterlassen hat die Bilanz zu ziehen und dadurch eine Prüfung anzustellen, ob nicht sein Geschäftsbetrieb sich zu einem leichtsinnigen Ueberschreiten der ihm durch seine Vermögenslage gebotenen Grenzen ausgedehnt hat. Es kann daher nicht für rechtsirrthümlich erachtet werden, daß die Instanzrichter Behufs der Bestrafung des Angeklagten wegen einfachen Bankerutts sowohl Nr. 2 als Nr. 3 des § 261 a. a. O. herbeigezogen haben.

Antr. d. OStA.: gleichl. [30.—6.]

Schlägerei. – Betheiligung. – Anreizender Zuruf.

Eine Betheiligung an einer Schlägerei kann auch in anreizendem Zurufe gefunden werden.

Pr. StGB. § 195. Vgl. R.-StGB. § 227 [n. 10].

Erk. (Z.) v. 22. Febr. 1871 c. Budde (OAG. II. 206).

Die NB. des B. rügte, daß der App.-Richter, wegen „Anstiftung zur Betheiligung an einer Schlägerei" aus den §§ 195 und 34 Abs. 1 des Pr. StGB.s gestraft habe, obgleich die Begriffsmerkmale der Anstiftung in der beibehaltenen erstrichterlichen Feststellung nicht zu finden seien. — Das OAG. hat diesen Angriff im Allgemeinen für begründet erachtet, da der Richter nur einen „zur Anreizung geeigneten Zuruf des B." festgestellt und darin den Thatbestand einer „Betheiligung an der Schlägerei" (§ 195) gefunden hat. Gleichwohl hat es die NB. zurückgewiesen. Gründe:

Da Betheiligung durch Anreizung für dargethan erkannt ist, und eine Betheiligung an einer Schlägerei oder einem Angriff, d. i. Mitthäterschaft an diesem Vergehen, auch durch anreizenden Zuruf geschehen kann, so findet die unter Anwendung der §§ 195. 192a. 196 des Pr. StGB.s erfolgte Bestrafung ihre zureichende Begründung, und stellt sich der Angriff der NB. aus § 389 Nr. 1. der StPO. als verfehlt dar.

Antr. d. GStA.: entg. [66.—6.]

---

1. Strafumwandlung. - Gefängniß. - Zuchthaus. - Dauer.

2. Beschwerde. - Ober-Tribunal. - Gründe.

1. Ist ein Angeklagter wegen verschiedener Straffälle im getrennten Verfahren zu Zuchthaus und zu Gefängniß verurtheilt worden, so kann eine nachträgliche Umwandlung der Gefängniß- in Zuchthausstrafe nicht erfolgen, wenn dieselbe zu einer einen Monat nicht erreichenden Dauer der letzteren führen würde. In einem solchen Falle ist die Gefängnißstrafe als solche zu vollstrecken.

Ges. v. 3. Mai 1852 Art. 131 [n. 7a]; B.-StGB. §§ 19 [n. 3] 21. Hiernach entsteht die Frage: wie zu verfahren sei, wenn in dem gedachten Falle die Umwandlung der Gefängnißstrafe zu einer die Dauer eines Monats um einen Bruchtheil übersteigenden Zuchthausstrafe führen würde; daß dieser Bruchtheil nicht unvollstreckt bleiben darf, erkennt der vorliegende Beschluß an; soll nun die Umwandlung erfolgen, und der überschießende Bruchtheil als Gefängniß vollstreckt werden, oder ist in einem solchen Falle von der Umwandlung gänzlich abzusehen? Letzteres würde dahin führen, daß die betr. Vorschrift des cit. Art. 131 gänzlich außer Anwendung träte.

2. Bei der Beurtheilung einer Beschwerde kann das Ober-Tribunal über den sachlichen Umfang des angegriffenen Beschlusses und der Beschwerde hinausgehen, wenn es sich um Geltendmachung des wahren Rechts handelt.

Ebendas. Art. 13 [n, 6].

Beschl. (I.) v. 24. Febr. 1871 c. Arndt (36. B. I. Cr.)

A. war in zwei getrennten Verfahren wegen verschiedener Straftaten zu einer 7jährigen Zuchthaus- und zu einer vierwöchentlichen Gefängnißstrafe verurtheilt worden; auf den Antrag des StA.s wandelte das KG. diese Gefängnißstrafe nach §§ 19. 21 des B.-StGB.s in Zuchthausstrafe von 4 Tagen und 16 Stunden um; das AG. brachte dagegen auf die Beschwerde des StA.'s diese 16 Stunden in

Wegfall, annehmend: der überschießende Bruchtheil eines Tages müsse bei der Strafumwandlung außer Ansatz bleiben. Hiergegen richtete sich die Beschwerde des OStA.s, welcher, gestützt auf die früheren (unter der Herrschaft des Pr. StGB.s ergangenen) Entscheidungen des OTr.s (vgl. RbOTr. 8. S. 157. 510. 611. 654) auszuführen suchte, daß auch der überschießende Bruchtheil in einen vollen Tag umzuwandeln sei, daß also hier an die Stelle der einwöchentlichen Gefängniß- eine fünftägige Zuchthausstrafe treten müsse.

Diese Beschwerde erachtete die Gen.-Staatsanwaltschaft für gerechtfertigt: für den vorliegenden Fall sei die Vorschrift des Art. 131 des Ges.s v. 3. Mai 1852 maßgebend, die Umwandlung also geboten; nun bestimme zwar § 19 des B.-StGB.s: daß die Dauer einer Zuchthausstrafe nur nach vollen Monaten bemessen werden dürfe; diese Vorschrift könne aber da nicht maßgebend sein, wo es sich, wie hier, nicht von einer selbstständigen Strafverhängung, sondern von der Umwandlung einer bereits rechtskräftig verhängten Strafe handle; denn sie würde dazu führen, daß eine Gefängnißstrafe, welche die Dauer von fünfundvierzig Tagen und eine Festungshaft von kürzerer als 67tägiger Dauer entweder der bindenden Anordnung des cit. Art. 131 entgegen gar nicht umgewandelt, oder gänzlich in Wegfall gebracht, oder endlich unter Aufgabe des Maßstabes des § 21 in einen vollen Monat Zuchthaus verwandelt werden müßte; Alternativen, von welchen keine den Intentionen des Gesetzgebers entsprechen könne*); somit hätten die Instanzgerichte mit Recht hier von der Vorschrift des cit. § 19 für die Strafumwandlung abgesehen; diese Auffassung stehe zwar mit einer Aeußerung in den Motiven zu § 19 (§ 17 des II. Entwurfs: S. 45) im Widerspruche, welche das einmonatliche Mindestmaß der Zuchthausstrafe auch bei der Verwandlung einer Geld- in eine Freiheitsstrafe festgehalten wissen wolle und sodann zu § 29 (§ 23 des II. Entwurfs: S. 48) hinzusetze: daß die bei der Umwandlung sich ergebenden Bruchtheile eines Monats außer Ansatz

*) Auch in andern Fällen kann es leicht geschehen, daß der gedachte Grundsatz des § 19 Abs. 2 cit. nicht festzuhalten ist, z. B. wenn einem zu Zuchthausstrafe verurtheilten Angeklagten die Untersuchungshaft auf seine Strafe angerechnet (§ 60), oder wenn die einem Zuchthaus- oder Gefängnißsträfling bewilligte vorläufige Entlassung später widerrufen wird (§§ 20. 21), oder wenn die Strafverbüßung nach einer aus einem andern zufälligen Grunde eingetretenen Unterbrechung später wieder aufgenommen wird. Hiernach dürfte die ganze Vorschrift nur für die ursprüngliche Strafverhängung als maßgebend anzuerkennen sein, bei welcher das dem Richter zustehende Strafzumessungsrecht zur unbeschränkten Geltung gelangt.

zu lassen seien; diese Ansicht finde aber im Gesetze keinen Anhalt, und könne umsoweniger ins Gewicht fallen, als eine derartige Bestimmung nur im § 16 Abs. 2 des I. Entwurfs in Vorschlag gebracht, aber weder in den zweiten Entwurf noch in das GB. übernommen worden sei, was umsomehr für ihre Reprobirung spreche, als sie mit den Vorschriften des Pr. StGB.s und der diesem gewordenen Auslegung nicht im Einklange stehe, und dazu führen müßte, daß alle neben einer Zuchthausstrafe verhängten Geldstrafen im Falle der Uneinziehbarkeit gänzlich unvollstreckt bleiben würden, sobald sie nicht eine so ungewöhnliche Höhe erreichten, daß eine Umwandlung in einmonatliches Zuchthaus geboten erscheine; — im Uebrigen sprächen für die Ansicht des OStA.s, daß die überschießenden Bruchtheile in einen vollen Tag zu verwandeln seien, dieselben Gründe, welche das OTr. in früheren Fällen für durchgreifend erachtet habe. —

Das OTr. hat den Antrag der StA.-schaft auf Umwandlung der einwöchentlichen Gefängnißstrafe in Zuchthausstrafe als „unstatthaft" zurückgewiesen, und demgemäß die diesfalls erlassenen Beschlüsse beider Instanzgerichte aufgehoben. Gründe:

[1.] Der Antrag, die Gefängnißstrafe in Zuchthausstrafe zu verwandeln, ist allerdings nach der Vorschrift des Art. 131 des Ges.s v. 3. Mai 1852, welcher das Verfahren in Fällen der vorliegenden Art regelt, zu behandeln, die Zulässigkeit und eventuell das Maß der beantragten Umwandlung ist jedoch lediglich nach den Vorschriften des B.-StGB.s zu beurtheilen, weil nach der Vorschrift des § 6 des Einf.-Ges.s z. cit. StGB. mit dem 1. Jan. 1871 nur auf die gegenwärtig geltenden Strafarten erkannt werden kann, die nach jenem Tage erfolgenden Strafumwandlungen an die Stelle des Erkenntnisses treten, mithin denselben Regeln, wie dieses, unterworfen sind, zu diesen Regeln aber endlich auch das höchste respektive das mindeste Maß der anzuwendenden Strafart gehört. Hiernach erscheint aber der Antrag auf Umwandlung im vorliegenden Falle als unstatthaft.

Es ist von vorn herein keinem Zweifel unterworfen, daß der gemäß Art. 131 cit. eine Strafe umwandelnde Richter nur denselben Regeln zu folgen hat, welche dem erkennenden Richter selbst für die ursprüngliche Verhängung der Strafe vorgeschrieben sind. Diese Regeln sind also für die hier zu entscheidenden Fragen in dem ersten Abschnitt des ersten Theils des B.-StGB.s enthalten. Hiernach ist die höchste und die mindeste Dauer einer jeden der verschiedenen Freiheitsstrafen bestimmt. Die Wirkungen dieser Normirung treten aber nicht allein bei der Verurtheilung wegen eines bestimmten Verbrechens oder Vergehens, sondern auch im Falle der Aburtheilung verschiedener realkonkurrirender Verbrechen oder Vergehen, ferner im Falle der nothwendigen Umwandlung wegen Unvollstreckbarkeit (z. B. von Geldstrafen) ein u. s. w. So wenig es nun gestattet ist, über das im Gesetze normirte höchste Maß einer bestimmten Strafart, sei es allein, sei es im Falle der Konkurrenz (§ 74) zu erkennen, eben so wenig ist es zulässig, unter dem Mindestmaß zu erkennen, und folgeweise auch die Umwandlung einer Strafe zu bewirken. Dieser Grundsatz ist in den von dem OTr. erlassenen Beschlüssen, welche sich auf die Umwandlung und deren Maß bezogen, zur Zeit des Pr. StGB.s wiederholt ausgesprochen worden; vgl. Beschl. I. v. 2. Novbr. 1867 c. Völker [RdOTr. 8. S. 654]. Das gedachte GB. kannte nur einen und denselben Mindestbetrag der verschiedenen Freiheitsstrafen, nämlich einen Tag (§ 15). Aus diesem Grunde wurde in jenen Beschlüssen der Grundsatz ausgesprochen, daß so wenig wie beim ursprünglichen Erkennen, eben so wenig bei der Umwandlung die Dauer der Strafe unter einem Tage bestimmt werden dürfe. Dieser Grundsatz findet also auch nach der obigen Ausführung im vorliegenden Falle Anwendung. Der § 19 des B.-StGB.s bestimmt:

> „Die Dauer einer Zuchthausstrafe darf nur nach vollen Monaten, die Dauer einer anderen Freiheitsstrafe nur nach vollen Tagen bemessen werden.“

Hiernach ist es für alle Fälle unstatthaft, sei es durch Erkenntniß, sei es durch einen Umwandlungsbeschluß, eine Zuchthausstrafe unter einem Monat festzusetzen, und da es sich im vorliegenden Falle um eine Umwandlung von sieben

Tagen Gefängniß in Zuchthaus handelt, deren Resultat also einen Monat Zuchthaus lange nicht erreicht, so ist der Antrag auf Umwandlung überhaupt unzulässig, es muß vielmehr die Vollstreckung der siebentägigen Gefängnißstrafe nach Verbüßung der Zuchthausstrafe besonders erfolgen. Möchte dies auch dem System des StGB.s widerstreben, weil sich überall bei der Konkurrenz der Strafen das Prinzip der Vereinigung der Zuchthaus- und Gefängnißstrafen ergiebt, so muß diese Rücksicht doch da zurücktreten, wo sie, wie hier, durch die Regeln des GB.s selbst als unausführbar sich ergiebt.

[2.] Es kann schließlich einem Zweifel nicht unterworfen sein, daß das OTr. auch in diesem Falle über den sachlichen Umfang der angegriffenen Beschlüsse und der Beschwerde des OStA.s hinauszugehen befugt ist, da es sich auch hier im Falle einer solchen an und für sich begründeten Beschwerde des OStA.s um die Geltendmachung des wahren Rechtes handelt.

[15.—3.]

Betrug. – Simulation. – Vermögensbeschädigung.

Ist bei einem Kaufvertrage, bei welchem der Preis in Folge einer Simulation zu geringe angegeben ist, der Verkäufer in Betreff des ihm noch zustehenden Kaufpreisrestes getäuscht worden, so wird eine den Thatbestand des Betrugs erfüllende Vermögensbeschädigung dadurch nicht ausgeschlossen, daß im Falle des Nachweises der Simulation der ganze vereinbarte Kaufpreis oder die Rückgabe des verkauften Gegenstandes gefordert werden kann.

Pr. StGB. § 241. Vgl. B.-StGB. § 263 [n. 26].

Erk. (Z. I.) v. 24. Febr. 1871 c. Kriebel (157. I. Cr.).

K. hatte mit E. den Ankauf eines dem letzteren gehörigen Grundstückes für 1200 Thlr. verabredet. In dem gerichtlich abgeschlossenen Kaufakte wurde aber der Preis nur zu 500 Thlrn angegeben, während ein Rückstand von 450 Thlrn. unter der fälschlichen Bezeichnung eines von E. gegebenen Darlehens auf jenes Grundstück an zweiter Stelle (hinter einer bereits eingetragenen Forderung eines gewissen S. von 500 Thlrn.) eingetragen werden sollte, wogegen E. im Vertrauen auf diese ihm gewährte Sicherheit den Kr. aus seiner persönlichen Verbindlichkeit für jene 450 Thlr. entließ. Inzwischen hatte aber Kr. eine andere angebliche Darlehnsforderung von 500 Thlrn., auf welche keine Valuta gezahlt war, für eine gewisse W. gleich hinter der S schen Forderung eintragen lassen, so daß der Forderung des E. nur die dritte Stelle und somit nicht die erwartete Sicherheit zu Theil wurde. — Hierin hatten die Justizrichter einen „Betrug" gefunden er habe „— in gewinnsüchtiger Absicht das Vermögen des E. dadurch beschädigt, daß er durch Unterdrücken der wahren Thatsachen: daß im Hypothekenbuche rc. hinter der S.schen Forderung von 500 Thlrn., eine Hypothek von 500 Thlrn. für die rc. W. eingetragen worden sei, einen Irrthum erregte. — Die NB. des Kr. erachtete die Annahme einer dem E. zugefügten Vermögensbeschädigung für rechtsirrthümlich, weil er, wenn in Beziehung auf das Kaufgeld eine Simulation für erwiesen erachtet worden, nach §§ 72. 74 I, 11 und § 155 ff. I, 5 ALR. verpflichtet gewesen sein würde, entweder das wirklich vereinbarte Kaufgeld zu zahlen, oder das überlieferte Grundstück zurückzugeben, und weil in diesem Falle die Entlassung aus der persönlichen Verbindlichkeit für das in Wirklichkeit gar nicht gegebene Darlehen von 450 Thlrn. sich als ebenso bedeutungslos darstelle, wie die Eintragung der angeblichen W.schen Forderung, für welche auch keine Valuta gegeben sei. Zurückweisung. Gründe:

„es komme auf alles dieses nicht an, weil der Angeklagte seiner angegebenen Verpflichtung nicht nachgekommen sei, noch einmal dieselbe anerkannt habe." —

Antr. d. GStA.: Zurückweisung. [28.—6.]

Preusse. - Eroberung. - Aufenthalt im Auslande. - Militärpflicht.

1. Der Angehörige eines der im Jahre 1866 mit Preussen vereinigten Landestheile ist dadurch Preusse und militärpflichtig geworden, selbst wenn er zur Zeit jener Vereinigung sich im Auslande aufhielt und nicht in die Heimath zurückgekehrt ist.

2. Ist in einem solchen Falle die im § 469 der StPO. vorgeschriebene Erklärung der Lan-

despolizeibehörde erfolgt, so muss in Ermangelung des dort vorgesehenen Gegenbeweises eine Verurtheilung erfolgen aus

Pr. StGB. § 110. Vgl. Bund.-StGB. § 140 [n. 1. 16]; StPO. §§ 469. 473.

Erk. (V.) v. 1. März 1871 c. Kastern & Gen. (OAG. II. 28).

K. und Gen. hatten ihre Heimath (das Königreich Hannover) vor dessen Einverleibung in die Preußische Monarchie ohne Erlaubniß verlassen und sich dadurch dem Eintritt in den Preußischen Militärdienst entzogen. Deshalb aus § 110 des Pr. StGB.s verfolgt, wurden sie in beiden Instanzen freigesprochen. Das OAG. hat aber, auf die NB. des Kronanwalts das Urtheil der Berufungskammer vernichtet und die Strafe des cit. § verhängt. Gründe:

Der Apell.-Richter, welcher sich dabei mit den auf die Einverleibung des Königreichs Hannover bezüglichen Staatsakten im Einklange zu finden glaubt, geht von nachstehenden allgemeinen Voraussetzungen aus. Die Eroberung eines fremden Territoriums bringe den erobernden Staat zu den bisherigen Unterthanen des eroberten Staates unmittelbar in kein rechtliches Verhältniß, weil der Eroberer nicht in die Rechte der letzteren succedire, sondern nur Rechte durch einen originären Grund, die Okkupation, erwerbe. Personen seien aber nicht Gegenstand der Okkupation, träten vielmehr nur dadurch in ein Rechtsverhältniß zu dem Eroberer, daß sie in einem faktischen Verhältnisse zu dem okkupirten Lande als dessen Bewohner ständen, welches zur Aufrechthaltung der neuen Staatsordnung es nothwendig mache, sie mit dem okkupirten Lande als der neuen Ordnung unterworfen anzusehen. Nur Diejenigen träten in ein Pflichtverhältniß zu dem erobernden Staate, welche zur Zeit der Besitzergreifung sich in der Machtsphäre des Eroberers befänden, nicht auch Diejenigen, welche sich vorher dieser Machtsphäre durch Austritt aus dem okkupirten Lande entzogen hätten, zumal bei ausdrücklicher oder stillschweigender Erklärung, sich der neuen Ordnung nicht unterwerfen zu wollen.

Diese Argumentation, bei welcher nicht abzusehen ist,

weshalb ein blos faktisches Verhältniß, das Bewohnen des betreffenden Landes, die Unterthanen des überwundenen Staates in ein weiteres Pflichtverhältniß zu dem Eroberer bringen soll, als auf Seiten der in einem solchen Lande wohnhaften Fremden stattfindet, würde im Uebrigen zutreffen, wenn es sich um Besitznahme eines Gebietes handelte, worauf zwar sich Bewohner finden, die es aber zu einer Staatsgenossenschaft noch nicht gebracht haben. Zu diesen Personen gelangt der okkupirende Staat allerdings nicht ohne Weiteres in ein dauerndes Rechtsverhältniß, weil solche Bewohner eines staatlosen Gebietes in keinem mit diesem zusammenhängenden Verbande stehen, also ein Recht auf deren mehr als zeitweilige Subjektion aus der Besitznahme des Gebietes allein nicht folgen kann und dieselben ohne freiwilligen Eintritt in den das fragliche Gebiet umfassenden Staatsverband sich, wie jeder Staatsfremde, der zeitweiligen Unterwürfigkeit jederzeit entziehen können.

Allein bei der Eroberung eines schon bestehenden Staates liegt die Sache anders. Die Eroberung zielt hier mittelst Ergreifung des Territoriums auf Erwerb der dem unterworfenen Staate zugestandenen Territorial- und sonstigen Hoheit ab und ist, auch ohne Abtretung durch Friedensschluß, als ein deshalbiger Erwerbsgrund anzusehen. Indem aber der Eroberer sich des unzertrennlich mit dem Staatsgebiete verbundenen Staatswesens, des darauf wohnenden Volkes bemächtigt, seine Gewalt an die Stelle des bisherigen Inhabers setzt, liegt hierin, auch wenn sich nicht blos auf den Wechsel in der Person des Herrschers beschränkt wird, sondern eine Inkorporation eintritt, keine völlige Vernichtung der bisherigen Staatsordnung vor. Der bisher selbstständige Staat geht nicht als ein bloßes Aggregat der auf dem Gebiete befindlichen Einwohner, sondern mit seinem Organismus und seiner Gliederung in Gemeinde- und sonstigen Verbänden in den inkorporirenden Staat über. Die frühere Staatsordnung hört dabei selbstverständlich auch ohne ausdrückliche Bestimmung insofern auf, als sie nicht mehr möglich ist, weil und insoweit sie sich auf das Verhältniß des bisherigen Herrschers und das Bestehen des Staats in seiner bisherigen Selbstständigkeit bezieht. Keineswegs aber erlischt ohne Weiteres das gesammte öffentliche Recht des inkorporirten Staates, so wenig als das Privatrecht, obgleich auch dieses nur im Staate Leben und Wirklichkeit hat und sein Dasein von der staatlichen Anerkennung, also von der Staatsgewalt losgelöst nicht gedacht werden kann. Der Eroberer erlangt deshalb, — wobei es dahingestellt bleiben kann, ob dieser Uebergang unter die Benennung Succession zu bringen ist, — die in dem öffentlichen Rechte des eroberten Staates begründete Gewalt über dessen bisherige Unterthanen und es kann hieran dadurch nichts geändert werden, daß die letzteren, ohne das Band, welches sie an den eroberten Staat knüpfte, den bisherigen Staatseinrichtungen gemäß gelöst zu haben, sich von der Botmäßigkeit eigenmächtig lossagen.

Demgegenüber kann sich nicht auf eine völkerrechtliche Praxis berufen werden, wonach bei der Inkorporation eroberter Staaten den Unterthanen derselben binnen einer Frist das Ausscheiden aus dem neuen Verbande ohne Weiteres gestattet werde. Eine solche aus Humanitätsrücksichten gewährte Vergünstigung stellt sich als Ausnahme von der Regel dar und beweist nicht gegen sondern für obige Annahmen.

Der App.-Richter will nun in dem Inhalte des Patentes v. 3. Okt. 1866 eine Bestätigung der von ihm aufgestellten Ansichten finden, aber mit Unrecht. Nachdem das Ges. v. 20. Sept. 1866 das Königreich Hannover mit der Preußischen Monarchie für vereinigt erklärt hatte, enthält das Patent v. 3. Okt. die Erklärung, daß die hannoverschen Lande mit allen Rechten der Landeshoheit und Oberherrlichkeit in Besitz genommen und mit sämmtlichen Zubehören und Ansprüchen der Preußischen Monarchie einverleibt würden. Allerdings wird daneben den Einwohnern des gedachten Königreiches geboten, der König von Preußen als ihren rechtmäßigen Landesherrn anzuerkennen ꝛc., und so ist auch die Proklamation von demselben Tage an die Einwohner des vormaligen Königreichs Hannover gerichtet. Unmöglich konnte aber damit das bloße Verhältniß des zeitweiligen Wohnens bezeichnet werden, wobei sonst auch Fremde mitbegriffen sein würden. Einwohner sind vielmehr die, der in Besitz genommenen Landeshoheit und Oberherrlichkeit rechtlich unterworfen gewesenen bisherigen Staatsangehörigen (im Indigenatsverhältniß sich Befindenden).

Demnach kann es darauf, daß die Angeklagten zur Zeit der Inkorporation im hannoverschen Gebiete nicht anwesend waren, sowie auf deren Absicht hinsichtlich der Unterwerfung nicht ankommen. Sie sind nach der nicht in Zweifel stehenden Annahme des ersten Richters zur Zeit der Inkorporation aus dem hannoverschen Unterthanenverbande nicht geschieden gewesen, wurden mithin als früher hannoversche Unterthanen in den neuen Staatsverband aufgenommen. Damit ging auch der Anspruch des hannoverschen Staates auf Leistung der Kriegsdienstpflicht, soweit solcher nach den persönlichen Verhältnissen der Angeklagten bestehen konnte, auf den Preußischen Staat über und fand, nachdem zunächst, der in dem Patent vom 3. Okt. 1866 enthaltenen Ankündigung der Aufrechthaltung bisheriger Gesetze und Einrichtungen gemäß, die hannoversche Gesetzgebung maßgebend geblieben war, in den später hierüber ergangenen Anordnungen seine weitere Regelung.

Die Freisprechung der Angeklagten beruhte deshalb auf einem rechtsirrthümlichen Grunde und mußte daher das angefochtene Urtheil vernichtet werden.

Was die ferner zu ertheilende Entscheidung anlangt, so hatte zwar die Entfernung der Angeklagten, wodurch sie sich nach der Feststellung des ersten Richters dem Dienste im stehenden Heere zu entziehen suchten, vor der Unterwerfung derselben unter die Preußische Militärdienstpflicht stattgefunden und daher keine Richtung auf Umgehung der letzteren. Der § 110 des Pr. StGB.s hat jedoch nach richtiger Auslegung nicht den Sinn, daß es nur auf das Weggehen aus dem Lande mit der Absicht der Umgehung der Militärpflicht ankommt, sondern begreift unter dem Verlassen des Landes auch das Verbleiben außer demselben in solcher Absicht, wenn auch die ursprüngliche Entfernung aus dem Lande keinem Strafgesetze zuwiderläuft; wie denn auch das B.-StGB., welches ausweislich der Motive zu § 140 hier nur das Preußische Recht wiederholen wollte, den unerlaubten Aufenthalt außer dem Bundesgebiete ausdrücklich neben das Verlassen des letzteren gestellt hat.

Der Thatbestand des Austretens in diesem Sinne wird aber durch die Annahme des ersten Richters genügend festgestellt, indem danach die in § 469 der StPO. vorgeschriebene Erklärung der Landespolizeibehörde erfolgt ist, und somit in Ermangelung des in § 473 der StPO. vorgesehenen Gegenbeweises die Voraussetzung der fortdauernd unerlaubten Abwesenheit zum Zweck der Umgehung des Dienstes im Preußischen Heere, wozu die Angeklagten nach der Erklärung zu 1 des § 469 l. c. sich nicht gestellt haben, vorliegt, weshalb in Gemäßheit des citirten § 473 die Verurtheilung erfolgen mußte.

Antr. d. GStA.: gleichl. [64.—6.]

Versuch. - Feststellung. - B.-StGes.-Buch.

Eine die Begriffsmerkmale des § 31 des Pr. StGB.s erschöpfende Feststellung rechtfertigt die Verhängung der Versuchsstrafe aus

B.-StGB. § 43 [n. 22].

Erk. (Z. I.) v. 1. März 1871 c. Milkau (250. I. Cr.).

M. in erster Instanz am 24. Okt. 1870 wegen mehrfachen theils vollendeten theils versuchten Betruges aus § 241. 242 des Preuß. StGB.s bestraft, hatte appellirt; das AG. bestätigte aber am 11. Jan. 1871, indem es die erstrichterlichen (den Thatbestand der citt. §§ 241. 242 und 31 des Pr. StGB.s genau wiedergebenden) Feststellungen beibehielt, und in dieser Beziehung erwog: „daß der Thatbestand des Betruges und des Versuchs nach dem inzwischen in Kraft getretenen B.-StGB. gleiche Kriterien enthalten, wie das Pr. GB., so daß in jenen Feststellungen auch die Kriterien der §§ 263. 43 des B.GB.s zu finden seien. Die „Gesetzesverletzung" rügende NB. des M. ward zurückgewiesen. Gründe:

Die §§ 263. 43 des bei Abfassung des App.-Erkenntnisses schon in Kraft getretenen B.-StGB.s, welche als das mildere Gesetz mit in Betracht gezogen werden mußten, weichen zwar, in der Definition des Betruges, soweit dieselbe hier in Betracht kommt, von den entsprechenden Vorschriften des Pr. StGB.s insofern ab, als sie nicht von „gewinnsüchtiger Absicht," sondern von der Absicht sprechen, „sich oder einem Dritten einen rechtswidrigen Vermögensvortheil zu verschaffen." Wenn jedoch der App.-Richter nach der Auslegung, welche der Ausdruck „gewinnsüchtige Absicht" bisher in der Rechtsprechung gefunden hat, beide Ausdrücke für gleichbedeutend ansieht, so ist hierin ein Rechtsirrthum nicht zu erkennen. Dasselbe gilt von der Anwendung des § 43 des B.-StGB.s auf die dem § 31 des Pr. StGB.s entsprechende Feststellung des Versuchs, da die Definition, welche der erste über den Begriff des Versuches giebt, in dem letzteren als selbstverständlich vorausgesetzt worden war.

Antr. d. GStA.: gleichl. [28.—3.]

App.-Richter. – Verspäteter Beweisantrag. – Erschöpfung.

Der App.-Richter, welcher einen verspäteten Beweisantrag prüft aber nicht erschöpft, beschränkt die Vertheidigung.

Ges. v. 3. Mai 1852 Art. 104 [n. 8b].

Erk. (B. I.) v. 1. März 1871 c. Piasecki (160. I. Cr.).

P., in erster Instanz aus § 282 des Pr. StGB s verurtheilt, weil er „— einen Pappelbaum, welcher zur Verschönerung eines öffentlichen Weges diente, zerstört habe," — hatte in 2. Instanz in einer verspäteten Appellationsrechtfertigungsschrift unter Beweis gestellt, daß er vom Schulzen die Erlaubniß zur Wegnahme des sein Ackergrundstück beschädigenden Baumes gehabt, und somit ohne den im cit. § 282 vorausgesetzten rechtswidrigen Vorsatz gehandelt habe. Der App.-Richter lehnte aber diesen Beweisantrag ab und bestätigte das erste Urtheil: „es liege kein Grund zur nachträglichen Zulassung der Appellationsschrift vor; das Alter und die Schädlichkeit des Baumes könnten seine Zerstörung nicht rechtfertigen; sollte P. die Erlaubniß, ihn zu fällen, vom Schulzen erhalten haben, so folge hieraus noch nicht unbedingt, daß er das Bewußtsein der Rechtswidrigkeit nicht gehabt haben könne, da ihm wohl bekannt sein dürfte, daß der Schulze nicht berechtigt sei, eine solche Erlaubniß zu geben." — Auf die, Gesetzesverletzung und Beschränkung der Vertheidigung rügende NB. des P. ist das Urtheil 2. Instanz vernichtet worden. — Gründe:

Wenn der App.-Richter sich begnügt hätte, lediglich auf Grund des Art. 104 des Ges.s v. 3. Mai 1852 zu erklären, daß er keine besondern Gründe habe, auf die verspätet eingereichte Appellationsschrift zu rücksichtigen, so würde damit die Sache erledigt gewesen sein. Allein er hat sich außerdem auf eine Beurtheilung der einzelnen Beweisanträge eingelassen, die nicht erschöpfend ist und dem Imploranten das Vertheidigungsrecht in unstatthafter Weise verkümmert hat. Der zur Anwendung gebrachte § 282 des Pr. StGB.s stellt als ein wesentliches Erforderniß auf, daß die bezügliche Handlung eine vorsätzliche gewesen, er verlangt also mindestens das Bewußtsein des Thäters, daß er eine Zerstörung oder Beschädigung des jedesmaligen Gegenstandes vornehme, wobei für den vorliegenden Fall, von der bisherigen Meinungsverschiedenheit, ob eine rechtswidrige Handlung vorhanden gewesen sein müsse, abgesehen werden kann. Der Implorant hatte nun in seiner Appellationsschrift ausdrücklich bestritten, den Vorsatz einer Zerstörung oder Beschädigung im Sinne des Gesetzes gehabt zu haben, und dieserhalb unter Angabe der diesfälligen Thatsache, Beweis angetreten. Das erste Erkenntniß enthält in seinen Entscheidungsgründen, in der thatsächlichen Schlußfeststellung und in dem Tenor Nichts von der Vorsätzlichkeit der Handlungsweise des Angeklagten, es wäre daher Sache des App.-Richters gewesen, da er dieses Einwandes des Imploranten gedachte und denselben zu beseitigen suchte, den Vorsatz festzustellen. Anstatt dem begnügt er sich, zu erwägen: „daß aus der angeblich von dem Ortsschulzen ertheilten Erlaubniß zur Fällung der Pappel, nicht unbedingt zu folgern sei, daß der Angeklagte das Bewußtsein der Rechtswidrigkeit nicht gehabt haben könne" Dadurch wird aber keineswegs, worauf es doch allein ankam, ausgeschlossen, daß er dennoch jenes Bewußtsein wirklich nicht gehabt hat. Dasselbe gilt von der ferneren Bemerkung, daß dem Angeklagten wohl bekannt sein dürfte, daß der Schulze nicht befugt sei, eine derartige Erlaubniß zu ertheilen, weil es doch möglich ist, daß er diese Kenntniß nicht gehabt hat. Es ist somit der Dolus des Imploranten gänzlich in Ungewißheit geblieben, zumal auch der App.-Richter eine Feststellung der Vorsätzlichkeit der incriminirten Handlungsweise nicht vorgenommen hat.

Antr. d. GStA.: gleichl. [20.—3.]

Urkunde, fremde. - Unterdrückung.

Die Vorenthaltung einer fremden Urkunde und die Ableugnung ihres Besitzes während der Zeit, während welcher allein der Berechtigte von ihr mit Erfolg Gebrauch machen kann, ist ein „Unterdrücken" derselben im Sinne des

Pr. StGB.s § 243 Nr. 7; B.-StGB. § 274 Nr. 1 [n. 8].

Erk. (Z. I.) v. 1. März 1871 c. Prochnow (192 I. Cr.).

G. hatte dem B. einen Revers ausgestellt, durch welchen er sich verpflichtete gegen Zahlung von 39 Thalern für entstandene Kosten eine gegen B. ausgebrachte Subhastation zurückzunehmen. Diesen Revers hat Pr. von B. „zur Einsicht" erhalten, zu sich gesteckt und trotz der wiederholten Aufforderung Seitens des B. zurückzugeben verweigert. Hierin fanden die Instanzrichter eine „Unterdrückung" der (dem B. gehörigen) Urkunde zum Nachtheile des letztern, weil er diesen dadurch am Gebrauche derselben während der Zeit (bis zur Lizitation) verhindert habe, während welcher ein solcher überhaupt mit Erfolg hätte gemacht werden können; die Benachtheiligung des B. liege in der Entziehung des Beweismittels; auch sei er dadurch verhindert worden, sich mittels Vorzeigung des Reverses um Beschaffung der 39 Thaler zu bemühen; somit sei er durch Pr. daran verhindert worden, die Aufhebung der Subhastation herbeizuführen; diese Benachtheiligung werde dadurch nicht beseitigt, daß B. etwa durch andere Beweismittel das mit S. geschlossene Abkommen habe beweisen können; ebenso sei es für den Thatbestand und für den Charakter des Reverses als „Urkunde" gleichgültig, daß B. noch nicht im Besitze der 39 Thaler gewesen sei. — NB. Zurückweisung. Gründe:

Mit Recht ist ein „Unterdrücken" des in Rede stehenden Reverses oder Vergleiches, nicht also ein bloßes „Vorenthalten" desselben deshalb angenommen, weil der Angeklagte gerade in der Zeit, als der Gebrauch der Urkunde für den B. von entscheidendem Interesse war, dieselbe nicht allein herauszugeben verweigerte, sondern, wie festgestellt, sogar den Besitz derselben überhaupt leugnete. Mit Recht hat der App.-Richter in Beziehung auf die hier in Rede stehende Beurtheilung der Frage: ob der B. im Stande gewesen sein würde, die zu zahlenden 39 Thaler zu beschaffen, für gleichgültig erklärt.

Antr. d. GStA.: gleichl. [15.—3.]

---

1. Nichtigkeitsbeschwerde. - Rechtfertigungsfrist. - Urtheilszustellung.

2. Gewerbebetrieb im Umherziehen. - Gewerbeschein. - Betrieb für einen Andern.

1. Die Frist zur Rechtfertigung der angemeldeten Nichtigkeitsbeschwerde beginnt (vom Falle des § 370 Abs. 2 der StPO. abgesehen) erst mit der nach der Anmeldung von Amtswegen zu bewirkenden Urtheilszustellung, nicht mit einer vorher schon (ohne zwingende Nothwendigkeit) bewirkten Mittheilung des Urtheils.

StPO. § 370. Sic.: Erk. 9. Aug. 1868 c. Herrnstadt; Beschl. 30. März 1870 c. Nissen.

2. Jeder Betrieb eines Gewerbes im Umherziehen ist gewerbescheinpflichtig, mag er für

eigene oder für die Rechnung eines Andern stattgefunden haben.

Vdn. 28. April 1867; Gew.-Steuer-Ges. v. 30. Mai 1820 §§ 20. 40; Hausf.-Regulat. v. 28. Apr. 1824 §§ 1. 2—6. 7. 13—20. 26; AKO. v. 3. Mai 1828; AKO. v. 12. Febr. 1831. Vgl. RbOTr. 3. S. 292; 4. S. 501; 8. S. 306.

Erk. (Z.) v. 1. März 1871 c. Wegener (OAG. II. 8)

[1.] Die Rechtfertigung der NB. ist keineswegs verspätet, da die zehntägige Frist dafür nach ausdrücklicher Bestimmung der StPO. § 370 erst mit der sofort nach der Anmeldung von Amtswegen zu bewirkenden Zustellung des Urtheils, keineswegs schon mit der frühern, ohne Rücksicht auf die Anmeldung eines Rechtsmittels geschehenen Mittheilung desselben beginnt.

[2.] Die NB. ist aber auch begründet. Denn die Ansicht des Berufungsgerichts, daß der Angeklagte nicht strafbar erscheine, weil er nach der zu billigenden Feststellung des ersten Richters nicht in Betreibung eines eigenen Gewerbes, sondern nur als Beamter und in Vertretung der Feuerversicherungsgesellschaft gehandelt habe, findet ihre Bestätigung nicht in der nach der Vdn. v. 28. April 1867 auch für die Provinz Hannover gültigen, altländischen Gewerbesteuergesetzgebung. Vielmehr ergiebt das Ges. vom 30. Mai 1820 §§ 20. 40, des Regulativs vom 28. April 1824 §§ 1. 2. 6. 7. 13—20 und 26, die AKO. vom 3. Mai 1828 und die AKO. v. 12. Febr. 1831, daß Jeder, welcher überhaupt umherziehend ein Gewerbe treibt, sich über seine Befugniß dazu, bei Vermeidung einer Geldstrafe zum vierfachen Betrage des Steuersatzes, mittelst eines Gewerbescheins auszuweisen hat und daß dabei weder ausdrücklich noch nach dem Sinn und Zweck jener Bestimmungen unterschieden wird, ob das Gewerbe oder das Hausiren für fremde oder eigene Rechnung, mit oder ohne eigenen Gewinn und Nutzen betrieben wird. Hiernach genügt für die Strafbarkeit des Angeklagten auch die Feststellung, daß er als Beamter und Vertreter der Feuerversicherungsgesellschaft beim Betriebe des der letztern zustehenden Feuerversicherungsgeschäfts hausirt habe, ohne Rücksicht darauf, daß er auch nicht aus der Vermittelung selbst einen Vortheil suchte oder erhielt. Die angegebenen gesetzlichen Bestimmungen sind aber für den vorliegenden Fall allein maßgebend, weil die B.-Gew.-Ordn. v. 21. Juni 1869, welche nach dem § 55 sich auch auf den Gewerbebetrieb im Umherziehen bezieht, jedenfalls nach § 5 in den auf den Steuergesetzen beruhenden Beschränkungen des Gewerbebetriebes nichts geändert hat.

Antr. d. OStA.: gleichl. [65.—6.]

Jagd. – Fischotter. – Kur-Köln.

In den ehemals kurkölnischen Landestheilen ist die Fischotter nicht jagdbar.

Pr. StGB. § 274. Vgl. B.-StGB. § 292 [n. 21]. Kurköln. Jagd- und Fisch.-Ordn. v. 9. Juli 1759 Cap. 3 § 22.

Erk. (Z. II.) v. 2. März 1871 c. Aust (386. II. Cr. v. 1870).

A. war von der Anklage, im ehemals kurkölnischen Herzogthume Westphalen auf Fischotter unbefugt gejagt zu haben, deshalb freigesprochen worden, weil die Fischotter in der Kurköln. Jagd- und Fisch.-Ordn. v. 9. Juli 1759 Cap. 3 § 22 ausdrücklich für ein Raubthier erklärt, somit nicht jagdbar, durch die Hessische Forst-Kollegiums-Verf. v. 24. Nov. 1804 aber nur das Einfangen, nicht aber das Jagen der Otter mit einer Strafe bedroht sei. NB. des OStA.s. Zurückweisung. Das OTr. erwog:

daß die Jagd-, Busch- und Fischerei-Ordnung für das Erzstift und Kurfürstenthum Köln v. 9. Juli 1759 (Scotti Samml. I. Abthl. Thl. II. S. 797) im § 18 Cap. I. das zur Jagd gehörige „kleine und grobe Wildpret" (Hirsch, Schwein, Rehe, Hasen, Kaninchen, Auerhahn, Birkhühner, Fasanen, Feldhühner, Reiger, wilde Enten oder Tauben und was dergleichen mehr ist) namentlich aufführt, (vergl. auch Schlüter Prov.-Recht der ehemaligen kurkölnischen Grafschaft Recklinghausen S. 106), und dessen Schießen, Fällen und Fangen „Allen so zur Jagd nicht berechtigt seien" bei Vermeidung von 150 Ggld. und nach Maßgabe der Personen und Gestalt des Verbrechens unter Leibesstrafe untersagt in § 20 ibid. auch heimliche Wildpretschützen mit noch schwererer Strafe bedroht; daß in der für das Erzstift Köln und die übrigen Kurfürstlichen Lande erlassenen Verordnung vom 3. Juli 1765 (Scotti I. 2. S. 855) das Verbot des Wildpretschießens unter abermaliger spezieller Aufführung des bereits im § 18 der Jagd-, Busch- und Fischerei-Ordnung bezeichneten kleinen und groben Wildprets und wiederholten Androhung der daselbst vorgesehenen Strafen von Neuem eingeschärft wird, und daß auch in der Großherzoglich Hessischen Vdn. v. 12. Febr. 1809 (Scotti I. 2. S. 435) die Preise des Wildprets sowie der Betrag des Schieß- und Fanggeldes für alle einzelne Wildpretgattungen aufgeführt sind — überall, ohne daß in diesen Verordnungen die Otter als zur Jagd gehörig erwähnt wird;

daß nach allgemeinen Rechtsgrundsätzen der freie Thierfang die Regel, die Jagdbarkeit eines Thiers aber die Ausnahme bildet und daher die Fischotter schon um deshalb, weil sie in den Provinzialgesetzen unter den jagdbaren Thieren, deren Fangen und Tödten mit peinlichen Strafen bedroht wird, nicht aufgeführt wird, nach Vorschrift derselben als nicht jagdbar anzusehen ist;

daß aber überdies in den §§ 58—63 u. 64 Cap. I. der Jagd-, Busch- und Fischerei-Ordnung „Wölfe, Füchse, Marder, wilde Katzen, Dachse und andere dergleichen Raubthiere" dem Wildpret entgegengesetzt und als solche bezeichnet werden deren Vertilgung den Förstern und Jägern zur Pflicht gemacht und deren Ausspüren und Fangen noch anderen Personen unter gewissen in den §§ 59—61 a. a. O. geordneten Beschränkungen gestattet ist, daß die Otter von diesen dem ausschließlichen Jagdrecht entzogenen Raubthieren nicht ausgenommen und daß vielmehr im § 22 Cap. III. (Fischereiordnung) der Jagd-, Busch- und Fischereiordnung bestimmt wird,

„daß den Biebern und Ottern als höchst schädlichen Fischraubthieren, stark nachgetrachtet, die Reiger und Enten aber allerdings verschont werden sollen;

daß diese Vorschrift ihrem Wortinhalte nach nicht — wie die NB. annimmt — als eine lediglich das Verhalten der mit der Aufsicht über die Fischerei beauftragten Forst- und Jagdbedienten, — vgl. §§ 1 ff. Cap. III. a. a. O. — regelnde Bestimmung angesehen werden kann, vielmehr angenommen werden muß, daß danach die Otter und Biber als schädliche Raubthiere im Gegensatz zu den der Fischerei gleichfalls schädlichen Reigern und Enten, welche im § 18 Cap. I. a. a. O. als zur Jagd gehörig bezeichnet sind, dem freien Thierfange und zwar ohne Beschränkungen wie sie in den §§ 59—61 a. a. O. in Betreff der Dachse, Marder und wilden Katzen angeordnet sind, unterworfen sind;

daß ein begründetes Bedenken gegen diese Annahme mit der NB. auch nicht darin gefunden werden kann, daß den Ottern nicht in dem von den Jagden handelnden Cap. I. der Jagd-, Busch- und Fischerei-Ordnung als der eigentlichen sedes materiae für jagdrechtliche Bestimmungen, sondern in dem von der Fischerei redenden Kapitel gedacht ist, weil die Jagd-, Busch- und Fischerei-Ordnung den Charakter eines einheitlichen Gesetzes trägt, welches, wie aus dem Eingange derselben hervorgeht, den Schutz der Jagd, Forst und Fischerei durch eine Reihe von Vorschriften bezweckt, welche in untrennbarem Zusammenhange mit einander stehen und die Vorschrift des § 22 Kap. III., durch welche die Otter als der Fischerei schädlich der Vertilgung Preis gegeben werden, mit der Annahme, daß dieselben gleichwohl dem ausschließlichen Jagdrechte vorbehalten bleiben sollen, unvereinbar erscheint;

in Erwägung endlich, daß zwar durch die Verfügung des Fürstl. Hessen-Darmstädtischen Forst-Kollegii v. 24. November 1804 (Scotti II. 1. S. 175) vorgeschrieben wird: das eigenmächtige Fangen der Biber und Otter wird bei 100 Thalern Strafe und Verlust des Fanges verboten und sollen die Forstbeamten die Contravenienten ohne alle Ausnahme zur Strafverhängung anzeigen, daß aber in dieser Verordnung, welche nicht von dem Landesherrn sondern von der Verwaltungsbehörde erlassen ist, (vergl. das Organis.-Ed. vom 12. Oktober 1803: Scotti II. 1 S. 43 u. 54 insonderheit S. 52 u. 71, Rintelen Prov.-R. Motive S. 160) und ein unbedingtes Verbot des Fangens der Otter nicht enthält, nur eine polizeiliche Vorschrift, durch welche das freie Okkupationsrecht beschränkt wird, keineswegs aber eine maßgebende Bestimmung zu erkennen ist, durch welche die nach Vorschrift der Provinzialgesetze nicht jagdbare Otter nunmehr dem ausschließlichen Jagdrecht unterworfen würde und dies um so weniger als — wie dessen bereits gedacht — die spätere landesherrliche Vdn. v. 12. Febr. 1809 der Otter unter den namentlich aufgeführten jagdbaren Thieren nicht gedenkt.

Antr. d. GStA.: gleichl. [37.—3.]

Schenkwirthschaft. - Winzer. - Stehendes Gewerbe.

1. Der Begriff der „Schenkwirthschaft" wird dadurch nicht ausgeschlossen, daß ein Winzer nur während einer kürzeren Zeit Wein eigenen Wachsthums sei es außer dem Hause sei es an Gäste im Hause verkauft.

2. „Stehend" ist ein Gewerbebetrieb, sobald er nicht im Umherziehen stattfindet.

B.-Gew.-Ordn. v. 21. Juni 1869 §§ 33. 147. 14. 55; Gew.-Steuer-Ges. v. 30. Mai 1820 §§ 19. 39. — Vgl. RdOTr. 10 S. 382. 11. S. 471.

In demselben Sinne hat das OTr. an demselben 2. März 1871 auch in einer Sache c. Konz (393 II. Cr.) entschieden; in dieser hatte der Angeklagte seinen selbstgezogenen Wein nur während zweier Kirmestage an Gäste in seinem Hause verkauft.

Erk. (S. II.) v. 2. März 1871 c. Barrenstein (392 II. Cr. v. 1870).

Der Winzer B. hatte während des Mais 1870 drei Ohm Wein eigenen Wachsthums in kleinen Quantitäten theils außer seinem Hause, theils im Hause zum Genusse auf der Stelle gegen Bezahlung ausgeschenkt, ohne die polizeiliche Erlaubniß zum Schenkwirthschaftsbetriebe erlangt und ohne das Gewerbe zur Versteuerung angemeldet zu haben.

Gleichwohl ward er durch das AG. von der aus den §§ 33 und 147 der Bund.-Gew.-Ordn. v. 21. Juni 1869 erhobenen Anklage freigesprochen, weil seine Thätigkeit sich nicht als ein Gewerbebetrieb und insbesondere nicht als ein stehender Gewerbebetrieb charakterisire. — Vernichtung und Zurückverweisung der Sache an ein anderes AG. Gründe:

[1.] Die vom App.-Richter angenommene Art und Weise der Schenkwirthschaft des Angeklagten ist nicht geeignet, dieselbe dem Begriffe des Gewerbebetriebes zu entziehen. Denn es ist für den letztern gleichgültig, ob Jemand zum Erwerbe durch Schenkwirthschaft nur eigenes Wachsthum oder angekaufte Getränke verwendet, ob er diesen Erwerb nur einen Monat oder länger fortsetzt und welchem Stande er daneben angehört. Wie früher die AKO. vom 7. Febr. 1835 (Nr. 1. 3. 4. 8) zum Beginne einer Schenkwirthschaft die vorgängige Einholung einer polizeilichen Erlaubniß bei Strafe erforderte, so auch — wenn gleich nicht mit dem nämlichen Worte — die B.-Gew.-Ordn. v. 21. Juni 1869 in den §§ 33 und 147 Nr. 1. Ihre Dauer und ihr Umfang können dabei nicht in Betracht kommen, sobald nur feststeht, daß mit dem Feilbieten der Getränke zum Genusse auf der Stelle eine Erwerbsquelle für den Angeklagten eröffnet werden sollte.

Ob darin gerade eine nachhaltige und ausschließliche für den Lebensunterhalt des Unternehmers zu suchen sei, lassen die Gesetze gänzlich unberücksichtigt und konnte insbesondere auch von der Steuergesetzgebung ihrer Natur nach nicht berücksichtigt werden. Das vom Vorderrichter aus v. Kamptz Annalen 12. S. 526 herbeigezogene Ministerial-Rescript v. 17. Juni 1828 spricht mehr gegen, als für die angegriffene Entscheidung. Dasselbe ist der darin enthaltenen Weisung der Minister des Innern und der Finanzen gemäß durch die Amtsblätter bekannt gemacht, namentlich für den Regierungsbezirk Coblenz durch die Verfügung der dortigen Königl. Regierung v. 25. Juli 1828. In dem Rescripte wird die Anwendbarkeit des gesetzlichen Begriffs des Schenkwirthschaftsbetriebes auf den Verkauf des eigenen

Wachsthums zum Genusse auf der Stelle Seitens der kleinen Weinbauer offenbar vorausgesetzt, aber nachgelassen, daß derselbe innerhalb der dort genau bestimmten räumlichen und zeitlichen Grenzen nicht als Schenkgewerbe von den Polizei- und Steuerbehörden angesehen werden solle. Zeitlich beschränkt ist diese Begünstigung der kleinen Weinbauer, wie der Vorderrichter selbst bemerkt, auf höchstens zwei Herbstmonate und die gedachte Regierungsverfügung verordnet zugleich, daß die Ortsbehörden je nach den Umständen diese zwei Herbstmonate überall zu bestimmen haben, nachdem an sie die nach wie vor gesetzlich erforderliche Anmeldung der Schenkwirthschaft erfolgt sei. Sodann wird ausdrücklich von den Ministern und der Regierung daran erinnert, daß alle Ueberschreitungen der hier gegebenen Schranken des eigenen Most- oder Weinausschanks sowohl den polizeilichen als steuerlichen Strafvorschriften über den Betrieb des Schenkgewerbes unterworfen bleiben, wozu die fragliche Schenkwirthschaft im Monat Mai 1870 unstreitig gehört.

[2.] Die endliche Ausführung des App.-Richters, daß die Schenkwirthschaft des Angeklagten außerdem nicht der Betrieb eines stehenden Gewerbes gewesen sei, ist nicht ganz verständlich. Wenn derselbe vornherein sagt, daß unzweifelhaft nach dem Gedanken des Gesetzgebers der Bund.-Gew.-Ordn. aller Gewerbebetrieb entweder ein solcher ist, welcher stehend, oder ein solcher, welcher im Umherziehen geschieht, so ist ihm hierin — abgesehen vom Marktverkehr — unbedenklich beizupflichten, und daraus würde folgen, daß auch der Schenkwirthschaftsbetrieb des Angeklagten, seine Gewerbmäßigkeit vorausgesetzt, eines von beiden sein müsse. Der Vorderrichter erklärt denselben dagegen anscheinend für keines von beiden, weil ihm aus den §§ 14 und 55 der B.-Gew.-Ordn. hervorgeht, daß als stehend im Allgemeinen nur diejenigen Gewerbe angesehen werden sollen, welche an einem gewissen Orte in bestimmten Lokalien oder an festen Verkaufsstätten betrieben werden, und es an einer solchen Festmachung des Weinausschankes durch Ort und Lokal im vorliegenden Falle fehle. Daß aber wegen dieses Mangels des „Festmachens" die Schenkwirthschaft des Angeklagten zum Gewerbebetriebe im Umherziehen gehört habe, folgert der Vorderrichter nicht und war aus den thatsächlichen Feststellungen, wie sie geschehen, unmöglich zu folgern. Der § 15 der Gew.-Ordn. vom 17. Januar 1845 bezeichnet ausdrücklich als stehende Gewerbe diejenigen, welche nicht im Umherziehen betrieben werden, und die B.-Gew.-Ordn. bewies, wie ja auch der Vorderrichter anerkennt, die Unterscheidung der Titel II. und III. auf den nämlichen ausschließlichen Gegensatz. Angeklagter hat festgestelltermaßen lediglich in seinem Hause in L. die Schenkwirthschaft betrieben, und das angefochtene Erkenntniß schweigt darüber, welche Qualitäten diesem Hause fehlen sollen, um nicht als ein bestimmtes Lokal an einem gewissen Orte, nicht als eine feste Verkaufsstätte für den Ausschank darin gelten zu können. Sowohl im Sinne des § 33 der Nordd. Gew.-Ordn. als der Kabinets-Ordre v. 7. Febr. 1835 (Nr. 1. 5) kann es keinem Bedenken unterliegen, daß die Erlangung der polizeilichen Erlaubniß zur Schenkwirthschaft in einem bestimmten Hause dem Gesetze genügt, und umgekehrt muß der Betrieb der Schenkwirthschaft in einem solchen ohne Erlaubniß der Strafe des § 147 Nr. 1 der Gew.-Ordn. verfallen.

Auch § 10 c. des Ges. v. 30. Mai 1820 enthält keinen Gegengrund, denn wer in seinem Hause für Jedermann Getränke zum Genusse auf der Stelle feil hält, macht dasselbe zu diesem Zwecke auch zu einem „offenen Lokal." Die Lage der Winzer in der Gegend von L. und anderer und der vom Vorderrichter bezeugte Gebrauch derselben, um die fragliche Jahreszeit den Ertrag ihrer letzten Weinernte zu verwerthen, kann im Wege der Gesetzgebung möglicherweise Berücksichtigung finden, nicht im Wege der Rechtsprechung mit Verletzung der betreffenden Gesetze, welche in den Entscheidungsgründen des Vorderrichters durch unrichtige Auslegung der §§ 14. 55. 33 und 147 Nr. 1 sowie des Gewerbesteuergesetzes v. 30. Mai 1820 § 10 c. nach Vorstehendem enthalten ist.

Antr. d. GStA.s gleichl. [23.—3.]

App.-Richter. - Feststellung. - Bessere Begründung.

Der Appellations-Richter, welcher den vom ersten Richter festgestellten Thatbestand beibehält, kann zur besseren Begründung desselben aus den Akten neue vom ersten Richter nicht in Betracht gezogene Beweismomente anführen, selbst wenn er in dieser Beziehung eine neue Beweiserhebung nicht veranlasst hatte.

StPO. §§ 377. 353. Vgl. RdOTr. 9. S. 245; 10. S. 731.

Erk. (Z. II.) v. 2. März 1871 c. Grebert (58. II. Cr.). 32.—3.]

Oeffentlichkeit. - Verletzung der Schamhaftigkeit.

Eine an einem öffentlichen Orte einer einzigen Person gegenüber verübte schamverletzende und Aergerniß gebende Handlung erfüllt das Begriffserforderniß der „Oeffentlichkeit," auch wenn keine dritte Personen dieselbe wahrgenommen haben.

Pr. StGB. § 150; B.-StGB. §§ 183. 85 [n. 7. 8]

Erk. (Z. II.) v. 2. März 1871 c. Krummensieg & Gen. (7. II. Cr.).

K. und Sch. hatten sich an einem öffentlichen Orte bei unverehelichten L. gegenüber mehrere grobe Unanständigkeiten erlaubt und davon erst abgelassen, als auf ihren Hülferuf andere Personen herbeieilten. Sie wurden dieserhalb wegen einer ein öffentliches „Aergerniß gebenden Verletzung der Schamhaftigkeit" aus § 150 des Pr. StGB.s bestraft; das AG. erwog: „es sei zwar zur Zeit der Handlung dunkel gewesen und es erhelle nicht, daß andere Personen außer der L. bemerkt hätten, was die Angeklagten mit ihr gemacht; es sei aber auch zum Thatbestande des § 150 nicht erforderlich, daß eine Mehrheit von Personen zugegen gewesen und Aergerniß genommen habe, vielmehr genüge es, wenn wie hier eine die Schamhaftigkeit verletzende, zur Erregung eines Aergernisses objektiv geeignete Handlung an einem öffentlichen Orte begangen werde, auch wenn dieselbe nur von denjenigen wahrgenommen sei, welcher von derselben betroffen werde." — Die diese Auffassung als rechtsirrthümlich angreifende NB. ward zurückgewiesen. Gründe:

daß eine an einem öffentlichen Orte vorgenommene an und für sich die Schamhaftigkeit verletzende Handlung, wenn dieselbe sich nicht als Angriff auf die Schamhaftigkeit einer bestimmten Person darstellt, auch schon unter den § 150 cit. fallen könne, sofern dieselbe nur von einer Person wahrgenommen sein sollte, ist unzweifelhaft und auch von der NB. selbst nicht angezweifelt (cf. Urtheile des Königl. OTr. v. 16. April 1858 Jahnke und v. 5. Oktbr. 1854. Entsch. 28. S. 375). Ist dies aber der Fall, so ist auch nicht abzusehen, weshalb der Thatbestand des Vergehens dadurch geändert und von stärkeren Erfordernissen in Bezug auf das Moment des öffentlichen Aergernisses abhängig sein solle, weil die Handlung eben gegen eine bestimmte Person gerichtet ist und zugleich deren Schamhaftigkeit verletzt. Auch in dieser Voraussetzung muß vielmehr das Merkmal des öffentlichen Aergernisses als gegeben erachtet werden können, wie dies auch in dem Beschlusse des Königl. OTr. v. 7. Septbr. 1860 c. Köppen, Goltd. Arch. Bd. 8. S. 832 bereits ausgesprochen ist.

Antr. d. GStA.: gleichl. [27.—3.]

Rückfall. - Inland. - Hessen.

Eine in Hessen (auf der linken Mainseite) vor der Vereinigung dieses Landestheils mit dem deutschen Reiche erfolgte Bestrafung rechtfertigt für einen nach jener Vereinigung (in Preußen) verübten Diebstahl die Verhängung der Rückfallsstrafe.

B.-StGB. § 244 [n. 1].

Erk. (B. II.) v. 2. März 1871 c. Peter (78. II. Cr.)

P. hatte sich am 7. und 8. Jan. 1871 zu Frankfurt a. M. wiederholter Diebstähle schuldig gemacht und war deshalb in 1. Instanz aus § 244 des B.-StGB.s bestraft worden, weil er früher bereits zweimal im jetzigen Reichsgebiete und zwar im Jahre 1866 zu Hameln und im Jahre 1870 in Darmstadt wegen Diebstahls verurtheilt worden sei, und sich somit im zweiten Rückfalle befinde. Das AG. bestrafte dagegen nur aus § 242 l. c., weil die zweite Bestrafung nicht im Inlande, sondern — wie § 8 des StGB.s ergebe, — im Auslande (Hessen links des Mains) erfolgt sei. — Vernichtung und Verwerfung der von P. gegen das erste Urtheil ergriffenen Berufung. Gründe:

Nach dem durch das BGBl. S. 650 publizirten Protokolle, betreffend die Vereinbarung zwischen dem Nordd. Bunde, Baden und Hessen über Gründung des deutschen Bundes unter Annahme der Bundesverfassung v. 15. Nov. 1870, haben sich die kontrahirenden Staaten dahin einverstanden erklärt, daß diese Verfassung, vorbehatlich der speziell erwähnten Maßgaben mit dem 1. Jan. 1871 in Wirksamkeit treten solle. Mit diesem Tage erlangte daher die deutsche Bundesverfassung in Gemäßheit des Art. 2 der Verfassung für den Nordd. Bund v. 24. Juni 1867 (G.-S. S. 817 und B.-GBl. S. 1) auch Gesetzeskraft im Gebiete des bisherigen Nordd. Bundes, insbesondere also auch zu Frankfurt, dem Orte, wo die beiden in Rede stehenden Diebstähle von dem Angeklagten verübt worden. Demgemäß war auch hier in Gemäßheit des Art. 80 der deutschen Bundesverfassung rücksichtlich des zum Gesetze des deutschen Bundes erklärten StGB.s für den Nordd. Bund die Aenderung eingetreten, daß darin überall da wo in demselben vom Nordd. Bunde, dessen Gebiet die Rede ist, der deutsche Bund und dessen entsprechende Beziehung zu verstehen sind. Hiernach gehört seit dem 1. Jan. 1871 unzweifelhaft der südlich des Mains gelegene Theil des Großherzogthums Hessen im Sinne des § 8 und demgemäß auch des § 244 des deutschen StGB.s zum Inlande. Legt man nun bei der Entscheidung der Frage, was unter den „im Inlande" ergangenen Bestrafungen, wie sie der § 244 cit. voraussetzt, zu verstehen, den einfachen Wortsinn zum Grunde, so umfaßt der § 244 augenscheinlich nicht nur die Bestrafungen, welche ergangen sind, seit der Sitz des Gerichts ein Theil des Inlandes geworden ist, sondern auch die in den nunmehr dem deutschen Bunde beigetretenen Staaten vor diesem Beitritt erlassenen Strafurtheile. Während allerdings der § 219 des früheren Pr. StGB.s bei Bestimmung der Voraussetzungen des wiederholten Rückfalls darauf Gewicht legte, daß die Vorbestrafungen von einem preußischen Gerichtshofe erlassen seien, und dadurch dem mit Rücksicht auf die Continuität der Landeshoheit affirmativ zu entscheidenden Zweifel Raum bot, ob die in den im Jahre 1866 einverleibten Landestheilen vor der Einverleibung erlassenen Strafurtheile im Sinne des § 219 als von preußischen Gerichten erlassen zu betrachten seien, kann nach der Fassung des § 244 des B.-StGB.s ein ähnlicher Zweifel rücksichtlich der im südlichen Theile des Großherzogthums Hessen vor dessen Eintritt in den deutschen Bund ergangenen Urtheils nicht entstehen. Denn der § verlangt nur, daß die Bestrafung im Gebiete des jetzigen deutschen Bundes erfolgt, also von einem innerhalb der geographischen Grenzen dieses Gebietes residirenden Gerichte verhängt sei, ohne rücksichtlich des Zeitpunktes, wann die Bestrafung erfolgt sein müsse, einen Unterschied zu machen, insbesondere seine Absicht irgendwie anzudeuten, daß Strafurtheile der betreffenden Art in irgend einem der den deutschen Bund bildenden Staatsgebiete vor der Constituirung dieses Bundes erlassen, die Bestrafung wegen wiederholten Rückfalls nicht begründen sollen. Es läßt sich gegen diese Auslegung des § 244 auch nicht einwenden, daß auf diese Weise demselben im Widerspruch mit den allgemeinen Grundsätzen des Strafrechts rückwirkende Kraft beigelegt werde. Denn der Gesetzesübertretung, wegen deren der Angeklagte in dem seitdem dem deutschen Bunde beigetretenen Staate bestraft worden, wird durch diese Auslegung keine zur Zeit der Verübung noch nicht angedrohte strafrechtliche Folge gegeben, überhaupt an deren rechtlichen Folgen für den Angeklagten Nichts geändert. Es handelt sich vielmehr lediglich von den Folgen der neuern Gesetzesübertretung, welche unter der Herrschaft des gegenwärtigen StGB.s, unter einer neuen Gesetzgebung verübt ist, die, ohne daß darin ein

Widerspruch gegen das angeführte allgemeine strafrechtliche Prinzip gefunden werden könnte, bei der Androhung von Rückfallsstrafen auch die unter der früheren Gesetzgebung wegen ähnlicher Verzehen stattgehabten Bestrafungen in Betracht gezogen wissen will. Allerdings konnte der Angeklagte, als er im Juli 1870 zu Darmstadt wegen Diebstahls bestraft wurde, wie sein Vertheidiger hervorhebt, noch nicht wissen, daß ihm bei nochmaliger Betretung unter einem erst v. 1. Jan. 1871 an für das ganze Großherzogthum Hessen in Kraft tretenden StGB. jene Bestrafung als erschwerender Umstand werde angerechnet werden. Warum derselbe aber bei Verübung der hier fraglichen, am 7. und 8. Jan. d. J. verübten Diebstähle nicht hätte wissen können, daß er nach der Bestimmung des zu dieser Zeit bereits in Wirksamkeit getretenen deutschen StGB.s eine besonders harte Bestrafung deshalb zu gewärtigen habe, weil er im nunmehrigen Gebiete des deutschen Bundes wegen Diebstahls bereits zweimal, das Darmstädter Urtheil eingeschlossen, bestraft worden, ist nicht wohl abzusehen.

Antr. d. GStA.: gleichl. [32.—3.]

Appellation. - Zurückweisung. - Beschluß.

Das Appellationsgericht kann eine vom Erstinstanzgerichte zugelassene und instruirte Appellation nicht durch Beschluß zurückweisen, muß vielmehr über dieselbe durch Erkenntniß entscheiden.

Vdn. v. 3. Jan. 1849 §§ 131 [n. 8] 134. Vgl. RbOTr. 7. S. 225.

Beschl. (II.) v. 2. März 1871 c. **Polifka** (8 B. II. Cr.). [37.—6.]

Fragstellung. - Haupt-, Hülfsfrage. - Beantwortung.

Ist von den Geschwornen die „vorsätzliche Tödtung" betreffende Hauptfrage mit sieben gegen fünf Stimmen bejaht und deshalb die wegen „fahrlässiger Tödtung" gestellte Hülfsfrage unbeantwortet gelassen worden, so wird die nachträgliche Beantwortung der letzteren nöthig, wenn der Gerichtshof in

Betreff der Hauptfrage das „Nichtschuldig" ausspricht.

Ges. v. 3. Mai 1852 Art. 86 [n. 30]. Vgl. RdOTr. 10. S. 500.

Erk. (V. I.) v. 3. März 1871 c. Maturska (177. I. Cr.).

Die Geschwornen hatten die ihnen vorgelegte Hauptfrage:

„Ist die ꝛc. M. schuldig, — — vorsätzlich der A. W. H. einen Stoff, welcher geeignet ist, die Gesundheit zu zerstören, beigebracht und dadurch den Tod der H. herbeigeführt zu haben?"

mit sieben gegen fünf Stimmen bejaht und deshalb die für den Fall der Verneinung jener gestellte (2.) Hülfsfrage:

„Ist die ꝛc. M. schuldig, — — durch Fahrlässigkeit den Tod der A. W. H. herbeigeführt zu haben?"

unbeantwortet gelassen. Nachdem aber der GH. die erste Frage verneint, kam es in Frage, ob es jetzt nicht noch der Beantwortung der Hülfsfrage durch die Geschwornen bedürfe; der StA. erachtete eine weitere Beantwortung dieser Frage durch die Geschwornen für unzulässig, weil die Mehrheit der Geschwornen die Hauptfrage und somit den Vorsatz der Angeklagten bereits bejaht habe, Vorsatz und Fahrlässigkeit sich aber gegenseitig ausschließen. Dieser Auffassung schloß sich der GH. an, und entschied, daß die Hülfsfrage „aus dem angeführten Grunde nicht mehr zur Beantwortung der Geschwornen zu stellen sei." Auf die demnächst vom StA. ergriffene NB. erfolgte Vernichtung des demzufolge ergangenen freisprechenden Erkenntnisses, sowie des vorhergegangenen mündlichen Verfahrens, insoweit dadurch die durch die Hülfsfrage gegen die M. erhobene Beschuldigung der fahrlässigen Tödtung der H. nicht zum Austrage gebracht worden sei, und die Verweisung der Sache zur anderweitigen Verhandlung ꝛc. über diese Anschuldigung an die Gerichts-Abtheilung. Gründe:

Die Anklage lautete, in Uebereinstimmung mit dem Anklagebeschlusse, allerdings nur auf vorsätzliche Beibringung eines Stoffes, welcher geeignet gewesen, die Gesundheit zu zerstören, und demnächst den Tod der A. W. H. herbeigeführt hat. Dies hinderte indeß den Schwurgerichtshof nicht, unter Berücksichtigung des Art. 86 des Ges.s vom 3. Mai 1852 und des Art. XXV. des Einf.-Ges.s zum Pr. StGB., für den Fall der Verneinung der hierauf gerichteten Frage, sowie es geschehen, eine eventuelle, dahin zu stellen, ob die Angeklagte die ihr zur Last gelegte Handlung nicht wenigstens aus Fahrlässigkeit begangen habe. Die Geschwornen hatten nun zwar über die ihnen wegen der Vorsätzlichkeit vorgelegte Hauptfrage, nur mit relativer Stimmenmehrheit ein bejahendes Verdikt abgegeben, so daß von ihrer Seite, da die Entscheidung des Schwurgerichtshofes einzutreten hatte, vor dem Ergehen derselben, die Beantwortung der eventuellen Frage vorläufig unterbleiben mußte, allein dies hinderte, nachdem der Schw.GH. der verneinenden Minorität der Geschwornen hinsichts der Hauptfrage zu 1 beigetreten war, keineswegs, daß nunmehr die erwähnte Eventualfrage zur Erledigung durch die Geschwornen gebracht wurde. Denn an sich lag der vorausgesehne eventuelle Fall vor; die Vorsätzlichkeit der Handlungsweise der Angeklagten war verneint, gleichviel, daß dies durch den Hinzutritt des Schwurgerichtshofes bewerkstelligt worden. Die Erwägung desselben, daß, da die Majorität der Geschwornen den Vorsatz der Angeklagten bereits bejaht gehabt und diesen nicht zugemuthet werden könne, jetzt über das etwaige Vorhandensein einer Fahrlässigkeit abzustimmen, weil die Begriffe beider sich gegenseitig ausschlössen, ist eine irrthümliche, wie schon das V. I. 29. April 1853 (231, JMBl. S. 339) entschieden hat. Es heißt dort in Betreff der gegenwärtigen Frage: „daß zwar die Begriffe von Vorsatz und Fahrlässigkeit einander ausschließen, dergestalt, daß vor einer Handlung und deren Folgen, nicht gleichzeitig ausgesagt werden könne, daß letztere vorsätzlich und daß sie fahrlässig herbeigeführt sei, es jedoch nichts Widersprechendes enthalte, wenn derjenige, der eine Handlung für eine vorsätzliche erklärt hat, hiernächst, nachdem gegen diese, seine Annahme, anderweit die Abwesenheit des Vorsatzes festgestellt worden ist, von derselben Handlung aussage, daß sie wenigstens aus Fahrlässigkeit begangen sei." Der damalige Fall lag, soweit er die hier zu beantwortende Frage angeht, keineswegs, wie die Gegenerklärung des Vertheidigers der Angeklagten meint, anders, denn auch dort hatten die Geschwornen die ihnen vorgelegte zweite Frage wegen vorsätzlicher, jedoch nicht mit Ueberlegung verübten Tödtung, mit 7 gegen 5 Stimmen bejaht, so daß der Schw.GH. eintreten mußte, der Minorität, wie in dem vorliegenden Falle beitrat, und nur noch den Fehler beging, selbst über die dritte Frage, hinsichtlich der Fahrlässigkeit zu entscheiden, anstatt den Geschwornen die diesfällige Beantwortung zu überlassen. Dabei ist auch der Umstand gleichgiltig, daß in der gegenwärtigen Untersuchung die StA.schaft selbst die Nichtbeantwortung der Eventualfrage beantragt, und denselben irrigen Grund, den später der Gerichtshof adoptirt hat, geltend gemacht hatte, weil dergleichen, durch die Gesetze nicht gebilligte Anträge, nicht im Stande sind, nach irgend einer Richtung hin, einzuwirken.

Antr. d. GStA.: gleichl. [20.—6.]

Rechtsanwalt. - Exekution. - Retentionsrecht.

Ein Rechtsanwalt, welcher mit der Führung eines Prozesses beauftragt war, hat an den demnächst durch Exekution des erstrittenen Urtheils in seine Hände gelangten Geldern kein Zurückbehaltungsrecht, wenn er nicht auch zu dieser Exekution ermächtigt worden war.

ALR. I, 13 § 83.

Erk. (I. Civ.-Sen.) v. 6. März 1871 c. Rechtsanw. F. (63. D. I.)

Der Rechtsanwalt F. war in einem Alimentenprozesse der Klägerin J. K. und deren unehelichem Kinde zum Rechtsbeistande zugeordnet worden und hatte für sie in 1. Instanz ein obsiegliches Urtheil erwirkt, sodann (ohne hierzu besonders ermächtigt zu sein) beim Gerichte auf Einziehung der fälligen Alimente und darauf angetragen, daß diese Beträge an ihn ausbezahlt werden möchten, und schließlich der K. angezeigt, daß er aus diesen Beträgen seine Gebühren entnommen und den Rest als Vorschuß für die vom Verklagten beschrittene zweite Instanz inne behalten habe. Er glaubte diese seine Verfahrungsweise durch die Vorschrift des § 83 I, 13 ALR. rechtfertigen zu können. Das OTr. fand dagegen in seinem Verfahren ein Dienstvergehen. — Gründe:

Der cit. § 83 I, 13 ALR. verleiht dem Bevollmächtigten wegen seiner Auslagen und zu fordernden Belohnungen ein Zurückbehaltungsrecht in Ansicht derjenigen Sachen, die vermöge des Auftrags in seine Hände gekommen sind; aber an einem solchen Auftrage fehlt es hier gerade, da der Auftrag, der dem Offizialmandatar in einem durch diese Ernennung zu Theil wird, sich auf die Prozeßführung beschränkt, zu weiteren Anträgen er einer besonderen Ermächtigung der Parteien bedarf, und die J. K. ihn nicht beauftragt hatte, die fälligen Alimente für sie in Empfang zu nehmen. Aus der widerrechtlichen Aneignung der Alimentengelder konnte ihm daher ein Zurückbehaltungsrecht daran nicht erwachsen. — Wenn dem aber auch nicht so wäre, so war ihm — — [im vorliegenden Falle] kein Zweifel darüber gelassen, daß er sich unbefugter Weise die nothdürftigen Alimente für ein Kind zugeeignet habe, — obgleich ein Rechtsanwalt als zugeordneter Vertheidiger einer Partei nöthigenfalls auch unentgeltlich seine Rechtshülfe gewähren muß; unter solchen Umständen stellt sich sein Verhalten auch noch als ein solches dar, welches gegen die Pflichten des Anstandes verstößt; ꝛc.

[—9.]

Anklageschrift - Inhalt. - Strafgesetz.

Es ist nicht unerlässlich in der Anklageschrift neben der vollständigen Anführung aller zum Thatbestande des betr. Straffalles gehörenden Merkmale auch noch die Paragraphenzahl des anzuwendenden Strafgesetzes anzugeben. Ein auf der Grundlage einer solchen Anklageschrift eingeleitetes Verfahren ist nicht nichtig.

StPO. § 76. Vgl. RdOTr. 10. S. 531.

Erk. (Z.) v. 8. März. 1871 c. Dequine (OAG. II. 34). [66.—6.]

Betrug. - Täuschung. - Richter. - Beweismittel.

Durch eine mittels eines Beweismittels zu Wege gebrachte Täuschung des Richters kann ein Betrug verübt werden; es ist dazu nicht erforderlich, daß dieses Beweismittel (eine Urkunde) (objektiv) falsch gewesen sei.

Pr. StGB. § 241; vgl. B.-StGB. § 263 [n. 64].

Erk. (B. I.) v. 8. März 1871 c. Diekow (116. I. Cr.).

D. auf Zahlung einer Restforderung für gelieferte Lederwaaren belangt, wendete ein: er habe außer einer ihm gutgeschriebenen durch Postanweisung am 14. Septbr. geleisteten Zahlung von 25 Thalern am folgenden 15. Sept. fernere 25 Thlr. an den Kläger selbst bezahlt, und berief sich dafür auf eine von dem letzteren am 16. Okt. geschriebene Abrechnung, in welcher derselbe bekannte, am 15. Sept. 25 Thlr. empfangen zu haben. Es ergab sich indessen, daß die Behauptung der zweimaligen Zahlung unwahr sei, und daß sich die Quittung vom 15. Sept. auf die am 14. Sept. übermachten 25 Thlr. beziehen sollte. Gleichwohl sprachen die Instanzgerichte von der Anklage des Betrugsversuchs frei: es fehle an der Möglichkeit der Irrthumserregung, weil der Richter einseitigen nicht bewiesenen Parteibehauptungen nicht Glauben schenke; die Benutzung der echten (falsch datirten) Quittung könne der Handlungsweise des D. nicht den ihr sonst nicht beiwohnenden Charakter eines „Betrugs" verleihen, weil, selbst wenn der Richter sich durch dieses Beweismittel hätte täuschen lassen, er immer nicht durch die falschen Vorspiegelungen des D., sondern durch das vollkommen echte Beweismittel getäuscht worden sei, so daß es an dem Kausalzusammenhange zwischen der Vorspiegelung der unwahren Thatsache und der Irrthumserregung fehle. — Vernichtung. Gründe:

So richtig der Satz ist, [daß der Richter einseitige nicht bewiesene Parteibehauptungen nicht glaube], so deutet er doch schon darauf hin, daß jedenfalls in Bezug auf die Beweismittel, die der Civilrichter nicht von Amtswegen aufzusuchen, sondern sich von den Parteien angeben zu lassen hat, von Seiten der Letzteren Täuschungen des Richters möglich sein müssen. Der App.-Richter hält zwar dafür, daß eine solche Täuschung im vorliegenden Falle dem Angeklagten schon deshalb nicht zur Last gelegt werden könne, weil das von ihm zum Beweise seines Einwandes vorgelegte Schriftstück ächt gewesen sei, da selbst, so fährt er wörtlich fort, wenn der Richter sich durch dieses Beweismittel hätte täuschen lassen, er ja immer nicht durch die falsche Vorspiegelung des Angeklagten, sondern durch das vollkommen ächte Beweismittel getäuscht sein, es also immer an dem Kausalnexus zwischen der Vorspiegelung der unwahren Thatsache und der Irrthumserregung fehlen würde. Das Verfehlte dieser Ausführung leuchtet jedoch ein, wenn man erwägt, daß wenn der Richter durch ein Beweismittel getäuscht, d. h. in einen Irrthum versetzt wird, eine solche Täuschung nothwendig der Partei, die es (wie hier angenommen wird) wissentlich zur Begründung einer unwahren Behauptung vorgebracht, mithin als Mittel zur Erreichung ihres Zweckes gebraucht hat, als Schuld angerechnet werden muß, ohne daß es einmal darauf ankommt, ob der Richter den in ihm erregten Irrthum hätte vermeiden können, da die Unvermeidlichkeit des Irrthums nicht zum Begriff des Betruges gehört. Allein auch sonst kann die Ansicht des App.-Richters, daß die (formelle) Aechtheit eines als Beweismittel angebrachten Schriftstücks für sich allein genüge, um den Thatbestand des Betruges, oder des versuchten Betruges auszuschließen, nicht für richtig angenommen werden, weil selbst durch die Beziehung, welche einem an sich ächten Schriftstücke auf eine bestimmte Thatsache gegeben wird, eine Täuschung hervorgebracht werden kann; beispielsweise wenn mehrfache zu verschiedenen Zeiten über dieselbe Post ausgestellte Quittungen fälschlich als Beweise dafür vorgebracht werden, daß mehrere Zahlungen geleistet seien. Offenbar wird man, wenn dieses von einer prozeßführenden Partei geschieht, den Thatbestand des ausgeführten, bezw. des versuchten Betruges nicht schon aus dem Grunde für ausgeschlossen erachten können, weil der Richter sogar den als Beweismittel vorgebrachten Schriftstücken nicht ohne Weiteres Glauben schenkt, vielmehr erst die Erklärung des Gegentheils eventuell weitere Beweise fordert. Denn immerhin können die vorgelegten Schriftstücke nach der Ansicht des Richters zu Gunsten des Produzenten eine solche Vermuthung begründen, daß der andere Theil zur Führung des Gegenbeweises genöthigt wird, der ihm aus mannigfachen Gründen mißlingen kann, auch wenn seine Behauptung wahr ist, zumal die positiven Beweisregeln des

Civilprozesses in Bezug auf die Wirkungen der Beweise nie so bestimmt sein können, daß sie das subjektive Dafürhalten, also den Glauben des Richters bei der Beurtheilung von Thatsachen völlig ausschlössen. Als Beispiel hierfür können die Vorschriften über die Auferlegung eines Reinigungs- oder Erfüllungseides (§§ 24 ff. I. 13. AGO.) dienen, die trotz der darin enthaltenen Anweisungen für den Richter, dem subjektiven Ermessen desselben doch immer noch einen weiten Spielraum offen lassen. Es bleibt daher auch im Prozesse eine Täuschung des Richters, die zum Vortheil des Täuschenden und zum Nachtheil der Gegenpartei gereichen kann und damit ein Betrug durch Beweismittel wohl möglich, auch wenn diese Beweismittel nicht gerade in falschen Urkunden oder meineidigen Zeugen bestehen, durch deren Produktion andere Strafgesetze verletzt werden.

Antr. d. GStA.: gleichl. [28.—9.]

---

1. Privatkläger. - Vertretung. - Ehefrau.
2. Privatklage. - Ausbleiben. - Zurücknahme.

1. Der Privatkläger kann durch seine nicht mit Vollmacht versehene Frau nicht wirksam im Verfahren vertreten werden.

StPO. §§ 215. 205 No. 4. 503.

2. Die Privatklage gilt für zurückgenommen, wenn der gehörig vorgeladene Kläger in der zum Zweck der Beweisaufnahme anberaumten neuen Sitzung nicht erscheint, vorausgesetzt, dass bei Verkündung etc. des die neue Sitzung anberaumenden Beschlusses diese Folge des Ausbleibens angegeben worden ist.

StPO. §§ 506. 500 Abs. 3. 195.

Erk. (Z.) v. 8. März 1871 Witthöft c. Perau (OAG. II, 33).

W. hatte wegen einer seiner Ehefrau zugefügten Mißhandlung gegen P. Privatklage erhoben, war auch in der ersten Sitzung erschienen, hatte sich aber in der ferneren zum Zwecke des Beweisverfahrens anberaumten Sitzung durch seine mit Vollmacht nicht versehene Frau vertreten lassen. Daraus folgerte der Beklagte, daß die

Klage als zurückgenommen anzusehen sei; das Berufungsgericht lehnte aber den betr. Antrag ab, weil der Kläger zu der neuen Sitzung gar nicht vorgeladen, und weil bei der Verkündung des diese neue Sitzung anberaumenden Beschlusses nicht der im Ausbleibensfalle eintretende Nachtheil angegeben worden sei (StPO. § 195 Abs. 2). — NB. Zurückweisung. Gründe:

[1.] Dem Angeklagten muß zwar darin beigepflichtet werden, daß der Privatankläger durch das Auftreten seiner mit Vollmacht nicht versehenen Ehefrau in dem Termine vom 8. Sept. 1870 eine gehörige Vertretung zufolge § 215 vgl. mit § 205 Nr. 4 der StPO. nicht gefunden hat, daher als nicht erschienen anzusehen war, ebenso darin, daß die in § 506 ibid. vorgeschriebene Annahme der Zurücknahme der Privatklage, wie insbesondere der Anschluß dieser Vorschrift an die Zulassung der ausdrücklichen Zurücknahme des Strafantrags sogar bis zum Anfange der Vollstreckung des Erkenntnisses ergiebt, nicht blos an das Ausbleiben im ersten Verhandlungstermine geknüpft worden ist, sondern auch für Versäumung eines zufolge § 500 Abs. 3 anberaumten Termins zu weiterer mündlicher Verhandlung gilt.

[2.] Anderer Seits hat aber der Appellationsrichter mit Recht angenommen, daß eine wesentliche Voraussetzung für jene Annahme, — die im Gesetz verlangte gehörige Vorladung des Anklägers zu dem betreffenden Termin —, vorliegend nicht zutreffe, weil nach § 195 l. c. Vorladungen die Angabe der Nachtheile enthalten müssen, welche den Geladenen im Falle des Ausbleibens treffen, diese Angabe also auch bei der Verkündigung beziehungsweise Zustellung des am 23. Juni 1870 in erster Instanz gefaßten Beschlusses auf Anberaumung eines weiteren Termins zur Beweisaufnahme erforderlich war, um der Mittheilung dieses Beschlusses die Eigenschaft einer gehörigen Vorladung zu gewähren, der erste Richter aber eine solche Angabe unterlassen hat.

Antr. d. GStA.: gleichl. [64.—6.]

Betrug. – Anpreisung. – Thatsache.

Eine, zum Zweck der Anpreisung beim Handel und Wandel vorgebrachte falsche Thatsache genügt zur Erfüllung des Thatbestandes des Betruges.

Pr. StGB. § 241; B.-StGB. § 263 [n. 49].

Erk. (Z. I.) v. 8. März 1871 c. Springer (204. I. Cr.).

Es ist richtig und vom App.-Richter anerkannt, daß allgemeine Anpreisungen im Handel und Verkehr der Strafvorschrift des § 241 des StGB.s nicht unterliegen, sobald sie nicht in die Versicherung oder Vorspiegelung falscher Thatsachen übergehen, denn diese nennt der § 241 ausdrücklich und der Richter hat daher keine Befugniß sie blos deshalb nicht unter das Strafgesetz fallend zu erachten, weil sie lediglich zum Zwecke der Anpreisung beim Handel und Wandel behauptet worden sind. Es ist festgestellt, daß der Angeklagte die falsche Thatsache: „ihn habe die Uhr 40 Thlr. gekostet" behauptet, und daß die unverehelichte G. diese Angabe geglaubt und dadurch sich entschlossen hat, auf den ihr von dem Angeklagten vorgeschlagenen Tausch einzugehen.

Antr. d. GStA.: gleichl. [15.—9.]

Strafantrag. – Zurücknahme. – Einstellung, wie?

Wird der zur Verfolgung eines Antragsvergehens erforderliche Strafantrag nach Eröffnung der Untersuchung zurückgenommen, so kann die „Einstellung des Verfahrens" nur durch förmliches Erkenntniß, nicht also durch einen Beschluß (des erkennenden Gerichts) erfolgen.

Pr. Cr.-Ordn. § 478; B.-StGB. § 64 [n. 16].

Beschl. (I.) v. 8. März 1871 c. Thomzig (38B. I. Cr.)

M. hatte angezeigt, daß seine Frau von ihrem Bruder Th. mißhandelt und der Freiheit beraubt worden sei, und beantragt: den Th. wegen Freiheitsberaubung zur Untersuchung zu ziehen. Auf die vom StA. erhobene Anklage erfolgte am 16. Dez. 1870 die Eröffnung der Untersuchung wegen „Mißhandlung und Hausrechtsverletzung" (Pr. StGB. §§ 187. 346 Nr. 1). In der am 19. Jan. 1871 vor der Abtheilung erfolgenden Hauptverhandlung erklärte die als Zeugin geladene Ehefrau des M., daß sie ihren Antrag auf Bestrafung des Th. zurücknehme und ihm die ihr zugefügte Mißhandlung und Hausrechtsverletzung verzeihe. Der StA. beantragte demzufolge: „zu erkennen, daß die kriminalrechtliche Verfolgung des Angeklagten für unstatthaft zu erklären sei; das Gericht „beschloß aber, daß das Verfahren ohne Erkenntniß einzustellen, da § 478 der Cr.-Ordn. durch § 64 des B.-StGB.s für Fälle der vorliegenden Art aufgehoben und die Abfassung eines Erkenntnisses für überflüssig zu erachten sei. Die vom StA. gegen diesen „Beschluß" ergriffene Beschwerde ward vom AG. zurückgewiesen, weil „der anscheinend für dieselbe sprechende § 478 der Cr.-Ordn. mit seiner akkusatorischen und inquisitorischer Prozeß-Basis eine Einstellung des Strafverfahrens im Sinne des § 64 des B.-StGB.s nicht kenne, mithin auch zur Beurtheilung der vorliegenden Streitfrage nicht maßgebend sein könne." — Die vom OStA. gegen diesen Beschluß ergriffene Beschwerde erachtete der Gen.-Staatsanwalt für nicht begründet; er führte aus:

„Es liegt auf der Hand, daß die [in der Beschwerde aufgestellte] Ansicht bei Ausführung des § 64 des B.-StGB.s so erhebliche praktische Schwierigkeiten und zwecklose Weitläufigkeiten nach sich ziehen würde, daß sie de lege ferenda schwerlich beabsichtigt sein kann.

Der Fällung eines Urtheils muß nach § 14 der Vdn. v 3. Jan. 1849 bei Strafe der Nichtigkeit ein mündliches in der Regel öffentliches Verfahren vor dem erkennenden Gerichte vorhergehen, bei welchem der Staatsanwalt und der Angeklagte zu hören, die Beweisaufnahme vorzunehmen und die Vertheidigung des Angeklagten mündlich zu führen ist. Diese Vorschrift müßte auch im Falle einer Zurücknahme der Anklage befolgt werden. Ob die förmliche Beweisaufnahme in der Praxis vermieden werden kann, mag dahin gestellt bleiben; es würde dabei in Frage kommen, ob der Angeklagte nicht Freisprechung statt Einstellung des Verfahrens wegen Zurücknahme der Anklage fordern könne. Jedenfalls müßte eine Sitzung zur mündlichen Hauptverhandlung anberaumt, der Angeklagte zu derselben vorgeladen und in ihr gehört, namentlich in Schwurgerichtssachen, deren viele jetzt auch zu den Anklageverbrechen gehören, die zu solchen erforderlichen umständlichen Vorbereitungen getroffen werden; der etwa verhaftete Angeklagte müßte bis dahin in Haft bleiben. Alles dies, um durch förmliches Erkenntniß aussprechen zu dürfen, daß ein weiteres Verfahren unstatthaft sei. Da das Recht der Anklage und ihrer Zurücknahme ebensowohl im Interesse des Verletzten, als des Angeklagten gegeben ist; so kann der letztere einer bloßen Einstellung des Verfahrens auf Grund einer gesetzlich zulässigen Zurücknahme nicht einmal wirksam widersprechen.

Als Regel gilt für die im Strafverfahren erforderlichen Anordnungen die Form der Beschlüsse. Der § 478 der Preuß. Cr.-Ordn. bestimmt aber:

> „wenn gegen eine bestimmte Person eine Untersuchung eröffnet worden, so soll allemal ein förmliches Erkenntniß über deren Schuld oder Unschuld abgefaßt werden."

Die Vorschrift setzt voraus, daß eine Entscheidung über Schuld oder Unschuld möglich ist, kann daher keine Anwendung finden, wo das Gesetz diese Möglichkeit ausgeschlossen hat.

Die Praxis hat daher mit Recht im Falle des Absterbens eines Angeklagten kein Erkenntniß erlassen, sondern durch Beschluß die Reposition der Akten verfügt. Aehnlich hat sie bei eingetretener Unzurechnungsfähigkeit des Angeklagten verfahren. Nach den frühern Strafgesetzen gab es, außer dem Tode und beziehungsweise der eingetretenen Unzurechnungsfähigkeit des Angeklagten keine Fälle, in denen nicht über Schuld oder Unschuld des Angeklagten hätte erkannt werden können. Wo aber dies möglich war, mußte es nach § 478 der Crim.-Ordn. geschehen. Das JMiReser. v. 7. Novbr. 1849 (JMBl. S. 252) konnte daher sich dahin aussprechen, daß nach förmlicher Eröffnung der Untersuchung die Sache nur durch ein Erkenntniß erledigt werden könne. Von derselben Voraussetzung geht die im Wesentlichen das Preuß. Recht codificirende StPO. für die neuen Provinzen v. Jahre 1867 aus, wenn sie im § 259 kategorischer, als die Pr. Cr.-Ordn. verfügt:

> „Nach Eröffnung des Hauptverfahrens kann, außer dem Falle des Ablebens oder der eingetretenen Unzurechnungsfähigkeit des Angeklagten, die Untersuchung nicht anders, als durch richterliches Urtheil beendet werden."

Sollte angenommen werden, daß hiedurch die Beschränkung der Erkenntnisse auf eine Aburtheilung über Schuld oder Unschuld, wie sie die Pr. Cr.-Ordn. hat, beseitigt und der auf der Praxis beruhende Ausnahmefall des Todes und der Unzurechnungsfähigkeit gesetzlich limitirt sei, so würde dies im vorliegenden, nach der Pr. Crim.-Ordn. zu entscheidenden Falle, nicht maßgebend sein.

Die allegirte Vorschrift der Kgl. Sächs. StPO. (Art. 233a) kommt umsoweniger in Betracht, als diese Pr.-Ordn. überall ein förmliches Erkenntniß vorschreibt, wo nach unserer Pr.-Ordn. ein Rathskammerbeschluß erforderlich ist.

Der § 2 der StrPO. v. 1867 verweist auf das StrGB. hinsichtlich der Frage, in welchem Falle die Verfolgung der Verbrechen rc. von dem Antrage des Verletzten abhängt.

Nach § 53 des Preuß. StrGB.s, beziehungsweise Art. XVII. des Einf.-Ges.s konnte (abgesehen von hier nicht maßgebenden Privatklagen) nach Eröffnung der gerichtlichen Untersuchung der Antrag auf Bestrafung nicht wieder zurückgenommen werden. Der Fall einer späteren Zurücknahme konnte daher nicht Gegenstand der prozessualischen Anordnungen sein. Bei rechtzeitiger Zurücknahme wurde die Fortsetzung der Strafverfolgung für unstatthaft erachtet und durch Beschluß beseitigt (cf. Oppenh. Pr. StGB. § 53 n. 2). Der Entwurf des jetzigen StrGB.s hatte in seinem § 57 dieselbe Beschränkung in Betreff der Zurücknahme des Antrages. Im Reichstage wurde diese Beschränkung geändert und dem § 64 die jetzige Fassung gegeben. Die Zurücknahme des Antrages hat jetzt dieselbe Wirkung, mag sie vor Eröffnung der Untersuchung oder nach derselben bis zur Verkündung eines auf Strafe lautenden Erkenntnisses erfolgen. Der § 64 bezeichnet diese Wirkung indirekt als Einstellung des Verfahrens. Die nothwendige Einstellung des Verfahrens war bisher nicht Zweck und Gegenstand der Erkenntnisse, und für die Form dieser neu eingetretenen Nothwendigkeit besteht keine prozessualische Vorschrift. Wenn auch an sich das StrGB. nicht sedes materiae für das Strafverfahren ist, so müssen seine Vorschriften doch nothwendig im Strafverfahren berücksichtigt werden und es darf in letzterem nichts geschehen, was den Vorschriften des StrGB.s widerspricht. Eine Fortsetzung des Verfahrens durch Vorladung des Angeklagten und sonstige Prozedurakte würde ebenso, wie früher, wenn der einmal gestellte Antrag rechtzeitig zurückgenommen war, unstatthaft sein und mit der gesetzlich vorgeschriebenen Einstellung des Verfahrens in Widerspruch stehen. Wo es aber unzulässig ist, die gesetzlichen Vorbedingungen eines Erkenntnisses zu erfüllen, kann ein solches auch nicht erlassen werden und man muß in einem Falle, wie der vorliegende, einen die Erledigung der Sache bezweckenden Beschluß für genügend erachten. Daß im vorliegenden Falle der Angeklagte vielleicht im Audienztermin anwesend war und formell ein weiteres Verfahren nicht veranlaßt zu werden brauchte, ist prinzipiell unerheblich. Im Falle einer Vernichtung des angegriffenen Beschlusses, würde ein gesetzlich verbotenes weiteres Verfahren stattfinden müssen.

Das OTr. hat aber den Beschluß des AG.s und demnächst auch den Beschluß des KG.s aufgehoben, und das letztere für gehalten erkärt, die vorliegende Sache durch Erkenntniß zur Erledigung zu bringen, indem es erwog:

daß der § 64 des B.-StrGB.s bei den nur auf Antrag zu verfolgenden strafbaren Handlungen dem zur Stellung des Antrages Berechtigten die Zurücknahme desselben so lange gestattet, als in der Sache nicht ein auf Strafe lautendes Erkenntniß verkündet worden ist, und daß, wenn eine solche Zurücknahme rechtszeitig erklärt wird, dieselbe die „Einstellung des Verfahrens" zur Folge hat;

daß diese Vorschrift kein Prozeßgesetz ist, also die Frage unberührt läßt, ob die vorgeschriebene Einstellung des Verfahrens durch Beschluß oder durch Erkenntniß auszusprechen sei, zur Entscheidung dieser Frage vielmehr auf die Strafprozeßgesetze, mithin für die älteren Preußischen Provinzen auf den § 478 der Crim.-Ordnung zurückgegangen werden muß;

daß der § 478 l. c., indem er vorschreibt:

> „Wenn gegen eine bestimmte Person eine Untersuchung eröffnet worden, so soll allemal ein förmliches Eekenntniß über deren Schuld oder Unschuld abgefaßt werden,"

obwohl er nur der Schuld oder Unschuld des Angeklagten gedenkt — ersichtlich einen den Strafprozeß beherrschenden allgemeinen Grundsatz dahin ausspricht, daß nach erfolgter Eröffnung der Untersuchung dieselbe nur durch ein förmliches Erkenntniß des Richters beendigt und zur Erledigung gebracht werden kann;

daß dieser allgemeine Grundsatz daher auch vorliegend zur Anwendung kommen muß, wo es sich darum handelt, ob nach eröffneter Untersuchung in Folge der Zurücknahme des Strafantrages das Verfahren einzustellen und der Angeklagte außer Verfolgung zu setzen, die Untersuchung also zu beendigen sei, zumal doch auch in Fällen dieser Art streitige Fragen, die einer kontradiktorischen Verhandlung bedürfen, nicht unbedingt ausgeschlossen sind;

daß von dem Grundsatze des § 478 der Crim.-Ordn. eine — vorliegend übrigens nicht zutreffende — Ausnahme nur dann stattfindet, wenn der Angeklagte nach eröffneter Untersuchung verstirbt oder in eine Geisteskrankheit verfällt, diese für die neuen Provinzen in dem § 259 der StrPO.

v. 25. Juni 1867 sogar ausdrücklich sanktionirte Ausnahme jedoch nothwendig stattfinden muß, weil jedes Straferkenntniß eine Verhandlung mit dem Angeklagten, mindestens die Möglichkeit einer solchen voraussetzt, davon aber im Falle des erfolgten Ablebens oder der eingetretenen Unzurechnungsfähigkeit des Angeklagten nicht die Rede sein kann;

i. E., daß unter diesen Umständen die angefochtenen Beschlüsse der Vorderrichter, nach der von der Gemißhandelten, der Ehefrau des Fleischermeisters Marx, des ursprünglichen Antragstellers, sowohl wegen der Mißhandlung, als auch wegen der Verletzung des Hausrechts (Hausfriedensbruchs) erklärten Zurücknahme des Strafantrages: „das weitere Verfahren ohne Erkenntniß einzustellen," jedenfalls formell nicht gerechtfertigt erscheinen, dieselben mithin, da die Beschwerde nur gegen die formelle Seite derselben gerichtet ist, aus diesem Grunde aufgehoben werden müssen (Art. 13 des Ges.s v. 3. Mai 1852).

28.—9.]

Beschlagnahme. - Ziegelei. - Holzvorrath.

Befindet sich auf einem in Beschlag genommenen Immobile eine Ziegelei, so ist das vorräthige zum Betriebe der letzteren bestimmte und bis zur nächsten Holzfällung erforderliche Holz, als „Zubehör" anzusehen.

Pr. StGB. § 272; B.-StGB. § 137 [n. 26 a]; ALR. I, 2, § 49.

Erk. (Z. I.) v. 8. März 1871 c. Tscheutschler (213. I. Cr.).

Das entscheidende Argument des App.-Richters liegt in der Feststellung, daß objektiv die vom Imploranten abgefahrenen Hölzer zu den „noch vorhandenen Beilaststücken" des Gutes gehört hätten, deren Beiseiteschaffung von Gerichtswegen ausdrücklich untersagt gewesen sei. Diese Feststellung beruht zunächst auf der thatsächlichen Annahme, daß zwar nicht zur unmittelbaren Bewirthschaftung des fraglichen Bauergutes, wohl aber zum Betriebe der zu demselben gehörigen Ziegelei die abgefahrenen 20 Klafter Holz bis zum nächsten Holzschlage erforderlich gewesen seien. Ist diese Annahme aber nicht anzugreifen, so liegt auch kein Rechtsirrthum darin, wenn der App.-Richter auf dieselbe den § 49 Tit. 2 Thl. I. des ALR.s anwendet und nach diesem die gedachten 20 Klafter Holz für Pertinenzien oder Beilaststücke des Gutes erklärt. Wenn sie das letztere aber waren, so würde es auch in der Sache nichts ändern, wenn etwa der Implorant diese, nach der Feststellung des App.-Richters in Gewahrsam des Exequenden auf dessen Holzschlage verbliebenen Hölzer vorher gekauft und bezahlt haben sollte, ja sogar sie gegen den dieselben beanspruchenden Hypothekengläubiger möglicher Weise hätte erstreiten können, weil ihn dieser Umstand nach dem im § 75 Thl. I. Tit. 24 der AGO. ausgesprochenen Grundsatze immer nur berechtigt haben würde, sein behauptetes besseres Recht im Wege des Interventions-Prozesses vor Gericht geltend zu machen, nicht aber sich über die ihm auf zuverlässige Weise bekannt gemachte Beschlagnahme einfach hinwegzusetzen. Hiermit erledigen sich zugleich die Angriffe des Imploranten gegen den ihm vom App.-Richter imputirten und auf die Bekanntmachung der Beschlagnahme von Seiten des Dorfrichters Sch. gegründeten strafrechtlichen Dolus, da dieser unter den angeführten Umständen durch die bloße Ueberzeugung eines ihm zustehenden besseren Rechts immer nicht ausgeschlossen werden würde.

Antr. d. GStA.: gleichl. [28.—8.]

Strafantrag. – Ehefrau. – Beleidigung.

Eine beleidigte Ehefrau kann selbstständig und ohne Mitwirkung des Ehemannes auf Strafverfolgung antragen.

Pr. StGB. §§ 162. 343; B.-StGB. § 195 [n. 7].

Erk. (Z. I.) v. 8. März 1871 c. Völkner (211. I. Cr.).

Die Behauptung des Imploranten, daß der Strafantrag allein von der [beleidigten] verehelichten B. ohne Beitritt ihres Ehemannes gestellt worden und deshalb nach

§ 16 I, 1. AGO. unwirksam sei, ist unrichtig. Denn der § 343 des Pr. StGB.s in Verbindung mit § 162 l. c. gestattet sowohl den beleidigten Ehefrauen, als auch deren Ehemännern, die Erhebung des Strafantrages und blos bei der Verfolgung einer diesfälligen Privatklage ist der Beitritt der letztern in prozessualischer Beziehung erforderlich, sofern nicht gesetzliche Ausnahmen einträten. Nur hierauf bezieht sich das in Bezug genommene VII. 27. Sept. 1866 Mös c. Bannwarth (Str. Arch. 66 S. 96).

Antr. d. GStA.: gleichl. [20.—9.]

Nichtigkeitsbeschwerde. - Erstinstanzgericht. - Zurückweisung, wann?

Das Erstinstanzgericht darf eine nicht rechtzeitig oder nicht formgerecht eingelegte Nichtigkeitsbeschwerde erst nach dem Ablaufe der hierfür vorgeschriebenen Präklusivfristen zurückweisen.

Ges. v. 3. Mai 1852 Art. 112 [n. 3c].

Beschl. (II.) v. 9. März 1871 c. Buchholz (10. B. II. Cr.)

Die B. hatte gegen das in ihrer Abwesenheit verkündete, ihr am 28. Januar behändigte Erkenntniß 2. Instanz am 6. Febr. die NB. durch eine nicht legalisirte Schrift eingelegt; das KG. wies dieselbe wegen des gerügten Mangels durch eine an demselben 6. Febr. erlassene Verfügung zurück. Auf die Beschwerde der B. hat das OTr. diese Verfügung als „zu voreilig" erlassen aufgehoben und sodann selbst wegen des Mangels der Legalisation das Rechtsmittel ohne mündliches Verfahren zurückgewiesen. Erwogen ward:

„daß [von Seiten des Erstinstanzgerichts] eine Zurückweisung erst nach Ablauf der Präklusivfrist erfolgen darf, da bis dahin eine Remedur des erwähnten formellen Mangels noch immer möglich ist und der Partei nicht abgeschnitten werden darf."

Antr. d. GStA.: gleichl. 38.—3.]

Betrug. - Falsche Thatsache. - Beweis.

Bei einer Anklage wegen Betrugs, muß dem Angeklagten die Unwahrheit der vorgebrachten That=

sachen nachgewiesen werden; es liegt ihm nicht der Beweis der Wahrheit ob.

Pr. StGB. § 241; B.-StGB. § 263 [n. 50a].

Erk. (B. II.) v. 9. März 1871 c. Kamps (54. II. Cr.).

Das AG. hatte den K. eines durch „Vorbringen einer falschen Thatsache" verübten Betrugs schuldig befunden, und dabei zur Begründung der angenommenen Unwahrheit der vorgebrachten Thatsache nur angeführt: „daß K. den Beweis der Wahrheit nicht einmal angetreten, geschweige denn geführt habe." — Vernichtung. Gründe:

Dieser Entscheidungsgrund läßt es nicht erkennen, ob der App.-Richter in Folge der Würdigung thatsächlicher Momente, welche die Verhandlung der Sache ergeben hat, zu dieser Feststellung gelangt ist, oder ob der App.-Richter von der Rechtsansicht hierbei geleitet worden ist, als habe der Angeklagte gesetzlich die Verpflichtung gehabt, die Wahrheit seiner Behauptung zu beweisen. Eine solche gesetzliche Verbindlichkeit besteht aber nicht, denn, wenn die Irrthums-Erregung durch Vorbringen falscher Thatsachen bewirkt worden ist, — wie der App.-Richter thatsächlich annimmt, — so gehört es recht eigentlich zu dem gegen den Angeklagten zu führenden Beweise, daß die von ihm behauptete Thatsache in Wirklichkeit eine falsche oder unwahre sei, und es würde als eine offenbare Verkennung der Beweislast anzusehen sein, wenn dem Angeklagten der Beweis dieses Thatumstandes, nämlich der Wahrheit seiner Behauptung zugemuthet würde, etwa wie bei den verschiedenen Exkulpations-Momenten von denen in den §§ 40ff. des Pr. StGB.s die Rede ist. Da hiernach nicht erhellt, ob die gedachte Feststellung auf thatsächlichen, aus den Verhandlungen entnommenen Indicien beruht, in welchem Falle sie allerdings im Wege der NB. nicht würde angefochten werden können, oder ob ihr ein Rechtsirrthum des vorigen Richters zu Grunde liegt, und da der erkennende Richter verpflichtet ist, in seinen Entscheidungsgründen sich so deutlich auszusprechen, daß ein Zweifel der Art nicht aufkommen kann und der Nichtigkeitsrichter in die Lage versetzt wird, prüfen zu können, ob eine Feststellung in legaler und korrekter Weise zu Stande gekommen ist, so mußte das angefochtene Erkenntniß vernichtet und die Sache zur anderweiten Verhandlung und Entscheidung in die zweite Instanz zurückgewiesen werden, wobei auch noch die Frage einer näheren Prüfung zu unterziehen sein wird: ob zwischen dem Vorbringen der, nach der Ansicht des vorigen Richters falschen Thatsache und der Vermögensbeschädigung der ꝛc. T. ein solcher Kausalnexus besteht, welcher die Anwendung des § 241 a. a. O. gegen den Angeklagten rechtfertigt, worüber es an jeder näheren Aeußerung in dem angefochtenen Erkenntniß mangelt.

Antr. d. GStA.: gleichl. [14.—3.]

App.-Richter. – Beweiserneuerung. – Vernehmung des Angeklagten. – Verlesung.

Die Verlesung der in der Voruntersuchung zu Protokoll genommenen Aussagen des Angeklagten kann nicht als eine den App.-Richter zur Abweichung von der erstrichterlichen Feststellung ermächtigende Beweiserneuerung angesehen werden.

Ges. v. 3. Mai 1852 Art. 101 [n. 85]. Vgl. RdOTr. 1. S. 459; 2. S. 441; 10. S. 509. 528.

Erk. (B. II.) v. 9. März 1871 c. Teloh (66. II. Cr.).

Vernichtung des reformirenden Erkenntnisses 2. Instanz. Das OTr. erwog:

daß in der von dem App.-Richter bewirkten Verlesung der in der Voruntersuchung zu Protokoll genommenen Auslassung des Angeklagten ein Akt, sei es neue, sei es wiederholte Beweisaufnahme nicht erblickt werden kann, weil die durch Prüfung der vorgebrachten Beweise zu gewinnende richterliche Ueberzeugung nach Vorschrift des § 22 der Vdn. v. 3. Jan. 1849 — abgesehen von den durch das Gesetz zugelassenen, hier nicht in Betracht kommenden Ausnahmen — nur aus der mündlichen Vernehmung der Zeugen und Angeschuldigten zu schöpfen ist; — daß sonach eine

Verletzung des Art. 101 des Ges.s v. 3. Mai 1852 vorliegt 2c.

Antr. d. GStA.: gleichl. [37.—3.]

---

1. Rheinisches Verfahren – Kassationsrekurs. – Zustellung.

2. Thierarzt. – Bezeichnung. – Befugniß.

1. Nach Rheinischem Verfahren genügt es, wenn dem Beschuldigten durch Gerichtsvollzieherakt bekannt gemacht ist, daß das öffentliche Ministerium gegen ein Urtheil den Kassationsrekurs ergriffen habe; es ist nicht unerläßlich den betr. Akt dem Beschuldigten abschriftlich zuzustellen.

Rh. StPO. Art. 418 [indirekt entschieden].

2. Auch derjenige, welcher früher befugter Weise aber ohne vorgängige Approbation die Thierheilkunde gewerbsmäßig ausgeübt hat, macht sich strafbar, wenn er sich jetzt „Thierarzt" nennt.

B.-Gew.-Ordn. v. 21. Juni 1869 §§ 29. 147 Nr. 3. Vgl. RbOTr. 11. S. 506.

Erk. (B. II.) v. 9. März 1871 c. Schönfeld (268. I. Cr.).

Sch. schuldig befunden „im Jahre 1870 zu M. und namentlich in einem Schreiben vom 26. Jan. 1870, ohne hierzu approbirt zu sein, sich als „Thierarzt" bezeichnet zu haben," — war in 1. Instanz (vom Rh. ZPG.) aus § 147 Nr. 3 der Bund.-Gew.-Ordn. verurtheilt, in 2. Instanz aber freigesprochen worden, weil er schon zur Zeit der Geltung der dieses allgemein auch ohne Approbation gestattenden Preuß. Gew.-Ordn. v. 17. Jan. 1845 die Thierarzneikunde als Gewerbe ausgeübt habe, und § 29 der B.-Gew.-Ordn. bestimme, daß derjenige, welcher vor Verkündung dieses Gesetzes die Berechtigung zum Gewerbebetriebe als Thierarzt 2c. erlangt gehabt, für das ganze Bundesgebiet als approbirt gelten solle; die so erworbene Berechtigung schließe die: sich „Thierarzt" zu nennen, in sich; diese Auffassung stimme auch mit den Grundsätzen von der rückwirkenden Kraft der Gesetze überein. — Gegen diese Entscheidung ergriff der Oberprokurator den Kassationsrekurs, und ließ dem Sch. durch Gerichtsvollzieher „anzeigen und erklären," daß er das Rechtsmittel angemeldet habe.

Bei der Verhandlung vor dem OTr. hielt die Gen.-Staatsanwaltschaft dafür, daß eine solche „Anzeige und Erklärung" der

Vorschrift des Art. 418 der Rh. StPO. nicht entspreche: dieser schreibe für den Fall, wo der Beschuldigte sich in Haft befinde vor, daß der über die Anmeldung des Rekurses aufgenommene Akt demselben vorgelesen werden solle; an die Stelle dieser Verlesung trete bei nicht verhafteten Beschuldigten die Notifikation durch Gerichtsvollzieherakt; Aktes auch diese müsse sonach in der abschriftlichen Zustellung des gedachten bestehen, zumal der Beschuldigte ein Recht habe, seinen Inhalt kennen zu lernen, um etwaige formelle Mängel desselben rügen zu können.

Das OTr. hat, ohne weiter auf diese formelle Frage einzugehen, dem eventuellen Antrage der General-Staatsanwaltschaft gemäß, das angefochtene Urtheil vernichtet und die Berufung gegen das verurtheilende Erkenntniß 1. Instanz verworfen, indem es erwog:

daß § 29 der B.-Gew.-Ordn. v. 21. Juni 1869 denjenigen die Erlangung einer Approbation gebietet, welche sich als Aerzte oder Thierärzte bezeichnen wollen und dieses Gebot an und für sich gemäß § 156 daselbst im Jahre 1870 in voller Wirksamkeit war, so daß durch Anwendung desselben auf den Gebrauch der Bezeichnung „Thierarzt" in diesem Jahre dem Gesetze keineswegs eine rückwirkende Kraft beigelegt wird, daß der letzte Satz des § 29 zwar solche Personen, welche vor der Verkündigung der Gew.-Ordn. in einem Bundesstaate die Berechtigung zum Gewerbebetriebe als Aerzte, Thierärzte ꝛc. erlangt hatten, als für das ganze Bundesgebiet approbirt gelten läßt, daß aber der Schwerpunkt dieses Satzes im Hinblick auf die drei ersten Sätze des § augenscheinlich in der Ausdehnung einer, bis dahin für einen einzelnen Bundesstaat erlangten persönlichen Berechtigung auf das ganze Bundesgebiet zu finden und der Ausdruck „Berechtigung" statt „Approbation" nur deshalb gewählt ist, weil jene persönlichen Berechtigungen nicht in allen Bundesstaaten „Approbationen" genannt wurden,

daß aber Personen, welche für sich in keinem Bundesstaate eine besondere Berechtigung zum Gewerbebetriebe als „Aerzte, Thierärzte ꝛc." bereits erlangt, sondern etwa auf Grund der allgemeinen Freiheit dieses Gewerbebetriebes in irgend einem Bundesstaate dasselbe ausgeübt hatten, nach dem ganzen Zusammenhange des § 29, nach der Wortbedeutung des letzten Alinea, nach den dasselbe erläuternden Motiven und der Absicht des Gesetzes von dessen Vorschriften nicht ausgenommen werden sollten, und insbesondere nicht dergestalt „für approbirt gelten" können, daß sie die durch die §§ 29 und 147 Nr. 3 des Gesetzes unter einen vorzüglichen Schutz gestellten Titel führen dürften.

[23.—3.]

Appell.-Instanz. – Beweisaufnahme. – Vernehmung des Angeklagten.

Die Vernehmung des Angeklagten in der Sitzung zweiter Instanz kann nicht als Erneuerung der Beweisaufnahme gelten und eine Abweichung von der erstrichterlichen Feststellung nicht rechtfertigen, wenn nicht erkennbar gemacht worden ist, daß dieselbe zum Zwecke der Beweisaufnahme bewirkt werde.

Ges. v. 3. Mai 1852 Art. 101 [n. 77. 93. 94]. Vgl. RdOTr. 2. S. 82; 11. S. 424.

Erk. (B. I.) v. 10. März 1871 c. Rothenburg (167. I. Cr.).

Das Audienzprotokoll zweiter Instanz enthält an der betreffenden Stelle nicht, daß die beschlossene Befragung des anwesenden Angeklagten, darüber ꝛc. — als ein Akt der Beweisaufnahme angesehen werden solle. Dies war aber erforderlich um den Angeklagten in den Stand zu setzen, seine Vertheidigung hiergegen einzurichten und nicht etwa zu glauben, daß es sich bloß um eine gewöhnliche Vernehmung im Laufe der Untersuchung handle.

A. d. Gr. Vernichtung des [auf den Grund jener Befragung] von der erstrichterlichen Feststellung abweichenden Urtheils 2. Instanz.

Antr. d. GStA.: gleichl. [20.—6.]

Widerstand. – Jagdpolizei.

Der Widerstand, welchen ein Forstaufseher ꝛc. bei der Verfolgung eines im Walde betroffenen [Jagd-] Frevlers außerhalb des Reviers erfährt, ist strafbar aus dem

Pr. Ges. v. 31. März 1837. Vgl. B.-StGB. § 117 [n. 11].

Erk. (Z. I.) v. 10. März 1871 c. Wittenberg (244. I. Cr.).

W., vom Oberförster B. dabei betroffen, als er mit einem Schießgewehr über ein zum Forstreviere gehöriges Grundstück ging, hatte sich dem B. thätlich widersetzt, als dieser ihm das Gewehr abnehmen wollte. Aus dem Ges. v. 31. März 1837 rügte er im Wege der NB. unrichtige Anwendung dieses Gesetzes: B. habe ihn über die Grenzen des seiner Aufsicht übertragenen Jagdreviers hinaus verfolgt, was bei einer bloßen Polizei-Uebertretung unstatthaft gewesen sei; der hierbei erfahrene Widerstand falle nicht unter das cit. Gesetz. Zurückweisung. Gründe:

auf die von W. dem Oberförster B. bei Abpfändung des Gewehres geleistete thätliche Widersetzlichkeit muß, selbst wenn sie auf der Verfolgung schon außerhalb des Forstreviers vorgefallen sein sollte, der § 1 des Ges.s v. 31. März 1837 Anwendung finden. Denn daß eine Verfolgung derjenigen, die innerhalb der Forst eine strafbare Handlung verübt haben, durch die Waldeigenthümer bezw. deren Forstbeamte über die Grenzen der Forst hinaus gestattet sei und die Verfolgenden bei der Einholung des Thäters alsdann den Schutz des angezogenen Gesetzes beanspruchen können, ist in zahlreichen Entscheidungen des OTr.s bereits umständlich ausgeführt worden. Daß in allen hier angeführten Fällen Holzdiebstähle, also Eingriffe in das Eigenthum, die Veranlassung zur Verfolgung der Frevler abgegeben hatten, rechtfertigt den Schluß nicht, daß bei bloßen Polizei-Uebertretungen den Waldeigenthümern, bezw. deren Forst- und Jagdbeamten die Befugniß zu einer solchen Verfolgung nicht ebenfalls zustehen sollte; im Gegentheil geht diese Befugniß aus den Worten des § 1 des Ges.s v. 31. März 1837 unzweifelhaft hervor, weil darin „Eingriffe in das Eigenthum" mit „Uebertretungen der Forstpolizeigesetze" auf gleiche Stufe gestellt sind.

Antr. d. GStA.: gleichl. 28.—6.]

Disciplin. - Rechtsmittel. - Zurückweisung.

In Disciplinarsachen kann ein verspätetes Rechtsmittel durch Beschluss ohne Hauptverhandlung zurückgewiesen werden.

Ges. v. 7. Mai 1851 § 43; StPO. § 373; Vdn. v. 23. Sept. 1867 Art. V.

Beschl. v. 15. März 1871 c. Rechtsanwalt F. (OAG. II. 38).

Der (Waldeck'sche) Rechtsanw. F. hatte gegen ein ihn im Disciplinarwege verurtheilendes, ihm am 13. Jan. behändigtes Erkenntniß des Ehrenraths der Rechtsanwalte am 24. Febr. den „Rekurs" angemeldet und gerechtfertigt. Das OAG. hat dieses Rechtsmittel als „Berufung" ohne Hauptverhandlung durch Beschluß zurückgewiesen, indem es ausführte:

> „in den Fürstenthümern Waldeck und Pyrmont seien nach der Organisations-Vdn. v. 6. Okt. 1868 § 22 für die Disciplin und Aufsicht über die Rechtsanwalte ꝛc. die im Departement des AG.s Kassel bestehenden Vorschriften zur Geltung gekommen; hier sei durch die Vdn. v. 23. Septbr. 1867 Art. V der § 74 des Pr. Ges.s v. 21. Juli 1852 in modifizirter Gestalt eingeführt, welcher gegen die Disciplinar-Erkenntnisse des Ehrenraths nur die Berufung zulasse, und auf die weiteren Bestimmungen der §§ 37 u. 43 des Ges.s v. 7. Mai 1851 verweise; die durch diese Vorschriften angeordnete vierwöchentliche Präklusivfrist habe F. nicht innegehalten; im Uebrigen bestimme der cit. § 43 des Ges.s v. 7. Mai 1851, daß aushülfsweise die Vorschriften des gewöhnlichen Strafprozesses zur Anwendung kommen sollten, d. h. also die StPO. v. 25. Juni 1867 (vgl. auch die cit. Vdn. v. 23. Sept. 1867 Art. V. und den dort formulirten § 68); es könne somit die Zurückweisung gemäß § 373 der cit. StPO. ohne Hauptverhandlung erfolgen.

Antr. d. GStA.: gleichl. [62.—6.]

Antragsverbrechen. - Aelteres Gesetz.

Die Fortsetzung einer vor Einführung des B.-StGB.s ohne Antrag des Verletzten eingeleiteten Untersuchung ist durch die Nachbringung eines solchen Antrags nicht bedingt, sollte auch das B.-StGB. — abweichend von dem früher gel-

tenden Strafgesetze die Verfolgung von einem solchen Antrage abhängig machen.

B.-StGB. § 2 [n. 19]. Vgl. oben S. 39. Sic.: B. I. v. 24. März 1871; B. II. v. 27. April 1871 (unten).

Erk. (Z.) v. 15. März 1871 c. Hansen (OAG. II. 37).

Gegen H. war vor Einführung des B.-StGB.s wegen Vornahme einer unzüchtigen Handlung mit einer Person unter 14 Jahren aus § 144 Nr. 3 des Pr. StGB.s Anklage erhoben und die Untersuchung eingeleitet worden; die Aburtheilung durch den Schw.-GH erfolgte aber erst am 23. Jan. 1871; auf den Grund des Schuldspruchs der Geschwornen erfolgte die Verurtheilung aus § 176 Nr. 3 des inzwischen in Kraft getretenen B.-StGB.s, als des milderen Gesetzes. — Die NB. des H. rügte Verletzung dieses § 176, sowie des § 2 des B.-StGB.s, weil die Untersuchung ohne vorgängigen Strafantrag des Verletzten eingeleitet, ein solcher auch nicht nach Einführung des ihn erheischenden neuen Gesetzes nachgebracht worden sei. — Zurückweisung. Gründe:

Daß diejenigen Handlungen, deren der Angeklagte nach dem Wahrspruche der Geschwornen schuldig befunden worden ist, zur Zeit der Begehung derselben durch das Preuß. StGB. § 144 Nr. 3 mit Strafe bedroht waren, und daß bei der erst nach dem Inkrafttreten des B.-StGB.s erfolgenden Aburtheilung die Strafbestimmung des § 176 Nr. 3 des letzteren als die mildere anzuwenden sei, hat der Schw.-GH. in Gemäßheit des § 2 des B.-StGB.s richtig angenommen. Es hätte aber, meint Angeklagter, gar keine Strafe erkannt werden dürfen, weil die Strafandrohung im cit. § 176 bedingt sei durch einen rechtszeitig nach § 61 und von einer zur Vertretung der Verletzten ermächtigten Person nach § 65 gestellten Antrag auf Verfolgung woran es im vorliegenden Falle anerkanntermaßen fehle. Allein die Annahme, daß der cit. § 176 Nr. 3 nur eine bedingte Strafandrohung enthalte, ist irrig. Der § 176 Nr. 3 enthält vielmehr zunächst die thatbestandlichen Merkmale des Verbrechens, ganz übereinstimmend mit dem Pr. StGB. § 144 Nr. 3 und die betreffende Strafandrohung. Diesen, ihrem Inhalte nach dem materiellen Strafrechte angehörigen Bestimmungen ist keine Bedingung hinzugefügt. Alsdann folgt die, ihrem Inhalte nach prozessualische Bestimmung, daß die Verfolgung nur auf Antrag eintrete, welcher jedoch, nachdem die förmliche Anklage bei Gericht erhoben worden, nicht mehr zurückgenommen werden könne. So wie die letztere Einschränkung der Befugniß zur Rücknahme des Antrags auf Bestrafung klar beweist, daß der Staat sein Recht auf Strafe bei dem in Rede stehenden Verbrechen keineswegs der Disposition der verletzten Privatperson, beziehungsweise deren Vertreter völlig hat unterordnen und zu einem durch deren Einwilligung zur Strafe bedingten hat machen wollen, so geht auch aus den Motiven zum Entwurfe des B.-StGB.s §§ 174 und 175 korrespondirend den demnächstigen §§ 176 und 177 hervor, daß gerade nur das oft dringende Interesse der verletzten Person an Geheimhaltung der That hat berücksichtigt, und demnach derselben ein maßgebender Einfluß nur in Beziehung auf die Einleitung der Untersuchung hat zugestanden werden sollen. Kann hiernach die prozessualische Natur der Schlußbestimmung im § 176 des B.-StGB.s nicht bezweifelt werden, so kommt weiter in Betracht, daß der § 2 des B.-StGB.s die Rückbeziehung des neuen Gesetzes, sofern es das mildere, nur für die Aburtheilung der verbrecherischen Handlung vorgeschrieben hat, also für die Unterstellung unter die dabei maßgebenden Bestimmungen des materiellen Strafrechts. Für die vereinzelt im Bund.-StGB. vorkommenden, das Strafverfahren angehenden Vorschriften fehlt es an besonderen Uebergangsbestimmungen, und muß es daher bei der aus § 1 des Einf.-Ges.s v. 31. Mai v. J. folgenden Regel bewenden, daß dieselben normgebend sind für die in die Zeit seit dem 1. Jan. d. J. fallenden Abschnitte des Verfahrens. Frühere Theile des Verfahrens sind, was deren Rechtsgültigkeit betrifft, ausschließlich nach denjenigen Gesetzen zu beurtheilen, welche zur Zeit der Vornahme derselben in Geltung waren.

Da nun die Anklageschrift des O.-StA.s bereits am 6. August v. J. beim KG.s-Direktor eingereicht, auch schon in der ersten Schwurgerichtssitzung am 7. Okt. v. J. zur Verlesung gekommen war, und der § 144 des derzeit in Geltung befindlichen Pr. StGB.s sowenig, als die im § 488 auf das StGB. verweisende StPO. zur Verfolgung des in Frage stehenden Verbrechens einen Antrag der Verletzten, beziehungsweise ihrer Vertreter erforderten, so ist die Einleitung der Untersuchung wider den Angeklagten auch nach dem Inkrafttreten des B.-StGB.s als rechtsgültig vollendete Thatsache zu betrachten, und nach diesem Abschnitte des Verfahrens verstattet die Schlußbestimmung im § 176 des B.-StGB.s der Verletzten, beziehungsweise deren Vertretern, keinen Einfluß mehr auf den weiteren Verfolg der Sache.

Ob nicht in denjenigen Fällen, in welchen das Bund.-StGB. nach § 64 nicht blos die Einleitung der Untersuchung vom Antrage des Verletzten abhängig macht, sondern auch dem Verletzten über den weiteren Fortgang der Untersuchung bis zur Urtheilsverkündung sie durch Zurücknahme des Antrags auf Verfolgung zu disponiren verstattet, sofern die Untersuchung vor dem 1. Jan. d. J. rechtsgültig ohne Antrag des Verletzten eingeleitet war, anstatt der Zurücknahme des vorausgesetzten Antrags auf Verfolgung ein Interventionsantrag auf Niederschlagung weiteren Verfahrens dem Verletzten zugestanden werden müsse, kann hier dahingestellt bleiben, da ein solcher Fall nach der Schlußbestimmung des § 176 hier nicht in Frage steht, auch Angeklagter mit Recht selbst zugesteht, daß der Arbeitsmann H. als bloßer Kostgeber der Verletzten bei der von ihm abgegebenen Erklärung, daß er die Bestrafung des Angeklagten nicht wolle, als gesetzlicher Vertreter der Verletzten nach dem B.-StGB. § 65 nicht hat betrachtet werden können.

Es genügt vielmehr zur Widerlegung der erhobenen Beschwerde der im Vorstehenden enthaltene Nachweis, daß die Untersuchung wider den Angeklagten auch ohne einen Antrag von Seiten der Verletzten oder eines gesetzlichen Vertreters derselben hat zu Ende geführt werden müssen.

Antr. d. GStA.: gleichl. [62. — 6.]

Einziehung. - Besonderes Gesetz.

Die zur Verübung eines Vergehens gebrauchten Gegenstände sind einzuziehen, sollte die That auch durch ein besonderes die Einziehung nicht androhendes Straf-Gesetz vorgesehen sein.

Pr. StGB. § 19; Vgl. B.-StGB. § 40 [n. 22a].

Erk. (Z. I.) v. 15. März 1871 c. Puls (231. I. Cr.).

Der Gerichtsaktuar P. hatte sich auf einem, an der Eingangsthür seiner Wohnung angebrachten Prozellanschilde als „Arzt" bezeichnet, ohne hierzu approbirt zu sein. Er war deshalb aus § 147 Nr. 3 der B.-Gew.-Ordn. v. 21. Juni 1869 bestraft, und es war außerdem die Konfiskation des in Beschlag genommenen Schildes ausgesprochen worden. Seine NB. suchte auszuführen, daß § 19 des Pr. StGB.s neben der ein abgeschlossenes Ganze bildenden B.-Gew.-Ordn. keine Anwendung finden könne. Zurückweisung. Gründe:

die im § 19 des Pr. StGB.s unter den vorausgesetzten Bedingungen bestimmte Konfiskation einzelner Gegenstände, ist eine accessorische Vermögensstrafe, die überall da eintritt, wo ein Verbrechen oder Vergehen begangen worden und zwar selbst dann, wenn das die Hauptstrafe betreffende Gesetz dieselbe nicht besonders vorgeschrieben hat, weil, wie der App.-Richter mit Recht hervorhebt, der alleg. § 19 l. c. ein generelles Prinzip enthält, das nur dann nicht Platz greifen würde, wenn etwa ein Spezialgesetz eine ausdrückliche Ausnahme angeordnet hätte. Dies letztere besagt nun die B.-Gew.-Ordn. nirgends, es tritt deshalb auch bei ihr die allgemeine Regel ein. Demnächst hat auch der App.-Richter nicht gefehlt, wenn er die in Rede stehende Strafthat als ein Vergehen angesehen hat. Denn der § 147 Nr. 3 der cit. Gew.-Ordn. droht eine Geldbuße bis zu 100 Thlrn. und im Unvermögensfalle eine verhältnißmäßige Gefängnißstrafe an. — Festgestellt ist endlich, daß das mit Beschlag belegte Schild nach seinem Inhalte derjenige Gegenstand gewesen, welcher zur Begehung des in Rede stehenden Vergehens gebraucht worden ist. Es kann somit auch nicht bezweifelt werden, daß in dieser Beziehung ebenfalls der § 19 l. c. in Anwendung zu bringen war.

Antr. d. GStA.: gleichl. [20.—6].

---

1. Unterschlagung. - Bei-Seite-Schaffen. - Zueignung.
2. Mitangeklagter. - Zeuge.

1. Der Begriff des den Thatbestand der Unterschlagung erfüllenden „Bei-Seite-Schaffers" erheischt nicht mit Nothwendigkeit, daß die Sache aus der Gewahrsam des sie Besitzenden herausgebracht sei.

Pr. StGB. § 225; Vgl. D. StGB. § 246 [n. 36]. Vgl. RdOTr. 10. S. 250; 11. S. 122.

2. Der rechtskräftig freigesprochene Mitangeklagte kann demnächst als Zeuge vernommen werden.

Vdn. v. 3. Januar 1849 § 22 [n. 24]. Vgl. RdOTr. 2. S. 18; 7. S. 533; 9. S. 660; 11. S. 153. 334.

3. Die bestätigten und vereideten Mitglieder eines evangelischen Kirchen-Kollegiums sind mittelbare Staats-Beamte.

Pr. StGB. § 331; Vgl. D. StGB. § 359 [n. 32].

Erk. (Z. I.) v. 15. März 1871 c. Pundt (235. I. Cr.).

[1]. Zum Begriffe des [im § 225 des Pr. StGB.s erheischten] Bei-Seite-Schaffens gehört nur wesentlich die Absicht der rechtswidrigen Zueignung der bezüglichen Sache und sonach ist blos eine solche Handlung erforderlich, welche diese Absicht erkennen läßt. Der App.-Richter hat hierauf seine Prüfung zu richten nicht unterlassen, und des Näheren thatsächlich ausgeführt, daß jene Absicht dem Angeklagten beigewohnt habe, als er die Fliesen von dem Materialien-Hofe in seinen Keller bringen ließ. Der Thatrichter ist aber nicht behindert, in der Fortschaffung der Sachen an einen anderen Ort nach Bewandtniß der jedesmaligen Umstände, ein Bei-Seite-Schaffen im Sinne des § 225 des Pr. StGB.s zu finden.

[2.] Sodann spricht das OTr. den Grundsatz ad 2 unter Hinverweisung auf VII. v. 19. Novbr. 1868 c. Hüllmann [RdOTr. 9. S. 660] aus, und erwägt ad

[3.], daß die betr. Annahme der Instanzrichter durch die Bestimmungen der §§ 68. 69 II. 10 und der §§ 17. 161 fgg. 552 fgg. II. 11. ALR. ausreichend gerechtfertigt sei.

Antr. d. GStA.: gleichl. [20.—8.]

Polizeigericht. - Vergehen. - Verweisungsbeschluss.

Ist der Beschluss der Strafkammer, dass das Polizeigericht sich der Entscheidung einer Vergehenssache zu unterziehen habe, nur von zwei Richtern ausgegangen, so sind das auf dieser Grundlage stattgehabte polizeigerichtliche Verfahren und das darin ergangene Urtheil nichtig.

StPO. §§ 448. 13. 21.

Erk. (V.) v. 15. März 1871 c. Schartau (OAG. II. 202 v. 1870).

Vernichtung des polizeigerichtlichen Urtheils erster und des von der Strafkammer erlassenen Urtheils zweiter Instanz, sowie des beiden vorhergegangenen Verfahrens. Gründe:

Die an sich zur Zuständigkeit der Strafkammer gehörenden Sachen werden nur dann ausnahmsweise der Kompetenz der Polizeigerichte unterworfen und diese nur sachlich zuständig in solchen Fällen, wenn die Bedingungen des § 448 der StPO. durch einen ordnungsmäßigen Beschluß nachgewiesen sind, namentlich also, wenn alle drei, die Strafkammer bildenden Richter bei diesem mitgewirkt haben, weil sonst nach § 21 Nr. 2 l. c. der Beschluß nichtig ist. Zwar hat der Angeklagte bei der von ihm ergriffenen Berufung hierüber keine Beschwerde erhoben; allein, wenn das Gericht erster Instanz seine sachliche Zuständigkeit, welche nur bei einer gültig erfolgten Delegation vorlag, sonst aber fehlte, überschritten hatte, mußte nach § 379 Abs. 2 der StPO. das Berufungsgericht das Urtheil aufheben, selbst wenn der Mangel durch die Berufung nicht gerügt worden war. Wenn es dies unterließ, verletzte es eine wesentliche Vorschrift des Verfahrens, wegen deren die NB. nach §§ 389 Nr. 2 Abs. 2 und 390 l. c. Platz greift.

Der fragliche Beschluß ist aber nur von zwei Richtern unterzeichnet, und nach der erhobenen Erklärung des KG.s nicht mehr festzustellen, ob ein dritter Richter mitgewirkt hat. Der Beschluß kann hiernach nicht als gültig gefaßt angesehen werden und es ist sonach das angefochtene Urtheil nebst dem Urtheile erster Instanz und dem beiden vorangegangenen Verfahren zu vernichten.

Antr. d. GStA.: gleichl. [65.—6.]

Anklagestand. - Schwurgerichtshof. - Aufhebung.

Hat der Anklage-Senat die Versetzung in den Anklagestand ausgesprochen, so kann der Schwurgerichtshof dieselbe nicht wieder aufheben, sollte auch in Folge eines inzwischen eingetretenen Wechsels in der Gesetzgebung die betr. That nur noch eine Vergehensstrafe nach sich ziehen können.

Vdn. v. 3. Jan. 1849 § 78 [n. 43]

Beschl. (I.) v. 15. März 1871 c. Schulz (47 B. I. Cr.).

Die Dienstmagd S. war durch Beschluß des AG.s v. 29. Okt. 1870 wegen Meineids definitiv in den Anklagestand versetzt und die Sache vor den Schw.-GH. verwiesen worden. Als die Sache vor diesem am 24. Jan. 1871 zur Verhandlung gelangen sollte, gab die Angeklagte auf Befragen ihr Alter auf „noch nicht 18 Jahre" an, worauf der Vorsitzende „Veranlassung nahm, bezüglich der Kompetenzfrage auf Art. IV. des Ges.s v. 22. Mai 1852, §§ 3 und 56 des B.-StGB.s endlich auf § 42 des Pr. StGB.s hinzuweisen." Der StA. beantragte hierauf die Vertagung der Sache und Einholung eines Taufzeugnisses der Angeklagten; der GH. gab diesem Antrage durch Beschluß statt und verfügte gleichzeitig, daß

> „für den Fall, wo die Angeklagte am 11. März 1870 das achtzehnte Lebensjahr noch nicht vollendet haben sollte, die Verhandlung der Sache an die korrektionelle Abtheilung des KG.s abzugeben sei."

Nachdem das Taufzeugniß zu den Akten gebracht und aus diesem ersehen war, daß die Angeklagte am 22. Mai 1852 geboren, also am 11. März 1870 wirklich noch nicht 18 Jahre alt gewesen sei — ergriff der OStA. gegen den die Abgabe der Sache an die Gerichtsabtheilung anordnenden Theil des Beschlusses des Schw.-GH.s die Beschwerde. Das OTr. hat diese für begründet erachtet, die betr. Verfügung aufgehoben und die Sache an den Schw.-GH. zurück verwiesen, indem es erwog:

daß nach § 78 der Vdn. v. 3. Jan. 1849 die Beschlußfassung über die definitive Versetzung des, wegen Begehung eines Verbrechens Angeschuldigten, in den Anklagestand, beziehungsweise die Verweisung der Untersuchung zur Verhandlung und Entscheidung vor ein zu bestimmendes Schwurgericht, dem Anklage-Senat des betreffenden Appellations-Gerichtes zusteht, und kein Gesetz existirt, durch welches der demnächstige Schwurgerichtshof ermächtigt worden wäre, diesen Beschluß wieder aufzuheben;

daß ferner nach Art. 6 des Ges.s v. 3. Mai 1852 nach eröffneter Untersuchung, wie in dem vorliegenden Falle, eine Inkompetenz-Erklärung nicht aus dem Grunde erfolgen darf, weil die That eine geringere Gesetzes-Uebertretung enthalte, als diejenige, welche der Kompetenz des bezüglichen Gerichts zunächst überwiesen ist;

daß endlich die in Rede stehende That unter der Herrschaft des Preuß. StGB.s begangen, und hiernach von der Anklage als Verbrechen verfolgt werden, demgemäß aber zuvörderst nach dieser Richtung hin eine Beurtheilung von dem hierzu allein berechtigten Schwurgerichtshofe im Wege des Erkenntnisses stattfinden muß, und dann erst geprüft werden kann, ob und wieweit hierin etwa das inzwischen in Kraft getretene Nordd. B.-StGB. eine Aenderung herbeigeführt haben kann.

Antr. d. GStA.: gleichl. [20.—3.]

Wiedereinsetzung. – Präklusivfrist.

Ueber ein Gesuch um Wiedereinsetzung in den vorigen Stand hat dasjenige Gericht zu beschliessen, bei welchem dasselbe anzubringen ist.

StPO. § 417.

Beschl. v. 15. März 1871 Schreiber c. Stilling (OAG. II. 23).

Die Schrift, durch welche die Privatklägerin ihre Nichtigkeits-

Beschwerde rechtfertigte, war erst am Tage nach dem Ablaufe der Präklusivfrist bei dem Amtsgerichte eingegangen; das OAG. sprach daher die Zurückweisung des Rechtsmittels aus (N. StPO. § 373), indem es erwog:

„dasselbe habe vom Amtsgerichte nicht vorläufig zugelassen werden müssen;"

was dagegen das eventuelle Gesuch des Schr. um Wiedereinsetzung in den vorigen Stand gegen den Ablauf der Rechtfertigungsfrist betreffe, so habe über solches nach § 417 l. c. das Gericht erster Instanz zu verfügen." [63.—6.]

Beschlagnahme. - Beschluß. - Rechtsmittel.

Gegen einen die beantragte Aufhebung einer Beschlagnahme (von event. der Einziehung unterliegenden Gegenständen) ablehnenden Rathskammerbeschluss ist die Berufung zulässig insoweit dadurch nicht der im Hauptverfahren zu lösenden Schuldfrage vorgegriffen wird.

StPO. §§ 403. 91. 105.

Beschl. (II.) v. 16. März 1871 c. Achten (75 II. Cr.).

Bei dem Handelsmanne A. zu Frankfurt a. M. war eine größere Anzahl von Originalloosen zur Hamburger Lotterie in Beschlag genommen worden, welche er zum Zwecke des Weiterverkaufes von einem Hamburger Kollekteur bezogen hatte. In der dieserhalb wegen Zuwiderhandlung gegen die AKO. v. 5. Juli 1847 (Einf.-Vdn. v. 25. Juni 1867 Art. IV.) eingeleiteten Voruntersuchung beantragte er die Aufhebung jener ihn mit großen Vermögensnachtheilen bedrohenden Beschlagnahme und die Zurückgabe der Loose. Das StG. zu Frankfurt lehnte diesen Antrag als unbegründet, und das AG. die dagegen von A. ergriffene Berufung als „gesetzlich unzuläßig" ab, weil der angefochtene Rathskammerbeschluß sich zur Voruntersuchung ergänzend und zum Hauptverfahren vorbereitend verhalte, und sonach durch § 403 der N. StPO. mitbetroffen werde, welcher gegen die Eröffnung der Voruntersuchung oder des Hauptverfahrens (in der Regel) jedes Rechtsmittel versage (Beschl. II. 2. Juli 1868: RdOTr. 9. S. 427). Auf die NB. des A. hat das OTr. diesen Beschluß vernichtet und die Sache an das AG. zurückverwiesen, indem es erwog:

daß nach § 364 der StPO. v. 25. Juni 1867 vorbehaltlich der im Gesetz bestimmten Ausnahmen gegen alle Urtheile 1. Instanz mit Ausnahme der von dem Schwurgerichtshöfen erlassenen die Berufung, gegen alle in der Berufungsinstanz erlassenen Urtheile die NB., gegen die Beschlüsse und Verfügungen eines Gerichts aber, soweit das Gesetz nicht ein Anderes bestimmt, die nämlichen Rechtsmittel, wie gegen dessen Urtheile zulässig sind;

daß die gedachten Rechtsmittel, soweit das Gesetz nicht Ausnahmen bestimmt, nach § 365 a. a. O. sowohl dem Beschuldigten als der StA.-schaft zustehen; daß von diesen Vorschriften auch in Betreff der über die Beschlagnahme von Ueberführungsstücken und deren Wiederaufhebung ergangenen Beschlüsse, — §§ 91. 105. 106 a. a. O., vergl. auch §§ 79. 81 a. a. O., — eine Ausnahme im Gesetze nicht angeordnet ist, die Fassung der §§ 103. 106 a. a. O. vielmehr für die Zulässigkeit der Rechtsmittel in dem gedachten Umfange spricht; —

daß nach § 16 a. a. O. die Anklagekammer des AG.s über alle Berufungen gegen Beschlüsse der Rathskammer zu entscheiden hat;

daß zwar nach § 403 a. a. O. gegen die Eröffnung der Voruntersuchung und des Hauptverfahrens, mit einer einzigen hier nicht zutreffenden Ausnahme, dem Angeschuldigten kein Rechtsmittel zustehen soll, daß aber eine Ausdehnung dieser Vorschrift auf die über die Beschlagnahme von Ueberführungsstücken nach Anleitung des § 105 a. a. O. gefaßten Beschlüsse nicht für gerechtfertigt erachtet und daher der in dem Beschlusse der Anklagekammer v. 2c. niedergelegten Auffassung nicht überall beigetreten werden kann;

daß nämlich der innere Grund der Vorschrift des § 403 a. a. O. darin gefunden werden muß, daß die Erörterung der Frage, ob gegen eine bestimmte Person wegen einer strafbaren Handlung die Voruntersuchung oder das Hauptverfahren zu eröffnen sei, ihrem Gegenstande nach mit der Erörterung der That- und Schuldfrage — deren Lösung dem erkennenden Richter vorbehalten ist, im Wesentlichen zusammenfällt und daher einer besonderen Vorprüfung nicht unterzogen werden soll, zumal dem Angeschuldigten durch das Hauptverfahren und die ihm gegen die ergehenden Entscheidungen zuständigen Rechtsmittel ein ausreichender Rechtsschutz gewährt ist;

daß daher auch in dem von der Anklagekammer in Bezug genommenen Beschlusse das Kgl. Ob.-Tr. v. 2. Juli 1868 (RdOTr. 9. S. 427) die Annahme, daß der Angeschuldigte, gegen welchen wegen eines Preßvergehens die Strafklage erhoben ist, die von der Rathskammer nach § 29 des Preßgesetzes verfügte vorläufige Beschlagnahme der betreffenden Druckschrift nicht durch Berufung anfechten könne, neben anderen entscheidenden, aus den Bestimmungen des Preßgesetzes entnommenen Gründen, auch auf die Vorschrift des § 403 der StPO. gegründet werden konnte, weil die gegen den gedachten Beschluß gerichtete Beschwerde des Angeschuldigten eben auch nur die in dem eröffneten Strafverfahren zur Entscheidung zu bringende Frage über die Strafbarkeit des inkriminirten Artikels zum Gegenstande hatte;

daß eine gleiche Bewandtniß aber, wie in den § 403 der StPO. vorgesehenen Fällen, keineswegs in Beziehung auf die Frage obwaltet, ob ein bestimmter Gegenstand unter die in § 91 a. a. O. bezeichneten Untersuchungsstücke fällt und daher als solcher in Beschlag zu nehmen, oder als Ueberführungsstück zu entbehren ist, desgleichen, ob nach Lage der Sache demnächst die Fortdauer der erfolgten Beschlagnahme geboten erscheint, — § 105 a. a. O. —, weil dieselbe als eine von der Entscheidung der Schuldfrage im Allgemeinen nicht abhängige Frage sich darstellt, deren Prüfung und Lösung im Interesse der Betheiligten nicht bis zum Schlusse der Voruntersuchung und Entscheidung in der Hauptsache ausgesetzt bleiben kann, wie denn auch in dem analogen Falle der Beschwerde über die von dem Richter beschlossene Untersuchungshaft oder die versagte Aufhebung derselben dem Angeschuldigten die gesetzlichen Rechtsmittel nicht entzogen sind: §§ 109. 114. 115 a. a. O.;

daß allerdings, wie in dem Beschlusse der Anklagekammer richtig hervorgehoben wird, und wie sich aus den vorangegangenen Erwägungen ergiebt, die Entscheidung über die Zulässigkeit einer Beschlagnahme oder deren Wiederaufhebung nicht von der Strafbarkeit oder Nichtstrafbarkeit der Handlung, wegen deren das Untersuchungsverfahren eingeleitet ist, abhängig gemacht und in dieser Beziehung dem zur Entscheidung der Schuldfrage berufenen Richter nicht vorgegriffen werden darf, daß vielmehr in jedem konkreten Falle zu prüfen ist, inwiefern die gedachte Entscheidung der dereinstigen Entscheidung in der Hauptsache präjudiziren, oder diese wirkungslos zu machen geeignet sein würde;

daß daraus aber ein Grund für die gesetzliche Unzulässigkeit der dem Angeschuldigten gegen den Beschluß der Rathskammer v. 2c. zustehenden Berufung überhaupt nicht zu entnehmen und die von dem Angeschuldigten gegen den Beschluß der Anklagekammer v. 2c. angebrachte NB. insofern begründet erscheint, als der Berufungsrichter die Berufung des Angeschuldigten als gesetzlich unzulässig zurückgewiesen hat.

Antr. d. GStA.: gleichl. [37.—3.]

Zeuge. – Untersuchungsrichter.

Kein Gesetz steht entgegen, den Untersuchungsrichter, welcher früher in der Sache thätig gewesen ist, demnächst im Hauptverfahren als Belastungszeugen zu vernehmen.

Vdn. v. 3. Jan. 1849 § 22 [n. 39 a].

Erk. (Z. I.) v. 17. März 1871 c. Görner (291. I. Cr.).

Die NB. des G., welche es als gesetzlich unstatthaft rügte, daß der Untersuchungsricheer, welcher die Voruntersuchung der Sache geführt hatte, im Hauptverfahren (über die frühere Führung und den Charakter des Angeklagten) als Belastungszeuge vernommen worden sei, ward aus dem oben angegebenen Grunde zurückgewiesen.

Antr. d. GStA.: gleichl. [15.—6.]

Gesetzeswechsel. - Milderes Gesetz. - Totalität.

Kommt eine Strafthat erst nach einem inzwischen eingetretenen Gesetzeswechsel zur Aburtheilung, so ist bei Prüfung der Frage, welches Straf-Gesetz das mildere sei, jedes derselben in seiner Totalität ins Auge zu fassen. — Ist danach das neue Gesetz das mildere, so ist auch die nach diesem begründete Rückfälligkeit zu berücksichtigen, sollten die Voraussetzungen einer solchen nach dem älteren Gesetze auch nicht vorhanden sein.

D.-StGB. § 2 [n. 13]. Vgl. unten VI. v. 17. Mai 1871 c. Klingsohr.

Erk. (B. I.) v. 17. März 1871 c. Schmidt (266. I. Cr.).

Die Sch. war von dem Instanzgerichte schuldig befunden worden: „am 6. Nov. 1870 zu Berlin eine Sache gestohlen zu haben, welche ein Kind unter zwölf Jahren bei sich führte" (Pr. StGB. § 218 Nr. 5); außerdem war festgestellt worden, daß sie im Laufe der letzten zehn Jahre zweimal in einer den Voraussetzungen der §§ 244. 245 des B.-StG.s entsprechenden Weise von Königl. Sächsischen Gerichten wegen Diebstahls bestraft gewesen sei. Das Kammergericht verhängte indessen (am 9. Januar 1871) nur die Strafe des einfachen Diebstahls aus § 242 des Bund.-StGB.s weil ein schwerer Diebstahl im Sinne des § 243 l. c. nicht vorliege, (das B.-StGB. die Vorschrift des § 218 Nr. 5 des Pr. StGB.s nicht wiederhole), die nach den Bestimmungen der §§ 244. 245 des B.-StGB.s vorliegende Doppelrückfälligkeit aber nicht berücksichtigt werden könne, „weil diese mit der That in keinem Zusammenhange stehe und sich nur auf die Person der Angeklagten beziehe." — Vernichtung und Zurückverweisung der Sache in die 2. Instanz. Gründe:

Die Vorschrift im § 2 der einleitenden Bestimmungen zum B.-StGB., daß bei Verschiedenheit der Gesetze von der Zeit der begangenen Handlung bis zu deren Aburtheilung das mildeste Gesetz anzuwenden sei, kann schon ihrem Wortlaute nach nur dahin verstanden werden, daß mit dem Worte Gesetz die in irgend einem Zeitpunkt der fraglichen Periode in Geltung stehende Strafgesetzgebung in ihrer Totalität hat bezeichnet werden sollen. Wäre die Absicht des Gesetzgebers dahin gegangen, daß behufs Ermittelung der mildesten Strafe die einzelnen bei der konkreten Strafthat zur Sprache kommenden Detailbestimmungen der verschiedenen in Betracht kommenden Gesetzgebungen verglichen und kombinirt in Anwendung gebracht werden sollten, so hätte er sich in anderer Weise ausdrücken müssen.

Dazu kommt, daß jede Strafgesetzgebung als ein geschlossenes harmonisches Ganzes zu betrachten ist und daher nur durch ihre Anwendung in ihrem ganzen Zusammenhange ein der gesetzgeberischen Intention entsprechendes Ergebniß erzielt werden kann, wogegen die Vermengung der Detailbestimmungen verschiedener Strafgesetzgebungen bei der Anwendung auf den einzelnen Fall zu inneren Widersprüchen und unabsehbaren Verwicklungen führen müßte. Geht man von dem vorstehend aufgestellten Grundsatz aus, so erledigt sich damit der Einwurf des Appellationsrichters, der im § 244 des B.-StGB.s vorgesehene Rückfall stehe mit der That selbst in keinem Zusammenhange, sondern beziehe sich nur auf die Person der Angeklagten, von selbst. Es kommt alsdann nicht auf die einzelnen Gründe, sei es objektiver, sei es subjektiver Natur, an, weshalb der Gesetzgeber eine konkrete That mit einer härteren oder milderen Strafe belegen zu müssen geglaubt hat; der Richter hat vielmehr in jedem einzelnen Falle den ganzen festgestellten Thatbestand nebst allen nach irgend einer der in Betracht kommenden Gesetzgebungen für die Bestimmung der Strafe maßgebenden Umständen ins Auge zu fassen und demnächst zu untersuchen, welche jener Gesetzgebungen unter Anwendung auf das gedachte Gesammtergebniß als die mildere anzusehen sei. Untersucht man nach diesen Grundsätzen, welche derjenigen Strafgesetzgebungen, die seit dem Tage des hier in Rede stehenden Diebstahls: 6. Nov. 1870, bis zur Aburtheilung desselben in 2. Instanz: 9. Jan. 1871, am Orte der That, zu Berlin, in Geltung waren, die mildere ist, so ist dies das B.-StGB., und zwar auch in dem Falle, wenn man den § 244 desselben zur Anwendung bringt, da die alsdann nach diesem § in Verbindung mit § 32 ibid.

eintretende Zuchthausstrafe im Vergleich mit der nach § 218 Nr. 5 des Pr. StGB.s Platz greifenden bei gleichem Maximum bis zum Minimum von einem Jahr gegenüber einem solchen von zwei Jahren hinabgeht, abgesehen von der Verschiedenheit beider Arten von Zuchthausstrafe an sich und der nach § 218 des Pr. StGB.s nothwendig zu verhängenden Polizeiaufsicht, während diese nach § 248 des Bund.-StGB.s nur fakultativ ist. Hiernach bleibt nur noch die Frage zu beantworten, ob bloß § 242 des letztgedachten StGB.s oder zugleich § 244 ibid. auf den vorliegenden Diebstahl anzuwenden ist. In dieser Beziehung hat der Appellationsrichter festgestellt, daß die Angeklagte vor dem hier in Rede stehenden Diebstahl zweimal wegen gleichen Vergehens in der Art, wie es der gedachte § erfordert, durch Königl. Sächsische Gerichte bestraft und die erkannten Strafen verbüßt worden. Er verneint aber desungeachtet die Anwendbarkeit des gedachten § aus dem Grunde, weil zur Zeit der That nur die von Preuß. Gerichtshöfen gefällten Urtheile den Rückfall hätten begründen können (§ 58 des Preußischen StGB.s) und damals nur das Preußische Staatsgebiet als Inland zu betrachten gewesen, die Angeklagte sich also trotz den oben angeführten Vorstrafen zur Zeit der That nach den am Ort derselben geltenden Strafgesetzen nicht im Rückfalle befunden habe und ihr derselbe auch nicht durch die abweichenden Bestimmungen des erst nach der That in Kraft getretenen B.-StGB.s, welche das ganze zu demselben gehörige Gebiet als Inland und als ein einheitliches hingestellt, habe zur Last gelegt werden können. Der Appellations-Richter legt also der Beantwortung der Frage, ob Rückfall vorliege, die Bestimmungen des Pr. StGB.s zu Grunde, während er die That selbst nach § 242 des B.-StGB.s beurtheilt, was nach der obigen Ausführung unzulässig ist. Es läßt sich auch nicht behaupten, wie es dem App.-Richter vorzuschweben scheint, daß man durch Beurtheilung der Frage des Rückfalls nach den Bestimmungen des B.-StGB.s diesen zum Nachtheil der

Angeklagten eine rückwirkende Kraft beilege. Vielmehr findet ja die Vergleichung der verschiedenen in Betracht kommenden Strafgesetzgebungen nur zum Vortheil der Angeklagten statt, um zu ermitteln, welche dieser Gesetzgebungen in der Anwendung auf die vorliegende That die mildere sei und diese muß demnächst und zwar wenn sie die neuere ist, auf Grund der Rechtsfiktion, daß sie bereits zur Zeit der That in Kraft bestanden habe, und die letztere unter deren Herrschaft verübt worden sei, gemäß dem oben citirten § 2 der einleitenden Bestimmungen zum B.-StGB., zur Anwendung kommen.

Antr. d. GStA.: gleichl. [33.—6.]

Linkes Rheinufer. - Fluß. - Bauverbot.

Das in der (linksrheinischen) Ordonnanz von 1669 Tit. 27 Art. 43 enthaltene Verbot, ohne Erlaubniß in der „Ausdehnung" eines schiffbaren Flusses ein Gebäude zu errichten, bezieht sich nur auf die Ausdehnung, welche der Fluß bei seinem höchsten normalen Wasserstande erreicht, nicht aber auf den Bereich einer möglichen aber außerordentlichen Ueberschwemmung.

Erk. (Z. II.) v. 23. März 1871 c. Lüttgens (72. II. Cr.).

Die Gebr. L. waren von der (aus der Ord. v. 1669 Tit. 27 Art. 43 erhobenen) Beschuldigung: „— auf dem ꝛc. Ufer der Saar gesetzwidrig einen Schuppen errichtet zu haben," — deshalb freigesprochen worden, weil die Stelle, wo der Schuppen errichtet worden, außerhalb des engeren Inundationsgebiets des Flusses liege; der Umstand, daß derselbe möglicher Weise bei ganz außerordentlichem Hochwasser (wie zuletzt im Jahre 1824) jenen Punkt erreichen könne, genüge nicht um die „étendue du fleuve" bis dahin auszudehnen; diese umfasse nur dasjenige Terrain, welches das fließende Wasser nach seinen Boden-Verhältnissen und den in der Regel dabei wirksamen sonstigen Einflüssen in seiner weitesten Ausdehnung zu überströmen vermöge; [vgl. L. 1. § 5 D. 43, 12]. Gegen diese Entscheidung ergriff der Ob.-Prokurator auf den Wunsch der Kgl. Regierung den Kass.-Rekurs; die letztere suchte in einem zu den Akten gelangten Schreiben auszuführen, daß nach dem Zwecke des Gesetzes (Beseitigung aller Hemmnisse für den Ablauf des Hochwassers) die Worte des Gesetzes: „l'étendue des fleuves" das Inundationsgebiet des Flusses im weitesten Sinne umfassen möchte, und verwies in dieser Beziehung auf § 1 des Deichgesetzes v. 28. Januar 1848 (GS. s. 54). — Verwerfung. Erwogen ward:

daß in dem angegriffenen Erkenntnisse thatsächlich festgestellt worden ist, daß der in Rede stehende Bau 30 Fuß jenseits des früher dort befindlichen Leinpfades und außerhalb des durch das regelmäßig wiederkehrende Hochwasser der Saar bezeichneten Inundationsgebietes errichtet worden ist, sowie daß dessen Terrain nur bei ganz außerordentlichen Ueberschwemmungen, zuletzt im Jahre 1824, von dem Flusse erreicht und überschritten worden ist;

daß auf Grund dieser Feststellung mit Recht angenommen worden ist, daß durch jenen Bau der Vorschrift des Art. 43 Tit. 27 der Ordonnanz von 1669, — welcher durch die vermittelst des Reglements vom 1. Thermidor VI. erfolgte Publikation des jene Gesetzesbestimmung wiederholenden Direktorial-Beschlusses vom 19. Ventôse VI in den Rheinischen Departements Gesetzeskraft erhalten hat, — nicht zuwidergehandelt worden ist, indem die Worte „étendue des fleuves" nur den von einem Flusse nach seiner allgemeinen natürlichen Beschaffenheit mithin bei seinem höchsten normalen Wasserstand eingenommenen territorialen Umfang des Flußgebietes bezeichne und nicht auf dasjenige ganz unbegrenzte Gebiet auszudehnen sind, welches unter ganz außerordentlichen Verhältnissen einmal möglicher Weise bei einer Ueberschwemmung erreicht werden kann;

daß auch die Bestimmung des § 1 des Ges.s v. 28. Jan. 1848 über das Deichwesen, wonach Deiche oder ähnliche Erhöhungen der Erdoberfläche, welche die Ausbreitung der zeitweise aus ihren Ufern tretenden Gewässer beschränken, in der ganzen Breite, welche das Wasser bei der höchsten Ueberschwemmung annimmt, nur mit ausdrücklicher Genehmigung der Regierung neu angelegt oder verändert werden dürfen, weder zur Erläuterung des Art. 43 l. c. angerufen, noch auch unmittelbar zur Anwendung gebracht werden kann, indem es sich vorliegend nicht um derartige Veränderungen der Erdoberfläche handelt.

Antr. d. GStA.s gleichl. [23.—3.]

Viehkrankheit. - Sperre. - Militärwache.

Die Verletzung einer von der zuständigen Behörde zur Abwehr der Rinderpest angeordneten „absoluten Ortssperre" ist selbst dann, wenn sie nicht durch militärische Wachen, sondern in anderer Weise zur Ausführung gebracht ist, strafbar aus

Pr. StGB. § 307; B.-StGB. § 328 [n. 3]; B.-Ges. v. 7. April 1869 § 12. 14. 8 (BGBl. s. 105); Instr.-Erlaß v. 26. Mai 1869 § 23 (BGBl. s. 149).

Erk. (B. II.) v. 23. März 1871 c. Peiter u. Gen. (74 II. Cr.).

Die Postillone P. und Gen. waren mit dem Postwagen durch den Ort N. gefahren, obgleich Seitens des Bundes-Kommissars wegen des Ausbruchs der Rinderpest die „absolute" Sperre desselben verfügt war. Gleichwohl sprach der erste Richter sie von der aus § 307 des Pr. StGB.s erhobenen Beschuldigung frei, weil sie nach ihrer Dienstinstruktion die vorgeschriebene Poststraße hätten innehalten müssen, und durch die widersprechenden amtlichen Weisungen in einen Nothstand versetzt gewesen seien, welcher das Bewußtsein der Rechtswidrigkeit und der Strafbarkeit ausschließe. Die App.-Kammer erachtete diesen Grund nicht für durchgreifend, verwarf aber dennoch die vom öffentlichen Ministerium ergriffene Berufung, weil die angeordnete „absolute" Sperre nicht dem § 23 der Instr. v. 26. Mai 1869 gemäß durch militärische Wachen, sondern nur durch beliebige Ortsangehörige der Umgegend bewirkt worden sei; aus den cit. §§ 23 und 7 der cit. Instr. in Verbindung mit § 14 des Ges.s v. 7. Apr. 1869 erhelle, daß die absolute Ortssperre mit den schweren strafrechtlichen Folgen einer Zuwiderhandlung durch die vollständige militärische Cernirung bedingt sei. — Vernichtung; das OTr. erwog:

daß der § 307 des Pr. StGB.s, unter dessen Herrschaft die fraglichen Handlungen begangen worden sind, die Uebertretung der von der Regierung angeordneten Absperrungsmaßregeln zur Verhütung des Einführens oder Verbreitens von Viehseuchen mit Strafe bedroht; daß unter der „Regierung" nicht blos die Bezirksregierungen, sondern auch die ihnen gleichgestellten oder höheren Behörden verstanden werden müssen, welche zur Anordnung der gedachten Absperrungsmaßregeln gesetzlich zuständig sind und hierzu nach § 12 des Bundesges.s v. 7. April 1869 auch der vom Bundeskanzler bestellte Bundeskommissar gehört, welcher nach Inhalt des in dem angegriffenen Urtheile angeführten Zeugnisses des Bürgermeisters M. die absolute Sperre des Ortes R. angeordnet haben soll, deren Verletzung den Beschuldigten zur Last gelegt, auch in dem angefochtenen Urtheile an sich nicht in Zweifel gezogen, sondern nur deshalb für straflos erachtet wird, weil nach § 23 der Instruktion vom 26. Mai 1869 die gedachte Ortssperre durch militärische Wachen und nicht wie geschehen, durch andere Wachen und Warnungstafeln sowie sonstige bezügliche Bekanntmachungen hätte ausgeführt werden müssen;

daß aber der § 307 des StGB.s seine Anwendbarkeit nicht von der Art der getroffenen und wissentlich übertretenen „Absperrungs- oder Aufsichts-Maßregeln" abhängig macht, sondern nur davon, daß solche Maßregeln von der zuständigen Behörde getroffen und diese getroffenen und den Beschuldigten bekannten Maßregeln übertreten worden sind; daß auch weder das genannte Bundesgesetz noch die genannte Instruktion eine Aenderung des § 307 des StGB.s (an dessen Stelle jetzt § 328 des B.-StGB.s getreten ist) herbeigeführt oder bezweckt haben, vielmehr beide des Verhältnisses der Privatpersonen zum Strafgesetz gar nicht erwähnen;

daß § 1 des Ges.s v. 7. April 1869 die zuständigen Verwaltungsbehörden verpflichtet und ermächtigt, alle Maßregeln zu ergreifen, welche geeignet sind, die Verbreitung der Seuche zu verhüten, und die Nothwendigkeit oder Zweckmäßigkeit der von denselben ergriffenen Maßregeln nirgends in dem Gesetze und der Instruktion der Kritik der Privatpersonen unterworfen ist, die §§ 2 u. ff. sich auch nur an die Behörden wenden und die Maßregeln angeben auf welche sich ihre im § 1 ertheilte Verpflichtung und Ermächtigung zu erstrecken habe, der Eingang der im § 8 des Ges.s als Anweisung vorhergehenden Instruktion zudem als Bestimmung derselben ausspricht, „den Behörden eine allgemeine Anleitung zu geben, ohne die Nothwendigkeit der besonderen Entschließung über Einzelheiten und über die Ausdehnung der Maßregeln in jedem einzelnen Falle auszuschließen;"

daß demgemäß auch der § 23 der Instruktion sich nur an die Behörden richtet, welche die Ortssperre anzuordnen haben, und diese durch die Einklammerung der Worte „(in diesem Falle militärische)" Wachen zu verstehen giebt, daß bei der absoluten Ortssperre in der Regel der § 14 des Ges.s von ihnen zu befolgen sei, allein keineswegs ihre Verpflichtung und noch weniger ihre Ermächtigung zur Ausstellung anderer Wächter die im Falle des § 20 der Instruktion die Regel bilden sollen, aufhebt, welche Ermächtigung in derjenigen zu den strengern Maßregeln militärischer Cernirung selbstverständlich enthalten ist;

daß demnach die etwa aus dem cit. § 23 abzuleitende Verpflichtung des Bundeskommissars und des Bürgermeisters zur Requisition militärischer Wachen nur den vorgesetzten Behörden derselben gegenüber eine Bedeutung hat, für die Anwendbarkeit des § 307 des StGB.s gegen die Beschuldigten aber ganz unerheblich ist, und das angefochtene Urtheil, indem es auf die Unterlassung der militärischen Cernirung von R. die Nichtanwendung des § 307 des StGB.s gründete, dieser § mit dem § 328 des StGB.s für den Norddeutschen Bund und den § 23 der Allerhöchst genehmigten Instruktion vom 26. Mai 1869 durch unrichtige Auslegung verletzt hat.

Antr. d. GStA.: gleichl. [23.—3.]

Appellations-Richter. – Beweis. – Aussage eines Mitangeklagten.

Der Appellationsrichter kann die zu diesem Ende beschlossene Verlesung einer von einem früheren Mitbeschuldigten [in der Voruntersuchung] abgegebenen Aussage als eine neue Beweisaufnahme ansehen und

auf dieselbe eine von der erstrichterlichen abweichende Feststellung stützen.

Ges. v. 3. Mai 1852 Art. 101 [n. 85]. — Vgl. RbOTr. 1 S. 459.

Erk. (Z. I.) v. 24. März 1871 c. Melchert (251. I. Cr.)

spricht den obigen Grundsatz unter Hinverweisung auf Z. (I, 350) v. 30. Juni 1858 c. Kühn aus, indem es gleichzeitig erwäg:

„es komme nicht darauf an, daß die stattgehabte Verlesung des betr. gerichtlichen Protokolls [vom App.-Richter] als eine „wiederholte Beweisaufnahme," und zwar allerdings irrthümlicher Weise bezeichnet worden sei, weil immerhin ein Akt der Beweisaufnahme veranlaßt worden, und somit ein Verstoß gegen Art. 101 cit. nicht vorliege.

Antr. d. GStA.: gleichl. [20.—8.]

Untreue. - Sequester. - Absicht.

1. Zum Thatbestande der durch einen Sequester ꝛc. verübten „Untreue" gehört die Absicht einen Nachtheil herbeizuführen.

2. Die Absicht, einen drohenden Schaden abzuwenden, ist nicht eine „auf Verschaffung eines Vermögensvortheils" gerichtete.

B.-StGB. § 266 Nr. 1 und Schlußsatz [n. 1; § 263 n. 6].

Erk. (B. I.) v. 24. März 1871 c. Pohl (239. I. Cr.).

Pohl, in 1. Instanz wegen „Untreue" aus § 246 Nr. 1 des Pr. StGB.s verurtheilt, weil er „in den Jahren 1868—1869 als Sequester des Grundstücks ꝛc. vorsätzlich zum Nachtheil der Sequestrationsmasse gehandelt habe, und zwar in der Absicht, sich Gewinn zu verschaffen"' — hatte in der (am 5. Jan. 1871 erfolgenden) Verhandlung 2. Instanz geltend gemacht: er habe nicht „absichtlich zum Nachtheil der ihm anvertrauten Masse" (B.-StGB. § 266 Nr. 1) gehandelt. Der App.-Richter hatte indessen das erstrichterliche Urtheil unter Beibehaltung der gedachten Feststellung bestätigt. — Vernichtung. Gründe:

Das B.-StGB. verlangt zu seiner Anwendung eine Handlung, welche absichtlich zum Nachtheile der zur Aufsicht anvertrauten Personen oder Sachen erfolgte, während dem der § 246 Nr. 1 des früheren, zur Zeit der That geltenden Pr. StGB.s eine Strafe gegen denjenigen verhängte, welcher vorsätzlich zum Nachtheile der, seiner Aufsicht anvertrauten Person oder Sache handelte. Hiernach war es damals nicht gerade erforderlich, daß die Handlung eine Vermögensbeschädigung der anvertrauten Person, oder einen Nachtheil für die anvertraute Sache, zum Zwecke gehabt haben mußte, es genügte, wenn dieselbe treulos mit dem Bewußtsein der Widerrechtlichkeit geschah. Der § 266 Nr. 1 des B.-StGB.s begnügt sich indeß damit nicht, sondern verlangt, daß das Handeln den Nachtheil, den es hervorzubringen im Stande ist, die Herbeiführung eines Nachtheils bezweckte. Daß dem so sein muß, erhellt aus dem Schlußsatze des § 266 l. c., welcher für den Fall, daß die Untreue begangen wird, um sich, oder einem Andern einen Vermögensvortheil zu verschaffen, eine härtere Strafe verhängt. Nach dieser Richtung hin hat der App.-Richter weder eine Prüfung vorgenommen, noch eine Feststellung getroffen. Hierzu kommt ferner, daß der Schlußsatz des § 266 cit. wie bereits erwähnt, die Absicht sich einen Vermögensvortheil zu verschaffen, verlangt, während dem, dem früheren § 246 des Pr. StGB.s entsprechend festgestellt ist, daß der Angeklagte in der Absicht sich Gewinn zu verschaffen, gehandelt habe. Gewinn und Vermögensvortheil sind aber nicht immer gleichbedeutende Begriffe. Ein Gewinn schließt zwar eine Vermehrung des bereits besitzenden Vermögens in sich, ein Vermögensvortheil nicht unter allen Umständen. Auch derjenige erlangt einen solchen, welcher einen, ihn bedrohenden Schaden abwendet, dadurch allein aber noch keinen Gewinn. Er erwirbt nichts, er erhält sich nur das, was er bereits besitzt, ohne sein Vermögen an sich zu vermehren. Auch in Bezug hierauf hat der Vorderrichter die Beweisanträge des Imploranten nicht erörtert, und durch alles dies die in der Ausführung der NB. liegende unzulässige Beschränkung der Vertheidigung bezüglich des dem Angeklagten nachzuweisenden Dolus, begangen.

Antr. d. GStA.: entg. [20.—8.]

Urkunde. – Unterkreuzung.

Eine nur unterkreuzte Privat-Schrift ist keine Urkunde.

Pr. StGB. § 247; Vgl. B.-StGB. § 267 [n. 60]; ALR. I, 5. §§ 172. 173; I, 16. §§ 93–96; AGO. I, 10. §§ 129 fgg.

Erk. (B. I.) v. 24. März 1871 c. Rasch (46. I Cr.).

R. gestand vor dem Schw.-GH. zu, daß er um eine auf Betreiben der 2c. Dz. beantragte Exekution abzuwenden, einen Schein des Inhalts:

„In Sachen Dz. c. R. gebe ich dem 2c. R. auf meine Forderung von 2c. bis Michaelis 1870 Dilation.

L., den 7. Dez. 1869.

× × × Wilhelmine Dzikowski.

Gez: Schulz Tilitzki aus R."

bis zu dem Worte: „Dzikowski" selbst eigenmächtig angefertigt, und sodann den Schulzen T. zur Beifügung seiner (somit echten) Unterschrift dadurch bestimmt zu haben, daß er ihm versicherte: die Dz. habe ihm die Dilation bewilligt. Demgemäß bekannte er sich schuldig: „— in der Absicht einen Gewinn zu verschaffen, den oben erwähnten Dilationsschein fälschlich angefertigt und von demselben zum Zwecke der Täuschung Gebrauch gemacht zu haben." Das ihn dieserhalb aus den §§ 247. 250 des Pr. StGB.s verurtheilende Erkenntniß ist auf seine NB. vernichtet und vom OTr. auf Freisprechung erkannt worden. Gründe:

Nach den, für den vorliegenden Fall maßgebenden Vorschriften der §§ 116 ff. I. 5. ALR. erhalten schriftliche Willenserklärungen erst durch deren Unterschrift Gültigkeit, so daß namentlich ihre Beweiskraft davon abhängt. Für diejenigen Personen, welche nicht lesen und schreiben können, gelten die Bestimmungen der §§ 172 ff. l. c. wenn nicht etwa die für Quittungen in den §§ 93 ff. I, 16 ibid. gegebenen Ausnahmen Platz greifen, was jedoch in dieser Untersuchung nicht stattfindet. Blos unterkreuzte Schriftstücke, wie hier, können nach den §§ 129 ff. I, 10. AGO. Behufs ihrer Rekognition den angeblichen Ausstellern nicht vorgelegt werden, sofern sie lediglich die Natur der Privat-Urkunden an sich tragen, wie dies bei dem in Rede stehenden vermeintlichen Dilationsscheine v. 2c. der Fall ist. Derselbe konnte daher nicht als eine solche Schrift angesehen werden, welche zum Beweise von Rechten oder Rechtsverhältnissen von Erheblichkeit ist. Es liegt hiernach keine Urkunde im Sinne des damals geltenden § 247 des Preuß. StGB.s vor, und demgemäß auch keine Fälschung einer solchen, welche nach § 250 l. c. zu strafen gewesen wäre.

Antr. d. GStA.: entg. [20.—8.]

Strafantrag. – Wechsel der Gesetzgebung. – Freisprechung.

1. Die Fortsetzung einer vor dem In-Kraft-Treten des B.-StGB.s ohne einen (damals nicht erforderlichen) Strafantrag erhobenen Strafverfolgung ist nicht durch die Nachbringung eines solchen Antrags bedingt, wenn das inzwischen wirksam gewordene StGB. einen solchen erheischt.

B.-StGB. § 2 [n. 19]. Vgl. oben S. 39. 156.

2. Fehlt es an dem erforderlichen Strafantrage, so muß der befaßte Instanzrichter die Verfolgung für [zur Zeit] unstatthaft erklären, er darf nicht von der erhobenen Anklage „freisprechen."

B.-StGB. § 61 [n. 33]. Contra Z. 24. Mai 1871 c. Eggerstedt (unten).

In demselben Sinne (Nr. 1 und 2) erging: B. (1, 276) vom 24. März 1871 c. Wende.

Erk. (B. I.) v. 24. März 1871 c. S. (286. I. Cr.)

S. war durch appellationsgerichtlichen Beschluß v. 22. Nov. 1870 unter der Anklage:

> „im Juli 1870 wiederholt mit der noch nicht 14 Jahre alten 2c. B. unzüchtige Handlungen vorgenommen zu haben" (Pr. StGB. § 144 Nr. 3)

vor den Schw.-GH. verwiesen worden, und erschien vor demselben am 12. Jan. 1871; da aber hier der Vater des mißbrauchten Mädchens erklärte: „daß er die Bestrafung des S. nicht verlange," so erkannte der GH. auf „Freisprechung," weil § 176 des inzwischen in Kraft getretenen B.-StGB.s, die Verfolgung der vorliegenden Strafthat nur auf Antrag eintreten lasse, und diese Vorschrift als die mildere nach § 2 l. c. dem Angeklagten zu statten kommen müsse.

Auf die NB. des StA.s ist dieses Erkenntniß vernichtet und die Sache an den Schw.-GH. zurückverwiesen worden. Gründe:

[1.] Der § 2 des B.=StGB.s bestimmt:

„Eine Handlung kann nur dann mit einer Strafe belegt werden, wenn diese Strafe gesetzlich bestimmt war, bevor die Handlung begonnen wurde. Bei Verschiedenheit der Gesetze von der Zeit der begangenen Handlung bis zu deren Aburtheilung ist das mildeste Gesetz anzuwenden.“

Der Wortlaut dieser Bestimmung ist klar. Sie bezieht sich ausschließlich auf ein, eine Handlung mit Strafe bedrohendes, materielles Strafgesetz, d. h. auf diejenigen Merkmale, welche den von demselben zu seiner Anwendung erforderlichen Thatbestand bilden und diesen mit einer Strafe belegen, sobald er vorhanden ist. Nur insoweit übt die bis zur Aburtheilung des jedesmaligen Falles eingetretene Veränderung der materiellen Strafgesetzgebung nach § 2 a. a. O. einen Einfluß aus, wogegen die prozessualische Behandlung der an sich strafbaren That nicht berührt wird. Es liegt dies in der Natur der Sache, und wenn der Gesetzgeber hierüber anderer Ansicht gewesen wäre, so würde er sich dem entsprechend ausgedrückt, jedenfalls aber in dem Einführungs=Gesetze z. Norbd. StGB. v. 31. Mai 1870 eine hierauf bezügliche ausdrückliche Bestimmung getroffen haben, was nicht geschehen ist.

Eine unzweifelhafte Bestätigung der vorstehenden Ausführung gewährt demnächst gerade der für den vorliegenden Fall einschlagende § 61 des Norbd. StGB.s, welcher das leitende Prinzip für die sogenannten Antragsdelikte enthält. Er lautet wörtlich:

„Eine Handlung, deren Verfolgung nur auf Antrag eintritt, ist nicht zu verfolgen, wenn der zum Antrage Berechtigte es unterläßt, den Antrag binnen drei Monaten zu stellen. Diese Frist beginnt mit dem Tage, seit welchem der zum Antrage Berechtigte von der Handlung und von der Person des Thäters Kenntniß gehabt hat.“

Hierdurch wird unzweifelhaft vorgeschrieben, daß lediglich die Verfolgung des Thäters im Wege des strafrechtlichen Verfahrens von dem Antrage des dazu Berechtigten abhängen soll, die That selbst bleibt stets eine an sich mit

Strafe bedrohte, an deren Thatbestande nichts geändert wird. Nur die Einleitung der Untersuchung ist eine bedingte; diese Beschränkung hängt aber genau mit dem Zeitpunkt zusammen, in welchem das Nordd. StGB. in Kraft getreten, und dies ist nach § 1 des Einführungs-Gesetzes der 1. Jan. 1871. Was vorher für die Eröffnung einer Untersuchung gesetzlich statthaft war, wird in prozessualischer Beziehung durch eine neue materielle Strafgesetzgebung nicht betroffen, weder dem Einen eine Pflicht, die ihm früher nicht oblag, noch dem Andern ein Recht für die Vergangenheit eingeräumt. Was vordem in Betreff des Verfahrens in zulässiger Weise geschehen ist, bleibt bestehen, behält seine Wirksamkeit, und daraus folgt, daß eine einmal mit Recht eröffnete Untersuchung ihren ungestörten Fortgang behalten muß, sofern damals ein entsprechender Strafantrag nicht erforderlich war. Für eine entgegenstehende Anschauung läßt sich kein Grund auffinden, und zwar um so weniger, als es ein strafrechtliches Hauptprinzip ist, daß eine Handlung von vornherein nach denjenigen Gesetzen zu beurtheilen ist, welche zur Zeit der Begehung maßgebend waren, wenn nicht etwa ausdrückliche Ausnahmen von der Gesetzgebung gemacht worden sind.

Aus alle dem ergiebt sich die Regel, daß bezüglich der vor der neuen materiellen Strafgesetzgebung begangenen Handlungen, welche bereits damals strafbar waren, als sie verübt wurden, diejenigen Vorschriften des Untersuchungs-Verfahrens maßgebend sind, die zur Zeit der Erhebung der Anklage und der Einleitung der Untersuchung Geltung hatten.

In der vorliegenden Sache steht es durch den Spruch der Geschwornen fest, daß der Angeklagte die ihm zur Last gelegte Strafthat im Monat Juli 1870 begangen hat. Sie war damals nach dem § 144 Nr. 3 des Pr. StGB.s strafbar, ohne daß es zur Verfolgung derselben eines Antrages der Beschädigten, oder deren gesetzlicher Vertreter bedurfte. Der Anklagebeschluß ist am 15. Nov. 1870 ergangen, die Anklage am 22. Nov. dess. J. abgefaßt, und der Schwurgerichtstermin durch Verfügung vom 10. Dez. 1870 angesetzt, also Alles vor dem entscheidenden 1. Jan. 1871. Daß die Hauptverhandlung am 12. Jan. 1871 anstand und erst an diesem Tage die Fällung des Erkenntnisses erfolgen konnte, ist nach dem Obigen ohne Einfluß, und daraus ergiebt sich ferner, daß die in dem erwähnten Audienztermin abgegebene Erklärung des Vaters des gemißhandelten Mädchens, die Bestrafung des Angeklagten nicht verlangen zu wollen, keine rückwirkende Kraft ausübt. Der Schw.-GH. durfte daher, wie er rechtsirrthümlich gethan, eine solche Wirksamkeit nicht annehmen, am allerwenigsten aber, wie die Nichtigkeitsbeschwerde

zu [2] ganz richtig ausführt, auf Freisprechung des Angeklagten erkennen, da nach den Bestimmungen des § 61 und des § 176 des B.-StGB.s höchstens nur die Unstatthaftigkeit der strafrechtlichen Verfolgung des Thäters auszusprechen zulässig gewesen sein würde.

Antr. d. GStA.: gleichl. 20.—8.]

App.-Richter. – Beweisantrag. – Prüfung.

Hat der App.-Richter dem Angeklagten bei der Vorladung bekannt gemacht, daß die Würdigung der in der App.-Rechtfertigung gestellten Beweisanträge dem Hauptverfahren vorbehalten bleibe, so beschränkt er die Vertheidigung, wenn er jene im Hauptverfahren, (in welchem der Angeklagte in der Sitzung nicht erschienen ist) unberücksichtigt läßt.

Ges. v. 3. Mai 1852 Art. 101 [n. 47]; Vdn. v. 3. Jan. 1849 § 52 [n. 19].

Erk. (B. I.) v. 29. März 1871 c. Cira (222. I. Cr.). [34.—8.]

Ostpreuß. Forst-Ordnung. – Hütungsfrevel. – Schonung.

Die Strafe, welche die Ostpreuß. Forstordnung v. 3. Dezbr. 1775 Tit. 14 § 10 für den Fall androht, wenn das Vieh eines in einem Forste Hütungsberechtigten in eine Schonung übertritt, trifft

denjenigen, in dessen Dienst der Hirte steht, sollte das Vieh selbst auch Eigenthum anderer Personen sein.

Erk. (V. I.) v. 29. März 1871 c. v. Hahnenfeld (270. I. Cr.).

Der Gutsbesitzer v. H. war, weil „sein Hirte — in die mit Warnungstafeln versehene Schonung des Königl. Forstreviers Fr. 20 Stück Rindvieh habe übertreten lassen," vor den Einzelrichter gestellt, von diesem aber freigesprochen worden, weil derselbe für erwiesen erachtete, daß das übergetretene Vieh nicht dem v. H., sondern den Gutsleuten gehört habe. Der PA. ergriff den Rekurs, weil v. H. den Gutsleuten für ihr Vieh die Weide habe hergeben müssen, und weil er selbst den Hirten ausgewählt habe und besolde, er müsse also auch für dessen Handlungen und Vernachlässigungen einstehen. Das AG. wies aber den Rekurs durch Verfügung zurück, weil das Gesetz (§ 10 Tit. 14 der Ostpr.-Forstordn. v. 3. Dez. 1775) sich zunächst gegen denjenigen richte, dessen Vieh von seinem Hirten geweidet werde; aus der Zusammenstellung der angedrohten Pfändung und Strafe folge, daß hier der Eigenthümer haften solle; zwar möge hier die Handlung zum Vortheile des v. H. gereicht haben, wenn er den Gutsleuten für ihr Vieh die Weide geben müsse; immer aber könne das ihm nicht gehörende Vieh nicht ihm gegenüber gepfändet werden, er könne also auch nicht strafbar sein; dazu komme endlich, daß im vorliegenden Falle der Hirte deshalb, weil er lediglich das Vieh der Gutsleute weide, füglich als der Hirte dieser angesehen werden könne, wenn er auch auf Grund kontraktlicher Abrede durch v. H. den Gutsleuten gestellt worden sei. Vernichtung. Gründe:

Zuvörderst bestimmt der § 9 des Tit. 14 der cit. Forstordnung,

> „daß alles Vieh, welches von den Hütungsberechtigten in Königlichen, Kämmerei-, Bürger- und Dorfs-Haiden, ohne Hirten angetroffen wird, gepfändet werden soll."

Dann heißt es im § 10 l. c. wörtlich:

> „Diejenige(n) deren Hirten und Schäfer, der Warnungstafeln ungeachtet, in die Schonungen der § 9 benannten Forsten treiben, oder das Vieh dahin übertreten lassen, sollen gepfändet, und das erstemal für das Pferd oder Stück Rindvieh einen Thaler und für jedes Schaf oder Schwein dreißig Groschen zu erlegen angehalten werden, aber alsdann kein besonderes Pfandgeld bezahlen rc."

Schon dieser Wortlaut ergiebt, daß die Auslegung der

Vorderrichter eine irrige ist. Es heißt in dem § 10 l. c. ausdrücklich: „daß diejenigen, deren Hirten das Vieh übertreten lassen, bestraft werden sollen," nicht aber, „daß diejenigen, denen das Vieh eigenthümlich gehört, jener Strafe verfallen."

Es kann zwar zugegeben werden, daß der Gesetzgeber hauptsächlich denjenigen Fall im Auge gehabt hat, daß das Vieh Eigenthum desjenigen ist, der den Hirten bestellt hat. Allein ausgeschlossen ist dadurch keineswegs, daß das Vieh einem Andern, als dem Dienstherrn des Hirten gehört. Es folgt dies unzweifelhaft aus dem inneren Grunde des betreffenden § 10 l. c. Nicht deshalb soll die Strafe eintreten, weil die Verpflichtung zur Erlegung derselben eine Folge des Eigenthumsverhältnisses zu dem übergetretenen Vieh ist, sondern deshalb, weil derjenige, der den Hirten angenommen hat, in seiner Wahl unvorsichtig gewesen, sich eines unzuverlässigen Subjekts bedient hat. Derselbe Grundsatz findet sich im § 64 I, 6. ALR. wiederholt, nach welchem derjenige, der zu einem Geschäfte ein dazu untüchtiges Gesinde wissentlich bestellt, für den Schaden haften muß, welcher einem Dritten bei der Ausrichtung des Geschäfts, durch die Untüchtigkeit des Gesindes zugefügt worden ist. Die Ostpreußische Forstordnung geht hierin nur noch weiter, indem sie keinen Unterschied macht, ob der Dienstherr wissentlich oder fahrlässiger Weise einen untauglichen Hirten angenommen. Der Schwerpunkt der Auslegung des § 10 l. c. liegt daher in dem Ausdrucke „diejenigen, deren Hirten," ꝛc. und es läßt sich, ohne dem Wortlaute Zwang anzuthun, nicht hinein interpretiren, daß darunter nur die Eigenthümer des, diesem Hirten anvertrauten Viehs verstanden werden können.

Auch die fernere Erwägung des Rekursrichters ist eine rechtsirrthümliche, daß aus der im § 10 l. c. befindlichen Zusammenstellung der Pfändung und Strafe folge, daß nur der Eigenthümer des Viehs gestraft werden sollte, gegen den allein eine Pfändung wirksam sei. Weder die Ostpreußische Forst-Ordnung, noch ein sonstiges anderes Gesetz, giebt hierzu einen Anhalt. Die §§ 413ff. I, 14. ALR. enthalten nichts davon, daß der Eigenthümer der dem Gepfändeten abgenommenen Sache, ihrer Pfändung widersprechen und der Befriedigung des Pfändenden aus derselben hindernd entgegentreten konnte. Die FPOrdn. v. 1. Novbr. 1847 spricht zwar in dem § 8 davon, daß der Besitzer des Viehs das Pfandgeld zu entrichten habe. Indeß ist diese FPOrdn. ein spezielles, für die gegebenen Fälle allein anwendbares Gesetz, und die §§ 15ff. l. c. bestimmen außerdem, daß auch, nach Verschiedenheit der Umstände, der Hirte verantwortlich gemacht werden kann. Jedenfalls ist hieraus eine Auslegung des viel früheren Provinzialgesetzes vom 3. Dezbr. 1775, und namentlich in Anbetracht seiner Wortfassung, nichts für die Ansicht des Rekursrichters herzuleiten, und zwar um so weniger, als der § 11 der Forstordnung für den Fall, daß Nichthütungsberechtigte Vieh eintreiben, ausdrücklich hervorhebt, daß auch derjenige mit der dort angedrohten Strafe belegt werden soll, welcher „gar fremdes Vieh mit dem seinigen einjagt." Es ist dies eine direkte Bestätigung der obigen Auslegung des Sinnes des § 10 l. c., der auch in der Natur der Sache begründet ist.

Endlich enthält die Schlußbetrachtung des Rekursrichters ebenfalls einen Rechtsirrthum. Denn wenn es richtig sein sollte, daß der Hirt L. von dem Angeklagten angenommen worden, um das Vieh seiner Dienstleute zu hüten, sowie von ihm, dem Gutsherrn, Lohn dafür erhält, so kann nach allen Rechtsgrundsätzen über die Wirkung von Verträgen nicht bezweifelt werden, daß nur ein Kontraktsverhältniß zwischen dem Angeklagten und dem Hirten besteht, und der letztere nicht einmal thatsächlich als der Hirte der Dienstleute bezeichnet werden kann, wenngleich er deren Vieh weidet. Denn es geschieht dies nicht weil er mit diesen einen Vertrag geschlossen hat, sondern weil er es mit demjenigen gethan, der für das Weiden des gedachten Viehs verpflichtet war.

Antr. d. GStA.: gleichl. [20.—8.]

Antragsvergehen. – Ideal-Konkurrenz.

Schließt eine Handlung in idealer Konkurrenz die Thatbestände zweier Vergehen in sich, von welchen nur eins ein Antragsvergehen ist, so ist die Verfolgung beider ohne Strafantrag statthaft.

B.-St.GB. §§ 61 [n. 6]. 73.

Beschl. (I.) v. 29. März 1871 c. Z. (52B. I. Cr.)

Z. ward von dem Anklagesenate für genügend belastet erachtet: „— — wiederholt mit seiner leiblichen, noch nicht 14 Jahre alten Tochter den Beischlaf vollzogen zu haben;" gleichwohl sprach derselbe die Versetzung in den Anklagestand nur wegen der Blutschande (Bund.-StGB. § 173), nicht aber auch wegen der damit ideell konkurrirenden: „Vornahme unzüchtiger Handlungen mit einer Person unter 14 Jahren" aus, weil es an dem hierzu nach § 176 Nr. 3 l. c. erforderlichen Strafantrage fehle. — Auf die Beschwerde des Ob.-StA.s hat das OTr. in dieser letzteren Beziehung den app.-gerichtlichen Beschluß aufgehoben, und die Versetzung in den Anklagestand in der gedachten Weise ausgedehnt; indem es erwog:

daß die §§ 61ff. des B.-StGB.s, sowie die damit in Verbindung stehenden anderweitigen, die sogenannten Antragsdelikte betreffenden Strafgesetze, blos in prozessualischer Beziehung eine Bedeutung haben, dagegen auf den Thatbestand des dabei in Betracht kommenden materiellen Strafgesetzes keinen Einfluß ausüben, so daß die That an und für sich stets eine straffällige bleibt, und nur wegen des ermangelnden Strafantrages gerichtlich nicht verfolgt werden kann, wie das VI. v. 24. März 1871 c. S [oben S. 180] ausgeführt hat;

daß daher das Erforderniß eines solchen Antrages lediglich in Bezug auf die Statthaftigkeit der Einleitung einer Untersuchung in Frage kommt, diese aber dann unzweifelhaft wegfällt, wenn die inkriminirte Handlung, wie in dem vorliegenden Falle, nach verschiedenen strafrechtlichen Richtungen hin dergestalt verstößt, daß die Eröffnung des Strafverfahrens bereits in einer Hinsicht, bei welcher ein Strafantrag gesetzlich nicht erforderlich ist, unvermeidlich geworden;

daß dies namentlich bei der idealen Konkurrenz stattfindet, sofern nämlich eine und dieselbe Handlung mehrere Strafgesetze zugleich verletzt, wie dies in dem § 55 des früheren Pr. StGB.s, und im § 73 des B.-StGB.s vorgesehen ist, nach denen in derartigen Fällen dasjenige Gesetz, welches die schwerste Strafe oder die schwerste Strafart androht, zur Anwendung zu bringen ist, dadurch aber für die demnächstige Aburtheilung die gleichzeitige Berücksichtigung aller in Anwendung kommenden Strafgesetze geboten wird, und eine Theilung derselben, je nachdem für die eine oder die andere Richtung an und für sich allein, ohne die hinzutretende Konkurrenz betrachtet, ein Strafantrag erforderlich gewesen wäre, um deshalb unzulässig ist, weil eben die Einleitung der Untersuchung schon aus anderen gesetzlichen Rücksichten wegen einer und derselben Handlung nothwendig geworden, also dasjenige gerade zur Existenz gebracht ist, was sonst durch den Strafantrag erst bewirkt werden soll.

Antr. d. GStA.: gleichl. [20.—8.]

Betrug. – Vermögensbeschädigung. – Vertrag.

Die Beeinträchtigung eines vertragsmäßigen Rechts stellt eine den Thatbestand des Betrugs erfüllende Vermögensbeschädigung dar; sie verliert diesen Charakter auch nicht dadurch, daß der erlittene Nachtheil später auf anderem Wege wieder ausgeglichen wird.

Pr. StGB. § 241. Vgl. B.-StGB. § 263 [n. 14].

Erk. (Z. II.) v. 30. März 1871 c. Hambloch (77. II. Cr.).

Die Firmen F. und G. hatten mit der durch den Angeklagten H. verwalteten — Hütte einen Vertrag in Betreff der Lieferung von Holzkohlen-Eisen abgeschlossen, welches sich zur Stahlfabrikation besser eignet und theurer ist, als das mit Coaksfeuerung hergestellte Eisen. H. hat aber wiederholt sich von andern Hütten Coakeisen verschafft und dieses statt des bestellten an die gedachten Firmen zu dem früher verabredeten Preise geliefert. Die Instanzgerichte strafen wegen wiederholten Betrugs; sie fanden die Vermögensbeschädigung der Firmen darin, daß sie für den bedungenen höheren Preis eine schlechtere, zu geringeren Preisen käufliche Waare erhielten und beseitigten den Einwand des Angeklagten: „die Firmen hätten den aus dem gelieferten Eisen gefertigten Stahl zu denselben Preisen verkauft, wie sonst, dabei auch keine Kundschaft verloren" — durch die Erwägung, daß der mit der bewirkten Ablieferung der schlechteren Waare vollendete Betrug nicht in Folge späterer Ausgleichung des erlittenen Vermögensschadens wieder beseitigt worden sei. — NB. Zurückweisung:

Aus den instanzrichterlichen Feststellungen geht hervor, daß die mehrgedachten Firmen sich durch Täuschung Seitens des Imploranten zur Annahme von Coakseisen, welches einen geringeren Werth hatte, als das vertragsmäßig zu liefernde Holzkohleneisen, haben bestimmen lassen, und es ist vollkommen zutreffend, wenn der App.-Richter mit dem ersten Richter annimmt, daß sie dadurch und zwar um die Differenz des Werthes der verschiedenen Eisengattungen in ihrem Vermögen beschädigt worden sind. Denn die Firmen hatten aus den geschlossenen Verträgen ein Recht auf Lieferung des werthvolleren Holzkohleneisens erworben und wurden daher in dem Vermögensumstande, in welchem sie sich vor Verübung des Betruges befanden, durch den Empfang geringeren Eisens beeinträchtigt. Einflußlos für den Thatbestand des verübten Betruges erscheint es mithin, ob die sonach in Folge der von dem Imploranten bewirkten Täuschung einmal eingetretene Vermögensbeschädigung in Folge später eintretender Umstände wieder ausgeglichen, und ob also namentlich, was Implorant übrigens ohne alle Begründung behauptet, die Firmen den aus dem empfangenen Coakseisen fabrizirten Stahl zu demselben Preise haben verwerthen können, wie dies geschehen sein würde, wenn es aus Holzkohleneisen fabrizirt worden wäre.

Antr. d. GStA.: gleichl. [37.—3.]

1. Versuch. - Entdeckung.
2. Thätige Reue. - Feststellung (negative).

1. Ein Versuch kann als „entdeckt" und damit die thätige Reue als Strafausschließungsgrund als beseitigt angesehen werden, sobald ein Verdacht derselben rege geworden ist, welcher die Ergreifung von Maßregeln zu seiner vollständigen Feststellung rechtfertigte.

2. Der Feststellung, daß die Voraussetzungen der thätigen Reue nicht vorliegen, bedarf es nur, wenn das Vorhandensein derselben behauptet war.

B.-StGB. § 46 Nr. 2 [n. 17. 2].

Erk. (Z. I.) v. 31. März 1871 c. Jacoby & Gen. (300. I. Cr.).

J. und Gen. waren in erster Instanz (am 17. Mai 1870) eines Betrugsversuchs im Sinne der §§ 241 und 31 des Pr. StGB.s schuldig befunden worden; auf ihre Appellation hatte das AG. am 18. Jan. 1871 dieses Erkenntniß bestätigt, indem es erwog, daß die beibehaltene thatsächliche Feststellung des ersten Richters dem Thatbestande der §§ 263 und 43 des B.-StGB.s entspreche, insbesondere werde auch die Strafbarkeit nicht durch eine thätige Reue der Angeklagten (§ 46 Nr. 2) ausgeschlossen, da dasjenige, was in dieser Beziehung in Betracht kommen könne, erst geschehen sei, nachdem die Beamten der Versicherungsgesellschaft (gegen welche sich das Vergehen richtete) schon Schritte gethan hatten, um die (angeblich verbrannten, in Wahrheit aber verborgenen) Waaren zu ermitteln. — Die NB. suchte auszuführen, daß die Nachforschungen nach dem Verbleibe der Waaren noch nicht als eine die thätige Reue ausschließende „Entdeckung" des Versuchs angesehen werden können; auch sei das AG., durch selbstständige Feststellung dieses Momentes ohne neue Beweiserhebung in unzulässiger Weise von der erstrichterlichen abgewichen. — Zurückweisung. Gründe:

[1.] Augenscheinlich darf unter der „Entdeckung," von welcher der § 46 Nr. 2 des Nordd. StGB.s spricht, nicht jederzeit eine Ausmittelung von Thatsachen verstanden werden, welche soweit gediehen ist, um schon eine Verurtheilung der Thäter zu begründen, sondern es kann unter Umständen schon der Verdacht einer vorgefallenen strafbaren Handlung genügen, der die Ergreifung von Maßregeln zu deren vollständigen Feststellung rechtfertigt. Wie stark dann aber ein solcher Verdacht sein müsse, und in welchem Stadium der angestellten Nachforschungen die That für „entdeckt“ anzusehen sei, läßt sich selbstverständlich nach rechtlichen Grundsätzen nicht beurtheilen, und fällt somit in das Gebiet der Thatfragen, deren Entscheidung nach Art. 107 des Ges.s v. 3. Mai 1852 in der Nichtigkeitsinstanz nicht mehr angefochten werden kann.

[2.] Es läßt sich auch nicht behaupten, daß der App.-Richter, der das erste Urtheil bestätigt und die thatsächlichen Feststellungen desselben als unbedenklich bezeichnet und beibehält, in der seinerseits erfolgten Erklärung, daß der § 46 Nr. 2 des Nordd. StGB.s nicht anwendbar sei, eine Feststellung getroffen habe, die nach Art. 101 des Ges.s vom 3. Mai 1852 eine neue oder doch eine wiederholte Beweiserhebung bedingt hätte. Denn mit dieser Erklärung verneint der App.-Richter zur Beseitigung etwaniger Bedenken gegen die thatsächliche Feststellung des ersten Richters nur die Existenz eines Strafausschließungsgrundes, und über diese Verneinung kann sich der Angeklagte um so weniger beschweren, als er selbst diesen Ausschließungsgrund in der Appell.-Instanz nicht geltend gemacht hat.

Antr. d. GStA.: gleichl. [28.—6.]

Waarenbezeichnung. - Firma.

1. Unter dem (gegen den Mißbrauch seiner Firma ꝛc. bei Waarenbezeichnungen) geschützten „inländischen Fabrikunternehmer ꝛc.“ ist jeder zu verstehen, welcher im Inlande sein Geschäft betreibt, sollte er auch für seine Person nicht „Inländer“ sein.

(Vom Kammergericht entschieden.)

2. Nur der Mißbrauch eines fremden Namens oder einer fremden Firma zu einer Waarenbezeichnung ist strafbar, nicht der einer anderen fremden Waarenbezeichnung, sollte diese auch in einem anderen Worte bestehen.

Pr. StGB. § 269. Vgl. B.-StGB. § 287 [n. 9. 9a.].

Erk. (Z. I.) v. 31. März 1871 c. Weinstein (283. I. Cr.).

Der Baron Huppmann-Valbella (zur Zeit Russischer Unterthan) betrieb in Dresden eine Tabaksfabrik und hatte in das dortige Handelsregister seine Firma als: „J. Huppmann: Firma „La Ferme“ eintragen lassen; mit diesen fünf Worten zeichnete er auch seine Handels-Korrespondenz, Wechsel ꝛc.“ Zur Bezeichnung seiner Waaren und auf den Aushängeschildern bediente er sich dagegen der Bezeichnung „La Ferme“, welche er Firma nannte; insbesondere trugen die Packete einer von ihm fabrizirten beliebten Cigarrensorte auf der Verpackung den Vermerk:

> Fabrique de tabacs et cigarrettes La Ferme à St. Petersbourg, à Moscou, à Varsovie, et à Dresde dans sa propre maison;

und außerdem auf einem die Verschließung verklebenden Papierstreifen wiederholt den Namen LAFERME. —

W. zu Berlin hat nun Cigarren eigener Fabrik in einer der Huppmannschen ähnlichen Verpackung in den Verkehr gebracht, welche die Aufschrift trägt:

> Fabrique de tabacs et cigarettes Laverne à Bessa à Varsovie

und auf dem Klebestestreifen; LAFERNE, welchem in neuerer Zeit noch hinzugefügt war: „Dresden, Kreuzkirche Nr. 6.“

Gleichwohl ward er von der aus § 269 des Pr. StGB.s erhobenen Anklage durch das Kammergericht freigesprochen. Dasselbe nahm zwar an, daß Huppmann, obgleich zur Zeit Russischer Unterthan mit Rücksicht auf die Bekanntmachung v. 26. Sept. 1868 (GS. S. 882) als „inländischer Fabrikunternehmer“ anzusehen sei, weil der cit. § 269 die dem Inlande (Zollverein) durch ihren Fabrikort angehörigen Fabrikanten ꝛc. schützen wolle, daß aber das hier (mit einer leicht zu übersehenden Abweichung) der Huppmann'schen Bezeichnung nachgebildete Wort La Ferme (La Verne etc.) weder den Namen noch die „Firma“ des H. darstelle, die mißbräuchliche Benutzung eines anderen von einem Fabrikunternehmer zur Bezeichnung seines Etablissements und seiner Waaren angewendeten Wortes aber nicht unter das Strafverbot falle. —

Die NB. des OStA.s, welche — unter Bezugnahme auf ZII. 14. Jan. 1864 (RdOTr. IV. S. 289) auszuführen suchte, daß hier der Begriff „Firma“ unrichtig aufgefaßt sei, ist vom OTr. zurückgewiesen worden. Gründe:

Nach den Feststellungen der Instanzrichter lautet die in das Handelsregister zu Dresden, dem Fabrikort des

Kaufmannes Huppmann, eingetragene Firma desselben: J. Huppmann Firma La Ferme. Der App.-Richter stellt ferner fest, daß der H. unter dieser Firmenbezeichnung seine Korrespondenz führe und seine Wechsel und Handelspapiere ausstelle. Er schließt ferner aus der Lage der Gesetzgebung, daß wenn der Fabrikunternehmer, Produzent oder Kaufmann nicht seine Handelsfirma, sondern ein anderes Wort zur Bezeichnung seines Fabriketablissements und seiner Waaren anwendet, diese Bezeichnung, möge er sie auch Firma nennen, durch das hier einschlagende Gesetz, nicht geschützt sei. Diese Auffassung ist eine vollkommen zutreffende. Der Angeklagte hat die von ihm gefertigten Waaren mit dem Worte „Laferne“ bezeichnet und außerdem mehrere der Fabrikorte des Huppmann hinzugefügt. Mit Recht ist nun zwar auf die Differenz in jener Bezeichnung „Laferne“ im Vergleich mit dem „Laferme“ kein Gewicht gelegt, (vgl. den Schlußsatz des § 269 des Preuß. und des § 287 des Nordd. StGB.s.) Allein hierauf kommt es im vorliegenden Falle nicht an. Die bezeichneten Gesetze fordern, daß die gegen Nachahmung zu schützende Waare oder deren Verpackung mit dem „Namen oder der Firma des inländischen Fabrikunternehmers, Produzenten oder Kaufmanns bezeichnet sei.“ Im vorliegenden Falle handelt es sich lediglich um die Firma des H. Nun bestimmt das HGB. v. 1861 im Art. 15,

> daß die Firma eines Kaufmanns der Name ist, unter welchem derselbe im Handel seine Geschäfte betreibt, und die Unterschrift abgiebt.

Daneben gestattet der Art. 16 Zusätze, welche zur näheren Bezeichnung der Person oder des Geschäftes dienen. Der Name „Huppmann“ ist also hier der Firma-Name und der Zusatz „Firma Laferme“ daneben fällt unter die im § 16 gedachte Kathegorie. Wie bereits gedacht, ist so die Eintragung in das Firmenregister erfolgt und das Geschäft wird im Uebrigen unter dieser Gesammtbezeichnung geführt. Endlich gewährt das HGB. im Art. 27 nur gegen den

Mißbrauch der so bezeichneten Firma den civilrechtlichen Anspruch auf Schadensersatz. Hiernach hat die Bezeichnung der Waaren des Angeklagten durch das Wort Laferne allein keinen Mißbrauch der oben bezeichneten Firma des H. enthalten. Die Behauptung der NB., daß der Fabrikant willkührlich auf sein Fabrikat auch eine andere oder doch abweichende Firma, als diejenige des Firmenregisters und sonst in seinem Handelsgeschäft gebrauchte setzen und sein Fabrikat dadurch schützen könne, ist hiernach unrichtig. Die besondere Frage der Fabrikzeichen, für welche besondere Vorschriften gegeben sind, scheidet hier aus. Die Berufung ferner der Beschwerde auf die Entscheidung vom 14. Januar 1864 ist unzutreffend. Dieselbe betraf nämlich den im Art. 22 des HGB.s vorgesehenen Fall der Erwerbung einer Firma durch Erbgang, in welchem ein Zusatz zur alten Firma zur Andeutung des Nachfolger-Verhältnisses gestattet ist. Die mißbrauchte Firma lautete so „J. E. Böninger und Söhne."

Antr. d. GStA.: gleichl. [15. – 6.]

Landesverrath. – Feindliche Macht. – Vorsatz. – Ausländer. – Versuch.

1. Ein den Thatbestand des Landesverraths erfüllendes „Vorschubleisten einer feindlichen Macht" liegt auch da vor, wo nicht die Truppenmacht, wohl aber die finanziellen Kräfte des feindlichen Staats gestärkt worden sind.

2. Einer feindlichen Macht ist „vorsätzlich" Vorschub geleistet, sobald der Wille des Thäters auf die betreffende (äußere) Handlung mit der Wissenschaft von dem durch dieselbe herbeizuführenden Erfolge (des Vorschubleistens) gerichtet war, sollte diese Wirkung von ihm auch nicht bezweckt, sondern für ihn nur das Mittel zur Erreichung eines anderen Zweckes gewesen sein.

3. Der unter dem Schutze des Bundes ꝛc. sich im Inlande aufhaltende Ausländer ist strafbar, wenn er sich des Versuchs eines Landesverraths schuldig macht.

4. Ein Ausländer befindet sich „unter dem Schutze des Bundes ꝛc." sobald er sich im Inlande aufhält und des allgemeinen Schutzes der inländischen Gesetze theilhaftig wird.

Pr. StGB. §§ 69. 70; B.-StGB. § 89 [n. 1a. 1b]. § 91 [n. 2. 3].

Erk. (3. Pl.) v. 3. April 1871 c. Güterbock & Gen. (2 Pl. Cr.)

Die Inländer G. G. und St. G., und die sich im Inlande aufhaltenden Ausländer K. und L. hatten im J. 1870 während das zwischen Deutschland und Frankreich ausgebrochenen Krieges von inländischen Städten aus telegraphisch in London Auftrag gegeben, auf eine durch das „Gouvernement der Nationalvertheidigung Frankreichs" ausgebotene Anleihe zu zeichnen, und zum Theil auf die bewirkten Zeichnungen Anzahlungen gemacht. Hierin fanden die Anklage und das Kgl. Kammergericht (Urtheils-Senat für Staatsverbrechen) einen (vollendeten, bezw. versuchten) Landesverrath, weil durch die gewährten Geldmittel „der feindlichen Macht Frankreich Vorschub geleistet werde" (Pr. StGB. §§ 69. 70; B.-StGB. §§ 89. 91). Das verurtheilende Erkenntniß des Instanzgerichts führte namentlich in Betreff des Dolus aus, daß die zutreffenden §§ 69 des Pr. und 89 des B.-StGB.s denselben Thatbestand voraussetzten, daß insbesondere die im letzteren § erheischte „Vorsätzlichkeit" des Vorschubleistens mit der im § 69 des Pr. GB.s hervorgehobenen „Wissentlichkeit" gleichbedeutend sei; es genüge dazu, wenn die gewollte (äußere) Handlung mit dem Bewußtsein von der besonderen Wirksamkeit derselben ausgeführt werde.

Die NB. der vier Angeklagten rügte Gesetzesverletzung und insbesondere:

1. das Instanzgericht verkenne den Begriff der „feindlichen Macht," indem es darunter „die Macht Frankreich" als ein ideelles Subjekt verstehe, während der Gesetzgeber darunter nur die körperliche d. h. die Truppenmacht des Feindes verstehe, wie sich aus der Fassung: „einer feindlichen Macht" und aus dem Gegensatze gegen § 67 des Pr. und § 87 des B.-GB.s ergebe, in welchem die auswärtige „Regierung" hervorgehoben werde; wenn der Gesetzgeber nicht ausdrücklich die „feindlichen Truppen" nenne, so sei dieses nur geschehen, um nicht sich bildende feindliche „Freischaaren" oder dergleichen auszuschließen;

2. der § 89 des B.-StGB.s verlange ein „vorsätzliches Vorschubleisten;" das im Pr. GB. für ausreicheud erachtete „wissentliche" Handeln genüge also jetzt nicht mehr; der Wille müsse auf die Herbeiführung des Erfolges des Vorschubleistens gerichtet, der letztere müsse also „beabsichtigt" sein; daher treffe das Strafverbot denjenigen nicht, welcher weiter nichts, als ein gutes Börsengeschäft für sich gewollt, eine Förderung der Sache des Feindes aber in keiner Weise bezweckt habe;

3. in Betreff der Ausländer K. und L. liege nur ein Versuch vor; ein solcher sei aber in den (strikte zu interpretirenden) §§ 70 des Pr. und 91 des B.-StGB.s nicht mit Strafe bedroht;

4. jedenfalls fehle es an der Voraussetzung der citt. §§, daß der Ausländer die That verübt habe, „während er sich unter dem Schutze des Bundes oder eines Bundesstaats innerhalb des Bundesgebiets aufhielt;" dazu genüge der zufällige Aufenthalt im Inlande nicht, vielmehr sei die Strafbarkeit dadurch bedingt, daß der Ausländer zum Bunde oder zu einem Bundesstaate in einem besonderen, ihn zur Treue verpflichtenden Verhältnisse stehe; das erhelle aus der Fassung des B.-StGB.s, welches beim Aufenthalte im Bundesgebiete ausdrücklich den Schutz des Bundes von dem eines Bundesstaats unterscheide; genüge der bloße Aufenthalt im Bundesgebiete, so sei eine solche Unterscheidung durchaus gegenstandlos und also unmöglich, jedenfalls aber unnöthig, denn dann trete der Ausländer mit dem Aufenthalte in einem Bundesstaate nothwendig auch unter den Schutz des letzteren, so daß der Schutz des Bundes gar nicht mehr in Frage kommen könne. —

Zurückweisung. Gründe:

[Zu Nr. 1.] Es wird dem angegriffenen Urtel mit Unrecht vorgeworfen, daß es den Begriff der „feindlichen Macht" im Sinne des § 69 des Preuß. resp. § 89 des Nordd. StGB.s unrichtig auffasse. Unter diesem Ausdrucke ist nach dem gewöhnlichen Sprachgebrauche nicht nothwendig und zunächst die Truppenmacht des Feindes begriffen. Der Ausdruck kann vielmehr ebensowohl für die letztere gebraucht werden, als er auch den im Kriege mit seiner Machtentfaltung auftretenden Staat umfaßt. Daß das Gesetz den gebrauchten Ausdruck nicht auch in letzterem Sinne, wie in dem vorliegenden Urtheile geschehen, gedeutet wissen wollte, ist weder daraus zu entnehmen, daß in dem zweiten Theile der Vorschrift von den „Truppen

Preußens“ resp. „des Norddeutschen Bundes ꝛc.“ die Rede ist, noch daraus, daß das Gesetz von „einer feindlichen Macht,“ nicht von „der feindlichen Macht“ redet. In ersterer Hinsicht muß vielmehr angenommen werden, daß der Gesetzgeber neben der direkten Benachtheiligung der eigenen Truppen den einer feindlichen Macht vorsätzlich geleisteten Vorschub deshalb besonders hervorgehoben habe, um durch einen weiter greifenden Ausdruck gerade solche Handlungen zu treffen, welche ohne direkten Nachtheil für die diesseitige, oder direkte Förderung der feindlichen Truppenmacht, die größte Schädigung für das im Kriege befindliche Vaterland enthalten kann. Rücksichtlich des letzterwähnten Einwurfs ist nur darauf hinzuweisen, daß mit Preußen resp. dem Norddeutschen Bunde zu gleicher Zeit verschiedene Mächte im Kriege befindlich sein können. —

[Zu Nr. 2.] Das B.-StGB. giebt eine Definition der Vorsätzlichlichkeit einer Handlung ebensowenig, als das Pr. StGB. rücksichtlich der Wissentlichkeit eine solche Definition zu geben für angemessen erachtet hat. Die Terminologie des B.-StGB.s schließt sich, wie die nähere Vergleichung und Prüfung der betreffenden Stellen ergiebt, vollständig der sprachlichen Bedeutung der Worte „wissentlich“ und „vorsätzlich“ an. In Uebereinstimmung mit der letzteren handelt es sich, so oft im StGB. das Erforderniß der Wissentlichkeit aufgestellt ist, stets nur um die Kenntniß bereits in der Vergangenheit liegender, oder gleichzeitiger für den Thatbestand wesentlicher Umstände; so im § 131. 148, 164. 171. 270. 275. 327. 328. 354. 355. 363. 364. 376. — Die Vorsätzlichkeit einer Handlung faßt dagegen überall, wo dieser Ausdruck gebraucht wird, ein in dem Willen des Handelnden liegendes Zukünftiges, ein solches ins Auge, was aus der Handlung als eine dem Handelnden bewußte Wirkung derselben hervorgeht. Der Wille ist auf die Handlung mit dieser Wirkung gerichtet. Sie ist eine vorsätzliche mit Rücksicht auf diesen Erfolg. In diesem Sinne braucht das B.-StGB. den Ausdruck, außer im

§ 89, in den §§ 90. 92. 108 Abs. 1. 120 u. s. w. Dagegen hört nach der sprachlichen, vom B.-StGB. festgehaltenen Bedeutung des Ausdrucks, die einen gewissen Erfolg herbeiführende Handlung nicht auf eine vorsätzliche zu sein, weil der dem Handelnden bewußte und von ihm gewollte Erfolg nicht gerade der Zweck war, den er mit der Handlung erreichen wollte, sie für ihn vielmehr nur das Mittel zur Erreichung eines anderen Zweckes bildete. Auf das den Handelnden bewegende Motiv kann es nicht ankommen. Auch in dem letztgedachten Falle bleibt der Erfolg ein vorsätzlich herbeigeführter und als solcher zu erwartender, wenn der Handelnde nur wußte, daß der Erfolg als Wirkung der für ihn persönlich auf andere Zwecke gerichtete Handlungen eintreten werde und er sie dennoch vornahm, wenn also der strafrechtlich erhebliche Erfolg neben der Erreichung persönlicher Zwecke in seinem Willen lag. — Es unterliegt nun zunächst keinem Zweifel, daß, da der Kriegführung eines Staates direkt und indirekt und durch die verschiedenartigsten Handlungen Vorschub geleistet werden kann, es lediglich der thatsächlichen Würdigung im einzelnen Falle vorbehalten bleiben muß, ob er in einer gewissen Handlungsweise ein der feindlichen Macht geleisteter Vorschub zu erkennen sei, oder nicht. Im vorliegenden Falle hat nun aber das angegriffene Urtheil einerseits im einleitenden Theile seiner Entscheidungsgründe ohne erkennbaren Rechtsirrthum festgestellt, „daß Jeder, welcher während eines Krieges einer der kriegführenden Mächte Geld gebe, ihr dadurch Vorschub leiste, indem jede, und namentlich die Kriegführung des 19. Jahrhunderts die größte finanzielle Anstrengung erfordere." Ein solches Vorschubleisten liegt nach dieser Feststellung insbesondere vor, mag die Anleihe von der kriegführenden Macht speziell zur Kriegführung, oder, wie im vorliegenden Falle, zu dringenden Unternehmungen, oder überhaupt zu welchem Zwecke sonst, aufgenommen sein, denn jedes Kräftigen der finanziellen Stärke einer kriegführenden Macht enthält ein Vorschubleisten, so daß also nach dieser Auffassung der thatsächlichen Verhältnisse alle diejenigen, welche auf die fragliche französische Anleihe zeichneten und gewisse Prozente der gezeichneten Summe niederlegten, damit der Macht Frankreichs Vorschub leisteten. — Andererseits ist bezüglich des Angeklagten G. insbesondere festgestellt, „daß er sich dieses Vorschubleistens vollkommen bewußt gewesen sei, und daß er trotz dieses Bewußtseins gehandelt, und dem, ihn bestimmenden Beweggrunde folgend, vorsätzlich den bezeichneten Vorschub geleistet habe.“

In ähnlicher Weise erörtert der Vorderrichter die vorsätzliche Vorschubleistung durch den Angeklagten K., durch den Angeklagten St. H. und Seitens des Angeklagten L. Diese letzteren Feststellungen sind in Verbindung mit der vorangeschickten allgemeinen bezüglich des hier vorliegenden Thatbestandes des Vorschubleistens überhaupt nur so zu verstehen, daß die Angeklagten bei ihrer Handlung sich bewußt gewesen seien, daß ihre Betheiligung an dem Anlehen eine Stärkung der Finanzkräfte Frankreichs zur Folge haben werde, daß sie — wenn auch getrieben durch ein anderes Motiv, als dasjenige, in dieser Weise Frankreich Vorschub zu leisten, und zur Erreichung eines anderen, persönlichen Zwecks, — dennoch in der fraglichen Weise handelten, den gedachten, für Frankreich aus ihrer Handlungsweise erwachsenden Erfolg derselben gewollt, ihr Wille auf die Handlung mit dieser Wirksamkeit gerichtet gewesen sei. Alsdann ist aber, nach der vorausgeschickten Begriffsbestimmung des Worts „vorsätzlich“ ein Rechtsirrthum in der Feststellung dieses Erfordernisses nicht ersichtlich; die NB. rügt vielmehr mit Unrecht, daß es an der Feststellung fehle, es sei von den Angeklagten gerade die direkte Verwendung der hinterlegten Gelder zur Kriegführung bezweckt und beabsichtigt worden. — Es kommt nach der obigen Entwicklung nicht darauf an: ob die als Vorschubleisten inkriminirte Handlung nach der Absicht der Angeklagten für sie das Mittel zu einem anderen Zwecke sein sollte, sondern nur darauf: ob sie sich nach der Seite der feindlichen Macht hin eines, als Vorschubleisten zu bezeichnenden Erfolges ihrer Handlung bewußt waren und dieselbe dennoch gewollt haben; und daß in dem Erfolge, den ihre Handlung für Frankreich hatte, ein, demselben geleisteter Vorschub erkannt werden müsse, kann nach der durch den Instanzrichter getroffenen thatsächlichen Feststellung in der Nichtigkeitsinstanz nicht ferner in Frage gestellt werden.

[Zu Nr. 3.] Wenn auch der Ausländer nur unter gewissen, genau vorgezeichneten Bedingungen, sich des Verbrechens des Landesverraths schuldig machen kann, so ist er selbstverständlich doch deshalb in allen Fällen zu strafen, welche das Gesetz nach seinem klaren Inhalte trifft. Wenn nun der Grundsatz des § 43 des B.-StGB.s resp. des § 32 des Pr. StGB.s, wonach der übrigens den gesetzlichen Erfordernissen entsprechende Versuch eines Verbrechens auch ohne besondere Androhung bestraft werden soll, sich seinem Wortlaute nach auf alle in den betreffenden Strafgesetzbüchern als Verbrechen bezeichnete Handlungen bezieht und eine Ausnahme insbesondere rücksichtlich des durch den Ausländer verübten Landesverraths — § 69 resp. § 89 — nirgend gemacht ist, so ist nicht abzusehen, weshalb nicht auch der Versuch dieses Verbrechens durch den Ausländer, beim Vorhandensein der übrigen Voraussetzungen, nach Maßgabe der §§ 32 resp. 43 ebenso bestraft werden soll, wie der Versuch des gleichen Verbrechens durch einen Inländer.

[Zu Nr. 4.] Auch dafür fehlt es in dem Gesetze an jedem Anhaltspunkte, daß unter dem Schutze Preußens, resp. des Norddeutschen Bundes, oder eines Bundesstaates im Sinne des § 70 resp. 91 ein besonderes, in bestimmten rechtlichen Beziehungen hervortretendes Schutzverhältniß gedacht sei und nicht schon der allgemeine Schutz der Gesetze verstanden werden müsse, dessen sich der im Inlande sich aufhaltende Ausländer ohne Weiteres zu erfreuen hat. In der Entstehungsgeschichte des § 70 des Pr. StGB.s findet sich für das Erforderniß eines solchen speziellen Schutzverhältnisses keinerlei Andeutung. Wie sich aus der Vergleichung mit dem ersten Absatze des § ergiebt, hat der Gesetzgeber nur den Gegensatz zu denjenigen Ausländern hervorheben wollen, gegen welche wegen der in den §§ 87. 89 und 90 bezeichneten Handlungen nach dem Kriegsgebrauche verfahren werden soll. Es ist daher unter dem, im zweiten Absatze erwähnten Schutze nur derjenige allgemeine Schutz zu denken, welcher jedem Ausländer, der sich im Landesgebiete aufhält, Seitens der Staats- und Bundesgewalt so lange gewährt wird, als für denselben nicht durch feindliche Invasion die Möglichkeit und damit die Verpflichtung solchen zu gewähren aufgehoben ist. Es konnte aber schon mit Rücksicht auf die Möglichkeit des Eintritts eines solchen Verhältnisses aber auch deshalb nicht genügen den Aufenthalt im Bundesgebiete als alleiniges Erforderniß der Strafbarkeit hinzustellen, weil es eines erkennbaren Ausschlusses aller derjenigen Ausländer im zweiten Absatze bedurfte, welche in Folge des Krieges, namentlich als Mitglieder der feindlichen Macht, sich innerhalb des Bundesgebietes aufhalten, ohne dadurch jenes allgemeinen Schutzes theilhaftig zu werden. Auch die aus der angeblich sonst inkorrekten Fassung des § 91 des B.-StGB.s gegen diese Absicht hergeleiteten Bedenken sind nicht als zutreffend anzuerkennen. Denn es ist nicht zu bestreiten, daß auch unter dem Norddeutschen Bunde, wenn sie auch nicht bestanden haben mögen, Verhältnisse entstehen konnten, wo der Aufenthalt im Bundesgebiete den Schutz eines einzelnen Bundesstaates noch nicht zur unmittelbaren Folge hatte. Die von der NB. vertretene Ansicht würde übrigens nothwendig zu der Konsequenz führen, daß jeder im Inlande sich aufhaltende Ausländer, welcher sich ohne in einem solchen besonderen Schutzverhältnisse zu stehen, einer der in den §§ 87. 89 und 90 vorgesehenen Handlungen schuldig gemacht hätte, dem Kriegsgebrauche anheimfiele, was unbedenklich die Absicht des Gesetzgebers nicht gewesen sein kann.

Antr. d. OStA.: gleichl. [32.—9.]

Nothzucht. – Strafantrag. – Zurücknahme.

1. Eine blos eventuell erhobene Anklage wegen Nothzucht schließt die Zurücknahme des gestellten Strafantrags nicht aus.

B.-StGB. § 176 [n. 28]. 177.

2. Ein zurückgenommener Strafantrag kann nicht erneuert werden.

B.-StGB. § 64 [n. 19).

Beschl. (I.) v. 14. April 1871 c. D. (10. B. I.)

Am 30. Dez. 1870 denuntiirten die Eheleute B. den rc. D. wegen eines gegen die Ehefrau B. gemachten Nothzuchtsversuchs, ohne einen förmlichen „Antrag" auf Strafverfolgung zu stellen; demzufolge beantragte der StA. am 3. Jan. zunächst die Vernehmung der rc. B. darüber, ob sie die Verfolgung des B. beantrage und für den Fall der Bejahung die Einleitung der Voruntersuchung. Am 11. Januar vernommen, stellten die Eheleute B. den Strafantrag, nahmen ihn aber am 12. wieder zurück und verzichteten auf Bestrafung. Dieserhalb stellten die Instanzgerichte das Verfahren ein, weil im § 176 des StGB.s unter „förmlicher Anklage" die vom OStA. aufzustellende Anklageschrift zu verstehen sei, welche zur Zeit noch nicht vorliege. Die vom OStA. ergriffene Beschwerde suchte auszuführen, daß jener Ausdruck nicht aus der Terminologie des Preußischen Verfahrens zu interpretiren sei und deshalb nur auf die bei Gericht gegen eine bestimmte Person erhobene Beschuldigung gedeutet werden dürfe; gleichzeitig wies sie darauf hin, daß der Ehemann B. den Strafantrag später erneuert habe. — Zurückweisung. Gründe:

Es mag für den vorliegenden Fall dahin gestellt bleiben, ob die am Schlusse des § 177 des Nordd. StGB.s befindliche Bestimmung, daß die Verfolgung nur auf Antrag eintritt, welcher jedoch, nachdem die förmliche Anklage bei Gericht erhoben worden ist, nicht mehr zurückgenommen werden kann, dahin auszulegen ist, daß unter dem Ausdrucke: „förmliche Anklage", die Einreichung einer Anklageschrift, oder nicht vielmehr jeder Antrag der Staatsanwaltschaft, also auch der, wegen Einleitung einer Voruntersuchung, zu verstehen ist, durch welchen das Gericht mit der Sache befaßt wird. Denn selbst das Letztere angenommen, gehört hierzu ein bestimmtes, und nicht blos ein eventuelles, unter der Voraussetzung des Hinzutritts anderer erforderlicher Umstände, gestelltes Verlangen. In dem gegenwärtigen Falle liegt nur ein solches bedingtes vor. — Die StA.-schaft requirirte mit Rücksicht auf den § 177 l. c. am 3. Januar c. die Kreis-Gerichts-Kommission zu J., zuvörderst die verehelichte B. darüber zu vernehmen, ob sie die Verfolgung des D. beantrage, und erst für diesen Fall, um Einleitung der Voruntersuchung. Somit war die Gerichtsbehörde noch nicht mit der Ermittelung der Sache befaßt, weil zur Zeit eine Verfolgung des angeblichen Thäters nicht zulässig war. Nun stellen zwar die B.schen Eheleute am 11. Januar cr. den in Rede stehenden Antrag, widerriefen ihn aber bereits am 12. ej. und verzichteten dabei auf die Bestrafung und Verfolgung, bevor die Eröffnung der Voruntersuchung erfolgte. Unter diesen Umständen kann der Zurücknahme des Antrages die gesetzliche Wirkung nicht abgesprochen werden.

[2.] Später, am 20. Februar c., haben die B.schen Eheleute ihren Strafantrag wieder aufgenommen, allein hierauf ist nicht zu rücksichtigen. Denn nach den §§ 61. 64. 177 l. c. steht den Berechtigten nur die Befugniß zu, binnen einer bestimmten Frist den bezüglichen Antrag zu erklären, resp. zurückzunehmen. Diese Vorschriften haben nur einen Antrag und eine Zurücknahme desselben vor Augen, nicht aber verschiedene, innerhalb der bewilligten Fristen zu verlautbarende. Das Recht zur Erhebung und Zurücknahme ist selbstredend erschöpft, sobald von einem oder dem andern Gebrauch gemacht worden, und lebt nicht wieder auf. Hätte der Gesetzgeber dies letztere gestatten wollen, so würde er sich darüber ausdrücklich ausgesprochen haben. Es ist nicht geschehen, und muß daher der einfache Wortlaut der betreffenden Gesetzstellen um so mehr entscheiden, als nicht beabsichtigt worden sein kann, die Wirksamkeit der Gerichte von dem wechselnden Belieben der Betheiligten ohne Maß abhängig zu machen, was zu den bedenklichsten Konsequenzen führen würde, wie denn auch der Ehemann B. schon wieder in seinem Schreiben vom 22. Februar c. bei der Staatsanwaltschaft den Strafantrag zurückgezogen hat.

Antr. d. GStA.: entg. [2v.—8.]

Voruntersuchung. - Einstellung. - Beschluß.

Die „Einstellung des Verfahrens" kann nur durch förmlichen motivirten und unterzeichneten Gerichtsbeschluß erfolgen.

Vdn. v. 3. Jan. 1849 § 47 [n. 18]; § 12 [n. 11]. Vgl. RdOTr. 11. S. 462.

Erk. (Z. I.) v. 14. April 1871 c. Knobel (106. I. Cr.).

Im Jahre 1868 hatte der StA. gegen Kn. wegen Meineides (aus § 125 des Pr. StGB.s) die Einleitung der Voruntersuchung beantragt, dann aber das Ergebniß der stattgehabten Wahrnehmungen nicht für ausreichend erachtet: „den voraussichtlichen Einwand des Beschuldigten (— zur betr. Zeit bewußtlos gewesen zu sein —) zu widerlegen." — und demgemäß am 10. Okt. 1868 die „Einstellung des Verfahrens" beantragt. Auf diesen Antrag erging eine völlig unleserliche, aus einem oder zwei Buchstaben bestehende, vom 13. Okt. 1868 datirte, und mit dem Anfangsbuchstaben des Namens des Dezernenten (P.) unterzeichnete Verfügung, unter welcher sich dann die fernere Notiz findet: „Kosten außer Ansatz," sonst aber kein weiteres Zeichen einer gerichtlichen Thätigkeit. Im Jahre 1870 griff darauf der Staatsanwalt das Verfahren wieder auf, die Voruntersuchung ward fortgesetzt und führte zur Eröffnung der Untersuchung wegen fahrlässigen Meineids. In dieser wandte der Angeklagte ein, daß die Verfügung vom 13. Okt. 1868: (wie das KG. in einem mit dem StA. geführten Schriftwechsel anerkannt hatte) „ad acta" laute und einen das Verfahren einstellenden Gerichtsbeschluß (Vdn. v. 3. Jan. 1849 § 47) darstelle, welcher die spätere Wiederaufnahme ausschließe. Das AG. verwarf diesen Einwand, weil der gedachte Vermerk nicht erkennen lasse, daß die betr. Verfügung auf Vortrag ergangen und vom Kollegium beschlossen worden sei; rc. NB. — Zurückweisung. Gründe:

Wenn man auch annehmen wollte, daß die vollständig unleserlche Verfügung vom 13. Oktbr. 1868 in Folge des Antrages der Kgl. StA.-schaft v. rc.: das Strafverfahren wider den Angeklagten einzustellen, — dahin lautete: „ad acta, so entspricht dieselbe doch in keiner Weise der Anforderung des § 47 der Vdn. v. 3. Jan. 1849. Nach dieser muß der GH. eine Prüfung des Antrages vornehmen, und demnächst unter Angabe der diesfälligen Gründe seine Beistimmung aussprechen, sowie die Weglegung der Akten anordnen. Alles dies erhellt aus der obigen bloßen Verfügung „ad acta“ nicht. Es ermangelt an jeder Kundgebung, ob und weshalb bejahenden Falles, dem Antrage der StA.-schaft gewillfahrt worden, oder ob nicht etwa der eigentliche Beschluß anderweitig ergehen werde. Eine derartige Verfügung, die Alles im Ungewissen läßt, kann in keiner Beziehung rechtskräftig werden und unterliegt ohne Frist-Beschränkung der Wiederaufhebung. Es ist dabei auch gleichgültig, daß das KG. zu B. in ähnlichen Fällen gleiche Verfügungen erlassen hat, weil ein ungesetzliches Verfahren niemals zur Richtschnur dienen darf.

Antr. d. GStA.: gleichl. [30.—8.]

Beschwerde. - Beweisaufnahme.

Eine gerichtliche Verfügung, welche zur Vorbereitung des Hauptverfahrens eine Maßnahme, z. B. eine Beweisaufnahme anordnet, kann durch Beschwerde angefochten werden, sobald diese auf die gesetzliche Unstatthaftigkeit jener Maßnahme gestützt wird.

Ges. v. 3. Mai 1852 Art. 11 [n. 3—5]. Vgl. RbOTr. 3. S. 300.

Beschl. (II.) v. 15. April 1871 c. Bissen & Gen. (13 B. II. Cr.).

B. und Gen. waren wegen Mahlsteuerdefraude zur Untersuchung gezogen worden, weil sie bei der Einbringung von 20 Säcken Mehl in die mahlsteuerpflichtige Stadt W. jenes als „Roggenmehl“ deklarirt hatten, während es angeblich aus Roggen- und Weizenmehl gemischt war. Zum Erweise dieser letzteren Thatsache hatte eine Untersuchung des Mehls nach der sog. Bainihlschen Methode stattgefunden. Die Angeklagten suchten indessen darzuthun, daß diese Methode kein zuverlässiges Resultat liefere, und beantragten zu diesem Ende die Anstellung einer Probe in der Weise, daß zunächst reiner Roggen unter amtlicher Aufsicht vermahlen, und daß sodann mit dem so fabrizirten Mehle die

Probe gemacht werde; sie stellten zu diesem Ende ihre eigene Mühle zur Verfügung. Diesem Antrage ward stattgegeben; das hierbei erzielte Ergebniß ward aber von der Steuerverwaltung und der Staatsanwaltschaft als unsicher angefochten, und der Antrag gestellt, dieselbe Probe unter einer genaueren Beaufsichtigung zu wiederholen. Auch diesem Antrage gab das KG. statt; nunmehr weigerten sich aber die Angeklagten ihre Mühle abermals zur Verfügung zu stellen, weil dieselbe dann abermals mehrere Tage für den Geschäftsbetrieb stillliegen müsse; sie richteten deshalb eine Beschwerde an das AG., in welcher sie dagegen „protestirten," daß die Behörde ihre früher freiwillig gestellte Beweisführung dazu benutzen wolle, um ihre Mühle, gewissermaßen unter Polizeiaufsicht zu stellen und sie zur Probevermahlung zu zwingen." Das AG. ließ die betr. Schrift an das KG. zu W. zur Bescheidung gelangen, welches demzufolge die Beschwerdeführer auf seine frühere Verfügung verwies, „nach welcher die Staatsbehörde die fr. Maßregel verlangt habe, und derselben das Recht hierzu nicht bestritten werden könne." —

Auf die fernere Beschwerde des B. & Gen. hat das OTr. die Verfügung des AG.s aufgehoben, und die Sache zur weiteren sachlichen Prüfung und Entscheidung an das AG. zurückverwiesen, indem es erwog:

daß nach Artt. 11. 12 des Ges.s v. 3. Mai 1852 gegen alle gerichtlichen Beschlüsse und Verfügungen die Beschwerde in dem gesetzlichen Instanzenzuge stattfindet, so weit sie nicht ausdrücklich ausgeschlossen ist;

daß dies auch in Betreff der Verfügung des Königl. KG.s zu W. v. ꝛc. gelten muß, mittelst welcher das gedachte Gericht eine wiederholte Probevermahlung des von dem Beschwerdeführer in die Stadt W. eingebrachten Mehles auf der dem Letzteren gehörigen Mühle Behufs der Feststellung der Beschaffenheit dieses Mehles angeordnet hat, und gegen welche von dem Beschwerdeführer bei dem Königl. Appellations-Gericht zu Hamm Beschwerde geführt ist; —

in Erw. nämlich, daß zwar dem selbstständigen Ermessen des Richters der Regel nach diejenigen Maßregeln überlassen bleiben müssen, welche derselbe zum Zwecke der Vorbereitung des Hauptverfahrens und einer durch dasselbe zu erzielenden sachgemäßen Entscheidung für nothwendig erachtet und daß daher gegen derartige Verfügungen des

Richters der Natur der Sache nach ein Rechtsmittel nicht gegeben sein kann, zumal eine hinreichende Sicherung der Rechte des Angeschuldigten in dem Hauptverfahren und den in demselben gegebenen Rechtsmitteln gefunden werden muß;

daß aber dieser Grundsatz keine Anwendung finden kann, wenn die gesetzliche Statthaftigkeit der fraglichen Maßregel selbst durch die Beschwerde in Frage gestellt wird;

daß ein solches Sachverhältniß in dem gegebenen Falle vorliegt, in welchem der Angeschuldigte seine Beschwerde darauf gegründet hat, daß die getroffene Maßregel mit den Bestimmungen der Verfass.-Urkunde v. 31. Januar 1850, Artikel V. und VI. über die Gewährleistung der persönlichen Freiheit und die Unverletzlichkeit der Wohnung nicht vereinbar erscheine;

daß mithin die Verfügung des Kgl. AG.s zu H. v. 2c. Ausweis deren das letztere sich einer Prüfung der gedachten Beschwerde überhaupt entzogen und dieselbe zur weiteren Veranlassung an das Kgl. GH. zu W. abgegeben hat, für ungerechtfertigt erachtet werden muß.

Antr. d. GStA.: gleichl. 37.—3.]

---

1. Gewerbe-Polizei-Vergehen. – Zuständigkeit.
2. Polizeirichter. – Unrichtiges Rechtsmittel.

1. Gewerbe-Polizeivergehen gehören jetzt auch im Geltungsbereiche der Vdn. v. 3. Jan. 1849 zur Zuständigkeit der Gerichtsabtheilungen.

Einf.-Ges. z. Pr. StGB. Art. XX [B.-StGB. S. 706 n. 5]; AKO. v. 24. Jan. 1848 (GS. S. 73); B.-Gew.-Ordn. v. 21. Juni 1869 § 147; Vgl. RdOTr. 11. S. 525.

2. Ein Urtheil, welches auf ein gegen ein polizeigerichtliches Erkenntniß gerichtetes Appellationsverfahren ergangen ist, ist nichtig, sollte auch die Sache in erster Instanz zur Zuständigkeit der Abtheilung gehört haben.

Ges. v. 3. Mai 1852 Art. 108 Nr. 6 [n. 38 a.].

Erk. (V. II.) v. 15. April 1871 c. Jürgens (39. II. Cr.).

J. war unter der Anklage, Schenkwirthschaft ohne polizeiliche Konzession und ohne Anmeldung zur Versteuerung betrieben zu haben, vor den Pol.-Richter gestellt und von diesem aus § 147 Nr. 1 der B.-Gew.-Ordn. verurtheilt worden. Auf seine „Appellation" änderte das AG. im app.-gerichtlichen Verfahren das erste Urtheil ab und sprach frei, weil die Handlung des J. nicht eine selbstständige Schenkwirthschaft darstelle. Auf die NB. des OStA.s ist das Erkenntniß 2. Instanz vernichtet und die Sache an das AG. (Abtheilung für Rekurssachen) verwiesen worden. Gründe:

Gegen die von den Polizeirichtern erlassenen Erkenntnisse, findet mit Ausnahme der in speziellen Gesetzen vorgesehenen Fälle, nach § 165 der Vdn. v. 3. Jan. 1849 nur das Rechtsmittel des Rekurses in den § 266 ff. l. c. vorgeschriebenen Formen Statt. Wenn nun gegen die Entscheidung des Polizeirichters zu S. v. 2c. ein anderes Rechtsmittel, das der Appellation zugelassen, und über diese Appellation als solche in dem angefochtenen Urtheil v. 2c. erkannt ist, so hat hierdurch die Verletzung einer wesentlichen Vorschrift des Verfahrens, nach Art. 108 Nr. 6 des Ges.s v. 3. Mai 1852 stattgefunden, da die Bestimmungen des Art. 135 ff. l. c. im vorliegenden Falle keine Anwendung finden. Es begründet auch keinen Unterschied, daß der Polizeirichter eine zur Kompetenz der Gerichtsabtheilung gehörende Sache, mit Unrecht seiner Kognition und Entscheidung unterzogen hat. Die hier zur Anwendung gelangenden Strafvorschriften des § 147 der B.-Gew.-Ordn. v. 21. Juni 1869 übersteigen nämlich das Maß der polizeigerichtlichen Zuständigkeit. Es waren zwar ähnliche in der Pr. Gew.-Ordn. v. 17. Jan. 1845 vorgesehene Vergehen, deren Strafen ebenfalls die Kompetenz der Polizeigerichte überschritten, den letztern auf Grund der Vdn. v. 24. Jan. 1848 zur Entscheidung überwiesen worden, da indessen weder die Gew.-Ordn. vom 21. Juni 1869 selbst noch auch in ihren Einführungsbestimmungen eine solche Kompetenzerweiterung enthält, so sind die Vorschriften der Vdn. v. 24. Jan. 1848 nicht ferner anwendbar, und die allgemeine Regeln über das Maß der

Zuständigkeit der Polizeigerichte wieder in Kraft getreten: Beschl. II. v. 20. Oktbr. 1870 (RbOTr. 11. S. 525). Es mußte also die Vernichtung des angefochtenen Urtheils, und nach Art. 117 des Ges.s v. 3. Mai 1852 die Verweisung der Sache an die Abtheilung des AG.s zu P. für Rekurssachen zur Entscheidung über das von dem Imploranten seiner Zeit gegen das Urtheil des Polizeirichters zu S. eingelegte Rechtsmittel erfolgen, bei welcher Entscheidung die Frage nach den rechtlichen Folgen der Kompetenzüberschreitung Seitens des Polizeirichters einer näheren Prüfung zu unterziehen sein wird.

[38.—3.]

Amtsanmaßung. – Rechtsanwalt. – Cession.

Derjenige, welcher auf Grund einer simulirten Cession vor Gericht einen fremden Anspruch als angeblich Selbstbetheiligter in eigenem Namen geltend macht, verwirkt selbst dann, wenn er sich darauf beschränkt hat, in eigenem Namen die Klage anzustellen, die Strafe des

Pr. StGB.s § 104; B.-StGB. § 132 [n. 8. 9]. Vgl. RbOTr. 11. S. 89. 515. 575.

Erk. (Z. II.) v. 15. April 1871 c. Kolbel (68. II. Cr.).

K. aus § 104 des Pr. StGB.s bestraft, weil er drei ihm zum Scheine cedirte Forderungen eines Dritten in eigenem Namen eingeklagt hatte, rügte Gesetzesverletzung und machte namentlich geltend, daß er in zweien jener Sachen, in welchen eine mündliche Verhandlung gar nicht stattgefunden, sich darauf beschränkt habe, die Prozeßschriften zu konzipiren, was nach der Rechtsprechung des OTr.s nicht zu den den Rechtsanwalten vorbehaltenen Geschäften gehöre. — Zurückweisung.

Das OTr. spricht zunächst den an die Spitze gestellten Grundsatz aus und fährt dann fort: die thatsächliche Feststellung der Vorderrichter, wonach der Implorant die gedachten Prozesse selbstständig als Vertreter der Prozeßpartei geführt und darnach wiederholt Handlungen vorgenommen hat, welche nur in Kraft eines öffentlichen Amtes vorgenommen werden können, entspricht den Voraussetzungen des

§ 104 des Pr. StGB.s und läßt einen Rechtsirrthum nicht erkennen. Denn wenngleich der Implorant in einem dieser Prozesse nicht persönlich vor den Schranken des Gerichtes erschienen ist, weil der Verklagte in demselben Widerspruch gegen das erlassene Mandat nicht erhoben hatte, so hat sich doch Implorant auch in diesem Falle nicht darauf beschränkt, einzelne Schriftsätze für die betreffende Prozeßpartei anzufertigen, sondern die betreffende Forderung ohne Mitwirkung der letzteren in eigenem Namen eingeklagt.

Antr. d. GStA.: entg. [37.—3.]

Zeugniß, falsches. - Eignes Vergehen.

Dem meineidigen Zeugen, welcher sich zur Zeit seiner That durch Angabe der Wahrheit einer Verfolgung wegen Vergehens ausgesetzt haben würde, kommt die strafmildernde Vorschrift des § 157 Abs. 1 des B.-StGB.s zu Statten, selbst wenn die gegen ihn zu verfolgende Handlung jetzt nur noch eine Uebertretung darstellt.

B.-StGB. § 2 [n. 14a.]

Erk. (Z. II.) v. 15. April 1871 c. Scherer (93 II. Cr.).

Die Sch. hatte sich vor dem Schw.-GH. (am 27. Jan. 1871) schuldig bekannt: „am 8. März 1870 vor dem Untersuchungsrichter zu M. als Zeugin in der Strafsache gegen die [der Kuppelei beschuldigte] S. wissentlich ein falsches Zeugniß mit einem Eide bekräftigt zu haben;" sie setzte aber hinzu: „sie hätte sich von der Angabe der Wahrheit abhalten lassen, weil sie sich dadurch einer Verfolgung wegen Gewerbsunzucht ausgesetzt haben würde." Da der StA. diesen Einwand „als richtig annahm," so verhängte der GH. die Strafe aus § 157 Abs. 1 des B.-StGB.s. Die NB. des StA.s focht dieses als rechtsirrthümlich an: komme es in Frage, ob das neue Strafgesetz als das mildere anzuwenden sei, so müsse die Sache so behandelt werden, als sei die That unter der Herrschaft dieses neuen Gesetzes begangen worden; nach dem B.-StGB. § 361 Nr. 6 sei aber die Gewerbsunzucht kein „Vergehen," sondern eine „Uebertretung;" die wegen einer solchen drohende Strafverfolgung genüge zur Anwendung des § 157 nicht. Zurückweisung. Gründe:

Nach § 2 des B.-StGB.s soll „bei Verschiedenheit der

Gesetze, von der Zeit der begangenen That bis zu deren Aburtheilung, das mildeste Gesetz angenommen werden. Diese Vorschrift bezieht sich gleichmäßig auf das Strafmaß sowie auf den Thatbestand der Strafthat und etwaige, auf faktischen Momenten beruhende Strafmilderungsgründe. Zur Anwendung derselben in den beiden letzteren Beziehungen ist erforderlich, daß der Thatbestand, welchen das Gesetz, welches als das mildere angewendet werden soll, vorsieht, im konkreten Falle, nach allen Richtungen hin vorhanden ist. Das B.-StGB. ist nun bezüglich des Verbrechens des Meineides in doppelter Beziehung milder als das Preuß. StGB., indem es einmal das Strafminimum ermäßigt, dann aber in § 157, unter Voraussetzung bestimmter faktischer Momente, noch eine weitere Strafermäßigung unter das gewöhnliche Strafminimum angeordnet hat. Bei der Prüfung, ob diese weitere Ermäßigung in dem vorliegenden Falle Platz greifen kann, ist also in Frage zu ziehen: inwiefern der im § 157 vorausgesetzte Thatbestand vorhanden ist. Die gedachte Vorschrift setzt voraus: daß die Angabe der Wahrheit, gegen den meineidigen Zeugen die Verfolgung wegen eines Verbrechens oder Vergehens nach sich ziehen könnte. Es ist nun thatsächlich festgestellt: daß die Aussage der Wahrheit gegen die Angeklagte bei ihrer eidlichen Deposition am 3. März 1870 eine Verfolgung wegen gewerbsmäßiger Unzucht nach sich ziehen konnte. Die gewerbsmäßige Unzucht stellt aber nach § 146 des Preuß. StGB.s zur Zeit der Ableistung des Zeugeneides ein Vergehen dar, und es ist mithin der Thatbestand des § 157 des B.-StGB.s vorhanden. Daß nach den Bestimmungen des B.-StGB.s die gewerbsmäßige Unzucht fortan nicht mehr als Vergehen, sondern als Uebertretung betrachtet wird, kann hier nicht von entscheidender Bedeutung sein. Der Thatbestand des § 157 ist dadurch bedingt, aber auch damit abgeschlossen, daß eine wahrheitsgemäße Aussage Thatsachen enthalten haben würde, welche eine Verfolgung wegen Vergehen bedingen konnten und zwar zur Zeit der Ablegung des falschen Zeugnisses. Dieser, durch die in ihrem ganzen Umfange aufzufassende Strafthat, festgestellte Thatbestand kann dadurch nicht alterirt werden, daß ein Wechsel der Gesetzgebung dieselben Thatsachen unter eine andere Kategorie der strafbaren Handlungen subsumirt. Vielmehr liegt die Frage nach den Folgen dieser Thatsachen außerhalb dieses Thatbestandes. Deshalb ist auch die Bezugnahme der NB. auf den Grundsatz: „daß die Bestimmungen des älteren und neuen Rechtes nicht gleichzeitig zur Anwendung gelangen dürften," hier nicht zutreffend, da eine solche Vermischung im gegebenen Falle nicht stattfindet, vielmehr lediglich die Vorschriften des neuen Gesetzes auf die festgestellten Thatsachen angewendet werden, zu diesen Thatsachen gehört aber der Umstand, daß die Zeugin durch Angabe der Wahrheit sich einer Verfolgung wegen Vergehens aussetzte. Wenn nun noch ferner geltend gemacht wird, daß falls das mildere neue Gesetz Anwendung finden solle, die ganze Strafthat so anzusehen sei, als wenn sie unter der Herrschaft dieses Gesetzes begangen wäre, so ist dies nur insoweit richtig, als der von dem neuen Gesetze erforderte Thatbestand vorhanden sein muß, und als die allgemeinen rechtlichen Grundsätze desselben zur Geltung kommen müssen. Der Thatbestand des § 157 cit. liegt aber, wie oben ausgeführt ist, hier vor und ist deshalb diese gesetzliche Vorschrift von dem Vorderrichter mit Recht als maßgebend erachtet worden.

Antr. d. GStA.: gleichl. [38.—3.]

Zeugenzwang. - Denuntiation?

Die Pflicht zur Ablegung eines Zeugnisses ist nicht auf die Fälle beschränkt, wo bereits eine Untersuchung gegen eine bestimmte Person gerichtet oder eingeleitet ist.

Vdn. v. 3. Jan. 1849 § 20 [n. 2[. Vgl. RdOTr. 11. S. 286.

Beschl. (II.) v. 15. April 1871 (15 B. II. Cr.).

N. durch den Untersuchungsrichter vorgeladen, um über den

Urheber einer vermutheten Strafthat Auskunft zu geben, verweigerte die Vernehmlassung und ergriff gegen die erlassenen Strafverfügungen die Beschwerde an das OTr., in welcher er auszuführen suchte, daß eine Zwangspflicht zum Zeugnisse die bereits erfolgte Einleitung einer Untersuchung gegen eine bestimmte Person voraussetze, weil sonst das Zeugniß den Charakter einer erzwungenen Denuntiation annehme.

Zurückweisung. Gründe:

Der § 311 der Krim.-Ordn. beschränkt die Verpflichtung eines Jeden im Staate, sich als Zeuge vernehmen zu lassen, keineswegs auf den Fall einer bereits gegen eine bestimmte Person eingeleiteten Untersuchung, derselbe ist nur eine Anwendung des im § 7 ibid. enthaltenen allgemeinen Grundsatzes, wonach Jeder verpflichtet ist, dem Richter auf Erfordern bei Vermeidung einer angemessenen Ahndung alles dasjenige mitzutheilen, was ihm in Beziehung auf ein zu untersuchendes Verbrechen oder den Thäter bekannt ist, der selbstverständlich überall da Anwendung finden muß, wo das Gericht überhaupt gesetzlich eine Untersuchung zu führen verpflichtet ist. Da nun nach § 3 ibid. die Einleitung einer Untersuchung zwar nur die Gewißheit oder Wahrscheinlichkeit eines begangenen Verbrechens voraussetzt und ihr Zweck nach § 4 gerade auf die Ermittelung des Schuldigen gerichtet ist, so versteht es sich ganz von selbst, daß die allgemeine Zeugenpflicht nicht erst durch die Richtung der Untersuchung gegen eine bestimmte Person bedingt sein kann. — Auch würde mit Rücksicht auf die gesetzliche Pflicht zur Ablegung des Zeugnisses die in der Eigenschaft als Zeuge über die Person des Thäters eines objektiv bereits feststehenden Verbrechens oder Vergehens dem Richter gemachte Mittheilung in keiner Weise als Denuntiation betrachtet werden.

Antr. d. GStA.: gleichl. [32.—3.]

Strafe. - Neues Gesetz. - Wirkung.

Derjenige, welchem unter der Herrschaft des Pr. StGB.s rechtskräftig die Ausübung der bürgerlichen Ehrenrechte untersagt worden, ist auch nach

Einführung des B.-StGB.s zur Ablegung eines eidlichen Zeugnisses unfähig.

B.-EG. § 6; — B.-StGB. §§ 2 [n. 7]. 34.

Beschl. (I.) v. 19. April 1871 c. K. (63 B. I. Cr.).

In einer Untersuchungssache gegen K. hatten die Instanzgerichte die vom StA. beantragte eidliche Vernehmung des ꝛc. M. W. abgelehnt, weil derselbe im Jahre 1870 rechtskräftig zur „Untersagung der Ausübung der bürgerlichen Ehrenrechte" verurtheilt und somit nach § 12 Nr. 4 des Pr. StGB.s zur Ablegung eines eidlichen Zeugnisses unfähig sei. Die vom StA. gegen den app.-gerichtlichen Beschluß ergriffene Beschwerde führte aus: „wenn auch die Untersagung der Ausübung der bürgerlichen Ehrenrechte auf Zeit nach § 21 des Pr. StGB.s eine Strafe darstelle, so könnten doch die im § 12 ibid. angeordneten Wirkungen dieser Strafe verschieden sein, ohne daß dadurch die letztere selbst alterirt werde; deshalb würden jene Wirkungen der Strafe nicht mit diesen rechtskräftig und müßten sich modifiziren, je nachdem die sich ändernde Gesetzgebung dieselben bestimme; da nun die §§ 33. 34 des B.-StGB.s eine Unfähigkeit zum eidlichen Zeugnisse [in der Regel: vgl. § 161] als Folge des Verlustes der Ehrenrechte nicht mehr eintreten lasse, so stehe der eidlichen Vernehmung des M. W. jetzt ein gesetzliches Hinderniß nicht entgegen."

Zurückweisung. Gründe:

Das B.-StGB. hat zwar in den §§ 31 bis 37 neben der Abänderung des, mit der an sich entehrenden Zuchthausstrafe verbundenen Verlustes der Ehrenrechte §§ 11. 12 des Pr. StGB.s an die Stelle der besonderen Ehrenstrafe des § 21 des Pr. StGB.s eine andere, die Aberkennung der bürgerlichen Ehrenrechte, gesetzt und in den §§ 33 und 34 definirt. Daraus folgt jedoch weiter nichts, als daß gemäß § 6 des Einf.-Ges.s v. 31. Mai 1870 seit dem 1. Jan. d. J. auf die frühere Untersagung der Ausübung der bürgerlichen Ehrenrechte auf Zeit nicht mehr erkannt werden kann, nicht aber, daß in der im vorigen Jahre schon rechtskräftig erkannten und ihrem vollen Begriffe und ihrer Wirksamkeit nach eingetretenen Ehrenstrafe stillschweigend eine Aenderung oder Milderung vorgegangen sei.

Antr. d. GStA.: gleichl. [23.—3.]

Diebstahl. - Rückfall. - Feststellung.

Ein Urtheil ist richtig, wenn es die Strafe des doppeltrückfälligen Diebstahls verhängt, ohne speziell die Voraussetzungen eines solchen festzustellen.

B.-StGB. §§ 244 [n. 16] 245. Vgl. RbOTr. 7. S. 77; 8. S. 21.

Erk. (B. I.) v. 19. April 1871 c. Luck (379 I. Cr.).

L., eines im Januar 1871 verübten Diebstahls schuldig befunden, war von den Instanzrichtern „unter Berücksichtigung der bereits vielfältig, und darunter fünfmal wegen Diebstahls mit resp. 2 und 6 Jahren Zuchthaus erlittenen Vorbestrafungen“ aus § 244 des Bund.-StGB.s zu einer dreijährigen Zuchthausstrafe verurtheilt worden. — Vernichtung. Gründe:

Bei der Verurtheilung des Angeklagten zur Strafe des Diebstahls ist gegen § 244 des B.-StGB.s insofern verstoßen worden, als beide Vorderrichter es an der nach § 245 a. a. O. erforderlichen ausdrücklichen Feststellung haben fehlen lassen, daß die früher gegen den Angeklagten erkannten Diebstahlsstrafen successive ganz oder theilweise erlassen, und daß seit der Verbüßung oder dem Erlasse der letzten Strafe bis zur Begehung des neuen (jetzt zu bestrafenden) Diebstahles noch nicht zehn Jahre verflossen seien.

Antr. d. OStA.: entg. [28.—8.]

Kriegszustand. - Verkündung.

Der durch den Bundesfeldherrn erklärte Kriegszustand ist genügend „bei Trommelschlag oder Trompetenschall“ verkündet, wenn dieses am Sitze des obersten Militärbefehlshabers desjenigen Bezirks beobachtet worden ist, für welchen jene Erklärung erfolgt war.

B.-EG. § 4; Reichs-Verfassung Art. 68; Ges. v. 4. Juni 1851 § 3.

Beschl. (I.) v. 19. April 1871 c. Ramm & Gen. (23 B I. Cr.).

In der oben (S. 89) bereits erwähnten Sache hatte der Anklage-Senat die definitive Versetzung des Beschuldigten in den Anklagestand abermals aus dem Grunde abgelehnt, weil der Allerhöchste Erlaß vom

21. Juli 1870, durch welchen der Bezirk des zweiten Armeekorps in Kriegszustand erklärt worden war, weder an dem Kreishauptorte noch in derjenigen Gemeinde, in welcher sich die Beschuldigten des Widerstandes gegen einen Gendarmen ꝛc. schuldig gemacht „bei Trommelschlag oder Trompetenschall verkündet," somit der Vorschrift des Art. 68 der Verfassung (Pr. Ges. v. 4. Juni 1851 § 3) nicht genügt sei. Auf die Beschwerde des OStA.s ist auch dieser Beschluß aufgehoben und die Sache an das AG. zur anderweitigen Beschlußfassung zurückverwiesen worden. Erwogen ward:

daß der Ansicht [des AG.s] nicht beigetreten werden kann, weil nach dem § 1 l. c. damals für den Fall eines Krieges, wie hier, die Erklärung des Belagerungszustandes durch den betreffenden Festungs-Kommandanten, bezw. den kommandirenden General des Armee-Korps erfolgte;

daß die Bekanntmachung durch Trommelschlag oder Trompetenklang aber lediglich auf einem hergebrachten militärischen Gebrauche beruht, und nur für den Ort, an welchem die Erklärung in den Belagerungszustand erlassen worden, oder wenn derselbe über einen größern Bezirk sich erstrecken soll, für denjenigen, an welchem der oberste Militärbefehlshaber seinen Sitz hat, von Bedeutung ist, und da namentlich, wo keine Truppentheile stehen, nicht einmal thatsächlich bewerkstelligt werden kann;

daß in den Formen und der Bedeutung der Verkündigung des Kriegszustandes durch den Bundesfeldherrn, nach Art. 68 der Verfassungs-Urkunde für den Norddeutschen Bund nichts geändert worden;

daß es daher in dem vorliegenden Falle nur noch auf die Ermittelung ankommt, ob der durch die Allerh. Vdn. v. 21. Juli 1870 für den Bezirk des zweiten Armee-Korps, in welchem der Wohnort des Angeschuldigten R., Alt-Warp, liegt, erklärte Kriegszustand, zu Stettin, als dem Sitze des betreffenden kommandirenden Generals, in militärischer Weise durch Trommelschlag oder Trompetenklang veröffentlicht worden ist, da festgestelltermaßen alle übrigen Arten der Verkündigung stattgefunden haben.

[20.—3.]

Versicherung, falsche. – Eidesstatt.

Eine falsche eidesstattliche Versicherung ist auch dann, wenn sie nicht mündlich in Gegenwart der Behörde abgegeben, sondern schriftlich an dieselbe gerichtet worden war, strafbar aus

B.-StGB. § 156 [n. 8]. *) Vgl. RdOTr. 11. S. 610.

Erk. (Z. I.) v. 19. April 1871 c. Riccius (315. I. Cr.).

Die NB. des Angeklagten behauptet Verletzung des § 156 des B.-StGB.s deshalb, weil derselbe eine „vor einer .... Behörde" abgegebene falsche eidesstattliche Versicherung zum Thatbestande des Vergehens fordere, deshalb die Abgabe in Gegenwart — in diesem Sinne also vor — der Behörde fordere, mithin die vermöge einer verschiedenen Fassung des Gesetzes im § 129 des Pr. StGB.s auch mit umfaßten blos schriftlich abgegebenen eidesstattlichen Versicherungen, welche also ohne persönliches Erscheinen vor der Behörde abgegeben waren, nunmehr ausschließe. Allein die Auslegung des Gesetzes, welche demselben hiermit untergelegt wird, ist eine irrige. Die gedachte Fassungsänderung hat keine Aenderung in dem Sinne des Gesetzes zur Folge gehabt. Denn das Wort „vor" ist nicht in dem Sinne der körperlichen Gegenwart, also wie die Beschwerde behauptet, als gleichbedeutend mit „coram", sondern es ist als gleichbedeutend mit „gegenüber" aufzufassen, und bedeutet daher die Abgabe einer Erklärung, welche unmittel-

---

*) Im Pr. StGB. war die in den früheren Entwürfen (bis 1843) sich findende Fassung: „Wer vor einer Behörde ...." gerade deshalb geändert und das Wort: „vor" gestrichen worden, um die Strafbarkeit einer schriftlich eingereichten falschen eidesstattlichen Versicherung außer Zweifel zu stellen. Demgemäß lautete auch § 138 des ersten und § 154 des zweiten Entwurfs des B.-StGB.s: „Wer einer Behörde ...." Im Reichstage ward ein Gewicht darauf gelegt, die „Zuständigkeit der betr. Behörde zur Abnahme einer solchen Versicherung" hervorzuheben; unter mehreren hierauf abzielenden Abänderungsanträgen erhielt die jetzt ins Gesetz aufgenommene vom Dr. Schwartze vorgeschlagene Fassung den Vorzug; das in dieselbe wieder aufgenommene Wörtchen „vor" bezweckte nur die stylistische Vermittelung des eingeschobenen Zwischensatzes.

bar an die zuständige Behörde gerichtet wird und an dieselbe unmittelbar gelangt, mithin auch wenn dies nur auf dem Wege der schriftlichen Mittheilung erfolgt.

Antr. d. GStA.: gleichl. [15.—8.]

Aufkauf im Umherziehen. - Fremder Auftrag.

Auch derjenige, welcher für einen Andern im Umherziehen in Privathäusern etc. Waaren zum Wiederverkaufe ersteht, bedarf dazu eines Gewerbescheins; eine Zuwiderhandlung wird dadurch nicht straflos, dass die Waare vorher schon durch einen Wieder-Abnehmer bestellt war.

Regul. v. 28. Apr. 1824 § 5. Vgl. RdOTr. 1. S. 340; 8. S. 306; 9. S. 574; 12. S. 120.

Erk. (V.) v. 19. April 1871 c. Sichel (OAG. II, 44).

S. war von der Anklage: „— außerhalb seines Wohnorts eine Kuh aufgekauft zu haben, ohne im Besitze eines Gewerbescheins zu sein," — freigesprochen worden, weil er „nur im Auftrage seines Vaters gehandelt habe, in dessen Gewalt und Brod er sich befinde, und der auch demnächst den Wiederverkauf der Kuh bewirkt habe. Vernichtung. Gründe:

Es ist für die Uebertretung des § 5 des Hauf.-Regul. v. 28. April 1824 vollkommen gleichgültig, ob der das Gewerbe des Erstehens von Waaren zum Wiederverkauf in Privathäusern u. s. w. Betreibende das Geschäft für eigene Rechnung oder im Auftrage eines Dritten vollzieht; auch der für fremde Rechnung das Gewerbe im Umherziehen Betreibende muß einen auf seine Person lautenden Gewerbschein besitzen, und verfällt ohne solchen neben dem Auftraggeber nach der Vorschrift des § 28 daselbst in Strafe.

Wie nach § 2 des genannten Regulativs der Verkauf von Waaren außer dem Wohnort, so ist nach § 5 der Aufkauf von solchen außer dem Wohnort an den Besitz eines Gewerbscheins gebunden und, wie im erstern Fall die Bestellung Seitens des Käufers die Zuwiderhandlung gegen die angeführte Vorschrift ausschließt, so könnte im letztern nur in Frage kommen, ob das nicht aufgesuchte, sondern auf Bestellung des Verkäufers erfolgte Erstehen von Waaren nicht unter den § 5 falle. Der Umstand aber, daß der demnächstige Abnehmer der erstandenen Waare dieselbe bei dem außerhalb des Wohnortes Aufkaufenden bestellt hat, mit andern Worten, daß der Aufkäufer sich vor dem Erstehen eines bestimmten Wiederabkäufers versichert gehabt hat, vermag weder nach dem Wortlaut noch nach dem Sinne des Gesetzes eine Ausnahme von dem Strafverbot zu begründen.

Sodann wies das OAG. die Sache an die betr. Strafkammer zurück, weil die von derselben getroffene thatsächliche Feststellung der Vorschrift des § 386 der StPO. nicht entspreche. In dieser Beziehung ward ausgeführt:

Es bedurfte jedenfalls der ausdrücklichen Feststellung, daß der Angeklagte die Kuh außerhalb seines Wohnorts zum Zwecke des Wiederverkaufs Seitens seines Auftraggebers, des Vaters, erstanden habe: Gew.-Steuergeſ. v. 30. Mai 1820 § 5b. Weiter aber gehörte auch zu den festzustellenden Merkmalen, daß die Kuh in einem Privathause oder auf offener Straße, nicht auf einem Viehmarkt in M. erstanden ist, und endlich, daß der Angeklagte den Ankauf als Gewerbebetrieb bewirkt habe.

Antr. d. GStA.: Vernichtung. [36.—6.]

Verjährung. - Pressvergehen. - Unterbrechung.

Die Strafverfolgung gegen den verantwortwortlichen Redakteur einer Zeitung aus § 37 des Pressgesetzes unterbricht die Verjährung dem Urheber des betr. Artikels gegenüber.

Preßgeſ. v. 12. Mai 1851 § 49. § 37.

Erk. (Z.) v. 19. April 1871 c. Uckermann (OAG. II. 49).

Wenn auch der Redakteur der Zeitung, gegen welchen innerhalb der Verjährungszeit wegen Veröffentlichung des dem Angeklagten als Verfasser zur Last gelegten Artikels Anklage erhoben war, nicht Mitschuldiger an dem Vergehen des Angeklagten nach § 34 des Preßgesetzes ist, so zählt er doch, aus § 37 verurtheilt, zu den neben den Urhebern und Theilnehmern für das durch eine Druckschrift verübte Vergehen ferner Verantwortlichen (§§ 35—37), durch deren Verfolgung die Verjährung auch für die nach allgemeinen strafrechtlichen Grundsätzen verantwortlichen Personen unterbrochen wird. Da diese besondere Vorschrift ihre Grundlage in der objektiven Strafbarkeit des Preßerzeugnisses hat, so hat sie nicht blos für einen Fall Anwendung zu finden, wo der Thäter etwa unbekannt geblieben war, sondern ebensowohl auch, wenn wie hier die Verfolgung desselben wegen unzureichenden Verdachts ausdrücklich eingestellt, zu gleicher Zeit aber durch die Anklageerhebung gegen den Redakteur das öffentliche Interesse an der Verfolgung der für die Veröffentlichung der strafbaren Druckschrift Verantwortlichen zu erkennen gegeben ist. Wenn aber der Angeklagte die Vorschrift des § 49 Abs. 3 cit. durch den § 68 des B.-StGB.s für aufgehoben erklärt und den Grund angreift, aus welchem das AG. die Anwendbarkeit des § 68 auf die konkrete Sache ausgeschlossen erachtet, so ist nicht abzusehen, welches Resultat die NB. mit Beseitigung des vom AG. angewendeten § 49 erzielt. Denn die Aufhebung der Bestimmungen des Preßgesetzes v. 12. Mai 1851 über die Verjährung der durch die Presse begangenen gemeinen Vergehen durch das B.-StGB. setzt wie an Stelle des Abs. 3 des § 49 des ersteren den § 68, so auch an Stelle des Abs. 1 jenes § 67, und, wenn danach eine Unterbrechung durch eine nicht auf den Angeklagten sich beziehende Handlung unmöglich, so bedarf es aber der Nachweisung einer solchen wegen der längern Dauer der Verjährungszeit auch gar nicht erst, um die Verfolgung noch zulässig erscheinen zu lassen; und es könnte dann nicht von einer Anwendung des neuen StGB.s auf die vor der Zeit seiner Geltung begangene Handlung die Rede sein, wenn nicht dasselbe im Ganzen in seiner Anwendung auf diese Handlung als milder sich darstellte.

Antr. d. GStA.: gleichl. [66.—6.]

Ehren-Rechte. - Untersagung. - Verlust.

Nichtigkeit tritt ein, wenn der Instanzrichter unter der Herrschaft des B.-StGB.s auf „Untersagung der Ausübung der bürgerlichen Ehrenrechte" erkennt.

Einf.-Ges. z. B.-StGB. § 6; — B.-StGB. §§ 32. 34.

Erk. (B. I.) v. 21. April 1871 c. Honig (324. I. Cr.).

Die §§ 248. 350 des B.-StGB.s drohen den Verlust der bürgerlichen Ehrenrechte in dem hier vorliegenden Falle der Unterschlagung nur fakultativ an (vgl. § 32 ibid.), während die §§ 227 und 324 des Pr. StGB.s die Untersagung der Ausübung der bürgerlichen Ehrenrechte absolut androhten; ferner sind die mit dem Verluste der bürgerlichen Ehrenrechte verbundenen Nachtheile theils was den Umfang der einzelnen suspendirten Rechte, theils was die Dauer des Verlustes betrifft, geringer als bei der Strafandrohung des Pr. StGB.s (vgl. §§ 32. 34 des B.-StGB.s und § 21 des Pr. StGB.s). Deshalb hat der Verlust der Ehrenrechte einen verschiedenen strafrechtlichen Charakter gegenüber der Untersagung der Ehrenrechte, und es darf daher gemäß § 6 des Einf.-Ges.s v. 31. Mai 1870 auf die letztere nicht mehr erkannt werden, abgesehen davon, daß sie im Sinne des § 2 des B.-StGB.s auch die härtere ist.

Antr. d. GStA.: gleichl. [15.—8.]

App.-Richter. - Abweichende Feststellung. - Dolus.

Hat der erste Richter den Thatbestand des den Gegenstand der Anklage bildenden Verbrechens (dem Wortlaute des Gesetzes gemäß) ohne ausdrückliche Hervorhebung des Dolus festgestellt, so kann der App.-Richter das Vorhandensein des letzteren nicht ohne neue Beweisaufnahme verneinen.

Ges. v. 3. Mai 1852 Art. 101 [n. 15]. Vgl. RdOTr. 6. S. 261; 9. S. 56.

Erk. (B. I.) v. 21. April 1871 c. v. P. (305. I. Cr.).

v. P. und Gen. hatten nach der erst-instanzrichterlichen Feststellung: „— auf dem Kirchhofe das Grab des F. v. P. aufgegraben, den Sarg geöffnet und der Leiche den Kopf abgeschlagen.“ Das Erst-Instanzgericht verurtheilte sie deshalb aus § 137 des Pr. StGB.s, indem es erwog: es könne bezweifelt werden, ob in den festgestellten Handlungen, welche offenbar in einem Aberglauben ihre Veranlassung hatten, ein beschimpfender Unfug liege; jedenfalls aber hätten die Angeklagten

„ohne Befugniß das Grab des F. v. P. zerstört.“

Der App.-Richter sprach dagegen ohne neue Beweisaufnahme frei, weil nicht feststehe, daß die Angeklagten sich bewußt gewesen seien, irgend etwas Unrechtes zu thuen, zu ihrer Handlung nicht befugt zu sein, und ein Grab zu beschädigen. — Vernichtung. Gründe:

Der App.-Richter irrt, wenn er annimmt, daß das Erkenntniß der ersten Instanz den Dolus der Angeklagten nicht festgestellt habe. Es ist vielmehr in demselben, unter Spezialisirung der einzelnen Handlungen der Angeklagten, ausdrücklich ausgesprochen: „daß sie dadurch jedenfalls ohne Befugniß das in Rede stehende Grab zerstört haben.“ Diese Schlußfeststellung enthält die wesentlichen Momente des damals geltenden § 137 des Pr. StGB.s, sowie die des jetzt zu berücksichtigenden § 168 des B.-StGB.s nach der angegebenen Richtung hin, und umfaßte deshalb zugleich den zur Anwendung des Strafgesetzes erforderlichen Dolus, d. h. das Bewußtsein des störenden Charakters der Handlung. Fand nun der App.-Richter seinerseits, daß er dem nicht beipflichten könne, so wurde er durch die Vorschrift des Art. 101 des Ges.s v. 3. Mai 1852 gezwungen, eine Beweisaufnahme eintreten zu lassen, um Herr der Thatfrage zu werden, zu welcher unzweifelhaft die Beurtheilung, ob den Angeklagten das strafrechtliche Bewußtsein, der verbrecherische Wille, beigewohnt habe, gehört.

Antr. d. GStA.: gleichl. [20.—8.]

Lotterie (Ausspielung). - Einsatz. - Chance.

Eine (der obrigkeitlichen Erlaubniß) bedürfende Lotterie (Ausspielung) liegt auch da vor, wo der Käufer eines Looses mit diesem einen andern Gegenstand erwirbt, welcher einen dem gezahlten Preise gleichkommenden Werth hat.

Pr. StGB. § 268; B.-StGB. § 286 [n. 4].

Erk. (Z. I.) v. 21. April 1871 c. Seeger & Daubitz (317. I. Cr.).

S. und D. hatten ohne obrigkeitliche Erlaubniß eine Ausspielung von 500 verschiedenen beweglichen und unbeweglichen Gegenständen im Gesammtwerthe von 7000 Thalern durch Ausgabe von 15000 Loosen zum Preise von einem Thaler veranstaltet. Deshalb aus § 268 des Pr. StGB.s verfolgt, wendeten sie ein: jeder Käufer eines Looses habe für den gezahlten Preis außerdem einen aus Thon gefertigten Thierkopf aus der Fabrik des S. erhalten, welcher den vollen Werth des gezahlten Einsatzes (1 Thlr.) gehabt habe, so daß auch diejenigen, welchen bei der Verloosung kein Gewinn zugefallen sei, nichts verloren haben würden. Daß KG. erhob über den Werth der Köpfe Beweis, ging aber auf das Ergebniß dieser Beweiserhebung weiter nicht ein, weil es annahm, daß es für den Begriff der „Ausspielung" gleichgültig sei, ob der Abnehmer eines Looses mit diesem einen andern, ein Aequivalent des gezahlten Preises bildenden Gegenstand, erworben habe. Das AG. theilte diese letztere Auffassung nicht, weil sie „der rechtlichen Natur des Lotterie- oder Ausspielvertrages als einer besonderen Art des Hoffnungskaufs (ALR. I, 11. § 527fgg.) widerspreche," ging dann aber auf das Ergebniß der in 1. Instanz veranlaßten (in 2. Instanz aber nicht reproduzirten) Beweiserhebung ein, stellte auf Grund derselben fest: die gelieferten Thierköpfe hätten den Werth von 1 Thlr. per Stück nicht gehabt und bestätigten demgemäß das erste Urtheil. Hierin fand die NB. der Angeklagten eine Verletzung des Art. 101 des Ges.s v. 3. Mai 1852 rc.

Zurückweisung. Gründe:

In dem Verfahren des Appell.-Richters glauben die Imploranten einen Verstoß gegen die oben gedachten Prozeßvorschriften zu finden. Ein solcher würde auch vorhanden sein, wenn in rechtlicher Beziehung dem Appell.-Richter darin beigetreten werden könnte, daß es auf den Werth der Thierköpfe und ob dieselben ein Aequivalent für den Einsatz gewesen seien, zur Feststellung des Begriffes einer Ausspielung im gesetzlichen Sinne wesentlich ankäme. Dem ist jedoch nicht so, vielmehr erscheint die Ansicht des ersten Richters als die richtige, der diesen Umstand für gleichgültig, folglich auch den ganzen über denselben erhobenen Beweis für entbehrlich erklärt. Wie schon in dem ZI. v. 30. Novbr. 1855 c. Bönigk (GA. 4. S. 263) ausgeführt worden, setzt nämlich der § 268 des Pr. StGB., der von Lotterien und Ausspielungen handelt, nicht voraus, daß die Unternehmer einer solchen Ausspielung ihrer Seits einen Gewinn bezweckt haben und es wird dabei auf die AKO. v. 2. März 1827 (GS. S. 29) verwiesen, nach welcher die Ministerien, jetzt auch die Ober-Präsidenten für ihre resp. Bezirke (AKO. v. 2. Nov. 1868 — GS. S. 991) dergleichen genehmigen können, wenn sie „zur Ausführung wohlthätiger Zwecke oder zur Beförderung des Kunstfleißes" gereichen. Das vorliegende Strafgesetz ist demnach im Wesentlichen nur polizeilicher Natur. Es stellt Ausspielungen aller Art unter die Kontrolle des Staates, um mögliche Täuschungen und Uebervortheilungen des Publikums zu verhindern. Wenn es daher auch thatsächlich richtig wäre, daß im vorliegenden Falle jeder Käufer eines Looses durch den demselben beigefügten Thierkopf schon ein ausreichendes Aequivalent für seinen Einsatz erhalten, von einer Beschädigung des Publikums also gar nicht hätte die Rede sein können, so würde dieses zunächst eine der Prüfung der betreffenden Behörde zu unterwerfende Frage gewesen sein und es hätte die erstere bejahenden Falles aus dem angegebenen Umstande möglicherweise einen Grund entnehmen können, die nachgesuchte Erlaubniß zu ertheilen. Diese Frage selbst zu entscheiden waren aber die Interessenten jedenfalls nicht berechtigt und es trifft sie daher schon deshalb mit Recht die im Gesetze für die Umgehung einer Kontrollvorschrift angedrohte Strafe, ohne daß es auf den Werth der fraglichen Thierköpfe weiter ankommt.

Antr. d. GStA.: gleichl. [28.—8.]

Steuervergehen. – Gerichtliches Verfahren. – Inkompetenz.

Der Strafrichter, welcher mit einem Steuervergehen befaßt worden ist, ohne daß die Steuerbehörde sich der Entscheidung enthalten oder der Angeschuldigte auf rechtliches Gehör angetragen hat, darf sich deshalb nicht „unzuständig", muß vielmehr „das

gerichtliche Verfahren zur Zeit für unstatthaft" erklären.

Ges. v. 3. Mai 1852 Art. 136 [n. 21 a].

Erk. (S. I.) v. 21. April 1871 c. Winter (269. I. Cr.).

Nachdem auf den Antrag des PAnw.s gegen W. die Untersuchung wegen Wechselstempel-Hinterziehung eröffnet worden war, erklärte sich das Pol.-Gericht durch Urtheil „inkompetent," weil nach dem B.-Ges. v. 10. Juni 1869 § 18 in Verbindung mit Art. 136 des Gesetzes v. 3. Mai 1852 eine Sache nur durch einen Antrag der Steuerbehörde oder des Angeschuldigten zur gerichtlichen Kognition gelangen könne, ein solcher aber nicht vorliege. Durch die Appellation des Polizei-Anw.s gelangte die Sache zur Verhandlung vor dem AG., in welcher der OStA. durch Vorlegung eines Schreibens des Prov.-Steuer-Direktors nachwies, daß dieser den betr. Antrag bereits vor der Eröffnung der Untersuchung gestellt gehabt habe. Gleichwohl bestätigte das AG. das erste Urtheil, „weil sich der erste Richter (welchem jener Antrag nicht vorlag) nicht mit Unrecht inkompetent erklärt, sich also nicht einer Nichtigkeit schuldig gemacht habe, und weil sonach der zweite Richter weder in der Sache selbst erkennen noch dieserhalb in die erste Instanz zurückverweisen könne." — Vernichtung und Zurückverweisung der Sache in die erste Instanz. Gründe:

Wenn es gleich richtig ist, daß es im vorliegenden Falle zur Eröffnung der gerichtlichen Untersuchung eines Antrages der Steuerbehörde bedurfte, so konnte doch der Mangel dieses Antrages den ersten Richter nicht berechtigen, sich für inkompetent zu erklären, weil eine solche Erklärung nur da Platz greift, wo von dem betreffenden Richter entweder der Gerichtsstand nach Artt. 2—5 a. a. O. nicht begründet ist, oder die Sache dem Gegenstande nach vor ein Gericht höherer Ordnung resp. vor ein Spezialgericht gehört (Artt. 7. 147 a. a. O.), also Inkompetenz ratione loci oder ratione materiae vorliegt, welches Beides hier nicht der Fall war. Es konnte vielmehr der Ausspruch des ersten Richters, wenn er es nicht vorzog, vorerst den Antrag der Steuerbehörde zu erfordern, nur dahin gehen, daß das gerichtliche Verfahren zur Zeit unstatthaft sei. Da sich hiernach der erste Richter jedenfalls mit Unrecht für inkompetent erklärt hatte, so hätte der App.-Richter allerdings nach

Art. 102 und 108 Nr. 2 a. a. O. das Erkenntniß erster Instanz aufheben und wenn er sich nicht selbst einer vollständigen Erörterung unterziehen wollte, die Sache in die 1. Instanz zurückweisen müssen.

Antr. d. GStA.: gleichl. [28.—8.]

Beweisantrag. - Trunkenheit. - Unzurechnungsfähigkeit.

Der Antrag über eine angebliche durch Trunkenheit herbeigeführte Unzurechnungsfähigkeit Zeugen zu vernehmen, kann nicht deshalb abgelehnt werden, weil der Beweissatz ein reines Urtheil enthalte, eine Zeugenvernehmung in Betreff derselben also unzulässig sei.

Vdn. v. 3. Jan. 1849 § 22 [n. 57]. Vgl. RbOTr. 3. S. 66; 8. S. 109. 348. 558; 9. S. 15; 10. S. 14. 440. 660.

Erk. (B. I.) v. 26. April 1871 c. Franz (257. I. Cr.).

Wenn der App.-Richter den Beweis [über den behaupteten Genuß von Wein und Branntwein und dadurch herbeigeführte Unzurechnungsfähigkeit] lediglich um deswillen ablehnt, „weil die vorgeschlagenen Zeugen über die Unzurechnungsfähigkeit des Angeklagten, also über ein reines Urtheil vernommen werden sollten, dies aber unzulässig sei, — so ist dieser Grund weder thatsächlich, noch rechtlich zutreffend. Der Genuß von Wein und Branntwein ist unzweifelhaft eine Thatsache und ebenso ist der sich in der Regel durch die äußere Erscheinung kundgebende Zustand der Trunkenheit eine Thatsache. Sodann ist es aber auch rechtlich unbegründet, daß es unzulässig sei, von den Zeugen ein Urtheil über die Thatsachen, betreff deren sie vernommen worden, abgeben zu lassen. Dies würde eine zweckentsprechende und erschöpfende Zeugenvernehmung in den meisten Fällen unmöglich machen, da es überhaupt kaum denkbar ist, daß ein Zeuge seine Wissenschaft über eine Thatsache, und wäre sie noch so einfach, bekundet, ohne daß in seiner Aussage zugleich ein Urtheil enthalten ist. Hiervon verschieden ist selbstverständlich der Fall, wenn Zeugen über Fragen vorgeschlagen werden, zu deren Beantwortung technische oder wissenschaftliche Kenntnisse erforderlich sind, welche nur Sachverständige besitzen. Von einer solchen Frage handelte es sich aber im vorliegenden Falle nicht.

[30.—8.]

Betrug. - Irrthumserregung. - Rechtsverletzung.

1. Die zum Thatbestande des Betrugs erforderliche Irrthumserregung braucht nicht an sich eine Rechtsverletzung zu enthalten.

2. Beim Betruge genügt als Dolus die Absicht, durch den Absatz der eigenen Waare den gewöhnlichen kaufmännischen Gewinn zu ziehen.

3. Nicht der „Verlust einer Kundschaft," wohl aber die Entziehung des Vortheils, welchen Jemand aus der Vollziehung eines abgeschlossenen Rechtsgeschäfts gezogen haben würde, ist eine „Vermögensbeschädigung" im Sinne des

B.-StGB.s § 263 [n. 57b. 54. 6. 13].

Erk. (Z.) v. 26. April 1871 c. Hübenthal (OAG. II, 43).

Der Hausirer N. hatte durch den Dienstmann G. in der Stadt Qu. bei mehreren alten Kunden anfragen lassen, ob und wie viel Krüge Mineralwasser sie ihm abnehmen würden; das Ergebniß dieser Anfragen hatte G. dem N. mitgetheilt. Ehe dieser aber in Qu. eintraf, um die gemachten Bestellungen zu realisiren, fanden sich die Brüder H. bei G. ein, machten denselben glauben, sie seien die Söhne des N., und von diesem zur Ablieferung der bestellten Waare abgesendet, und lieferten unter Anleitung des G. an die Besteller eine entsprechende Anzahl von Krügen gegen den durch G. verabredeten Preis ab. Die Folge war, daß dem kurz darauf eintreffenden N. von den Bestellern die Abnahme seiner Krüge verweigert und er genöthigt wurde, die letzteren an Dritte zu einem geringeren Preise loszuschlagen; seine Minder-Einnahme betrug demzufolge gegen 20 Thlr. — In dieser Handlungsweise der beiden H. fanden die Instanzrichter einen Betrug. Die NB. suchte auszuführen, daß jene Annahme eine rechtsirrthümliche sei: das AG. sei bei der Annahme einer ihnen zur Last fallenden Irrthumserregung von einem allgemeinen „Rechte auf Wahrheit" ausgegangen, welches kein Gesetz anerkenne; ebenso fehle es an der auf Erzielung „eines rechtswidrigen Vermögensvortheils" gerichteten Absicht und an dem Erfordernisse einer „Vermögensbeschädigung," jene dürfe nicht mit den Instanzgerichten in dem statthaften (also nicht rechtswidrigen) durch ein kaufmännisches Geschäft erzielten Gewinne, und diese nicht in dem „Verluste der Kundschaft" gefunden werden, da eine Kundschaft nicht ein erworbenes Vormögensrecht darstelle, sondern höchstens eine spes begründe. —

Zurückweisung. Gründe:

[1.] Was den zunächst von dem Mangel eines sog. Rechts auf Wahrheit hergeleiteten Einwand betrifft, so besteht allerdings ein solches Recht im Allgemeinen nicht und kommt die Verpflichtung, die Wahrheit mitzutheilen, abgesehen von öffentlichen Verhältnissen, nur unter bestimmten privatrechtlichen Voraussetzungen vor. Allein auf solche Fälle hat das Gesetz den Betrug auch nicht beschränken wollen, vielmehr ohne Unterschied die Täuschung unter das Strafverbot gestellt, welche als Mittel der Beschädigung in gewinnsüchtiger Absicht angewendet wird; es verlangt nicht, daß schon in der Erregung ꝛc. des Irrthums an sich eine Rechtsverletzung enthalten sei. Die Auffassung des Appellationsgerichts, daß ein allgemeines Recht auf Wahrheit durch diesen strafrechtlichen Schutz gegen Beeinträchtigung durch einen dem freien Willen mittelst Täuschung angethanen Zwang statuirt worden sei, ist zwar nicht zutreffend, jedenfalls hat aber dieser dem Verhältnisse gegebene Ausdruck keinen Einfluß auf die Beurtheilung des Sachverhaltes gehabt.

[2.] Die Voraussetzung der gewinnsüchtigen Absicht, § 241 des Preuß. StGB.s, ist ausdrücklich festgestellt und es liegt auch, wenn die in § 263 des B.-StGB's verlangte Absicht, sich einen rechtswidrigen Vermögensvortheil zu verschaffen, als weiter gehend aufgefaßt werden müßte, in dem festgestellten Sachverhalte hierfür eine entsprechende Darlegung vor, da die Angeklagten durch ihre Machinationen sich in das zwischen den Bestellern und ꝛc. N. bestandene Geschäftsverhältniß, sei es zum Nachtheile der ersteren oder der letzteren —, eigenmächtig, also widerrechtlich eingedrängt, und dadurch den Absaz ihrer Waaren bezweckt und bewirkt haben, dieser Absatz aber schon an sich einen Vermögensvortheil darstellt.

[3.] Der endlich behauptete Mangel einer Feststellung der Zufügung einer Beschädigung ist nicht erfindlich. Wenn auch der Ausdruck „Entziehung der Kundschaft," worin die Benachtheiligung des 2c. N. gefunden wird, an sich zu Zweifeln über das Vorhandensein eines Schadens im Sinne des Gesetzes Veranlassung darbieten würde, so ist doch dieser Ausdruck im Anschluß an das vorher Festgestellte zu verstehen, wonach 2c. N. durch den in Folge des Dazwischentretens der Angeklagten vorgenommenen anderweiten Verkauf seiner Waaren einen Schaden von 20 Thalern erlitten hat.

Antr. d. GStA.: gleichl. [64.—6.]

Meineid. — Verleitung. — Verlust der Ehrenrechte.

Derjenige, welcher es unternimmt, einen Anderen zur Begehung eines Meineides zu verleiten, verwirkt neben der Zuchthausstrafe nothwendig den Verlust der 2c. Ehrenrechte und die Fähigkeit zum eidlichen Zeugnisse 2c.*)

B.-StGB. §§ 159. 161 [n. 2].

Erk. (B. I.) v. 26. April 1871 c. Joachimsthal (345. I. Cr.).

Die R. J., von den Geschwornen schuldig befunden: „— die C. K. wissentlich zur wissentlichen eidlichen Bekräftigung einer Unwahrheit zu verleiten versucht und unternommen zu haben," war vom

*) Diese, auch von Meyer (S. 125) und von Schwartze (Kommentar S. 398) vertretene Ansicht dürfte den erheblichsten Bedenken unterliegen. Daß sprachlich eine Verurtheilung wegen des erfolgten Versuchs (Unternehmens) einen Anderen zu einem „Meineide" zu verleiten, (§ 159) nicht eine Verurtheilung wegen „Meineides" sei, kann schwerlich bestritten werden; der Umstand, daß auch § 159 sich in dem „Meineid" überschriebenen neunten Abschnitte II. Theils des StGB.s findet, kommt hierbei nicht in Betracht, da dieser Abschnitt auch die Abgabe einer falschen Versicherung an Eides Statt, den Eidbruch, die fahrlässige Falschschwörung und die Verleitung zu einem (nicht gewollten) Falscheide umfaßt, welche unbestrittener Maßen nicht als „Mein-

Schw.-GH. aus den §§ 32. 159 des B.-StGB. zu einjähriger Zuchthausstrafe und zum Verluste der bürgerlichen Ehrenrechte auf zwei Jahre, nicht aber zur „dauernden Unfähigkeit, als Zeuge rc. eidlich vernommen zu werden" verurtheilt worden, weil der GH. den diese

---

eid" im Sinne des § 161 zu qualifiziren sind. Die Entstehungsgeschichte des § 161 dürfte aber nicht für, sondern gegen die obige Auslegung sprechen. Der erste Entwurf ließ über die angeregte Frage einen Zweifel nicht aufkommen: § 134 bedrohte die Falschschwörung eines Parteieides mit Zuchthausstrafe, mit dem Verluste der Ehrenrechte und mit der dauernden Unfähigkeit zum eidlichen Zeugnisse rc. Mit derselben Strafe sollten nach §§ 135 und 136 das falsche Zeugniß und die Erstattung eines falschen Gutachtens geahndet werden. Dagegen bedrohte § 139 den (erfolglosen) Verleitungsversuch zur Ableistung eines falschen Parteieides oder zur Ableistung eines falschen Zeugnisses blos mit Zuchthausstrafe, (und der daneben überhaupt fakultative gestatteten Aberkennung der Ehrenrechte: § 25 l. c.), — und den (erfolglosen) Versuch zur Abgabe einer falschen eidesstattlichen Versicherung mit Gefängniß und der fakultativen Aberkennung der Ehrenrechte. Die Motive (S. 53 und 146) boben es außerdem noch ausdrücklich hervor, daß die Unfähigkeit zum Zeugnisse nur den wegen „Meineides" Verurtheilten treffen sollte, während das hinzugefügte Citat: §§ 134—137 es positiv ausspricht, daß als „Meineid" nur die dort vorgesehenen Fälle anzusehen seien. Bei dieser Auffassung ist auch der zweite Entwurf durchaus stehen geblieben; insbesondere kann es nicht zugegeben werden, daß mit Rücksicht auf die Gesetzgebung anderer Staaten, namentlich des Königlich Sächs. StGBs (Art. 64 Abs. 2. 226) abweichende Vorschriften getroffen worden seien; die Bestimmung des Art. 64 Abs. 2 l. c., nach welcher jeder erfolglose Anstiftungsversuch mit der Strafe des beendigten Versuchs desjenigen Verbrechens zu belegen war, zu welchem angestiftet werden sollte, ist vom B.-StGB. nicht adoptirt, die exzeptionelle Strafbarkeit der erfolglosen Anstiftung zu einem Meineide aber schon im ersten Entwurfe aus dem Pr. StGB. 130 entlehnt worden. Der zweite Entwurf nahm nur eine redaktionelle Aenderung vor, insofern er im § 152 die §§ 135 und 136 des ersten zusammenfaßte, und die auf die Nebenstrafen bezüglichen Vorschriften des § 134 Abs. 2 (in Bezug genommen in §§ 135 und 136) und § 139 des ersten Entwurfs zum Gegenstande eines besonderen § 158 (jetzt § 161) machte, wie dieses in ähnlicher Weise auch an anderen Stellen (z. B. in den §§ 280. 319. 325. 358) — abweichend vom ersten Entwurfe — geschehen ist. Die Motive zum zweiten Entwurfe lassen nirgendwo erkennen, daß man in Betreff der Unfähigkeit zum Zeugnisse rc. von der schon im ersten Entwurfe entwickelten Auffassung habe abgehen wollen; vielmehr werden (S. 56) die hierauf bezüglichen oben hervorgehobenen Bemerkungen der Motive zum I. Entw. (S. 53) buchstäblich wiederholt mit dem einzigen Unterschiede, daß an die Stelle des Citats: §§ 134—136 jetzt folgerichtig der diese ersetzende § 158

Strafe anordnenden § 161 nur bei einer Verurtheilung wegen eines vom Angeklagten selbst ausgeschworenen „Meineids" für anwendbar erachtete. Auf die NB. des StA.s ist das Erkenntniß in dieser letzteren Beziehung vernichtet und zugleich auch jene Strafe aus § 161 gegen die J. verhängt worden. Gründe:

Die Wortfassung des Eingangs des ersten Satzes des § 161 l. c. kann es allerdings zweifelhaft machen, ob nicht derselbe lediglich dann zur Anwendung kommt, wenn eine Verurtheilung wegen Ableistung eines Meineides im eigentlichen Sinne erfolgt. Der Zusammenhang des § 161 aber mit den übrigen einschlagenden gesetzlichen Bestimmungen, in Verbindung mit dem Gange, den die neuere Gesetzgebung genommen hat, ergiebt deutlich, daß diese Auslegung eine unrichtige ist. Das frühere Pr. StGB. beahndete im § 130 die versuchte Verleitung zu einem Meineide mit Zuchthausstrafe. Die letztere hatte nach dem § 12 Nr. 4 l. c. die Unfähigkeit als Zeuge oder Sachverständiger eidlich vernommen zu werden, auf immer zur Folge; es bedurfte daher einer diesfälligen Bestimmung für die Fälle des § 130 l. c. nicht. Bei der Bearbeitung des jetzigen B.-StGB.s kam man indeß zu anderen Grundsätzen, als denjenigen, welche der § 12 des Pr. StGB.s aufstellte, namentlich hielt man dafür, daß die Untersagung der Ausübung der bürgerlichen Ehrenrechte nicht mehr die Unfähig-

des II. Entwurfs (§ 161 des StGB.s) getreten ist. Dagegen ist aus dem Umstande, daß die Motive zu § 158 (§ 161 GB.) des II. Entwurfs (S. 95) ausdrücklich besagen: „von den im § 157 (GB. § 159) erwähnten Fällen ist nur der zweite hierher zu ziehen," Nichts für unsere Frage zu folgern, denn dort handelt es sich lediglich um die fakultative Gestattung der Aberkennung der Ehrenrechte, welche nach § 32 für die mit Gefängnißstrafe bedrohten Vergehen einer besonderen Androhung bedurfte, während sie neben der Zuchthausstrafe selbstverständlich ist. — Wenn endlich Schwartze (Kommentar S. 398) zur Begründung seiner Ansicht lediglich bemerkt: „die versuchte Verleitung zu einem Verbrechen werde allenthalben so wie letzteres selbst behandelt," so widerspricht dies sowohl der allgemeinen Auffassung des StGB.s als auch der speziellen Bestimmung des § 159, welche ausnahmsweise den erfolglosen Verleitungsversuch zum Meineide und zwar mit geringeren Strafen bedroht, als den Meineid selbst; hierdurch dürfte auch die Schlußerwägung des OTr.s sich erledigen.

keit bewirken sollte, als Zeuge oder Sachverständiger eidlich vernommen zu werden; es bemerkten jedoch hierzu die Motive des ersten Entwurfes ausdrücklich (S. 53):

„Die Zeugnißfähigkeit gehört gar nicht zu den politischen Ehrenrechten, und ihre Untersagung erscheint daher nur da an ihrer Stelle, wo die Natur eines begangenen Verbrechens den Beweis geliefert hat, daß der dieserhalb Verurtheilte derjenigen Zuverlässigkeit entbehrt, die im Interesse der allgemeinen Rechtssicherheit Jeder besitzen soll, den die Gesetze zur Ablegung eines Zeugnisses verstatten. Einer solchen Zuverlässigkeit entbehrt jedenfalls ein wegen Meineides Verurtheilter und ihn will daher der Entwurf für zeugnißunfähig erklären."

Allegirt wurden hierbei die §§ 134—136 des Entwurfes, welche den §§ 153. 154 des B.-StGB.s entsprechen und von der Ableistung eines Meineides im eigentlichen Sinne handeln. Eine, dem jetzigen § 161 des B.-StGB.s konforme Bestimmung fehlte, obwohl der § 139 des Entwurfes eine, dem § 159 des Bund.-StGB.s ähnliche, enthielt. — Bei der Revision dieses ersten Entwurfes ging man weiter, indem man hinsichtlich des Meineides die Gesetzgebung anderer Staaten, namentlich die des Kgl. Sächs. StGB.s v. 1. Okt. 1868 in Betracht zog, nach welcher in Folge der Artt. 64 Abs. 2 und 226 die erfolglose Verleitung zu einem Meineide, mit der Unfähigkeit zum eidlichen Zeugnisse bestraft werden muß. Dem § 157 des revidirten Entwurfes (§ 159 des B.-StGB.s) folgte daher der § 158 unmittelbar, und zwar in der Fassung des jetzigen § 161. Die Motive hierzu besagten (S. 95),

„.... Ebenso rechtfertigt die Natur dieses Verbrechens, daß die Zeugnißunfähigkeit nicht auf die bei dem Verluste der Ehrenrechte sonst vorgeschriebene höchste Zeitdauer von zehn Jahren eingeschränkt worden. — In dem Abs. 2 war der Fall, daß nach den §§ 154—157 (jetzt 156—159) auf eine Gefängnißstrafe erkannt werde, besonders hervorzuheben. Es gehören hierher auch die Verurtheilungen nach den §§ 155. 156, (157. 158 des B.-StGB.s) in denen bei Ermäßigung der an sich verwirkten Strafe, auf Gefängniß herab gegangen werden kann. Von den im § 157 (159 des

B.-StGB.s erwähnten Fällen, ist nur der zweite hierher zu ziehen. — Wird in den Fällen der §§ 156. 157 (jetzt 157. 158) auf Zuchthausstrafe erkannt, so treten die allgemeinen Vorschriften §§ 28 ff. (jetzt §§ 32 ff.) ein.

Der leitende Gedanke dieser Erläuterung ist hiernach unzweifelhaft der gewesen, daß, wenn nach den, vor dem jetzigen § 161 stehenden Strafvorschriften, jedoch mit Ausschluß der §§ 157. 158 des B.-StGB.s, auf eine Zuchthausstrafe erkannt wird, hinsichtlich der Zeugnißunfähigkeit eine Ausnahme von den Bestimmungen der §§ 32 ff. des B.-StGB.s eintreten soll. Es erhellt dies ganz besonders aus der Hervorhebung, daß „von den im § 159 des B.-StGB.s erwähnten Fällen nur der zweite in Betracht kommt," welcher eine bloße Gefängnißstrafe androht, so wie ein Gleiches bei Gefängnißstrafen überhaupt stattfindet, §§ 156—158. 160 l. c. Die Wortfassung des § 161 l. c. korrespondirt demnächst auch mit dieser Intention. Er befindet sich in dem neunten Abschnitte des B.-StGB.s, der von dem Meineide überhaupt handelt. Wenn nun der Eingang des § 161 l. c. dahin lautet: „Bei jeder Verurtheilung wegen Meineides," so folgt hieraus, daß darunter diejenigen vorangegangenen, und nicht ausgenommenen Strafbestimmungen, zu verstehen sind, die von dem ganzen Gattungsbegriffe des Meineides sprechen, gleichviel, ob es sich von einem ausgeschworenen Meineide selbst, oder von einer Verleitung zu demselben, beziehungsweise einer Theilnahme handelt. Wollte man diese Vorschrift in noch mehr eingeschränkter Weise, als in dem Gesetze selbst ausgesprochen ist, auslegen, so würde man gegen jede anerkannte Interpretationsregel verstoßen. — Endlich spricht für die vorstehende Auslegung der innere Grund, der den Gesetzgeber geleitet hat. Er besteht offenbar darin, daß derjenige, welcher einen Andern zur Ableistung eines Meineides zu verleiten unternimmt, gerade dieselbe verwerfliche und strabare Gesinnung besitzt, wie derjenige, welcher selbst einen Meineid ableistet. Die Gefahr für die allgemeine Rechtssicherheit ist in beiden Fällen dieselbe, und muß deshalb in gleicher Weise beahndet werden. Aus alle dem folgt, daß der erste Absatz des § 161 des Bund.-StGB.s auf den § 159 l. c. dann Anwendung findet, wenn es sich darum handelt, daß Jemand einen Andern zur Begehung eines Meineides zu verleiten unternommen hat, und deshalb mit einer Zuchthausstrafe, wie in dem vorliegenden Falle geschehen, zu bestrafen ist.

Antr. d. GStA.: entg.]30.—8.]

Realkonkurrenz. – Getrennte Aburtheilung.

Gelangt eine Untersuchungssache zur Entscheidung, nachdem über eine in Realkonkurrenz verübte Strafthat desselben Angeklagten bereits anderweitig (aber noch nicht rechtskräftig) aberkannt ist, so verfährt der Instanzrichter regelrecht, wenn er für den vorliegenden neuen Straffall die Strafabmessung selbstständig vornimmt und gleichzeitig Bestimmung darüber trifft, bis zu welchem Maße die so abgemessene (Freiheits-) Strafe zur Vollstreckung zu bringen sei, wenn die erste Verurtheilung rechtskräftig werden sollte.

B.-StGB. § 79 [n. 11].

Erk. (Z. I.) v. 26. April 1871 c. Kriebel (326. I. Cr.).

Bei der Verhandlung zweiter Instanz gegen den des Betruges angeklagten K. ermittelte es sich, daß derselbe kurz vorher wegen eines anderen Betrugsfalles durch ein zur Zeit noch nicht rechtskräftiges App. Urtheil zu einer Gefängnißstrafe verurtheilt worden sei. Das AG. traf deshalb seine Entscheidung dahin: daß K. wegen des jetzt vorliegenden Vergehens mit einer sechsmonatlichen Gefängnißstrafe rc. zu bestrafen, diese aber für den Fall, daß die, wegen des früheren Konkurrenzfalles gegen ihn verhängte Gefängnißstrafe „zur Vollstreckung" gelangen sollte, auf drei Monate zu ermäßigen sei." Die NB. des K., welche dieses Verfahren für unstatthaft erachtete „weil er gegen das erste Urtheil die NB. ergriffen habe, dieselbe also zur Zeit noch nicht rechtskräftig gewesen sei," ward vom OTr. zurückgewiesen:

„weil das früher ergangene Urtheil durch die inzwischen

erfolgte Zurückweisung der NB. rechtskräftig geworden, damit aber die Beschwerde umsomehr erledigt sei, als der Appell.-Richter mit der „Vollstreckung" augenscheinlich die Rechtskraft jenes Erkenntnisses habe ausdrücken wollen."

Antr. d. GStA.: Zurückweisung. [28.—8.]

Betrug. - Exekution. - Postschein.

Die durch eine fingirte Geldsendung herbeigeführte Hinausschiebung einer Exekution schließt den Thatbestand eines Betruges nicht aus.

B.-StGB. § 263 [n. 3. 24].

Erk. (S. I.) v. 26. April 1871 c. Neubarth (314. I. Cr.).

N. war in erster Instanz (am 8. Nov. 1870) aus § 243 Nr. 6 des Pr. StGB.s verurtheilt worden, weil er „am 17. Sept. 1870 — in der Absicht eine verhängte Exekution aufzuschieben, von einem Postschein über Versendung von 151 Thaler Gebrauch gemacht habe, obgleich er wußte, daß der versandte Brief kein Geld sondern nur ein Wechsel-Accept enthielt." Das AG. sprach dagegen am 9. Jan. 1871 von der Anklage frei, weil „§ 243 Nr. 6 des Pr. StGB.s aus dem B.-StGB. ausgeschieden worden sei und der diesfällige Thatbestand unter die Strafbestimmung des § 263 des B.-StGB.s nicht subsumirt werden dürfe." — Vernichtung und Zurückweisung der Sache an ein anderes AG. Gründe:

Der § 243 Nr. 6 des Pr. StGB.s hatte bereits seine Stellung unter dem Gattungsbegriff des Betruges gefunden. Es war nur um deshalb eine besondere Strafbestimmung hinsichtlich der in Rede stehenden Handlungsweise für erforderlich gehalten worden, weil es in der Rechtsprechung zweifelhaft geworden war, ob zu dem diesfälligen Thatbestande alle Merkmale des Vergehens des Betruges gehörten, namentlich eine gewinnsüchtige Absicht und eine Vermögens-Beschädigung. Es erging deshalb das Gesetz vom 14. April 1856, das den § 243 Nr. 6 unter die speziell hervorgehobenen besonderen Fälle einreihte, und sodann das Ges. v. 30. Mai 1859, welches die erwähnte Bestimmung wiederholte und im Schlußsatz noch die Statthaftigkeit der Annahme mildernder Umstände, sowie eine, dadurch bedingte geringere Strafe vorschrieb. Bei der Abfassung des

B.=StGB.s erschien die Aufnahme eines derartigen Spezialfalles des Betrugs-Vergehens nicht mehr erforderlich, weil der diesfällige § 263 bereits mildere Strafbestimmungen enthält, als der § 243 des Pr. StGB.s, namentlich aber das Vorhandensein mildernder Umstände in größerm Umfange berücksichtigt, so daß es der Lage des jedesmaligen Falles überlassen werden konnte, thatsächlich zu prüfen und festzustellen ob die Erfordernisse des Thatbestandes eines Betruges in der, dem früheren § 243 Nr. 6 des Preuß. StGB.s entsprechenden Handlungsweise, zu finden ist. Dies ist auch lediglich der Sinn, welchen die von dem Appell.=Richter angezogenen Motive des B.=StGB.s haben ausdrücken wollen und ausgesprochen haben. Der App.=Richter hätte hiernach in der gegenwärtigen Untersuchung eine Prüfung eintreten lassen müssen, ob das, was der Angeklagte gethan, unter den im § 263 des B.=StGB.s aufgestellten Begriff des Betruges subsumirt werden kann, nicht aber durfte er, wie es geschehen, annehmen, daß das B.=StGB. prinzipiell jede Beahndung einer, dem § 243 Nr. 6 des früheren Pr. StGB.s entsprechenden Handlungsweise ausgeschlossen habe.

Antr. d. GStA.: Vernichtung. [20.—8.]

Geschworne. - Berathung - Unterbrechung.

Die Vorschrift, dass die Geschwornen nach dem Empfange der Fragen sich unmittelbar in ihr Berathungszimmer begeben sollen, schliesst eine zur Befriedigung eines körperlichen Bedürfnisses nothwendige momentane Entfernung Einzelner, wenn sie vor dem Beginne der Berathung stattfindet, nicht aus; auch ein während dieser Zwischenzeit mit einem Nicht-Geschwornen geführtes Gespräch begründet noch keine Nichtigkeit.

StPO. §§ 331. 332.

Erk. (Z.) v. 26. April 1871 c. Rink (OAG. II. 47).

Man kann im vorliegenden Falle dahingestellt sein

lassen, ob die Vorschriften [der §§ 331 Abs. 1 und § 332 Abs. 1 der R. StPO.] als unbedingt wesentliche in der Art erscheinen, daß ganz abgesehen von dem dadurch bewirkten Erfolge deren Nichtbeachtung die Nichtigkeit des Verfahrens nach sich zieht, oder ob nicht vielmehr nur da Nichtigkeit anzunehmen ist, wo ein den Zweck des Verbots gefährdendes Zuwiderhandeln vorliegt, so daß die Beschwerde zurückzuweisen ist, wenn nicht behauptet, bezüglich nicht festgestellt wird, daß auf einen ausgetretenen Geschwornen ein unzulässiger Einfluß geübt worden sei. Denn, was die erste Beschwerde betrifft, daß die Geschwornen nicht unmittelbar nach der Empfangnahme der Fragen sich in ihr Berathungszimmer begeben hätten, vielmehr viele derselben, wo nicht alle die Wendeltreppe herab zu dem Appartement ins untere Stockwerk gegangen seien, so kann der vom Angeklagten versuchten Auslegung des Wortes „unmittelbar" in dem § 311 nicht beigepflichtet werden. Es ist damit nicht gemeint, daß ganz unbedingt nach Aushändigung der Fragen alle Geschwornen momentan sich in das Berathungszimmer verfügen müssen, selbst wenn eine physische Nothwendigkeit eine kurze Verschiebung des Beginns der Berathung erheischt; sondern es ist nur dadurch ausgesprochen, daß nach der Uebergabe der Fragen nicht eine Unterbrechung der Verhandlungen zulässig ist; diese vielmehr ohne eine von Gerichtswegen etwa anzuordnende Pause fortzusetzen sind. In der vorliegenden Sache ist aber eine solche nicht eingetreten, selbst wenn es wahr seyn sollte, daß etwa erst zehn Minuten oder eine Viertelstunde nach Entfernung der Geschwornen aus dem Assisensaale die Berathungen im Berathungszimmer begonnen hätten. — — Es ist deshalb keine Nichtigkeit darin erfindlich, daß der Geschworne Th., bevor er nebst den andern Geschwornen in Berathung trat, mit einigen andern Personen ein paar Worte wechselte, welche übrigens, so viel bisher ermittelt ist, in keiner Weise geeignet waren, auf seine Entschließung rücksichtlich der Beantwortung der vorgelegten Fragen des Straffalles einen Einfluß auszuüben.

Antr. d. GStA.: gleichl. [63.—6.]

Wechselstempel. – Bundes-, Preußische Marke.

Derjenige, welcher einen im Jahre 1869 gezogenen Wechsel, im Jahre 1870 mit einer Bundes-Freimarke versieht, genügt dadurch nicht der Stempelvorschrift des B.-Ges.s v. 10. Juni 1869 (§ 29), sollte auch der um Beikassirung des Preußischen Stempels angegangene Stempel-Distributor diese abgelehnt haben.

Erk. (B. I.) v. 26. April 1871 c. Wolff (323. I. Cr.).

W. hatte einen gezogenen Wechsel d. d. 13. Oktbr. 1869 über 140 Thlr. ausgestellt und (im J. 1870) weiter begeben, nachdem er denselben mit Bundes-Stempelmarken beklebt hatte. Hierin fand die Stempelbehörde einen Verstoß gegen das B.-Ges. v. 10. Juni 1869 § 29, nach welchem hinsichtlich der vor dem 1. Jan. 1870 ausgestellten Wechsel die landesgesetzlichen Bestimmungen in Kraft verblieben seien, so daß der fragliche Wechsel mit einer Preußischen Marke von 5 Sgr. zu bekleben gewesen wäre. Die Instanzgerichte sprachen indessen frei, weil W. den Wechsel vor der Weiterbegebung dem Stempeldistributor D. vorgelegt, dieser aber unter (mißverständlicher) Berufung auf eine Fin.-Minist.-Verfügung die Kassation einer Preußischen Stempelmarke verweigert habe; W. habe somit alles in seinen Kräften Stehende gethan, um dem Gesetze zu genügen; es falle ihm weder ein böser Vorsatz noch ein Versehen zur Last. — Vernichtung und Verurtheilung. Gründe:

Das B.-Wechs.-Stemp.-Ges. v. 10. Juni 1869 (Bund.-GBl. S. 193) ist nach § 29 desselben erst mit dem 1. Jan. 1870 in Kraft getreten und bestimmt dabei ausdrücklich, daß in Betreff aller, wie in dem vorliegenden Falle, vor diesem Tage ausgestellten inländischen Wechsel noch die bisherigen landesgesetzlichen Vorschriften zur Anwendung kommen. Mit der Unkenntniß dieses Gesetzes kann sich der Angeklagte nach den allgemein geltenden Rechtsgrundsätzen nicht schützen, und ebensowenig entschuldigt ihn die unrichtige Belehrung des von ihm zu Rathe gezogenen Stempeldistributors und anderer Personen. Denn wenn er den diesfällig erhaltenen Bescheid für richtig hielt, so folgte daraus nur, daß er den Wechsel, weil er nicht mehr mit dem gesetzlichen Stempel versehen werden konnte, nicht weiter begeben, und dadurch von demselben Gebrauch machen durfte. Setzte er dagegen in die gewordene Belehrung Mißtrauen, so mußte er sich an die betreffende Steuerbehörde wenden, und deren Entscheidung einholen. Keinen Falls war er berechtigt, so wie er gethan, in gesetzlich unstatthafter Weise zu verfahren, und hat sich dadurch nach den §§ 20. 26 des Stempelgesetzes v. 7. März 1822, der Wechselstempelsteuer-Kontravention schuldig gemacht. Da dies das angefochtene Erkenntniß aus einem Rechtsirrthum verkannt hat, so unterliegt dasselbe nach Art. 107b des Ges.s v. 3. Mai 1852 der Vernichtung.

Antr. d. GStA.: gleichl. [20.—8.]

Strafantrag. - Gesetzeswechsel. - Prozeßvorschrift.

Die Frage, ob die Verfolgung einer Uebelthat durch einen Strafantrag bedingt sei, ist lediglich nach der zur Zeit der Anhebung des Verfahrens geltenden Prozeßgesetzgebung zu beurtheilen; ist daher das Verfahren unter der Herrschaft einer, den Strafantrag nicht erfordernden Gesetzgebung angehoben worden, so bedarf es auch nach Einführung des einen solchen Antrag erheischenden B.-StGB.s eines solchen zur Fortsetzung des Verfahrens nicht.

B.-StGB. § 2 [n. 19]. Vgl. oben S. 39.

Erk. (Z. II.) v. 27. April 1871 c. B. (112. II. Cr.)

B., am 4. Nov. 1870 wegen wiederholter Vornahme unzüchtiger Handlungen mit Kindern unter 14 Jahren aus § 144 Nr. 3 des Pr. StGB.s definitiv in Anklagestand versetzt, war am 14. Januar 1871 vor den Schw.-GH. gestellt, auch von den Geschwornen beider Fälle schuldig befunden, und vom Schw.-GH. zwar „zweier Verbrechen gegen die Sittlichkeit schuldig" erklärt, dennoch aber „außer Verfolgung belassen und von Strafe und Kosten freigesprochen" worden, weil der Vater des mißbrauchten Kindes zwar am 5. Sept. 1870 den

Strafantrag gestellt, denselben aber wenige Tage später und zwar, bevor die förmliche Anklage bei Gericht erhoben worden, wieder zurückgenommen habe; es fehle somit an dem jetzt nach § 176 des Bund.-StGB.s zur Strafverfolgung erforderlichen Antrage; das müsse dem Angeklagten nach dem Grundsatze des § 2 l. c. zu Statten kommen; dagegen komme freilich eine vom Vater in der Hauptverhandlung (am 14. Jan. 1871) erklärte Zurücknahme des Antrages nach § 176 Abs. 3, nicht weiter in Betracht. — Vernichtung und Verurtheilung des B. aus cit. § 176. Gründe:

Die Entscheidung beruht auf einer unrichtigen Anschauung über die Bedeutung des § 2 des D. StGB.s. Die beiden Absätze dieses § stehen unverkennbar in der engsten Verbindung mit einander, indem der erste eine allgemeine Regel, der zweite lediglich eine Ausnahme von derselben darstellt. Der erste Absatz enthält das Verbot der rückwirkenden Kraft der Strafgesetze und spricht den Satz aus, daß auf eine strafbare Handlung nur diejenigen Strafbestimmungen zur Anwendung kommen sollen, welche zur Zeit der Begehung derselben in rechtlicher Wirksamkeit waren. Diese Vorschrift gehört lediglich dem materiellen Strafrecht an, und bezieht sich nur auf die Strafandrohung selbst, und die Bedingungen des Eintretens derselben, d. h. den Thatbestand der Handlungen, welche als strafbar bezeichnet wird. Von dieser Regel, und nur von derselben ist in dem zweiten Absatze eine Ausnahme dahin statuirt, daß bei einem Wechsel der Strafgesetzgebung das mildeste Gesetz, auch wenn es zur Zeit der That noch nicht vorhanden gewesen, zur Anwendung kommen solle. Wenn nun eine jede Ausnahmebestimmung schon an sich ihre natürliche Beschränkung darin findet, daß sie über das Rechtsgebiet, für welches die Regel Geltung hat, nicht ausgedehnt werden darf, so kann dieses in dem vorliegenden Falle mit Rücksicht auf die Verbindung, in welche die beiden Absätze des § 2 zu einander gebracht sind und auf die Wortfassung um so weniger einem Bedenken unterliegen. Bezieht sich hiernach der Abs. 2 des § 2 des D. StGB. lediglich auf das materielle Strafrecht, so kann die Bestimmung desselben für diejenigen Fälle, in welchen durch die neuere Gesetzgebung ein bisher von Amtswegen zu verfolgendes Vergehen in ein sogenanntes Antragsvergehen umgewandelt ist, von keiner Bedeutung sein. Die Vorschrift, daß eine bestimmte Handlung nur in Folge Antrages verfolgt werden könne, enthält keine an eine Bedingung geknüpfte Strafandrohung der Art, daß mit Wegfall der Bedingung auch die Strafbarkeit an sich in Wegfall komme; die Handlung an sich bleibt eine strafbare. Der Thatbestand derselben wird durch das Requisit eines Strafantrages nicht berührt; nur ist das sonst unbeschränkte Recht der StA.-schaft, alle strafbaren Handlungen von Amtswegen zu verfolgen, für einzelne Fälle beschränkt und die Befugniß des Einschreitens derselben an das Verlangen der verletzten Personen geknüpft worden. So wenig das vorerwähnte Recht der StA.-schaft dem materiellen Strafrecht angehört, ebensowenig ist solches bezüglich der Beschränkung dieses Rechts durch das Erforderniß eines Antrages der Fall. Beides gehört vielmehr lediglich in das Gebiet der prozessualischen Vorschriften, welche wie oben ausgeführt ist, von der Bestimmung des § 2 Abs. 2 des D. StGB. nicht berührt werden. Daß übrigens das StGB. auch von dieser Anschauung ausgegangen ist, ergiebt sich daraus, daß sowohl in der allgemeinen Bestimmung des § 61, wie in dem § 176 und bei sämmtlichen übrigen Spezial-Vorschriften über Antragsvergehen (vgl. §§ 102. 104. 123. 170. 172. 177. 179. 182. 189. 194—196. 232. 236. 237. 240. 241. 247. 263. 283. 289. 292. 299. 300—303. 370. Nr. 4—6) überall der Ausdruck gewählt ist, daß eine Verfolgung nur auf Antrag eintreten soll. Aus dieser nur prozessualischen Bedeutung des Antrages folgt dann aber von selbst, daß darnach diejenige Verfolgung nicht bemessen werden könne, welche bereits unter dem älteren Gesetze in damals formell zulässiger Weise eingeleitet, und, wie im vorliegenden Falle, bis über die definitive Versetzung in den Anklagestand hinaus gegen den Angeklagten durchgeführt ist. Die Zurücknahme des ursprünglich gestellten Antrages vor Erhebung der förmlichen Anklage unter der Herrschaft des älteren Gesetzes, wie sie von dem Schw.-GH. festgestellt ist, welche damals als sie erfolgt, eine rechtlich völlig indifferente Handlung ohne entscheidende Wirkung war, kann durch den Wechsel der Gesetzgebung, bezüglich der formellen Vorbedingung allein eine ihr bis dahin nicht beiwohnende rechtliche Bedeutung nicht erlangen. Wenn hiergegen Seitens des Angeklagten noch eingewendet wird, daß es sich darum nicht handeln könne, das unter dem älteren Gesetze Geschehene ungeschehen zu machen, sondern nur die Fortsetzung der Verfolgung in Frage stehe, welche erst durch die Aburtheilung ihren Abschluß erhalten haben würde, so könnte dieser Einwand nur dann seine Berechtigung haben, wenn unter dem neuen Gesetze eine Thatsache eingetreten wäre, welche auf die weitere Verfolgung von rechtlichem Einfluß sein könnte, wenn also die Zurücknahme des Antrags unter dem ihr erst rechtliche Wirksamkeit verleihenden D. StGB. und zugleich in einer prozessualischen Lage der Sache erfolgt wäre, welche nach dem neuen Gesetze ihre Berücksichtigung gestattete. Auf den in der öffentlichen Sitzung erklärten Verzicht hat aber das Schwurgericht mit Recht augenscheinlich deshalb kein Gewicht gelegt, weil, nachdem die förmliche Anklage bei Gericht erhoben worden, auch nach dem neuen Gesetze dieser Verzicht keine Berücksichtigung mehr finden konnte: § 176 a. E.

Antr. d. GStA.: gleichl. [32.—3.]

Gewerbebetrieb, Untersagung. – Steuer-Vergehen.

Die durch ein in Kraft erhaltenes Steuergesetz angedrohte Strafe der „Untersagung des Gewerbebetriebs" ist nicht beseitigt durch

EG. z. B.-StGB. § 6 [n. 3]. Ebenso Z. (I, 236) v. 28. Apr. 1871 c. Müller. Vgl. unten 31. 12. Mai 1871 c. Richter.

Erk. (B. I.) v. 28. April 1871 c. Eichelbaum (356. I. Cr.).

Der Mühlenmeister E., einer Mahlsteuerdefraude im zweiten Rückfalle schuldig befunden, war vom AG. nur zur Geldbuße, nicht aber auch zu der im § 62 der Steuer-Ordn. v. 8. Febr. 1819 angedrohten „Untersagung der Ausübung des Müllergewerbes 2c. auf Zeit" verurtheilt worden, weil diese Strafart im B.-StGB. nicht enthalten sei, somit auf sie nach § 6 des EG.s v. 31. Mai 1870 nicht mehr erkannt werden dürfe. Die NB. des OStA.s suchte auszuführen, daß cit. § 6 auf die Strafe der Untersagung des Gewerbebetriebs, insoweit derselbe durch § 143 der B.-Gew.-Ordn. v. 21. Juni 1869 für Steuer- und Preßvergehen aufrecht erhalten worden sei, nicht mitbezogen werden dürfe. In dieser Beziehung verwies die Gen.-Staatsanwaltschaft auf die Motive zum II. Entw. des StGB.s S. 22 und 111, und machte darauf aufmerksam, daß die in der Verordnung vom 7. Aug. 1846 (GS. S. 335) enthaltenen Strafandrohungen gegen Rübenzucker-Steuer-Defrauden, insbesondere auch der im § 20 l. c. für den Rückfall angedrohte Verlust des Rechts zum Betriebe der Rübenzuckerfabrikation, nach dem (als Anhang zu den Verhandlungen der siebenten General-Konferenz in Zollvereinsangelegenheiten gedruckten) besonderen Protokolle d. d. Karlsruhe den 23. Oktbr. 1845 auf einer gemeinschaftlichen Verabredung der Zollvereinsstaaten beruhe, welche auch bei den späteren Regelungen dieser Materie (Zoll-Vereinsvertr. v. 4. April 1853, v. 16. Mai 1865, v. 8. Juli 1867 Art. 3 §§ 3. 7; Art. 7: GS. 1853 S. 427, 1865 S. 673; B.-GBl. S. 81; Vdn. v. 12. Febr. 1855: GS. S. 70; B.-Ges. v. 26. Juni 1869: B.-GBl. S. 282) stets als maßgebend festgehalten worden sei; hiernach erscheine es jedenfalls als höchst bedenklich, ob es der Gesetzgebung des Norddeutschen Bundes zugestanden habe, die auf Vereinbarung mit den übrigen zur Zeit noch nicht zum Norddeutschen Bunde gehörenden Staaten beruhende Strafbestimmung im § 20 der cit. Vdn. v. 7. Aug. 1846 zu ändern.

Das OTr. hat das angefochtene Erkenntniß vernichtet und die Sache an das AG. zurückverwiesen. Gründe:

Der § 6 des EG.s z. B.-StGB. bestimmt allerdings, daß vom 1. Jan. 1871 ab nur auf die, in dem bezeichneten StGB. enthaltenen Strafarten erkannt werden darf, und eben so richtig ist es, daß die hierauf bezüglichen §§ 13 bis 42 l. c. die Untersagung des Gewerbebetriebes nicht enthalten. Dessenungeachtet ist die hierauf bezügliche, in dem Appellations-Erkenntniß ausgesprochene Ansicht eine rechtsirrthümliche. Denn der § 143 der B.-Gew.-Ordn. v. 21. Juni 1869 geht bereits in seinem ersten Absatze davon aus, daß in der Regel die Berechtigung zum Gewerbebetriebe nicht mehr entzogen werden soll, mit Ausnahme der dort speziell hervorgehobenen Fälle. Der zweite Absatz des § 143 l. c. lautet jedoch wörtlich:

„Ausnahmen von diesem Grundsatze, welche durch die Steuergesetze begründet sind, bleiben so lange aufrecht erhalten, als diese Steuergesetze in Kraft bleiben."

Nun verordnet aber der § 2 des EG.s v. 31. Mai 1870 ausdrücklich, daß außer anderen, auch die besonderen Vorschriften des Bundes- und Landesstrafrechts über strafbare Verletzungen der Steuergesetze in Kraft bleiben. Diese Bestimmung, zusammengehalten mit der des § 143 Abs. 2 der B.-Gew.-Ordn. führt nothwendig zu der Annahme, daß in Steuersachen die in den diesfälligen Landesgesetzen vorgeschriebene Entziehung des Gewerbebetriebes auch jetzt noch verhängt werden muß, sofern ein damit bedrohter Fall zur Entscheidung gelangt. — Hiergegen könnte die allgemein gehaltene Fassung des § 6 des EG.s Bedenken erregen. Ein derartiges wird indeß dadurch beseitigt, daß nach dem bereits angezogenen § 143 der B.-Gew.-Ordn. in Verbindung mit dem § 2 des EG.s die Steuergesetze der einzelnen Bundesstaaten von dem Einflusse des B.-StGB.s von vorn herein, und überhaupt ausgeschlossen sind, daher die Bestimmungen desselben gar nicht in Betracht kommen und somit hierfür nicht existiren. Wollte man dies nicht annehmen, dann würden die §§ 2 und 6 des EG.s in der vorliegenden Beziehung mit einander in einem unauflöslichen Widerspruche stehen, indem einerseits der § 2 l. c. die Anwendung des B.-StGB.s auf Steuervergehen ausschließt, andererseits aber, und zwar unmittelbar darauf, wieder durch den § 6 l. c. eine, wenigstens theilweise Einwirkung desselben zugelassen werden soll, obschon man sich vollkommen bewußt war, daß die erst kurz vorher in Kraft getretene B.-Gew.-Ordn. eine gleiche Vorschrift, wie der § 2 des Einführungsgesetzes, gegeben. Eine solche Inkonsequenz kann dem Gesetzgeber nicht beigemessen werden, und zwar um so weniger, als im § 5 des EG.s gerade in Anbetracht des § 2 l. c., für die spätere einschlagende Gesetzgebung die Regel vorgeschrieben ist, daß nur Gefängniß bis zu zwei Jahren, Haft, Geldstrafe, Einziehung einzelner Gegenstände und die Entziehung öffentlicher Aemter angedroht werden soll. Daraus erhellt unzweifelhaft, daß es für jetzt unter Ausschluß des § 6 l. c. bei den bisherigen Bestimmungen der bezüglichen Spezialgesetze einzelner Bundesländer verbleibt.

Antr. d. GStA.: gleichl. [20.—6.]

Beamter. – Diensteid. – Amtsehrverletzung.

Ein Beamter, welcher in Ausübung seines Berufs beleidigt worden ist, kann in der deshalb eingeleiteten Untersuchung die Richtigkeit des von ihm abgelegten Zeugnisses auf den von ihm geleisteten Diensteid versichern.

Cr.-Ordn. § 335 Nr. 2; Pr. StPO. § 165; Vdn. v. 3. Jan. 1849 § 55 [n. 32].

Erk. (Z. II.) v. 4. Mai 1871 c. Eisenschmidt (121. II. Cr.).

Die NB. des der Amtsehrverletzung eines Schutzmannes angeklagten E. rügte, daß der als Zeuge vernommene Schutzmann die Richtigkeit seines Zeugnisses nur auf seinen Diensteid versichert habe: das B.-StGB. kenne eine Amtsehrverletzung als besonderes Vergehen nicht mehr; eine solche sei nur noch als Privatbeleidigung anzusehen, der Amtscharakter müsse somit dabei gänzlich außer Betracht bleiben. — Zurückweisung. Die Gründe verweisen auf § 196 des B.-StGB.s, nach welchem der Vorgesetzte des beleidigten Beamten den Strafantrag stellen kann, daraus erhelle:

> „daß die Thatsachen, welche eine Beamtenbeleidigung darstellen, nicht blos die Person des Beleidigten sondern auch sein Amt betreffen;" es finde daher auch in einem solchen Falle § 165 der N. StPO. Anwendung.

Antr. d. GStA.: Zurückweisung. [38.—3.]

Konkurrenz. – Gewerbsunzucht. – Hehlerei.

Eine Weibsperson, welche Gewerbsunzucht betreibt und in Bezahlung dafür wissentlich gestohlenes

Geld annimmt und verhehlt, macht sich in realer Konkurrenz beider Vergehen schuldig.

Pr. StGB. § 56; B.-StGB. § 74 [n. 1a].

Erk. (B. II.) v. 4. Mai 1871 c. Roderwald (69. I. Cr.).

Nachdem die Th. R., weil sie sich wiederholt dem Sch. gegen Bezahlung Preis gegeben hatte, wegen Gewerbsunzucht aus § 147 des Pr. StGB.s bestraft worden war, wurde ermittelt, daß Sch. die der R. gezahlten Geldbeträge gestohlen, und daß sie dieselben mit der Kenntniß von dem Diebstahle in Empfang genommen habe. In der dieserhalb gegen beide eingeleiteten Untersuchung erfolgte in zweiter Instanz eine Freisprechung der R., weil sie das verhehlte Geld als Zahlung für die betriebene Gewerbsunzucht erhalten, dieserhalb aber bereits bestraft worden sei; sie könne daher wegen derselben That nicht abermals bestraft werden (non bis in idem).

Vernichtung. Gründe:

Das Vergehen der gewerbsmäßigen Unzucht im Sinne des § 146 des Pr. StGB.s wird verübt und konsumirt durch die mit der Absicht der Wiederholung erfolgende Gestattung des Beischlafs, welche bezweckt, daraus einen Erwerb zu ziehen. Ob dieser Zweck erreicht, der versprochene oder erwartete Lohn gezahlt wird, oder nicht, ist für den Thatbestand und die Strafbarkeit ex § 146 unerheblich. Die Thatsache der Bezahlung hat in dem ex § 146 eingeleiteten Strafverfahren lediglich die Bedeutung eines für die Gewerbsmäßigkeit des unzüchtigen Verkehrs sprechenden Beweismoments. Diese beiden hier vorliegenden Anklagen gemeinsame Thatsache stellt daher auch für die Anklage wegen Gewerbsunzucht keinen der im Art. 30 cit. gedachten näheren Umstände dar, von welchen die in der Anklage gedachte That begleitet war; denn nur solche Umstände sind hierbei gedacht, welche für die Beurtheilung der Hauptthat als Merkmale besonderer Strafbarkeit, namentlich und besonders als erschwerende von strafrechtlichem Einflusse sind, auf welche sich also die Untersuchung der Hauptthat, um dieselbe von allen sie charakterisirenden Seiten zu beleuchten, hätte erstrecken können und müssen. Nur rücksichtlich solcher Umstände schließt daher der cit. Art. 30 jede weitere Verfolgung selbst aus, als dieselben nur vereinzelt — also ohne die damit in Verbindung gebrachte Hauptthat — z. B. der Einbruch ohne den Diebstahl — unter einem von der Anklage nicht aufgestellten Gesichtspunkt strafbar sein würden. Um so weniger kann die Thatsache: daß die rc. N. bei der Empfangnahme ihres Sohnes wußte, daß derselbe gestohlen, resp. von gestohlenem Gelde angeschafft worden, — als ein in den Bereich der Kognition des über die Gewerbsunzucht judizirenden Richters irgendwie gehörender Umstand gelten. Die Entgegennahme des Geldes und der Sachen mit diesem Bewußtsein vollendeten ein neues selbstständiges Vergehen, welches rücksichtlich der zu seinen Merkmalen gehörigen Umstände mit demjenigen der verübten Gewerbsunzucht nirgends zusammenfiel.

Antr. d. GStA.: gleichl. [32.—3.]

Nichtigkeit. - Heilung in 2. Instanz.

Hat der erste Richter seine Entscheidung auf einen in der Verhandlung nicht erhobenen Beweis gestützt, so kann der App.-Richter die Nichtigkeit heilen, wenn er seinerseits jenen Beweis erhebt und auf Grund desselben die erstrichterliche Feststellung aufrecht hält.

Ges. v. 3. Mai 1852 Art. 102 [n. 4]. Vgl. RbOTr. 8. S. 136. 608; 9. S. 216. 341; 10. S. 79. 93. 313. 710. 784.

Erk. (Z. II.) v. 4. Mai 1871 c. Vermeulen (102. II. Cr.).

Zurückweisung der NB. des Angeklagten. Das OTr. erwog:

daß die Behauptung der NB., daß das Augenscheinprotokoll v. rc. bei der mündlichen Verhandlung 1. Instanz nicht verlesen, nichts desto weniger aber die Entscheidung auf den Inhalt desselben gegründet sei, sich schon dadurch erledigt, daß der App.-Richter die Verlesung des gedachten Audienzprotokolls zur mündlichen Verhandlung 2. Instanz bewirkt und sodann die erstrichterliche Feststellung aufrecht erhalten, auf diese Weise aber den gerügten Verstoß jedenfalls geheilt hat.

Antr. d. GStA.: gleichl. [37.—3.]

Bundes-Rechtshülfe. – Strafvollstreckung. – Strafbarkeit. Die Vollstreckbarkeit eines in einem anderen Bundesstaate erlassenen Strafurtheils ist nicht dadurch bedingt, daß die betr. Strafthat auch nach den diesseitigen Gesetzen strafbar sei; es genügt das Vorliegen der Voraussetzungen des

B.-Rechtsh.-Ges.s v. 21. Juni 1869 § 33.

Beschl. (I.) v. 5. Mai 1871 c. Erichson (3B. I. Cr.).

E., früher in Mecklenburg jetzt in Preußen ansässig, war von der Mecklenburgischen Kanzlei zu G. durch zwei in Rechtskraft erwachsene Erkenntnisse zu 4wöchentlicher und 14tägiger Gefängnißstrafe verurtheilt worden, welche auf Requisition des gedachten Gerichts durch das Preußische Gericht seines jetzigen Aufenthaltsorts vollstreckt werden sollten. Gegen die hierauf bezüglich an ihn ergangenen Verfügungen erhob er Beschwerde bis zum OTr., in welcher er auszuführen suchte: daß eine Vollstreckung jener Strafen in Preußen nach dem Grundsatze des § 4 des Pr. StGB.s, sowie des § 4 des B.-StGB.s unstatthaft sei, weil die ihm zur Last gelegten Handlungen, wenn auch in Mecklenburg und zur Zeit seines dortigen Aufenthalts verübt, doch weder damals noch jetzt in Preußen strafbar seien, der in Bezug genommene § 33 des B.-Ges.s v. 21. Juni 1869 aber nur da Platz greifen könne, wo auch in Preußen eine Verfolgung oder Bestrafung möglich gewesen wäre; im vorliegenden Falle sei er in Mecklenburg wegen eines in Preußen unbekannten Vergehens (Nichtleistung eines auferlegten Reinigungseides) bestraft worden. — Zurückweisung. Gründe:

Unerheblich ist es, ob nach Preußischem Recht in Strafsachen auf einen Reinigungseid erkannt werden kann, und ob die Ihnen zur Last gelegten strafbaren Handlungen zur Zeit ihrer Begehung in Mecklenburg-Schwerin nach dem damals geltenden Preuß. StGB., oder jetzt nach dem Norddeutschen, straffällig sind, oder nicht, da nach den §§ 22 und 33 des B.-Ges.s v. 21. Juni 1869 den Vollstreckungs-Requisitionen eines Bundesstaates ohne jede weitere Prüfung entsprochen werden muß, sobald es sich, wie hier, nur um Vermögensstrafen oder Freiheitsstrafen, welche die Dauer von sechs Wochen nicht übersteigen, handelt, und die Strafthaten in demjenigen Bundesstaate verübt sind, in welchen sich das requirirende Gericht befindet. Dadurch fällt auch jede Bezugnahme auf den § 4 des früheren Pr. StGB.s und die §§ 4ff. des B.-StGB.s von selbst weg, ganz abgesehen davon, daß diese nur von der einzuleitender Verfolgung und Bestrafung wegen der im Auslande begangenen Verbrechen und Vergehen handeln, nach § 8 des B.-StGB.s aber unter „Ausland" blos ein, nicht zum Nordd. Bunde gehöriges Gebiet verstanden wird.

Antr. d. GStA.s gleichl. [20.—6.]

Amts-Unterschlagung. – Amtlicher Empfang.

Der Beamte, welchem eine fremde Sache aus Veranlassung seiner amtlichen Stellung übergeben wird, hat dieselbe nicht „in amtlicher Eigenschaft" empfangen, wenn der Uebergebende wußte, daß jener zur Empfangnahme nicht befugt war; die Unterschlagung einer solchen Sache ist daher nicht zu bestrafen aus

Pr. StGB. § 324; B.-StGB. § 350 [n. 10a].

Erk. (B. I.) v. 5. Mai 1871 c. Grusczynski (353. I. Cr.).

Der Landbriefträger G. hatte drei ihm von dem Wirthe B. zur Besorgung auf die Post eingehändigte, nicht mit Freimarken beklebte Briefe unterdrückt, und den ihm dafür anvertrauten baaren Portobetrag unterschlagen, und war deshalb aus dem § 324 des Pr. StGB.s verurtheilt worden. Vernichtung. Gründe:

Es steht nach den Feststellungen der Instanzrichter und nach der zu den Akten gebrachten Dienstinstruktion für die Landbriefträger v. 20. Juni 1867 § 26 fest, daß dem Angeklagten die Annahme nur der „gewöhnlichen unfrankirten Briefe, sofern sie dem Frankozwange nicht unterworfen waren, desgl. solcher frankirten Briefe, für welche das Porto durch aufgeklebte Postfreimarken oder gestempelte Brief-Couverts entrichtet worden" auf seiner Dienstreise durch seine Amtsbezirke gestattet, resp. zur Pflicht gemacht, die Annahme anderer Gegenstände bei Vermeidung disciplinarischer Ahndung untersagt war. Gehörten nun diejenigen Briefe, welche der Wirth B. in den drei zur Untersuchung gestellten Fällen zur Beförderung an die Postanstalt dem Angeklagten zugleich mit den Portobeträgen übergeben hat, zu den dem Frankozwange unterworfenen, so verletzte der Angeklagte seine Dienstinstruktion, also sein Amt durch deren Annahme, ohne daß dieselben mit aufgeklebten Postfreimarken, oder mit gestempelten Brief-Couverts versehen waren. Es ist nun in den Instanzen nicht mit Bestimmtheit erörtert resp. festgestellt, ob die in Rede stehenden Briefe dem Frankozwange unterworfen waren oder nicht. Andererseits ist es richtig, daß vom strafrechtlichen Standpunkte aus die unter der Form des Amtes vorgenommene Handlung, welche in Wirklichkeit keine Amtshandlung oder doch mit bewußter Ueberschreitung der Amtspflichten vorgenommen war, dennoch in ihrem Verhältnisse zu Dritten immer als Amtshandlung zu betrachten und deshalb nach den Vorschriften des Tit. 28 des Pr. und des Abschn. 28 des B.-StGB.s zu beurtheilen ist, jedoch besonders in Fällen der vorliegenden Art, nur dann, wenn auch der Dritte der Meinung war, daß eine Amtshandlung wirklich vorliege. Wußte er das Gegentheil, so konnte er nicht auf den höheren Schutz rechnen, welchen im entgegengesetzten Falle ihm das Amt gewähren konnte. Hiernach bedarf es für die definitive Entscheidung jener oben erwähnten Feststellung über den Frankozwang und sodann über die Vorstellung, welche der B. bei der Uebergabe der Briefe und der Portobeträge von der Amtspflicht des Angeklagten rücksichtlich der Besorgung derselben gehabt hat, um über den Charakter der Vergehen des Angeklagten urtheilen zu können, wobei denn zugleich die Frage in Betracht zu ziehen ist, ob, wenn es sich um eine Amtshandlung des Angeklagten handelte, schon die Uebergabe der Briefe an ihn als ein „Anvertrauen derselben an die Post" (B.-StGB. § 354) anzusehen sein würde. Nicht unbeachtet wird es schließlich bleiben können, wie es sich mit der von den Instanzrichtern erwähnten vor der Aufhebung des Verbots der Dienstinstruktion durch eine Verfügung v. 11. Oktbr. 1869 bestandenen Observanz verhalten, und zwar ob dieselbe mit wissentlicher Zulassung Seitens der Postbehörde bestanden hat. Nach diesen Gesichtspunkten wird nunmehr in der zweiten Instanz zu verhandeln sein.

Antr. d. GStA.: entg. [15.—8.]

Nicht.-Beschwerde. - Verhafteter. - Frist.

Hat ein verhafteter Angeklagter rechtzeitig die Nichtigkeitsbeschwerde angemeldet, so muß das Kreisgericht ihn innerhalb der Rechtfertigungsfrist über seine Beschwerdepunkte vernehmen lassen. Wird dieses versäumt, so geht ihm durch den Fristenablauf das Rechtsmittel nicht verloren.

Vdn. v. 3. Jan. 1849 Abschn. IV. [S. 457 n. 37]. Vgl. RdOTr. 8. S. 266. 481; 10. S. 300.

Beschl. (I.) v. 5. Mai 1871 c. Kulaszewski (79 B. I. Cr.)

spricht den obigen Grundsatz unter Hinverweisung auf die Min.-Verf. v. 5. Dez. 1853 Nr. 8 (JMBl. S. 419) mit dem Hinzufügen aus:

„daß K. den Wunsch geäußert habe, seine Beschwerde durch den JR. S., seinen Vertheidiger, rechtfertigen zu lassen, und daß auch an diesen eine Benachrichtigung verfügt worden sei, könne im vorliegenden Falle deshalb nichts ändern, weil gar nicht konstire, ob der JR. S. diesen Antrag übernommen oder auch nur die verfügte Benachrichtigung erhalten habe."

Antr. d. GStA.: entg. [28.—8.]

Disciplinarverfahren. - Restitution.

Auch im Disciplinar-Verfahren findet eine Wiedereinsetzung in den vorigen Stand gegen den Ablauf versäumter Fristen und Termine nach Maassgabe der strafprozessualischen Grundsätze Statt.

Ges. v. 7. Mai 1851 §§ 43. 68. StPO. Tit. 17; Vdn. v. 23. Sept. 1867 Art. V.

Beschl. v. 9. Mai 1871 c. Rechtsanwalt F. (OAG. II. 38).

In Erw., daß zwar im § 43 des Ges.s v. 7. Mai 1851 nur von dem außerordentlichen Rechtsmittel der Restitution gegen rechtskräftige Entscheidungen die Rede ist, welches in der StPO. v. 25. Juni 1867 unter Tit. XVIII. behandelt wird und die Wiederaufnahme der Untersuchung bezweckt;

daß indeß namentlich durch die Fassung des § 68 im Art. V der Vdn. v. 23. Sept. 1867 bestätigt wird, daß in den speziellen Verweisungen der §§ 37 und 43 des Ges. v. 7. Mai 1851 auf Vorschriften des gewöhnlichen Strafprozesses zugleich das Prinzip hat ausgesprochen werden sollen, daß überhaupt die Bestimmungen des ordentlichen Strafverfahrens bei dem fraglichen Disziplinarverfahren aushülfsweise in Anwendung kommen sollen;

daß daher allerdings auch die Anwendbarkeit der Bestimmungen des von der Wiedereinsetzung in den vorigen Stand gegen versäumte Fristen und Termine handelnden Titels XVII. der StPO. in vorliegender Sache zuzugestehen ist.

Sodann ist aber das Wiedereinsetzungsgesuch des F. zurückgewiesen worden, weil dasselbe nicht in Gemäßheit des § 415 der StPO. begründet, und die für die Anbringung desselben im § 417 ibid. vorgeschriebene Präklusivfrist von F. nicht gewahrt worden sei.

Antr. d. GStA.: gleichl. [62.—6.]

Rechtsmittelfrist. – Verschulden des Gerichts.

Kann dem Angeklagten die Versäumniß einer Rechtsmittelfrist wegen eines dem Gerichte zur Last fallenden Verschuldens nicht angerechnet werden, so beginnt für ihn, mit der betr. Bekanntmachung der Lauf einer neuen Frist von gleicher Dauer; läßt er sie unbenutzt, so tritt Präklusion ein.

Vdn. v. 3. Jan. 1849 Abschn. IV (S. 458 n. 40 a).

Erk. (Z. I.) v. 5. Mai 1871 c. Meißner (1169. I. Cr.).

M. hatte den seine NB. wegen Verabsäumung der Rechtfertigungsfrist zurückweisenden kreisgerichtlichen Beschluß durch Beschwerde angefochten, weil er sich rechtzeitig beim Erstinstanzgericht gemeldet gehabt habe, seine Vernehmung aber ohne seine Schuld unterblieben sei. Das OTr. hatte demgemäß jenen Beschluß aufgehoben und dem betr. KG.

aufgegeben, den M. zur nachträglichen Rechtfertigung zuzulassen. Dieses ist dem letzteren am 20. Dez. 1870 bekannt gemacht und er gleichzeitig auf den 22. ej. zur Vernehmlassung vorgeladen worden. Er erschien an diesem Tage nicht, fand sich vielmehr erst am 18. Jan. 1871 zum gedachten Zwecke ein. Seine NB. ward deshalb jetzt vom OTr. als „verspätet" zurückgewiesen, weil die Angabe der Beschwerdepunkte nicht innerhalb der Präklusivfrist von 10 Tagen von der am 20. Dez. an ihn ergangenen Bekanntmachung an gerechnet — erfolgt sei.

Antr. d. GStA.: gleichl. [30.—8.]

Schiffsmann. - Nöthigungsversuch. - Krieg.

Ein Schiffsmann, welcher den Schiffskapitän durch Verweigerung des Dienstes zu nöthigen sucht, die Fortsetzung der Fahrt zu unterlassen, verwirkt selbst dann, wenn dieses wegen der durch den Ausbruch eines Krieges hervorgerufenen Gefahr geschehen ist, die Strafe des

Ges.s v. 31. März 1841 §§ 7. 8.

Beschl. (I.) v. 5. Mai 1871 c. Noffke & Gen. (64 B. I. Cr.)

Die auf dem Preußischen Seeschiffe J. H. dienstthuenden Matrosen N. und Gen. hatten zu Landskrona auf die Nachricht von dem zwischen Deutschland und Frankreich ausgebrochenen Kriege gemeinschaftlich dem Schiffskapitän und dem von diesem angegangenen Preußischen Konsul gegenüber die Weiterreise verweigert und die Rückgabe ihrer Heuerbücher verlangt, weil sie sich nicht für verpflichtet erachteten, im Kriege den übernommenen Dienst weiter zu leisten. Hierin fanden die Instanzgerichte zwar den Thatbestand eines Versuchs, den Kapitän zu nöthigen, die von ihm beabsichtigte Weiterreise zu unterlassen (Ges. v. 31. März 1841 §§ 7. 8), lehnten aber dennoch die Eröffnung der Untersuchung ab, weil die Beschuldigten

1. nach § 879 I, 11 und § 376 I, 5. ALR. berechtigt seien, im Falle eines ausgebrochenen Krieges die Weiterreise zu verweigern, und weil sie sich
2. im Falle eines Nothstandes im Sinne des § 54 des B.-StGB.s befunden hätten. —

Das OTr. hat aber den app.-gerichtlichen Beschluß aufgehoben und die Eröffnung der Untersuchung aus den §§ 4. 7. 8 des cit. Gesetzes ausgesprochen, indem es erwog, daß

[1.] es unbedenklich ist, daß die citt. Vorschriften des

ALR.s in Folge der speziellen Bestimmungen des D. HGB.s und des Ges.s v. 26. März 1864, betreffend die Rechtsverhältnisse der Schiffsmannschaft auf Seeschiffen, nicht in Betracht kommen können, zumal das Rechtsverhältniß zwischen dem Schiffer und der Schiffsmannschaft, wie auch aus den Protokollen der Nürnberger Kommission Nr. 1974 klar erhellt, nicht blos auf einem Kontrakte über Handlungen, sondern zugleich auf der Disziplinargewalt des Schiffers beruht;

daß nach diesen neueren Gesetzen, und namentlich dem Art. 533 des HGB.s bezw. den Artt. 28. 29 des Ges.s v. 26. März 1864 jeder Schiffsmann verpflichtet ist, den Anordnungen des Schiffers in Ansehung des Schiffsdienstes unweigerlich Gehorsam zu leisten, und eine Ausnahme hiervon nur dann eintreten könnte, wenn eine solche von dem Gesetze ausdrücklich gestattet wäre;

daß jedoch weder das HGB. in den Artt. 538 fgg., noch das Ges. v. 26. März 1864, eine Bestimmung dahin enthält, daß im Falle des Ausbruchs eines Seekrieges der Schiffsmann die Seereise verweigern könnte, daß vielmehr im Art. 538 des HGB.s dem Schiffsmanne uneingeschränkt die Pflicht auferlegt ist, während der ganzen Reise bis zur Beendigung der Rückreise im Dienste zu verbleiben, wenn in dem Heuervertrage nicht ein Anderes bestimmt ist, oder nicht etwa die hierher nicht gehörenden Fälle des Art. 542 l. c. eintreten;

daß daher die Angeschuldigten nicht befugt waren, die Weiterreise wegen des inzwischen mit Frankreich ausgebrochenen Krieges zu verweigern, und zwar um so weniger, als der zur Schlichtung der entstandenen Differenz angerufene Norddeutsche Konsul in L. den in Rede stehenden Weigerungsgrund als nicht gerechtfertigt erklärt hatte, und dieser Entscheidung nach Art. 537 des HGB.s unbedingt unter Vorbehalt des etwaigen, vor der zuständigen Behörde nach Beendigung der Reise geltend zu machenden Rechtsanspruches, Folge geleistet werden mußte;

daß vorstehende Ausführung um so unbedenklicher ist, als der Art. 543 Nr. 4 l. c. nur dem Schiffer das Recht beigelegt hat, den Schiffsmann vor Ablauf der Dienstzeit zu entlassen, wenn die Reise unter Anderem wegen eines Krieges nicht angetreten oder fortgesetzt werden kann, und es deshalb sehr nahe gelegen hätte, eine ähnliche Bestimmung für die Berechtigung eines Schiffsmannes zu treffen, wenn eine solche beabsichtigt worden wäre;

[2.] daß aber auch von einem Nothstande im Sinne des § 54 des Bund.-StGB.s in dem vorliegenden Falle nicht die Rede sein kann, weil von vorn herein ein ausgebrochener Krieg ohne Weiteres als eine gegenwärtige Gefahr für Leib oder Leben eines auf einer Seereise begriffenen Schiffmannes nicht anzusehen ist, besondere, darauf hinweisende Umstände jedoch weder behauptet, noch festgestellt sind, und die Richtigkeit des Vorstehenden auch daraus erhellt, daß der Art. 437 Nr. 1 des Preußischen Entwurfes eines HGB.s vom Jahre 1857 (Thl. I. S. 79) nur dem Schiffer das Recht beilegte, seine Entlassung zu fordern, wenn vor dem Beginne der Reise der Staat in einen Seekrieg verwickelt worden, und nach der Richtung der Reise Kriegsgefahr für das Schiff wahrscheinlich ward, indem die diesfälligen Motive (Theil II. S. 242) hierzu bemerkten, daß es unbillig sei, einen Schiffer, der sich in Friedenszeiten verdungen gehabt, anzuhalten, sich Kriegsgefahren auszusetzen, daß jedoch, wenn die Reise schon angetreten worden, das Interesse des Rheders nicht mehr erlaube, dem Schiffer den Rücktritt zu gestatten, vor dem Antritt der Reise aber der Rheder durch den Rücktritt des Schiffers in keine üblere Lage versetzt werde, als wenn noch kein Heuervertrag geschlossen worden wäre;

daß indeß auch diese, nur dem Schiffer vor dem Antritt der Reise bewilligte, Ausnahme bei der Berathung des HGB.s nicht zugestanden worden ist, (Protok. 1959. 1960) so daß es gar keinem Zweifel unterliegt, daß an und für sich der Ausbruch eines Krieges allein, in keiner Beziehung als ein Nothstand anzusehen ist.

Antr. d. GStA.: gleichl. [20.—8.]

Diebstahl. - Gebäude - Bewohntes Schiff.

Ein bewohntes Schiff ist nur für den Fall des § 243 No. 7 des StGB.s einem „bewohnten Gebäude“ gleichgestellt, nicht aber allgemein einem „Gebäude“ im Sinne des

B.-StGB. § 243 Nr. 2 [u. 22]. 3.

Erk. (Z.) v. 10. Mai 1871 c. Christensen (OAG. II. 57).

Der Seemann Chr. war, weil er „— dem Matrosen J. aus (in) einem von ihnen gemeinschaftlich bewohnten Jachtschiff, aus einer im Laderaume dieses Schiffes befindlichen dem J. gehörigen verschlossenen Kiste mittels gewaltsamer Erbrechung dieses Behältnisses eine Summe Geldes gestohlen hatte,“ aus § 242, nicht aber aus § 243 Nr. 2 des B.-StGB.s verurtheilt worden, indem die Instanzrichter annahmen, daß ein „bewohntes Schiff,“ wenn es auch für den im § 243 Nr. 7 vorgesehenen Fall einem „bewohnten Gebäude“ gleich geachtet werde, doch im Uebrigen nicht einem „Gebäude“ im Sinne der Nr. 2 ibid. gleich stehe. — NB. des OStA s. — Zurückweisung. Gründe:

Wie das AG. mit Recht angenommen hat, ist das Pr. StGB. nicht von der Annahme ausgegangen, daß Schiffe unter Gebäuden begriffen seien, sondern es hat durch die §§ 220 und 221 Nr. 1 zum Ausdrucke gebracht, daß es beide Gegenstände begrifflich auseinander halte; wie denn auch in § 283 Gebäude und Schiffe neben einander genannt werden. Mit Recht ist auch von demselben angenommen worden, daß die gedachten §§ nur auf den Fall des § 217 Nr. 6 zurückzubeziehen seien, weil nur hier der bewohnten Gebäude gedacht werde, und daß es nach der Ausdrucksweise des Gesetzes an zureichendem Grunde fehle, um die in § 221 Nr. 1 statuirte Gleichstellung der bewohnten Schiffe mit bewohnten Gebäuden auch auf weitere Fälle für ausgedehnt anzusehen, sowie, daß das Verhältniß des Satzes 7 zu Satz 2 und 3 des § 243 des B.-StGB.s in gleicher Weise zu beurtheilen sei. Gegenüber den Ausführungen der NB. muß auch noch in Betracht gezogen werden, daß, wenn die gedachte Gleichstellung auch in Bezug auf die Fälle der qualifizirten Diebstähle nach überwiegenden legislatorischen Gründen von dem Gesetzgeber in Aussicht genommen worden wäre, hierzu bei der Umarbeitung der Bestimmungen des 19. Titels des Pr. StGB.s sich die nächste Veranlassung und Gelegenheit mittelst entsprechender Redaktion des § 243 des B.-StGB.s dargeboten hätte. Da aber der § 243 nicht einen allgemein auf die einschlägigen Fälle zurückweisenden Zusatz dieser Art enthält, sondern nur im engen Anschluß an Satz 7 daselbst gesagt worden ist, daß einem bewohnten Gebäude bewohnte Schiffe gleichgeachtet werden sollen, so geht hieraus eine beschränkte Bedeutung dieses Zusatzes mit Nothwendigkeit hervor, wogegen mit den Gründen nicht angekämpft werden kann, welche den Gesetzgeber etwa hätten bestimmen sollen, weiter zu gehen.

Antr. d. GStA.: entg. [64.—6.]

Strafantrag. - Anklage. - Anderes Vergehen.

Ist das Strafverfahren wegen eines nicht zu den Antragsvergehen zählenden Straffalles eingeleitet worden, so bleibt es — ohne Antrag — statthaft, sollte sich im Laufe der Untersuchung auch herausstellen, daß lediglich ein Antragsvergehen vorliege.

B.-StGB. § 61 [n. 5. 6]. Vgl. oben S. 187.

Erk. (Z. I.) v. 10. Mai 1871 c. Jahns (357. I. Cr.).

J., wegen vorsätzlicher Körperverletzung mit tödtlichem Erfolge in Anklagestand versetzt, war von den Geschwornen nur der „vorsätzlichen Körperverletzung (ohne jenen Erfolg)“ schuldig befunden und demgemäß aus § 223 des B.-StGB.s zu einer sechswöchentlichen Gefängnißstrafe verurtheilt worden. Seine NB. rügte Verletzung des § 232 l. c., weil der (gleich nach der That verstorbene) Verletzte einen Strafantrag nicht gestellt gehabt habe. Zurückweisung. Das OTr. verweist zunächst auf das Bl. v. 24. März 1871 (oben S. 180), nach welchem der Mangel des Strafantrags die Fortsetzung des vor Einführung des B.-StGB.s angehobenen Verfahrens nicht ausschließt, wenn es damals zur Strafverfolgung eines Antrags nicht bedurft habe. Sodann heißt es weiter:

In dem vorliegenden Falle war aber der Gegenstand des Anklagebeschlusses v. 2c. und der Anklage eine vorsätzliche körperliche Mißhandlung nach § 223 des B.-StGB.s. Zu dieser trat der im § 226 l. c. enthaltene erschwerende Umstand, daß in Folge jener That der Tod des Verletzten bewirkt worden sein sollte. Zur Verfolgung dieses Deliktes war ein Strafantrag nicht erforderlich, die Einleitung der Untersuchung Hinsichts des gesammten, in den §§ 223. 226 l. c. vorgesehenen Thatbestandes daher gesetzlich gerechtfertigt. Fiel nun nach dem Ergebniß der mündlichen Verhandlung durch den Ausspruch der Geschwornen blos der, in dem § 226 l. c. erwähnte erschwerende Umstand weg, so blieb noch immer die strafbare Handlung in ihrer einfachen Gestalt nach § 223 l. c. übrig, die auf dem gesetzlich zulässigen Wege dem erkennenden Richter mit unterbreitet, und mit der derselbe befaßt worden war. Sie verlor dadurch Nichts, daß für sie, wenn sie allein zur Eröffnung einer Untersuchung Anlaß gegeben hätte, ein Strafantrag nöthig gewesen sein würde. [20.—8.]

---

1. Sitzungsprotokoll. - Zeugen. - Aussage.
2. Verlesung. - Strafantrag.
3. Zeuge. - Eidesmündigkeit. - Konfirmation.
4. Urtheil. - Anführung des Gesetzes.

1. Die Vorschrift, dass der wesentliche Inhalt der Aussagen der vernommenen Personen in das Sitzungsprotokoll aufzunehmen sei, ist eine instruktionelle; ihre Verabsäumung begründet keine Nichtigkeit.

StPO. § 256 No. 4.

2. Die Verlesung des Strafantrags des Verletzten kann auf Anordnung des Vorsitzenden er-

folgen, ohne dass es dazu eines Gerichtsbeschlusses und der Ankündigung des thatsächlichen Grundes bedürfte.

StPO. §§ 246. 247.

3. Ein über 14 Jahre alter Zeuge ist zu vereiden, sollte er auch noch nicht konfirmirt sein.

StPO. § 161 No. 2.

4. Die Nichtangabe der zur Anwendung gebrachten Gesetzesbestimmung in einem verurtheilenden Erkenntnisse ist nicht unbedingt als Nichtigkeitsgrund anzusehen.

StPO. § 262 No. 2.

Erk. (Z.) v. 10. Mai 1871 c. K. (OAG. II. 59).

[1—3]: spricht die obigen Grundsätze aus.

[4.] Die vierte Beschwerde bezieht sich darauf, daß das Urtheil ohne thatsächliche Begründung und selbst ohne Anführung der gesetzlichen Bestimmung dem Angeklagten auf die Dauer von 6 Jahren die Ehrenrechte aberkenne, und hält hierdurch die §§ 353 Abs. 2 sowie 262 der StPO. und § 32 des B.-StGB.s verletzt. Der § 353 fordert jedoch nur die Feststellung der Thatsachen, welche zu den wesentlichen Merkmalen der den Gegenstand der Entscheidung bildenden That gehören, sowie der Umstände, welche die Strafbarkeit der Handlung ausschließen, oder nach besonderer Vorschrift der Gesetze erschweren oder mildern, beides letztere aber auch nur bedingt durch einen Antrag der Betheiligten; mit andern Worten: er verlangt nur die Feststellung des Thatbestandes und der Erschwerungs- oder Milderungsgründe, soweit sie ausdrücklich gesetzlich bestimmt sind. In dieser Rücksicht genügt aber offenbar die erfolgte Feststellung. Dagegen ist allerdings die Vorschrift des § 262 der Strafprozeß-Ordnung insofern verletzt, als unter den anzuführenden, zur Anwendung gebrachten Bestimmungen auch diejenigen über Art und Größe der Strafe begriffen sind und deshalb von dem

Gerichte der § 32 des B.-StGB.s hätte angeführt werden sollen. Eine Vernichtung des Erkenntnisses hat gleichwohl nicht einzutreten, da die zur Beurtheilung der Abmessung der Strafe dienenden Thatsachen festgestellt sind; nach diesen aber bei der Vielheit der Verbrechen und bei der erkannten sechsjährigen Zuchthausstrafe, die innerhalb der Grenzen des erwähnten § 32 geschah, vor Aberkennung der Ehrenrechte gerechtfertigt erscheint.

Antr. d. GStA.: gleichl. [63.—6.]

Haft. – Bundes-Strafgesetzbuch.

Die Instanzrichter dürfen nach dem In-Kraft-Treten des B.-StGB.s nicht mehr auf „polizeiliche Gefängnißstrafe," sondern nur noch auf „Haft" erkennen.

EG. z. B.-StGB. § 6 [n. 5a].

Erk. (B. I.) v. 10. Mai 1871 c. Knuth (362. I. Cr.).

Kn. war vor dem In-Kraft-Treten des B.-StGB.s wegen einer Uebertretung zu einer „polizeilichen Gefängnißstrafe" verurtheilt, und dieses Urtheil in 2. Instanz (nach dem 1. Jan. 1871) „bestätigt" worden. Auf die NB. des OStA.s ist das Erkenntniß 2. Instanz vernichtet, und vom OTr. statt der polizeilichen Gefängnißstrafe Haft von gleicher Dauer verhängt worden. Die Gründe erklären

> die Vorschrift des EG.s § 6 für eine „zwingende, gleichviel, ob die im B.-StGB. angedrohte Haft in der Art und Weise ihrer Vollstreckung der früheren polizeilichen Gefängnißstrafe gleichkommen sollte, ganz abgesehen davon, daß schon die Bezeichnung „Haft" eine mildere Ausdrucksweise als die des Polizeigefängnisses ist."

Antr. d. GStA.: Vernichtung. [23.—8.]

Post. – Packetsendung. – Begleitbrief.

Die Versendung oder Beförderung rc. eines versiegelten Briefes gegen Bezahlung an einen Ort, wo sich eine Postanstalt befindet, ist strafbar, sollte dieselbe auch mit einer Packetsendung verbunden sein

und der Preis den für die letztere allein zu entrichtenden Betrag nicht übersteigen.

B.-Post-Ges. v. 2. Nov. 1867 §§ 2. 27 Nr. 2. 30 Nr. 1. Sic. Erk. AG. z. Naumburg v. 10. Sept. 1870; id. Braunschw. Ober-Gericht z. Wolfenbüttel v. 16. Sept. 1870; id. StG. Frankfurt a. M. vom 8. Nov. 1870.

Erk. (B. I.) **v. 10. Mai 1871 c. Valette & Gen.** (97. I. Cr.).

R. hatte der durch V. geleiteten „Norddeutschen Packetbeförderungs-Gesellschaft" ein nach Leipzig bestimmtes Packet nebst verschlossenem Begleitbriefe übergeben, V. (als Direktor jener Gesellschaft) beide Stücke gegen Bezahlung an den Bestimmungsort befördert. Hierin fand die Postverwaltung eine Zuwiderhandlung gegen die §§ 2. 27 Nr. 2 und 30 Nr. 1 des B.-Postges.s v. 2. Nov. 1867; beide Instanzgerichte sprachen aber frei, weil das gezahlte Porto genau dem Tarifsatze entsprochen habe, welcher für das versendete Packet allein (mit einem unverschlossenen Briefe oder mit einem offenen Begleitscheine) zu zahlen gewesen wäre; Nichts spreche dafür, daß die Mitbeförderung des versiegelten Briefes zu einer Erhöhung des ohnedies zu zahlenden Packetportos Anlaß gegeben habe; somit habe sich die Gesellschaft für diese Beförderung des Briefes Nichts zahlen lassen, es sei also nicht gegen die citt. §§ des Postges.s verstoßen; insbesondere treffe auch § 2 Abs. 3 l. c. hier nicht zu, welcher sich nur auf die in ein verschlossenes Packet hineingelegten nicht aber auf nebenbeigehende Briefe beziehe. —

Vernichtung und Zurückverweisung der Sache an ein anderes AG. Gründe:

Der § 2 des B.-Postges.s v. 2. Nov. 1867 verbietet ganz allgemein die Beförderung aller versiegelten zugenähten oder sonst verschlossenen Briefe gegen Bezahlung von Orten mit einer Postanstalt, nach anderen Orten mit einer Postanstalt, des In- und Auslandes. Es heißt dann im dritten Absatz wörtlich:

> „Unverschlossene Briefe, welche in versiegelten, zugenähten oder sonst verschlossenen Packeten befördert werden, sind den verschlossenen Briefen gleich zu achten. Es ist jedoch gestattet, versiegelten, zugenähten oder sonst verschlossenen Packeten, welche auf andere Weise, als durch die Post, befördert werden, solche unverschlossene Briefe, Fakturen, Preiskurante, Rechnungen und ähnliche Schriftstücke beizufügen, welche den Inhalt des Packets betreffen."

Endlich bestrafen die §§ 27 Nr. 2 und 30 Nr. 1 l. c.

Diejenigen, welche unbefugt Briefe oder politische Zeitungen gegen Bezahlung befördern, beziehungsweise verschicken. — Allegirt hierbei ist namentlich der hier einschlagende § 2 l. c. Danach ist der Sinn dieser Vorschriften klar. Die Beförderung aller versiegelten rc. Briefe gegen Bezahlung steht nur der Postbehörde zu, und nicht den Privatunternehmern von Beförderungsmitteln in den vom Gesetz näher bezeichneten Fällen. Für diese Privatunternehmer, welche Packete befördern dürfen, ist nur nachgegeben, daß den verschlossenen Packeten unverschlossene Briefe rc., welche den Inhalt des Packets betreffen, beigefügt werden können. Das Gesetz unterscheidet dabei nicht, ob wegen der verbotenen Beifügung eines verschlossenen Briefes, noch eine höhere Gebühr, als die für die Packetbeförderung an sich zu entrichtende, bezahlt worden ist, oder nicht; es wird vielmehr in jedem Falle als eine ungetrennte Bezahlung des Packets und des verschlossenen, beigelegten Briefes angesehen, wenn auch nur die Packettaxe berichtigt worden ist. Der Gesetzgeber hat sich auf dergleichen Unterscheidungen geflissentlich nicht einlassen wollen, die nur zur Begehung von Kontraventionen und deren Verdeckung führen würden, und der Richter ist daher auch nicht befugt, Unterscheidungen in das Gesetz hineinzutragen, welche in demselben nicht enthalten sind. Die Norddeutsche Packetbeförderungsgesellschaft ist sich dieses Sinnes der hervorgehobenen gesetzlichen Bestimmungen sehr wohl gegenwärtig gewesen, indem der § 2 ihres Reglements ausdrücklich besagt, daß jeder Sendung eine Begleitadresse beigegeben werden muß, welche aus einem unverschlossenen Briefe oder aus einer bloßen Adresse bestehen kann. Es ist deshalb auch unmöglich, etwas Anderes, als vorstehend ausgeführt worden, aus dem Vertragsverhältnisse zwischen der Gesellschaft und den einzelnen Auftraggebern herzuleiten.

Antr. d. GStA.: gleichl. [20.—8.]

Wechselstempel. - Aussteller.

Der Aussteller einer vom Bezogenen acceptirten Tratte, welcher auf Grund derselben eine Klage gegen den Acceptanten anstellt, ehe die Stempelung erfolgt war, verwirkt die Strafe des

Pr. Stemp.-Ges.s v. 7. Mai 1822 § 26.

Erk. (Z. I.) v. 12. Mai 1871 c. Jaretzki (170. I. Cr.)

erwägt:

daß nach der feststehenden Praxis des OTr.s (besonders nach VII. 19. Okt. 1867: RbOTr. 8. S. 582), der Aussteller eines (vom Bezogenen acceptirten) Wechsels der Stempelstrafe nicht verfalle, so lange er von demselben keinen „Gebrauch" mache; daß aber ein solcher „Gebrauch" unbedenklich vorliege, sobald der Aussteller (wie hier) gegen den Acceptanten eine Klage auf Sicherstellung des Wechsels erhoben habe.

Zugleich hebt das Urtheil hervor, daß das B.-Wechs.-Stemp.-Ges. v. 10. Juni 1869 hier keine Anwendung finde, weil es sich von einem unter der Herrschaft des Preußischen Stempelgesetzes vorgekommenen älteren Falle handle.

Antr. d. GStA.: gleichl. [20.—6.]

Branntweinsteuer. - Deklaration. - Stunde.

1. Die Anmeldung einer beabsichtigten Einmaischung muß die Stunde, zu welcher dieselbe erfolgen soll, angeben.

2. Nichtinnehaltung dieser Stunde ist strafbar, selbst wenn ein unvorhergesehenes Hinderniß die Hinausschiebung veranlaßt, sobald die mögliche Anzeige bei der Behörde verabsäumt worden ist.

Steuer-Ordn. v. 8. Febr. 1819 §§ 30—33. 78; Regul. v. 1. Dezbr. 1820. Vgl. Zl. 27. Apr. 1855 c. Bartelt (Präj. Nr. 155 Entsch. 31. S. 292).

Erk. (Z. I.) v. 12. Mai 1871 c. Ladewig (193. I. Cr.).

L. war, weil: „— bei Einmaischung zweier deklarirter Bottiche von der deklarirten Zeit der Einmaischung abgewichen war," aus § 78 der Steuer-Ordn. v. 8. Febr. 1819 bestraft worden. Seine NB. rügte Verletzung der §§ 32. 33 l. c., nach welchen die Anzeige einer bestimmten Stunde der Einmaischung nicht geboten sei, event. aber zufällig eingetretene, nicht vorher angezeigte Störungen berücksichtigt werden müßten, auch wenn der Beweis der Unmöglichkeit einer vorherigen Anzeige nicht erbracht sei. Zurückweisung. Gründe:

[1.] Im § 32 der cit. Steuer-Ordn., auf welchen der § 5 des Regulativs v. 1. Dezbr. 1820 Bezug nimmt, ist die Tageszeit bestimmt, in welcher überhaupt nur eingemaischt werden darf. Der § 33 a. a. O. aber verordnet, daß der Brauer verpflichtet sei, die Ankunft eines Steuerbeamten zur angezeigten Stunde des Einmaischens abzuwarten, und der § 78 a. a. O. bedroht denjenigen Brauer mit einer Ordnungsstrafe von 2 Thalern, welcher zu einer anderen Zeit als welche vorgeschrieben (§ 32) und von ihm angezeigt ist, oder vor Ablauf der Stunde, während welcher auf die Ankunft des Steuerbeamten gewartet werden muß, eingemaischt hat. Dazu kommt, daß nach § 11 (vorletzter Absatz) des Regulativs vom 1. Dezbr. 1820 Abweichungen von der deklarirten Stunde, zu welcher eingemaischt oder mit dem Abbrennen der Maische angefangen werden soll, einer Strafe von mindestens 2 Thalern unterliegen, auf welche der vorige Richter erkannt hat. Im vorliegenden Falle hat zwar die Steuerbehörde die Angabe der Stunde der beabsichtigten Einmaischung nicht verlangt, sondern sich in Gemäßheit des Reskr. v. 10. Jan. 1832 (Schimmelpfennig S. 237) mit Angabe der Tageszeit (ob Vor- oder Nachmittags) in der betreffenden Kolonne begnügt. Da dieses aber zum Vortheile des Angeklagten gereicht, so hat derselbe die erkannte Ordnungsstrafe von 2 Thalern um so mehr verwirkt, als er auch in dieser Beziehung von seiner Deklaration in Betreff der Bottiche Nr. 27 und 1 abgewichen ist.

[2.] Die Entschuldigung des Angekl., daß es ihm wegen eingetretenen Frostes unmöglich gewesen sei, die deklarirte Zeit inne zu halten, wird vom App.-Richter mit Recht verworfen, weil der Angeklagte selbst nicht behauptet hat, daß dieser Zustand so spät zu seiner Kenntniß gelangt sei, daß er sich deshalb außer Stande befunden, bei der Steuerbehörde davon Anzeige zu machen, damit diese Prolongation gewähren oder sonstige Maßregeln zur Sicherstellung der Steuerinteressen hätte treffen können.

Antr. d. GStA.: gleichl. [39.—6.]

Beschwerde. - Rechtsmittel. - Wahl.

Die Frage, ob ein Rechtsmittel als Appellation oder als Rekurs zu behandeln sei, kann nicht zum Gegenstande einer an das Ober-Tribunal gerichteten „Beschwerde" gemacht werden, wenn die Endentscheidung über dieselbe durch das instanzrichterliche Erkenntniß erfolgen muß.

Ges. v. 3. Mai 1852 Art. 11 [n. 6].

Beschl. (I.) v. 12. Mai 1871 c. Otto (84. B. I. Cr.)

Gegen ein polizeirichterliches Urtheil, durch welches die Eheleute O. von der Anklage des Unfugs und der Hausrechtsverletzung (Preuß. StGB. §§ 340 Nr. 9 und 346 Nr. 1) freigesprochen waren, hatte der PAnw. den „Rekurs" ergriffen; das AG. nahm indessen an, daß das Rechtsmittel als Appellation zu behandeln sei, weil der Hausfriedensbruch, nach dem inzwischen in Kraft getretenen R.-StGB. § 123 ein Vergehen darstelle; es verfügte demgemäß, daß zunächst die „Appellation" nach Anleitung des § 130 der Vdn. v. 3. Jan. 1849 zu instruiren sei. Beschwerde des OStA.s, weil die strengere Vorschrift des § 123 des R.-StGB.s auf den älteren Straffall nicht anzuwenden sei, und somit auch die Zuständigkeit nicht berühren könne. — Zurückweisung,

„weil, abgesehen davon, daß durch die angegriffene Verfügung die Erörterung und Prüfung der Sache selbst keinen Nachtheil erleidet, die Frage, ob die Abweichung von der Bestimmung des § 165 der Vdn. v. 3. Jan. 1849 im vorliegenden Falle gerechtfertigt ist, erst in dem Erkenntnisse bei dem Instanzrichter definitiv zur Entscheidung gelangt und durch das statthafte Rechtsmittel in die folgende Instanz gebracht werden kann."

Antr. d. GStA.: entg. [39.—6.]

Presse. – Zeitschrift. – Identität. – Dolus. – Gewerbebetrieb (Untersagung).

1. Die Aenderung des Titels einer periodischen Zeitschrift schließt es nicht aus, dieselbe als die Fortsetzung einer früher erschienenen, und demgemäß deshalb als kautionspflichtig anzusehen, weil gegen die letztere ein Strafurtheil wegen Preßvergehens 2c. erlassen war.

Preßges. v. 12. Mai 1851 § 19. Vgl. RbOTr. 7. S. 259.

2. Die Untersagung des Gewerbebetriebs wegen Preßvergehens ist nicht beseitigt durch

EG. z. B.-StGB. § 6 [n. 3].

3. Die Strafbarkeit der Redaktion einer kautionspflichtigen Zeitschrift vor Hinterlegung der Kaution wird durch die Unkenntniß der die Kautionspflicht begründenden Thatsache nicht beseitigt.

Preßges. v. 12. Mai 1851 § 42; B.-StGB. Thl. I. Abschn. 4 [n. 8].

Erk. (Z. I.) v. 12. Mai 1871 c. Richter & Jacobitz (360. I. Cr.).

R. und J. waren aus den §§ 42 und 54 des Preßges.s zu Geldbußen verurtheilt und der erstere der Befugniß zum Gewerbebetriebe als Verleger und Drucker verlustig erklärt worden, weil sie: „— eine kautionspflichtige Zeitschrift verlegt, bezw. redigirt hätten, ohne die gesetzliche Kaution hinterlegt zu haben." Das AG. hatte die betr. Zeitschrift (den „wöchentlichen Anzeiger für P. und L.") deshalb für kautionspflichtig erachtet, weil sie — trotz des veränderten Titels — identisch sei mit dem früher von R. verlegten 2c. P.-L.—er Wochenblatte, gegen welches früher wegen Ueberschreitung der Kautionsfreiheit ein Strafurtheil ergangen war. Hierin, sowie in der Aberkennung der Befugniß zum Gewerbebetriebe fand die NB. des R. Gesetzesverletzungen, während J. sich darüber beschwerte, daß die Instanzrichter seinen Einwand: „er habe bei der zeitweisen Uebernahme der Redaktion des „2c. Anzeigers" die Kautionspflichtigkeit desselben nicht gekannt," als unerheblich verworfen hätten. — Zurückweisung. Gründe:

[1.] Daß eine periodisch erscheinende Zeitschrift durch eine Veränderung im Titel nicht nothwendig als solche zu existiren aufhöre, liegt auf der Hand. Ob dann aber die unter dem veränderten Titel erscheinenden Blätter im gegebenen Falle eine neue Zeitschrift oder nur eine Fortsetzung der früheren, also mit dieser identisch seien, ist eine thatsächliche Frage, die nach Art. 107 des Ges.s v. 3. Mai 1852 einer ferneren Prüfung in der Nichtigkeitsinstanz nicht mehr unterzogen werden kann.

[2.] Wenngleich es richtig ist, daß das B.-StGB. diese Strafart nicht kennt, so hat das letztere doch im § 2 des Einf.-Ges.s ausdrücklich bestimmt, daß die besonderen Vorschriften des Bundes- und Landesstrafrechtes über strafbare Verletzungen der „Preßpolizei" neben dem Nordd. StGB. in Kraft bleiben sollen. Zu diesen gehört auch der § 54 des Pr. Preßges.s v. 12. Mai 1851, der sogar, noch in neuester Zeit durch den § 143 Abs. 3 der B.-Gew.-Ordn. v. 21. Juni 1869 ausdrücklich sanktionirt worden ist und daher um so weniger durch das B.-StGB. für beseitigt erachtet werden kann. Daß es damit im Widerspruche steht, daß der App.-Richter bei Anwendung des § 42 des Preßgesetzes den Schlußsatz: „diese Strafe wird im Rückfalle verdoppelt" durch das B.-StGB., welches Rückfallstrafen der Regel nach nicht mehr eintreten läßt, für aufgehoben erachtet, ist hier nicht weiter zu erörtern, da die hierauf gegründete Strafermäßigung zum Vortheile des Angeklagten rechtskräftig geworden ist.

Denn außer dem jetzt aufgehobenen § 60 des Preuß. StGB.s steht derselben auch der wie gezeigt noch geltende § 54 des Preßges.s insofern entgegen, als derselbe nicht von früheren Bestrafungen, sondern lediglich von früheren „Verurtheilungen" spricht, die durch den im Wege der Gnade erfolgten Erlaß der Strafe nicht ungeschehen gemacht werden können.

[3.] Die Beschwerde des Angeklagten J. beschränkt sich darauf, daß der App.-Richter seinen Einwand, er habe bei der zeitweisen Uebernahme der Redaktion des Peitz-Lieberoser Wochenblattes die Kautionspflichtigkeit desselben nicht gekannt, verworfen habe.

Die Verwerfung (des Einwandes des J.) ist mit

Recht erfolgt, weil die Kautionspflichtigkeit einer in monatlichen oder kürzeren Fristen erscheinenden Zeitung oder Zeitschrift nach § 11 des Preßges.s die Regel bildet, und hier noch besonders vom App.-Richter, auch abgesehen von der früheren Bestrafung der Redaktion des Blattes, festgestellt worden ist, so daß der Einwand des Angeklagten auf eine behauptete Unkenntniß des Gesetzes hinausläuft, die nach § 12 der Einl. z. ALR. nicht entschuldigt wird.

Antr. d. GStA.: Zurückweisung. [28.—6.]

Queruliren. – Strafgesetz.

Die das unbefugte Queruliren betreffenden Strafvorschriften der §§ 30. 31 III, 1. AGO. sind weder durch das Preußische noch durch das Bund.-StGB. aufgehoben.

EG. z. B.-StGB. § 2 [n. 18]. Vgl. RbOTr. 5. S. 468.

Erk. (Z. I.) **v. 17. Mai 1871 c. Czampiel** (302. I. Cr.) [30.—6.]

Wechsel-Stempelhinterziehung. – Beweis.

Der Beweis, daß eine Wechselstempelmarke nicht in vorschriftsmäßiger Weise kassirt worden sei, kann nicht blos durch Vorlegung des mit der Marke versehenen Wechsels geführt werden.

Bekanntm. d. B.-Kanzlers v. 13. Dez. 1869 (BGBl. S. 391).

Erk. (B. I.) **v. 17. Mai 1871 c. Heilborn** (267. I. Cr.).

Die Civil-Ger.-Deputation des StG.s zu B. hatte gefunden, daß ein ihr vorgelegter Wechsel zwar mit der vorschriftsmäßigen Stempelmarke beklebt, daß aber die letztere nicht in der Weise kassirt worden sei, wie es die cit. (auf Grund des B.-Wechs.-Stemp.-Ges.s v. 10. Juni 1869 erlassene) Bekanntmachung des Bundes-Kanzlers verschreibt. Sie setzte hiervon das betr. Haupt-Steuer-Amt in Kenntniß, indem sie gleichzeitig — in Uebereinstimmung mit der Instruktion v. 26. März 1822 § 17 — eine beglaubigte Abschrift des Wechsels, der Marke und des darauf befindlichen (ungenügenden) Kassationsvermerks mittheilte. In dem demnächst gegen H. angehobenen Strafverfahren sprach das AG. frei, weil „die Kontravention dem Angeklagten bewiesen werden müsse, die beglaubigte Abschrift aber für sich allein nicht genüge, die vorschriftswidrige Kassation der Marke darzuthun; das Verlangen des Angeklagten, ihm den Originalwechsel vorzulegen, sei gerechtfertigt, die Beschaffung desselben sei Sache der Anklage, und da er nicht beigebracht sei, so könne die Kontravention nicht für festgestellt erachtet werden." Vernichtung und Zurückverweisung der Sache an ein anderes AG. Gründe:

Die Argumentation [des AG.s], — bei welcher auch übersehen ist, daß, nachdem der Richter mit der Anklage befaßt worden, die Herbeischaffung der Beweisstücke nicht ausschließlich der Anklagebehörde obliegt — genügt der nach § 22 der Vdn. v. 3. Jan. 1849 dem erkennenden Richter obliegenden Pflicht, Gründe, welche aus der konkreten Lage der Sache entnommen sind, für seine Entscheidung anzugeben, nicht, stellt vielmehr die Nothwendigkeit der Vorlegung des Original-Wechsels in der Art und Weise eines abstrakten Grundsatzes auf, welcher dem Grundsatze des § 22 a. a. O., daß der erkennende Richter an positive Beweisregeln nicht gebunden ist und in jedem einzelnen Falle seine Ueberzeugung auf den Inbegriff der Verhandlungen, zu gründen hat — widerspricht, also diese wesentliche Vorschrift des Verfahrens verletzt. Gleichzeitig ist dadurch, was die Beschwerde anderweit rügt, ein unrichtiger Grundsatz über die Beweislast der Anklage-Behörde aufgestellt und zur Anwendung gebracht worden.

Antr. d. GStA.: gleichl. [30.—6.]

Gesetzeswechsel. - Konkurrenz, ideale. - Mißhandlung. - Schlägerei. - Instrument.

Der Urheber einer unter der Herrschaft des Pr. StGB.s verübten Körperverletzung, welcher dieserhalb wegen Mangels eines Strafantrages des Verletzten nicht verfolgt werden darf, kann auch nicht wegen des mit jenem Vergehen ideell konkurrirenden „Angriffes mit einer Waffe" bestraft werden.

B.-StGB. §§ 2 [n. 12]. 73. 227. 367 Nr. 10.

Erk. (B. I.) v. 17. Mai 1871 c. Klingsohr (384. II. Cr.).

K. in erster Instanz wegen einer am 28. Sept. 1870 dem rc. E.

zugefügten vorsätzlichen erheblichen Körperverletzung aus § 192a des Pr. StGB.s bestraft, war in 2. Instanz (am 23. Febr. 1871) aus § 367 Nr. 10 des B.-StGB.s zu einer vierwöchentlichen Haft verurtheilt worden, weil er sich „zu jener Zeit bei einem Angriffe eines gefährlichen Instruments bedient habe." Das AG. hatte angenommen, daß die Strafverfolgung wegen Körperverletzung für unstatthaft zu erachten sei, weil es an dem jetzt nach § 232 des B.-StGB.s erforderlichen Strafantrage fehle; dagegen komme jetzt der cit. § 367 Nr. 10 zur Anwendung:

> „weil die zum Gegenstande der Anklage gemachte Verwundung des E. durch einen Angriff mit offenem Messer, nach den §§ 187. 192a des Pr. StGB.s, als solche (als vorsätzliche Körperverletzung) und nach dem B.-StGB. zwar nicht als solche, wohl aber aus § 367 Nr. 10 strafbar sei, welcher den Angriff mit einem Messer, ohne Rücksicht auf die Folgen, mit Strafe bedrohe; diese sei zu verhängen, weil der gedachte Angriff einen Theil desselben Thatbestandes bilde," und eben deshalb durch die erhobene Anklage der richterlichen Kognition mit unterbreitet sei, und das neue Strafrecht in seiner Gesammtheit bei der Vergleichung mit dem älteren in Betracht gezogen werden müsse."

Die NB. des K. fand hierin eine Gesetzesverletzung, weil es bei einem Gesetzeswechsel darauf ankomme: ob die Handlung, welche den Gegenstand der Bestrafung bilden solle, auch nach dem alten Gesetze strafbar gewesen sei; ein solcher Fall liege hier nicht vor, da das Pr. StGB. den im § 367 Nr. 10 des B.-StGB.s vorgesehenen Thatbestand nicht kenne; zwar gestatte Art. 30 des Ges.s vom 3. Mai 1852 die zum Gegenstande der Anklage gemachte That anders zu qualifiziren; dadurch dürfe aber der Angeklagte nicht überrascht, vielmehr müsse er in die Lage versetzt werden, hierauf seine Vertheidigung zu richten.

Das OTr. hat den letzteren (formellen) Angriff für unbegründet erachtet, weil das AG. ausdrücklich „beschlossen" gehabt habe: „die Verhandlung aus dem Gesichtspunkte des cit. § 367 Nr. 10 des Bund.-StGB.s fortzusetzen," so daß K. diesen Gesichtspunkt bei seiner Vertheidigung habe berücksichtigen können. Dagegen hat es auf den ersten Angriff das angefochtene Erkenntniß, soweit es wegen „Angriffs mit einem gefährlichen Instrumente" gestraft hatte, vernichtet und den K. von der dieserhalb erhobenen Anschuldigung freigesprochen. — Gründe:

Der Grundsatz des Strafrechts, daß ein milderes Strafgesetz absolute Gültigkeit, ein härteres dagegen keine rückwirkende Kraft hat, ist im StGB. von 1851 in dessen § 2 und im Art. IV. seines EG.s, sowie im § 2 des Bund.-StGB.s ausgesprochen. Eine vor dem 1. Jan. 1871 begangene Handlung konnte also nach diesem Zeitpunkte nur dann mit einer Strafe belegt werden, wenn sie in beiden StGB. als Strafthat bezeichnet ist. Der App.-Richter nimmt nun unter Ergänzung der erstinstanzlichen Feststellung gegen den Imploranten an, daß derselbe in der Nacht zum 28. Sept. 1870 bei einem Angriffe sich eines gefährlichen Instruments bedient und dem E. vorsätzlich eine (erhebliche) Körperverletzung zugefügt hat. In dieser Feststellung ist die Körperverletzung das Ergebniß des bezeichneten Angriffs, dieser das im vorliegenden Falle angewendete Mittel, das zur Körperverletzung geführt hat. Dennoch ist nach dem StGB. von 1870 ein doppelter Thatbestand vorhanden, der des Vergehens wider § 223 und der der Uebertretung des § 367 Nr. 10; der Angriff bildet nicht, wie der zweite Richter annimmt, einen Theil des Thatbestandes der Körperverletzung. Dasselbe gilt nach dem StGB. von 1851, auch nach diesem gehörte der Angriff nicht zum Thatbestande der durch ihn oder doch bei ihm verübten Körperverletzung; der Unterschied besteht nur darin, daß der bezeichnete Angriff für sich allein nach dem ältern StGB. eine straflose That war, er auch auf den Thatbestand der aus ihm hervorgegangenen Körperverletzung keinen Einfluß übte. Bei der Anwendung des § 2 des B.-StGB.s und der durch ihn gebotenen Prüfung, ob das ältere oder das neuere StGB. das mildere Gesetz enthält, dürfen aber nur diejenigen Thatsachen in Betracht kommen, welche nach dem ältern StGB. einen Theil des Thatbestandes bilden; der durch sie gebildete Thatbestand ist diejenige Handlung im Sinne des § 2 des neueren StGB.s, welche in Bezug auf die Größe ihrer Strafbarkeit nach beiden Gesetzgebungen geprüft wird. Ausgeschlossen bleibt der in dem ältern StGB. straflos gewesene Thatbestand, der erst in dem neuen StGB. in die Reihe der Strafthaten getreten ist, wobei es der Erheblichkeit entbehrt, ob die ihn bildenden Thatsachen nach der ältern Gesetzgebung bei Abmessung der Strafe Bedeutung hatten; denn diese Thatsachen bildeten für sich keine Strafthat, keine Handlung im Sinne des erwähnten § 2. Im vorliegenden Falle befindet sich in der Reihe der Thatsachen, deren Ausgang die vorsätzliche Körperverletzung war, auch der Angriff mit einem gefährlichen Instrumente; zum Thatbestande des nach beiden StGB. strafbaren Vergehens der Körperverletzung gehört dieser Angriff in keinem von beiden; er gelangte also an den App.-Richter weder als Thatbestand einer besonderen Strafthat, wie sie das neuere Gesetz im § 367 Nr. 10 kennt, noch als Theil des Thatbestandes der vorsätzlichen Körperverletzung. Nur durch Verletzung des § 2 des Bund.-StGB.s einerseits und des § 187 des Pr. StGB.s und des § 223 des B.-StGB.s andererseits konnte der App.-Richter dahin gelangen, den vor dem 1. Jan. 1871 vorgekommenen Angriff mit einem gefährlichen Instrumente aus § 367 Nr. 10 des damals noch nicht geltenden StGB.s von 1870 zu bestrafen. Dieser Theil seiner Entscheidung ist also nichtig; zugleich folgt daraus in der Sache selbst, daß nur über die dem Imploranten zur Last gelegte vorsätzliche Körperverletzung zu erkennen war. In Bezug auf diese hat der App.-Richter der prozessualischen Vorschrift der §§ 232. 61 des B.-StGB.s die Bedeutung beigelegt, daß der Mangel des Antrages als Strafausschließungsgrund auch dieser schon vor dem 1. Jan. 1871 eingetretenen Verfolgung entgegen tritt, und dieserhalb, unangefochten durch ein Rechtsmittel und gegenwärtig rechtskräftig, die Strafverfolgung des Imploranten wegen vorsätzlicher Körperverletzung für unstatthaft erklärt. Hierbei behält es sein Bewenden, zugleich aber ergiebt sich die Freisprechung des Imploranten von der gegen ihn erhobenen Anschuldigung einer Uebertretung des gedachten § 367 Nr. 10.

Antr. d. GStA.: entg.]23.—6.]

Schamhaftigkeit. – Verletzung. – Aeußerung.

Schamverletzende mündliche Aeußerungen sind, selbst wenn dadurch ein öffentliches Aergerniß gegeben wird, nicht strafbar aus

B.-StGB. § 183 [n. 2].*)

Erk. (B. I.) v. 17. Mai 1871 c. Schulz (297. I. Cr.).

Während § 150 des Pr. StGB.s einen Jeden mit Strafe bedrohte, der durch eine Verletzung der Schamhaftigkeit ein öffentliches Aergerniß gab, soll nach dem cit. § 183 des B.-StGB.s nur derjenige bestraft werden, der durch eine unzüchtige Handlung öffentlich ein Aergerniß giebt. Daß durch diese veränderte Begriffsbestimmung der Thatbestand des Vergehens hat eingeschränkt werden sollen, leuchtet von selbst ein und ist auch aus den Motiven zu dem, dem gedachten § 183 entsprechenden, § 181 des Entwurfs zu entnehmen. Dort wird die beabsichtigte Modifikation des wegen seiner vagen Begriffsbestimmung viel angefochtenen § 150 des Pr. StGB.s wesentlich darin gesetzt, daß der § 181 des Entwurfes als Kriterium für den Thatbestand einer strafbaren Verletzung der Schamhaftigkeit den Begriff einer unzüchtigen Handlung aufstellt. Fragt man nun, was hierbei als Gegensatz zu den unzüchtigen Handlungen gedacht wurde und demnach aus dem Vergehensbegriff ausgeschieden werden sollte, so kann es nichts Anderes sein, als schamverletzende mündliche Aeußerungen, da die Vorbereitung und Veröffentlichung von unzüchtigen Schriften, Abbildungen oder Darstellungen in dem folgen-

*) Mayer bemerkt in seinem „erläuterten StGB." (S. 148 n. 2): „von dem Vertreter des Bundesraths sei in der Kommission des Reichstags anerkannt, daß unter Umständen auch Geberden oder Worte als unzüchtige „Handlungen" angesehen werden könnten, obwohl der Regel nach in solchen Fällen nur § 360 Nr. 11 (Verübung groben Unfugs) anzuwenden sein dürfte." Diese Ansicht steht aber mit den Motiven (S. 101), welche das Wort: „Handlung" durch gesperrten Druck hervorheben, nicht im Einklange; auch würde es danach an jedem begrifflichen Unterscheidungsmerkmale fehlen, nach welchem zu beurtheilen wäre, ob eine Verletzung der Schamhaftigkeit oder ein bloßer Unfug vorliege.

den § 184 des StGB.s für den Nordd. Bund (entsprechend dem § 151 des Pr. StGB.s) als besonderes Vergehen vorgesehen ist. Umfaßt nun auch der Ausdruck Handlung in seiner weitesten Bedeutung mündlich gesprochene Worte, so wird er doch auch häufig im Gegensatze zu diesen gebraucht und das ist auch hier geschehen. Eine Bestätigung dafür, daß das Wort „Handlung" in § 183 in dieser engeren Bedeutung angewandt ist, liegt ferner darin, daß es in den §§ 174 und 176 des B.-StGB.s denselben engern Sinn hat. Da nun nach der thatsächlichen Feststellung des App.-Gerichts im vorliegenden Falle das öffentliche Aergerniß durch schamverletzende mündliche Aeußerungen gegeben worden, der Thatbestand des cit. § 183 diese aber nicht mitumfaßt und demzufolge, wie das AG. mit Recht angenommen, das Nordd. StGB. gemäß § 2 das. als das mildere maßgebend ist, so unterliegt das angegriffene Urtheil wegen unrichtiger Anwendung des cit. § 183 der Vernichtung.

Antr. d. GStA.: gleichl. [33.—6.]

Arrestbruch. - Dauer.

Eine zeitweise Entziehung einer in Beschlag genommenen Sache aus der Verstrickung ist strafbar, sobald dadurch die Beschlagnahme für die Zeit unwirksam gemacht wird, wo dieselbe durch den Verkauf der Sache in Wirsamkeit treten sollte.

B.-StGB. § 137 [n. 34].

Erk. (Z. I.) v. 17. Mai 1871 c. Woitke (265. I. Cr.).

W. aus § 137 des B.-StGB.s bestraft, rügte im Wege der NB. Gesetzesverletzung, weil nicht erwiesen sei, daß er die in Beschlag genommene Uhr [dadurch, daß er sie zur Reparatur zum Uhrmacher bringen ließ] der Beschlagnahme habe entziehen wollen. Das beseitigt das OTr. durch die Erwägung:

> „der App.-Richter habe ausdrücklich festgestellt, daß durch eine vorsätzliche Handlung des Angeklagten die Beschlagnahme der Uhr — wenigstens für die Zeit als die Beschlagnahme durch Verkauf der Uhr in Wirksamkeit treten sollte, — unwirksam gemacht worden sei.

Antr. d. GStA.: gleichl. [30.—6.]

Urkunde, öffentliche. - Holzverabfolgeschein.

Ein von einer Behörde (einem Beamten) innerhalb der Grenzen ihrer Amtsbefugnisse auf Grund der vor ihr erfolgten Verhandlungen in vorgeschriebener Form ausgestelltes Attest — ist eine „öffentliche Urkunde," sollte die Behörde zc. dabei auch als Vertreterin eines ihr anvertrauten Privat-Interesses (z. B. des Fiskus) thätig gewesen sein. Das gilt von den Holzverabfolgescheinen einer Forstkasse.

B.-StGB. § 267 [n. 41. 44. 94a].

Erk. (B. II.) v. 20. Mai 1871 c. Brüning (259. II. Cr.).

B. hatte auf einer in einem Staatswalde abgehaltenen Holzversteigerung zwei Loose angesteigert, den Preis derselben an die Forstkasse bezahlt und demzufolge einen von dieser ausstellten Holzverabfolgeschein erhalten, welcher außer der Quittung die Anweisung an den betr. Förster erhielt, die namhaft gemachten Holzloose an B. zu verabfolgen. — Nach dem Geschwornenspruche hat sodann B. von diesem Scheine, nachdem derselbe durch Umänderung der einen Loos-Nummer in eine andere verfälscht war, wissend daß er falsch sei, zum Zwecke der Täuschung und in der Absicht sich einen Vermögensvortheil zu verschaffen, Gebrauch gemacht. Der Schw.-GH. erachtete durch diesen Spruch nur den Thatbestand des Gebrauchs einer gefälschten Privaturkunde für festgestellt und strafte aus §§ 268 Nr. 1 und 270 des B.-StGB.s, weil jener Schein, „wenn auch von einer Behörde ausgestellt, doch nur eine schriftliche Erklärung zum Erweise eines Kaufgeschäfts Seitens des Verkäufers als Legitimation für den Käufer enthalte, und weil nicht beabsichtigt sei, durch das Schriftstück eine Urkunde mit öffentlichem Glauben zu schaffen." — Auf die NB. des StA.s ist dieses Urtheil vernichtet und B. wegen „wissentlichen Gebrauchs einer öffentlichen Urkunde" verurtheilt worden. Gründe:

Es handelt sich, da in Folge der von der StA.-schaft wegen Gesetzesverletzung eingelegten NB. das OTr. zur Prüfung der ganzen Gesetzesanwendung berufen ist, um Erörterung der Frage, ob nach dem gegen den Angeklagten ergangenen Verdikte die Voraussetzungen des wissentlichen Gebrauchs einer falschen Urkunde überhaupt und sodann, ob die Voraussetzungen des wissentlichen Gebrauchs einer falschen öffentlichen Urkunde vorliegen, wobei, — da zur

Zeit der Aburtelung der Sache das D. StGB. bereits in Kraft getreten war, — nach § 2 desselben und § 6 des Einf.-Ges.s v. 31. Mai 1870 die Bestimmungen der älteren und neueren Strafgesetzgebung zu berücksichtigen sind. Es sind nun durch das schwurgerichtliche Verdikt zuvörderst die allgemeinen Erfordernisse der Urkundenfälschung nach §§ 247. 249 des Preußischen und 267. 268. 270 des Deutschen StGB.s vollständig festgestellt. Insbesondere ergiebt der Inhalt des in das Verdikt aufgenommenen von der Königl. Forstkasse zu W. für den Angeklagten ausgestellten Holzverabfolgescheins, daß derselbe keineswegs, — wie Angeklagter annimmt — bestimmt war, dem Angeklagten als Käufer des von ihm in Empfang zu nehmenden Holzes lediglich als ein Legitimationsattest, also nur zum Ausweise seiner Person zu dienen. Vielmehr enthält das Schriftstück neben dem Anerkenntniß über die erfolgte Zahlung des Kaufgeldes zugleich den Auftrag der Königl. Forstkasse an den Königl. Förster H. zur Verabfolgung des erkauften Holzes und ist also zweifellos eine zum Beweise von Rechten und Rechtsverhältnissen erhebliche Schrift.

Die gedachte Urkunde ist aber auch eine öffentliche Urkunde im Sinne der §§ 251 ad 2 des Preußischen und §§ 267. 268 des D. StGB.s. Die Königl. Forstkassen, deren Verwalter von den Königl. Regierungen angestellt werden und deren Aufsicht unmittelbar untergeben sind, (§ 38 der Geschäfts-Instr. f. d. Regierungen v. 26. Dez. 1808: G.-S. S. 491, — § 12 der Instr. z. Geschäftsführung der Regierungen v. 23. Okt. 1817: G.-S. S. 255, § 6 der Dienst-Instr. des Ministers der Finanzen zur Verwaltung der 2c. Forstkassen v. 21. April 1817) sind als selbstständige Organe der Königl. Regierungen zur Erhebung und Berechnung der Forsteinkünfte berufen (§ 40 der Vdn. v. 30. April 1815: G.-S. S. 91, §§ 3. 6 der Dienst-Instr. f. d. 2c. Forstkassen). Sie haben sonach den Charakter öffentlicher Behörden. Der in Rede stehende Holzverabfolgungsschein fällt mithin unter die Bestimmung des § 251 ad 2 des Pr. StGB.s, in welchem als öffentliche Urkunden u. A. diejenigen Urkunden aufgeführt werden, welche von „Staatsbehörden, Gemeinden oder Korporationen des Inlandes oder Auslandes, sowie von inländischen oder ausländischen Beamten" aufgenommen worden. Das StGB. für den Nordd. Bund, welches in den §§ 267. 268 die öffentlichen Urkunden den Privaturkunden gegenüber stellt und die Fälschung der letzteren, falls sie in gewinnsüchtiger Absicht begangen wird, in § 268 mit erhöhter Strafe bedroht, hat, wie von einer Begriffsbestimmung der Urkunde überhaupt, so insbesondere von einer solchen in Betreff der öffentlichen Urkunden abgesehen, diese Begriffe also als feststehend und bekannt vorausgesetzt. Ueber den allgemeinen rechtlichen Begriff einer öffentlichen Urkunde als einer solchen, welcher mit Rücksicht auf ihre Entstehung eine besondere Glaubwürdigkeit beigelegt ist, wie er sämmtlichen Gesetzgebungen angehörig und insbesondere auch in der AGO. I, 10. § 123 (vgl. §§ 126. 131 a. a. O.) aufgestellt ist, kann nun allerdings ein Zweifel nicht aufkommen. Die Frage aber, welchen Urkunden die gedachte Glaubwürdigkeit und Beweiskraft beiwohnt, und ob sich eine bestimmte Urkunde daher als eine öffentliche darstellt, kann der Natur der Sache gemäß nur nach den am Orte ihrer Entstehung geltenden gesetzlichen Bestimmungen der AGO. §§ 123 ff I, 10 beantwortet werden. Der § 123 a. a. O. bezeichnet als öffentliche Urkunden diejenigen, welchen eine vorzügliche Glaubwürdigkeit (vgl. §§ 126. 131 a. a. O.) um deswillen beigelegt ist, weil die Aussteller dazu bestellt worden sind, dergleichen Urkunden aufzunehmen. Die öffentlichen Urkunden sind entweder gerichtliche (§ 123 a. a. O.) oder außergerichtliche Urkunden (§ 127 a. a. O). Zu letzteren gehören nach § 127 a. a. O. insbesondere diejenigen Atteste, welche Landeskollegien, Magisträte und Gerichte über die zu ihrem Ressort gehörigen vor ihnen erfolgten Verhandlungen mit Bezug auf die deshalb aufgenommenen Protokolle oder geführten Register und Bücher ausstellen. — Der in Rede stehende Holzverabfolgeschein entspricht den in den §§ 127. 123 a. a. O. aufgestellten Voraussetzungen einer öffentlichen außergerichtlichen Urkunde. Denn wenngleich § 127 a. a. O. nur der von den Landeskollegien, Magisträten und Gerichten ausgestellten Atteste ausdrücklich gedenkt, so findet diese Bestimmung doch durch den im § 123 a. a. O. ausgesprochenen allgemeinen Grundsatz ihre Ergänzung und es muß danach angenommen werden, daß alle von öffentlichen Behörden und Beamten innerhalb der Grenzen ihrer Amtsbefugnisse und auf Grund der vor ihnen erfolgten Verhandlungen in vorgeschriebener Form ausgestellten Atteste dem Kreise der öffentlichen außergerichtlichen Urkunden angehören. Die Richtigkeit dieser Auffassung hat auch in der AKO. v. 11. Juli 1833 (G.-S. S. 289) in Betreff der Todtenscheine, welche von in Eid und Pflicht stehenden Lazarethbeamten auf den Grund vorschriftsmäßig geführter Register ausgestellt werden, Anerkennung gefunden und es steht ihr ingleichen die Vorschrift des § 129 der AGO. a. a. O. zur Seite, nach welcher als „außergerichtliche öffentliche Urkunden" alle zwar nicht von Gerichtspersonen, aber von anderen in Eid und Pflicht stehenden Offizianten vermöge eines von einem Landeskollegio erhaltenen Auftrages in Angelegenheiten, welche ihr Amt unmittelbar betreffen, aufgenommenen Protokolle betrachtet werden sollen. Dabei fällt für den in Rede stehenden Holzverabfolgeschein noch besonders ins Gewicht, daß derselbe genau in derjenigen Form ausgestellt worden ist, wie dieselbe in § 27 der Minist.-Instr. f. d. rc. Forstkassen für die von den Verwaltern der Forstkassen den betreffenden Holzkäufern auszustellenden Abfuhrscheine vorgeschrieben worden ist. Daß in dem von dem Angeklagten gefälschten Holzverabfolgungsscheine der Holzversteigerungslisten, auf Grund deren derselbe ausgestellt ist, nicht besonders gedacht worden, beeinträchtigt dessen gesetzliche Glaubwürdigkeit bei Berücksichtigung der Vorschrift des Art. 79 im Anh. zur

AGO. um so weniger, als die gedachte Beziehung, — worauf in der NB. mit Recht hingewiesen wird, — aus dem Inhalte des Attestes zweifellos hervorgeht.

Die Gründe des schwurgerichtlichen Erkenntnisses, aus welchen dasselbe dem fraglichen Atteste die Qualität einer öffentlichen Urkunde abgesprochen hat, haben nicht als stichhaltig anerkannt werden können. Denn die Qualifikation einer öffentlichen Urkunde als solche kann selbstverständlich nicht von der Gattung des derselben zu Grunde liegenden Rechtsgeschäfts, über welches sie den Beweis liefert, oder von der Stellung, welche die ausstellende Behörde etwa dabei als Kontrahent eingenommen hat, sondern nur davon abhängig gemacht werden, ob Letztere zur Ausstellung der Urkunde, welche nach dem Gesetze als öffentliche angesehen wird, amtlich befugt war. Darüber aber, daß es sich bei Ausstellung des Holzverabfolgescheins nicht um ein privates Interesse der ausstellenden Behörde, sondern um Vertretung amtlicher Interessen derselben gehandelt hat, zu welcher sie ebenso berechtigt als verpflichtet war, ist nach dem schwurgerichtlichen Verdikte ein Zweifel nicht möglich. Eben so wenig kann es, da das fragliche Attest von der Kgl. Forstkasse zu W. unstreitig innerhalb der Grenzen ihrer Amtsbefugniß über einen vor derselben amtlich verhandelten Gegenstand ausgestellt worden ist, auf eine besondere Absicht dieser Behörde, mittelst des Attestes eine Urkunde mit öffentlichem Glauben zu schaffen, abgesehen davon, daß eben so wenig der Mangel, als das Vorhandensein einer solchen Absicht durch das schwurgerichtliche Verdikt festgestellt ist, irgendwie ankommen. — Die einer bestimmten Urkunde von dem Gesetz beigelegte publica fides ist von der persönlichen Auffassung des Ausstellers über ihre Bedeutung und Beweiskraft unabhängig.

Antr. d. GStA.: gleichl. [37.—3.]

1. Appellationsrechtfertigung. – Mittheilung. – Aufforderung.
2. Gewerbesteuerhinterziehung. – Steuersatz.

1. Der Angeklagte, welchem die Appellationsrechtfertigung des Staatsanwalts mitgetheilt worden, kann die Unterlassung einer an ihn gerichteten Aufforderung, neue Thatsachen rc. anzuführen, nicht zum Gegenstande eines Angriffs in der Nichtigkeitsinstanz machen, wenn er es verabsäumt hat, vor dem App.-Richter diesen Verstoß zu rügen.

Vdn. v. 3. Jan. 1849 § 130 [n. 6]. Vgl. RdOTr. 7. S. 497.

2. Der Instanzrichter verstößt nicht gegen das Gesetz, wenn er bei Abmessung der Geldstrafe wegen einer Gewerbesteuerhinterziehung, den von der Regierung für angemessen erklärten Steuersatz zum Grunde legt.

Gew.-Steuer-Ges. v. 30. Mai 1820 § 39 B; Ges. v. 19. Juli 1861 § 10a Nr. 3; Fin.-Min.-Regul. v. 4. Dez. 1836 § 8 (AKO. v. 31. Dez. 1836: GS. 1837 S. 13). Das cit. Regulativ schreibt diese Verfahrungsweise für Hausir-Kontraventionen ausdrücklich vor; ein Zl. v. 4. Okt. 1867 (RdOTr. 8. S. 569) erachtete dieselbe auch bei anderen Gewerbesteuerhinterziehungen für anwendbar.

Erk. (Z. II.) v. 20. Mai 1871 c. Prist (132. II. Cr.)

spricht die obigen Grundsätze aus, und hebt ad 2 hervor, daß die Regierung nach dem Ges. v. 30. Mai 1820 Beil. B, und nach dem Ges. v. 19. Juli 1861 zur Fixirung der von den einzelnen Gewerbetreibenden nach lokalen und persönlichen Verhältnissen zu zahlenden Gewerbesteuer kompetent sei.

Antr. d. GStA.: gleichl. [38.—3.]

Körperverletzung (Beleidigung). – Erwiderung. – Prüfung.

Der Instanzrichter, welcher bei einer Anklage wegen Körperverletzung [Beleidigung] keine Veranlassung findet, wegen Erwiderung des Vergehens die Strafe zu ermäßigen oder in Wegfall zu bringen, braucht die Nichtanwendung der ihm in dieser Beziehung ertheilten Befugniß nicht zu motiviren, wenn nicht die Anwendung derselben ausdrücklich beantragt war.

B.-StGB. § 233. 199 [n. 10].

Erk. (Z. II.) v. 20. Mai 1871 c. Stoltefuß (137. II. Cr.).

Wenn der § 233 dem Richter nur die Ermächtigung ertheilt, bei sofortiger Erwiderung leichter Körperverletzung mit solcher eine der Art oder dem Maß nach mildere, oder überhaupt gar keine Strafe eintreten zu lassen, ist es lediglich dessen durch die Umstände des konkreten Falles geleitetem Ermessen anheimgestellt inwieweit er den Fall danach angethan findet, von dieser Ermächtigung Gebrauch zu machen. Es folgt aus der Natur einer solchen Ermächtigung von selbst, daß dem Richter eine besondere Motivirung der Nichtanwendung des § 233 so lange wenigstens nicht obliegen kann, als nicht seine ausdrückliche Entscheidung darüber durch einen Antrag erforderlich wird, mit welchem die Kompensation ex § 233 als Strafausschließungs- oder Milderungsgrund für den Angeklagten in Anspruch genommen und damit eine solche Entscheidung begehrt wird.

Antr. d. GStA.: gleichl. [32.—3.]

---

1. Staatsanwalt. - Hören. - Incidentantrag.
2. Strafantrag. - Mangel. - Freisprechung.

1. Der Vorschrift, dass der Staatsanwalt in der Hauptverhandlung zu hören sei, ist genügt, wenn derselbe zum Worte verstattet einen Antrag gestellt hat, sollte dieser auch nicht die Endentscheidung, sondern eine prozessualische Maassnahme zum Gegenstande gehabt haben. Es kann dann die Entscheidung über diesen Antrag mit der Endentscheidung im Erkenntnisse verbunden werden.

StPO. §§ 6. 36.

2. Es begründet keine Nichtigkeit, wenn der Instanzrichter wegen des Mangels des erforderlichen Strafantrags „freispricht".

B.-StGB. § 61 [n. 33]. Vgl. oben S. 180.

Erk. (Z.) v. 24. Mai 1871 c. Eggerstedt (OAG. II. 67).

E. war wegen Jagdfrevels (StGB. § 292) vor das PG gestellt,

von diesem aber freigesprochen worden. In 2. Instanz ergab es sich, daß es an dem zur Verfolgung erforderlichen Strafantrage des Jagdpächters fehle; der StA. beantragte daher, zunächst den letzteren über die Stellung des Antrags zu vernehmen, nahm dagegen zur Sache selbst noch keinen Antrag. Das Berufungsgericht erließ aber sofort ein die Berufung verwerfendes Erkenntniß, in dessen Gründen es erwog: daß eine Nachholung des Strafantrags unzulässig sei. Die NB. des StA.s rügte:

1. Verletzung der §§ 6 und 36 der StPO., weil die Strafkammer über seinen Zwischenantrag nicht zunächst durch Beschluß entschieden, und ihm durch sofortige Erlassung des Erkenntnisses die Möglichkeit abgeschnitten habe, einen Antrag auf Vertagung oder zur Sache selbst zu stellen;

2. Verletzung des § 61 des StGB.s durch die erfolgte „Freisprechung;" der Mangel des (möglicher Weise noch nachzuholenden) Strafantrags habe nur den Ausspruch rechtfertigen können, daß die „Strafverfolgung zur Zeit unstatthaft sei." —

Zurückweisung. Gründe:

[1.] Die prozessualischen Nichtigkeitsgründe erscheinen verwerflich. Die Vorschrift im § 6 der StPO. ist gewahrt: dem StA. ist das Gehör nicht versagt und dabei war es ihm unbenommen, etwaige eventuelle Anträge zu stellen. Ebenso wenig ist der § 36 verletzt; dieser § schließt formell die Verbindung des Beschlusses auf einen prozessualischen Antrag mit dem Erkenntnisse in der Sache selbst nicht aus, und materiell ist derselbe in dem Entscheidungsgrund für das mit Ablehnung des Antrags auf Vernehmung des Antrags-Berechtigten abgegebene freisprechende Urtheil enthalten, daß „die Nachholung des Antrags auf Bestrafung ex officio" unzulässig sei, indem hierin der Ausspruch zu finden ist, daß die Stellung des Bestrafungsantrags der freien Entschließung des Berechtigten überlassen sein müsse, in der beantragten Vorladung zur Vernehmung über denselben aber eine amtliche Beeinflussung dieser Entschließung enthalten sein würde, zu welcher das Gericht nicht die Hand bieten dürfe.

[2.] Aber auch die in unrichtiger Gesetzesanwendung gefundene NB. ist nicht begründet. Da nicht festgestellt worden, daß der Antrag auf Bestrafung abgelehnt oder zurückgenommen, oder daß die gesetzliche Frist zu seiner Erhebung versäumt worden, so lag ein die Strafbarkeit ausschließender Umstand, — StGB. § 61 — wie ihn die definitive Freisprechung voraussetzt — StPO. § 262 — nicht vor. Eine solche definitive Freisprechung ist aber auch in dem den Angeklagten von „der Anklage der Jagdkontravention" freisprechenden Urtheil des Kreisgerichts nicht zu finden, vielmehr ergeben die Entscheidungsgründe, daß der „Mangel einer nothwendigen gesetzlichen Voraussetzung der Verfolgung" den Grund abgegeben, weshalb sich das Gericht der ihm für ein definitiv freisprechendes Urtheil nach § 262 der StPO. obliegenden „Prüfung der Thatfrage" überhoben erachtet hat. Die Bedeutung der angegriffenen Entscheidung ist daher nur die eines Ausspruchs in Gemäßheit des § 80, daß die Verfolgung zur Zeit für unstatthaft erachtet werde, die Form der Freisprechung aber erschien durch die Vorschrift des § 259 bedingt, der zufolge nach Eröffnung des Hauptverfahrens außer den da genannten Ausnahmefällen eine Beendigung der Untersuchung anders als durch Urtheil nicht zulässig, für die dann noch erforderlich werdende Einstellung des Verfahrens (vgl. § 64 Abs. 2 des StGB.s) eine andere Form nicht gegeben ist. Da auf solche, das ohne Antrag ungesetzlich eingeleitete Verfahren, nicht aber die Untersuchung der That beendigende, Freisprechung die Bestimmung des § 419 über rechtskräftige Urtheile über die That keine Anwendung leidet, so war durch dieselbe weder der StA. an Herbeiführung eines „Ergebnisses der Untersuchung" durch neue Verfolgung auf Grund nachgewiesener Antragsstellung, noch der Antragsberechtigte an Erhebung einer Privatanklage (arg. § 499 a. E.) gehindert.

[63.—6.]

Betrug. – Täuschung. – Absicht eines Dritten.

Ein Betrug kann in der Weise verübt werden, daß Jemand durch die fälschliche Vorspiegelung einer bei einem Dritten vorwaltenden und kundgegebenen Absicht getäuscht wird.

B.-StGB. § 263 [n. 48].

Erk. (Z. I.) **v. 24. Mai 1871 c. Großmann** (319. I. Cr.)

G. hatte die Eheleute B. durch die falsche Vorspiegelung: „ein Dritter, X., beabsichtige ihr Gut sequestriren zu lassen" in Irrthum versetzt und so dazu verleitet, mit ihm einen Scheinkauf über jenes Gut abzuschließen. Hierin fanden die Instanzgerichte einen „Betrug". NB. Zurückweisung. Gründe:

Der App.-Richter hat u. A. festgestellt, daß der Angeklagte den Eheleuten B. die Absicht des X., ihr Gut sequestriren zu lassen, nicht blos als ein zukünftiges Ereigniß angekündigt, sondern den Entschluß des B. zu dieser Maßregel als bereits gefaßt und ihm Seitens desselben kund gegeben hingestellt hat" — und dieses ist unzweifelhaft eine Thatsache im Sinne des § 241 des Preuß. und des § 263 des B.-StGB.s.

Antr. d. GStA.: gleichl. [30.—9.]

Stempel. – Dienstvertrag. – Dauer. – Kontrahent. – Interessent.

Ein Dienstvertrag hört deshalb nicht auf stempelpflichtig zu sein, weil er von einem Anderen als Mitkontrahent unterzeichnet ist, als demjenigen, welchem die Dienste geleistet werden sollen, und weil im Vertrage die Dauer des Dienstverhältnisses nicht näher angegeben ist.

Stemp.-Ges. v. 7. März 1822 § 21.

Erk. (B. I.) **v. 24 Mai 1871 c. Kratz** (279. I. Cr.).

G. Kratz hatte mit mehreren Tagelöhnern einen schriftlichen, unbestempelt gelassenen Dienstvertrag geschlossen, nach welchem die letzteren sich verpflichteten, „der Gutsherrschaft zu C." gegen verschiedene ihnen zugesicherte Gegenleistungen, ihre Dienste zu leisten. Gleichwohl sprach ihn das AG. von der Anklage der Stempelhinterziehung frei, weil die — den Tag des Abschlusses nicht angebende — Schrift keine Bestimmung über die Zeit enthalte, für welche das Abkommen in Wirksamkeit treten solle, und weil dieselbe nicht ersehen lasse, daß K. der Gutsherr von C. sei, und der PAnw. dafür, daß dieses der Fall sei, nicht Beweis angetreten habe."

Vernichtung. Gründe:

Beide Gründe können für rechtlich zutreffend nicht erachtet werden, da das Schriftstück allerdings einen klagbaren Vertrag — und nur hierauf kann es bei Beurtheilung der Stempelpflichtigkeit ankommen — enthält. Die mangelnde Bestimmung über die Zeit der Erfüllung hebt nach § 230 I. 5. ALR. die Eigenschaft des Vertrages als solchen nicht auf, sie wird vielmehr, wenn es nöthig ist, vom Richter ergänzt. Die Erörterung aber, ob, und in welcher Weise die Gutsherrschaft zu C. durch den Angeklagten repräsentirt werde, ist für die Beurtheilung der Stempelpflichtigkeit gleichgültig, da der Angeklagte jedenfalls durch seine Unterschrift den Mitkontrahenten gegenüber Verbindlichkeiten übernommen hat, und dem Fiskus für die Beibringung des Stempels verhaftet ist, wie dies vom Königl. OTr. bereits in dem B. (II. 178) vom 2. Oktbr. 1856 c. Stürmann (JMBl. S. 350) näher ausgeführt worden ist.

Antr. d. GStA.: gleichl. [30.—9.]

---

1. Urkunde, öffentliche. - Pfändung.
2. Unterschlagung. - Urkundenfälschung. - Zusammentreffen.

1. Eine von einem Beamten (Gerichtsboten) ausgegangene, über eine geschehene Abpfändung öffentliches Zeugniss ablegende Schrift ist eine (öffentliche) Urkunde.

Pr. StGB. §§ 247. 323; B.-StGB. §§ 267. [n. 73]. 318.

2. Ist eine Urkundenfälschung zur Verdeckung einer begangenen Unterschlagung verübt worden, so liegt Ideal-Konkurrenz vor.

Pr. StGB. § 55; B.-StGB. §§ 73. 74 [n. 5].

Erk. (V.) v. 24. Mai 1871 c. Luckhardt (OAG. II, 63).

Der Gerichtsbotengehülfe L., welcher mit der Erhebung eines kleinen durch J. W. verschuldeten Geldbetrags und im Nichtzahlungsfall mit der Vollstreckung der Mobiliar Exekution gegen J. W. beauftragt worden war, hatte jenen Betrag erhoben, aber nicht abgeliefert, sondern für sich verbraucht, und um dieses zu verdecken, einen wahrheitswidrigen Bericht geschrieben, bezw. ausgefüllt und zu den Akten gegeben, nach welchem er (wegen Nichtzahlung) eine Schiebkarre gepfändet habe. Hierin fand die Anklage eine Unterschlagung und eine damit realiter konkurrirende falsche Beurkundung einer rechtlich erheblichen Thatsache (B.-StGB. §§ 350. 348. 349. 74). Die verstärkte Strafkammer verurtheilte aber nur wegen des ersten Vergehens und sprach von der Anklage der falschen Beurkundung rc. frei, weil „der eingereichte Pfändungsbericht (Relation) — nicht dazu bestimmt sei, Wirksamkeit nach außen zu äußern, derselbe vielmehr nur dem innern Geschäftsbetriebe angehöre, also keine öffentliche Urkunde im Sinne des § 348 und auch zum Beweise von Rechten und Rechtsverhältnissen nicht erheblich, somit keine Beurkundung sei." —

Vernichtung und Zurückverweisung der Sache an das Instanzgericht. Gründe;

[1.] Die Freisprechung des Angeklagten beruht nach der Ausführung des ersten Erkenntnisses nicht auf thatsächlichen Erwägungen, sondern auf der rechtlichen Beurtheilung der von dem Angeklagten über den Ausfall der ihm aufgetragenen Exekution aufgesetzten Schriftstücke v. 12. Jan. und 22. Juli 1870 und der daraus hergeleiteten Schlußfolgerung, daß dieselben nicht als öffentliche Urkunden anzusehen seien. Folglich erscheint die dagegen gerichtete NB. nach der StPO. § 389 Nr. 1 an sich zulässig. Sie ist aber auch begründet und insbesondere verstößt das erste Erkenntniß gegen den Rechtsbegriff einer öffentlichen Urkunde, wie er sich aus dem Pr. StGB. §§ 247. 251. 323 und dem D. StGB. §§ 267. 348 ergiebt, und die demselben entsprechende rechtliche Bedeutung jener beiden Schriftstücke. Zwar sind diese nach dem benutzten Formular in der Ueberschrift als Berichte des Exekutors bezeichnet und mögen auch, wie der Angeklagte behauptet, nur dem Gerichte und nicht auch den interessirenden Parteien von ihm mitgetheilt worden sein. Dennoch können sie nicht schon aus diesem äußerlichen Grunde nur als Anzeigen für den inneren Geschäftsbetrieb des Gerichts angesehen werden. Vielmehr ist für die Eigenschaft der Schriftstücke die Form und der Inhalt derselben entscheidend. In dieser Beziehung steht darnach unangefochten fest, daß die Schuldner die zur Exekution stehenden Summen nicht zahlten und deshalb verschiedene Gegenstände abgepfändet wurden, sowie, daß diese Thatsachen von dem mit der Exekutionsvollstreckung beauftragten Angeklagten, also innerhalb seiner gesetzlichen Zuständigkeit, vermerkt wurden. Die Schriftstücke legten also für die Abpfändung ein öffentliches Zeugniß ab. Auch kann insbesondere nicht anerkannt werden, daß sie weder nach außen wirksam, noch zum Beweis von Rechten oder Rechtsverhältnissen von Erheblichkeit gewesen seien. Denn sie gaben ebenso wohl den Gläubigern die Befugniß, ihre Befriedigung aus den Pfändern zu verlangen und zu erwarten, als sie den Schuldnern das Widerspruchsrecht gegen die Veräußerung jedenfalls durch die Verpflichtung zur Führung des Gegenbeweises gegen die Richtigkeit des Inhalts der Schriftstücke erschwerten. Enthalten sie hiernach die amtliche Feststellung von rechtlich erheblichen Thatsachen in gesetzlicher Form, wonach nicht gerade die Mitunterzeichnung der betheiligten Personen zur Bewahrheitung der vermerkten Amtshandlungen des Angeklagten erforderlich war, so müssen sie auch im Sinne der angegebenen Gesetze als öffentliche Urkunden angesehen werden. Demnach muß die entgegengesetzte Ausführung des ersten Erkenntnisses als rechtsirrthümlich erachtet und die Freisprechung des Angeklagten von der Anschuldigung einer Urkundenfälschung vernichtet werden.

[2.] Nach der thatsächlichen Feststellung sind jene Beurkundungen unwahr und vom Angeklagten zur Verdeckung der Unterschlagung der von den Schuldnern erhaltenen Beträge, also in der Absicht sich einen Gewinn oder Vermögensvortheil zu verschaffen, niedergeschrieben worden. Der Angeklagte hat daher die Strafe, insbesondere des

Pr. StGB.s § 323 und des D. StGB.s § 349, verwirkt. Aber wegen der Bestimmungen des Pr. StGB.s § 55 ff. und des D. StGB.s §§ 73 ff. beim Zusammentreffen mit der erkannten Strafe der Unterschlagung kann jetzt eine, auch die Urkundenfälschung treffende, Gesammtstrafe nicht erkannt werden und muß vielmehr zur Fällung derselben, unter Beseitigung der nur für die Unterschlagung erkannten Strafe, die Sache zur anderweiten Verhandlung und Entscheidung nach der StPO. § 399 in die frühere Instanz zurückgewiesen werden.

Antr. d. GStA.: entg. [65.—6.]

Nachbildung. – Anderes Kunstverfahren. – Schutz. – Genehmigung.

1. Die durch ein anderes als beim Original angewendetes Kunstverfahren rechtmäßig angefertigten Abbildungen eines Kunstwerks sind zeitweise gegen rein mechanische Nachbildungen geschützt, ohne daß es dazu einer Anmeldung bedarf. Das gilt selbst dann, wenn das Original selbst keines Schutzes genießt.

2. Das Recht zur Nachbildung eines Kunstwerks kann rechtsgültig durch mündliche Genehmigung übertragen werden.

Ges. v. 11. Juni 1837 § 29.

Erk. (V. I.) v. 24. Mai 1871 c. Bintz (396. I. Cr.).

Der Gypswaarenfabrikant M. hatte von den Bildhauern H. und W. das Recht zur Vervielfältigung zweier von diesen modellirten Büsten erworben, und auf mechanischem Wege (durch Abformirung) Abgüsse derselben hergestellt. B. hat Exemplare dieser Abgüsse von M. käuflich erworben, dieselben nachgeformt und in den Handel gebracht, obgleich er durch M. darauf aufmersam gemacht worden war, daß die Büsten nicht nachgebildet werden dürften. Er ist deshalb aus §§ 10 und 29 des Ges.s v. 11. Juni 1837 verurtheilt, und sein Einwand: die Originalkunstwerke der Bildhauer H. und W. seien, weil in Betreff derselben der Vorschrift des § 27 l. c. genügt sei, gegen Nachbildung nicht geschützt — durch die Erwägung beseitigt worden:

daß § 29, welcher der gefertigten Abbildung (nicht dem Originale) einen weit beschränkteren Schutz gewähre, als das Original bei Erfüllung der Vorschriften des § 27 genieße, — durch die Voraussetzungen des letzteren nicht bedingt sei. — Die NB. rügte Gesetzesverletzung; sie suchte auszuführen: Niemand könne mehr Rechte übertragen, als er selbst habe; das Recht des Abbildens sei stets nur ein abgeleitetes, durch das des Autors bedingtes; genieße das letztere keines Schutzes, so stehe auch dem ersteren ein solcher nicht zu. —

Zurückweisung. Gründe:

[1.] Der § 29 des Ges.s v. 11. Juni 1837 gewährt den selbstständigen Schutz gegen Nachbildung durch ein rein mechanisches Verfahren denjenigen Abbildungen von Kunstwerken, welche durch ein anderes, als das bei dem Original angewendete Kunstverfahren rechtmäßig angefertigt werden. Die Bedingungen nun, unter denen den vorliegenden Abbildungen der gesetzliche Schutz gebührt, sind hier vorhanden. Die Abbildungen sind „rechtmäßig“ gefertigt, indem sie mit ausdrücklicher Genehmigung der Verfertiger der Original-Kunstwerke gefertigt worden sind. Sie sind ferner durch ein anderes, als das bei dem Original angewendete, Kunstverfahren angefertigt; endlich sind nach der Feststellung der Instanzrichter die Platten, Formen u. s. w., durch welche die Abbildungen hergestellt sind, noch jetzt brauchbar. Das Gesetz hat im § 29 den so hergestellten Abbildungen, wie gedacht, einen selbstständigen Schutz, gleich den Originalwerken, verliehen; sie sind, soweit es diesen Schutz betrifft, in gewissem Sinne als Originalwerke selbst behandelt; ihr Schutz ist also ein selbstständiger, von demjenigen des betreffenden Originalwerkes unabhängiger und die Folge hiervon ist, daß der gesetzliche Schutz des letzteren gegen Nachbildung erloschen gewesen, oder, soweit derselbe durch die im § 27 erwähnte Anmeldung überhaupt gewährt wird, von Anfang an nicht bestanden haben kann, die rechtmäßige Abbildung dennoch den Schutz des § 29 genießt. Für die „rechtmäßig gefertigten Abbildungen“ schreibt aber das Gesetz die Anmeldung nicht vor, ihr Schutz ist dagegen, seiner

Dauer nach, nur für die Zeit der Brauchbarkeit der Platten, Formen u. s. w. gewährt.

[2.] Was schließlich die Nachbildung der W.schen Büste betrifft, so ist dem App.-Richter auch darin beizutreten, daß für die Genehmigung der Abbildung gesetzlich eine bestimmte Form nicht vorgeschrieben ist, daß also, soweit es sich um das Rechtsverhältniß des unbefugten Nachbildners solcher genehmigten Abbildungen handelt, in allen Fällen auch die mündliche Genehmigung des ersten Autors zur Herstellung des Schutzes genügt.

Antr. d. GStA.: gleichl. [15—9.]

Krankheit. - Abwehr. - Verletzung. - Dolus.

Die Verletzung der zur Abwehr einer Krankheit getroffenen Maassnahmen ist nur dann strafbar, wenn der Angeklagte sich dessen bewusst war, dass seine Handlung einer getroffenen (ihm bekannt gewordenen) Anordnung zuwiderlaufe.

B.-StGB. §§ 327 [n. 6]. 328.

Erk. (V.) v. 24. Mai 1871 c. Weiler (OAG. II, 66).

Während das Pr. StGB. § 307 eine Unterscheidung nach der bei der Uebertretung der betreffenden Maßregeln und Verbote stattfindenden Willensbestimmung nicht statuirte und also auch die bloße Fahrlässigkeit in den Kreis der Bestimmung zog, hat das B.-StGB. lediglich die wissentliche Verletzung der getroffenen Anordnungen zur Voraussetzung der Strafbarkeit gemacht. Daraus folgt, daß die Uebertretung mit Kenntniß des Bestehens und des Inhaltes der gedachten Anordnungen, soweit dieselben übertreten worden sind, stattgefunden haben muß. Es bedarf zwar in dieser Beziehung nicht der Nachweisung, daß die Anordnungen dem Uebertreter derselben speziell bekannt gemacht worden seien, anderer Seits aber kann die Kenntniß derselben nicht ohne Weiteres auf Grund der in der vorgeschriebenen Weise geschehenen Veröffentlichung vorausgesetzt und sich mit der Nachweisung begnügt werden, daß bei der

Uebertretung die Eigenschaften und Umstände der Handlung 2c., wonach solche in den Bereich der Anordnung fällt, thatsächlich vorlagen, insbesondere also dieselbe in dem örtlichen Gebiete stattfand, für welches die Anordnung getroffen worden war, und in diesem beschränkten Umfange Wissenschaft des Uebertreters obwaltete. Es muß vielmehr in allen gedachten Richtungen, gleichviel, auf welchem Wege der Uebertreter dazu gelangte, Wissenschaft darüber stattgefunden haben, daß seine Handlung 2c. der Anordnung zuwiderlaufe

Antr. d. GStA.: entg. [64—6.]

Beleidigung, einfache. – Staatsanwalt. – Strafklage.

Der Staatsanwaltschaft steht jetzt die Verfolgung aller Beleidigungen ohne Ausnahme zu.

EG. z. Pr. StGB. Art. XVI. [n. 19]; B.-StGB. Thl. II. Abschn. 14 [S. 327 n. 30].

Erk. (Z. II.) v. 1. Juni 1871 c. Hartung (117. II. Cr.).

H. war auf die Anklage des StA.s am 11. Jan. 1871 wegen einer am 18. Novbr. 1870 einem Zeugen in Beziehung auf seinen Beruf zugefügten Beleidigung aus § 102 des Preuß. und § 185 des B.-StGB.s verurtheilt worden. Seine NB. rügte Verletzung des Ges.s v. 11. März 1850 § 6: da das B.-StGB. eine besondere Strafandrohung gegen Beleidigungen eines Zeugen nicht enthalte, somit nur eine „einfache Beleidigung" vorliege, so habe (nach Art. XVI. des EG.s z. Pr. StGB.) die Verfolgung nur im Wege des Civilprozesses erfolgen können; es sei daher die eidliche Vernehmung des Verletzten als Zeuge unstatthaft gewesen, da der Eid in Injuriensachen kein zulässiges Beweismittel sei. — Zurückweisung. Das OTr. erwog:

daß nach der prozessualischen und daher auch gegenwärtig maßgebenden Bestimmung des Art. XVI. des EG.s z. Pr. StGB. wegen Ehrverletzungen (Beleidigungen) soweit dieselben als Vergehen anerkannt sind, also mit Ausschluß nur der in § 343 des Pr. StGB.s gedachten, als Uebertretungen charakterisirten einfachen Beleidigungen, die Staatsanwaltschaft im Untersuchungs-Verfahren einzuschreiten befugt ist;

daß hierdurch die Vorschriften des B.-StGB.s, denen

zufolge alle Beleidigungen den Thatbestand von Vergehen darstellen, eine Aenderung nur insofern eingetreten ist, als die Befugniß der StA.-schaft zur Erhebung der Strafklage nunmehr auf alle Beleidigungen ausgedehnt erscheint; und daß sonach, schon aus diesem Grunde auf den vorliegenden Fall, in welchem die Strafklage aus § 102 des Pr. StGB.s erhoben und Implorant auf Grund dieser Vorschrift in 1. Instanz mit Strafe belegt, sodann aber in 2. Instanz wegen Beleidigung aus § 185 des B.-StGB.s bestraft ist, der App.-Richter die für das Untersuchungs-Verfahren geltenden Vorschriften mit Recht angewendet, die Vorschriften des Verfahrens im Civil-Prozesse, insbesondere den § 232 des Anh. z. AGO. und den § 6 des Ges. v. 11. März 1850 also nicht verletzt hat.

Antr. d. GStA.: gleichl. [37.—3.]

Strafart. - Aelteres Urtheil. - Neues Gesetz.

Die unter der Herrschaft der älteren Gesetzgebung verhängten Strafen sind, so wie sie verhängt worden, auch jetzt zu vollstrecken; eine nachträgliche Abänderung der rechtskräftigen Entscheidung nach Maßgabe des die betr. Strafart nicht mehr zulassenden B.-StGB.s ist nicht statthaft.

EG. z. D. StGB. § 6 [n. 11]; B.-StGB. § 2 [n. 7]. Vgl. oben S. 214; Motive S. 17; Schütze, Lehrb. des Bund.-StGB.s S. 52; contra: Schwarze, Comment. S. 57; v. Bar, Abh. in G.-Arch. 19. S. 18.

Beschl. (II.) v. 1. Juni 1871 c. Hedler (20 B. II. Cr.).

B. war unter der Herrschaft des Pr. StGB.s wegen Unterschlagung rechtskräftig zu einer zweimonatlichen Gefängnißstrafe und zur Untersagung der Ausübung der bürgerlichen Ehrenrechte auf ein Jahr verurtheilt worden. Nach dem In-Kraft-Treten des B.-StGB.s trug er beim Gericht erster Instanz dahin an „zur nochmaligen Verhandlung der Sache einen Termin anzuberaumen und bis dahin die Vollstreckung der Gefängnißstrafe auszusetzen," weil das B.-StGB. (§ 32) den Verlust der bürgerlichen Ehrenrechte neben einer nur zweimonatlichen Gefängnißstrafe nicht kenne, die beiden gegen ihn verhängten Strafen also in ihrer Verbindung eine „im B.-StGB.

nicht enthaltene Strafart" darstellten; es müsse daher mit Rücksicht auf § 6 des EG.s z. B.-StGB. in einem neuen Verfahren festgestellt werden, daß er neben der ihm zuerkannten Gefängnißstrafe nicht den Verlust der rc. Ehrenrechte zu erleiden habe. Mit diesem Antrage in beiden Instanzen zurückgewiesen, ergriff er die Beschwerde an das OTr.

Zurückweisung. Gründe:

Sowohl der § 6 des EG.s z. B.-StGB., als der § 2 dieses GB.s beziehen sich ihrer klaren Wortfassung nach nur auf die nach dem 1. Jan. 1871 zur Aburtheilung gelangenden, nicht aber auf die unter der Herrschaft der früheren Strafgesetzgebung bereits rechtskräftig entschiedenen Straffälle.

Uebrigens trifft auch die Voraussetzung des angeführten § 6 im vorliegenden Falle nicht zu, da es sich nicht um eine, dem B.-StGB. unbekannte Strafart handelt. In demselben sind übereinstimmend mit dem Pr. StGB. sowohl die Gefängnißstrafe, wie der zeitige Verlust der bürgerlichen Ehrenrechte als zulässige Strafen aufgeführt. Wenn die letztere nach dem jetzt geltenden Strafrecht nur noch in Verbindung mit einer Gefängnißstrafe von bestimmter längerer Dauer ausgesprochen werden darf, so charakterisirt sich diese Aenderung nur als eine mildere Vorschrift der neuen Strafgesetzgebung, während die Verbindung der genannten beiden Strafen eine auch nach den Bestimmungen des B.-StGB.s statthafte Strafart geblieben ist.

Es kann sich also eintretenden Falls nur darum handeln, inwiefern die milderen Vorschriften des neuen Strafrechts nach Maßgabe des § 2 des B.-StGB.s zur Geltung zu bringen sind. Da derselbe aber auf die unter der früheren Strafgesetzgebung bereits rechtskräftig entschiedenen Sachen keine Anwendung finden kann, so wird das gegen H. erlassene Strafurtheil durch diese Vorschrift nicht berührt und wird die erhobene Beschwerde als nicht begründet zurückgewiesen.

Antr. d. GStA.: gleichl. [38.—3.]

1. 2. Schwurgerichtshof. – Urtheil. – Grundlage. – Nichtigkeit. – Rüge.
3. Urkunde, öffentliche.

1. Das schwurgerichtliche Erkenntniß, welches bei der rechtlichen Beurtheilung des Thatbestandes ein durch den Geschwornenspruch nicht festgestelltes Moment zum Grunde legt, ist nichtig.

Vdn. v. 3. Jan. 1849 § 125 [n. 1a]. Vgl. RdOTr. 2. S. 340; 10. S. 214.

2. Es genügt die Rüge der „Gesetzesverletzung," um jene Nichtigkeit geltend zu machen.

Ges. v. 3. Mai 1852 Art. 111.

3. Eine Verurtheilung wegen Fälschung einer „öffentlichen Urkunde" kann nur erfolgen, wenn festgestellt ist, daß dieselbe von einem zur Ausstellung solcher Urkunden nach Vorschrift der Gesetze amtlich Berufenen ausgestellt sei.

B.-StGB. § 267 [n. 41].

Erk. (B. II.) v. 1. Juni 1871 c. Hoske (100. II. Cr.).

H. von den Geschwornen schuldig befunden:

> „— eilf Stück Pfandscheine des Leihamtes zu X. in rechtswidriger Absicht und in der Absicht sich einen Vermögensvortheil zu verschaffen, fälschlich angefertigt und davon — zum Zwecke der Täuschung Gebrauch gemacht zu haben," —

war nichts desto weniger durch den Schw.-GH. von der Anklage der Urkundenfälschung freigesprochen worden, weil „das wesentliche einer Urkunde die Unterschrift sei; namentlich schreibe das Reglement für die öffentliche Leihanstalt der Stadt X. ausdrücklich vor, daß die Pfandscheine von dem Rendanten vollzogen und mit dem Stempel der Anstalt versehen sein müßten; die hier in Frage stehenden Falsifikate enthielten aber nur eine unleserliche Chiffre, also nicht eine erkennbare Namensunterschrift; der neben der Chiffre abgedruckte Leihhausstempel könne den Schein nicht zu einer für die Stadt verbindlichen Urkunde machen." — Die NB. des StA.s rügte „Gesetzesverletzung," weil hier die unleserliche Namens-Chiffre zur Herstellung einer Urkunde genüge, da die vorliegenden Scheine außerdem die gedruckte Unterschrift: Leih-Anstalt der Stadt X." und erst darunter jene Chiffre enthielten, so daß also der haftende Aussteller (das Leihamt) aus der Schrift erkennbar sei.

Die Gen.-Staats-Anwaltschaft beantragte Vernichtung des angefochtenen Erkenntnisses: die gerügte Gesetzesverletzung liege vor, weil der durch den Geschwornerspruch festgestellte Thatbestand alle wesentlichen Merkmale einer Urkundenfälschung enthalte, und der Schw.-GH. nur dadurch zu einer Negirung des Thatbestandes gelange, weil er in unstatthafter Weise Momente berücksichtige, welche der Geschwornenspruch nicht feststelle; ein „Pfandschein einer städtischen Leih-Anstalt" sei, wenn er, (wie hier nach dem Geschwornenspruche anzunehmen) von der betr. Behörde ausgegangen sei, eine öffentliche Urkunde; es sei also die Strafe aus § 268 Nr. 2 zu verhängen.

Das OTr. hat das angefochtene Erkenntniß vernichtet, sodann aber nur aus § 268 Nr. 1 des B.-StGB.s bestraft. Gründe:

[1.] Es ist ein Fundamentalsatz des ganzen durch die Vdn. v. 3. Jan. 1849 und des Ges.s v. 3. Mai 1852 geordneten schwurgerichtlichen Verfahrens, daß die Entscheidung über den Thatbestand von derjenigen über die Anwendung des Gesetzes auf denselben streng geschieden, die erstere in die Hände der Geschwornen gelegt und nur die letztere dem Schwurgerichtshofe vorbehalten bleibe. Deshalb ist in dem Art. 81 des cit. Ges.s verordnet, daß die den Geschwornen zu stellende Frage bei Strafe der Nichtigkeit alle Thatsachen enthalten müsse, welche die wesentlichen Merkmale des dem Angeklagten zur Last gelegten Vergehens bilden. Daraus folgt aber, daß der Ausspruch der Geschwornen die einzige thatsächliche Erkenntnißquelle für die dem Richter vorbehaltene Anwendung des Gesetzes bildet, und daß es dem letzteren nicht zusteht, seiner Entscheidung darüber: ob dessen Merkmale vorhanden sind, noch weitere thatsächliche Momente zum Grunde zu legen, welche der Antwort der Geschwornen sich nicht entnehmen lassen. Mit der Behauptung, daß die Pfandscheine nur eine völlig unleserliche Chiffre, keine erkennbare Namensunterschrift enthalten, hat der Schw.-GH. nun aber ein aus dem Spruche der Geschwornen nicht zu entnehmendes, durch denselben nicht festgestelltes thatsächtiches Moment der rücksichtlich des Thatbestandes ausschließlichen Grundlage seiner Entscheidung hinzugefügt und ist letztere von ihm vorzugsweise auf dieses Moment gestützt worden. Dadurch hat der Gerichtshof seine Befugnisse augenscheinlich überschritten. Verdienten die von der Vertheidigung schon bei der Verhandlung über die Thatfrage rücksichtlich der Unterschrift angeregten Zweifel nach der rechtlichen Ansicht des Gerichtshofes Berücksichtigung, so hätte die Entscheidung in dieser Richtung durch eine die Feststellung der thatsächlichen Momente erzielende geeignete Frage an die Geschwornen vorbereitet werden müssen. Der Schw.=GH. selbst konnte den Wahrspruch der Geschwornen in dieser Beziehung nicht ergänzen.

[2.] Zwar ist die Entscheidung des Schw.=GH.s nicht wegen der prozessualischen Unzulässigkeit einer solchen Supplirung des Verdikts angegriffen. Es konnte eines solchen Angriffs aber auch nicht bedürfen, da der vorliegende Angriff wegen Verletzung des materiellen Gesetzes — gleichviel wie er von der StA.=schaft begründet worden, ebenso zur Vernichtung des Erkenntnisses führen muß. Denn wenn der Wahrspruch der Geschwornen die einzige thatsächliche Erkenntnißquelle des Gerichtshofes bildete, so verletzte dieser das Strafgesetz, wenn er es in einem Falle anzuwenden ablehnte, in welchem durch den Ausspruch der Geschwornen die wesentlichen Merkmale einer unter das Strafgesetz fallenden Handlung festgestellt waren. Dies ist hier der Fall, da der Ausspruch der Geschwornen eine Urkundenfälschung im Sinne, sowohl des Preuß., als des seitdem in Kraft getretenen B.=StGB.s unzweifelhaft konstatirt. Namentlich sind die Pfandscheine des Leihamtes der Stadt X., welche der Angeklagte nach diesem Wahrspruche gefälscht hat, rücksichtlich deren besondere, ihnen den Charakter einer Urkunde entziehende formelle Mängel durch denselben Ausspruch nicht festgestellt sind, als Urkunden und zwar als solche Urkunden zu betrachten, welche zum Beweise von Rechten und Rechtsverhältnissen von Erheblichkeit sind. Es hätte daher ex §§ 267. 268 des Bundes=, im vorliegenden Falle milderen StGB.s, Bestrafung eintreten müssen und unterliegt deshalb das Urtheil des Schw.-G. der Vernichtung wegen Nichtanwendung jener Gesetze.

]3.] Was sodann die Sache selbst anbetrifft, so bietet freilich der Ausspruch der Geschwornen zur Entscheidung der Frage das erforderliche thatsächliche Material nicht, ob die fraglichen Pfandscheine als öffentliche Urkunden im Sinne des in dem Antrage der StA.-schaft bezogenen § 268 Nr. 2 des B.-StGB.s zu betrachten sind. Daß es sich um „Pfandscheine des Leihamtes der Stadt X." handelt, reicht, wenn es genügen konnte, den Thatbestand des der Anklage zum Grunde liegenden § 251 Nr. 2 des Pr. StGB s festzustellen, hierzu dem § 268 Nr. 2 des B.-StGB.s gegenüber nicht aus: der letztgedachte § ordnet eine schwerere Strafe an, wenn die Urkunde eine öffentliche ist. Derselbe definirt den Begriff einer öffentlichen Urkunde nicht und will denselben daher nach den allgemeinen, in der Landesgesetzgebung zum Ausdruck gelangten, Grundsätzen aufgefaßt wissen. Es hätte deshalb, im Sinne der §§ 123 und 129 I. 10. AGO. und insbesondere bei Berücksichtigung der AKO. v. 28. Juni 1826 — GS. S. 81 — welche im § 2 die Errichtung öffentlicher Pfandleih-Anstalten von der Genehmigung der Regierung abhängig macht, namentlich noch der Feststellung durch Geschwornenspruch bedurft, daß der angebliche Aussteller der Pfandscheine nach Maßgabe der Gesetze amtlich berufen war, solche Urkunden auszustellen. Es kann mithin, da nach der prozessualischen Lage der Sache der Wahrspruch einer Aenderung resp. Ergänzung nicht mehr zugänglich ist, die Bestrafung nur nach § 268 Nr. 1 und 74 des B.-StGB.s erfolgen.

[32.—3.]

---

1. **Bestechung. – Pflichtwidrigkeit.**
2. **Mildernde Umstände. – Feststellung.**

1. Eine strafbare „Bestechung" liegt vor, wenn ein Beamter durch das Anbieten 2c. eines Geschenkes zu einer Handlung bestimmt werden soll, welche er

selbst für pflichtwidrig erachtet, sollte sie dieses objektiv auch nicht sein.

Pr. StGB. § 311; B.-StGB. § 333 [n. 8].

2. Der Feststellung, daß „mildernde Umstände nicht vorliegen" bedarf es nur, wenn der Angeklagte ihre Annahme ausdrücklich beantragt hatte.

EG. z. Pr. StGB. Art. XXIV [n. 18].

Erk. (Z. II.) v. 1. Juni 1871 c. Tell (129. II. Cr.).

Die T. hatte dem rc. Dr. H. ein Geschenk angeboten, um ihn zu bestimmen, den rc. B. für zum Militärdienste untauglich zu erklären, und war deshalb von den Instanzgerichten wegen „Bestechung" verurtheilt worden; ihr Einwand: „sie habe dem Dr. H. keine pflichtwidrige Handlung zugemuthet, vielmehr nur eine wirklich vorhandene Dienstuntauglichkeit des B. zur Anerkennung bringen wollen," ward durch die Erwägung beseitigt: „sie habe von Dr. H. bereits erfahren, daß er den B. für dienstauglich erachte, ihre Absicht sei somit dahin gegangen, seinen Sinn zu ändern, und ihn durch das gebotene Geschenk geneigt zu machen, auch beim Mangel eines gesetzlichen Grundes die Entlassung auszusprechen." NB. Zurückweisung. Gründe:

[1.] Es kann nicht zweifelhaft sein, daß nach beiden Gesetzgebungen die auf eine in den Augen und nach der Meinung des betreffenden Beamten oder Mitgliedes der bewaffneten Macht pflichtwidrige Handlung gerichtete Absicht ausreicht, und es darauf nicht ankommen kann, ob die Handlung, welche von ihm durch das ungesetzliche Mittel der Hingabe von Geschenken erzielt werden soll, sich von einem andern Standpunkte aus als dem seinigen rechtfertigen läßt, oder sogar als gesetzlich zulässig anzuerkennen wäre. Denn jedem Beamten liegt es vor Allem ob, sein bestes Wissen und Gewissen als Norm seiner Handlungen gelten zu lassen. Es enthält daher offenbar schon eine pflichtwidrige Handlung desselben und zwar eine Verletzung seiner Amtspflicht, wenn er sich durch angebotene oder gewährte Geschenke bestimmen läßt, im Widerspruche mit jenem besten Wissen und Gewissen eine sein Amt berührende, ihm durch seine Ueberzeugung untersagte Handlung vorzunehmen, oder, obgleich er sich hierzu für verpflichtet hielt, zu unterlassen.

Ebenso kann es auf Seiten des Thäters nicht darauf ankommen, ob er selbst von der Ungesetzlichkeit der durch ihn verlangten Handlung überzeugt war, es muß vielmehr genügen, wenn er mit Kenntniß davon, daß der Beamte die fragliche Handlung für pflichtwidrig hielt, dessen Widerspruch durch das Mittel der Bestechung zu beseitigen suchte.

[2.] Es kann auch darin eine Verletzung des § 333 des D. StGB.s nicht gefunden werden, daß der Appell.-Richter sich über das Nichtvorhandensein mildernder Umstände derselben nicht ausdrücklich ausgesprochen hat. Nur durch einen bezüglichen Antrag, der in der Audienz weder persönlich, noch durch einen Bevollmächtigten erschienenen Angeklagten hätte derselbe vielmehr zu solcher ausdrücklichen Erklärung genöthigt werden können.

Antr. d. GStA.: gleichl. [S2.—3.]

Zuständigkeit. – Uebertretung. – Vergehen. – Gesetzeswechsel.

Eine Strafthat, welche nach dem jetzt geltenden Gesetze ein Vergehen darstellt, gehört selbst dann zur Zuständigkeit der Gerichtsabtheilung, wenn sie unter der Herrschaft des früheren, nur eine Uebertretungsstrafe androhenden und deshalb für die Bestrafung maßgebend bleibenden Gesetzes begangen war.

EG. z. Pr. StGB. Art. XIII. [n. 13]. Vgl. RbOTr. 8. S. 639. 750; IX. 65. 490. 626.

Beschl. (I.) v. 2. Juni 1871 c. Berkhausen (95 B. I. Cl.).

Gegen B. und Gen. war wegen einer unter der Herrschaft des Pr. StGB.s (§ 346 Nr. 1) verübten Hausrechtsverletzung die Untersuchung eröffnet und die Sache vor den Einzelrichter verwiesen worden, weil die That — wenn auch nach § 123 des B.-StGB.s ein Vergehen, — doch nach dem maßgebend bleibenden milderen § 346 Nr. 1 des Pr. StGB.s eine Uebertretung darstelle, und somit die polizeirichterliche Zuständigkeit begründet sei. — Vernichtung und Verweisung der Sache vor die Gerichtsabtheilung. Das OTr. erwog:

daß das B.-StGB. § 123 die vorliegende Strafthat mit Gefängniß oder mit Geldstrafe von mehr als fünfzig

Thalern bedroht, sie also nach § 1 unter die Vergehen verweist, bei denen die Untersuchung und Entscheidung durch Gerichtsabtheilungen erfolgt, und hingegen die Straf-Bestimmung des § 346 Nr. 1 des Pr. StGB.s um deshalb nicht geltend gemacht werden kann, weil derselbe am 1. Jan. 1871 nach § 2 des EG.s v. 31. Mai 1870 außer Kraft getreten ist und nur insofern nach § 2 des B.-StGB.s noch in Betracht kommt, als die Strafe dem härteren § 123 nicht entnommen werden darf, er dagegen den sofortigen Eintritt der prozessualischen Einwirkung des § 123 nicht aufzuhalten vermag.

Antr. d. GStA.: gleichl. [39.—6.]

Bankerutt. - Buchführung. - Fähigkeit. - Guter Glaube.

Eine unordentliche Buchführung macht den seine Zahlungen einstellenden Kaufmann strafbar, sollte er auch die zu diesem Geschäfte erforderliche Fähigkeit nicht gehabt, gleichwohl aber sich aus Irrthum für genügend befähigt [und seine Buchführung für eine genügende] erachtet haben.

Pr. StGB. § 261 Nr. 2; B.-StGB. § 283 Nr. 2 [u. 10].

Erk. (Z. I.) v. 2. Juni 1871 c. **Nordt** (405. I. Cr.).

Der Einwand der Unfähigkeit zur Buchführung ist vor dem Strafrichter unstatthaft; selbst der behauptete gute Glaube der Fähigkeit würde keinen Schutz gewähren, da es Sache des Angeklagten ist, sich von seiner Fähigkeit zu vergewissern, das Gesetz aber bei dem lediglich formalen Vergehen auch den Irrthum in dieser Hinsicht straft.

Antr. d. GStA.s: Zurückweisung der NB. [15.—6.]

Strafumwandlung, nachträgliche. - Zuchthaus. - Einheit.

Eine Umwandlung anderer Freiheitsstrafen in Zuchthaus von einer nach Tagen bemessenen Dauer ist unstatthaft.

Ist dieselbe Person durch verschiedene Strafurtheile theils zu Zuchthaus-, theils zu einer andern

Freiheitsstrafe verurtheilt worden, so kann eine Umwandlung der letzteren in Zuchthausstrafe nur dann erfolgen, wenn ihr eine nach Monaten bemessene Strafe der letzteren Art genau entspricht; ist dieses nicht der Fall, so muß von der Umwandlung ganz abgesehen werden.

B.-StGB. § 19 [n. 3]; Pr. Ges. v. 3. Mai 1852 Art. 131 [n. 5. 6]. Vgl. oben S. 106.

Beschl. (I.) v. 2. Juni 1871 c. Porath (97 B. I. Cr.)

P. war durch zwei verschiedene Strafurtheile zu einer 9monatlichen Gefängniß- und dann zu einer 30monatlichen Zuchthausstrafe verurtheilt worden; von der ersteren hatte er 44 Tage und 15 Min. verbüßt, als er zur Vollstreckung der letzteren in die Strafanstalt abgeführt wurde; den hiernach verbleibenden Rest von 225 Tagen 23 Stunden 45 Minuten hatte das KG. auf den Antrag des StA.s in 5monatliches Gefängniß, das AG. aber (in Folge einer Beschwerde des StA.s) in 4monatliches Zuchthaus verwandelt, weil nach dem Grundsatze des § 19 des StGB.s bei der Umwandlung nur die 225 Tage (ohne die Stunden) in Anrechnung zu bringen seien, welchen 150 Tage Zuchthaus entsprechen würden; da nun aber 5 Monate mehr als 150 Tage enthielten, so könne die Umwandlung nur in 4 Monate Zuchthaus erfolgen: der dann noch verbleibende Rest der Gefängnißstrafe sei als solche zu vollstrecken. — Auf die Beschwerde des OStA.s hat das OTr. beide Beschlüsse aufgehoben und den Umwandlungsantrag im Ganzen „als unstatthaft" zurückgewiesen. Gründe:

Es handelt sich hier um Vollstreckung von zwei verschiedenen, gegen den Angeklagten ergangenen Strafurtheilen, welche Freiheitsstrafen verschiedener Art verhängen, mithin um Anwendung des Satzes 3 des Art. 131 des Ges.s vom 3. Mai 1852. Auf die Bestimmungen des Pr. StGB.s, die zur Zeit galten, als die Gefängnißstrafe ausgesprochen wurde, und nach denen der gedachte Rest derselben einer Zuchthausstrafe von 151 Tagen (5 Monaten und 1 Tage) gleichstehen würde, kann nicht zurückgegangen werden, da eine nach dem 1. Jan. d. J. erfolgende Strafumwandlung in gleicher Weise wie ein Straferkenntniß nur den Vorschriften des seit jenem Zeitpunkte geltenden D. StGB.s unterliegt. Dieses StGB. giebt im § 21 als Maßstab, daß die Gefängnißstrafe einer um ein Drittel der Dauer kürzeren Zuchthausstrafe gleichsteht, bestimmt aber auch im § 19, daß die Dauer der Zuchthausstrafe nur nach vollen Kalendermonaten bemessen werden darf. Diese letztere Vorschrift gilt für den Richter, der eine Strafumwandlung vornimmt, in gleicher Weise wie bei Abfassung des StrafDer erkennende Richter wird der Beschränkung des § 19 mit Leichtigkeit sich fügen können, auch wenn er einer Geldstrafe die Zuchthausstrafe substituirt (§ 28), oder bei der realen Konkurrenz (§ 74) eine dem § 21 entsprechende Umwandlung vornimmt; denn immer bleibt ihm die Möglichkeit, eine solche Dauer der Gefängnißstrafe zur Grundlage der Umwandlung zu nehmen, daß eine nach vollen Monaten bemessene Zuchthausstrafe sich ergiebt. Anders ist die Lage des Richters bei Umwandlung einer rechtskräftig feststehenden Gefängnißstrafe; er muß auf diese in ihrer unabänderlichen Größe die Berechnung des § 21 anwenden, darf aber nicht von der Bestimmung des § 19 abweichen. — Es sind hier 225 Tage 23 Stunden 45 Minuten Gefängnißstrafe in Zuchthausstrafe zu verwandeln; ihnen entspricht keine Zahl voller Kalendermonate. Je nachdem man die Stunden fortläßt oder für einen vollen Tag rechnet, erhält man bei der Umwandlung 150 oder 151 Tage Zuchthaus; dieser Zeitraum wird durch auf einander folgende vier Kalendermonate niemals erreicht, fünf solcher Monate können ihm nur dann gleichstehen, wenn der Februar unter ihnen vorkommt. Da nun einerseits eine Umwandlung in Tage Zuchthaus nicht statthaft ist, andererseits nicht übersehen werden kann, ob 5 Monate Zuchthaus gerade zu einer Zeit zur Vollstreckung gelangen werden, in welchen sie nicht mehr als nur 150 oder 151 Tage umfassen, so kann nach beiden Richtungen hin eine Umwandlung nicht eintreten. Die deshalb von dem Königl. AG. z. St. gewählte Umwandlung in 4 Monate Zuchthaus unter dem Vorbehalt die durch sie nicht gedeckte Gefängnißstrafe als solche verbüßen zu lassen, vereitelt den Zweck der Bestimmung des Art. 131, die Vereinfachung der Strafvollstreckung. Es folgt daraus, daß in dem hier vorliegenden Falle die Umwandlung als unausführbar nicht eintreten kann; die erkannte Gefängnißstrafe wird unverändert abzubüßen sein.

Antr. d. GStA.: entg. [39.—3.]

Urkunde. – Beweiserheblichkeit. – Fragstellung.

Es ist nicht unzulässig, bei einer Anklage wegen „Urkundenfälschung" den Geschwornen die Frage vorzulegen, ob das betr. Schriftstück „zum Beweise von Rechten oder Rechtsverhältnissen erheblich" gewesen sei, — insofern eine Auflösung dieser Begriffe von keiner Seite beantragt war.

B.-StGB. § 267 [n. 34. 47].

Erk. (3. Pl.) v. 5. Juni 1871 c. Gratzig (258. I, 3 Pl.: Cr.).

Ein auf der Eisenbahn angekommenes an „G. Grätz" adressirtes Kollo war irriger Weise an H. G. Gratzig abgeliefert und von diesem gegen eine mit dem Namen „G. Grätz" unterzeichnete Quittung in Empfang genommen worden. Hierin fand die Anklage eine Urkundenfälschung, deren Thatbestand im Anklagebeschlusse unter wörtlicher Aufnahme des Inhalts der Quittung hervorgehoben war. Der Vorsitzende des Schw.-GH.s stellte die Frage dahin:

„Ist Gratzig schuldig, — in der rechtswidrigen Absicht sich Gewinn zu verschaffen, ein Schriftstück folgenden Inhalts:

Ueber den richtigen Empfang obiger Güter (eines Kollo Kleider) quittirt

P., den 2. Juli 1869.

G. Grätz.

welches zum Beweise von Rechten oder Rechtsverhältnissen von Erheblichkeit ist, fälschlich angefertigt und von demselben zum Zwecke der Täuschung Gebrauch gemacht zu haben?"

Der StA. beantragte aus der Frage die (im Anklagebeschlusse nicht enthaltenen) Worte: „welche zum Beweise von Rechten oder Rechtsverhältnissen von Erheblichkeit ist" zu streichen, weil die Prüfung des Begriffs einer Urkunde nicht zu den Funktionen der Geschwornen gehöre. Der GH. beschloß aber ohne Angabe von Gründen es bei der Frage zu belassen. Diese ward darauf von den Geschwornen verneint, dagegen eine den Thatbestand der Unterschlagung enthaltende Hülfsfrage bejaht.

Die NB. des StA.s rügte unter Bezugnahme auf die bisherige Praxis des OTr.s die Aufnahme jener Worte, als eines Rechtsbegriffs, in die Fragstellung; mit Rücksicht auf den von ihm gestellten Antrag, hätte ihre Ausscheidung erfolgen müssen.

Der Gen.-Staats-Anwalt erachtete diesen Angriff für begründet und führte in dieser Beziehung aus:

Die angeregte Frage sei vorzugsweise nach den unverändert gebliebenen Strafprozeßgesetzen zu beurtheilen; das neue StGB. habe an den maßgebenden Grundlagen Nichts geändert, sondern die (früher vom OTr. in konstanter Praxis anerkannte) Zweckmäßigkeit, ja Nothwendigkeit: die Entscheidung über die Urkundenqualität eines Schriftstücks der richterlichen Entscheidung zu unterwerfen, — nur erhöht, denn es gebe gar keine Definition des Begriffs „Urkunde," betrachte dieselbe vielmehr als „feststehend und bekannt," während die Motive (S. 131) in dieser Beziehung ausdrücklich auf „Wissenschaft und Gesetzgebung" hinverwiesen; hiernach sei also die betr. Entscheidung auf der Grundlage der in jedem Bundesstaate geltenden „Gesetzgebung" unter Zuhülfenahme der „Wissenschaft" zu treffen; sie werde in einzelnen praktischen Fällen selbst dem gebildeten Juristen nicht leicht sein, es könne daher unmöglich in der Absicht des Gesetzgebers gelegen haben, die Geschwornen als Organe zu berufen, um den Streit der Parteien darüber zu lösen, was Rechtswissenschaft und Gesetzgebung fixirt hätten; die Geschwornen-Frage solle nach Art. 81 des Ges.s v. 3. Mai 1852 alle die wesentlichen Merkmale des betr. Straffalles bildenden Thatsachen enthalten; die „Thatsachen" erschöpften aber nicht (wenigstens nicht immer) den „Thatbestand," dieser umfasse gleichzeitig rechtliche Momente (Merkmale, Elemente), welche auf den Grund thatsächlicher Feststellungen durch rechtswissenschaftliche Schlüsse zu folgern seien; den Geschwornen gebühre sonach nur die Entscheidung über das rein Thatsächliche, aus welchem dann das Richteramt die rechtswissenschaftliche Folgerung zu ziehen habe; dieser Scheidung bedürfe es nicht, wenn der betr. Rechtsbegriff „eine allgemein bekannte oder im gegebenen Falle unbestrittene Bedeutung habe" (cit. Ges. Art. 82), sie werde aber unerläßlich, sobald diese Voraussetzung nicht zutreffe; diese Auslegung des cit. Artikels erhalte eine gewissermaßen authentische Zustimmung durch die §§ 317 und 318 der N. StPO., welche ausdrücklich besagen, daß „Merkmale, deren Beurtheilung im gegebenen Falle durch rechtskundige Einsicht in den Sinn und Zusammenhang der Gesetze bedingt sei, insoweit es geschehen könne, durch die Aufnahme derjenigen Thatsache ersetzt werden müssen, welche für jene Beurtheilung wesentlich sind. — Hiernach dürfe die Entscheidung der Frage: „ob eine Privaturkunde zum Beweise von Rechten oder Rechtsverhältnissen von Erheblichkeit sei," sobald die Bedeutung der Urkunde zweifelhaft oder bestritten sei, nicht (in jener Abstraktion) den Geschwornen überlassen, vielmehr müsse, sobald (wie hier der Fall) ein hierauf bezüglicher Antrag gestellt worden, nach Art. 82 cit. verfahren werden; die hier den Geschwornen vorgelegte Frage gebe den Inhalt des Schriftstücks ausdrücklich als „Quittirung" wieder; nach rechtlichen Grundsätzen sei eine Quittung nothwendig eine zum Beweise von Rechten rc. erhebliche Urkunde; die Bejahung jenes Momentes habe also die Entscheidung: daß die Schrift eine rechtsbeweis-erhebliche Urkunde sei, nothwendig zur Folge haben müssen; das schwurgerichtliche Erkenntniß, welches anders entschieden hätte, würde als rechtsirrthümlich der Vernichtung anheimgefallen sein; hätten die Geschwornen — nach der jetzigen Fassung der Frage — anerkannt, daß die Schrift inhaltlich eine „Quittung" enthalte, sodann aber den Zusatz: „ob dieselbe für den Beweis von Rechten rc. erheblich sei" verneint, — so würde es sich gefragt haben, ob nicht ihr Spruch (als in sich widersprechend) nicht ebenfalls hätte vernichtet werden müssen; hier hätten die Geschwornen die einheitlich gestellte Frage einfach verneint; es lasse sich aber nicht unterscheiden, ob ihr Nein darauf beruhe, daß sie den G. nicht für den Anfertiger der Schrift, oder daß sie die letztere nicht für beweiserheblich erachtet hatten; Zusätze, welche die rechtliche Wirkung der Antwort zweifelhaft machten, seien unzulässig; auf keinen Fall aber dürfe die Weglassung eines thatsächlichen Merkmals durch einen eventuell widersprechenden Rechtsbegriff ergänzt oder eludirt werden. *)

Das ObTr. hat die NB. zurückgewiesen. Gründe:

Gemäß der §§ 267 und 268 des B.-StGB.s, deren Bestimmungen als die milderen nach § 2 ibid. im vorlie-

*) Der Fehler der Fragstellung bestand hier unverkennbar darin, daß einerseits der Inhalt des betr. Schriftstückes genau angegeben, und somit die Möglichkeit gewährt war, vom rein rechtlichen Standpunkte aus, ihre Qualität als Urkunde und ihre Erheblichkeit für den Beweis rc. zu beurtheilen, und daß nichts desto weniger andererseits diese Erheblichkeit auch noch besonders zum Gegenstande der Befragung gemacht war; hätten die Geschwornen die Frage im Allgemeinen bejaht und gleichzeitig den die Beweiserheblichkeit betreffenden Zusatz verneint, so wäre der Spruch in sich widersprechend gewesen, da eine „Quittirung" nothwendig beweiserheblich ist.

genden Falle mit in Betracht zu ziehen waren, ist die Verfälschung oder fälschliche Anfertigung von Privaturkunden nur in dem Falle strafbar, wenn sie zum Beweise von Rechten oder Rechtsverhältnissen von Erheblichkeit sind. Diese Erheblichkeit ist daher ein thatbestandliches Moment der Fälschung von Privaturkunden. Da die Fragen an die Geschwornen aber nach Art. 81 des Ges.s v. 3. Mai 1852 alle Thatsachen, welche die wesentlichen Merkmale der dem Angeklagten zur Last gelegten strafbaren Handlung bilden, oder mit anderen Worten, die sämmtlichen thatbestandlichen Merkmale derselben enthalten müssen, so gilt dies auch von dem gedachten Merkmal der Beweiserheblichkeit. Daß die letztere einen Rechtsbegriff bildet, begründet keine Ausnahme von der Regel. Daß der Umstand, daß in einem vom Gesetze definirten thatbestandlichen Merkmale ein Rechtsbegriff enthalten ist, keinen Grund abgeben kann, dessen Feststellung den Geschwornen zu entziehen, ergiebt sich klar aus Art. 82 des cit. Gesetzes v. 3. Mai 1852, welcher keineswegs gestattet, die Feststellung so gearteter thatbestandlicher Merkmale dem Schwurgerichtshofe vorzubehalten, sondern nur verordnet, daß in den, an die Geschwornen zu stellenden Fragen Rechtsbegriffe, welche nicht eine allgemein bekannte und in dem gegebenen Falle unbestrittene Bedeutung haben, durch solche gleichbedeutende Ausdrücke zu ersetzen seien, zu deren Verständniß Rechtskenntnisse nicht erfordert werden.

Die vorliegende NB. ist aber nicht dahin gerichtet, daß eine derartige Auflösung des Rechtsbegriffes der Beweiserheblichkeit nicht stattgefunden habe und konnte nicht dahin gerichtet werden, da bei der Verhandlung vor dem Schw.-GH. weder von der Staatsanwaltschaft, noch von dem Angeklagten die Auflösung nach Maßgabe der konkreten Sachlage beantragt oder die Bedeutung der in Rede stehenden Worte des Gesetzes bestritten worden war. Das Verfahren des Schw.-GH.s, indem er das in Rede stehende thatbestandliche Merkmal der Urkundenfälschung mit den

Worten des Gesetzes in die Frage an die Geschwornen aufnahm, kann daher für unzulässig nicht erachtet werden. [33.—9.]

Urkunde. – Frachtbrief. – Kosten-Note. – Rollkarte.

1. Die einem Frachtbriefe (vom Frachtführer) später hinzugefügte mit dem Inhalte desselben in keiner Verbindung stehende Kosten-Note ist keine Urkunde.

2. Dasselbe gilt von einer die Frachtsätze der abzuliefernden Güter nachweisenden Rollkarte.

Pr. StGB. § 247; Vgl. R.-StGB. § 267 [n. 101]. Vgl. RbOTr. 7. S. 17; 12. S. 21.

Erk. (3. Pl.) v. 5. Juni 1871 c. Plock (4. Pl., II. Cr.).

Der Fuhrknecht Pl. hatte die auf der rc. Eisenbahn angekommenen Frachtgüter in H. herumzufahren und an die Adressaten abzuliefern; er erhielt zu diesem Ende die Frachtbriefe der einzelnen Güter, nachdem die Eisenbahnverwaltung auf der Rückseite eine Note über die zu erhebenden Frachtsätze hinzugefügt hatte, — und außerdem eine s. g. „Rollkarte", d. h. ein Verzeichniß aller ihm zur Ablieferung anvertrauten Güter mit namentlicher Angabe der Adressaten und der von diesen zu erhebenden Frachtsätze. Er hat nun, nach seinem Schuldbekenntnisse auf zwölf solchen Frachtbriefen und dem entsprechend auch in den Rollkarten die notirten Frachtsätze erhöht, die so erhöhten Sätze von den Adressaten erhoben, der Eisenbahnexpedition aber nur die geringeren richtigen Beträge abgeliefert. Die Instanzrichter strafen aber nur wegen Betrugs, weil sie weder die Kosten-Noten der Frachtbriefe noch die Rollkarten für Urkunden und somit die §§ 247 ff. des Preuß. StGB.s für unanwendbar ansahen. NB. des StA.s.

Zurückweisung. Gründe:

[1.] Die auf der Vorseite der Formulare befindlichen und von dem Versender unterschriebenen Frachtbriefe waren vollständige Urkunden über perfekte Frachtverträge. Die daraus hervorgehenden Rechte und Pflichten waren damit erschöpft und die Noten auf der Kehrseite waren nicht vertragsmäßige, sondern einseitige unverbindliche Berechnungen der betreffenden Eisenbahnverwaltung, aus denen so wenig Verpflichtungen als Rechte, sei es für sie, sei es für die

Absender oder die Desticatäre der Waaren erwuchsen. Diese Noten haben nur den Zweck, den Belag der zu zahlenden Fracht ziffermäßig zum Ausdruck zu bringen. Rechtlich maßgebend für die Höhe der Fracht bleibt aber vor wie nach der Frachtbrief selbst und die darin bezogenen Reglements und Tarife. Nur die sich hiernach regelnde Fracht ist der Empfänger zu zahlen verpflichtet. Ob für ihn die Berechnung der Fracht mit Schwierigkeiten verbunden, ist für die allein entscheidende Frage, welche rechtliche Bedeutung der einseitig von der Eisenbahnverwaltung aufgestellten Berechnung zukommt, gleichgültig. Soweit die letztere die tarifmäßigen Sätze übersteigt, verpflichtet sie den Absender und Empfänger der Waare zu nichts. Die von der Eisenbahnverwaltung ausgefüllte Note ist also, abgesehen davon, daß sie keine Unterschrift trägt, weder für sich betrachtet, noch in Verbindung mit dem auf der Vorderseite stehenden Frachtbrief für die Verpflichtungen oder Rechte der Betheiligten maßgebend oder erheblich. Hierin wird auch durch die Bestimmungen der Artt. 391. 392. 405 des D. HGB.s, insofern daselbst die Bestimmung der Frachtpreise als wesentlicher Bestandtheil des Frachtbriefes bezeichnet wird, nichts geändert. Wenn Art. 392 a. a. O. sagt: „der Frachtbrief enthält — b. — die Bestimmung in Ansehung der Fracht," so ist damit nur ausgedrückt, daß zu einem vollständigen Frachtbriefe die Stipulation über die Höhe der Fracht gehört. Es unterliegt aber keinem Zweifel, daß ein Frachtbrief, in welchem, wie im vorliegenden Falle, der Betrag der Fracht durch Verweisung auf die betreffenden Reglements bestimmt ist, einen gültigen Frachtvertrag begründet und daher eine Urkunde darstellt. Grade deshalb, weil der Frachtbrief selbst die für die Fracht maßgebende Urkunde ist, ist die auf dessen Rückseite stehende und nicht von dem Absender, sondern von einem Beamten der Eisenbahn herrührende Frachtnote kein integrirender Theil der Frachtbrief-Urkunde.

[2.] Eine Rollkarte, welche unter anderem in einer

Kolonne die Frachtsätze nachweist, ist deshalb noch keine Urkunde. Für wen und zu welchem Zwecke sie die Frachtsätze nachweist, darüber ergiebt die Anklage nichts. Wenn dieser Nachweis nun bloß für die Eisenbahnverwaltung zur Erleichterung der Kontrolle und der Abrechnung mit dem Frachtführer bestimmt ist, so würde doch keine Rede davon sein können, daß sie eine Urkunde sei. Wäre die betreffende Kolonne aber auch für die Waarenempfänger bestimmt, so könnte das Nachweisen der Frachtsätze doch nur den Sinn haben, ihnen ziffermäßig klar zu machen, wie viel die Eisenbahn an Fracht von ihnen in Anspruch nehme. Ein Anspruch ist aber noch keine Verpflichtung und daß die Rollkarten in dem gefälschten Theile die Elemente einer solchen enthalten, ist durch das Geständniß des Angeklagten in keiner Weise festgestellt. Ebenso wenig ist in der Anklage behauptet, daß die Rollkarten dem Angeklagten als Vollmacht zur Empfangnahme der Frachtbeträge von den Waarenempfängern gedient haben, und es kann daher auch dies nicht durch das Geständniß des Angeklagten festgestellt angesehen werden.

Antr. d. GStA.: gleichl. [23.—9.]

---

1. Angeklagter. - Gehör.

2. Staatsanwalt. - Gerichtsschreiber. - Referendar.

1. Es ist nicht unerlässlich, den bei der Hauptverhandlung gegenwärtigen Angeklagten ausdrücklich aufzufordern, auf die Ausführungen des Staatsanwalts zu antworten.

StPO. §§ 6. 238. 315.

2. Ein Referender, welcher zu seiner Ausbildung unter Leitung und Controlle des Staatsanwalts den Entwurf der Anklage angefertigt hat, verliert dadurch nicht die Fähigkeit später als Gerichtsschreiber in der Hauptverhandlung mitzuwirken.

StPO. §§ 24. 30.

Erk. (Z.) v. 7. Juni 1871 c. Cammann (OAG. II. 56).

[1.] Nach der StPO. §§ 6. 238. 315 soll zwar nach der Beweisaufnahme mit der Gegenausführung gegen die StA.-schaft nicht bloß der Vertheidiger, sondern auch der Angeklagte selbst gehört werden. Aber es ist nicht vorgeschrieben, daß deshalb eine besondere Aufforderung Seitens des Gerichts an den Angeklagten vorangehen muß; vielmehr genügt es, daß demselben zu seinen Erklärungen Gelegenheit gegeben ist. Daß im vorliegenden Falle dem Angeklagten eine solche gefehlt habe oder die Vertheidigung sonst beschränkt worden sei, ist weder behauptet, noch auch aus dem Sitzungsprotokoll ersichtlich. Angeklagter kann sich daher nicht darüber beschweren, daß ihm nicht noch besonders das Wort zu Ausführungen gegen die Anträge des Kgl. Kronanwalts gegeben worden ist, zumal da sein Vertheidiger bereits darauf sich erklärt und seine Rechte wahrgenommen hatte.

[2.] Ebenso darf zwar nach der StPO. §§ 24. 30 in einer Strafsache ein Referendar nicht als Gerichtsschreiber mitwirken, welcher in derselben als Beamter oder Vertreter der StA.-schaft thätig gewesen ist. Aber im vorliegenden Fall hat der Referendarius St., welcher das Sitzungsprotokoll geführt hat, nach der von der Kgl. Kronanwaltschaft zu C. erforderten amtlichen Auskunft den Entwurf zur Anklage nur unter Leitung und Kontrolle eines Beamten der Kronanwaltschaft während der Zeit seiner Ausbildung in den Geschäften der StA.-schaft, keineswegs als Beamter, Vertreter oder Gehülfe der Königl. Kronanwaltschaft gefertigt. Folglich kann der Angeklagte nicht auf Grund jener gesetzlichen Bestimmungen eine Nichtigkeit des Verfahrens geltend machen.

Antr. d. OStA.: gleichl. [65.—6.]

Unterschlagung. – Verpfändung. – Aneignung.

Eine unter den Gesichtspunkt der Alienation fallende Verpfändung der fremden Sache genügt zur Erfüllung des Thatbestandes der Unterschlagung.

Pr. StGB. § 225; B.-StGB. § 246 [n. 35].

Erk. (Z. I.) v. 7. Juni 1871 c. Elsner (350. I. Cr.)

E. hatte einen auf eine Summe von 140 Thalern lautenden Wechsel, welchen er von M. mit dem Auftrage erhalten, diesem „dafür Geld zu beschaffen," in eigener Noth und für eigene Rechnung gegen ein Darlehen von 4 Thalern verpfändet und letztere für sich verwendet. Hierin fanden die Instanzgerichte den Thatbestand der Unterschlagung des Wechsels nicht nur im Sinne des Pr. StGB.s (§ 225), sondern auch in dem des B.-StGB.s (§ 246), denn „in dem Begriffe der rechtswidrigen Zueignung sei auch die Verpfändung der fremden Sache einbegriffen: eine solche sei ein an die Rechte des Eigenthümers geknüpfter Akt: eine Alienation, und involvire an und für sich eine rechtswidrige Zueignung; freilich könne unter Umständen eine Verpfändung eine rechtswidrige Zueignung nicht in sich schließen, wenn sie erweislich in der Absicht rechtzeitiger Einlösung und Rückgabe vorgenommen sei, so daß sie lediglich als ein unbefugter Gebrauch erscheine; solche Umstände lägen aber hier nicht vor; E. habe den Wechsel für eine eigene Schuld verpfändet, während er beauftragt gewesen, ihn zu verkaufen und das Geld an M. abzuführen." NB. Zurückweisung. Gründe:

Wenn in der NB. zunächst unter Bezugnahme auf die Motive zum B.-StGB. [S. 123] ausgeführt wird, daß in der Verpfändung einer fremden Sache nicht nothwendig eine Unterschlagung liege, sondern in derselben je nach der Willensrichtung des Verpfänders auch nur ein unerlaubter Gebrauch erblickt werden könne, so hat der App.-Richter diese Unterscheidung, ob mit Recht oder Unrecht, kann hier auf sich beruhen bleiben, als eine begründete angesehen, im vorliegenden Falle jedoch mit Rücksicht auf die obwaltenden Umstände festgestellt, daß der Angeklagte sich durch die Verpfändung einer fremden, ihm anvertrauten Sache, des fraglichen Wechsels nämlich, nicht eines bloßen unberechtigten Gebrauchs, sondern einer unter den Gesichtspunkt der Alienation fallenden rechtswidrigen Zueignung derselben schuldig gemacht habe. Hiernach in Verbindung mit der vom zweiten Richter beibehaltenen thatsächlichen Feststellung des ersten Richters sind alle thatbestandlichen Momente der Unterschlagung sowohl nach § 225 des Preuß. als nach § 246 des B.-StGB.s festgestellt und die Rüge der NB., daß es außerdem der Feststellung bedurft habe, daß der Angeklagte von dem Acceptanten M. beauftragt gewesen sei, den Wechsel in dessen und nicht in seinem eigenen Namen zu verkaufen, kann für zutreffend nicht erachtet werden. Es kommt lediglich darauf an, ob der dem Angeklagten anvertraute Wechsel zur Zeit der Verpfändung für ihn eine fremde Sache war und dies hat der App.-Richter ohne erkennbaren Rechtsirrthum festgestellt.

Antr. d. GStA.: gleichl. [33.—3.]

Rinderpest. - Abwendung. - Strafe. - Handel.

1. Durch § 7 des B.-Ges.s v. 7. Apr. 1869, welcher die näheren Bestimmungen über die Bestrafung der Zuwiderhandlungen gegen die zur Abwendung der Rinderpest getroffenen Maßregeln den Einzel-Staaten überläßt, sind ältere diesen Gegenstand betreffende Strafvorschriften nicht aufgehoben worden.

2. Die im § 1 des cit. Ges.s gestatteten „Beschränkuugen des Handels" mit Vieh ꝛc. sind nicht allein auf den gewerbsmäßigen „Handel" im Sinne des D. HGB.s sondern auf jeden Vertrieb von Vieh ꝛc. im Wege des Kaufes, Tausches oder anderer Erwerbsarten zu beziehen, sobald damit die thatsächliche Fortschaffung des betr. Gegenstandes von seinem bisherigen Aufenthalte (sei es auch nur in eine andere Lokalität derselben Ortschaft) verbunden ist.

Erk. (Z. I.) v. 7. Juni 1871 c. Fischer (403. I. Cr.) [20.—3].

Diebstahl. - Behältniss. - Erbrechung.

Ein Diebstahl ist „mittels Erbrechens eines Behältnisses“ verübt, wenn der Verschluss desselben gewaltsam d. h. mittels einer widerrechtlichen Kraftanstrengung ausgeführt ist, sollte auch weder das Behältniss selbst noch sein Verschluss dadurch verletzt sein.

B.-StGB. § 243 Nr. 2 [n. 37. 57].

Erk. (V.) v. 7. Juni 1871 c. Jacobs (OAG. II. 72).

Das B.-StGB. betrachtet ebenso wie das Preußische nach § 243 Nr. 2 den Diebstahl mittelst Erbrechens von Behältnissen als einen schweren. Zwar unterläßt es, den Begriff von Erbrechen zu geben. Jedoch erhellt aus den Motiven, daß damit der Begriff des Einbruchs, wie er in § 223 des Pr. StGB.s aufgestellt worden ist, nicht verworfen werden sollte, sondern daß man eine gesetzliche Definition nur wegen ihrer allgemeinen Verständlichkeit für überflüssig hielt. Demgemäß kann es nicht zweifelhaft sein, daß das Erbrechen eines Behältnisses im Sinne des gedachten § 243 Nr. 2 insbesondere lediglich in der gewaltsamen, d. i. mittelst einer widerrechtlichen Kraftanstrengung ausgeführten Oeffnung des Verschlusses besteht und daß dieselbe weder einen besonderen Grad der Gewalt, noch eine Verletzung des Behältnisses oder seines Verschlusses erfordert. Die entgegenstehende Ausführung im ersten Erkenntniß erscheint hiernach als rechtsirrthümlich und muß nach der StPO. § 389 Nr. 1 zu dessen, in der NB. beantragten Vernichtung führen.

Antr. d. GStA.: gleichl. [65.—6.]

Strafgesetz, besonderes. - Allgemeine Grundsätze.

Mit einem in Kraft verbliebenen besonderen Strafgesetze haben auch diejenigen Vorschriften desselben ihre Geltung bewahrt, welche eine Abweichung von den im allgemeinen Theile des

StGB.s enthaltenen allgemeinen Vorschriften enthalten.

2. Das gilt von den, die Verjährung von Abgabenhinterziehungen betreffenden Bestimmungen, insoweit dieselben nicht speziell durch § 7 des Einf.-Ges.s z. StGB. abgeändert worden sind.

EG. z. D. StGB. § 2 [n. 3]; StGB. Einl. Bestst. [n. 2]; NEVdn. v. 25. Juni 1867 Art. XI.

Erk. (V.) v. 7. Juni 1871 c. Niemeyer (OAG. II. 65).

In Erw., daß die besonderen Vorschriften des Bundes- und Landes-Strafrechts, welche sich auf solche verboteue Handlungen beziehen, über welche der zweite Theil des B.-StGB.s keine Bestimmung enthält, durch § 2 des Einf.-Ges.s v. 31. Mai 1870 ganz allgemein bei Kraft erhalten worden sind,

demnach die Annahme, als ob nur ein Theil jener besonderen Vorschriften, namentlich diejenigen, welche die thatbestandlichen Merkmale der Vergehung und die Strafdrohung enthalten, nicht aber diejenigen in Geltung verblieben seien, welche Abweichungen von dem ersten allgemeinen Theile des B.-StGB.s enthalten, auf Rechtsirrthum beruht, vielmehr für die fernere Geltung auch solcher Vorschriften, welche von dem allgemeinen Theile des Bund.-StGB.s abweichen, nur die Frage maßgebend ist, ob dieselben wirklich als besondere Bestimmungen rücksichtlich der betreffenden, im B.-StGB. nicht behandelten verbotenen Handlungen anzusehen sind, oder etwa bloß als Folgesätze aus den vorher geltend gewesenen allgemeinen Strafrechtsgrundsätzen sich darstellen,

in Erw. nun, daß der Art. XI. der Vdn. v. 25. Juni 1867, welcher bei Einführung des Preuß. StGB. in die neuen Landestheile, übereinstimmend mit Art. 5 des Ges.s v. 22. Mai 1852, für alle Steuerkontraventionen eine Verjährung von 5 Jahren anordnete, keineswegs mit den allgemeinen Bestimmungen des Preuß. StGB.s § 46 und § 339 übereinstimmte, sondern eine Sonderbestimmung für

Steuerkontraventionen enthielt, welche, da die Materie der Steuerkontraventionen so wenig im B.-StGB. als im Pr. StGB. sich behandelt findet, auch nach Einführung des B.-StGB.s in Geltung verblieben ist, soweit nicht in Ansehung gewisser, in die Bundeskasse fließender Steuern durch § 7 des Einf.-Ges.s v. 31. Mai 1870 eine Abänderung getroffen worden ist.

Antr. d. GStA.: gleichl. [52.—6.]

Stempel. - Vollmacht. - Datum.

Eine Vollmacht, welche, um wirksam zu werden, noch einer weiteren Form (z. B. der amtlichen Beglaubigung) bedarf, ist nicht stempelpflichtig, so lange dieser Formvorschrift nicht genügt ist.

Stemp.-Ges. v. 7. März 1822 § 12. Vgl. RbOTr. 3. S. 483; 5. S. 58; 10. S. 733; 12. S. 84.

Erk. (Z.) v. 7. Juni 1871 Rechberg (OAG. II. 52).

Eine von A. R. und von H. R. (den Inhabern der Firma Ph. R.) auf Frau J. R. ausgestellte, diese zur Empfangnahme der ankommenden Postsendungen ermächtigende vom 10. Jan. 1870 datirte Vollmacht war der Steuerbehörde erst am 26. März 1870 zur Stempelung vorgelegt worden. Auf den Grund angestellter Ermittelungen nahm das Haupt-Steueramt für erwiesen an, daß die Vollmacht von A. R. am 10. Jan., von H. R. aber erst am 25. März unterzeichnet [und an demselben Tage beglaubigt] worden sei, und verfälligte demgemäß den ersteren in eine Geldstrafe von 2 Thalern, weil er die — für ihn vom 10. Jan. an zu berechnende — Frist zur Beibringung des Stempels nicht innegehalten habe. A. R. beantragte gerichtliches Gehör, worauf in beiden Instanzen eine Freisprechung erfolgte, weil nach einer bei der Postdirektion eingezogenen Auskunft: „derartige Vollmachten bei den Postanstalten nur dann angenommen würden, wenn sie mit gehöriger Beglaubigung versehen seien, und nach § 32 Abs. 1 des Regl. v. 11. Dez. 1867 zum Postgesetz erst mit der (in gehöriger Form bewirkten) Hinterlegung in Kraft treten könnten; die Hinterlegung der hier fraglichen Vollmacht sei erst am 26. März erfolgt, habe also vorher auch noch keine Bedeutung gehabt." — NB. Zurückweisung.

Gründe:

Es ist zwar richtig, daß, wie der Beschwerde führende

Theil hervorhebt, Vollmachten nicht erst durch den Gebrauch, sondern durch ihre Vollziehung in rechtsgültiger Form, oder wie es der § 5 der Vdn. v. 19. Juli 1867 ausdrückt, durch ihre Ausfertigung stempelpflichtig werden. Indessen haben die Vorinstanzen bei der hier fraglichen, zur postdienstlichen Verwendung bestimmten Vollmacht, wenngleich dieselbe vom 10. Jan. 1870 datirt und der Stempel zu derselben erst am 26. März verwendet worden ist, mit Recht eine Kontravention durch verspätete Stempelung nicht angenommen. Denn wenn auch der wirklich geschehene Gebrauch für die Stempelpflichtigkeit nicht maßgebend ist, so ist doch eine solche Urkunde, welche nach besonderer Bestimmung der Behörden noch einer weiteren Form, namentlich der Beglaubigung, bedarf, um überhaupt brauchbar zu sein, in Ermangelung derselben noch unfertig und unvollendet, und steht im Verhältnisse zu demjenigen, bei welchem sie benutzt werden soll, einer gar nicht existirenden Verfügung gleich. Die Gerichte haben deshalb nicht, wie die Beschwerdeführer meinen, darin geirrt, vielmehr ganz richtige Grundsätze befolgt, wenn sie sich darauf stützen, daß nach den bestehenden Bestimmungen für das Postwesen die fragliche Vollmacht ohne Beglaubigung zu ihrem Zwecke nicht benutzt werden konnte.

Antr. d. GStA.: entg. [63.—6].

Rechtsmittel. - Rechtfertigung. - Vertheidigung.

Der mit Vollmacht versehene erwählte, zur „Einlegung" eines Rechtsmittels, befähigte Vertheidiger, ist dadurch auch zur Rechtfertigung desselben ermächtigt.

StPO. §§ 215. 367.

Beschl. v. 7. Juni 1871 c. Schnitzler (OAG. II. 19)

spricht den obigen Grundsatz unter Hinverweisung auf § 367 der StPO. aus.

Antr. d. GStA.: gleichl. [63.—6.]

Leiche. – Bei-Seite-Schaffen. – Unreife Frucht.

Das Bei-Seite-Schaffen einer Leibesfrucht ohne Vorwissen der Behörde ist strafbar, wenn jene denjenigen Grad der Reife erlangt hatte, welcher sie nach den allgemeinen Bedingungen der Lebensfähigkeit außerhalb der Mutter zum Leben befähigt haben würde.

Pr. StGB. § 186; B.-StGB. § 367 Nr. 1 [n. 5].

Erk. (Z. I.) v. 9. Juni 1871 c. **Böhm** (352. I. Cr.). [33.—6.]

Rechtsmittel. – Zurückweisung. – Abänderungsantrag.

Die ein Rechtsmittel aus formellen Gründen zurückweisende Verfügung des Vorsitzenden des Erst-Instanz-Gerichts kann nur wegen Ungesetzlichkeit derselben abgeändert werden.

StPO. § 372.

Beschl. v. 9. Juni 1871 c. **Ellenberger** (AOG. II, 55).

In Erw., daß die Abänderung einer von dem Vorsitzenden des Gerichts erster Instanz ergangenen, die Anmeldung des Rechtsmittels der Berufung oder Nichtigkeitsbeschwerde aus formellen Gründen verwerfenden Verfügung nicht, wie die Beschwerde annimmt, von dem freien durch Rücksichten auf Wahrung des materiellen Rechts geleiteten Ermessen des höheren zur Entscheidung in der Hauptsache berufenen Gerichts abhängt, sondern, wie die Verweisung auf die für das Verfahren bei der Berufung gegen Beschlüsse und Verfügungen gegebenen Vorschriften in § 372 der StPO. erkennen läßt, die Ungesetzlichkeit der angefochtenen Verfügung zur Voraussetzung hat, in dieser Beziehung aber die Nichtberücksichtigung der ohne Unterschrift verbliebenen Anmeldungsschrift in § 370 Abs. 3 der StPO. ihre Rechtfertigung findet und die beantragte Gewährung der nachträglichen Unterzeichnung das Erforderniß der Rechtzeitigkeit der Einreichung nicht zu ersetzen vermag;

daß die Beschwerde wegen verweigerter Restitution

gegen die hiernach vorliegende Versäumung der Anmeldungsfrist nach §§ 417. 364 und 405 der StPO. im Wege der Berufung zu verfolgen war und deshalb nach § 15 daselbst nicht hierher gehört.

Antr. d. GStA.: gleichl. [68.—6.]

---

1. Vertagungsantrag. - App.-Richter.
2. Nichtigkeit. - Erst-Instanz-Gericht. - Pflicht des App.-Richters.

1. Der App.-Richter kann einen Vertagungsantrag nicht nach seinem Ermessen, sondern nur dann ablehnen, wenn er ihn unbegründet findet.

Vdn. v. 3. Jan. 1849 § 33 [n. 4]. Vgl. RdOTr. 3. S. 164; 11. S. 110. 405; 12. S. 188.

2. Eine in erster Instanz durch Verletzung des Prinzips der Mündlichkeit vorgekommene Nichtigkeit, muß der App.-Richter von Amtswegen berücksichtigen; er kann den Mangel nicht dadurch heilen, daß er seinerseits thatsächliche Gründe anführt, welche jene Abweichung von der Regel rechtfertigen sollen.

Ges. v. 3. Mai 1852 Art. 102 [n. 2. 3]. Vgl. 1. S. 209; 7. S. 70; 8. S. 136. 358. 657; 9. S. 573; 10. S. 710.

Erk. (V. I.) **v. 9. Juni 1871 c. Geisler** (398. I. Cr.).

Die Angeklagte hatte unter Vorlegung eines ärztlichen Attestes um Vertagung des zur Verhandlung 2. Instanz angesetzten Termins gebeten, weil sie „persönlich vor dem Richter erscheinen wolle, dazu aber wegen Krankheit außer Stande sei." Das AG. hatte aber diesen Antrag abgelehnt, weil „keine genügende Veranlassung vorliege, von der nach § 33 und 136 der Vdn. v. 3. Jan. 1849 vorhandenen Befugniß zur Aufhebung des Termins Gebrauch zu machen." Das rügte die NB. der G. und außerdem, daß in erster Instanz die Aussage einer in der Voruntersuchung protokollirten Aussage einer zur Hauptverhandlung nicht vorgeladenen Zeugin ohne Angabe eines diese Regelwidrigkeit rechtfertigenden Grundes verlesen worden sei, und daß das AG. dieserhalb nicht [von Amtswegen] das erste Urtheil aufgehoben, sondern sich darauf beschränkt habe, seinerseits für jene Verfahrungsweise einen rechtfertigenden thatsächlichen Grund anzuführen. Vernichtung. Gründe.

[1.] Auch in 2. Instanz hat der Angeklagte das Recht, an dem Hauptverfahren persönlich Theil zu nehmen; ob er von diesem Rechte Gebrauch machen, oder die nachtheiligen Folgen des Ausbleibens herbeiführen will, hängt zwar von ihm ab, wenn er jedoch rechtzeitig die Aussetzung des Termins beantragt, so ist der Richter nicht blos berechtigt, sondern verpflichtet, einen solchen Antrag zu prüfen und die Gründe seines Beschlusses darzulegen und erkennbar zu machen. Es folgt dies aus den §§ 33 und 35 der Verordnung v. 3. Jan. 1849, die nach § 136 auch für die 2. Instanz gelten: BI. v. 10. Dez. 1862; BI. 23. Febr. 1870 (RdOTr. 3. S. 164; 11. S. 110.) Die Ablehnung des Antrages durch das AG. beruht also darauf, daß das Gericht die Anwesenheit der Implorantin in der mündlichen Verhandlung für nicht erforderlich erachtete und deren Verlangen von dem Rechte des persönlichen Erscheinens Gebrauch zu machen, nicht für gerechtfertigt erklärte. Hierin liegt die im Art. 108 Nr. 5 des Ges.s v. 3. Mai 1852 bezeichnete Verletzung einer wesentlichen Vorschrift des Verfahrens, indem ohne gesetzlichen Grund das Hauptverfahren in Abwesenheit der Implorantin Statt gefunden hat. Der Richter 1. Instanz hat die L. G. nicht in der mündlichen Verhandlung gehört, sondern deren Aussage aus den Akten verlesen lassen. Ein Grund für dieses Verfahren ist nicht angegeben. War, wie es offenbar der Fall gewesen ist, hierfür der Umstand entscheidend, daß die Zeugin damals in Berlin sich aufhielt, so bedurfte es nach § 21 der Vdn. v. 3. Jan. 1849 eines Gerichtsbeschlusses, welcher den Grund der kommissarischen Vernehmung führenden Hindernisses aussprach, und der Bekanntmachung desselben an die Implorantin. In dieser Weise ist in Bezug auf eine Reihe nicht in Gl. wohnender Zeugen verfahren; bei der L. G. ist ohne weitere Begründung die kommissarische Vernehmung beschlossen und dieser Beschluß nur dem damals noch mitangeklagten (Ehemann) G., nicht auch der Implorantin mitgetheilt. Allerdings hat die Implorantin diesen Verstoß gegen das Prinzip der Mündlichkeit nicht als solchen bei dem App.-Richter gerügt, sondern sich darauf beschränkt, die Vernehmung der Zeugin durch den erkennenden Richter aus sachlichen Gründen zu beanspruchen; die vorgefallene Nichtigkeit des Verfahrens wurde jedoch durch Verzicht nicht gedeckt: VPl. 9. Dez. 1861 (RdOTr. 2. S. 122) und mußte von dem App.-Richter auf dem durch Art. 107 des Ges.s v. 3. Mai 1852 vorgeschriebenen Wege gehoben werden. Es ist nicht ausreichend, daß der App.-Richter nachträglich die große Entfernung des damaligen Wohnortes der Zeugin von dem Orte des Gerichts konstatirt und seinerseits den Gerichtsbeschluß abfaßt, der dem 1. Richter zur Abweichung von den Grundsätzen der Mündlichkeit oblag.

Antr. d. GStA.: entg. [39.—6.]

Verweis. – Vollstreckung.

Die Form der Vollstreckung eines zuerkannten Verweises unterliegt dem Ermessen; die Verkündung des denselben verhängenden Strafurtheils kann aber als solche nicht angesehen werden.

B.-StGB. § 57 Nr. 4 [n. 11].

Beschl. v. 9. Juni 1871 c. Grandt (OAG. II, 69).

In Erw., daß zwar besondere Vorschriften über die Art und Weise, wie ein gerichtlich zuerkannter Verweis zu vollziehen sei, nicht bestehen, in dieser Beziehung vielmehr dem Ermessen des Gerichts Raum verbleibt, es indessen für die Frage, ob in der Publikation des Straferkenntnisses bereits die Ertheilung des Verweises als mitenthalten angesehen werden dürfe, nicht auf diese Formlosigkeit, wie die Vorinstanzen annehmen, sondern nur darauf ankommen kann, ob für solche Straferkenntnisse eine Ausnahme von der Bestimmung des § 428 der StPO., wonach die Vollstreckung erst nach eingetretener Rechtskraft erfolgt, gewährt sei, was, selbst abgesehen von dem in dieser Beziehung keine Unterscheidung treffenden Wortlaute des Gesetzes, um so unbedenklicher zu verneinen ist, als die gleichzeitige Qualität dieser Strafe als Erziehungsmittel für jugendliche Verurtheilte den Richter nöthigt, in jedem einzelnen Falle bei Auswahl der entsprechenden Form diesen Zweck und die für dessen Erreichung entscheidenden besonderen Umstände in Betracht zu ziehen, was bei dem hier beobachteten Verfahren nicht ausführbar wäre rc.

Antr. d. GStA.: gleichl. [68.—6.]

Beweisantrag. - Zeuge. - Ehrenrechte.

Die beantragte Vernehmung eines Zeugen kann nicht lediglich aus dem Grunde abgelehnt werden, weil „derselbe nicht im Besitze der Ehrenrechte sei, und somit nicht als Beweiszeuge gelten könne."

Vdn. v. 3. Jan. 1849 § 22 [n. 20. 26. 28]; Cr.-Ord. § 357.

Erk. (V. I.) v. 9. Juni 1871 c. Haine (437. I. Cr.).

Vernichtung des angefochtenen Erkenntnisses, „weil es Pflicht des Richters sei, zu prüfen, ob nicht die blos informatorische Vernehmung des der Ehrenrechte verlustigen Zeugen zur näheren Aufklärung der Sache erforderlich oder doch zweckmäßig sei, zumal der Richter in keiner Weise behindert sei, den Umständen nach auch solchen nicht eidesfähigen Zeugen Glauben beizumessen."

[15.—6.]

Ehebruch. - Ehescheidung. - Vermuthung.

Zur Bestrafung des Ehebruchs genügt es, wenn die Ehe wegen eines „die dringende Vermuthung der verletzten ehelichen Treue begründenden unerlaubten Umgangs" geschieden worden ist.

B.-StGB. § 172 [n. 8]; ALR. II, 1 § 673. Vgl. RbOTr. 2. S. 20: 6. S. 226.

Erk. (Z. I.) v. 9. Juni 1871 c. K. & Gen. (423. I. Cr.).

Das OTr. hat die hier vorliegende Frage, ob die im § 673 II, 1 ALR. dem Ehebruche gleichgestellte „dringende Vermuthung der verletzten ehelichen Treue," sobald aus diesem Grunde allein die Ehe getrennt ist, auch für den Stafrichter bei Anwendung des § 140 des Pr. StGB.s, also bei der Frage über die Bestrafung des Ehebruchs, maßgebend sei, in zahlreichen Entscheidungen bejaht. Es ist, wie das auch aus der Fassung der §§ 670. 672. 673 l. c. folgt, welche die Sodomiterei und den „unerlaubten Umgang" mit jener dringenden Vermuthung dem Ehebruche „gleichstellen," deutlich erkennbar, daß der Eherichter bei der Anwendung jener Vorschriften sich nicht nothwendig auf die Thatsache einer stattgehabten außerehelichen Vermischung zu stützen hat, sondern schon mit dem Erweise einer Thatsache, also insbesondere der im § 673 erwähnten, sich begnügen darf. Ist dies aber der Fall, so muß auch der Strafrichter, wenn die Ehe wegen Ehebruches im Sinne jenes § 673 geschieden ist, demselben Thatbestande folgen, auf welchen das Civilgesetz die Ehetrennung wegen „Ehebruchs" gründet. Allerdings liegt ihm in dieser Beziehung vermöge seiner Stellung als Strafrichter eine selbstständige Prüfung der behaupteten und auch dem Eherichter unterbreitet gewesenen Thatsachen ab. Im vorliegenden Falle hat daher auch der erste Richter sich der Beweisaufnahme über den wirklichen Ehebruch unterzogen und für erwiesen erklärt, daß die Angeklagten fleischlichen Umgang mit einander gepflogen, also Ehebruch getrieben haben. Daß schließlich dem § 172 des B.-StGB. kein anderer Sinn als dem § 140 des Pr. StGB.s unterzulegen ist, soweit es sich um die Entscheidung der Pr. Gesetze auf Grund des § 673 II. 1. ALR. handelt folgt aus der engen Verbindung des Preuß. Civilrechts in diesem Falle mit dem Strafgesetz.

Antr. d. GStA.: gleichl. [15.—6.]

Rechtsmittel. – Schrift. – Unterschrift.

Eine nicht unterzeichnete Schrift ist zur Wahrung eines Rechtsmittels nicht geeignet, sollte auch

nach dem Ablaufe der Frist die Unterschrift nachgeholt werden.

Vdn. v. 3. Jan. 1849 Abschn. IV. (S. 453 n. 15). Vgl. RbOTr. 4. S. 111; 6. S. 243. 363. 440; 8. S. 186; 10. S. 661. 784; 12. S. 97.

Erk. (Z. I.) v. 9. Juni 1871 c Trümper (436. I. Cr.). [30.–6.]

---

1. Gemeindesteuer. – Magistrat. – Rechtsmittel.
2. Gemeindesteuer. – Beschluß. – Verkündung.

1. In Untersuchungssachen, welche eine Zuwiderhandlung gegen die Vorschriften über die Entrichtung einer Gemeindesteuer zum Gegenstande haben, steht der zur Verwaltung der betr. Steuer berufenen Gemeindebehörde das Recht der Strafverfolgung zu.

Ges. v. 3. Mai 1852 Art. 138 [n. 4] (ind. entschieden).

2. Dem Stadtmagistrate steht es zu, über die Art der Veröffentlichung der gefaßten Magistratsbeschlüsse Bestimmung zu treffen; die demgemäß erfolgte Veröffentlichung macht dann den Beschluß für alle Gemeindeangehörigen verbindlich.

Das Haus- und Miethssteuer-Regulativ für die Stadt Berlin vom 15. Nov. 1858 ist in genügender Weise verkündet und sonach verbindlich.

Städte-Ordn. v. 30. Mai 1853 § 56.

Erk. (V. I.) v. 9. Juni 1871 c. Vogler (261. I. Cr.)

V. war von der Anschuldigung „den §§ 5 und 18 des Haus- und Miethssteuer-Regulatifs f. d. Stadt Berlin v. 15. Nov. 1858 zuwider, als Eigenthümer eines Hauses zu Berlin verabsäumt zu haben, der Servis-Deputation rechtzeitig davon Anzeige zu machen, daß neue Miether von der dem Grundstücke auferlegten Gebäudesteuer Antheile übernommen und bezahlt hätten," — in 2. Instanz deshalb freigesprochen worden, weil jenes Regulatif nicht in einer, zur allgemeinen Kenntniß seiner Bestimmungen verpflichtenden Weise publizirt worden sei: die Veröffentlichung desselben sei nämlich nur durch das Hayn'sche Intelligenzblatt erfolgt; das genüge nicht, obgleich der Magistrat zu Berlin dieses Blatt durch einen in demselben veröffentlichten Beschluß dazu bestimmt habe, die die Gemeindeverwaltung betreffenden Erlasse zur öffentlichen Kenntniß zu bringen; hier müsse der für die Unterscheidungen innerhalb der statutarischen Anordnungen für das ALR. maßgebend gewesene Gesichtspunkt als durchgreifend erachtet werden: die Beeinträchtigung der Rechte Einzelner, wohin auch die Entrichtung von Ordnungsstrafen zu zählen, setze entweder eine unbedingt bindende Publikationsform, oder den Nachweis persönlicher Kenntnißnahme voraus; als eine solche unbedingt bindende Publikationsform sei der Abdruck im Regierungsamtsblatte anzusehen; eine solche sei nicht erfolgt, weil die Regierung zu Potsdam (durch Verfügung v. 12. Juni 1816) die Aufnahme der Magistratsbekanntmachungen in das Amtsblatt abgelehnt habe; auch existirten anderweitige zu Recht bestehende Vorschriften in Betreff der Publikation von Kommunalbeschlüssen nicht; deshalb könne aber doch eine lediglich auf einer Anordnung des Magistrats selbst beruhende, von ihm als „ortsüblich" betrachtete Form der Veröffentlichung nicht für ausreichend erachtet werden; — somit sei die Verbindlichkeit des Regulativs durch den Nachweis der besonderen Kenntnißnahme des Einzelnen bedingt, welche dem V. gegenüber nicht erwiesen sei.

Vernichtung. Gründe.

Zuvörderst steht nach § 53 der Städte-Ordnung vom 30. Mai 1853, den Stadtverordneten, unter Beobachtung der übrigen dieserhalb vorgeschriebenen Förmlichkeiten, das Recht zu, die Aufbringung von Gemeindesteuern zu beschließen. Diese solchergestalt gefaßten Beschlüsse verpflichten hinsichtlich ihres materiellen Inhalts alle Gemeindemitglieder, ohne daß zu deren Befolgung eine öffentliche oder an jeden Einzelnen zu erlassende, besondere Bekanntmachung erforderlich ist. In dem bereits gedachten § 53 l. c. ist demnächst ferner bestimmt, daß in den, über die Erhebung von Kommunalsteuern zu erlassenden, von der Regierung zu genehmigenden Regulativen, Ordnungsstrafen gegen die Kontravenienten bis auf Höhe von zehn Thalern angeordnet werden können, und der App.-Richter hat bereits, ohne dabei in einen Rechtsirrthum zu verfallen, nachgewiesen, daß das in Rede stehende Haus- und Miethssteuer-Regulativ für die Stadt Berlin v. 15. Novbr. 1858 in gesetzlich vorgeschriebener Weise zu Stande gekommen ist. Es wird in dem § 18 desselben gegen die Zuwiderhandelnden eine Ordnungsstrafe bis zur angegebenen Höhe, unter Genehmigung der betreffenden Regierung, angedroht, und es kann daher nach dem Obigen nicht bezweifelt werden, daß an und für sich jenes Regulativ allgemein verbindende Kraft ohne Weiteres hat. Wenn es sich jedoch um die fernere Frage handelt, ob gegen einen etwaigen Kontravenienten die angedrohte Strafe zu verhängen ist, kommt es nach den allgemein geltenden strafrechtlichen Prinzipien darauf an, daß derselbe von der Strafandrohung selbst die erforderliche Kenntniß erhalten hat, und in dieser Beziehung ist dem App.-Richter darin beizustimmen, daß geprüft werden muß, ob das Regulativ v. 15. Nov. 1858 in verbindender Weise bekannt gemacht worden ist. Allein das angefochtene Erkenntniß hat bei seiner entsprechenden Beurtheilung rechtlich geirrt, wenn es hierfür den Grundsatz des § 117 II, 8. ALR. als maßgebend erklärt hat. Dieser ist ohne jeden Zweifel durch die neuere Gesetzgebung beseitigt, indem Abschn. 2. II, 8 l. c., welcher „von Städten und Stadtgemeinden" handelt, durch die später ergangenen Städte-Ordnungen, im vorliegenden Falle durch die vom 30. Mai 1853, ersetzt worden ist. Auch die in den §§ 11 ff. der Einleitung z. ALR. befindlichen Bestimmungen über die Publikation der Gesetze, sind durch das Ges. v. 3. April 1846 sogar bezüglich der landesherrlichen Erlasse, aufgehoben worden, und es fehlt an speziellen Vorschriften, wie es im Allgemeinen mit der Bekanntmachung nicht landesherrlicher Verordnungen gehalten werden soll. Es giebt jedoch für die gegenwärtige Sache die Städte-Ordnung vom 30. Mai 1853 den erforderlichen Anhalt. Nach § 56 derselben liegt dem Magistrat als Ortsobrigkeit und Gemeinde-Verwaltungs-Behörde die Pflicht ob, die Beschlüsse der Stadtverordneten-Versammlung vorzubereiten, und, sofern er sich mit denselben, wie hier, einverstanden erklärt, zur Ausführung zu bringen. Das Letztere enthält nicht allein die Verpflichtung, da, wo es nöthig ist, die öffentliche Bekanntmachung der gefaßten Beschlüsse, zu besorgen, sondern zugleich die Berechtigung, die Art und Weise der Veröffentlichung mit verbindlicher Kraft zu bestimmen. Es entsteht hierdurch eine Ortsgewohnheit, die maßgebend ist, und alle Gemeindemitglieder verbindet. Die Richtigkeit dieser Annahme findet in den verschiedenen Städte-Ordnungen ihre Anerkennung. Schon die Städte-Ordnung v. 19. Nov. 1808 enthielt im § 89 die Anweisung, daß in Städten, wo Zeitungen und Intelligenzblätter erscheinen, der Tag für die Wahl der Stadtverordneten in diesen Blättern und durch Anschläge an öffentlichen Orten bekannt zu machen ist. In anderen Städten genügten öffentliche Anschläge und Verkündigung von den Kanzeln. Die §§ 66. 67 der revidirten Städte-Ordnung v. 17. März 1831 bestimmten: „daß die Wahlversammlungen nach der, im Orte gewöhnlichen Publikationsart zu verkündigen sind," und der § 23 der jetzt geltenden Städte-Ordnung vom 30. Mai 1853 besagt: „daß entweder eine spezielle Einladung der Wähler, oder ortsübliche Bekanntmachung des Wahltages stattfinden soll." Es folgt aus diesen, gerade in den betreffenden Spezialgesetzen enthaltenen Bestimmungen, daß die ortsübliche Art, Bekanntmachungen zu veröffentlichen, allgemein verbindliche Wirkung herbeiführen soll, und wenn eine dem entsprechende Kundgebung erfolgt ist, kein Gemeindemitglied mit dem Einwande, in Unkenntniß geblieben zu sein, sich schützen kann.

In dem vorliegenden Falle hat nun der Apell.-Richter festgestellt: daß der Magistrat zu Berlin bereits am 17. Nov. 1858 eine öffentliche Bekanntmachung dahin erlassen hat, „daß das Intelligenzblatt, und außerdem noch drei andere Zeitungen bestimmt werden, die, die Gemeindeverwaltung betreffenden Anordnungen, zur öffentlichen Kenntniß zu bringen." Es ist ferner festgestellt: „daß das in Rede stehende Haus- und Miethssteuer-Regulativ vom 15. Nov. 1858, welches mit dem 1. Jan. 1859 in Kraft getreten, in der Nr. 276 pro 1858 des von dem Buchdrucker Hayn herausgegebenen Intelligenzblattes abgedruckt ist." Wenn nun dessenungeachtet das angefochtene Urtheil diese Art der Veröffentlichung, als eine, den Angeklagten verpflichtende, nicht angesehen hat, so unterliegt dasselbe, als rechtsirrthümlich, nach dem Art. 107 Nr. 1 des Gesetzes vom 3. Mai 1852 der Vernichtung.

Antr. d. GStA.: Vernichtung. [20.—6.]

Konsulargerichtsbarkeit. - Nichtigkeitsbeschwerde. - Instruktion.

In der in erster Instanz vor einem Konsulargerichte verhandelten Untersuchungssache ist dem ernannten oder bestellten Vertheidiger zweiter Instanz das Urtheil zweiter Instanz zu behändigen; ebenso muß von der Absendung der Akten an den Nichtigkeitsrichter Kenntniß gegeben werden. Ein Aushang an der Gerichtsstelle kann diese Maßnahme nicht ersetzen.

Ges. v. 29. Juni 1865 §§ 51. 52. 54.

Beschl. (I.) v. 14. Juni 1871 c. B. (551 I. Cr.).

B. war in 1. Instanz vom Konsulargerichte wegen falscher Anschuldigung verurtheilt, in 2. Instanz aber vom AG. freigesprochen und das betr. Erkenntniß war dem B. durch Aushang an der Gerichtsstelle zugestellt worden. Der OStA. ergriff die NB., nach deren Instruktion auch die Bekanntmachung von der Absendung der Akten an das OTr. durch Aushang bewirkt wurde.

Das OTr. verfügte indessen zunächst noch die Zustellung des app.-gerichtlichen Erkenntnisses an den als Vertheidiger dem B. bestellten, diesen „im vollen Umfange vertretenden" RA. Z. und ebenso die Benachrichtigung des Z. von der erfolgten Absendung der Akten an den Nichtigkeitsrichter.

Gleichzeitig ward das AG. darauf aufmerksam gemacht, daß die Aburtheilung der Sache nach Erledigung jener Anstände nicht mehr vor dem 1. Juli 1871 erfolgen könne, und daß — da mit diesem Tage die Zuständigkeit des OTr.s auf das Ob.-Handels-Gericht übergehe, — es sich empfehle, die Akten nach dem Eintritte dieser Zuständigkeit dem gedachten Gerichtshofe einzureichen.

[39.— —.]

Privatkläger. - Sitzung. - Ausbleiben.

Bleibt der Privatkläger in der zum Beweis-

verfahren bestimmten neuen Sitzung aus, so gilt die Klage für zurückgenommen.

StPO. §§ 506. 500. Vgl. oben S. 140.

Erk. (Z.) v. 14. Juni 1871 Cronenberg c. Karsten (OAG. II. 73).

Mit Unrecht folgert der Privatkläger aus den Bestimmungen des § 500 der StPO., daß die in Gemäßheit dieses § anberaumte Sitzung, zu welcher derselbe nicht erschienen und nicht vertreten gewesen, kein zur mündlichen Verhandlung bestimmter Termin sei, dessen Nichtabhaltung seinerseits nach § 506 Zurückweisung der Anklage zur Folge haben könne. Denn die mündliche Verhandlung, zu welcher der Privatankläger nach § 506 erscheinen soll, ist ein zusammenhängendes Ganze, welches durch das Erforderniß einer Vertagung der Sache nicht in zwei, verschiedenen Grundsätzen unterliegende, Verhandlungen getheilt wird, und wenn § 500 eine weitere Sitzung für die erforderlich werdende Beweisaufnahme anordnet, so bildet auch gerade die Beweisaufnahme nach § 6 einen Bestandtheil der mündlichen Hauptverhandlung. Es war daher auch die Vorladung zu dem „zur Beweisaufnahme und Entscheidung" anberaumten Termin eine solche zur mündlichen Verhandlung, in dieser Beziehung also eine zur Verwirklichung des Rechtsnachtheils aus § 506 „gehörig erfolgte," und die NB. erscheint daher unter beiden geltend gemachten Gesichtspunkten verwerflich.

Antr. d. GStA.: gleichl. [66.—6.]

Anstiftung. - Auftrag.

Ein Auftrag ist als ein genügendes Mittel zur Anstiftung anzusehen, wenn durch denselben der Entschluss des Thäters zur Verübung der Strafthat hervorgerufen worden ist.

B.-StGB. § 48 [n. 17].

Erk. (Z.) v. 14. Juni 1871 c. Kaul (OAG. II, 64).

[Der Angeklagte geht davon aus,] daß durch einen bloßen Auftrag keine Anstiftung bewirkt werden könne. Dies ist indessen irrig. Anstifter ist nach jener Gesetzesbestimmung derjenige, welcher einen Anderen zu der von demselben begangenen strafbaren Handlung vorsätzlich bestimmt hat. Bezüglich des zu diesem Zwecke angewendeten Mittels ist das Entscheidende der ursachliche Zusammenhang zwischen der Handlung des Anstifters und dem hierdurch erzeugten Entschlusse des physischen Urhebers der Strafthat. Das Gesetz nennt darum auch nur beispielsweise Geschenk, Versprechen, Drohung, Mißbrauch von Ansehen und Gewalt, sowie Irrthumserregung; und fügt noch ausdrücklich diesen „andere" Mittel bei. Daß aber zu letzteren namentlich auch Aufforderung, Ueberredung, Ertheilung eines Raths oder Auftrags gehören, sofern durch sie der Thäter zur strafbaren Handlung bestimmt wurde, kann nicht zweifelhaft sein.

Antr. d. GStA.: gleichl. [63.—6.]

Angeklagter. - Vorladung. - Bevollmächtigter

Die zu richtende Vorladung des Angeklagten zum Hauptverfahren muß sich an ihn persönlich richten, sollte er auch mit der Empfangnahme derselben einen Dritten beauftragt haben. Ein Verstoß gegen diesen Grundsatz wird durch das Auftreten des Beauftragten als Vertreter nicht gedeckt.

Ges. v. 3. Mai. 1852 Art. 33 [n. 5].

Erk. (V. I.) v. 14. Juni 1871 c. Rucks (862. I. Cr.)

Die Akten ergeben, daß der Implorant [Angekl. R.], welcher nicht verhaftet war, im Audienztermin 2. Instanz weder zugegen gewesen noch persönlich zu demselben vorgeladen worden ist, während doch eine persönliche Vorladung des nicht verhafteten Angeklagten nach § 134 der Vdn. v. 3. Jan. 1849 zu den wesentlichen Förmlichkeiten des Verfahrens gehört. Die hierdurch begangene Nichtigkeit wird auch dadurch nicht gehoben, daß der Implorant den JR. H., der statt seiner im Termine erschienen war, zu seinem

Vertreter bestellt und denselben ausdrücklich bevollmächtigt hatte die an ihn gerichteten Vorladungen zu den Audienzterminen in Empfang zu nehmen. Denn diese Vollmacht konnte des Gericht von der Verpflichtung nicht entbinden, eine an den Angeklagten persönlich gerichtete Vorladung zu erlassen, mochte dieselbe demnächst auch dem bestellten Vertreter behufs der Weiterbeförderung an den Angeklagten zugestellt werden. Dieser Verpflichtung ist das Gericht insofern nicht nachgekommen, als die Vorladung nicht an den Imploranten selbst, sondern an den JR. H. adressirt ist und der vom JR. H. vollzogene Empfangschein auch erkennen läßt, daß er nur eine einfache Benachrichtigung von dem Termin erhalten habe.

Antr. d. GStA.: entg. [28.—9.]

Beleidigung. — Beamter. - Beruf.

Der Instanzrichter wendet das B.-StGB. nicht unrichtig an, wenn er die „Beleidigung eines Beamten in Beziehung auf seinen Beruf" feststellt, und die Strafe aus einem der §§ 185 fgg. verhängt.

B.-StGB. §§ 185. 196 [n. 1].

Erk. (Z. I.) v. 14. Juni 1871 c. van Wyngarten (433. I. Cr.)

v. W. rügte es als eine unrichtige Anwendung der §§ 185. 186 des B.-StGB.s, daß die Instanzgerichte gegen ihn eine Beleidigung der Mitglieder des Kreisgerichts zu L. in Beziehung auf auf deren Beruf festgestellt hätten, obgleich das geltende B.-StGB. ein besonderes Vergehen der Amtsehrverletzung nicht mehr kenne.

Zurückweisung, weil

„es sich zwar empfohlen hätte, jene nähere Bezeichnung der Beleidigung dem Tenor fern zu halten, ihre Zulassung aber nicht auf einer irrigen Anwendung der §§ 185 fgg. beruhe, da der Thatbestand des § 186 festgestellt und die Strafe innerhalb der gesetzlichen Grenzen derselben bemessen sei."

Antr. d. GStA.: gleichl. [39.—9.]

Waarenbestellung. - Gewerbeschein.

Das gewerbsmäßige Aufsuchen von Waarenbe-

stellungen bei Nichtgewerbtreibenden ohne Gewerbeschein ist strafbar aus dem

Hausf.-Regul. v. 28. Apr. 1824 § 26. Vgl. RdOTr. 8. S. 430; 9 S. 376.

Erk. (Z. II.) v. 15. Juni 1871 c. Teipel (157 II. Cr.).

In der oben (S. 28) erwähnten Sache war T. bei der erneuerten Verhandlung der Sache aus § 26 des Hausf.-Regulativs zu einer Geldstrafe von 64 Thalern verurtheilt worden', weil er „— bei Nichtgewerbtreibenden Waarenbestellungen auf Manufakturwaaren im Umherziehen (und zwar sowohl gerufen als ungerufen) aufgesucht und die spätere Einkassirung des Geldes als Gelegenheit zur Erlangung neuer Bestellungen benutzt habe, ohne einen Gewerbeschein zu besitzen.“ Seine NB. suchte [abermals] auszuführen, daß es dem Begriffe einer Gewerbe-Steuer-Hinterziehung widerspreche, eine Handlung darunter zu subsumiren, für welche eine Gewerbesteuer zu zahlen unmöglich sei (vgl. S. 28); jedenfalls sei nur die durch die AKO. v. 8. Dez. 1843 angedrohte [feste] Strafe [von 48 Thalern] verwirkt. Zurückweisung; das OTr. erwog:

daß, wie bereits im B. v. 12. Jan. 1871 [l. c.] näher angeführt worden, die Verhängung der Steuerstrafe wegen des in steuerpflichtigem Umfange betriebenen, aber nicht durch Lösung eines Gewerbescheins zur Versteuerung gebrachten Aufsuchens von Waarenbestellungen bei Nichtgewerbtreibenden durch die Bestimmungen der §§ 44 u. 55 der B.-Gew.-Ordn. nicht aufgehoben ist; daß die Strafe des ohne vorherige Lösung eines Gewerbescheins betriebenen Aufsuchens von Waarenbestellungen, mag solches bei Gewerbtreibenden oder bei Nichtgewerbtreibenden stattgefunden haben, nur nach dem § 26 des Regulativs vom 28. April 1824 resp. § 20 des Ges.s v. 19. Juli 1861 zu bemessen ist, da die an das in § 1 der AKO. v. 8. Dezbr. 1843 enthaltene Verbot, in § 3 eod. geknüpfte Strafbestimmung sich nur auf diejenigen Fälle bezieht, in welchen das Verbot des Aufsuchens von Waarenbestellungen bei Nichtgewerbtreibenden von solchen Personen übertreten wird, welche sich in dem Besitze eines zum Betriebe des Hausirgewerbes an sich berechtigenden Gewerbescheins befinden.

Antr. d. GStA.: gleichl. [58.—3.]

Strafantrag. - Gesetzeswechsel. - Zurücknahme.

Ein vor der Wirksamkeit des B.-StGB.s rechtsgültig ohne Strafantrag eingeleitetes Strafverfahren kann nicht deshalb eingestellt werden, weil der durch die That Verletzte unter der Herrschaft des einen Strafantrag erheischenden B.-StGB.s erklärt hat, daß er eine Bestrafung nicht verlange.

B.-StGB. § 2 [n. 19.] 64 [n. 5a]. Vgl. RbOTr. 12. S. 39. 156. 180.

Erk. (B. I.) v. 17. Juni 1871 c. Beckmann (463. I. Cr.).

B., im Jahre 1871 aus § 144 Nr. 1 und 3 des Pr. StGB.s definitiv in Anklagestand versetzt, war von den Geschwornen der Vornahme unzüchtiger Handlungen an einer Frauensperson mit Gewalt und der versuchten Nothzucht (B.-StGB. § 176 Nr. 1. 177. 73) schuldig befunden, von dem GH. aber „freigesprochen" worden, weil „der nach dem jetzt geltenden StGB. erforderliche Strafantrag des Vaters der (minderjährigen) Verletzten nicht gestellt, sondern abgelehnt worden sei." — Vernichtung.

Die Erklärung des Vaters der Verletzten v. ꝛc.: daß er die Bestrafung des Angeklagten nicht verlange, entbehrt jeder Bedeutung für den Fortgang dieser Untersuchung, nicht etwa weil sie erst nach Erhebung der förmlichen Anklage bei Gericht abgegeben ist, — denn die in den §§ 176. 177 enthaltene Ausschließung der Zurücknahme des Antrages für diese spätere Zeit bezieht sich nur auf die hier als erforderlich bezeichneten Anträge — sondern weil vor dem 1. Januar 1871 der Anfang der Untersuchung seinen Anträgen entzogen war, und darum auch später die Untersuchung ihnen entzogen bleibt.

Antr. d. GStA.: gleichl. [39.—6.]

Gewerbe-Polizei-Vergehen. - Zuständigkeit.

Gewerbe-Polizei-Vergehen gehören jetzt zur Zuständigkeit der Gerichtsabtheilungen.

EG. z. Pr. StGB. Art. XX. [n. 5]. Vgl. RbOTr. 11. S. 525; 12. S. 207.

Erk. (Z. I.) v. 17. Juni 1871 c. Just (428. I. Cr.).

J. war vom Polizeigericht wegen Ausschanks von Branntwein

ohne polizeiliche Erlaubniß aus den §§ 33. 147 der B.-Gew.-Ordn. v. 21. Juni 1869 bestraft, das betr. Urtheil vom Rekursrichter aber als unzuständig erlassen aufgehoben worden, weil die (mit Geldstrafe bis zu 100 Thalern 2c. bedrohte) That ein Vergehen darstelle, und Art. XX. des EG.s z. Pr. StGB. auf die in der B.-Gew.-Ordn. mit Vergehensstrafen bedrohten Handlungen keine Anwendung finde. NB. des StA.s. Zurückweisung.

Die AKO. v. 24. Jan. 1848 (GS. S. 73) besagt in ihrer Ueberschrift ausdrücklich, daß sie die Kompetenz zur polizeilichen Untersuchung und Bestrafung der, in den §§ 176 bis 180 der damaligen Pr. Gew.-Ordn. v. 17. Jan. 1845 bezeichneten Vergehen betreffe. Dem entspricht dann der Inhalt dieser Allerhöchsten Verordnung, indem für die Landestheile, in welchen die AGO. gilt, bestimmt wird, daß die polizeiliche Untersuchung und Bestrafung der im § 176 der Gew.-Ordn. gedachten Vergehen, sofern solche nicht eine Steuer-Defraudationsstrafe nach sich ziehen, in erster Instanz den Orts-Polizeibehörden zustehe, dagegen die polizeiliche Festsetzung der in den §§ 177 bis 180 l. c. angeordneten Strafen, in erster Instanz zur Kompetenz der Regierung gehören solle. Diese Vorschriften erscheinen daher als integrirende Theile zu der damals bestehenden Gew.-Ordn. v. 17. Jan. 1845. Nachdem nun durch die Vdn. v. 3. Jan. 1849 eine durchgreifende Aenderung des gesammten Untersuchungs-Verfahrens eingetreten war, schrieb der Art. XX. des Einf.-Ges.s z. Pr. StGB. als Ausnahme vor, daß, soweit durch besondere Gesetze über Materien, hinsichtlich welcher das StGB. nichts bestimme, eine über die Grenzen der Polizeistrafen desselben hinausgehende Strafe angeordnet, und den Polizeirichtern eine höhere Kompetenz beigelegt sei, es dabei sein Bewenden behalten solle, und dies ist in dem Art. 120 des Ges.s v. 3. Mai 1852 wiederholt. So lange also die Preuß. Gew.-Ordn. v. 17. Jan. 1845 bestand, übten auch die damit in Verbindung stehenden obigen Vorschriften des Verfahrens ihre Wirkung aus. Diese frühere Gew.-Ordnung ist jedoch durch die für den Norddeutschen Bund v. 21. Juni 1869 beseitigt, ohne daß die erwähnten und mit jener einen integrirenden Bestandtheil bildenden Kompetenzbestimmungen aufrecht erhalten worden sind. Sie müssen daher als gegenwärtig aufgehoben angesehen werden. Daß die frühere Preuß., jetzige Nordd. Gew.-Ordnung im Wesentlichen materiell übereinstimmende Vorschriften in dem § 177 resp. 147 enthalten, ist hierfür gleichgültig, und daraus folgt, daß die hier in Rede stehende Strafthat, sowohl nach dem § 1 des Pr.-StGB.s als nach § 1 des B.-StGB.s ein Vergehen ist, weil die bezügliche Prinzipalstrafe bis zum Betrage von 100 Thlrn. hinaufreicht.

Demgemäß gebührt fortan die Führung der diesfälligen Untersuchung in erster Instanz nach dem § 38 der Vdn. v. 3. Jan. 1849 und dem Art. XIII. des EG.'s z. Preuß. StGB., den aus drei Mitgliedern bestehenden Gerichtsabtheilungen.

Antr. d. GStA.: gleichl. [20.—6.]

Beleidigung. – Beschwerde. – Unterstützung.

Eine in einer Beschwerde vorgebrachte, objektiv beleidigende Aeußerung, ist deshalb noch nicht strafbar, weil sie objektiv mit dem Gegenstande der Beschwerde nicht zusammenhängt, insofern nur der Vorbringende glaubte, daß sie zur Unterstützung der Beschwerde geeignet sei.

Pr. StGB. § 154; B.-StGB. § 193 [n. 20. 21].

Erk. (B. I.) v. 21. Juni 1871 c. Graßmann (397. I. Cr.).

Die Anwendung des § 154 des Preuß., bezw. § 193 des B.-StGB.s zu Gunsten des Angeklagten, wird vom App.-Richter blos aus dem Grunde abgelehnt, weil, wenn auch die den Gegenstand der Anklage bildende Aeußerung bei Gelegenheit einer Beschwerde gefallen sei, doch dieser Zusammenhang ein rein äußerlicher sei und dieselbe mit dem Gegenstand der Beschwerde durchaus keinen Zusammenhang gehabt habe, soweit sich dies übersehen lasse. Hiernach hat der App.-Richter also blos die Frage, ob der vom Angeklagten den Polizei-Beamten gemachte Vorwurf des

Meineides objektiv mit der von ihm vorgebrachten Beschwerde zusammengehangen habe und daher zu deren Rechtfertigung geeignet gewesen sei, — untersucht und weil er diese Frage, soweit er die Sache zu übersehen vermochte, verneinen zu müssen glaubte, die gedachten gesetzlichen Bestimmungen für unabwendbar gehalten. Diese Folgerung beruht jedoch auf einem Rechtsirrthum. Vielmehr kam es sowohl nach § 154 des Preuß. als nach § 193 des B.-StGB.s auf die Frage an, ob der Angeklagte die inkriminirte Aeußerung von seinem subjektiven Standpunkte aus in der Meinung vorgebracht hat, daß sie zur Unterstützung seiner Beschwerde geeignet sei. Nach dieser Seite hin hat das angegriffene Urtheil die Sache aber nicht geprüft und unterliegt es daher, da die Anwendung der gedachten §§ aus einem rechtsirrthümlichen Grunde ausgeschlossen worden, der Vernichtung.

[33.—8.]

Schriftvergleichung. - Sachverständiger. - Ernennung.

Der Instanzrichter kann eine für nöthig erachtete Schriftvergleichung durch von Amtswegen ernannte Sachverständige vornehmen lassen.

Vdn. v. 3. Jan. 1849 § 43 [n. 37]; Cr.-Ordn. § 384; AGO. I, 10. § 157.

Erk. (Z. I.) v. 21. Juni 1871 c. Köhler (386. I. Cr.).

NB. des Angeklagten, weil der Instanzrichter eine für nöthig erachtete Schriftvergleichung durch einen von Amtswegen berufenen (von ihm dem Angeklagten nicht vorgeschlagenen) Sachverständigen habe vornehmen lassen, und dadurch gegen den im § 384 der Cr.-Ordn. in Bezug genommenen § 151 I, 10 AGO. verstoßen habe.

Zurückweisung

„weil § 384 cit. nur hinsichtlich der Form, in welcher die Vergleichung der Handschriften vorgenommen werden solle, auf die Vorschriften der §§ 149ff. I, 10 AGO. verweise, § 22 der Vdn. v. 3. Jan. 1849 aber dem Strafrichter anheimgebe, in welcher Weise er sonst sich von der Schuld des Angeklagten Ueberzeugung verschaffen wolle."

Antr. d. GStA.: gleichl. [20.—8.]

Wiedereinsetzung. - Zurückweisung. - Rechtsmittel.

Der Beschluss des Erst-Instanz-Gerichts durch welchen der Angeklagte mit seinem Gesuche um Wiedereinsetzung in den vorigen Stand gegen den Ablauf der Frist zur Rechtfertigung der Nichtigkeitsbeschwerde abgewiesen wurde, ist durch Berufung und nicht durch Nichtigkeitsbeschwerde anzufechten.

StPO. §§ 417. 364. Vgl. RdOTr. 10. S. 679.

Beschl. v. 21. Juni 1871 c. Steinbach (OAG. II, 68).

St. ergriff gegen den kreisgerichtlichen Beschluß, durch welchen sein Gesuch um Wiedereinsetzung in den vorigen Stand gegen den Ablauf der Frist zur Rechtfertigung einer von ihm gegen ein Erkenntniß ergriffenen Nichtigkeitsbeschwerde verworfen worden war, die Nichtigkeitsbeschwerde, welche aber vom OAG. „als hierher nicht gehörig" zurückgewiesen wurde; erwogen ward:

daß gegen die Zurückweisung des Gesuchs um Restitution nach § 417, verglichen mit § 364 der Str.-Proz.-Ordn. nur das Rechtsmittel der Berufung, nicht aber unter dem Vorgeben der Enthörung des Antrags, die Nichtigkeitsbeschwerde an die höchste Instanz Platz greift; der Angeklagte daher gegen den seinen Antrag um Restitution gegen den Ablauf der Frist zur Rechtfertigung der von ihm gegen das Urtheil vom 27. März 1871 eingelegten Nichtigkeits-Beschwerde verwerfenden Beschluß der Strafkammer des Kgl. Kreisgerichts sich an das Königl. Appellationsgericht hätte wenden müssen, während verspätet erst am 3. Juni l. J. seine Beschwerde dahier anlangte.

Antr. d. GStA.: gleichl. [63.—6.]

Unzüchtige Handlung. - Kind. - Strafantrag. - Zurücknahme. - Förmliche Anklage.

Bei einer Verfolgung wegen einer mit einem Kinde ꝛc. vorgenommenen unzüchtigen Handlung (ꝛc.) kann der Strafantrag bis zur definitiven Versetzung in den Anklagestand (bis zum Rheinischen Anklage-Urtheil) zurückgenommen werden.

B.-StGB. § 176 [n. 28].

Erk. (B. II.) v. 22. Juni 1871 c. Baumgarten (149. II. Cr.).

Gegen B. war wegen einer mit der vierzehnjährigen J. M. vorgenommenen unzüchtigen Handlung auf den Antrag des Vaters der letzteren vom Ober-Prokurator Beschuldigung erhoben und demgemäß die richterliche Voruntersuchung eingeleitet worden; im Laufe der letzteren nahm der Vater M. seinen Strafantrag zurück, nichts desto weniger ward das Verfahren fortgesetzt und schließlich durch den (Rh.) Anklage-Senat die „Anklage aus § 176 Nr. 3 des StGB.'s erkannt." Der von der Vertheidigung in der Sitzung des Schwur-GH.s gestellte Antrag: das Verfahren wegen rechtzeitiger Zurücknahme des Strafantrags einzustellen, ward vom GH. verworfen, weil die vom Ober-Prokurator beim Untersuchungsrichter erhobene, den letzteren und das Richteramt überhaupt mit der Sache befassende Beschuldigung als die „förmliche bei Gericht erhobene Anklage" anzusehen sei, durch welche nach cit. § 176 Abs. 3 die Zurücknahme des Strafantrags ausgeschlossen werde. — Das OTr. hat das darauf ergangene verurtheilende Erkenntniß vernichtet und die Einstellung des Verfahrens verordnet, indem es erwog:

daß das D. StGB., indem es nach dem Beschlusse des Reichstags, abweichend von dem dem letzteren vorgelegten Entwurfe und dem allgemeinen Grundsatze des § 64 bei den in den §§ 176 u. 177 behandelten Verbrechen das Recht des Antragsberechtigten seinen Antrag zurückzuziehen, ausnahmsweise in engere Grenzen zog, hiermit zwar das im Interesse der öffentlichen Ordnung und Sittlichkeit gegen das Erforderniß eines Antrags des Verletzten bei solchen Verbrechen erhobene Bedenken eine gewisse Berücksichtigung zu Theil werden lassen, andererseits aber doch das Interesse solcher Antragsberechtigten bei der Geheimhaltung derartiger Verbrechen als das durchgreifende und entscheidende anerkannt wissen wollte, dieses Interesse es aber bedingte den Antragsberechtigten auch zur Zurücknahme eines unmittelbar nach der That und in der ersten Aufregung ohne vollständige Erwägung der Folgen gestellten Antrages auf

Verfolgung in gewissen Grenzen und während einer entsprechenden Frist zuzulassen;

daß diese Erwägung zu der Wahl einer Grenzlinie führen mußte, welche nach den allgemeinen Principien des bei dem D. StGB. vorausgesetzten Anklageprozesses in den verschiedenen Proz.-Ordnungen der Einzelstaaten mit möglichster Uebereinstimmung hervortrat und den erwähnten leitenden Gesichtspunkten die nöthige Rechnung trug;

daß wenn die §§ 176 und 177 ibid. in dieser Richtung die Erhebung der förmlichen Anklage bei Gericht als das Stadium des Prozesses bezeichneten, nach dessen Eintritt die Zurücknahme des Antrags nicht ferner statthaft sein solle, hierbei an den ersten Antrag der StA.-schaft auf Einleitung der Untersuchung bei dem zur Führung der Untersuchung berufenen Richter, obgleich dieser Antrag nach einzelnen Prozeßordnungen die eigentliche Strafklage darstellt, um so weniger gedacht sein könnte, als damit der dem Antragsberechtigten rücksichtlich der Zurücknahme des Antrags nothwendigerweise zu gestattende Spielraum fast ausgeschlossen gewesen wäre;

daß mit dem Ausdrucke förmliche Anklage bei Gericht, zumal das hervorgehobene Beiwort nicht ohne besondere Bedeutung hinzugefügt worden sein kann, vielmehr nur der über die Erhebung der Anklage definitiv entscheidende Akt der Procedur, also die den verschiedenen Prozeßordnungen gemeinschaftliche definitive Versetzung in den Anklagestand durch das Gericht zu verstehen ist;

daß diese Auslegung, mit welcher zugleich die bei der Abfassung der §§ 176 und 177 wenn auch nicht zum Grunde gelegte, doch sicher nicht ohne Einfluß gebliebene Terminologie der im größten Theile des Preuß. Staates geltenden Vdn. v. 3. Jan. 1849 insbesondere in den §§ 39. 41. 44. 78 im Einklang steht, vorzugsweise dem beabsichtigten Zweck entspricht, indem nach der definitiven Versetzung des Angeklagten in den Angeklagestand alsbald das öffentliche Aufsehen um dessen Vermeidung es sich handeln konnte ungeachtet der Ausschließung der Oeffentlichkeit bei der Verhandlung der Sache ein unvermeidlicher werden muß und die dem Antragsberechtigten bis dahin gewahrte Befugniß, seinen Antrag wieder zurückzunehmen, mit dieser in Folge seines Schweigens eingetretenen Sachlage, ihre innere Berechtigung verloren hat;

daß da in diesem Sinne auch unter der Herrschaft der Rhein. Crim.-Proz.-Ordn. nur das die Anklage erkennende und den Angeklagten vor die Assisen verweisende Urtheil des Anklagesenats als förmliche Anklage bei Gericht zu betrachten ist, der Königl. Assisenhof zu Elberfeld durch Nichtberücksichtigung der vor diesem Zeitpunkte erfolgten Zurücknahme des Antrags auf Verfolgung den § 176 des D. StGB.s verletzt hat und daher das demnächst gegen den Angeklagten erlassene Strafurtheil der Vernichtung unterliegt.

Antr. d. GStA.: entg. [32.—3.]

Nichtigkeitsbeschwerde. – Rekurs-Urtheil.

Ein mit Unrecht im Rekursverfahren ergangenes Urtheil zweiter Instanz kann nur wegen dieser Kompetenzverletzung durch Nichtigkeitsbeschwerde angefochten werden.

Ges. v. 3. Mai 1852 Art. 106 [n. 10]. Vgl. RdOTr. 1. S. 141; 10. S. 93; 11. S. 67.

Erk. (3. II.) v. 22. Juni 1871 c. Eickholt (125. II. Cr.).

Die der Zuwiderhandlung gegen § 186 des Pr. StGB.s (voreilige Beerdigung ihres unehelichen Kindes) angeklagte E. war in erster Instanz aus dem milderen (nur eine Uebertretungsstrafe androhenden) § 367 Nr. 1 des D.-StGB.s verurtheilt, und ihre „Appellation" vom AG. im Rekursverfahren verworfen worden. Ihre dagegen ergriffene NB. ward deshalb zurückgewiesen:

„weil gegen das Urtheil der 1. Instanz das Rechtsmittel der Appellation zulässig gewesen, da in Betreff der Zulässigkeit eines Rechtsmittels nicht die als Gegenstand desselben bezeichnete Beschwerde, sondern nur das Verfahren maßgebend sei, das AG. also mit Unrecht im Rekursverfahren entschieden habe, und

weil nur diese Kompetenzverletzung zum Gegenstande einer NB. gegen ein Rekursurtheil gemacht werden könne."
Antr. d. GStA.: gleichl. [37.—3.]

Nichtigkeitsbeschwerde. - Urtheilszustellung - Rechtfertigung, ungenügende.

1. Es steht dem Vorsitzenden des Erst-Instanz-Gerichts nicht zu, eine Nichtigkeitsbeschwerde deshalb durch Verfügung zurückzuweisen, weil die Rechtfertigung nicht eine genügende Aufstellung von Nichtigkeitsgründen enthalte.

2. Der Zustellung des Urtheils an den Angeklagten bedarf es auch dann, wenn dieser mit der Anmeldung der Nichtigkeitsbeschwerde eine Rechtfertigung derselben verbunden hat.

StPO. §§ 372. 370. Vgl. RdOTr. 9. S. 194; 10. S. 506; 11. S. 203.

Beschl. v. 22. **Juni** 1871 c. **Halling** (OAG. II. 22). [68.—6.]

Staatsgerichtshof. - Verweisung zum gewöhnlichen Verfahren. - Geschworne.

Verweist das Kammergericht ein, seiner Zuständigkeit anheimfallendes Staatsverbrechen zum gewöhnlichen Verfahren, an das nach allgemeinen Grundsätzen berufene Gericht, so muß dieses nach Anleitung der am betr. Orte für Verbrechen geltenden Prozeßvorschriften, der Schwurgerichtshof also unter Mitwirkung von Geschwornen verfahren.

Ges. v. 25. Apr. 1853 § 8.

Erk. (**B. II.**) v. 22. **Juni** 1871 c. **Killis** (167. II. Cr.).

Das Kammergericht hatte den K. als genügend belastet:

„im Laufe des Jahres 1870 während des zwischen Preußen, bezw. dem Norddeutschen Bunde und Frankreich ausgebrochenen Krieges als Ausländer dem Feinde wissentlich und vorsätzlich als Spion gedient zu haben, und zwar während er unter dem Schutze Preußens sich innerhalb dessen Gebietes aufhielt," —

aus § 69 Nr. 5 des StGB.s (§§ 90 Nr. 5, 91 Abs. 2 des Bundes-StGB.s) definitiv in den Anklagestand versetzt, zugleich aber auf Grund des § 8 des Ges.s v. 25. Apr. 1853 „die Verhandlung und Entscheidung der Sache vor das Schwurgericht zu Saarbrücken, als das, abgesehen von den Bestimmungen des cit. Gesetzes zuständige Gericht (der begangenen That) verwiesen." Demgemäß hat der Schw.-GH. in S. in der gewöhnlichen Form des Verfahrens, aber ohne Zuziehung von Geschwornen, die Sache verhandelt, schließlich den K. des ihm zur Last gelegten Verbrechens überführt erklärt und zu lebenslänglicher Zuchthausstrafe verurtheilt. — Auf den Kass.-Rekurs des K. ist dieses Erkenntniß vernichtet und die Sache zur anderweiten Verhandlung an den Schw.-GH. zu Trier verwiesen worden. Das OTr. erwog:

daß das Gesetz v. 25. Apr. 1853 nachdem es in seinem ersten Abschnitt die Kompetenz des Königl. Kammergerichts zur Aburtheilung der im § 1 näher bezeichneten strafbaren Handlungen festgestellt hat, in dem zweiten, das Vorverfahren betreffenden Abschnitt § 8 anordnet, daß, wenn die StA.-schaft bei dem Kammergericht auf Aburtheilung der Sache im gewöhnlichen Verfahren anträgt, das Kammergericht ermächtigt sein soll, die Verweisung der Sache an dasjenige Gericht auszusprechen, welches abgesehen von den Bestimmungen dieses Gesetzes zuständig sein würde;

daß unter dem gewöhnlichen Verfahren im Gegensatz zu dem bei dem Kammergericht angeordneten Verfahren nur dasjenige verstanden werden kann, welches mit Rücksicht auf die Qualifikation der Strafthat als Verbrechen oder Vergehen bei demjenigen Gericht, an welches die Verweisung erfolgt ist, eintreten müßte, wenn es sich um ein gewöhnliches Verbrechen oder Vergehen handelte und nicht um ein solches, welches nach dem § 1 cit. der Kompetenz des Kammergerichts unterworfen ist;

daß die Strafthat, welche dem Kass.-Kläger zur Last gelegt wird, nach den in der Anklage und dem Beschluß über die Versetzung in den Anklagestand bezogenen Gesetzesstellen mit lebenslänglicher Zuchthausstrafe bedroht ist, folglich ein Verbrechen darstellt, dessen Aburtheilung vor dem

Assisenhof zu erfolgen hat, und bei welchem das gewöhnliche Verfahren die Zuziehung von Geschwornen erfordert;

daß eine entgegengesetzte Ansicht aus der im § 9 a. a. O. enthaltenen Vorschrift, wonach bei der Hauptverhandlung eine Mitwirkung von Geschwornen nicht stattfinden soll, nicht hergeleitet werden kann, da der ganze dritte, die Hauptverhandlungen betreffende Abschnitt des Gesetzes, folglich auch der § 9 das., nur Vorschriften für die bei dem Kammergericht stattfindenden Hauptverhandlungen enthält, wie sich dies sowohl aus der Ueberschrift des Gesetzes: „die Kompetenz des Kammergerichts ꝛc." und „das dabei zu beobachtende Verfahren" als daraus ergiebt, daß in dem § 9 cit. nur solche Prozeßvorschriften bezogen sind, die wohl bei dem Kammergericht, nicht aber in der Rheinprovinz und in anderen Theilen des Preuß. Staates Geltung haben, sowie denn auch die §§ 10 und 12 das. ersehen lassen, daß der Gesetzgeber nur die hier, und nicht in der Rheinprovinz, zur Anwendung kommenden Strafprozeßvorschriften vor Augen gehabt haben kann;

daß mithin, da zur Verhandlung der Sache vor dem Assisenhof Geschworne nicht zugezogen worden sind, eine irrige Auffassung und Anwendung des Ges.s v. 25. April 1853 stattgefunden hat, weshalb das angefochtene Urtheil zu kassiren, und die Sache zur Aburtheilung an einen anderen Assisenhof zu verweisen ist.

Antr. d. GStA.: gleichl. [14.—3.]

Amtseid. – Amtliche Thätigkeit.

Ein Beamter, welcher über eine ihm in Beziehung auf sein Amt zugefügte Beleidigung als Zeuge vernommen wird, kann die Richtigkeit seiner Aussage auf seinen Amtseid versichern.

Vdn. v. 3. Jan. 1849 § 55 [n. 32]; Cr.-Ordn. § 335 Nr. 2. Vgl. oben S. 245.

Erk. (Z. II.) v. 22. Juni 1871 c. Ritter (160. II. Cr.).

Die R. hatte dem Polizei-Sergeanten K., als dieser an ihrem

Hause vorüberging, eine auf sein Amt bezügliche Beleidigung nachgerufen und war deshalb bestraft worden. Ihre NB. rügte, daß K. seine Aussage auf seinen Diensteid genommen habe, obgleich er im Augenblicke der Beleidigung nicht amtlich thätig war, die ihm zugefügte Ehrverletzung also auch nicht „sein Amt unmittelbar betroffen habe." Zurückweisung: weil nach der instanzrichterlichen Feststellung:

„die Aeußerung der R. zu dem vor ihrem Hause vorübergehenden ꝛc. K. sich direkt gegen die amtliche Thätigkeit und Eigenschaft desselben gerichtet, sein hierüber abgegebenes Zeugniß mithin eine sein Amt unmittelbar betreffende Sache im Sinne des § 335 Nr. 2 der Cr.-Ordn. zum Gegenstande gehabt habe; dagegen komme es nicht darauf an, ob sich K. damals in einer amtlichen Funktion befand.

Antr. d. GStA.: gleichl. 32.—3.]

Presse. – Kautionspflicht. – Gew.-Ordnung.

Die B.-Gew.-Ordn. hat an der Kautionspflicht der Zeitschriften Nichts geändert.

B.-Gew.-Ordn. v. 21. Juni 1869. Vgl. RdOTr. 11. S. 342. 416.

Erk. (Z. I.) v. 23. Juni 1871 c. Günther (526. I. Cr.).

G. war, weil eine Nummer der von ihm verlegten D. Schuhmacherzeitung einen Artikel sozialen Inhalts gebracht hatte, zu einer Geldstrafe verurtheilt und es war die „Unbrauchbarmachung" der betreffenden Nummer verordnet worden. NB. Zurückweisung:

„weil die B.-Gew.-Ordn. die im [Pr.] Preßgesetze enthaltene polizeiliche Vorschrift hinsichtlich der Kautionspflichtigkeit der Zeitschriften gar nicht berühre, der § 1 derselben aber sich nur auf die Zulassung zum Betriebe von Gewerben im Allgemeinen erstrecke, keineswegs jedoch auf diejenigen polizeilichen Anordnungen, unter denen die Ausübung eines bestimmten Gewerbes zulässig ist.

Antr. d. GStA.: gleichl. [20.—6.]

Lärm. – Berechtigung.

Die Erregung eines ruhestörenden Lärms durch eine im Gewerbe gebrauchte Maschine kann für eine „ungebührliche" erachtet werden, wenn sie in der Absicht stattfand, dadurch die Ruhe eines Andern zu stören.

Pr. StGB. § 340 Nr. 9; B.-StGB. § 360 Nr. 11 [n. 80a].

Erk. (Z. I.) v. 23. Juni 1871 c. Hartig (546. I. Cr.).

H., wegen „ungebührlicher Erregung eines ruhestörenden Lärms" bestraft, rügte im Wege der NB. Verletzung der §§ 19 fgg. I, 8 ALR., nach welchen es ihm freistehe, in seinem Hause zur Ausübung seines Gewerbes Maschinen in Gang zu setzen, selbst wenn dadurch Lärm verursacht werde. Zurückweisung. Die Gründe führen aus:

> „der App.-Richter verkenne jene allgemeine Befugniß nicht, er stelle aber ausdrücklich fest, daß H. „die betr. Gewerbeseinrichtung (Aufstellung einer s. g. Poltermaschine ꝛc.) in der Absicht getroffen habe, die Ruhe seines Nachbars X. zu stören, und daß dieselbe geflissentlich so angebracht worden sei, damit sie größeren Lärm verursachte, und daß dieser Lärm im Nachbarhause deutlich gehört werden könne; H. habe also jenes Recht zur Kränkung Anderer mißbraucht; das genüge, um die Erregung des Lärms als eine „ungebührliche" anzusehen.

Antr. d. GStA.: gleichl. [28.—6.]

Viehsperre. – Aufhebung. – Wachen.

1. Eine (wegen des Ausbruchs der Rinderpest) angeordnete Viehsperre dauert so lange fort, bis sie von der anordnenden Behörde wieder aufgehoben ist, sollte auch die Krankheit früher erloschen sein.

Instr. 26. Mai 1869 §§ 23. 37 fgg. (B.-GBl. S. 105).

2. Eine von der zuständigen Behörde angeordnete Viehsperre wird wirksam, sollten auch die den Behörden vorgeschriebenen Kontrollmaßregeln nicht ins Werk gesetzt sein.

B.-StGB. § 328; cit. Instr. §§ 8. 21. Vgl. RbOTr. 12. S. 174.

Erk. (Z. I.) v. 23. Juni 1871 c. Kruschin (471. I. Cr.).

Nachdem von der Kgl. Regierung zu Str. für den Ort L. wegen des Ausbruchs der Rinderpest die Viehsperre angeordnet worden war, hatte K. (im Sept. 1870) einen quer über den Weg genagelten, mit der Aufschrift: „Rinderpest" versehenen Sperrbalken niedergerissen und den Weg verbotwidrig passirt. Aus § 328 B.-StGB. verurtheilt, rügte er im Wege der NB.:

> 1. Beschränkung der Vertheidigung, weil die von ihm unter Beweis gestellte Thatsache, daß zur fraglichen Zeit die

Rinderpest in L. beseitigt gewesen, — deshalb für unerheblich erachtet worden sei, weil die Königl. Regierung erst am 4. Novbr. 1870 die Pest für erloschen erklärt habe;

2. Gesetzesverletzung, weil er wegen „Verletzung der absoluten Ortssperre" bestraft worden sei, obgleich die im § 21 der Instr. v. 26. Mai 1869 angeordnete Aufstellung von Wächtern nicht stattgefunden habe, auch nicht als stattgefunden festgestellt sei; somit habe eine wirkliche „Ortssperre" gar nicht bestanden.

Zurückweisung. Die Gründe führen zunächst aus:

(zu 1.) daß die einmal eingetretene Sperre nur nach Vollendung der vorgeschriebenen Desinfektionsmaßregeln aufgehoben werden könne, der diesfällige Zeitpunkt aber von der kompetenten Behörde zu bestimmen sei, und sich nicht nach der subjektiven Ansicht einer einzelnen Privatperson regle.

Sodann wird

(zu 2) auf die Gründe des VII. 23. März 1871 [RdOTr. 12. S. 174] verwiesen, und hervorgehoben, daß nach der instanzrichterlichen Feststellung für den Ort L. eine absolute Sperre verfügt gewesen sei. Dann heißt es weiter:

Nun bestimmt zwar § 21 der Instr. v. 26. Mai 1869 hinsichtlich der Ortssperre schon: „daß an allen Ein- und Ausgängen des Orts Tafeln mit der Aufschrift „Rinderpest" aufzustellen sind, und Wächter, welche die Beobachtung der Verbote zu überwachen haben," — und es ist vom App.-Richter nicht festgestellt, daß zur Zeit des Vorfalls Wachen vorhanden gewesen. Allein die etwaige Nichtbefolgung dieser Maßregeln Seitens der Behörde kommt nach den [im cit. VII. 23. März 1871] entwickelten Grundsätzen dem Angeklagten nicht zu Gute, insofern er von der Absperrung des Orts überhaupt Kenntniß hatte. — Das angefochtene Erkenntniß [nimmt an], daß er wissentlich gehandelt und hierin liegt eben kein Rechtsirrthum, weil er verpflichtet war, den gesetzlichen Vorschriften gemäß die [vorgenommenen] Handlungen zu unterlassen. Beging er sie doch, wie er gethan, so verstieß er wissentlich, wie der § 328 des B.-StGB.s besagt, wider die Absperrungsmaßregeln, insoweit sie getroffen waren, und dies genügt bereits zur Anwendung dieses Strafgesetzes, ohne daß etwaige Unterlassungen der Behörden hindernd entgegentreten.

Antr. d. GStA.: gleichl. [20.--6]

Köperverletzung. – Fahrlässigkeit.

Die fahrlässige Verursachung einer Körperverletzung ist nicht deshalb für straflos zu erachten, weil die Verletzung nicht allein durch die Fahrlässigkeit des Angeklagten herbeigeführt wurde, daß vielmehr der ursachliche Zusammenhang zwischen beiden noch durch andere straflose oder strafbare Handlungen [Dritter oder des Verletzten] vermittelt worden ist.

Pr. StGB. § 198; B.-StGB. §§ 230. 222 [n. 3].

Erk. (Z. I.) v. 23. Juni 1871 c. Kryszio (504. I. Cr.)

K. hatte ein Pistol, dessen mangelhafte Beschaffenheit ihm bekannt war, überladen und dem Knaben X. zum Abfeuern übergeben; die Folge war, daß sich der Knabe beim Losdrücken verletzte. Hierin fanden die Instanzrichter eine „fahrlässige Verursachung der Verletzung" Seitens des K. Seine NB. rügte, daß zum Thatbestande des hier zunächst maßgebenden § 198 des Pr. StGB.s eine „Verursachung" d. h. eine mittelbare Veranlassung der Körperverletzung nicht genüge, daß aber auch § 230 des B.-StGB.s nicht zutreffe, weil zur Herbeiführung der Verletzung die eigene Unvorsichtigkeit des Knaben wesentlich mitgewirkt habe. Das zurückweisende Erkenntniß des OTr.s führt zunächst aus:

> „daß § 198 des Pr. StGB.s auch die mittelbare Körperverletzung strafe, daß daher mit Recht der App.-Richter aus der getroffenen Feststellung die Strafbarkeit des K. sowohl nach dem Pr. als nach dem B.-StGB. hergeleitet habe;"

sodann heißt es in den Gründen weiter:

Das [von den Instanzrichtern] angenommene positive Thun des Imploranten, das Aufsetzen der Pfropfen, hat allerdings für sich allein die Verletzung nicht herbeigeführt, es mußte noch das Abfeuern des Pistols hinzutreten, das X. selbst bewirkt hat; indessen wird der von dem Strafgesetz getroffene ursachliche Zusammenhang der Handlung des Imploranten und der erfolgten Körperverletzung dadurch nicht ausgeschlossen, daß diese Handlung nicht die einzige

Ursache war, daß vielmehr jener ursachliche Zusammenhang noch durch andere straflose oder strafbare Handlungen vermittelt wurde.

Antr. d. GStA.: gleichl. [59.—6.]

---

1. Richter. – Befassung. – Hauptthat. – Theilnehmer.
2. App.-Richter. – Neue Feststellung. – Beweisaufnahme.

1. Der erkennende Richter kann wegen „Theilnahme" an der zum Gegenstande der Anklage gemachten Strafthat verurtheilen, sollte auch dieserhalb weder ein Antrag gestellt, noch der Angeklagte auf den neuen Gesichtspunkt aufmerksam gemacht sein.

Ges. v. 3. Mai 1852 Art. 30 [n. 28]. Vgl. RbOTr. 3. S. 334. 525.

2. Wenn der App.-Richter einen von der erstrichterlichen Feststellung abweichenden Thatbestand annimmt, kann er einzelne auch in jener enthaltene Momente ohne Weiteres beibehalten und zur Unterstützung derselben auf Aktenstücke Bezug nehmen, welche in der Verhandlung nicht verlesen worden sind.

Ges. v. 3. Mai 1852 Art. 101 [n. 101].

Erk. (S. I.) v. 23. Juni 1871 c. Mannek (493. I. Cr.).

In 1. Instanz waren B. und M. wegen eines gemeinschaftlich an gefälltem Holze verübten Diebstahls verurtheilt worden. Das AG. erachtete es dagegen für nicht erwiesen, daß M. sich an der Vollführung des Diebstahls selbst betheiligt habe, wohl aber, daß er dem B. zu dem von diesem verübten Diebstahle dadurch wissend Hülfe geleistet habe, daß er ihm den zur Verübung benutzten Schlitten lieh. Hierin fand die NB. eine unrichtige Anwendung des Art. 30 des Ges.s v. 3. Mai 1852, und eine Verletzung des Prinzips der Mündlichkeit, weil der App.-Richter zur Begründung des von ihm festgestellten „Wissens, daß der Schlitten zur Verübung eines Diebstahls dienen sollte," auf den Inhalt einer polizeilichen Vernehmung Bezug nahm, obgleich das betr. Protokoll nicht Gegenstand der Beweisaufnahme gewesen sei. Zurückweisung. Gründe:

[1.] Nach dem in dem Art. 30 des Ges.s v. 3. Mai 1852 ausgesprochenen Grundsatze des Strafverfahrens bilden den Gegenstand der Verhandlung vor dem ersten und vor dem zweiten Richter (Vdn. v. 3. Jan. 1849 § 136) nicht bloß die in der Anklage erwähnten Thatsachen, sondern auch die näheren Umstände, von welchen dieselben begleitet waren, der Richter wird durch die Anklage mit der ganzen Sache in ihrer Totalität befaßt. Indem nun der erste Richter die Mitthäterschaft des Imploranten festgestellt hatte, war es für den zweiten Richter, der die Begleitung des B. durch den Imploranten verneinte bei der Fahrt in den Wald zur Ausführung des Diebstahls und damit die Mitthäterschaft verneinte, durch eben diesen Art. 30 geboten, die Frage zu prüfen, ob Implorant etwa als Theilnehmer an dieser Strafthat anzusehen wäre, namentlich ob er als Gehülfe an dem in seiner Abwesenheit ausgeführten Diebstahl des B. sich betheiligt hätte. Diese durch den Imploranten hervorgerufene Untersuchung war gerade dazu bestimmt, endgültig zu entscheiden, ob aus den hier ermittelten Umständen dem Imploranten die Strafthat nach irgend einer Richtung hin anzurechnen wäre; vgl. Einf.-Ges. z. Pr. Straf-GB. Art. XXV. vom 14. April 1851. Aus eben diesem Grunde würde eine Feststellung, wie sie hiernächst von dem App.-Richter getroffen ist, wenn sie in einem anderweiten, nicht etwa rechtzeitig vorbehaltenen Verfahren späterhin ergangen wäre, gegenüber der Regel: ne bis in idem kraftlos geblieben sein. Zu Unrecht meint Implorant, zu dem von dem App.-Richter gewählten Verfahren gehöre als dessen Voraussetzung ein Antrag, mindestens sei es geboten, diesen neuen Gesichtspunkt schon vor der Abfassung des Urtheils zur Sprache zu bringen. Eines solchen Antrags bedarf es nicht gegenüber der ihn nicht voraussetzenden Bestimmung des Art. 30; der Richter hat auch nicht die Verbindlichkeit, während der Verhandlung auf diesen neuen Gesichtspunkt aufmerksam zu machen, da eine hierauf gerichtete Bestimmung, wie sie sich in der StrPO. v. 25. Juni 1867 § 352 vorfindet, bei der Berathung des Ges.s v. 3. Mai 1852 vorgeschlagen, aber abgelehnt wurde (Mot. S. 89. 427) und hiernach aus der bloßen Zweckdienlichkeit einer solchen

Maßregel auf deren Wesentlichkeit nicht zu schließen ist. (RbOTr. 3. S. 525.)

[2.] Der erste Richter hatte gegen den Imploranten die Mitthäterschaft festgestellt, die darauf ruhte, „daß Implorant seinen Schlitten nach T. gebracht, und daß mit Hülfe dieses Schlittens Implorant und B. das Holz aus der Königl. Forst abgefahren und auf diese Weise gestohlen haben. In dieser Feststellung lag die Thatsache, „daß Implorant gewußt habe, das mit seinem hergegebenen Schlitten abzufahrende Holz solle gestohlen werden.“ Diese Thatsache blieb bestehen, wenngleich der App.-Richter die Begleitung des B. durch den Imploranten bei der Fahrt in den Wald verneinte. Der App.-Richter hat nun zur Unterstützung dieser Thatsache und zur Beseitigung etwaiger Bedenken eine Reihe von Umständen geltend gemacht; er konnte hierbei ohne Rücksicht auf die Regeln der formellen Beweisaufnahme den Inhalt der nicht verlesenen polizeilichen Verhandlung v. 3. Juni 1870 über die Vernehmung des Imploranten, benutzen, denn es handelte sich nicht um Beweisaufnahme, nicht um anderweite Feststellung, sondern um Aufrechthaltung der Feststellung der ersten Instanz.

Antr. d. GStA.: entz. [39.—6.]

Meineid, Verleitung. – Unfähigkeit zum Zeugnisse.

Gegen denjenigen, welcher es unternommen hat, einen Andern zur Begehung eines Meineids zu verleiten, muß auf Unfähigkeit, als Zeuge ꝛc. vernommen zu werden, erkannt werden.

B.-StGB. §§ 159. 161 [n. 2]. Vgl. oben S. 230

Erk. (B. I.) v. 23. Juni 1871 c. Schwarz (338 I. Cr.).

Der § 161 des B.-StGB.s bestimmt, daß „bei jeder Verurtheilung wegen Meineides“ — mit Ausnahme der Fälle der §§ 157 und 158 a. a. O. — auf die dauernde Unfähigkeit des Verurtheilten, als Zeuge oder Sachverständiger eidlich vernommen zu werden, erkannt werden soll und da der IX. Abschnitt dieses StGB.s die Ueberschrift „Meineid" führt, so müssen auch die in diesem Abschnitte enthaltenen Bestimmungen, welche dem § 161 vorangehen, im Sinne desselben als Strafbestimmungen über den Meineid enthaltend erachtet werden. Diese Auslegung folgt auch aus der Natur der Sache, da Derjenige, welcher einen Anderen zur wissentlichen Leistung eines Meineides zu verleiten sucht, nicht das Vertrauen verdient, daß seine eigenen beeideten Aussagen der Wahrheit gemäß sind. Es ergiebt sich auch diese Auslegung aus der Entstehungsgeschichte des StGB.s wie dies bereits in dem Bl. v. 26. April 1871 (RdOTr. 12. S. 230) näher ausgeführt ist.

Antr. d. GStA.: entg. [30.—6.]

Strafantrag. – Zurücknahme. – Gesetzeswechsel.

Die unter dem alten, keinen Strafantrag erheischenden Gesetze eingeleitete Strafverfolgung wegen einer nach dem B.-StGB. ein Antragsvergehen darstellenden Strafthat wird dadurch nicht unstatthaft, daß der Verletzte nach dem 1. Jan. 1871 den früher gestellten Strafantrag zurückgenommen hat.

B.-StGB. §§ 2 [n. 19] 64. Vgl. oben S. 156. 180. 239.

Erk. (Z. I.) v. 30. Juni 1871 c. Bolzani (410. I. Cr.).

Der vor dem In-Kraft-Treten des D. StGB.s gestellte Strafantrag des Verletzten hatte überhaupt für das gültig eingeleitete Strafverfahren keine Bedeutung und dessen Fortsetzung konnte daher auch durch Zurücknahme jenes Antrags und Verzicht auf Bestrafung nicht gehemmt werden.

Antr. d. GStA.: gleichl. [33.—8.]

Strafantrag. – Zurücknahme.

Nur die dem Gerichte gegenüber erklärte Zurücknahme eines gestellten Strafantrags ist entscheidend; angebliche außergerichtliche Erklärungen sind wirkungslos.

B.-StGB. § 64 [n. 10].

Erk. (Z. I.) v. 30. Juni 1871 c. Heppner (558. I. Cr.).

Mit Recht erklärt der App.-Richter, daß die ausdrückliche Erklärung des zum selbstständigen Strafantrage berechtigten Vaters des Damnifikaten in der Audienz erster Instanz, den gestellten Strafantrag aufrecht halten und denselben nicht zurücknehmen zu wollen, entscheidend sei, und daß angebliche frühere außergerichtliche Erklärungen der Berechtigten über eine, zumal nicht zur Kenntniß des Gerichts gelangte Zurücknahme des Strafantrages wirkungslos seien.

Antr. d. GStA.s: entg. [5.—8.]

Konkurs. – Vertrag, besonderer. – Dolus.

1. Der Gläubiger eines seine Zahlungen einstellenden Kaufmannes, welcher von diesem zur Deckung seiner Forderung sich ein Guthaben desselben cediren läßt, oder Waaren annimmt, verwirkt die Strafe der

Konk.-Ordn. v. 8. Mai 1855 § 309; (EG. z. Pr. StGB. § XII Nr. 3 [n. 19]).

2. Als Dolus genügt bei dem gedachten Vergehen die Kenntniß von der Zahlungseinstellung und das Bewußtsein, daß das betreffende Rechtsgeschäft zur eigenen Begünstigung und zur Benachtheiligung der übrigen gereiche.

Ebendas.

Erk. (Z. I.) v. 30. Juni 1871 c. Röver (545. I. Cr.).

[1.] Der § 309 der Konk.-Ordn. v. 8. Mai 1855 kann nicht ungetrennt von dem unmittelbar voranstehenden § 308 l. c. aufgefaßt werden, er erhält vielmehr aus demselben seine eigentliche Bedeutung. Der § 308 l. c. bestraft diejenigen Handelsleute ꝛc., welche ihre Zahlungen eingestellt haben, wenn sie nach erfolgter Zahlungseinstellung einen Gläubiger zum Nachtheil der übrigen Gläubiger befriedigen oder begünstigen. Es ist dies eine Konsequenz aus den §§ 2 ff. 99 ff. l. c., nach denen die Aktivmasse eines solchen Schuldners seinen sämmtlichen Gläubigern zur Befriedigung dienen soll und aus deren Befugniß unter näher bestimmten Umständen alle einseitigen Rechtshandlungen des Kridars als nichtig anzufechten, namentlich Zahlungen und Angabe an Zahlungs Statt. Wenn es nun im Anschlusse hieran in dem § 309 l. c. heißt:

> „Ein Gläubiger, welcher nach erlangter Kenntniß von der Zahlungseinstellung, zu seiner Begünstigung und zum Nachtheil der übrigen Gläubiger einen besonderen Vertrag mit dem Gemeinschuldner eingeht, ꝛc." —

so ist es klar und erhellt insbesondere aus dem Ausdrucke „zu seiner Begünstigung" — daß mit der Bezeichnung: „einen besonderen Vertrag" alle diejenigen Rechtshandlungen gemeint sein müssen, welche der Gemeinschuldner mit einem seiner mehreren Gläubiger nicht eingehen darf um diesen zum Nachtheile der anderen Kreditoren zu befriedigen, mögen es nun Verträge im eigentlichen Sinne, oder wirkliche Zahlungen, resp. Angaben an Zahlungs Statt sein. Dies vorausgeschickt, kann es nicht bezweifelt werden, daß die Seitens des Angeklagten E. zur Deckung seiner Forderung angenommene, von dem Gemeinschuldner Kaufmann A. E. notariell ausgestellte Cession v. 18. Dezbr. 1869 ein im § 309 l. c. gemeinter „Vertrag", ein Rechtsgeschäft ist. Der § 376 I. 11. ALR. besagt zwar: „daß die Abtretung der Rechte einen Vertrag voraussetze, wodurch sich Jemand verpflichtet, einem Andern das Eigenthum seines Rechts zu überlassen," — und der § 377 l. c. nennt die Handlung selbst, „wodurch das Recht dem Andern wirklich übertragen wird," Cession. Allein die Rechtsprechung ist längst darüber einverstanden, daß zur Gültigkeit einer Cession nicht nothwendig ein vorhergegangener in rechtsbeständiger Form errichteter, besonderer Vertrag gehört, sondern die Annahme des Cessions-Instruments, wenngleich nicht einmal eine mündliche Verabredung voraufgegangen, genügt, um die Vollendung des Cessionsgeschäfts anzunehmen. Es fällt daher hierbei dem App.-Richter ein Rechtsirrthum nicht zur Last. Inwiefern ein solcher hinsichtlich der Angeklagten verwittweten

R. vorhanden sein könnte, ist ebenso wenig abzusehen, da gegen sie festgestellt ist, „daß sie von dem Gemeinschuldner zur Deckung ihrer Forderung Waaren erhalten und angenommen hat," — vorstehend aber bereits dargethan ist, daß namentlich Angabe an Zahlungs Statt unter den § 309 l. c. fällt.

[2.] Der Dolus des § 309 l. c. besteht in der erlangten Kenntniß von der Zahlungseinstellung des Schuldners mit dem Bewußtsein, daß das bezügliche Rechtsgeschäft die Begünstigung des betreffenden Gläubigers und die Benachtheiligung der übrigen herbeiführe. Diese Erfordernisse hat der App.-Richter unter Beibehalt der diesfälligen erstrichterlichen Feststellung speziell als vorhanden bei dem Angeklagten E. angesehen und hiergegen kann in dieser Instanz nicht angekämpft werden. Gleichgültig ist es hierbei, ob der gedachte Implorant von seinem Rechtsbeistande unrichtig belehrt worden ist, weil dieser Umstand immer nur dahin führen würde, daß er sich in einem Rechtsirrthum befunden, der ihn weder nach dem § 44 des Pr. StGB.s noch nach dem § 59 des D. StGB.s schützt. Dasselbe gilt, wie auch bereits der App.-Richter hervorgehoben hat, von der Wittwe R. da sie, eine Inländerin, im Inlande gegen das erwähnte Strafgesetz verstoßen hat.

Antr. d. GStA.: gleichl. [20.—8.]

Anstiftung. - Versuch.

Die Anstiftung zu einer Strafthat ist strafbar, selbst wenn die letztere nur im Stadium des Versuchs geblieben ist.

B.-StGB. § 48 [n. 8. 26. 36].

Erk. (S. I.) v. 30. Juni 1871 c. Schauer (461. I. Cr.).

Die Beschwerde des Sch. gründet sich auf die Behauptung, daß die Vorschrift des § 48 des B.-StGB.s in dem Falle keine Anwendung finde, wenn die Anstiftung nur zu dem Versuche einer strafbaren Handlung geführt hat, diese Behauptung ist aber nicht zutreffend. Eine Anstiftung, welche überhaupt nur dahin gerichtet war, daß der Angestiftete eine Handlung vornehmen möge, welche als Versuch einer strafbaren Handlung in Betracht kommen kann, würde allerdings dem Strafgesetz nicht unterliegen; von einer solchen ist aber im vorliegenden Falle nicht die Rede, denn nach der vom App.-Richter beibehaltenen thatsächlichen Feststellung des ersten Richters hat

1. der Angeklagte A. den Versuch in gewinnsüchtiger Absicht das Vermögen eines Andern dadurch zu beschädigen, daß er durch Vorbringen falscher, resp. Unterdrücken wahrer Thatsachen einen Irrthum erregte, durch Handlungen an den Tag gelegt, welche einen Anfang der Ausführung des Betruges enthielten, und nur durch äußere, von seinem Willen unabhängige Umstände ohne Erfolg geblieben sind;

2. der Angeklagte Sch. den A. zur Verübung dieses Vergehens (ad 1) durch Auffordern bestimmt, und ihm das Mittel, welches zu der That gedient hat, wissend, daß es dazu dienen sollte, verschafft.

Es steht hiernach fest, daß — abgesehen von der Verschaffung des Mittels — der ꝛc. Sch. den ꝛc. A. zu dem Vergehen selbst — dem Betruge — angestiftet hat. Daß aber in einem solchen Falle die Anstiftung auch dann strafbar ist, wenn der Thäter die strafbare Handlung zu welcher er angestiftet, zwar nicht vollendet, wohl aber in einer, dem Strafgesetze unterliegenden Weise versucht hat, folgt ebenso aus dem Wortlaute als aus der Entstehungsgeschichte des § 48 des StGB.s, so daß es darauf, daß in dieses StGB. der, auf andere Voraussetzungen sich beziehende § 35 des Pr. StGB.s nicht aufgenommen ist, nicht weiter ankommen kann. Die in der Beschwerde in Bezug genommene Bestimmung des § 111 Abs. 1 des B.-StGB.s steht dieser Auslegung des § 48 a. a. O. nicht entgegen, sie bestätigt dieselbe vielmehr, wie sich aus der Entstehungsgeschichte des § 111 a. a. O. ergiebt.

Antr. d. OStA.: gleichl. [30—8.]

1. Auswanderungs-Agent. – In-, Ausländer. – Anzeige.

2. Presse. – Redakteur. – Haftbarkeit.

1. Ein deutscher Nichtpreuße darf für seine Person in Preußen Auswanderungen nicht vermitteln, und ebensowenig eine solche Vermittlung oder Auskunftsertheilung anbieten.

Ges. v. 7. Mai 1853 § 7 (GS. S. 729).

2. Der Redakteur einer eine solche Ankündigung enthaltenden Zeitung ist, wenn für ihn keine Unmöglichkeit obwaltete, die Strafbarkeit des Inhalts der letzteren zu erkennen, strafbar aus

Preßges. v. 12. Mai 1851 § 37.

Erk. (S. I.) v. 30. Juni 1871 c. Struck (472. I. Cr.).

Str. hatte in die von ihm redigirte — Zeitung eine Anzeige des (in Preußen nicht konzessionirten) Agenten O. aus R. (Mecklenburg-Schwerin) aufgenommen, welche ein Anerbieten zur Abschließung von Auswanderungsverträgen nach Amerika enthielt. Dieserhalb aus § 37 des Preßges.s bestraft, rügte er im Wege der NB. Gesetzesverletzung, denn das AG. stelle nur auf Grund einer unrichtigen Gesetzesauslegung fest, daß er die angebliche Strafbarkeit der betr. Anzeige habe erkennen können: das Ges. v. 7. Mai 1853 gestatte es, Agenten auswärtiger Auswanderungs-Unternehmer in Preußen zu konzessioniren, wenn die letzteren dazu eine ministerielle Erlaubniß erhalten haben; es schreibe nicht vor, daß ein „so konzessionirter Unternehmer" das Geschäft in Preußen nur durch Preußische Agenten betreiben, und daß er selbst seine Vermittlung nicht anbieten dürfe; somit sei nicht die Anzeige eines jeden, sondern nur die eines nicht konzessionirten Ausländers strafbar; die Instanzgerichte hätten aber nicht festgestellt, daß er (Str.) Kenntniß davon gehabt habe, daß O. keine Konzession besitze. — Zurückweisung. Gründe:

Zunächst ist nicht zu bezweifeln, daß der Gewerbebetrieb der Auswanderungs-Unternehmer und deren Agenten nach Art. 4 Nr. 1 der Norddeutschen Verfassung in Uebereinstimmung mit demselben Artikel der Verfassung des deutschen Reichs v. 16. April 1871 und dem § 6 der Bund.-Gew.-Ordn. v. 21. Juni 1869 nach den bisherigen Landesgesetzen der einzelnen Bundesstaaten, in Preußen also nach dem Ges. v. 7. Mai 1853 zu beurtheilen ist.

Nach den §§ 1. 2 [dieses Gesetzes] dürfen nur Inländer, d. h. im Sinne des Gesetzes nur Preuß. Unterthanen die Konzession als Unternehmer oder Agenten für Auswanderungen nach außerdeutschen Ländern, von der Bezirksregierung ihres Wohnorts, nachdem sie ihre Unbescholtenheit und Zuverlässigkeit nachgewiesen, erhalten. Nur der § 7 l. c. enthält eine theilweise Ausnahme, wenn dort bestimmt wird:

> „Die Ertheilung der Konzession an Agenten auswärtiger Unternehmer ist nur zulässig, wenn die Unternehmer die Erlaubniß des Ministers für Handel, Gewerbe und öffentliche Arbeiten zur Bestellung von Agenten in Unsern Staaten erhalten haben. (Gew.-Ordn. v. 17. Jan. 1845 § 18.)

Hiernach darf der ausländische Unternehmer für seine Person in Preußen keine Auswanderung vermitteln. Es ist ihm nur gestattet, wenn er hierzu die ministerielle Erlaubniß erhalten hat, Preuß. Unterthanen als Agenten anzunehmen, die dann wieder nach Maßgabe der §§ 1. 2 l. c. besondere Konzessionen bekommen müssen. Der innere Grund hierzu ist der, daß bei der Gefährlichkeit des Unternehmens die Landesregierung jederzeit in der Lage sein muß, sofort mit Erfolg einschreiten zu können, was nur gegen einen ihrer Unterthanen möglich ist. Fraglich könnte es hierbei allerdings sein, ob ein gehörig konzessionirter ausländischer Unternehmer nicht einmal berechtigt ist, Inserate der in Rede stehenden Art in öffentliche Blätter einrücken zu lassen, weil hierin weder der Abschluß eines Vertrages noch auch eine wirkliche Vermittelung gefunden werden könnte, der § 7 l. c. aber außer diesem nur verbietet, „daß ohne Konzession eine derartige Vermittelung oder Auskunftertheilung angeboten wird.“ Allein dieses Bedenken kann auf sich beruhen, weil der gegenwärtige Fall thatsächlich hierzu keinen Anlaß bietet. Denn der Angeklagte hat nicht behauptet, daß der rc. D. eine ministerielle Konzession als Unternehmer für die Preuß. Staaten erhalten hat. Festgestellt ist dagegen, daß er (wie er auch selbst zugestanden) keine solche besitzt und daß er lediglich ein im Auslande wohnender Agent ist. In 2. Instanz ist hierin nichts geändert worden und die weitergehende Gesetzesauslegung des App.-Richters ist deshalb ohne rechtlichen Einfluß. Es könnte ferner in Betracht kommen, ob der rc. O. als Großherzogl. Mecklenburgischer Unterthan mit Rücksicht auf § 8 des B.-StGB.s als ein Ausländer anzusehen ist. Indeß auch dies muß bejaht werden. Der § 8 lautet:

„Ausland im Sinne dieses Strafgesetzes ist jedes nicht zum (Nord-) Deutschen Bunde gehörige Gebiet."

Der Ausdruck: „dieses Strafgesetzes" (eigentlich wohl Strafgesetzbuchs) läßt sich nun nicht anders auslegen als dahin: daß diese Bestimmung nur dann maßgebend ist, wenn die Vorschriften des D. StGB.s in Anwendung gebracht werden sollen, nicht aber auch, wenn es sich um spezielle Landesgesetze des einzelnen Bundesstaates handelt. Im Sinne des hier entscheidenden Preuß. Ges.s v. 7. Mai 1853 ist demgemäß jeder Nicht-Preuß. Unterthan ein Ausländer und danach war der Agent O. zur Veröffentlichung des Inserats nicht befugt, es liegt deshalb ein an sich strafbarer Inhalt desselben vor, wie beide Vorderrichter angenommen haben. Wenn der Implorant hierbei hervorhebt, daß das alleg. Gesetz einem ausländischen Unternehmer keineswegs verwehre, seine Vermittelung anzubieten, so verstößt er unter den hier festgestellten Umständen geradezu gegen den § 10 l. c., der dergleichen Anerbieten speziell mit Strafe bedroht. Endlich ist die Berufung auf den § 44 des Pr. StGB.s und den § 59 des B.-StGB.s hinfällig. Der Implorant ist in Gemäßheit des § 37 des Preßges.s v. 12. Mai 1851 bestraft worden. Es ist jedoch festgestellt, daß nach den näher hervorgehobenen Umständen für ihn keine Unmöglichkeit vorhanden gewesen, die Strafbarkeit des Inhalts des Inserats wahrzunehmen. Es liegt deshalb auch kein Rechtsirrthum vor, wenn angenommen worden, daß der § 57 l. c. anwendbar ist, weil dieser überall da eintritt, wo der Redakteur eines kautionspflichtigen Blattes nach § 34 l. c. nicht als Urheber oder Theilnehmer verantwortlich gemacht werden kann. Ob unter gewissen Voraussetzungen die Behauptung der Nichtkenntniß dessen, daß ein Agent keine vorschriftsmäßige Konzession besessen, als ein thatsächlicher Irrthum zu betrachten ist, erscheint für den gegenwärtigen Fall einflußlos, weil eben dargethan ist, daß aus dem Inserate selbst diese Wissenschaft zu entnehmen gewesen, und wenn der Implorant sich dabei dennoch geirrt haben sollte, dies lediglich in rechtlicher Beziehung geschehen sein könnte, der weder nach dem § 44 des Pr. StGB. noch nach dem § 59 des D. StGB. schützt. Dies erscheint wiederum zutreffend und namentlich nach § 59 l. c., welcher ausdrücklich bestimmt, „daß bei Bestrafung (wie hier) fahrlässig begangener Handlungen der Irrthum in Thatumständen nur insoweit in Betracht kommt, als die Unkenntniß selbst nicht durch Fahrlässigkeit verschuldet ist." — Der Implorant ist aber grade wegen seiner Unachtsamkeit bestraft worden.

Antr. d. GStA.: gleichl. [20.—8.]

Bankerutt. - Bilanz. - Buchführung.

1. Ein Kaufmann hat der Pflicht eine Bilanz zu ziehen nur dann genügt, wenn dieselbe geeignet ist, auch einem Dritten [Sachkundigen] eine Uebersicht des Vermögens zu gewähren.

2. Ist die von einem Kaufmanne gezogene Bilanz nur deshalb unrichtig, weil sie das Ergebniß der unrichtigen (mangelhaften) Führung der (übrigen) Bücher wiedergiebt, so kann nur wegen der letzteren eine Bestrafung erfolgen.

B.-StGB. § 283 Nr. 2 [n. 17—19].

Erk. (Z. I.) v. 30. Juni 1871 c. Tschirner (486. I. Cr.).

[1.] Wenn es gleich richtig ist, daß nicht jede in einer Bilanz vorkommende Unrichtigkeit zu der Annahme genügt, daß die Bilanzziehung unterlassen sei, — vgl. VI. v. 21. Juni 1867 (RdOTr. 8. S. 387) — so kann doch andererseits ebensowenig angenommen werden, daß durch eine jede in die Form einer Bilanz gebrachte Vermögensaufstellung der gesetzlichen Vorschrift im Art. 29 des Deutschen HGB.s genügt werde. — Es kommt vielmehr darauf an, ob die gezogene Bilanz, etwaiger Mängel ungeachtet, noch geeignet gewesen sei, nicht blos dem Angeklagten selbst, sondern auch einem Dritten eine Uebersicht des Vermögens zu gewähren, und damit dem Zwecke des Gesetzes zu entsprechen, vgl. ZI. v. 23. Jan. 1867 (RdOTr. 8. S. 46). Da nun der App.-Richter das letztere in seiner der mitgetheilten thatsächlichen Feststellung zum Grunde gelegten sachlichen Darstellung ausdrücklich verneint hat, so hat er ohne Rechtsirrthum auch annehmen können, daß der Angeklagte trotz der von demselben wirklich vorgelegten s. g. Bilanzen, dennoch die Ziehung von solchen im Sinne des Gesetzes unterlassen habe.

[2.] Gleiches gilt von der weiteren Beschwerde, daß nicht gleichzeitig eine Bestrafung wegen unrichtiger Buchführung und unrichtiger Bilanzziehung habe eintreten können, denn auch hier leuchtet es ein und ist vom Ob.-Trib. gleichfalls schon ausgesprochen: — vgl. ZI. v. 7. Febr. 1868; VI. v. 15. Oktbr. 1869 (RdOTr. 9. S. 118; 10. S. 643) — „daß wenn die Mängel der Bilanzen nur die Resultate der unordentlichen Buchführung selbst sind, diese mithin nur summiren, oder wenn die gänzliche Unterlassung der Bilanzziehung nur die Folge der gänzlich unterlassenen Buchführung ist, der Angeklagte nicht aus § 261 Nr. 2. 3 des Pr. StGB.s (jetzt § 283 des B.-StGB.s) zugleich bestraft werden könne." Im vorliegenden Falle hat jedoch der App.-Richter weder das eine, noch das andere festgestellt und da ebensowenig der Angeklagte selbst in den Vorinstanzen den Einwand erhoben hat, daß seine unrichtigen Bilanzen mit seiner unordentlichen Buchführung in einem nothwendigen Zusammenhange ständen, so kann er gegenwärtig aus dem

Mangel einer hierauf bezüglichen Feststellung einen Nichtigkeitsgrund nicht entnehmen.

Antr. d. GStA.: gleichl. [28.—8.]

Arrestbruch. - Dolus. - Benachtheiligung.

Zum Thatbestande des Arrestbruchs gehört weder die Benachtheiligung des Gläubigers, noch ein auf eine solche gerichteter Dolus.

Pr. StGB. § 272; B.-StGB. § 137 [n. 38. 40].

Erk. (Z. I.) v. 30. Juni 1871 c. Wollert (500. I. Cr.)

Der § 272 des Pr. StGB.s erfordert ebensowenig wie der § 137 des B.-StGB.s, daß demjenigen, der die Beschlagnahme ausgebracht hat, durch die Handlungsweise des Angeklagten ein Nachtheil beigefügt worden sein müsse; die allegirten Gesetze verlangen nur das Bewußtsein des Thäters, daß er gegen die rechtmäßig erfolgte Beschlagnahme handle, wenn er die diesfällige Sache der Verstrickung entzieht.

Antr. d. GStA.: gleichl. [20.—8.]

Beschlagnahme. - Forderung.

1. Die Strafe des Arrestbruchs trifft auch denjenigen, welcher eine Forderung einer angelegten Beschlagnahme entzieht.

2. Eine solche „Entziehung" liegt aber da nicht vor, wo der Exequendus (einem an ihn gerichteten Verbote zuwider) von seinem Schuldner Bezahlung annimmt, sobald der letztere dem Exekutionssucher nach wie vor verhaftet bleibt.

B.-StGB. § 137 [n. 7]. Vgl. oben S. 68.

Erk. (V. Pl.) v. 3. Juli 1871 c. Kulicke (4. Pl. Cr.).

Ueber die erste der hervorgehobenen Fragen sprach sich der Antrag des Gen.-Staats-Anwalts folgendermaßen aus:

Der Angeklagte ist in beiden Instanzen schuldig erklärt, im Sinne des § 272 des Preuß. und § 137 des

D. StGB.s eine Sache der Beschlagnahme entzogen zu haben, indem er eine gegen ihn vorschriftsmäßig in Beschlag genommene Miethforderung sich von seinem Schuldner hatte zahlen lassen. — Die Entscheidung der von dem Angeklagten eingelegten Nichtigkeitsbeschwerde giebt zunächst zur Prüfung der Frage Anlaß, ob unter Sachen im Sinne des § 272 des Preuß. und § 137 des Deutsch. StGB.s auch Forderungen oder nur körperliche Sachen zu verstehen sind. Das Königliche Ober-Tribunal hat in mehreren Entscheidungen das erstere angenommen und namentlich in einer in Goltd.'s Archiv Bd. 4 S. 328 mit den pro und contra geltend gemachten Gründen mitgetheilten Plenarentscheidung die Anwendung des § 272 auch auf in Beschlag genommene Forderungen wesentlich um deswillen angenommen, weil das Wort „Sache" nach dem ALR. auch Forderungen umfasse und für sein Gebiet jene Anwendung auf Forderungen ein prozessualisches Bedürfniß sei. — M. E. ist nach der historischen Entstehung der betreffenden Strafvorschrift und nach ihrem Wortsinne anzunehmen, daß mit dem Ausdruck Sache nur gepfändete körperliche Sachen, nicht auch Forderungen getroffen werden sollten und ich kann auch nicht anerkennen, daß im Gebiete des ALR.s ein maßgebendes prozessualisches Bedürfniß zur ausdehnenden Erklärung jenes Ausdrucks vorhanden sei. Der § 272 des Preuß. StGB.s ist unbestritten entnommen aus der AKO. v. 11. Dez. 1833. Diese bezweckte nur, eine Lücke der Rh. Gesetzbücher auszufüllen. Der Art. 600 der Rh. BPO., der sich in dem Abschnitt von der Pfändung körperlicher Gegenstände befindet, verwies hinsichtlich deren Verschleppung auf die Strafgesetze. In diesen war aber keine entsprechende Strafbestimmung enthalten. Diese Lücke wurde durch die AKO. v. 11. Dez. 1833 ausgefüllt, für die in einem besonderen Abschnitte der Rhein. B.-Pr.-Ordn. enthaltenen Bestimmungen über die Pfändung von Forderungen bedurfte es keiner Vorschrift, da deren Verschleppung prozessualisch unmöglich ist. Die einzelnen Bestimmungen der AKO. ergeben auch als unzweifelhaft, daß sie nur die Verschleppung körperlicher Sachen zum Gegenstande hat. Nach Goltd.s Materialien zum StGB. zu § 272 ist die Vorschrift dieses § jener AKO. entnommen und es erhellt nirgend, daß man ihr eine weitere, auch gepfändete Forderungen umfassende Wirkung habe beilegen wollen. Die etwas geänderte Fassung soll von den Rheinischen Juristen beantragt sein und die hatten keinen Anlaß, die Vorschrift auf Forderungen auszudehnen. — Eine einigermaßen analoge Androhung von Strafen enthält der § 71 Tit. 24 Thl. I. der Allg. Ger.-Ordn., wo ebenfalls nur von körperlichen Sachen die Rede ist. Auch die Entwürfe zu dem § 272 lassen deutlich erkennen, daß man nur die Pfändung körperlicher Sachen treffen wollte. Der Entwurf v. 1843 lautete: „Wer seine von der Obrigkeit gepfändete oder in Beschlag genommene Sache vorsätzlich der Beschlagnahme entzieht" — und der letzte Entwurf von 1847: „Wer Sachen, welche durch die Obrigkeit gegen ihn gepfändet sind, vorsätzlich verbirgt, zerstört oder bei Seite schafft." Verbergen, zerstören oder bei Seite schaffen, kann man doch nicht füglich von Forderungen sagen und die Motive zu § 272 sagen ausdrücklich, daß man nur in der Fassung des letzten Entwurfs unbedeutende Aenderungen habe vornehmen wollen. Die allgemeinern Ausdrücke „verbringen und entziehen," hatten daher nicht den Zweck, die Strafvorschrift auch auf gepfändete Forderungen auszudehnen. Der § 137 des D. StGB.s hat den § 272 des Pr. StGB.s im Wesentlichen unverändert aufgenommen; daß er sich jetzt im Titel von Verbrechen gegen die öffentliche Ordnung, statt im Titel von Eigennutz und Betrug befindet, ist jedenfalls für die Frage, was unter gepfändeten Sachen zu verstehen sei, unerheblich. Das Wort Sache hat allerdings nach dem ALR. Thl. I. Tit. 2 §§ 1 und 3 eine allgemeinere und eine engere Bedeutung; in jener umfaßt es die Forderungen, in dieser nicht. Koch (ALR. Thl. I. S. 203) und Förster (Privatrecht Bd. I. S. 92) sind über die Auslegung der etwas dunkeln Begriffsbestimmungen verschiedener Ansicht. Koch hält die engere Definition für unpraktisch, wogegen Förster gerade die weitere Definition für eine unbestimmte und für den Gebrauch unfruchtbare, verwirrende erachtet; passender sei der Ausdruck Rechtsobjekt oder Gegenstand des Vermögensrechts; die eigentliche Begriffsbestimmung für Sache, als Gegenstand des Sachenrechts, sei im § 3 gegeben. So viel steht fest: das ALR. kennt auch eine engere Bedeutung des Wortes Sache, in welcher es Forderungen nicht umfaßt; es wendet das Wort Sache in vielen Fällen, ja in der Regel in der engern Bedeutung an und das StGB. versteht unter Sache durchgängig nur körperliche Sachen. Das Wort kommt vor in den §§ 124. 125. 136. 137. 242. 243. 246. 249. 259. 265. 266. 288. 289. 304. 311. 324. 350. 366. 368. Mit alleiniger Ausnahme des § 266 bezeichnet hier der Ausdruck Sache körperliche Sachen. Nur die aus dem Pr. StGB. § 246 wörtlich entnommene Nr. 1 des § 266 enthält das Wort Sache in einem weiteren, auch Forderungen umfassenden Sinne; die im Deutschen StGB. neu hinzugekommene Nr. 2 bedient sich schon des korrektern Ausdrucks „Vermögensstücke." Die dem § 222 des Preußischen und dem § 137 des Deutschen StGB.s unmittelbar vorhergehenden §§ bedienen sich des Worts Sache nur in der engern Bedeutung. — Nach der historischen Entstehung der betreffenden Strafvorschrift wäre hier volle Veranlassung gewesen, das Wort Sache zu vermeiden, wenn man auch die Forderungen umfassen wollte. Der Ausdruck Vermögensstücke, entsprechend dem französischen biens, ist dem StGB keineswegs unbekannt. — Liest man die Strafvorschrift unbefangen, so macht sie schon durch die gebrauchten Ausdrücke: „bei Seite schaffen, verbringen, zerstören oder in anderer Weise der Verstrickung entziehen," den Eindruck, daß man nur die Pfändung körperlicher Sachen schützen wollte. — M. E. liegt zu einem ähnlichen Schutz der Beschlagnahme von Forderungen auch kein Bedürfniß vor. Nach Rhein.

Recht soll dies anerkanntermaßen nicht der Fall sein, weil die Arrestanlage in die Hände des Drittschuldners erfolgt und jede Zahlung an den Exequendus dem Exekutionssucher gegenüber ungültig und dem Exequendus jede Möglichkeit einer dem Exekutionssucher präjudizirenden Verfügung entzogen ist. Dasselbe ist nach gem. Deutschen Civilprozeß der Fall. Auch hier besteht das Wesentliche einer Beschlagnahme von Forderungen darin, daß dem Schuldner des Exequendus bei Strafe des Wiedererſatzes gerichtlich untersagt wird, an diesen zu zahlen (Renaud, Civ.-Prozeß S. 458; Wetzel, System S. 578). — In der weniger präcisen Fassung des § 101 Tit. 24 der Preuß. Pr.-Ordn. ist m. E. keine wesentliche Abweichung von dem allgemein wissenschaftlichen und gemeinrechtlichen Grundsatze zu finden, daß die Beschlagnahme, pignoris capio, ein Ergreifen und Verstricken eines Vermögensobjekts bei demjenigen bedeutet, in dessen Besitz es sich befindet. Die zu verstrickende Forderung ist nicht in den Händen des Exequendus, sondern als Schuld in den Händen des Drittschuldners. Das Wesentliche bei solcher Beschlagnahme ist auch nach Pr. Recht der an die Drittschuldner zu erlassende Befehl. Es soll an sie nach § 101 l. c. „die Verordnung erlassen werden, ihren Gläubigern weiter keine Zahlung zu leisten," widrigenfalls solches als gültige Zahlung auf ihre Schuld nicht angerechnet werden würde. Von dieser Verordnung soll zugleich dem Exequendus Nachricht gegeben und demselben anbefohlen werden, sich aller Cession, Verpfändung oder anderweiter Disposition über die in Beschlag genommenen Kapitalien bei Vermeidung der in den peinlichen Rechten verordneten Strafen des Betruges schlechterdings zu enthalten. Uebrigens soll Exequendus allenfalls durch Zwangsmittel angehalten werden, die Instrumente über dergleichen Aktivforderungen in das gerichtliche Depositum abzuliefern.

„Die Verordnung" an den Drittschuldner bewirkt hiernach den Arrest, die davon dem Exequendo zu gebende

Nachricht erscheint kaum wesentlich. Es ist daher nicht als richtig anzuerkennen, wenn das Königl. Ober-Tribunal in einem Erkenntnisse v. 16. Sept. 1864 (Oppenh. Rechtspr. Bd. 5 S. 119) eine Beschlagnahme annahm und wegen Verschleppung in einem Falle bestrafte, wo aus Versehen dem Drittschuldner die Verordnung nicht zugestellt, sondern nur dem Exequendus von einer solchen Nachricht gegeben war. Es bestand vielmehr keine gültige Beschlagnahme und konnte ihr daher auch nichts entzogen werden. Als Pfändung oder Beschlagnahme im Sinne des § 137 ist nicht jedes richterliche Verbot, über eine Sache zu verfügen, anzusehen; vielmehr ist sie ein besonders normirtes einheitliches Rechtsinstitut, durch welches eine Forderung zu Gunsten des Exekutionssuchers verstrickt wird und bei welchem dies Gebot an den Drittschuldner und das Verbot an den Exequendus nicht als zwei selbstständige Beschlagnahmen behandelt werden können. — Die gültige Beschlagnahme einer Forderung erzeugt ein, wenn auch bedingtes, Rechtsverhältniß zwischen dem Exekutionssucher und dem Drittschuldner, ohne das Rechtsverhältniß zwischen diesem und dem Exequendus zu beseitigen. Nur soweit Dispositionen des letzteren den Rechten des Exekutionssuchers entgegenstehen, sind sie unzulässig und unwirksam. Wenn nach § 101 l. c. der Preuß. Pr.-Ordn. dem Drittschuldner bedeutet werden soll, daß eine dem Verbote zuwider an seinen Gläubiger geleistete Zahlung auf seine Schuld als gültige Zahlung nicht angerechnet werden würde, so kann das nur von einer Anrechnung als Zahlung auf die von dem Exekutionssucher erworbene Pfandschuld verstanden werden und hat keinen andern Sinn als die gemeinrechtlich angedrohte Strafe nochmaliger Zahlung. Zahlt der Dritte seinem Hauptgläubiger, so ist dieser befriedigt und es hieße pessimam fidem sanktioniren, wenn der Gesetzgeber ihm gestattete, nach beseitigtem Arreste nochmals Zahlung zu fordern. Der Drittschuldner kann seinem Gläubiger gültig zahlen, sofern er dadurch die Pfandschuld nicht berührt.

Warum soll es ihm nicht freistehen, zweimal zu zahlen? Das gezahlte Geld ist nicht Gegenstand der Beschlagnahme, sondern nur die Obligation, eventuell an den Exekutionssucher zu zahlen, und die bleibt. Das ALR. Thl. I. Tit. 20 Abschn. 1 vom Unterpfande sagt im § 5: „wie im Wege der Exekution ein Pfandrecht entstehe, bestimmt die Prozeßordnung“ und handelt in demselben Abschnitt (§ 281 ff.) auch von der Verpfändung ausstehender Forderungen. Die Beschlagnahme einer Forderung gewährt dem Exekutionssucher ein selbstständiges Pfandrecht, analog dem einem Gläubiger freiwillig eingeräumten. Das Pfandrecht ergreift die Forderung mit den ihr anklebenden Privilegien z. B. die Miethschuld mit deren Privilegien an den Invecten. Zahlungen des Drittschuldners an seinen Gläubiger sind für den Pfandinhaber ohne Wirkung. Die dadurch mögliche faktische Unfähigkeit, nochmals zahlen zu können, ist rechtlich unerheblich. Die durch die Beschlagnahme entstandene Pfandschuld bleibt bestehen; es wird der Beschlagnahme nichts entzogen. Die Annahme der Zahlung kann daher nicht als Vereitelung der Beschlagnahme bestraft werden. Es fehlt der objektive Thatbestand. An diesen rechtlichen Folgerungen kann die prozessualische Vorschrift des § 103 Thl. I. Tit. 24 der AGO., nach welcher der Beschlagnehmer die betreffende Forderung in der Regel nicht direkt, sondern durch Vermittelung des Exequendus geltend machen soll, nichts ändern. Die dadurch entstehenden prozessualischen Schwierigkeiten sind inzwischen durch das Ges. v. 4. Juli 1822 beseitigt. Ebensowenig steht die Schlußbestimmung im § 101 Tit. 24 der Preuß. Pr.-Ordn. entgegen, nach welcher dem Exequendo anbefohlen werden soll, sich aller Cession, Verpfändung oder anderweiten Disposition über die in Beschlag genommenen Kapitalien bei Vermeidung der in den peinlichen Rechten verordneten Strafen des Betruges schlechterdings zu enthalten. Hiernach ist ihm gar nicht untersagt, das Kapital selbst zu empfangen; nur Cession, Verpfändung oder anderweite Disposition wird ihm bei Strafe des Betruges verboten. Das kann nur von Uebertragungen an Dritte und nur von dem Falle verstanden werden, daß der Dritte von der durch die Uebertragung unantastbaren Beschlagnahme keine Kenntniß hat und so in Irrthum versetzt und betrogen wird. Diese Strafandrohung hat daher keineswegs eine Vereitelung der Beschlagnahme im Auge und berührt die Strafbestimmungen der §§ 272 resp. 137 gar nicht.

Nun soll aber unter besonderen Umständen im Gebiete des ALR.s der Exequendus im Stande sein, eine Beschlagnahme von Forderungen zu vereiteln. Es soll nämlich 1. bei allen Aktivforderungen, über welche ein Schuldbokument existirt, nach den Grundsätzen des ALR.s Thl. I. Tit. 10 §§ 23. 25 und Tit. 11 §§ 395—397 in Verbindung mit Thl. II. Tit. 8 §§ 813. 814 dem Gläubiger auch nach der Arrestanlage noch möglich sein, über die Forderung zum Nachtheil des Arrestanlegers wirksam zu verfügen und namentlich soll dies 2. bei hypothekarisch eingetragenen Forderungen nach § 234 Tit. 2 der Hypoth.-Ordn. der Fall sein. Es bedarf in der vorliegenden Sache keines näheren Eingehens auf diese Fälle, da es sich hier von keiner verbrieften oder verhypothecirten Forderung handelt. Es müßte sonst die Frage weiter erörtert werden, was in den betreffenden Fällen zur Gültigkeit einer Beschlagnahme erforderlich ist. Besteht deren Wesen in einer Verpflichtung des Dritten, nur an den Beschlagnehmer wirksam zu zahlen, so muß das Gesetz Vorkehrungen treffen, die ihm das möglich machen. Kann er gesetzlich gezwungen werden, ungeachtet der Beschlagnahmeverfügung an einen Andern zu zahlen, so ist keine wirksame Beschlagnahme erfolgt. Bedarf es zu solcher einer Eintragung im Hypothekenbuch oder einer Sicherung der Schuldtitel, so fehlt es ohne solche Maßregeln an einer formell vollständigen Beschlagnahme. Für diese Ansicht läßt sich die Vorschrift am Schlusse des § 101 Tit. 24 der Pr.-Ordn., nach welcher der Exequendus durch Zwangsmittel angehalten werden soll, die betreffenden Instrumente in das gerichtliche Depositum abzuliefern und die Vorschrift des § 281 Thl. I. Tit. 20 des ALR.s anführen, nach welcher Forderungen nur durch Ausstellung der darüber ausgestellten Urkunden gültig verpfändet werden können. Nach dieser Ansicht erkannte das Ober-Tribunal in einem Erkenntniß v. 27. Sept. 1852 (Entscheidungen Bd. 23 S. 474), daß eine gültige Beschlaguahme nicht stattgefunden habe, weil das über das Aktivum sprechende Instrument nicht nach Vorschrift des § 101 l. c. ad depositum gebracht sei und demnach die nach der Beschlagnahmeverfügung bewirkte Cession des Hypothekenkapitals nicht auf Grund des § 272 des StGB.s bestraft werden könne. — Jedenfalls ist die Möglichkeit einer Entziehung einer Beschlagnahme auf den jetzt nicht vorliegenden Fall einer Beschlagnahme von verbrieften oder verhypothecirten Forderungen zu beschränken. Das Resultat meiner Ausführungen ist hiernach:

1. Der § 272 des Preuß. und § 137 des Deutschen StGB.s bezeichnet mit dem Worte „Sachen" nur körperliche Sachen und enthält keine Strafvorschrift in Betreff der Beschlagnahme von Forderungen.

2. Auch nach Preuß. Recht tilgt zwar die Zahlung des Drittschuldners an seinen Gläubiger, den Exequendus, seine Schuld an diesen, läßt aber das durch die Beschlagnahme erzeugte Recht des Exekutionssuchers unberührt.

3. Dem Exequendus ist durch die Beschlagnahme nicht verboten, eine freiwillige Zahlung auf die arrestirte Schuld anzunehmen.

4. Mit etwaiger Ausnahme verbriefter oder verhypothecirter Forderungen kann Seitens des Exequendus auch durch anderweite Verfügung über seine Forderung der Beschlagnahme nichts entzogen und dadurch der § 137 des D. StGB.s nicht verletzt werden.

Das OTr. hat unter Vernichtung des angefochtenen Erkenntnisses den Angeklagten freigesprochen. Gründe:

Es ist zwar nicht zu bezweifeln, und das Kgl. OTr.

hat dies bereits in dem Pl. v. 31. März 1856 c. Meißner (Entsch. 33. S. 229) des Näheren ausgeführt, daß unter „Sachen" im Sinne des § 272 des Pr. StGB.s auch Aktivforderungen zu verstehen sind. Dieser Grundsatz muß aber auch für die Auslegung des § 137 des B.-StGB.s gelten, weil dieser in der angegebenen Beziehung dieselbe Fassung, wie die des § 272 l. c. beibehalten hat. Allein in einer, wie hier festgestellten Zahlungsannahme kann eine Entziehung der mit Arrest belegten Forderung aus der Beschlagnahme nicht gefunden werden, wie sie die erwähnten Strafgesetze erfordern. Zahlung ist im Sinne des § 28 I, 16 ALR. die Erfüllung der Verbindlichkeit des Schuldners durch Geld, oder geldgleiche, auf jeden Inhaber lautende Papiere. Der § 30 l. c. verordnet, daß nur dem Gläubiger, oder demjenigen, welchem das Recht desselben, oder dessen Ausübung übertragen ist, gültig gezahlt werden kann; und der § 34 l. c. bestimmt wörtlich:

> „Auch durch richterliche Verfügung kann der Schuldner das Recht und die Pflicht, einem Dritten, statt des Gläubigers Zahlung zu leisten überkommen."

Der § 149 l. c. endlich besagt ausdrücklich, daß blos eine gültige und richtig geleistete Zahlung den Schuldner von der Verbindlichkeit befreit, welche dadurch hat getilgt werden sollen. Hiernach unterliegt es keinem gegründeten Zweifel, daß, wie auch bereits der § 101 I, 24 der AGO. selbst hervorhebt, eine dem richterlichen Verbote zuwider, an den Exequenden von dessen Schuldner geleistete Zahlung, dem Exekutionssucher gegenüber keine gültige ist und als geschehen nicht erachtet werden kann. Es folgt daraus mit Nothwendigkeit, daß nach dieser Richtung hin das ursprüngliche Forderungsrecht mit dem auf ihm ruhenden Arreste nach wie vor bestehen geblieben ist, so daß auch eine, nach dem Gesetze v. 4. Juli 1822 beantragte Ueberweisung desselben, sei es in Kraft einer Assignation, oder mit der Wirkung einer Cession, dem Exekutionsberechtigten nicht verweigert werden darf. Ist dem aber so, dann liegt eine Entziehung der Forderung aus der Beschlagnahme im Sinne des § 272 des Pr. StGB.s und des § 137 des B.-StGB.s in keiner Weise vor, wobei es selbstredend gleichgültig ist, daß die stattgehabte Zahlung an den Exequenden, diesem gegenüber, die Verbindlichkeit des zahlenden Schuldners beseitigt hat. Ob endlich in Fällen der vorliegenden Art der dritte Schuldner im Stande sein wird, die als ungültig zu betrachtende Zahlung nochmals zu leisten, fällt nicht ins Gewicht, weil dies ein thatsächlicher Umstand ist, der auf die rechtliche Beurtheilung der Straffälligkeit der Handlung keinen Einfluß ausübt.

[20.—9.]

Waarenbezeichnung. - Firma.

1. Nur die fälschliche Bezeichnung einer Waare mit der Firma [oder dem Namen] eines anderen Kaufmannes ꝛc. ist strafbar, nicht die fälschliche Benutzung einer anderweitigen fremden Waarenbezeichnung.

2. Als „Firma" ist nur dasjenige anzusehen, was den Vorschriften des Art. 16 des D. HGB.s entspricht.

Pr. StGB. § 269; B.-StGB. § 287 [n. 4. 6]; D. HGB. Art. 16. Vgl. oben S. 191.

Erk. (V. Pl.) v. 3. Juli 1871 c. Thalwitzer (5. Pl. Cr.).

Der Fabrikbesitzer Quistorp in Stettin hatte als Firma des von ihm betriebenen Geschäfts die Bezeichnung: „Pommersche Portland-Cementfabrik Stettin, Quistorp" in das Handelsregister eintragen lassen, und bediente sich derselben auch bei Abgabe seiner Unterschrift. Dagegen versah er den von ihm fabrizirten Cement mit einer Etiquette, welche nur die Worte enthielt: „Pommersche Portland-Cement-Fabrik Stettin." Mit ganz gleichlautenden (auch in der äußeren Gestalt übereinstimmenden) Etiquetten hat nun auch der Kaufmann Th. zu Magdeburg den von ihm fabrizirten Cement versehen und so in den Verkehr gebracht. Hierin fand das AG. eine Zuwiderhandlung gegen § 269 des Pr. StGB.s — das OTr. hat aber das betr. Erkenntniß vernichtet und auf Freisprechung erkannt. Gründe:

Nach der Vorschrift des § 269 des Pr. StGB.s wird

die fälschliche Bezeichnung von Waaren mit der Firma (denn davon handelt es sich im vorliegenden Falle ausschließlich) eines Kaufmannes mit Strafe bedroht, es ist also die Waarenbezeichnung eines Kaufmannes nur insofern strafrechtlich geschützt, als dieselbe mittelst der Firma dieses Kaufmannes erfolgt ist. Ueber den Begriff und die Requisite einer Firma und die Bedingungen der Gültigkeit einer solchen in strafrechtlicher Beziehung, enthält das StGB. keine Bestimmungen, lehnt sich also in dieser Beziehung lediglich an das Handelsrecht an, welchem das Rechtsinstitut der Firma angehört. Daraus folgt, daß bei Feststellung des Thatbestandes des durch § 269 des Preuß. StGB.s vorgesehenen Vergehens, soweit es sich um den Schutz der Waarenbezeichnung eines Kaufmannes handelt, auf die Handelsgesetzgebung in Betreff des Begriffs und der Gültigkeit einer Firma zurückgegangen werden muß. Zur Zeit der Emanation des Pr. StGB.s bestanden nun in keinem der Rechtsgebiete, für welche dasselbe erlassen wurde, ausdrückliche gesetzliche Vorschriften über die Requisite einer gültigen Einzelfirma, es mußte daher bei Anwendung des § 269 der auf Grund allgemeiner handelsrechtlicher Bestimmungen durch Praxis und Wissenschaft festgestellte Begriff der Firma zu Grunde gelegt werden. Das D. HGB. hat nun einestheils im Art. 16 bestimmte Requisite aufgestellt, von welchen die handelsrechtliche Gültigkeit einer Einzelfirma abhängig gemacht ist, und anderntheils im Art. 19 und 26 jeden Kaufmann zur Führung einer solcheu Firma verpflichtet. Es muß also jeder Kaufmann eine Firma annehmen und kann mit rechtlicher Wirkung nur eine solche annehmen, welche den Bedingungen des Art. 16 des HGB.s entspricht. Wenn nun der § 269 des Pr. StGB.s im Gegensatz zu den Verordnungen über den Schutz der Fabrikzeichen, den fälschlichen Gebrauch von Waarenbezeichnungen eines Kaufmannes nur dann mit Strafe bedroht, wenn diese Bezeichnungen mittelst einer Firma erfolgt sind, so wird in dieser Strafvorschrift selbstverständlich eine zu Recht bestehende Firma vorausgesetzt. Entspricht eine solche den handelsrechtlichen Vorschriften nicht, so ist sie eben keine Firma und hat auf Schutz keinen Anspruch. Da nun die von dem Angeklagten gebrauchte Bezeichnung „Pommersche Portland-Cementfabrik Stettin" den Namen des Quistorp nicht enthält, mithin der Vorschrift des Art. 16 des HGB.s nicht entspricht, so ist dieselbe nicht für eine Firma zu erachten, und es konnte der § 269 des StGB.s keine Anwendung finden. Dabei begründet auch der Umstand keinen Unterschied, daß Quistorp bereits seit dem Jahre 1857 die Worte „Pommersche Portland-Cementfabrik Stettin" als Waarenbezeichnung gebraucht und als Firma geführt hat. Es mag die Frage unerörtert bleiben, ob darin nach der vor Einführung des D. HGB.s bestehenden Handelsgesetzgebung eine gültige Firma gefunden werden kann. Jedenfalls aber war Quistorp, wenn er diese Bezeichnung auch nach dem 1. März 1862 als Firma fortzuführen beabsichtigte, verpflichtet, dieselbe nach Vorschrift des Art. 65 Alinea 2 des Einf.-Ges.s z. D. HGB. vom 24. Juni 1861 bis zum 1. Juli 1862 zur Eintragung in das Handelsregister anzumelden. Dieses ist nicht geschehen, vielmehr hat er eine andere, der Vorschrift des Art. 16 des HGB.s entsprechende Firma dort eintragen lassen. Durch die vorliegende Entscheidung wird übrigens die Frage nicht berührt, welche Bedingungen die Anwendung des § 269 des StGB.s erfordert, falls es sich um den fälschlichen Gebrauch der Waarenbezeichnung eines Fabrikunternehmers oder Produzenten handelt, welcher nicht Kaufmann ist und in welcher Weise die Feststellung derselben zu erfolgen hat, ein Fall, welcher dem Urtheil des Königl. OTr.s v. 13. Sept. 1865 [RdOTr. VI. S. 299] zum Grunde lag.

Antr. d. GStA.: gleichl. [38.—9.]

Augenschein-Protokoll. - Verlesung.

Ein gerichtliches Augenscheinprotokoll kann, als selbstständiges Beweismittel, auch in einer anderen

Untersuchung als derjenigen, für welche es aufgenommen worden, verlesen werden.

Vdn. v. 3. Jan. 1849 § 19 [n. 1].

Erk. (Z. I.) v. 5. Juli 1871 c. Kollmann (485. I. Cr.).

In einer Ehescheidungssache K. c. K. hatte der ꝛc. L., als Zeuge eidlich vernommen, versichert, nie mit der Klägerin den Beischlaf vollzogen zu haben. Dieses Zeugniß sollte falsch sein; L. ward daher zur Untersuchung gezogen, in welcher die Ehefrau K. nun auch ihrerseits beschwor, mit L. nie konkumbirt zu haben. Auch sie ward dieserhalb wegen Meineids in Anklagestand versetzt. In der schwurgerichtlichen Verhandlung beschloß der GH. unter Bezugnahme auf Art 25 des Ges.s v. 3. Mai 1852 trotz des Widerspruchs des Vertheidigers ein gerichtliches Augenscheinprotokoll zu verlesen, welches in der Untersuchungssache gegen L. in Betreff der Lokalität aufgenommen worden war, wo L. mit der K. den Beischlaf vollzogen haben sollte. — NB. Zurückweisung. Gründe:

An und für sich ist es unbedenklich, daß nach dem (cit.) Art. 25 unter der dort bestimmten Voraussetzung, auch solche Schriftstücke erforderlichen Falls in dem Audienztermin verlesen werden dürfen, welche in einer andern Untersuchung aufgenommen worden sind, weil die in Bezug genommene Vorschrift ausdrücklich jedes Schriftstück bezeichnet. Allein es kommt hier gar nicht darauf an. Der § 19 der Vdn. v. 3. Jan. 1849 bestimmt nämlich, daß das in einer Untersuchuug aufgenommene Protokoll über die an Ort und Stelle stattgefundene Einnahme des Augenscheins in der demnächstigen mündlichen Hauptverhandlung vorgelesen werden soll. Daraus folgt aber, daß ein derartiges Protokoll, ein selbstständiges Beweismittel ist und aus diesem Grunde ebenso als ein solches auch in einer andern Untersuchung benutzt werden kann. Dem steht in dieser Sache um so weniger etwas entgegen, als sie dieselben Vorfälle zum Gegenstande hat, wie sie in der Untersuchung wider L. zur Sprache gebracht sind und mit derselben in engster Verbindung steht. Demgemäß kommt es auf die Vorschrift des cit. Art. 25 des Ges.s vom 3. Mai 1852 überhaupt nicht an.

Antr. d. GStA.: gleichl. [20—8.]

Landzwang. – Friedensgefährdung.

Eine nur zur Kunde eines Einzelnen gebrachte Drohung mit einem gemeingefährlichen Verbrechen stört nicht den „öffentlichen Frieden," ist also nicht zu bestrafen aus

B.-StGB. § 126 [n. 3].

Erk. (Z. I.) v. 5. Juli 1871 c. Mentkowska (483. I. Cr.)

Die M. hatte zu W. dem P. gegenüber geäußert: „wenn die Bauern so klug seien, daß sie aus dem Dorfe (W.) gehen solle, so werde sie schon sehen; sie werde einen Wind abwarten und dann würden sie alle mit Rauch gen Himmel fahren." Hierin fanden die Instanzrichter nicht den Thatbestand des Landzwangs (B.-StGB. § 126). NB. des OStA.; Zurückweisung. Gründe:

Indem der App.-Richter feststellt, daß Implorantin nur in Gegenwart des P., nicht auch anderer Gemeindeglieder von W. die Worte 2c. ausgestoßen, daß eine Verbreitung dieser Androhung durch P. und damit eine Störung des öffentlichen Friedens nicht vorgekommen sei, und daß die Implorantin nicht das Bewußtsein gehabt habe, durch ihre zu einer einzelnen Person gemachte Aeußerung den öffentlichen Frieden zu stören, verneint er den Thatbestand. Zu diesem Ergebnisse ist der App.-Richter ohne Rechtsirrthum gelangt.

Antr. d. GStA.s: gleichl. [39.—8.]

Nichtigkeitsbeschwerde. – Legalisirung.

Die Unterschrift eines Rechtsanwalts, welche sich nicht auf den Inhalt der Schrift bezieht, ist nicht als eine Legalisirung derselben anzusehen.

Ges. v. 3. Mai 1852 Art. 110 [n. 27]. Vgl. RdOTr. 3. S. 237. 392; 10. S. 254.

Erk. (Z. II.) v. 6. Juli 1871 c. Köthe (174. II. Cr.).

Der Artikel 110 (cit.) verlangt, daß die schriftlich eingereichte Anmeldung resp. Rechtfertigung von einem zum Richteramte befähigten Rechtsverständigen legalisirt sei. Diesem Erfordernisse würde genügt sein, wenn der Vermerk des RA. M. erkennen ließe, daß seine räumlich unter dem als NB. bezeichneten Schriftstücke befindliche Unterschrift sich auch auf den Inhalt der Beschwerde beziehe (vgl. RbOTr. 3. S. 237. 392; 10. S. 254). Dies ist aber nicht der Fall. Der RA. M. hat die Angeklagte vielmehr nur über die Hoffnungslosigkeit ihrer NB. belehrt und als sie dennoch auf der Legalisation beharrte, ohne jede Andeutung, daß er diesem Verlangen entsprechend die formelle Verantwortlichkeit für die NB. übernehme, sich lediglich auf die Beglaubigung der Kreuzzeichen der Angeklagten beschränkt. Mit dieser Beglaubigung der Kreuzzeichen war aber weder den Worten, noch der Absicht des Gesetzes genügt.

Antr. d. GStA.: gleichl. [32.—3.]

---

1. Fragstellung, kumulirte.

2. Meineid. – Verleitungsversuch. – Unternehmen.

1. Die Zusammenfassung mehrerer Uebelthaten in einer einzigen schwurgerichtlichen Frage begründet keine Nichtigkeit, wenn die Gesammtfrage in der Weise bejaht ist, daß die Absicht der Geschwornen: alle Thatbestände seien erwiesen, keinem Bedenken unterliegt.

Ges. v. 3. Mai 1852 Art. 80 [n. 11]. Vgl. RbOTr. 3. S. 397; 5. S. 245; 7. S. 43; 11. S. 59. 165. 209. 241.

2. Der festgestellte „Versuch," einen andern zur Begehung eines Meineides zu verleiten, ist als das „Unternehmen" dieses Verbrechens anzusehen und rechtfertigt die Anwendung des

B.-StGB.s § 159 [n. 1].

Erk. (3. II.) v. 6. Juli 1871 c. **Bahle** (148. II. Cr.).

Die Geschwornen hatten die Frage:

„Ist B. schuldig, — im Jahre 1869 die Eheleute J. Sch als Zeugen in der Untersuchungssache c. B. wissentlich zur Ablegung eines wissentlich falschen eidlich zu bekräftigenden Zeugnisses zu verleiten, versucht zu haben?"

bejaht. Der Schw.GH. strafte deshalb aus § 130 des Pr. und § 159 des B.-StGB.s, indem er davon ausging, daß durch jenen Spruch zwei verschiedene selbstständige Straffälle (ein Versuch den Ehemann

J. Sch., und ein zweiter Versuch die Ehefrau J. Sch. zu verleiten) festgestellt sei. Die NB. rügte u. A.:

1. Verletzung der Artt. 81. 83 des Ges.s v. 3. Mai 1852: „es möge dahingestellt bleiben, ob durch jenen Wahrspruch wirklich zwei selbstständige Strafthaten festgestellt seien; nehme man aber dieses an, so habe es auch der Stellung zweier getrennter oder doch zergliederter Fragen bedurft, damit die Geschwornen die eine hätten bejahen können, während sie die andere verneinten;

2. Verletzung des angewendeten § 159 des B.-StGB.s; es sei ein „Versuch" nicht aber ein „Unternehmen" der Verleitung festgestellt, wie jener § voraussetze.

Zurückweisung.

Das OTr. ging davon aus, daß durch den Geschwornenspruch „zwei verschiedene selbstständige Thatbestände, nämlich die versuchte Verleitung des Ehemannes Sch. zum Meineide und die versuchte Verleitung der Ehefrau Sch. zu demselben Verbrechen für festgestellt zu erachten seien," und erwog sodann:

[1.] daß allerdings nach Anleitung der Artt. 80. 81 des Ges.s v. 3. Mai 1852 betreffs jeden verschiedenen selbstständigen Thatbestandes angemessen eine besondere Frage den Geschwornen vorzulegen gewesen sein würde, daß aber, wenn dies nicht geschehen, sondern der Thatbestand der Verleitung der Sch.schen Eheleute in eine Frage kumulativ zusammengefaßt worden ist, daraus wenigstens im vorliegenden Falle ein Nichtigkeitsgrund nicht zu entnehmen ist, weil es den Geschwornen nach Art. 80 a. a. O. freistand, die ihnen vorgelegte Frage theilweise zu bejahen und theilweise zu verneinen und weil nach erfolgter Bejahung derselben über die Absicht der Geschwornen, beide Thatbestände als erwiesen anzusehen, ein Zweifel nicht aufkommen kann;

[2.] daß das Pr. StGB. mehrfach Thatbestände ohne Rücksicht auf den Erfolg der denselben zu Grunde liegenden Handlungen als selbstständige Delikte unter Strafe gestellt hat und zwar überall da, wo es sich um eine strafbare Einwirkung auf den Willen Anderer durch Zwang oder Verleitung handelt, deren Strafbarkeit nicht nach dem Erfolge der Handlung, insofern derselbe von der Widerstandskraft des Anderen abhängig ist, sondern lediglich nach dem Charakter der Handlung des Thäters, welcher seinerseits Alles gethan hat, um den beabsichtigten Erfolg herbeizuführen, bestimmt werden kann: §§ 90. 96. 130. 230 des Pr. StGB.s;

daß darnach der in den gedachten Strafbestimmungen insbesondere aber in § 130 des Pr. StGB.s in Beziehung auf die daselbst mit Strafe bedrohte Verleitung zum Meineide gebrauchte Ausdruck „versuchen" nicht zur Bezeichnung eines Versuches im technischen Sinne des § 31 des Preuß. StGB.s, also in Beziehung auf den Fortschritt der That vom Anfange der Ausführung ab bis zur Vollendung, sondern nur zu dem Behufe gebraucht ist, um auszudrücken: daß die Handlung des Thäters, obwohl derselbe seinen Zweck nicht erreicht hat und ohne Rücksicht auf den Erfolg bestraft werden soll;

in Erwägung, daß durch die dem § 130 des Preuß. StGB.s entsprechende Vorschrift des § 159 des D. StGB.s der Thatbestand erstgedachter Vorschrift keine Aenderung erlitten hat;

daß die Ausdrücke „wer es unternimmt, Unternehmen" ihrem Wortverstande nach alle zur Erreichung eines bestimmten Vorhabens vorgenommenen Handlungen unangesehen, ob der Erfolg des Vorhabens erreicht wird, in strafrechtlichem Sinne also alle derartigen strafbaren Handlungen bezeichnen und in dieser Bedeutung auch bereits in der gemeinrechtlichen Terminologie, und in der älteren Preuß. Strafgesetzgebung (vgl. §§ 39 ff. II. 20. ALR. „unternommene Verbrechen") sowie in der Preuß. Abgabengesetzgebung, vgl. AKO. v. 29. Febr. 1840. Zusätzl. Vorschriften Nr. 5 (GS. S. 94) §§ 1. 2 des Zollstrafges. v. 23. Jan. 1838 (GS. S. 78) in Anwendung gebracht sind, vgl. auch § 82 des Pr. StGB.s, sowie § 214 des D. StGB.s, und daß mithin aus der Wahl des Ausdruckes „wer es unternimmt" in § 159 des D. StGB.s Schlüsse auf eine beabsichtigte sachliche Abänderung der Vorschrift des § 130 des Preuß. StGB.s nicht gezogen werden können; —

daß der Grund, aus welchem der Gesetzgeber sowohl in § 159 des D. StGB.s, als bei einer Reihe anderer strafbarer Thatbestände §§ 114. 122. 357 a. a. O. sich des Ausdruckes „unternehmen" statt des in den entsprechenden §§ 130. 90. 96. 330 des Pr. StGB.s gebrauchten „versuchen" bedient hat, lediglich darin liegt, daß beabsichtigt wurde, den Gebrauch des Wortes „Versuch, versuchen" auf diejenigen Fälle zu beschränken, in welchen der Thatbestand eines Versuches im Sinne der §§ 31 des Pr. StGB.s, 43 des D. StGB.s vorliegt und in denen es mithin der Feststellung der Erfordernisse eines solchen bedarf;

daß in Uebereinstimmung hiermit auch die Motive des Entwurfes zum D. StGB. zu § 153, § 159 des Deutsch. StGB.s ergeben, daß der Thatbestand des § 130 des Pr. StGB.s lediglich hat beibehalten werden sollen;

daß insbesondere weder in dem Inhalte des § 159 des D. StGB.s noch anderweitig in der Gesetzgebung ein ausreichender Anhalt dafür gefunden werden kann, daß beabsichtigt worden sei, den Worten des § 159 des D. StGB.s den Sinn beizulegen, in welchem das Wort „Unternehmen" im § 82 des D. StGB.s in Beziehung auf diejenigen Handlungen, durch welche das Verbrechen des Hochverraths vollendet wird, eine besondere, dem § 62 des Pr. StGB.s entsprechende und aus der Entstehungsgeschichte dieser Vorschrift zu erklärende Begriffsbestimmung gefunden hat und daß daher auf diese Begriffsbestimmung bei der Auslegung des § 159 des D. StGB.s nicht zurückzugehen ist;

daß sonach, weil der Thatbestand des § 130 des Pr. StGB.s auch den Voraussetzungen des § 159 des Deutsch. StGB.s entspricht und letzterer keine anderen Thatbestandsmerkmale enthält, als der erstere, es bei Berücksichtigung des § 2 des D. StGB.s neben der Feststellung des Thatbestandes des § 130 des Preuß. StGB.s einer besonderen

Feststellung der Erfordernisse des § 159 des D. S.-G.B.s nicht bedurft hat.

Antr. d. GStA.: gleich. [37.—3.]

Amtshandlung. – Todtenschein rc. – Kirchenbuch.

Im Geltungsbereiche der Pr. AGO. ist die Ausstellung eines Attestes über eine Taufe, eine Trauung oder ein Begräbniß nur dann, wenn das Attest gleichzeitig den Vermerk enthält, daß dasselbe aus einem gehörig geführten Kirchenbuche ertheilt sei, als „Ausübung eines öffentlichen Amtes" oder als „Handlung" anzusehen, welche nur kraft eines öffentlichen Amtes vorgenommen werden darf.

Pr. StGB. § 104; B.-StGB. § 132 [n. 13]. Vgl. RdOTr. 11, S. 345.

Erk. (B. I.) v. 7. Juli 1871 c. Diedrich (407. I. Cr.)

Der „Prediger" der (nur geduldeten) „evangelisch-lutherischen Gemeinde" zu S. hatte einen „Todtenschein" ausgestellt und denselben mit einem Siegel bedruckt, welches die Umschrift enthielt: „Kirchspiel der evangelisch-lutherischen Gemeinde in und um S." Das ihn dieserhalb aus § 104 des Pr., bezw. aus § 132 des B.-StGB.s verurtheilende app.-gerichtliche Erkenntniß ist vom OTr. vernichtet und das freisprechende erstinstanzliche Urtheil bestätigt worden. Gründe:

Nach dem § 128 I. 10. AGO. werden Atteste über Taufen, Trauungen und Begräbnisse nur dann den öffentlichen gerichtlichen gleichgestellt, wenn sie außer dem Kirchensiegel noch den ausdrücklichen Vermerk enthalten, daß sie aus gehörig geführten, diesfälligen Kirchenbüchern ertheilt sind. Der § 79 des Anhangs bezieht sich nur auf die im § 127 I. 10. AGO. gedachten öffentlichen außergerichtlichen Urkunden und hat auf den § 128 l. c. keinen Bezug, wie sich aus seiner Stellung zwischen beiden gesetzlichen Vorschriften ergiebt und auch aus dem § 504 II. 11. des ALR.s zu entnehmen ist. Aus der Anklage und dem Erkenntniß erster Instanz v. 12. Oktbr. 1870, in welchen beiden die in Rede stehenden, dem Angeklagten zur Last gelegten Atteste, ihrem Wortinhalte nach aufgenommen sind, erhellt aber, daß dieselben den erwähnten Vermerk, daß sie auf Grund der geführten Kirchenbücher ausgestellt worden sind, nicht enthalten. Sie erscheinen daher auch nicht als öffentliche Atteste im Sinne des § 128 I. 10. AGO. und sind somit nicht geeignet zu der Annahme zu verleiten, daß sie diese Qualität besitzen. Sonach sind sie lediglich als Privatzeugnisse anzusehen und fallen deshalb weder unter die Strafbestimmung des § 104 des Preuß. StGB.s noch unter die des § 132 des B. StGB.s.

Antr. d. GStA.: gleichl. [20.—6.]

---

1. Zeugenvernehmung, kommissarische. - Verlesung. - Rechtfertigung.

2. Nichtigkeit. - Nichtrüge. - Pflicht des Appellations-Richters.

1. Hat der Instanzrichter die kommissarische Vernehmung eines Zeugen und die demnächstige Verlesung seiner Aussage durch einen gesetzlich motivirten Beschluß angeordnet, so bedarf es im demnächstigen Hauptverfahren nicht der abermaligen Rechtfertigung dieser Maßnahme.

Vdn. v. 3. Jan. 1849 § 21 [n. 5]. Vgl. RdOTr. 7. S. 228; 11. S. 3.

2. Verstöße des Erst-Instanz-Richters gegen wesentliche Grundsätze des Verfahrens (z. B. gegen das Prinzip der Mündlichkeit) muß der Appellations-Richter von Amtswegen berücksichtigen; sie werden durch das Schweigen des Angeklagten nicht gedeckt.

Ges. v. 3. Mai 1852 Art. 102 [n. 2. 3]. Vgl. RdOTr. 1. S. 209; 2. S. 148; 8. S. 358; 9. S. 573.

Erk. (Z. I.) v. 7. Juli 1871 c. Göthke (430. I. Cr.).

Das Gericht 1. Instanz hatte in dem ersten angesetzten Audienztermine die Vernehmung zweier Zeugen für nöthig erachtet, und „wegen zu weiter Entfernung derselben vom Gerichtssitze" ihre kommissarische Vernehmung angeordnet. Das demgemäß aufgenommene Vernehmungsprotokoll war sodann in einer anberaumten neuen Sitzung verlesen, und die Abweichung von dem Prinzipe der Mündlichkeit im

Urtheil nochmals durch Hervorhebung des angegebenen Grundes gerechtfertigt worden. Dieses Urtheil war indessen vom AG. als (anderweitig) nichtig aufgehoben und die Sache in die erste Instanz zurückverwiesen worden. Hier erfolgte sodann abermals eine Verlesung jenes Vernehmungsprotokolls, ohne daß indessen auch dieses Mal für diese Verfahrungsweise ein Grund angegeben worden wäre. Das rügte der Angeklagte vor dem AG.; dieses erachtete indessen die Angabe des Motivs im ersten die kommissarische Vernehmung anordnenden Beschlusse für ausreichend, und hob außerdem hervor daß G. jene Verfahrungsweise in der Sitzung 1. Instanz ungerügt gelassen habe. Zurückweisung. Gründe:

[1.] Die kommissarische Vernehmung der Zeugen M. und Sch. war vom ersten Richter schon im ersten Audienztermine (6. Mai 1870) unter ausdrücklicher Angabe des Grundes „wegen zu weiter Entfernung (der Zeugen) vom Gerichtssitze" beschlossen. Die demnächst aufgenommene Vernehmungsverhandlung war im 2. Audienztermin zum Zwecke der Beweisaufnahme verlesen und in den Gründen des demnächst abgefaßten Erkenntnisses erster Instanz der angegebene Grund dieser Maßregel noch einmal wiederholt, damit also den angezogenen §§ 14. 21 Vdn. v. 3. Jan. 1849 Genüge geleistet worden. Nun ist zwar später das Erkenntniß v. 1. Juli 1870 wegen eines anderen Formfehlers vom zweiten Richter aufgehoben, die Sache deshalb zur anderweiten Verhandlung und Entscheidung in die 1. Instanz zurückgewiesen und in der darauf am 13. Jan. 1871 nochmals stattgefundenen Verhandlung erster Instanz das Protokoll v. 4. Juni 1870 wiederum, dieses Mal ohne Angabe eines Grundes, zum Zwecke der Beweisaufnahme verlesen worden. Es kann jedoch hierin eine Nichtigkeit nicht gefunden werden, weil wie der App.-Richter mit Recht bemerkt, die kommissarische Vernehmung der genannten beiden Zeugen schon in der Sitzung v. 6. Mai 1870 unter Zuziehung eines gesetzlich statthaften Grundes beschlossen war, auf diesen Beschluß sich aber die Aufhebung des erst in der Sitzung v. 1. Juli 1870 gesprochenen Erkenntnisses nicht bezog.

[2.] Der weitere Grund des App.-Richters, daß der Angeklagte, den in der späteren Sitzung v. 13. Jan. 1871 durch Verlesung der Verhandlung v. 4. Juni 1870 angeblich begangenen Verstoß in eben dieser Sitzung nicht gerügt habe, ist zwar verfehlt, weil die Vorschriften über die Mündlichkeit des Verfahrens nicht bloß zu Gunsten des Angeklagten gegeben, sondern öffentlichen Rechtes sind, mithin einem Verzichte von Seiten des Angeklagten nicht unterliegen; da indessen der erste Grund jedenfalls zutreffend ist, so mußte die NB. des Angeklagten auch bei diesem Punkte zurückgewiesen werden.

Antr. d. GStA.: gleichl. [28.—6.]

Stempel. - Zeitung. - Betrag. - Festsetzung.

Derjenige, welcher (in Gemäßheit des Finanz-Min.-Regulativs v. 7. Nov. 1861) der Steuerbehörde seine Absicht eine stempelpflichtige Zeitung herauszugeben angezeigt hat, schuldet für das betreffende Vierteljahr den einzuzahlenden Stempelbetrag und verwirkt die Stempelstrafe, wenn die Zahlung nicht rechtzeitig erfolgt, ohne Unterschied, ob er selbst oder ob ein Anderer die Herausgabe bewirkt. Das gilt auch dann, wenn die Steuerbehörde es verabsäumt hatte, ihm die Höhe des einzuzahlenden Betrages vorher mitzutheilen.

Stemp.-Ges. v. 7. März 1822 § 29; Ges. v. 29. Juni 1861 §§ 3. 6.

Erk. (V. I.) v. 7. Juli 1871 c. Reichardt (329. I. Cr.).

Der Buchdruckereibesitzer R. hatte in Gemäßheit des Fin.-Min.-Regul. v. 7. Nov. 1861 der Steuerbehörde seine Absicht eine stempelpflichtige Zeitung herauszugeben angezeigt, und war, weil die Zahlung des Stempelbetrags nicht rechtzeitig erfolgt war, aus § 29 des Stemp.-Ges.s verurtheilt worden auf Grund der Feststellung:

> „daß er, obwohl Verleger der Nrn. 1—3 der ꝛc. Zeitung, die auf diesen Nummern ruhende Stempelsteuer nicht bezahlt habe."

Seine NB. rügte:

1. der Umstand, daß er der Steuerbehörde die Anzeige

von der beabsichtigten Herausgabe der Zeitung gemacht habe, und daß auf den ersten drei Nummern sein Name als Verleger (mit seinem Wissen und Willen) genannt sei, — genüge nicht, um ihn wegen Stempelhinterziehung zu bestrafen, so lange nicht auch nachgewiesen sei, daß er das Blatt wirklich verlegt habe; mit Unrecht hätten daher die Instanzrichter den erbotenen Beweis, daß er in Wahrheit nicht Verleger gewesen, abgelehnt;

2. eventuell könne ihm die Verabsäumung der Zahlung nicht zugerechnet werden, so lange nicht dargethan sei, daß die Steuerbehörde ihm in Gemäßheit des gedachten Regulativs von der Höhe des einzuzahlenden Betrages Anzeige gemacht habe;

3. endlich begründe die Nichtzahlung des Stempelbetrags noch keine Defraude, wenn die Behörde in der Lage gewesen sei, auf Grund der ihr gemachten Anzeige den Betrag festzusetzen und einzuziehen.

Außerdem hatte auch der OStA. NB. erhoben und eine Verletzung des Stempelgesetzes darin gefunden, daß die Strafe nur mit Rücksicht auf die (den R. als Verleger nennenden) ersten drei Nummern der Zeitung, und nicht unter Zugrundelegung der für das ganze Vierteljahr zu zahlenden Stempelsteuer bemessen worden sei: da R. sich in der Anzeige als Herausgeber bezeichnet habe, so sei er für das betreffende Vierteljahr als Steuerpflichtiger anzusehen, selbst wenn der Verlag der Nummern 4 und fgg. von einem Anderen besorgt worden sei.

Das OTr. hat die NB. des Angeklagten zurückgewiesen; auf die des OStA.s aber die Vernichtung ausgesprochen. Gründe:

[1.] Zu Nr. 1 bestimmt bereits der § 29 des Stemp.-Ges.s v. 7. März 1822 daß, wie hier, bei inländischen Zeitungen der Verleger und außerdem jeder Vertheiler, für den Stempel und für die Strafe wegen Nichtgebrauchs des ersteren haftet; dies aber ist in den §§ 3 und 6 des Ges.s v. 29. Juni 1861 wegen Erhebung der Stempelsteuer von Zeitungen rc. ausdrücklich beibehalten. Nach dem § 3 des, durch das erwähnte Gesetz in dessen § 7 vorgesehenen Regulativs des Finanz-Ministers v. 7. Nov. 1861 hat jeder, der ein steuerpflichtiges Blatt herauszugeben beabsichtigt, dies drei Tage vor dem Beginn des Kalendervierteljahrs rc. dem betreffenden Steueramte anzuzeigen, und zwar schriftlich, welches vorläufig die von jedem Exemplar zu zahlende Steuer festsetzt und davon dem Verleger Kenntniß giebt, welcher hinsichtlich der Anmeldung der im Vierteljahr herauszugebenden Zahl der Exemplare, der Einzahlung der festgesetzten Steuer und der Stempelung die Bestimmung des § 1 des Regulativs zu befolgen hat. Daraus ergiebt sich unzweifelhaft, daß derjenige, welcher die schriftliche Anzeige der Herausgabe einer Zeitung der Steuerbehörde gemacht hat, als der verantwortliche Verleger bezüglich der Stempelsteuer und der etwa verwirkten Strafe zu erachten ist. Die Vorderrichter haben nun festgestellt, daß der Angeklagte derjenige gewesen, welcher für die Herausgabe der in Rede stehenden Zeitung, die vorschriftsmäßige schriftliche Anzeige dem Hauptsteueramt zu Berlin am 31. Dez. 1869 erstattet hat und es liegt daher weder der Steuerbehörde noch dem Untersuchungsgericht die Pflicht ob, zu ermitteln, ob etwa andere Personen die eigentlichen Verleger gewesen sind. Der vor dem Gesetze als solcher Geltende, mag seine Ansprüche an dieselben wegen seiner Entschädigung besonders geltend machen, für die Steuer und verwirkte Strafe haftet er. Dem Angeklagten ist deshalb durch die nicht erfolgte Vernehmung der darüber vorgeschlagenen Zeugen, daß er in Wirklichkeit nicht Verleger gewesen, die Vertheidigung in unzulässiger Weise nicht beschränkt worden.

[2.] Zu 2. Es kann dahin gestellt bleiben, ob die Ansicht des App.-Richters eine zutreffende ist, nach welcher der Angeklagte verpflichtet gewesen, den Minimalsatz der gesetzlichen Stempelsteuer zu entrichten, auch ohne, daß er durch die Steuerbehörde von der vorläufig festgesetzten Höhe in Kenntniß gesetzt worden. Denn die §§ 1 und 3 des Regulativs v. 7. Novbr. 1861 in Verbindung mit dem Reskript v. 31. Jan. 1862 bestimmen ausdrücklich, daß vor dem 27. des ersten Monats im Kalender-Vierteljahre die Stempelsteuer für die angemeldete Zahl der Exemplare zu entrichten ist. Dabei enthält zwar allerdings der § 3 l. c. die Regel, daß das betreffende Steueramt die von jedem

Exemplare vorläufig zu zahlende Steuer festzusetzen und davon dem Verleger Kenntniß zu geben hat. Allein daraus folgt keineswegs, daß deshalb der Verleger der Zeitung mit Entrichtung der Steuer so lange warten darf, bis ihm die erwähnte Bekanntmachung zugegangen ist. Denn nach dem § 1 l. c. und dem Reskr. v. 31. Jan. 1862 muß die Zahlung der Steuer und die Stempelung der Zeitung am 26. des ersten Monats des Kalender-Vierteljahres erfolgen, so daß das am 27. erscheinende Hauptblatt mit dem gesetzlichen Stempel versehen sein muß. Geschieht dies nicht, dann ist die Kontravention erfolgt. Es ist hiernach die Pflicht des Verlegers, wenn er bis zu dem gedachten Präklusivtermine keine Benachrichtigung von der Höhe der vorläufigen Steuer empfangen haben sollte, sich dennoch bei dem bezüglichen Steueramte zur Zahlung der Steuer und Abstempelung einzufinden, wonächst er dann das Nähere erfahren wird. Keinenfalls darf von jenem Zeitpunkte ab, das hierauf erscheinende Hauptblatt ungestempelt ausgegeben werden. Der Angeklagte hat festgestelltermaßen hiergegen gefehlt und dadurch die Kontravention verübt. Es kommt hiernach nicht darauf an, daß der Angeklagte, wie er behauptet, die, die Höhe der vorläufigen Steuer bestimmende Verfügung des Hauptsteueramts zu B. v. 6. Jan 1870 nicht erhalten haben will, und eben so wenig darauf, daß der App.-Richter nur die drei ersten Nummern der quäst. Zeitung in Betracht gezogen hat, weil feststeht, daß auch nach diesen noch zehn andere Nummern bis zum 25 März 1870 also bis zum Ende des Kalender-Vierteljahres ohne vorherige Steuerzahlung und Abstempelung ausgegeben worden sind.

[3.] Nach dem Vorstehenden war die Kontravention mit dem Ablauf des 26. Jan. 1870 begangen und danach die Strafe verwirkt. Die Einziehung der außerdem zu erlegenden Steuer Seitens der Behörde läuft nebenbei, ohne daß dadurch die eingetretene gesetzliche Folge berührt wird, wobei es gleichgültig ist, daß der Angeklagte nach den ersten drei Nummern der Zeitung nicht einmal den Druck des Blattes geliefert haben will. Es wäre seine Sache gewesen, der Steuerbehörde anzuzeigen, daß er den Verlag der Zeitung nicht mehr besorge. Bis dahin blieb er der Behörde gegenüber der Verpflichtete.

Zur NB. des OStA.s.:

Nach dem oben Ausgeführten gilt derjenige, welcher der Steuerbehörde schriftlich die Herausgabe einer Zeitung angezeigt hat, als der für die Erlegung der Steuer verpflichtete Verleger und zwar gleichviel, ob er es in der Wirklichkeit ist, oder nicht. Er haftet für die vierteljährlich am 26. des ersten Monats im Voraus zu entrichtende Stempelsteuer. Die Bestimmung des § 7 des Preßges.s v. 12. Mai 1851 hat hierauf wie der Appellat.-Richter angenommen hat, keinen Einfluß. Es würde zu den größten Verwirrungen führen, wenn die Steuerbehörde von Amtswegen auf den, auf jedem Blatte möglicher Weise anders bezeichneten Verleger, wegen der Entrichtung der Stempelsteuer Rücksicht nehmen müßte. Die im § 5 des Regul. v. 7. Nov. 1861 vorgeschriebene Hinterlegung einer jeden Nummer der Zeitung ist nur eine Kontrollmaßregel, um die Steuerbehörde nach § 6 l. c. in den Stand zu setzen, nach dem Ablaufe des Kalender-Vierteljahrs die definitive Stempelsteuer berechnen zu können, übt aber auf die Frage, wer der Steuerpflichtige ist, keinen Einfluß. Eine Zuwiderhandlung gegen diese Kontroll-Vorschrift wird demnächst auch in Folge des § 6 des Ges.s v. 29. Juni 1861 und des § 15 des Regul. v. 7. Nov. 1861 nach den Bestimmungen der Steuer-Ordn. v. 8. Febr. 1819 resp. der Deklar. v. 20. Jan. 1820 bestraft. Hiernach erscheint die abweichende Ausführung des App.-Richters eine rechtsirrthümliche, durch die er zu seiner Entscheidung gelangt ist. Es ist von ihm ganz übersehen worden, daß nach § 3 des Ges.s v. 29. Juni 1861 die Stempelsteuer nicht Nummernweise, sondern vierteljährlich zu entrichten ist, und zwar in der bereits angegebenen Art, wie sie das Regul.

v. 7. Novbr. 1861 vorschreibt. Demgemäß fällt dem App.-Richter ein Rechtsirrthum insoweit zur Last, als er nicht die sämmtlichen, im ersten Quartal des Jahres 1870 veröffentlichten Nummern der in Rede stehenden Zeitschrift zur Bestimmung der Höhe der Zeitungsstempelsteuerstrafe, zum Grunde gelegt hat.

Antr. d. GStA.: gleichl. [20.—6.]

Betrug. – Vorkaufs-Recht. – Beeinträchtigung.

Die Beeinträchtigung eines begründeten Vorkaufsrechts ist eine den Thatbestand des Betrugs erfüllende Vermögensbeschädigung, sollte auch nicht feststehen, daß die Ausübung jenes Rechts einen Vortheil gewährt haben würde.

Pr. StGB. § 241; B.-StGB. § 263 [n. 22a].

Erk. (Z. I.) **v. 12. Juli 1871 c. Bader** (505. I. Cr.).

B. hatte ein Grundstück, in Betreff dessen dem ꝛc. v. B. ein Vorkaufsrecht zustand, für 1600 Thlr. an einen Dritten verkauft, in dem aufgenommenen Vertrage aber den Kaufpreis auf 2500 Thlr. angegeben. Hierin fanden die Instanzrichter einen Betrugsversuch, und namentlich eine Vermögensbeschädigung des v. B. darin, daß er entweder von der Ausübung seines Vorkaufsrechts habe abstehen, oder dasselbe für einen um 900 Thlr. zu hohen Preis habe ausüben müssen. Das erachtete die NB. für rechtsirrthümlich, so lange nicht festgestellt sei, daß v. B. durch den Erwerb des Grundstücks für 1600 Thlr. einen Vortheil erzielt oder durch den Erwerb für 2500 Thlr. einen Nachtheil erlitten haben würde. Zurückweisung. Gründe:

Ob der Werth des in Rede stehenden Grundstücks ermittelt worden, ob der ꝛc. v. B. bei Ausübung seines Vorkaufsrechts einen materiellen Vortheil gehabt haben würde, oder nicht, auf alles dies kommt es nicht an, es genügt vielmehr, daß versucht worden, das ihm zur Zeit gebührende Recht zu vertheuern oder nach Umständen zu entziehen.

Antr. d. GStA.: gleichl. [20.—8.]

Rückfall. - Feststellung. - Nichtigkeitsrichter.

Die Verhängung der Rückfallsstrafe ist bedingt durch die klare und genaue Feststellung aller gesetzlichen Voraussetzungen derselben. — Der Nichtigkeitsrichter ist nicht befugt, einen desfallsigen Mangel aus den Akten zu ergänzen.

B.-StGB. § 244 [n. 16]. Vgl. oben S. 215.

Erk. (B. I.) v. 12. Juli 1871 c. Ballendix (631. I. Cr.).

Vernichtung des angefochtenen Erkenntnisses. Gründe:

Der Inhalt der Urtheilsgründe läßt nicht ersehen, ob und wann Implorant diese Strafen ganz oder theilweise verbüßt hat, oder ob und wann sie ihm erlassen sind, und in welche Zeit die nach der ersten Bestrafung vorgekommenen Strafthaten fallen. Nach den §§ 244. 245 mußte aber aus der Feststellung hervorgehen, daß zwei Vorbestrafungen nicht allein rechtskräftig verhängt, sondern auch vollstreckt oder erlassen waren, ehe die folgende That begangen wurde. Diesem Mangel der Feststellung läßt sich in dieser Instanz durch Eingehen auf den Inhalt der Vorakten nicht abhelfen. [39.—8.]

Beamter. - Aufstellung.

Derjenige, welcher von einer zuständigen Behörde zur Ausübung solcher Handlungen berufen worden ist, welche Ausflüsse eines öffentlichen Amtes sind, ist selbst dann wenn in seiner Bestallung vorbehalten wurde, dass er die Rechte eines öffentlichen Angestellten nicht haben solle, ein Beamter.

B.-StGB. § 359 [n. 2fgg.].

Erk. (V.) v. 12. Juli 1871 c. Büring (OAG. II. 86).

Beamter im Sinne des StGB.s ist nach § 359 des B.-StGB.s jeder, welcher im öffentlichen Dienste (des Reichs oder eines Bundesstaats) angestellt ist; die Uebertragung dieser öffentlichen Funktionen (des Amts), welche als solche von einem Privatmanne nicht ausgeübt werden können und dürfen, begründet die Diensteigenschaft, und gewährt als solche den besonderen Schutz des Gesetzes, welcher den Beamten bei ihren Dienstverrichtungen zu Theil wird. Die vermögensrechtliche Seite des Vertrags ist insoweit privatrechtlicher Natur und für sich zu beurtheilen, als sie an den dienstlichen Obliegenheiten an sich nichts zu ändern vermag. Der Angeklagte aber wurde mit Recht vom ersten Richter als betraut mit öffentlichen Funktionen angesehen; er soll Dienste in Verwaltungssachen [als Amtsbote] leisten, Ladungen und Insinuationen bewirken und ist sogar für befugt erachtet Zwangsvollstreckungen vorzunehmen; es sind dies Gegenstände, welche Ausflüsse und Aeußerungen eines öffentlichen Amtes sind. Es muß deshalb angenommen werden, daß mit dem Vorbehalte der Anstellungsbehörde, der Angeklagte solle die Rechte eines öffentlichen Angestellten nicht haben, nur eine Sicherung der Anstellungsbehörde gegen Ansprüche des Angeklagten, die nicht aus dem Dienstkontrakte sich ergeben, bezweckt worden sei.

Antr. d. GStA.: gleichl. [63.—6.]

Gewerbe. – Umherziehen. – Agentur.

Der Betrieb eines Agenturgeschäfts im Umherziehen ohne Gewerbeschein ist strafbar aus dem

Regulat. v. 28. Apr. 1824 §§ 7. 26.

Erk. (Z.) v. 12. Juli 1871 c. Hartmann (OAG. II. 80).

Das Ober-Gericht hat richtig ausgeführt, daß die Vorschriften der B.-Gew.-Ordn. sich lediglich auf das gewerbepolizeiliche Gebiet beschränken, dagegen alle die Gewerbesteuer betreffenden Gesetze der verschiedenen Länder unberührt lassen, letztere vielmehr in Geltung verbleiben. Nach § 7 des Regulativs v. 28. Apr. 1824 soll überhaupt (die in § 1 bis 6 bezeichneten Ausnahmen abgerechnet) Niemand ohne den Besitz eines Gewerbescheins irgend ein Gewerbe umherziehend betreiben, namentlich auch nicht Dienste oder Arbeiten im Umherziehen anbieten (§ 6. 17 und 18). Wer aber ohne Gewerbeschein umherziehend ein Gewerbe betreibt, soll in die nach § 26 zu bemessende Strafe verfallen, also, was der Schlußsatz noch erläutert, auch in dem Falle, wo ein Gewerbeschein zum Hausiren gar nicht hätte ertheilt werden dürfen. Es ist nun zwar richtig, daß sich die Dienste eines Agenten bei außerwohnortlichem Gewerbebetrieb nicht unter die Zahl der in den citirten §§ 17 und 18 einreihen lassen; allein daraus folgt nur, daß damals für die Agenturgeschäfte keine Gewerbescheine ertheilt werden sollten. Dies aber nicht einmal unbedingt; denn Aenderungen waren nach §§ 17 und 18 auf Antrag der Regierungen den Ministerien des Handels, des Innern und der Finanzen vorbehalten. Der Grund war ein gewerbepolizeilicher; die Steuerauflage davon aber, ganz von diesem Grunde abgesehen, eine finanzielle Maßregel. Wenn darum nach § 42 der Gew.-Ordn. die Geschäfte der Agenten von Versicherungsgesellschaften auch außer Wohnorts und ohne einen Legitimationsschein, wie er beim Hausirgewerbe nach § 55 der Gewerbeordnung erforderlich ist, betrieben werden dürfen, so folgt daraus nicht, daß sie auch von der Lösung eines Gewerbescheins befreit sind. Diese gewerbesteuerliche Verpflichtung regelt sich vielmehr allein nach den Landesgesetzen über die Steuern und nach dem von diesen für den Gewerbebetrieb im Umherziehen aufgestellten Begriffe, welche, weil sie gewerbesteuerlicher Natur sind, von der Gewerbeordnung weder aufgehoben und beschränkt, noch aus derselben erklärt werden können. Der cit. § 7 aber enthält ein absolutes Gebot, welches von der Art des im Umherziehen betriebenen Gewerbes oder Geschäfts ganz unabhängig ist; und ebenso enthält der § 26 eine unbedingte Strafandrohung bei dem Mangel eines Gewerbescheins, mag dessen Ertheilung zulässig oder unzulässig gewesen sein. Ob sodann die Gewerbeordnung den Begriff des Hausirens anders als das Regulativ v. 28. April 1824 gestaltet hat, ist darum gleichgültig für die Entscheidung des vorliegenden Falls, da es sich nicht um gewerbepolizeiliche, sondern gewerbsteuerliche Fragen handelt; und es ist ein Irrthum, wenn der Angeklagte die Begriffsbestimmungen der Gewerbeordnung auch für die Steuergesetze maßgebend hält. Gehen beide nicht parallel, sondern weichen theilweise von einander ab, so kann dies Veranlassung für die Gesetzgebung bieten, eine Besserung und Abänderung zu bewirken; nicht aber den Richter ermächtigen, die gesetzlichen noch bestehenden Bestimmungen außer Anwendung zu lassen.

Antr. d. GStA.: gleichl. [63.—6.]

Rechtskraft, relative. - Strafminimum.

Der Umstand, daß der Richter erster Instanz ausdrücklich das geringste Strafmaß für angemessen erachtet hat, hindert den App.-Richter nicht, auf die alleinige Appellation des Angeklagten dieses Strafmaß beizubehalten, sollte auch ein inzwischen in Kraft getretenes Gesetz eine fernere Strafermäßigung gestatten.

B.-StGB. § 2 [n. 6]. Vdn. v. 3. Jan. 1849 Abschn. IV (S. 464. 65).

Erk. (S. I.) v. 12. Juli 1871 c. **Kieper** (499. I. Cr.).

Der § 2 des B.-StGB.s verpflichtet zwar, die jetzigen Strafvorschriften auch auf die vor dem 1. Jan. 1871 begangenen Strafthaten anzuwenden, wenn sie damals härteren Bestimmungen unterlagen, der App.-Richter hat aber auch sein Erkenntniß auf die milderen Bestimmungen des § 285 des B.-StGB.s gegründet. Der Umstand, daß der erste Richter bei Anwendung des § 267 des StGB.s von 1851 ausdrücklich erklärte, er halte die geringste Strafe dieses Gesetzes für angemessen, bewirkte nicht die Verpflichtung des App.-Richters, bei dem Mindestbetrage der Strafe des von ihm angeordneten milderen Gesetzes stehen zu bleiben. Eine derartige Beschränkung folgt weder aus dem als verletzt bezeichneten § 2 des B.-StGB.s, der die Wahl der Strafe innerhalb der durch das mildere Gesetz gegebenen Grenzen nicht behindert, noch aus dem Grundsatze, daß die Appellation des Angeklagten niemals zu einer Verschärfung des Strafurtheils führen darf, da eine solche bei Aufrechthaltung des Strafmaßes nicht eintritt.

Antr. d. GStA.: gleichl. [39.–8.]

Urkunde. - Unterschrift. - Druck.

Eine gedruckte (durch einen Stempel hervorgebrachte) Unterschrift kann genügen, um einer Schrift den Charakter einer Urkunde beizulegen.

B.-StGB. § 267 [n. 40].

Erk. (Z. I.) v. 12. Juli 1871 c. Philippsberg (506. I. Cr.).

Der § 267 des B.-StGB.s definirt den Begriff einer (Privat-) Urkunde nicht, es hängt vielmehr von den jedesmaligen Umständen ab, ob eine solche, vom Gesetz gemeinte Urkunde vorhanden ist, und entscheidet darüber das richterliche Ermessen. Dieses verfällt aber demnächst in keinen Rechtsirrthum, wenn es nach Lage der jedesmaligen Sache eine, durch einen Stempel beigefügte Unterschrift, für ausreichend erachtet hat, wie dies auch bereits nach dem § 247 des Pr. StGB.s als zulässig anerkannt war.

Antr. d. GStA.: gleichl. [20.–8.]

---

1. Wiedereinsetzung. - Zufall. - Postversäumniss.
2. Beleidigung. Gerichtsform. - Arzt.

1. Die verspätete Abgabe eines rekommandirten Briefes durch die Post, kann als ein die Wiedereinsetzung in den vorigen Stand rechtfertigender „unabwendbarer Zufall“ angesehen werden.

StPO. § 415.

2. Zu den ähnlichen Fällen, in welchen die Strafbarkeit einer Beleidigung durch das Vorhandensein einer beleidigenden Absicht bedingt ist, gehört auch der, wo ein Hausarzt von der

betr. Familie aufgefordert wird, ein Urtheil über die Krankheit eines Dienstboten abzugeben.

Pr. StGB. § 154; B.-StGB. § 193 [n. 11a].

Erk. (Z.) v. 12. Juli 1871 Schreiber c. Stilling (OAG. II. 23). [GB.—6.]

Zoll. – Dampfschiffs-Kapitän. – Deklarationspflicht.

Der Kapitän eines zum Transporte von Reisenden bestimmten (Dampf-) Schiffs, ist zur Zoll-Deklaration in Betreff der Gegenstände, welche ein transportirter Reisender mit sich führt, nicht verpflichtet.

B.-Zoll-Ges. v. 1. Juli 1869 § 136 a. c.

Erk. (Z.) v. 12. Juli 1871 Wegener (OAG. II. 88).

Was die Position 1a des § 136 des B.-Zollges.s vom 1. Juli 1869 betrifft, so kommt solche hier überhaupt gar nicht in Betracht und hat auch von den erkennenden Gerichten keine Erwähnung noch Anwendung gefunden, da dieselbe sich lediglich auf den Fall der Kontrebande bezieht, während hier eine Zolldefraudation den Gegenstand der Anschuldigung bildet. Ein Zusammenhang des genannten Satzes mit der hier einschlagenden Pos. 1c. findet nur insofern statt, als hier von der Deklaration durch die in Pos. a bezeichneten Personen, — Frachtführer, Spediteure oder andere Gewerbetreibende — gesprochen wird, welche vermöge ihrer Sachkenntniß strenger behandelt werden, als andere Personen (Pos. c) bei welchen letzteren eine unrichtige Deklaration wider besseres Wissen zum Thatbestande der Defraude erfordert wird, während bei jenen es genügt, wenn die Deklaration nur objektiv unrichtig ist. Diese Frage berührt jedoch den vorliegenden Fall gar nicht; bei welchem es sich vielmehr nur darum handelt, ob der Kapitän eines Dampfschiffes, welches zur Beförderung von Reisenden und zum Transporte von Waaren bestimmt ist, die Deklarationspflicht nur bezüglich derjenigen Gegenstände hat, welche zu seiner Fracht gehören und einen Theil seiner

Ladung ausmachen, oder auch rücksichtlich des Gepäcks und der Effekten der Passagiere.

Das Königl. Obergericht hat das Erstere angenommen und zwar mit Recht. Es bemerkt richtig, daß nach Sprachgebrauch wie nach § 92 des cit. Ges.s die von den Reisenden mitgeführten Sachen nicht zur Ladung gerechnet werden, und daß darum rücksichtlich derselben nicht dem Schiffskapitän, sondern den Reisenden die Pflicht zur Deklaration aufliegt, darum aber, wenn diese nicht oder nicht ordnungsmäßig erfüllt wird, sie und nicht den Schiffskapitän die Strafe für die Zuwiderhandlung treffen muß. Der Beschwerdeführer glaubt zwar das Gegentheil aus den §§ 23 und 24 a. a. O. herleiten zu können; allein diese Stellen reden nur davon, daß die ganze Ladung, Zollfreies und Zollpflichtiges deklarirt werden muß, haben dagegen sonst nicht den Unterschied zwischen Ladung und Passagiergut im Auge, auf welchen übrigens im letzten Absatz des § 24 hingewiesen wird. Es ist ferner aber irrig, wenn behauptet wird, das Vereins-Zollgesetz kenne einen Unterschied zwischen Waarenladung und Passagiergut nicht. Außer den bereits genannten §§ 24 und 92 erwähnt bei dem Verkehre auf Eisenbahnen der § 61 „das Handgepäck der Reisenden" und bei der (See-) Schifffahrt der § 80 „das Reisegepäck der Passagiere," als etwas einer besonderen zollamtlichen Behandlung und theilweise mit abweichenden Bestimmungen Unterworfenes. Auch aus andern Gründen kann man den Kapitän nicht für die Deklaration des Passagierguts verantwortlich machen. Nach § 13 a. a. O. ist zur Entrichtung des Zolles nur derjenige verpflichtet, und kann sonach auch nur gegen die Zollgesetze verstoßen, wer Inhaber (natürlicher Besitzer) des zollpflichtigen Gegenstandes ist. Die Effekten der Reisenden, welche diese unter Augen und unter Händen haben, sind aber doch sicher in deren Detention und nicht in derjenigen des Schiffskapitäns. Die Prov.-St.-Direktion meint zwar, es sei mit Rücksicht auf § 23 und 24 neben der Deklaration des Kapitäns, aber nicht statt der seinigen, den Reisenden eine Abfertigung eingeräumt, allein eine solche Ermächtigung und Verpflichtung zu einer doppelten Deklaration ist nirgend aus dem Gesetze ersichtlich. Haftet hiernach keineswegs, wie der beschwerdeführende Theil vermeint, der Schiffsführer für Alles an Bord Gebrachte, auch wenn es Passagiergut ist, bezüglich der Deklaration, so ist es eine Frage thatsächlichen Inhalts und aus den vorliegenden Beweisen festzustellen, ob etwas ein Theil der Ladung, oder ob es Gepäck der Reisenden ist. Eine Aenderung kann auch dadurch nicht eintreten, wenn ein Passagier etwas von seinen Sachen absichtlich zurückläßt, oder im Schiffe heimlich verbirgt; denn dadurch wird der unkundige Kapitän nicht Inhaber der Sache.

Antr. d. GStA.: gleichl. [63.—6.]

Krankheit. - Absperrung. - Verletzung. - Dolus.

Die Verletzung einer zur Abwehr rc. einer Krankheit angeordneten Absperrungs- rc. Maßregel ist nur insoweit strafbar, als der Thäter Kenntniß von der getroffenen Anordnung hatte.

B.-StGB. §§ 327 [n. 6] 328. Vgl. oben S. 290.

Erk. (S. I.) v. 12. Juli 1871 c. Wittstock (371. I. Cr.).

Da § 328 des B.-StGB.s abweichend von dem § 307 des Pr. StGB.s zu dem in Rede stehenden Vergehen die wissentliche Verletzung der von der zuständigen Behörde angeordneten Absperrungs- oder Aufsichtsmaßregeln erfordert, mithin insofern als das mildere Gesetz anzusehen ist, als eine nicht wissentliche Verletzung nicht mehr strafbar ist, so bedurfte es gemäß § 2 Abs. 2 des B.-StGB.s, wie der zweite Richter richtig angenommen hat, zur Bestrafung des Moments der Wissentlichkeit bei der in Rede stehenden Handlung. Der App.-Richter hat nun dieses Moment zwar thatsächlich festgestellt, geht aber hierbei von der rechtsirrthümlichen Auffassung aus, daß dazu nur erfordert werde, daß dem Handelnden die Wissenschaft von dem thatsächlichen

Inhalte seiner Handlung nicht gefehlt habe. Er hält also im vorliegenden Falle die Feststellung für genügend, daß der Angeklagte dem bestehenden Verbote zuwider sechs Schaffelle, welche er in dem Regierungsbezirke Potsdam gekauft hatte, von dort nach dem Regierungsbezirk Stettin, wissend, daß er dies that, eingeführt hat, und ist der Ansicht, daß dem Angeklagten die vorgeschützte Nichtkenntniß der jenes Verbot enthaltenden Regierungsverordnung v. 24. Septbr. 1870 nicht zu Statten kommen könne. Dieser Auslegung des cit. § 328 kann jedoch nicht beigetreten werden. Schon nach den gewöhnlichen Regeln der Auslegung kann von einer wissentlichen Verletzung einer angeordneten Maßregel oder eines Verbots nur dann die Rede sein, wenn dem Zuwiderhandelnden die Anordnung oder das Verbot bekannt war. Das Wort „wissentlich" dient aber namentlich, wo es in den Strafgesetzen vorkommt, ebenso wie der verwandte Begriff „vorsätzlich" zur Bezeichnung des erforderlichen Dolus im Gegensatz zu der in vielen Fällen gleichfalls die Strafbarkeit einer Handlung begründenden Fahrlässigkeit. Zu diesem Dolus wird aber das Bewußtsein des Handelnden von den äußeren zum Thatbestande gehörigen Umständen und Verhältnissen erfordert. Zu diesen äußeren Umständen gehörte im vorliegenden Falle die Thatsache, daß die zuständige Behörde das in Rede stehende Verbot erlassen hatte. Zum Thatbestande des in Rede stehenden Vergehens war daher die Feststellung der vom Angeklagten bestrittenen Kenntniß von jenem Verbot, welche mit der Kenntniß des die Zuwiderhandlung betreffenden Strafgesetzes nicht zu verwechseln ist, erforderlich, und das angegriffene Urtheil unterliegt wegen Anwendung des § 328 des B.-StGB.s ohne diese Feststellung der Vernichtung. Die Vorderrichter haben den Angeklagten aber bloß auf Grund der bezogenen Bestimmungen des Preuß. bezw. B.-StGB.s, und nicht auf Grund der Verordnung der Königl. Regierung zu Stettin vom 24. Septbr. 1870 und der darin enthaltenen Strafandrohungen verurtheilt und es bedarf daher hier eines

Eingehens auf die Frage, inwiefern der Angeklagte sich nach dieser Richtung hin mit Nichtkenntniß der Verordnung habe schützen können, nicht.

Antr. d. GStA.s: entz. [53.—8.]

Raupen. – Zeit. – Polizei-Verordnung.

Der Zeitpunkt, bis zu welchem das gesetzlich gebotene Raupen stattfinden soll, kann durch eine Polizei-Verordnung anders bestimmt werden, als in dem betreffenden Gesetze geschehen war.

Pr. StGB. § 347 Nr. 1; B.-StGB. § 368 Nr. 2 [n. 4]; Pol.-Ges. v. 11. März 1850 § 15.

Erk. (B. II.) v. 13. Juli 1871 c. Breuer (171. II. Cr.)

Eine Polizei-Verordnung des Ober-Bürgermeisters zu Düsseldorf hatte den Eigenthümern und Pächtern der Grundstücke zur Pflicht gemacht, die letzteren spätestens bis zum 1. Febr. eines jeden Jahres abzuraupen. Von der Beschuldigung, diesem Gebote nicht rechtzeitig nachgekommen zu sein, ward B. deshalb freigesprochen, weil eine Bergische Landes-Verordnung vom 23. Januar 1732 die Vertilgung der Raupennester „zur Winterszeit" geboten habe, eine Frist, welche durch die landesherrlichen Verordnungen vom 1. März 1763 bis zum 1. April und durch eine fernere vom 27. März 1781 bis Ende April erstreckt worden sei, während eine (nur für das Jahr 1815) mit Genehmigung des Generalgouverneurs erlassene Polizei-Verordnung das Abraupen bis zum 15. März angeordnet habe; die jetzt ergangene Polizei-Verordnung habe sich dadurch, daß sie die gesetzlich bestimmte „Winterszeit" bis zum 1. Febr. verkürzte, mit den betr. höheren Verordnungen in Widerspruch gesetzt, sei also nach dem Ges. v. 11. März 1850 § 15 nicht verbindlich.

Vernichtung und Zurückverweisung der Sache vor ein anderes Polizeigericht. Das OTr. erwog:

daß es der Zweck der ortspolizeilichen Verfügungen im Sinne des Ges.s v. 11. März 1850 ist, für den Verwaltungsbezirk der Gemeinde Bestimmungen zu treffen, welche nach Maßgabe der besonderen örtlichen und zeitlichen Verhältnisse dieser Gemeinden als nothwendig erscheinen, daß in dieselben nach § 15 l. c. keine Bestimmungen aufgenommen werden dürfen, welche mit den Gesetzen oder den Vorschriften höheren Instanz in Widerspruch stehen;

daß ein solcher Widerspruch aber nicht vorhanden ist, wenn durch ortspolizeiliche Verordnungen mit Rücksicht auf lokale Verhältnisse oder Bedürfnisse Ergänzungen der Gesetze oder Verordnungen vorgenommen werden, welche ein Mehreres wie diese Gesetze oder Verordnungen verlangen, dagegen wesentliche Bestimmungen derselben unberührt lassen;

daß dies namentlich dann nicht der Fall ist, wenn die betreffenden Gesetze oder Verordnungen für ein umfassenderes Gebiet gegeben sind, und die lokalen Verhältnisse die Erlassung ergänzender Bestimmungen erforderlich machen, welche in den allgemeinen Gesetzen keine Berücksichtigung finden konnten;

i. E., daß die für den ganzen Umfang des damaligen Herzogthums Berg erlassene landesherrliche Verordnung v. 7. Jan. 1732 im Allgemeinen das Gebot der Vertilgung der Raupen zur Winterzeit enthält;

daß die späteren Verordnungen der Landesregierung v. 1. März 1765 und 27. März 1781, sowie die für das Jahr 1815 erlassene Verfügung des Gouvernements-Polizeidirektors v. 28. Febr. 1815 sich lediglich als eine Erneuerung und Wiederholung dieses Gebotes darstellen und und nur in Ausführung desselben der Termin bald auf den 1. Apr., bald auf den 30. Apr. und bald auf den 15. März festsetzen; daß also das Wesentliche der gedachten Verordnungen, in dem auch in der Orts-Polizei-Verordnung vom 14. Dezbr. 1870 enthaltenen Gebot der Vertilgung der Raupen besteht;

daß daher nach Obigem die in der gedachten Verordnung enthaltene Bestimmung, durch welche für den Bezirk der Ober-Bürgermeisterei Düsseldorf der Termin des Abraupens auf den 1. Febr. festgesetzt wird, keinen Widerspruch mit den oben erwähnten landesherrlichen Verfügungen im Sinne des § 15 des Ges.s v. 11. März 1850 enthält und ebensowenig der Verfügung der Kgl. Regierung zu Düsseldorf v. 8. April 1818 widerspricht, welche lediglich die Beobachtung der älteren Vorschriften über die Vertilgung der Raupen in Erinnerung bringt;

daß also die Ortspolizei=Verordnung v. 14. Dezember 1870 rechtliche Wirksamkeit hat, und das Urtheil des Polizeigerichts zu Düsseldorf v. 23. März 1871, indem es dieselbe für nicht zu Recht bestehend erachtete, den § 15 des Ges.s v. 11. März 1850 verletzt hat.

Antr. d. GStA.: Verwerfung des Kass.-Rekurses. [38.—3.]

Fahrlässigkeit. - Beruf. - Pflicht.

Ob Jemand vermöge seines Berufes (Gewerbes ꝛc.) zu einer Aufmerksamkeit besonders verpflichtet sei, um einer Verletzung ꝛc. aus Fahrlässigkeit vorzubeugen, unterliegt nur der thatsächlichen Prüfung des Instanzrichters.

B.-StGB. § 222 [n. 10. 11].

Erk. (Z. II.) v. 13. Juli 1871 c. Heister (177 II. Cr.).

Der „Fuhrmann" H. war der Karre des G. so nahe vorbeigefahren, daß das rechte Hinterrad seiner Karre die Stäbe des Rades der Karre des G. faßte; anstatt nun durch Zurückweichen diese Verwicklung zu lösen, setzte er seine Karre durch Antreiben des Pferdes in stärkere Bewegung und veranlaßte es dadurch, daß das Pferd des G. zu Boden stürzte, daß G. unter dasselbe gerieth und dadurch eine Körperverletzung erlitt, in Folge deren er starb. Hierin fanden die Instanzrichter den Thatbestand einer dem H. zur Last fallenden Verursachung des Todes des G. durch Fahrlässigkeit" und straften aus § 222 Abs. 2 des StGB.s, weil er „die bei der Leitung des Fuhrwerks erforderliche Aufmerksamkeit, zu welcher er vermöge seines Berufs als Fuhrmann besonders verpflichtet gewesen, gröblich aus den Augen gesetzt habe." — Die, Gesetzesverletzung rügende, NB. suchte auszuführen: H. sei nicht Gewerbs-Fuhrmann, sondern Viktualienhändler, er habe damals nur zur Aushilfe bei Militärtransporten eine Fuhre geführt; sodann sei „Fuhrmann" kein Beruf, sondern nur ein Gewerbe; daß er die bei diesem Gewerbe erforderliche Aufmerksamkeit aus den Augen gesetzt habe, sei nicht festgestellt; endlich könne von einer besonderen Pflicht zur Aufmerksamkeit nur bei solchen Thätigkeiten die Rede sein, welche ihrer besonderen Natur nach eine Gefahr für das Leben Anderer mit sich brächten, z. B. bei Ausübung der Heilkunde ꝛc.; ein Gewerbs-Fuhrmann habe in dieser Beziehung keine andern Pflichten, als jeder andere Leiter eines Fuhrwerks. Zurückweisung. Gründe:

Die Eigenschaft des Angeklagten als Fuhrmann ist in den Instanzen thatsächlich festgestellt und diese Feststellung aus prozessualischen Gründen nicht angefochten. Es ist auch rechtlich unerheblich, ob diese Eigenschaft als ein Beruf oder ein Gewerbe zu qualifiziren war, weil das Gesetz diese Begriffe nicht unterscheidend definirt, vielmehr hinsichtlich der daraus erwachsenden Pflicht besonderer Aufmerksamkeit gleichstellt. Das Gesetz, als solches, bezeichnet auch nicht diejenigen Berufe oder Gewerbe, welche zu einer besonderen Aufmerksamkeit verpflichten sollen, diese Frage ist daher wie geschehen, aus thatsächlichen Gründen zu beantworten. Die schließliche Ausführung der NB., daß die Eigenschaft als Fuhrmann den Angeklagten zu einer besonderen Aufmerksamkeit nicht verpflichtet habe, wird durch die aus Rechtsgründen nicht angefochtene thatsächliche Feststellung der Instanzrichter beseitigt.

Antr. d. GStA.: gleichl. [22.—3.]

---

1. Zeuge. - Beamter, ausländischer. - Amtseid.
2. Fragstellung. - Anklagebeschluß. - Fassung.
3. 4. Mord. - Ueberlegung. - Fragstellung.
5. Hülfsfrage. - Angeklagter. - Antrag.

1. Ein über Gegenstände seiner Amtsthätigkeit als Zeuge vernommener ausländischer Beamter kann seine Aussage durch Bezugnahme auf seinen Diensteid bekräftigen.

StPO. § 165.

2. Die Fragstellung muss den Verweisungsbeschluss erschöpfen, ist aber im Uebrigen an die Fassung des letzteren nicht gebunden.

StPO. § 317.

3. Sowohl nach dem Preußischen als nach dem Bundes-Strafgesetzbuche ist der Begriff des

Mordes dadurch bedingt, daß der Verübung desselben ein überlegter Entschluß vorausgegangen sei; eine nur bei der Ausführung der That und nicht auch bei dem Entschlusse obwaltende Ueberlegung ist nicht denkbar und jedenfalls nicht geeignet, den Begriff vollständig herzustellen.

B.-StGB. § 211 [n. 5. 8].

4. Beim Morde ist die „Ueberlegung" in strafprozessrechtlicher Beziehung ein erschwerendes Moment, welches eben deshalb nicht in die Hauptfrage aufzunehmen, sondern zum Gegenstande einer besonderen Frage zu machen ist nach der

StPO. § 321. Vgl. B.-StGB. § 211 [n. 15].

5. Der Angeklagte hat nicht das Recht die Stellung einer Hülfsfrage zu beantragen.

StPO. §§ 321—323.

Erk. (Z. II.) v. 13. Juli 1871 c. Ostheimer (163. II. Cr.).

Durch Beschluß der Anklagekammer war O. als genügend belastet:

„am 23. Dez. 1870 — den ꝛc. K. vorsätzlich und mit Ueberlegung getödtet zu haben," —

vor den Schw.-GH. zu Frankfurt am Main verwiesen worden. Bei der am 22. April 1871 stattgehabten Hauptverhandlung beantragte der Vertheidiger, die Frage nicht aus § 211 des Bundes-, sondern aus § 175 des Pr. StGB.s zu stellen, und eine Hülfsfrage aus § 194 des Pr. StGB.s (tödtliche Körperverletzung) hinzuzufügen, indem er hervorhob, daß § 175 des Pr. StGB.s das Vorhandensein der Ueberlegung nicht allein (wie § 211 des B.-StGB.s) bei der Ausführung, sondern außerdem auch bei der Fassung des Vorsatzes voraussetze, somit für den Angeklagten günstiger sei. Der GH. lehnte aber beide Anträge ab, erwägend: § 211 des B.-StGB.s sei der mildere, da er das Vorhandensein der Ueberlegung im Augenblicke der Ausführung erheische, während § 175 des Pr. StGB.s auch da Anwendung finde, wo zwar der Entschluß mit Ueberlegung gefaßt, die Ausführung aber im Affekte erfolgt sei. Demgemäß wurden die beiden Fragen gestellt:

1. Ist O. schuldig, — — den ꝛc. K. vorsätzlich getödtet zu haben?

2. Hat O. die in der ersten Frage erwähnte That mit Ueberlegung ausgeführt?

Beide wurden bejaht, und O. demzufolge aus § 175 des Pr. und aus § 211 des B.-StGB.s zum Tode verurtheilt.

Seine NB. rügte u. A. [3.] Verletzung und unrichtige Anwendung des Strafgesetzes durch unrichtige Fragstellung; in Anlehnung an das Königl. Sächs. StGB. sei im § 211 des B.-StGB.s der Begriff des Mordes insofern abweichend von § 175 des Pr. StGB.s bestimmt worden, als man in Betreff der Ueberlegung die Zeit der Ausführung als die entscheidende angesehen habe: eine vorsätzliche Tödtung, welche nicht mit Ueberlegung ausgeführt werde, sei nur ein Todtschlag, sollte auch der Vorsatz aus Ueberlegung hervorgegangen sein; diese Aenderung sei nicht blos eine redaktionelle, sondern eine prinzipielle, man habe dadurch die Zweifel der Rechtsprechung heben wollen; nicht das Bundes- sondern das Pr. StGB. sei hier das mildere, da jenes eine bei der Ausführung (und nicht auch bei Fassung des Entschlusses) vorhandene Ueberlegung genügen lasse; jedenfalls erheische das Pr. StGB. einen mit Ueberlegung gefaßten Vorsatz; es habe daher der Aufnahme dieses Moments in die Frage bedurft; seine Verneinung würde die Strafe des Mordes ausgeschlossen haben.

Die General-Staatsanwaltschaft beantragte Zurückweisung der NB., weil die gestellten Fragen den Voraussetzungen beider Gesetzgebungen entspreche; sie erkannte aber gleichzeitig an, daß der Schw.-GH. irre, wenn er die Anträge der Vertheidigung deshalb abgelehnt habe, „weil § 211 des B.-StGB.s die Ueberlegung bei der Ausführung erfordere, während § 175 des Pr. StGB.s auch da anwendbar sei, wenn der Entschluß mit Ueberlegung gefaßt, die Ausführung aber im Affekte erfolgt sei," — und wenn er deshalb den cit. § 211 als den milderen, seine Begriffsbestimmung also als eine von der des cit. § 175 wesentlich abweichende betrachte; dadurch sei der Begriff der „Ueberlegung" — prae-meditatio — als eines den verbrecherischen Willen (den Vorsatz) qualifizirenden Momentes verkannt.

Zurückweisung der NB. Gründe:

[1.] Die §§ 160. 165 der StPO. sind nicht dadurch verletzt, daß die Großherzoglich Hessischen Beamten, der Polizei-Commissarius B. und der Bezirks-Gerichtsrath und Untersuchungs-Richter Sch. zu Mainz, über die von ihnen in amtlicher Eigenschaft bewirkte Abhörung des in Mainz ergriffenen Angeklagten, als Zeugen in der Hauptverhandlung unter Verweisung auf den von ihnen geleisteten Amtseid vernommen sind. Denn die Zulässigkeit der Bekräftigung einer Zeugenaussage, unter Bezugnahme auf den von dem Zeugen geleisteten Diensteid, an Stelle förmlicher Eidesleistung, wird im § 165 der StPO. von keinen anderen Voraussetzungen, als der Beamteneigenschaft des Zeugen, so wie davon abhängig gemacht, daß der Gegenstand der Vernehmung desselben zum Bereiche seiner Amtsobliegenheiten gehöre. Insbesondere wird zwischen Preußischen Beamten und Beamten eines anderen Deutschen Staates nicht unterschieden, und ist nicht abzusehen, weshalb in dem Diensteide eines, nicht Preußen, sondern einem anderen Deutschen Staate angehörigen Beamten, eine geringere Bürgschaft für die Wahrheit des abgelegten Zeugnisses gefunden werden sollte, als in dem von einem Preußischen Beamten geleisteten Diensteide. —

[2.] Mit Unrecht rügt Implorant als einen prozessualischen Verstoß, daß die Hauptfrage nicht seinem Antrage gemäß, nach Anleitung des auch für die Fragestellung maßgebenden Verweisungsbeschlusses unter Berücksichtigung der Wortfassung des § 175 gestellt worden sei. Die Hauptfrage soll nach § 317 der StPO. die dem Angeklagten zur Last gelegte Hauptthat und daher alle diejenigen Merkmale, deren Gesammtheit die Anwendung des Strafgesetzes begründet, so wie die unterscheidenden Nebenumstände der That umfassen. Die Fragestellung hat daher allerdings dem Verweisungsbeschlusse, welcher nebst der Anklageschrift die Grundlage für das Hauptverfahren bildet — §§ 86. 76 ad 1 der StPO. — zu entsprechen, und denselben zu erledigen und zu erschöpfen.

Da die Fragstellung sich aber zugleich auf die Ergebnisse des Hauptverfahrens stützt und bestimmt ist, die Lösung der Schuldfrage durch die Geschwornen und demnächst die Anwendung des Gesetzes auf den festgestellten Thatbestand zu vermitteln, so ist sie an die Fassung des Verweisungsbeschlusses, wie auch § 326 der StPO. entnehmen läßt, im Uebrigen nicht, und namentlich in den Fällen nicht gebunden, in welchen es sich um eine, unter der Herrschaft des älteren Strafgesetzes begangene That handelt, und es also darauf ankommt, ob dem Angeklagten eine nach dem bisherigen und nach dem neueren Gesetze strafbare Handlung, zur Last fällt. Vielmehr muß in solchem Falle die Fragestellung, ohne sich an den auf die ältere Gesetzgebung gegründeten Verweisungsbeschluß zu binden, die Begriffserfordernisse beider Gesetze umfassen, weil sie nur in solcher Weise der Aufgabe des Gesetzes entsprechend, alle diejenigen Merkmale enthält, deren Gesammtheit die Anwendung des Strafgesetzes begründet. Im vorliegenden Falle ist den Erfordernissen des Gesetzes genügt. Denn die beiden Hauptfragen, wie sie von dem Schwurgerichtshofe beschlossen sind,

„ist der Angeklagte schuldig den K. mit Vorsatz getödtet, und die That mit Ueberlegung ausgeführt zu haben?“

enthalten sämmtliche Erfordernisse des Verbrechens des Mordes, sowohl nach § 175 des Pr. StGB.s als nach § 211 des Deutschen StGB.s, und es liegt daher eine prozessualisch unzuläßige Abweichung von dem Verweisungsbeschlusse nicht vor.

[3.] Implorant hat nun zwar allerdings behauptet, daß die beschlossene Fragestellung die Merkmale des im § 175 des Pr. StGB.s vorgesehenen Thatbestandes nicht enthalte und er findet in der von ihm behaupteten Abweichung von dem Inhalte des Verweisungsbeschlusses um deshalb zugleich eine materielle Verletzung, weil grade der Thatbestand des § 175 a. a. O. als der dem Angeklagten günstigere, der Fragestellung zum Grunde gelegt werden müsse. Es wird in dieser Richtung von der NB. ausgeführt, daß das Pr. StGB. nach der im § 175 desselben gegebenen Begriffsbestimmung,

„wer vorsätzlich und mit Ueberlegung einen Menschen tödtet, begeht einen Mord,“

zwei verschiedene, besonders zu erweisende Requisite des Thatbestandes aufstelle und zwar einmal, daß der Entschluß zur That aus Ueberlegung hervorgegangen sei, und dann, daß die Ausführung selbst mit Ueberlegung verübt sei; dagegen verlange die neuere Begriffsbestimmung des Mordes im § 211 des B.-StGB.s:

„Wer vorsätzlich einen Menschen tödtet wird, wenn er die Tödtung mit Ueberlegung ausgeführt hat, wegen Mordes bestraft,"

nur daß die That mit Ueberlegung ausgeführt sei, mithin nur die überlegte Ausführung, nicht aber, daß der Entschluß zur That aus Ueberlegung hervorgegangen sei; wenn das Pr. StGB. sonach für die Verurtheilung des Angeklagten mehr verlange, als das D. StGB., so stelle sich ersteres als das mildere dar, und habe daher bei der Fragstellung zu Grunde gelegt werden müssen. Diese Ausführung der NB. trifft indessen nicht zu. Die von dem Gesetze sowohl im § 175 des Pr. StGB.'s, als im § 211 des B.-StGB.s als Thatbestandserforderniß für das Verbrechen des Mordes vorausgesetzte Ueberlegung, bezeichnet die bei Bildung des Entschlusses zur That vorhandene ruhige und besonnene Verstandesthätigkeit, mittelst welcher Zweck und Erfolg der That, sowie die Umstände und die Modalitäten und die zur Ausführung der That anzuwendenden Mittel, vom Thäter erwogen werden. Eine mit Ueberlegung ausgeführte Tödtung ist mithin überhaupt nur denkbar, wenn der Ausführung ein aus Ueberlegung hervorgegangener Entschluß, gleichviel in welchem Zeitraum, vorausgegangen ist. Ist der Entschluß zur That ursprünglich nicht mit Ueberlegung gefaßt, sondern von einer, dieselbe ausschließenden Gemüthsstimmung beherrscht, so ist damit auch die überlegte Ausführung der That selbstverständlich ausgeschlossen, wenn anders nicht in irgend einem Zeitpunkte der ohne Ueberlegung gefaßte Entschluß überlegt wird und in solcher Weise qualifizirt zur Ausführung fortschreitet. Beide Gesetzgebungen verlangen also, indem sie die vorsätzliche und mit Ueberlegung ausgeführte Tödtung eines Menschen als Mord unter Strafe stellen, übereinstimmend einen vor Ausführung der That mit Ueberlegung gefaßten Entschluß zu derselben. Eine Unterscheidung, wie sie die Nichtigkeitsbeschwerde in Beziehung auf das Bund.-StGB. in so fern zu machen versucht, als dasselbe nur die überlegte Ausführung, nicht aber wie das Preußische Straf-GB. Ueberlegung bei dem Entschluß und bei der Ausführnng erfordere, rechtfertigt sich sonach weder aus dem Inhalte der gedachten gesetzlichen Vorschriften, noch ist sie mit dem Begriffe der Ueberlegung als Qualifikation des verbrecherischen Willens überhaupt vereinbar. Andererseits folgt hieraus zugleich, daß die von dem Schw.-GH. beschlossene Fragestellung, wonach die Tödtung mit Vorsatz erfolgt und mit Ueberlegung ausgeführt, auch die Voraussetzungen des § 175 des Pr. StGB.s enthält. Denn wenn der Vorsatz der Tödtung, und wenn in gleicher Weise festgestellt ist, daß die Ausführung der Tödtung mit Ueberlegung erfolgt ist, so hat der Vorsatz selbstverständlich vor der Ausführung überlegt werden müssen und es ist sonach im Sinne des § 175 des Pr. StGB.s festgestellt, daß die Tödtung vorsätzlich und mit Ueberlegung erfolgt ist.

Die Frage, ob der im § 211 des B.-StGB.s vorgesehene Thatbestand von demjenigen des § 175 des Preuß. StGB.s abweicht, liegt auf einem andern Gebiete, welches den vorliegenden Fall nicht berührt. Nur darüber hat die Begriffsbestimmung des § 175 des Preuß. StGB.s abweichende Auffassungen hervorgerufen, ob, nachdem der Entschluß zur That mit Ueberlegung gefaßt worden, letztere auch bei der Ausführungshandlung vorhanden sein müsse, oder ob es nicht vielmehr genüge, daß der Vorsatz im Zustande der Ueberlegung gefaßt sei, wenn er in Folge dieses Entschlusses, sei es auch im Affekte, ausgeführt wurde. Auf eine Erörterung der Frage, ob in dieser Richtung der Thatbestand des Mordes durch § 211 eine Abänderung erlitten hat, kann es im vorliegenden Falle, wo auch die mit Ueberlegung geschehene Ausführung festgestellt ist, nicht ankommen. Sonach ist durch die Stellung der Hauptfrage nach der Fassung des § 211 des B.-StGB.s Implorant jedenfalls nicht verletzt und der hieraus hergeleitete Angriff der Nichtigkeitsbeschwerde verfehlt. —

[4.] Unbegründet ist ferner auch die Rüge der NB., daß die den Geschwornen in Beziehung auf den Thatbestand des Mordes vorzulegende Hauptfrage in zwei Fragen getheilt und in die zweite derselben das Moment der Ueberlegung besonders aufgenommen sei. Allerdings ist eine Theilung der Hauptfrage, da dieselbe nach § 317 der StPO. alle diejenigen Merkmale enthalten soll, deren Gesammtheit die Anwendung des Strafgesetzes begründet, — § 76 ad 9 StPO. — in Beziehung auf diese Merkmale nicht zulässig. Dasselbe gilt aber nicht in Beziehung auf diejenigen Thatumstände, welche nach besonderer gesetzlicher Vorschrift eine Erschwerung der Strafe — § 76 Nr. 2 der Pr. StPO. — begründen. Diese sollen nach § 321 nicht in die Hauptfrage aufgenommen, sondern zum Gegenstande besonderer Fragen gemacht worden. Die Ausführung der NE., daß die für das Verbrechen des Mordes erforderliche Ueberlegung sich nicht als ein Erschwerungsgrund im Sinne der §§ 76 ad 2 und 321 der StPO., sondern als ein Merkmal des Thatbestandes selbst darstelle und aus diesem Grunde in die zu stellende Hauptfrage habe aufgenommen werden müssen, beruht auf unrichtiger Auffassung des Gesetzes. Denn sowohl der in den §§ 321 und 76 ad 9 der StPO. gebrauchte Ausdruck „Thatumstände" als der in § 321 a. a. O. enthaltene Hinweis auf § 76 ad 9 ergeben, daß zu denjenigen Momenten, welche zum Gegenstande besonderer Fragen gemacht werden sollen, auch Momente des Thatbestandes gehören, deren Bejahung nach Vorschrift der Gesetze eine Erschwerung der Strafe gegenüber einem milder zu bestrafenden einfachen Thatbestande, welcher für den Fall der Verneinung jener Momente gegeben ist, begründet. — Dies folgt auch aus dem innern Grunde der Vorschrift des § 321 der StPO. Denn auch in Beziehung auf diese Thatumstände bedarf es, zumal im Interesse des Angeklagten, einer besonderen Abstimmung

Seitens der Geschwornen und § 321 a. a. O. hat ersichtlich gerade um dieselbe sicher zu stellen, abweichend von den entsprechenden Bestimmungen des für die älteren Provinzen geltenden Gesetzes vom 3. Mai 1852 Artt. 80 und 84 die Aufnahme jener Momente in die Hauptfrage verboten. Vgl. auch § 334 der StPO. und Art. 91 des Gesetzes vom 3. Mai 1852.

Der Schwurgerichtshof hat also mit Recht das Moment der Ueberlegung, welches bei der Anklage wegen Mordes als ein erschwerender Umstand dem Thatbestande des Todtschlages gegenüber sich darstellt, zum Gegenstande einer besonderen Frage gemacht.

[5.] Endlich kann sich Implorant nicht mit Erfolg darüber beschweren, daß sein Antrag, außer den von dem Gerichtshofe beschlossenen Fragen noch eine Hülfsfrage in Betreff des Thatbestandes einer vorsätzlichen Körperverletzung, welche den Tod zur Folge gehabt hat, zu stellen, abgelehnt worden ist. Denn dem Angeklagten steht, wie die Vorschrift des § 326 der StPO. in Verbindung mit den §§ 321. 322 a. a. O. ergiebt, ein Recht, die Stellung von Hülfsfragen im Sinne des § 323 der StPO. zu beantragen, überhaupt nicht zu. Aus diesem Grunde, und weil der Schwurgerichtshof keine Veranlassung gefunden, eine derartige Frage von Amtswegen zu stellen, ist der Antrag des Imploranten abgelehnt und ein Verstoß gegen das Verfahren damit nicht begangen.

Antr. d. GStA.: gleichl. [37.—3.]

---

1. Nichtigkeitsbeschwerde. - Legalisirung. - Richter.
2. Beleidigung. - Recht. - Beleidigende Absicht.

1. Ein Angeklagter, welcher selbst Richter ist, kann die auf seine Nichtigkeitsbeschwerde bezüglichen Schriften selbst legalisiren.

Ges. v. 3. Mai 1852 Art. 110 [n. 24a]. Vgl. RdOTr. 1. S. 208.

2. Eine zur Ausführung ꝛc. eines Rechts ver-

übte „Beleidigung“ ist nur dann strafbar, wenn sie in der Absicht zu beleidigen geschah.

Pr. StGB. § 154; R.-StGB. § 193 [n. 3].

Erk. (S. II.) v. 13. Juli 1871 c. W. (166. II. Cr.).

Der Kreisgerichts-Rath W. hatte in einer an das Justiz-Ministerium gerichteten Eingabe den Bericht, welchen der AG.-Rath H. über seine (des W.) amtliche Thätigkeit nach dem Ergebnisse einer Revision amtlich erstattet hatte, zum Gegenstande einer Beschwerde und eines daran geknüpften Antrags in einer Weise gemacht, welche von der StA.-schaft für beleidigend erachtet wurde. Das Gericht erster Instanz sprach frei, weil die Schrift zur Ausführung der Vertheidigung eingereicht sei und eine beleidigende Absicht nicht feststehe. Auf die Appellation des StA.s änderte aber das AG. dieses Erkenntniß ab, und verurtheilte aus § 185 des R.-StGB.s (§ 102 des Preuß. StGB.s), indem es erwog: „daß die Schrift objektiv den Charakter der Beleidigung an sich trage, und daß die Grenzen einer statthaften Vertheidigung weit überschritten seien; W. falle aus dem Tone ruhiger Beurtheilung in den der Leidenschaftlichkeit und in den der Injurie; die Ausdrücke seien so gesucht scharf gewählt, daß aus ihnen überall der Ton der Gehäsſigkeit gegen den Revisor rc. H. herausklinge, ein Ton, welcher in gebildeten und fein fühlenden Kreisen, welchen doch W. und H. angehörten, stets einen beleidigenden Charakter an sich trage; — hiernach müsse sowohl aus der Form der Aeußerung als aus den Umständen auf das Vorhandensein einer Beleidigung geschlossen und als feststehend angesehen werden:

„daß W. durch die rc. Schrift einen öffentlichen Beamten (in Bezug auf seinen Beruf) beleidigt habe.“

Der, Gesetzesverletzung rc. rügenden NB. des W. setzte der StA. den Einwand der mangelnden Legalisation durch einen qualifizirten Rechtsverständigen entgegen.

Vernichtung. Gründe:

[1.] Der Antrag der Staatsanwaltschaft, die NB. wegen mangelnder Legalisation auf Grund der Bestimmungen der Artt. 110 und 113 des Ges.s v. 3. Mai 1852 zurückzuweisen, kann nicht für gerechtfertigt erachtet werden. Die Vorschrift des § 110 l. c., daß die von den Angeklagten zur Anmeldung oder Rechtfertigung des Rechtsmittels eingereichte Schrift, von einem zum Richteramte befähigten Rechtsverständigen legalisirt sein müsse, hat nicht die Beglaubigung der Unterschrift durch eine andere Person, sondern die Herstellung einer Garantie dafür zum Zwecke, daß die Schrift in gesetzlicher Weise abgefaßt, und alles Ungehörige aus derselben entfernt gehalten werde. Aus diesem Grunde wird die Mitwirkung eines Rechtsverständigen erfordert. Besitzt nun der Angeklagte selbst die in § 110 l. c. angegebene Qualität, so bietet er selbst die nöthige Gewähr zur Erreichung der angegebenen Zwecke dar, und es ist kein Grund vorhanden, welcher die Legalisation durch einen zweiten Rechtsverständigen erforderlich machen könnte. Da dieses nun im vorliegenden Falle bei dem Kreisgerichtsrath W. zutrifft, so ist die vorgeschriebene Form genügend gewahrt.

[2.] Die den Gegenstand der Anklage bildende Schrift ist eine an das Justiz-Ministerium gerichtete Beschwerde des Angeklagten über die ihm wegen seiner Dienstführung in dem Revisionsbescheide des Appellationsgerichts ertheilten Rügen. Der Zweck derselben war die Vertheidigung der wirklichen oder vermeintlichen Rechte des Imploranten und es finden daher die Vorschriften des § 154 des Preußischen bezw. des § 193 des Bundes-StGB.s im vorliegenden Falle Anwendung. Der gedachte § 154 setzt in den von ihm vorgesehenen Fällen als Bedingung der Strafbarkeit die Absicht zu beleidigen voraus. Die an sich als berechtigt angesehenen Handlungen und Aeußerungen sollen nur in dem Falle für strafbar erachtet werden, wenn mit dem erlaubten Zwecke derselben, der Vertheidigung von Rechten 2c., ein unerlaubter, der Ehrenkränkung einer andern Person konkurrirt. Deshalb ist zum Thatbestande des Vergehens der Beleidigung, wenn der § 154 Anwendung findet, der Nachweis des allgemeinen Bewußtseins von dem ehrenkränkenden Charakter der in Rede stehenden Aeßerungen bei dem Angeklagten nicht genügend, sondern auch noch die Feststellung des Zweckes, durch dieselben einer bestimmten Person eine Ehrenkränkung zuzufügen erforderlich. Es bedarf also der ausdrücklichen thatsächlichen Feststellung des

Vorhandenseins der Absicht zu beleidigen, und zwar um so mehr dann, wenn diese Absicht von dem Angeklagten bestritten wird. Der dem § 154 des Preuß. StGB.s entsprechende § 193 des B.-StGB.s, welcher der Entscheidung in dem angefochtenen Urtheil zum Grunde gelegt ist, hat in seinem Schlußsatze eine von dem § 154 abweichende Fassung erhalten, indem an die Stelle der Worte „die Absicht zu beleidigen" der Ausdruck „das Vorhandensein einer Beleidigung" getreten ist. Hierdurch ist aber eine prinzipielle Aenderung des Thatbestandes weder beabsichtigt noch bewirkt worden. Durch die jetzt gewählte Fassung ist nur die objektive Seite des Vergehens der Beleidigung schärfer hervorgehoben, während aus dem sonstigen, im Wesentlichen unverändert gebliebenen Inhalt des § 193, sowie aus den Motiven des zweiten Entwurfes zu demselben, in welchen sich diese Abweichung von der Fassung des § 154 zuerst findet, klar hervorgeht, daß die „Absicht zu beleidigen" als spezielles begriffliches Moment, nach wie vor beibehalten ist. Es gehört also zum Thatbestande des Vergehens der Beleidigung im Falle des § 193 der Nachweis dieser Absicht und eine thatsächliche Feststellung, welche sich auf das „Vorhandensein einer Beleidigung" beschränkt, kann nur dann für genügend erachtet werden, wenn aus der Begründung derselben hervorgeht, daß die Absicht zu beleidigen, für nachgewiesen erachtet ist und in der ersteren, den Worten des § 193 entsprechenden Bezeichnung, ihren Ausdruck hat finden sollen. In den Entscheidungsgründen des angefochtenen Urtheils ist nun der Nachweis, daß der Angeklagte die Absicht gehabt habe den Appellationsgerichtsrath H. durch die inkriminirte Schrift zu beleidigen, nirgend erwähnt, vielmehr nur der Ton der Gehässigkeit gegen denselben, welcher aus den gebrauchten Ausdrücken herausklingt und der beleidigende Charakter derselben, mithin nur die objektive Seite des Vergehens der Beleidigung hervorgehoben. Unter diesen Umständen kann nach Vorstehendem die bloße Feststellung des „Vorhandenseins einer Beleidigung" nicht genügen, zumal die Absicht zu beleidigen bestritten ist. Es fehlt daher an einer zur Anwendung des Strafgesetzes ausreichenden thatsächlichen Feststellung, und ist der § 193 des Deutsch. StGB.s resp. § 154 des Preuß. StGB.s unrichtig angewendet, da es an Feststellung der Voraussetzungen fehlt, von welchen diese Vorschriften das Vorhandensein einer Beleidigung abhängig machen. Es mußte also aus diesem Grunde die Vernichtung des Urtheils und die Verweisung in die Instanz zur weitern Erörterung über diesen Punkt erfolgen.

Antr. d. GStA.: gleichl. [38.—3.]

Mitthäter. – Ausführung.

Es gehört nicht nothwendig zum Begriffe eines Mitthäters, daß derselbe auch an der letzten zur Ausführung der That erforderlich gewesenen Handlung unmittelbar Theil genommen habe.

B.-StGB. § 47 [n. 9].

Erk. (Z. I.) v. 14. Juli 1871 c. Bieberkraut & Gen. (444. I. Cr.).

B. und Gen. waren wegen eines gemeinschaftlich verübten Betruges aus § 263 des B.-StGB.s bestraft worden. In zweiter Instanz focht B. diese Entscheidung deshalb an, „weil er bei dem betr. Vorfalle nicht zugegen gewesen sei, somit nicht als Miturheber des Vergehens angesehen werden könne;" das AG. verwarf indessen diesen Einwand, und das OTr. die hierauf gestützte NB. — Die Gründe führen aus:

„der erste Richter, welchem das AG. lediglich beigetreten sei, habe die von allen drei Angeklagten im gemeinsamen Einverständnisse zur Ausführung des Betrugs getroffenen Vorbereitungen umständlich aufgeführt und das AG. erkläre hierauf gestützt, daß B. „obwohl bei der Probe und Uebergabe des unedlen Metalls an den Betrogenen nicht gegenwärtig, als Mitthäter zu bestrafen sei, weil er nach gemeinsamer Verabredung eine der Rollen übernommen habe, deren Durchführung nöthig war, um die Schlinge zuzuziehen, welche von den drei Angeklagten ihrem Opfer gelegt war;" dieses genüge zur Annahme einer Mitthäterschaft.

Antr. d. GStA.: gleichl. [20.—8.]

Strafantrag. – Wiederholung. – Ideal-Konkurrenz.

1. Ein einmal gestellter, demnächst zurückgenommener Strafantrag kann nicht erneuert werden.

2. Schließt eine Handlung in Ideal-Konkurrenz die Thatbestände zweier Straffälle in sich, von welchen nur einer ein Antragsvergehen ist, so ist die Strafverfolgung beider ohne Antrag statthaft.

B.-StGB. § 64 [n. 19]; §§ 61 [n. 6]. 73. Vgl. oben S. 207. 187.

Erk. (Beschl. I.) v. 14. Juli 1871 c. Bunde & Gen. (120. B. I. Cr.). [20.—8.]

Steuer-Regulativ. – Finanz-Minister. – General-Direktor der Steuern.

Die vom General-Direktor der Steuern erlassenen (genehmigten) Orts-Steuer-Regulative sind so anzusehen, als seien sie vom Finanz-Minister ausgegangen.

Schlacht- u. Mahl-Steuer-Ges. v. 30. Mai 1820 §§ 16c. 19; AKO. v. 22. Dezbr. 1843 (GS. 1844. S. 46); Publ. v. 16. Dezbr. 1808; AKO. v. 27. Okt. 1810; AKO. v. 24. Apr. 1812; AKO. v. 26. Nov. 1813.

Erk. (B. I.) v. 14. Juli 1871 c. Dennert (520 I. Cr.).

Das AG. hatte den Schlächtermeister D. von der Anklage einer Schlachtsteuer-Kontravention freigesprochen, weil das Ortsregulativ, welchem derselbe zuwidergehandelt haben sollte, vom Provinzial-Steuer-Direktor und mit Genehmigung des General-Direktors der Steuern erlassen, ein solches aber nicht geeignet sei, die davon abweichenden Vorschriften eines älteren mit Ministerial-Genehmigung ergangenen Regulativs aufzuheben oder abzuändern.

Vernichtung. Gründe:

Bereits durch den § 2 des Publik. v. 16. Dez. 1808 war vorgeschrieben, daß jeder Minister Chef desjenigen Departements und der, demselben untergeordneten Abtheilungen ist, an dessen Spitze er steht. Nach dem § 31 l. c. zerfielen die Ministerien in verschiedene Abtheilungen, der § 32 l. c. bestimmte jedoch dabei ausdrücklich, daß diese unter der oberen Leitung und Aufsicht des bezüglichen Ministers stehen, dem die selbstständige Entscheidung gebührt. Nach § 33 l. c. sollte auch jeder Minister und Chef einer Abtheilung das

Recht haben an die untergeordneten Behörden unmittelbar zu verfügen, welche den Anordnungen Folge zu leisten hatten. Die Verordnung v. 27. Okt. 1810 über die Verfassung aller obersten Staatsbehörden besagt sodann unter dem Abschnitt „Staats-Minister und Departements-Chefs" wiederholt, daß jeder Staatsminister die ihm anvertraute Verwaltung selbstständig unter unmittelbarer Verantwortlichkeit gegen Se. Majestät den König, führt. Das Ministerium der Finanzen, welches damals der Staatskanzler selbst, unter Beihülfe besonderer Abtheilungs-Chefs verwaltete, hatte, wie bereits durch den § 22 des Publik. v. 16. Dez. 1808 geschehen, alle direkten und indirekten Abgaben überwiesen erhalten, und dieser Abtheilung war ein besonderer Direktor vorgesetzt, welcher die Verwaltung unter Leitung des Finanzministers führte. Der Königl. Befehl v. 24. April 1812 wegen einiger näheren Bestimmungen der Vdn. v. 27. Oktbr. 1810 theilte das Finanzministerium in drei Departements, dessen Erstem die Einkünfte des Staats, also auch die indirekten Steuern unter einem Abtheilungs-Chef untergeben blieben. Dieser Abtheilungs-Chef war für seinen Verwaltungszweig allein verantwortlich, sofern nicht der Staatskanzler als Finanzminister selbst verfügt hatte. Die Allh. Cab.-Ordre v. 26. Novbr. 1813 überwies jedoch das Finanzministerium einem eigenen Minister. Eine besondere Abtheilung desselben bildet die Verwaltung der Steuern unter einem besonderen Abtheilungs-Chef, dem damaligen Generaldirektor der Steuern. In der Stellung desselben und der übrigen Abtheilungs-Chefs dem Minister gegenüber, ist dagegen nichts geändert und der Finanzminister daher nach dem Vorstehenden der verantwortliche Vertreter des gesammten Ministerii auch bezüglich der Geschäftsführung der einzelnen drei Abtheilungen verblieben, so daß die von jeder einzelnen derselben herrührenden, und von deren Chef unterzeichneten Verfügungen, als von dem Finanzminister selbst ausgegangen gelten. Er ist dafür verantwortlich und demgemäß müssen sie, als von ihm selbst erlassen, in gleicher Weise nach

Außen hin ihre Wirkung erstrecken. Sonach reichte die Genehmigung des damaligen Gener.-Steuerdirektors zum Erlaß der in Rede stehenden Bekanntmachung des Prov.-Steuerdirektors zu Stettin v. 23. Okt. 1868 vollkommen aus um dieselbe, als von dem Finanzminister genehmigt, zu kennzeichnen. Dies genügte aber nach dem Gesetze v. 30. Mai 1820 und der AKO. v. 22. Dez. 1843 um den § 84 des Orts-Regulativs für Stettin v. 22. Aug. 1853 abzuändern, wie bereits öfters und namentlich in dem Erk. d. Königl. OTr.s v. 5. Dez. 1866 wider L. (Rechtspr. des OTr.s VII. S. 690) im Prinzipe entschieden worden ist.

Antr. d. GStA.: gleichl. [20.—8.]

---

1. Vernichtung. Zurückverweisung, wohin?

1. Ist ein schwurgerichtliches Erkenntniß unter Aufrechthaltung des Geschwornenspruchs vernichtet worden, so kann die Zurückverweisung nur vor einen Schwurgerichtshof erfolgen, sollte die festgestellte Handlung auch nur ein Vergehen darstellen.

Ges. v. 3. Mai 1852 Art. 117 [n. 7]. Vgl. RdOTr. 2. S. 442; 8. S. 69.

2. Ist in dem gedachten Falle die Vernichtung und Zurückverweisung unter der Herrschaft des Pr. StGB.s erfolgt, so darf das Verweisungsgericht den festgestellten Thatbestand nur nach dem Pr. StGB. beurtheilen und danach die Strafe bemessen, sollte auch die neue Aburtheilung erst unter der Herrschaft des B.-StGB.s erfolgen.

B.-StGB. § 2 [n. 6].

Erk. (Z. I.) v. 14. Juli 1871 c. Scheibler (272. I Cr.)

spricht den obigen Grundsatz 1 aus, und erwägt sodann:

[2.] Die dem Sch. zur Last gelegten Handlungen sind zur Zeit der Herrschaft des Pr. StGB.s begangen und auch von den Geschwornen als gegen den § 255 desselben verübt festgestellt worden. Dieses bezügliche Verdikt hat das Erk. VI. v. 14. Okt. 1870 (RdOTr. 11. S. 513) aufrecht erhalten und somit noch vor dem 1. Jan. 1871, an welchem Tage das B.-StGB. erst in Kraft getreten, endgültig entschieden, daß der Angeklagte S. des Vergehens nach Maßgabe des § 255 des Pr. StGB.s schuldig ist. Die Verweisung der Sache an den Schwurgerichtshof erfolgte nur zu dem ausdrücklich ausgesprochenen Zwecke der Strafabmessung und des Kostenpunkts. Es war daher eine Beurtheilung der rechtskräftig feststehenden Strafthat nach den Erfordernissen des § 271 des B.-StGB.s gar nicht statthaft. Wenn dies der Schwurgerichtshof dennoch gethan, so ist dies für den vorliegenden Fall gleichgültig, weil der § 255 des Pr. StGB.s dieselbe Strafbestimmung enthält wie der § 271 des B.-StGB.s wobei der Implorant sich um so weniger beschwert fühlen kann, weil ihm auf die, über ihn verhängte Strafe ein Theil der erlittenen Untersuchungshaft angerechnet worden ist, was nach den Vorschriften des Pr. StGB.s unzulässig gewesen wäre. Das Strafmaß selbst hat die gesetzlichen Grenzen bewahrt.

[20.—8.]

Gefangener. - Befreiung.

Fällt die Befreiung eines kriegsgefangenen feindlichen Offiziers, welcher mit dem Rechte der freien Bewegung innerhalb eines Festungsrayons auf Ehrenwort internirt war, unter die Strafbestimmung des Pr. StGB.s § 94; B.-StGB. § 120 [n. 1. 3]?

Erk. (Z. II.) v. 15. Juli 1871 c. Hülsbeck (192. II. Cr.).

H. war zwei kriegsgefangenen, mit dem Rechte der freien Bewegung innerhalb des Rayons der Festung C. auf Ehrenwort internirten französischen Offizieren zur Flucht behülflich gewesen. Hierin fand die Anklage einen Landesverrath im Sinne des § 69 des Preuß. und des § 89 des B.-StGB.s; der Anklagesenat des Kammergerichts verwies indessen die Sache (auf Grund des Ges.s v. 25. April 1853 § 8) zur Aburtheilung vor den Schw.-GH. zu C. Hier beantragte der StA. die Stellung der Hülfsfrage: „ob H. — vorsätzlich kriegsgefangene französische Offiziere, welche internirt waren, befreit habe;" — der Vertheidiger widersprach dieser Fassung, und richtete seinen

Antrag dahin, die Hülfsfrage nach den Worten des Gesetzes (B.-StGB. § 120) zu fassen. Der GH. beschloß folgende Fassung:

„Ist H. schuldig, — kriegsgefangene französische Offiziere aus der Gewalt der bewaffneten Macht vorsätzlich befreit zu haben?"

Die Geschwornen bejahten diese Frage unter gleichzeitiger Verneinung der ersten aus § 89 l. c. gestellten Hauptfrage. — Die gegen das verurtheilende Erkenntniß gerichtete NB. rügte Verletzung des § 120 cit., weil ein kriegsgefangener auf Ehrenwort in einer Festung internirter Offizier nicht „Gefangener" sei, da er sich in vollständiger Freiheit bewege und nur moralisch durch sein Ehrenwort gebunden sei, den ihm angewiesenen Umkreis nicht zu verlassen; deshalb habe sich auch der Kommandant von E. dahin ausgesprochen, die beiden Offiziere S. und D. seien nicht „Gefangene" im Sinne des § 94 des Pr. (§ 120 des B.-) StGB.s gewesen.

Das OTr. hat die NB. zurückgewiesen, weil der Thatbestand der angewendeten Strafgesetze wörtlich festgestellt sei, und der Geschwornenspruch in Betreff derjenigen Punkte, aus welchen die NB. folgern wolle, die Offiziere seien keine Gefangenen gewesen, keinen Anhalt gewähre, — auch der Angeklagte die Aufnahme jener Momente in die Fragstellung, bezw. die Auflösung des Begriffs — „Gefangener" nicht beantragt habe.

Antr. d. GStA.: gleich. [14.—3.]

Rheinisches Verfahren. - Zeugen. - Getrennte Vernehmung.

Die beantragte Vernehmung eines Zeugen kann nicht lediglich aus dem Grunde abgelehnt werden, weil derselbe vorher der Vernehmung anderer Zeugen beigewohnt habe.

Rh. StPO. Artt. 317. 153. 190. Vgl. C. v. 3. brum. IV Artt. 184. 189; JII. v. 19. Sept. 1861 (RhOTr. 1. S. 581); Cass. v. 8. Juni 1844 (Sir. 44. 1. p. 864).

Erk. (S. II.) v. 15. Juli 1871 c. Meude (62. II. Cr.).

Bei der Hauptverhandlung vor der zuchtpolizeilichen Appellations-Kammer war ein vom Beschuldigten M. vorgeladener Schutzzeuge P. anfänglich nicht erschienen; M. behielt sich das Recht vor, seine spätere Vernehmung zu beantragen. Am Nachmittage fand sich P. ein; die nunmehr von M. beantragte Vernehmung desselben ward aber auf den Widerspruch des Ober-Prokurators von dem Appellations-Richter abgelehnt, weil

„P. zugestandener Maßen heute Nachmittag vom Beginne der Sitzung bis jetzt im Sitzungssaale anwesend war, daher der Widerspruch des öffentlichen Ministeriums gegen seine Vernehmung gerechtfertigt ist."

Auf den Kassationsrekurs des M. hat das OTr. das demnächst gefällte verurtheilende Erkenntniß vernichtet und die Sache vor eine andere Appell-Kammer verwiesen, indem es erwog:

daß die von der zuchtpolizeilichen App.-Kammer für die Nichtvernehmung des Schutzzeugen P. angeführten Gründe nur die Auslegung zulassen, daß die Vernehmung für rechtlich unstatthaft erachtet und nicht etwa mit Rücksicht auf besondere Umstände des vorliegenden Falles aus dem Grunde abgelehnt worden ist, weil von derselben ein Ergebniß für die Ausmittelung der Wahrheit nicht zu erwarten sei;

daß jedoch ein gesetzliches Verbot, einen bei Vernehmung anderer Zeugen gegenwärtig gewesenen Zeugen zu vernehmen, nicht besteht, und insbesondere aus den Bestimmungen der Artt. 316 und 317 der StPO. um so weniger hergeleitet werden kann, als die Nichtbeachtung dieser Vorschriften mit Nichtigkeit nicht bedroht ist;

daß daher die Ablehnung der Vernehmung des rc. P. in der Art, wie sie geschehen ist, als gesetzwidrig erscheint und daß das in Folge dieses gesetzwidrigen Verfahrens erlassene Strafurtheil zu vernichten ist, ohne daß es eines Eingehens auf die übrigen Kassationsmittel bedarf.

Antr. d. GStA.: entg. [11.—3.]

Beweisantrag. – Zeugen. – Antrag.

Hat das Gericht über eine für erheblich erachtete Thatsache nur einen Theil der laudirten Zeugen vernommen, so kann, wenn die Aussage der letzteren zur Erbringung des angetretenen Beweises nicht für ausreichend erachtet worden, der Antrag auch noch die übrigen vorzuladen, nicht lediglich aus dem Grunde abgelehnt werden, weil der Angeklagte

die ihm überlassene Gestellung der übrigen nicht bewirkt habe.

Ges. v. 3. Mai 1822 Art. 26 [n. 4]. Vgl. RbOTr. 4. S. 162; 5. S. 522; 9. S. 481. 696.

Erk. (V. II.) v. 15. Juli 1871 c. Schall (146. II. Cr.).

Antr. d. GStA.: gleichl. [11.—3.]

Bankerutt. - Zahlungseinstellung. - Zahlung durch Wechsel.

Der Kaufmann, welcher eine fällige Wechselschuld durch einen neuen Wechsel berichtigt, hat deshalb nicht seine „Zahlungen eingestellt," wenn der Gläubiger den neuen Wechsel angenommen und nicht auf Zahlung bestanden hat.

B.-StGB. § 281 [n. 16].

Erk. (V. I.) v. 19. Juli 1871 c. Fresdorf (340. I. Cr.).

Der erste Richter hatte zur Begründung einer Verurtheilung wegen einfachen Bankerutts ausgeführt: F. sei am 5. Okt. 1869 im Zustande der Zahlungsunfähigkeit gewesen, weil er einen an diesem Tage fälligen Wechsel nicht habe decken können. Zur Widerlegung dieser Annahme beantragte F. in 2. Instanz die Vernehmung der damaligen Wechsel-Inhaber E. und Kl. darüber: „daß er sie am Verfalltage theils durch Baarzahlung, theils durch einen neuen Wechsel befriedigt habe." Diese Beweiserhebung lehnte das AG. ab, weil „der Angeklagte damals" jedenfalls nicht im Staude gewesen sei seine Verbindlichkeiten zu erfüllen, zumal er gar nicht den Nachweis unternommen, daß er seit dieser Zeit Zahlungen an seine Gläubiger geleistet habe, vielmehr festgestellt sei, daß er dieselben durch Pfandbestellung und Uebereignung von Sachen an Zahlungsstatt befriedigt habe." Vernichtung. Gründe:

„Einzelne seiner Gläubiger (selbst zum Nachtheile anderer) zu befriedigen, war dem Angeklagten nach § 308 der Konk.-Ordn. so lange unbenommen, als er seine Zahlungen nicht eingestellt hatte, es ist also nicht wohl abzusehen, wie dieser Umstand als Beweis für die erfolgte Zahlungseinstellung dienen kann. Seinerseits zu beweisen, daß er nach dem 5. Okt. 1869 noch andere Zahlungen geleistet, lag dem Angeklagten, der den Beweis der Anklage zu erwarten hatte, nicht ob. Endlich aber würde eine bloße Zahlungsunfähigkeit an dem gedachten Tage noch nicht gleichbedeutend gewesen sein mit Zahlungseinstellung, die letztere auch nicht einmal die nothwendige Folge der ersten haben sein müssen, da trotz augenblicklicher Zahlungsunfähigkeit, ja sogar wirklicher Vermögensunzulänglichkeit ein Kaufmann noch durch Hülfe Anderer Zahlung zu leisten im Stande sein kann (vergl. Goltdammer's Arch. Bd. VIII. S. 565. 566), die Thatsache der wirklich erfolgten Zahlungseinstellung mithin noch anderer Beweise bedarf. Für einen solchen würde es endlich auch nicht anzusehen sein, wenn der Angeklagte an dem gedachten Tage eine Wechselschuld nur theilweise durch baare Zahlung, theilweise aber durch einen andern Wechsel berichtigt haben sollte, sobald der Gläubiger diesen Wechsel, ohne auf vollständige Baarzahlung zu dringen, angenommen hat.

Antr. d. OStA.: gleichl. [28.—8.]

Feuer-Anzünden. - Wald. - Schadensersatz.

Der Strafrichter ist nicht verbunden, über den Ersatz des Schadens zu erkennen, welcher durch das unbefugte Anzünden eines Feuers in einem Walde verursacht worden ist. Das gilt auch nach der Ostpreuß. Forst-Publ. v. 7. Juli 1804 §§ 1. 4. 5 (v. Rönne, Forst- und Jagdwesen S. 800). — Vgl. Zl. 4. Febr. 1859 c. Lokorandt. (GA. VII. S. 347.)

Erk. (Z. I.) v. 19. Juli 1871 c. Gintoch & Gen. (559. I. Cr.)

Die Angeklagten waren wegen unbefugten Anzündens eines Feuers in einem Königl. Forste, durch welches $1^1/_2$ Klafter dem Fiskus gehöriges Kiefernholz in Brand gesetzt und ein Schaden von $1^1/_2$ Thlrn. verursacht war, zu einer Haftstrafe verurtheilt worden; dagegen hatte das AG. den Antrag des StA.s, dieselben gleichzeitig auf Grund des Ostpreuß. Publ. v. 7. Juli 1804 § 5 zum Ersatze des verursachten Schadens zu verurtheilen, als nicht der strafgerichtlichen Entscheidung unterliegend abgelehnt. NB. des OStA.s, welche hierin unter Hinverweisung auf die analoge Vorschrift des § 18 des HDGes.s v. 2. Juni 1852 und der §§ 188. 231 des B.-StGB.s eine Verletzung des cit. § 5 fand. Zurückweisung. Gründe:

Der als verletzt bezeichnete § 5 des Publikand. vom 7. Juli 1804 bestimmt nur:

„Ist durch dergleichen unerlaubte Handlungen ein Schaden veranlaßt worden, so ist der Thäter schuldig, ihn vollständig zu ersetzen,"

und hierin liegt nichts weiter, als der bereits aus allgemeinen Prinzipien sich ergebende Grundsatz: „daß derjenige, welcher durch seine entsprechende Handlung für einen Dritten einen Schaden herbeigeführt hat, zu dem Ersatz desselben verpflichtet ist." In welchem Verfahren jedoch diese Schadensermittelung stattfinden soll, darüber enthält der in Bezug genommene § 5 l. c. Nichts und es kann der von dem App.-Richter geltend gemachte Grund zur Ablehnung der Entscheidung über die Höhe des Schadensbetrages, als ein rechtsirrthümlicher nicht erachtet werden, und zwar um so weniger, als die von der NB. herangezogenen speziellen Strafbestimmungen darthun, daß bloß in bestimmten Fällen der Strafrichter nach dieser Richtung hin zu verfahren verbunden ist.

Antr. d. GStA.: gleichl. [20—8.]

Militär. - Marketender. - Zustellung.

Ein bei einem Regimente als Marketender Eingetretener ist ein „Militärbeamter". Die während seiner militärischen Abwesenheit in seiner Wohnung an einen Angehörigen bewirkte Zustellung eines civil-gerichtlichen Urtheils kann den Lauf der Rechtsmittelfrist nicht begründen.

Mil.-StGO. §§ 9—11; — Klassifikation der Mil.-Personen B. II, e. Vgl. RdOTr. 8. S. 409; 11. S. 54.

Beschl. (I.) v. 19. Juli 1871 c. Heinrich (73. B. I. Cr.)

Der Angeklagte ist nach Auskunft des ꝛc. Regiments v. ꝛc. bei der mobilen Armee, und zwar bei der 5. Kompagnie des gedachten Regiments als Marketender eingetreten und erst am 15. Dezbr. ej. a. in seine Heimath entlassen worden. Er gehörte mithin nach dem Allerh. Erlaß vom

17. Juli 1862, betr. die Klassifikation der zum Heere gehörenden Militärpersonen, sub B. II. e, bezw. der Bundes-Verordnung v. 29. Dezbr. 1867, betr. die Einführung des Preuß. Militär-Strafrechts im ganzen Bundesgebiet (Beilage Litt. A. sub B. II. e) zu den untern Militärbeamten ohne einen bestimmten Militärrang und es kommen ihm deshalb nach § 1 Nr. 2 der StGO. die §§ 9—11 l. c. zu Statten. Hiernach kann nicht angenommen werden, daß ihm die am 16. Aug. 1870 zu Händen seiner Ehefrau insinuirte Ausfertigung des App.-Urtheils vorschriftsmäßig mit verbindlicher Kraft behändigt worden ist und die Frist zur Rechtfertigung des rechtzeitig am 2. Juli 1870 angemeldeten Rechtsmittels der NB. zu laufen begonnen hat.

Antr. d. GStA.: gleichl. [20.—8.]

Beschlagnahme. – Dispositions-Untersagung.

Die gerichtliche Verfügung, durch welche dem Eigenthümer einer (unbeweglichen) Sache auf den Grund einer dieses gestattenden gesetzlichen Vorschrift zur Sicherung eines Gläubigers untersagt wird, über jene Sache eine Disposition zu treffen, ist eine „Beschlagnahme," welche von Jedem, welcher Kenntniß von derselben erlangt hat, respektirt werden muß.

Pr. StGB. § 272; B.-StGB. § 137 [n. 14]. Vgl. oben S. 66.

Erk. (Z. I.) v. 19. Juli 1871 c. Klünder & Gen. (548. I. Cr.).

Nach dem von den Vorderrichtern angenommenen Sachverhalte war den Besitzern des Guts K. auf Antrag eines Realgläubigers (in Gemäßheit des § 442 I, 20 ALR) jede Disposition über die K.sche Gutsforst untersagt und gleichzeitig der 2c. B. als Aufseher für die Forst bestellt, um jede Entfernung von Bäumen aus ihr zu verhindern. Mit Recht hat der App.-Richter in dieser Maßregel zwar nicht eine Sequestration der Forst, wohl aber eine Beschlagnahme derselben gefunden. Denn der Prozeß-Richter hat nicht blos unter Anwendung der §§ 114 und 115 I, 24. der AGO. einen Aufseher über die Forst eingesetzt, sondern ausdrücklich den Besitzern derselben die freie Disposition entzogen, also auch ohne Sequestration diejenige Beschlagnahme der Forst bewirkt, welche der § 116 a. a. O. im Auge hat. Gleichgültig ist es hierbei für die vorliegende Frage, daß die von dem Proz.-Richter getroffene Maßregel nicht zum Zwecke einer Exekution, sondern in Gemäßheit des § 442 I, 20. ALR. zur Sicherung des Realgläubigers angenommen wurde. Die Strafbestimmungen schützen jede gesetzlich statthafte und gehörig erfolgte Beschlagnahme (RdOTr. 8. S. 796). Die gehörig erfolgte Beschlagnahme muß von Jedem beachtet und nicht gestört werden, der sie kennt; die Art, wie er diese Kenntniß erlangt hat, hat keinen Einfluß; das Gericht erläßt die Bekanntmachung der Beschlagnahme nur an die betheiligten Personen; jeder Andere wird durch die auf irgend einem Wege erlangte Kenntniß von der Beschlagnahme verbunden, derselben bei Vermeidung der Strafe nicht entgegen zu handeln (RdOTr. 10. S. 630).

Antr. d. GStA.s: gleichl. [39.—8.]

Beleidigung. - Recht. - Beleidigende Absicht.

Ist festgestellt, daß bei einer in Ausübung eines Rechts gemachten beleidigenden Aeußerung eine „beleidigende Absicht" vorgewaltet habe, so wird dadurch die Anwendbarkeit nicht nur des § 154 des Preuß. StGB.s ausgeschlossen, sondern auch die des

B.-StGB.s § 193 [n. 3].

Erk. (Z. I.) v. 19. Juli 1871 c. Krämer (565. I. Cr.).

Die NB. des wegen „Beleidigung" verurtheilten K. rügte Verletzung des § 193 des B.-StGB.s, weil das AG. die behauptete „Wahrnehmung berechtigter Interessen" deshalb für ausgeschlossen erachtet habe, weil „K. persönlich nicht angegriffen gewesen ei." Zurückweisung. Gründe:

Ob dieser Vorwurf begründet ist, kann auf sich beruhen bleiben; denn der App.-Richter hat dem Angriffe jede Bedeutung dadurch genommen, daß er die Absicht zu beleidigen aus der Form der gebrauchten Aeußerungen feststellt. Damit verloren die Imploranten zunächst den Schutz des zur Zeit der Strafthat geltenden § 154 des Preuß. StGB.s; dann aber auch, da aus der Absicht zu beleidigen das „Vorhandensein der Beleidigung" mit Nothwendigkeit folgt, den Schutz des § 193 des B.-StGB.s, selbst wenn dessen Voraussetzungen vorhanden gewesen wären.

Antr. d. GStA.: gleichl. [39.—8.]

Steuerhinterziehung. - Rückfall. - Untersagung des Gewerbebetriebs.

Die Untersagung des Gewerbebetriebs wegen Steuerhinterziehung im zweiten Rückfalle ist nicht dadurch bedingt, daß der Angeklagte bereits zur Zeit der Verübung der früheren Fälle das Gewerbe selbstständig betrieben habe.

Steuer-Ordn. v. 8. Febr. 1819 § 63. Vgl. RbOTr. 2. S. 428 (und dort die Note); 10. S. 572; B.-Gew.-Ordn. v. 21. Juni 1869 § 143.

Erk. (B. I.) v. 19. Juli 1871 c. Michaelis (466. I. Cr.)

Antr. d. GStA.: gleichl. [39.—8.]

Steuer-Revision. - Hülfe. - Verweigerung.

Die Weigerung eines Gewerbtreibenden bei der steueramtlichen Revision seiner Mehlbestände zugegen zu sein, ist für sich allein nicht als eine Versagung derjenigen Hülfsdienste anzusehen, welche der revidirende Beamte fordern kann.

Steuer-Ordn. v. 8. Febr. 1819 § 55.

Erk. (B. I.) v. 19. Juli 1871 c. Rabbow (585. I. Cr.).

Es kann in der bloßen Weigerung des Angeklagten, der Revision selbst oder durch einen Bevollmächtigten beizuwohnen, jedenfalls noch nicht eine Versagung derjenigen Hülfsdienste gefunden werden, welche die Steuerbeamten nach § 55 a. a. O. zu fordern berechtigt sind, da nicht abzusehen ist, wie in der zunächst geforderten blos passiven Assistenz schon eine Dienstleistung liegen könne. Möglicher Weise könnte dieselbe zwar als eine (nicht thatsächliche) Widersetzlichkeit, welche der § 89 a. a. O. ebenfalls mit Strafe bedroht, aufgefaßt werden, da es aber in dieser Beziehung noch an einer thatsächlichen Feststellung fehlt, so kann diese Frage von Seiten des Ober-Tribunals zur Zeit noch keiner Erörterung unterzogen werden.

[28.—8.]

Schwurgerichtshof. - Beisitzer. - Staatsanwalt.

Ein Richter, welcher in Vertretung des Staatsanwalts nach geschlossener Voruntersuchung noch eine Requisition an den Untersuchungsrichter (um Vernehmung eines Zeugen) gerichtet hat, darf im demnächstigen Hauptverfahren nicht als Beisitzer des Schwurgerichtshofs mitwirken.

Vdn. v. 3. Jan. 1849 § 3 [n. 13]; Cr.-Ordn. § 47. Vgl. RdOTr. 2. S. 544.

Erk. (V. I.) v. 19. Juli 1871 c. Winkler (652. I. Cr.).

Vernichtung, weil „die betr. Handlung einen Akt der Verfolgung darstelle."

Antr. d. GStA.: gleichl. [28.—8.]

Zuständigkeit. - Gesetzeswechsel.

Ein unter der Herrschaft des älteren Gesetzes im zweiten Rückfalle verübter Betrug gehört zur Zuständigkeit der Gerichtsabtheilung, obgleich er nach dem jetzt geltenden Bund.-StGB. ein Verbrechen darstellt.

Einf.-Ges. v. 3. Mai 1852 Art. XIII [n. 13]; Einf.-Vdn. v. 25. Juni 1867 [n. 34].

Beschl. (I.) v. 6. Sept. 1871 c. Beneder (137. B. I. Cr.).

Antr. d. GStA.: gleichl. [20.—8.]

Unzuständig-Erklärung. - Nichtigkeits-Beschwerde.

Die Nichtigkeitsbeschwerde gegen das eine

Unzuständigerklärung aussprechende Urtheil ist beim Erst-Instanz-Gericht anzumelden etc.

StPO. §§ 47. 370. 407. Vgl. RdOTr. 9. S. 462; 10. S. 597; 11. S. 112. 206. Sic: Z. (II, 91) v. 6. Sept. 1871 c. Butenop.

Beschl. v. 6. Sept. 1871 c. Krake (AOG. II, 115).

Das Urtheil, durch welches sich die Strafkammer unzuständig erklärt hatte, war vom OStA. durch eine direkt beim OAG. angemeldete und gerechtfertigte NB. angefochten worden. Diese hat das OAG. durch Beschluß zurückgewiesen, indem es erwog:

daß auf den Inhalt des angefochtenen Erkenntnisses erst eingegangen werden könnte, wenn den formalen Erfordernissen des verstatteten Rechtsmittels Genüge geleistet wäre;

daß aber letzteres nicht der Fall ist, indem die erhobene NB. unter Bezugnahme auf die StPO. § 407 direkt beim OAG. angemeldet und gerechtfertigt ist, gleich als ob es sich um eine NB. gegen Beschlüsse und Verfügungen handelte, während doch die in Gemäßheit der StPOrdn. § 47 nach vorgängiger Hauptverhandlung mittelst Urtheils ausgesprochene Inkompetenz, möge solchem Anspruche immerhin nach StPO. § 48 die Wirksamkeit eines Verweisungs-Beschlusses der zuständigen Raths- oder Anklagekammer beigelegt sein, für die Frage nach der Anfechtbarkeit der Regel unterliegt, daß Urtheile auch nur durch Urtheil wieder aufgehoben werden können und daher die NB. gegen dergleichen Unzuständigkeits-Urtheile nur nach Maßgabe der Bestimmungen des Tit. XVI. Abschn. II. der StPO. statthaft ist, wie dies insbesondere noch durch die Anführung des § 48 sowie des § 507 im § 370 Abs. 2 der StPO. bestätigt wird.

Antr. d. GStA.: gleichl. [60.—6.]

Urkundenfälschung. – Vermögensvortheil.

Bei einer falschen amtlichen Beurkundung kann die Absicht, sich einen Vermögensvortheil zu verschaffen, auch in der Verdeckung der vorausgegangenen Verübung einer strafbaren Handlung und in der dadurch herbeigeführten Siche-

rung der durch die letztere erlangten Vortheile gefunden werden.

B.-StGB. §§ 349. 268. 263 [n. 5]. Vgl. RbOTr. 9. S. 287; 12. S. 287.

Erk. (Z.) v. 6. Sept. 1871 c. Luckhardt (OAG. II, 94)

spricht den obigen Grundsatz unter Hinverweisung auf V. 24. Mai 1871 (oben S. 287) aus.

Antr. d. GStA.: gleichl. [65.—6.]

Unzucht. - Antrag. - Anklage, förmliche.

Unter der „förmlichen Anklage" im Sinne des § 176 Abs. 3 des Bund.-StGB.s ist die definitive Versetzung in den Anklagestand zu verstehen.

B.-StGB. § 176 [n. 28]. Sic: RbOTr. 12. S. 336; *contra:* Schütze Lehrbuch S. 335 n. 11.

Beschl. (I.) v. 6. Sept. 1871 c. Ramdohr (140. B. I. Cr.).

Zurückweisung der Beschwerde des OStA.s. Gründe:

Der Schlußsatz des § 176 l. c. bestimmt ausdrücklich, daß der Strafantrag des Berechtigten, nachdem die förmliche Anklage erhoben worden, nicht mehr zurückgenommen werden kann. Welche Bedeutung dem Ausdrucke: „förmliche Anklage" beizulegen, entscheidet nach dem in dem § 46 der Einl. des ALR. ausgesprochenen Grundsatze, der Wortlaut des Gesetzes. Unter einer förmlichen Anklage kann aber nur, sowohl nach dem gewöhnlichen Sprachgebrauche, als auch nach den §§ 39. 41. 44. 78 der Vdn. v. 3. Jan. 1849 die definitive Versetzung eines Angeschuldigten in den Anklagestand verstanden werden. Dabei fallen die §§ 1 und 13 l. c., welche von einer Anklage und einem Angeklagten reden, bevor noch ein derartiger Beschluß gefaßt worden, nicht ins Gewicht, da diese Ausdrucksweise, wenn sie überhaupt in Betracht kommen könnte, durch die genauere des späteren Ges.s v. 3. Mai 1852 jedenfalls beseitigt ist. Auf die Motive der Entwürfe zu dem jetzigen D. StGB. kann es ebenfalls nicht ankommen, da diese Entwürfe eine, der Fassung des § 176 l. c. entsprechende Vorschrift nicht einmal enthielten. Außerdem ergeben aber auch die hervorgehobenen Motive des ersten Entwurfes zu dem § 57, daß unter der dort gebrauchten Bezeichnung: „Eröffnung der gerichtlichen Untersuchung“ die Einleitung des strafgerichtlichen Verfahrens auf Grund der eingebrachten Anklage verstanden worden ist. Daß die Motive des zweiten Entwurfs dies nicht wiederholen, ist ohne Belang, da der § 62 des letzteren genau wieder von der Eröffnung der gerichtlichen Untersuchung spricht. Eben so wenig können die gepflogenen Verhandlungen im Reichstage herangezogen werden, schon darum nicht, weil die Aeußerungen einzelner Reichstagsmitglieder keine Gewähr für die Ansicht der Gesammtheit des Reichstags geben. So viel läßt sich indeß aus dem ganzen Hergange entnehmen, daß man sich um deshalb für den Zeitpunkt der förmlichen Anklage entschieden, um das Interesse der verletzten Person durch die Geheimhaltung des Vorfalles zu schützen, und zugleich um derselben, resp. deren gesetzlichen Vertretern die genügende Zeit zur Ueberlegung zu belassen. Auch das kann nicht in Betracht kommen, daß in einzelnen Bundesstaaten zur Zeit noch kein Anklage-Verfahren stattfindet. Es muß in solchen nach Maßgabe der dort geltenden prozessualischen Vorschriften ein entsprechender, anderweitiger Zeitpunkt ermittelt werden. Dagegen ist es wesentlich, daß der § 176 l. c. bereits eine Ausnahme von der Regel des § 64 l. c. enthält, nach welcher bei Antragsdelikten eine Zurücknahme des Strafantrags bis zur Verkündung des Erkenntnisses zulässig ist. Diese Ausnahme noch weiter auszudehnen, als der Wortlaut des Gesetzes gestattet, ist nach allgemeinen strafrechtlichen Grundsätzen nicht zu rechtfertigen.

[20.—9.]

Urkunde, öffentliche. – Kanzleizettel.

Die vom Bureauvorsteher ertheilte amtliche Bescheinigung über gefertigte Kanzlei-Arbeiten (sogen. Kanzleizettel) ist eine öffentliche Urkunde.

Pr. StGB. §§ 247. 251: B.-StGB. § 267 [n. 99]. Vgl. RbOTr. 4. S. 145; 5. S. 384; 11. S. 574.

Erk. (B. I.) v. 6. Sept. 1871 c. Reetz (284. I. Cr.)

Der frühere Kanzlei-Gehülfe R. hatte sich vor dem Schw.-GH. schuldig bekannt: „— versucht zu haben, in der Absicht sich Gewinn zu verschaffen, zu bewirken, daß die Thatsache, daß er im September 1870 — Bogen Kanzleiarbeit geliefert habe, in dem vom Büreau-Vorsteher der KG.s-Kommission zu W. behufs der Zahlungsanweisung amtlich als richtig geführt zu attestirenden Kanzleizettel als geschehen beurkundet würde, während er in Wirklichkeit eine geringere Bogenzahl geliefert hatte, 2c. (unter den Voraussetzungen des § 31 des Pr. StGB.s)." Gleichwohl sprach der GH. von der aus § 252 des Pr. StGB.s (B.-StGB. §§ 271. 272) erhobenen Anklage frei, (und strafte nur wegen Betrugsversuchs) weil jene Kanzleizettel zwar „Urkunden" aber nicht öffentliche Urkunden seien.

Vernichtung. Gründe:

Daß die sogenannten Kanzleizettel der vorliegenden Art zu den Urkunden gehören, die für Rechte oder Rechtsverhältnisse von Erheblichkeit sind, kann nicht zweifelhaft sein, weil sie den Anspruch des betreffenden Kanzleigehülfen auf Bezahlung des in dem betreffenden Monate verdienten Lohnes gegen die Salarienkasse begründen; eben so wenig aber, daß sie zu den öffentlichen Urkunden zu zählen sind, weil sie, um den gedachten Zweck zu erfüllen, von dem vorgesetzten Büreau-Vorsteher, einem öffentlichen, vom Staate dazu bestellten Beamten mit dem Atteste der Richtigkeit versehen sein müssen (§ 123 Thl. I. Tit. 10 der AGO.), wie solches vom OTr. ganz für denselben Fall schon in den Erkenntnissen vom 4. Novbr. 1863, vom 25. Novbr. 1870 (RdOTr. 4. S. 145; 11. S. 574), für einen ähnlichen Fall auch in dem Erkenntnisse v. 21. Dezbr. 1864 (RdOTr. 5. S. 384) ausgesprochen worden ist.

Antr. d. GStA.s: entg. [28.—8.]

---

1. **Vorladung. - Vertheidiger.**
2. **Unterschlagung. - Verpfändung.**

1. Der bevollmächtigte Vertheidiger eines nicht verhafteten Angeklagten braucht nicht zur Hauptverhandlung vorgeladen zu werden, sollte

auch die Vorladung des Angeklagten durch Aushang bewirkt sein.

StPO. §§ 210. 202.

2. Der Instanzrichter kann den Thatbestand einer Unterschlagung in der rechtswidrigen Verpfändung einer fremden Sache finden.

B.-StGB. § 246 [n. 35]. Vgl. oben S. 311.

Erk. (Z.) v. 6. Sept. 1871 c. Schnitzler (OAG. II, 87).

[1.] Da der Angeklagte sich nicht in Haft befand, mithin die Vorschrift im § 210 der StPO. keine Anwendung litt, so war nur dem Angeklagten selbst in Gemäßheit der StPO. § 382 der Verhandlungstermin bekannt zu machen, welches in Folge seines Entweichens nicht anders als mittelst des, in Uebereinstimmung mit den Vorschriften des § 202 der StPO. wahrgenommenen Aushanges hat geschehen können, zumal der Vertheidiger in der damals blos vorliegenden Vollmacht vom 18. Okt. v. J. gar nicht zur Entgegennahme von gerichtlichen Erlassen für den Angeklagten besonders bestellt war.

[2.] Die Behauptung sodann, daß nach dem Bund.-StGB. § 246 der Thatbestand der Unterschlagung überall nicht mehr durch eine Verpfändung erfüllt werden könne; ist rechtsirrthümlich. Es hat, wie auch aus den Motiven zum Entwurf des B.-StGB.s hervorgeht, durch Vermeidung einer Aufzählung der Modalitäten wie eine rechtswidrige Zueignung ausgeführt werden könne, keineswegs der Begriff der Unterschlagung auf den einzigen Fall der Veräußerung eingeschränkt werden sollen. Demnach ist in der Annahme des AG.s, daß der Angeklagte, indem er die fraglichen Aktien, sich als Eigenthümer derselben gerirend, an einen Dritten für eigene Schuld verpfändete, während er an die rc. H. das versprochene Darlehn, für welches ihm die Aktien eventuell zur Sicherheit hätten dienen sollen, nicht gezahlt hatte, und also vermöge der accessorischen Natur des Pfandrechtes, in Ermangelung existent gewordener Hauptforderung, nicht einmal Pfandrecht an den fraglichen Aktien für ihn entstanden war, daneben unter Berücksichtigung seiner mißlichen Vermögensumstände, — eine rechtswidrige Zueignung der fraglichen Aktien vorgenommen habe, eine rechtsirrthümliche Anwendung des § 246 des B.=StGB.s in keiner Weise zu befinden.

Antr. d. GStA.: gleichl. 62.—6.]

Strafantrag. - Gesetzeswechsel. - Wiederholung.

Die Verfolgung eines Antragsvergehens unter der Herrschaft des B.=StGB.s ist statthaft, sollte der Verletzte seinen Antrag auch früher unter der Herrschaft des älteren, einen solchen nicht erheischenden, Gesetzbuchs gestellt haben.

B.-StGB. §§ 2 [n. 19] 61.

Erk. (Z. I.) v. 6. Sept. 1871 c. Wilke (648. I. Cr.).

Der Antrag ist vorhanden; er ist am 31. Dez. 1870 gestellt. Einer Wiederholung desselben nach dem 1. Jan. 1871 bedurfte es nicht, um dem Erfordernisse des D. StGB. zu genügen, denn wenn gleich dieser Antrag zur Zeit des Preuß. StGB.s auf das Verfahren keinen Einfluß ausüben konnte, so blieb doch derselbe als Antrag in Kraft und vermochte daher als solcher auf das dem D. StGB. entsprechende Verfahren einzuwirken.

Antr. d. GStA.: gleichl. [39.—8.]

Abgabenvergehen. - Verwaltungsbehörde. - Rechtsmittelfrist.

In Untersuchungssachen wegen Zuwiderhandlung gegen die Vorschriften über die Erhebung öffentlicher Abgaben ist die Frist zur Anmeldung der Rechtsmittel für die Verwaltungsbehörde nicht (wie die Rechtfertigungsfrist) verlängert, sondern

nur der Anfangspunkt des Fristenlaufs anders bestimmt.

StPO. §§ 480. 445. 370.

Beschl. v. 6. Sept. 1871 c. Wichmann (OAG. II, 95).

Antr. d. GStA.: gleichl. [66.—6.]

App.-Richter. – Beweisantrag. – Strafabmessung.

Der App.-Richter ist zur Prüfung der unter Beweis gestellten neuen Thatsachen nur in so weit verpflichtet, als sie zur Aenderung der thatsächlichen Feststellung führen sollen, nicht aber als aus ihnen eine Aenderung des Strafmaßes herzuleiten wäre.

Ges. v. 3. Mai 1852 Art. 101 [n. 61. 63]. Vgl. RdOTr. 9. S. 576.

Erk. (Z. I.) v. 6. Sept. 1871 c. Wlochowski (741. I. Cr.).

Der vom Imploranten angebotene Beweis ist vom App.-Richter nicht unbeachtet gelassen, sondern aus thatsächlichen, also nicht weiter anfechtbaren Erwägungen von ihm gewürdigt worden. Hierbei hat er mit Recht nur die Frage erörtert, ob die Richtigkeit der unter Beweis gestellten Thatsachen zu einer Aenderung der Feststellung führen würde; denn nur hierzu verpflichtet ihn der Art. 101 des Ges.s v. 3. Mai 1852, nicht auch zur Erörterung der Frage, ob aus jener Richtigkeit eine Aenderung des Strafmaßes herzuleiten sei.

Antr. d. GStA.: gleichl. [39.—8.]

---

1. Zeuge. – Vereidung. – Unerheblichkeit. – Verzicht.
2. Richtigkeit. – Erste Instanz.

1. Die Vereidung eines vernommenen Zeugen darf „wegen der Unerheblichkeit seiner Aussage" nicht unterlassen werden. Ebenso ist ein Verzicht auf dieselbe unstatthaft.

Vdn. v. 3. Jan. 1849 § 55 [n. 28].

2. Der App.-Richter muß einen in erster In-

stanz verübte Verletzung wesentlicher Vorschriften von Amtswegen berücksichtigen.

Ges. v. 3. Mai 1852 Art. 102 [n. 2]. Vgl. RdOTr. 1. S. 209; 12. S. 380.

Erk. (V. II.) v. 7. Sept. 1871 c. Gädke (173. I. Cr.).

Die von dem Richter angenommene Unerheblichkeit der von der Zeugin Th. abgegebenen Aussage berechtigte nicht zur Unterlassung der Vereidung, weil die Unerheblichkeit einer Zeugenaussage erst dann für festgestellt gelten kann, wenn das gesetzliche Mittel zur Erforschung der Wahrheit, nämlich die Beeidigung angewendet worden ist. Daß der erste Richter die Aussage der Zeugin mit Rücksicht auf die Stellung, welche sie zu der Untersuchung eingenommen hat, für unglaubwürdig erachtet und um deshalb ihre Beeidigung unterlassen habe (§ 333 der Crim.-Ordn.) geht aus den Gründen des Beschlusses nicht hervor. Auf das Einverständniß der StA.-schaft mit der Aussetzung der Vereidigung konnte es, da es sich um eine wesentliche, unter allen Umständen zu befolgende Prozeßvorschrift handelt, nicht ankommen und aus demselben Grunde wird endlich die Vernichtung des App.-Erkenntnisses auch dadurch nicht abgewendet, daß der in erster Instanz vorgekommene Verstoß nicht in zweiter Instanz gerügt worden ist.

[37.—3.]

Diebstahl. – Kostgänger. – Strafantrag.

Der Dieb, welcher zum Bestohlenen in einem dauernden Verhältnisse stand, vermöge dessen er bei diesem wohnte und die Kost von ihm bezog, kann nicht ohne Antrag des letzteren verfolgt werden.

B.-StGB. § 247 [n. 7].

Erk. (Z. II.) v. 7. Sept. 1871 c. Hillers (135. I. Cr.).

Die ꝛc. H. war auf den Antrag des D., bei welchem sie dauernd Wohnung und Kost hatte, wegen eines zum Nachtheile dieses verübten Diebstahls zur Untersuchung gezogen worden. Da aber D. in der Sitzung erster Instanz jenen Antrag zurücknahm, so erklärten beide Instanzgerichte „das Verfahren für unstatthaft.“ Kass.-Rekurs des

Ob.-Prokurators, welcher (unter Bezugnahme auf Schwarze's Kommentar S. 556) auszuführen suchte, daß § 247 sich nur auf den sog. Gesindediebstahl beziehe, daß also nicht das Verhältniß eines Kostgängers genüge, wenn mit demselben nicht auch ein gewisses Abhängigkeitsverhältniß verbunden sei. Verwerfung. Das OTr. erwog:

daß nach der Vorschrift des § 247 Abs. 1 d. B.-StGB.s nicht blos derjenige nur auf Antrag verfolgt werden kann, der gegen Angehörige, Vormünder und Erzieher einen Diebstahl oder eine Unterschlagung begeht, sondern auch derjenige, der sich dieser Vergehen gegen solche Personen schuldig macht, „in deren Lohn oder Kost er sich befindet;"

daß von einer Beschränkung der hier zuletzt bezeichneten Personen blos auf diejenigen unter ihnen, zu denen der Thäter in einem Abhängigkeits- oder Dienstverhältniß steht, in dem § selbst keine Rede ist;

daß ein nöthigender Grund zu einer solchen Beschränkung auch nicht in dem Umstande gefunden werden kann, daß sich diese Personen hier den Angehörigen, Vormündern und Erziehern des Thäters zugestellt finden, und zwar nicht blos darum nicht, weil dieser Umstand auf die in dem Kass.-Rekurs behauptete nothwendige Gleichartigkeit des Verhältnisses des Thäters zu diesen und jenen überhaupt keinen sichern Schluß gestattet, sondern auch darum nicht, weil selbst bei Vormündern und Erziehern die Vorschrift des § 247 durch ein Abhängigkeitsverhältniß des Thäters zu ihnen nicht nothwendig bedingt ist, also auch da zu befolgen bleibt, wo es an einem solchen Verhältniß in dem einzelnen Falle erweislich fehlen sollte, und es bei dem, den Angehörigen des Thäters vorbehaltenen Antrage vollends unerheblich ist, ob der Thäter sich zu diesen in einem Abhängigkeits- oder in dem umgekehrten Verhältnisse befindet;

daß zudem der Geist des neuen StGB.s einer beschränkteren Auslegung des § 247 entgegensteht; daß daher in der Anwendung der Vorschrift dieses § auf die thatsächliche Feststellung der Instanzrichter, „daß die Angeschuldigte zur Zeit der That bei dem Verletzten wohnte und

Kost von ihm bezog, und daß dies Verhältniß ein dauerndes war," die behauptete Gesetzesverletzung nicht anzuerkennen ist.

Antr. d. GStA.: gleichl. [11.—3.]

Bankerutt. - Differenzhandel. - Verschulden.

Der Verbrauch übermäßiger Summen durch Differenzhandel macht den Zahlung einstellenden Kaufmann strafbar, ohne Rücksicht auf ein geringeres oder größeres Verschulden bei den entstandenen Verlusten.

Pr. StGB. § 261 Nr. 1; B.-StGB. § 283 Nr. 1 [n. Fa.].

Erk. (Z. I.) v. 8. Sept. 1871 c. Hermann (567. I. Cr.)

H. war, weil er „— als Handelsmann, welcher seine Zahlungen eingestellt, durch Differenzhandel mit Börseneffektn übermäßige Summen verbraucht hatte," — aus § 261 Nr. 1 des Pr. (§ 283 des B.-) StGB.'s bestraft worden. Seine NB. rügte, daß von beiden Instanzrichtern sein Einwand: daß nicht die Differenzgeschäfte für sich, sondern der Ausbruch des Krieges von 1870 die Verluste herbeigeführt hätten, — für nicht durchgreifend erachtet worden sei; insbesondere verkenne der App.-Richter das Wesen des hier erforderlichen Dolus, wenn er annehme, der Kaufmann müsse auch den zufällig eingetretenen Verlust kriminalrechtlich vertreten, denn das Gesetz mißbillige nicht das Differenzgeschäft an sich, sondern nur das mit unverhältnißmäßigen Verlusten verbundene; deshalb müsse der Richter die wegen Zufalls nicht vertretbaren Verluste von den vertretbaren sondern. — Zurückweisung. Gründe:

Die Ausführung der NB. ist unzutreffend. Die Natur des Differenzgeschäfts steht ihr entgegen. Dasselbe ist ein Vertrag (in der Regel ein Lieferungsvertrag), bei welchem eine Quantität Waaren oder Effekten, deren Preis und ein Termin festgesetzt werden, und beide Kontrahenten versprechen, daß je nachdem die Veränderung des Preises (Kourses) an diesem Termine die eine oder andere Richtung (Sinken oder Steigen) genommen haben sollte, der Eine oder der Andere die Differenz der Preise von dem Mitkontrahenten erhalten solle. Der Preis der Waaren und Effekten ist aber von den Konjunkturen abhängig, welche durch den Verkehr und durch äußere, auf denselben Einfluß habende Ereignisse herbeigeführt werden. Soweit deren Voraussicht aber in der Regel unmöglich ist, erscheint das Schwanken der Preise mehr oder minder vom Zufalle abhängig. Allerdings war nun in diesem Sinne der Ausbruch des Krieges im Juli 1870 ein zufälliges Ereigniß, aber in keiner Hinsicht verschieden von jedem anderen das Steigen oder Sinken des Kourses bewirkenden Ereignisse. Das Differenzgeschäft ist also als ein solches Handelsgeschäft zu betrachten, bei welchem das Eintreten unbestimmter und unvorherzusehender, insoweit also auch zufälliger Ereignisse mit in Anschlag gebracht wird. Von einem Dolus oder einer Kulpa in der Voraussicht ist daher auch strafrechtlich hierbei nicht die Rede. Das Gesetz straft vielmehr den Verbrauch übermäßiger Summen durch Differenzhandel mit Waaren oder Börsen-Effekten, insofern eine Zahlungseinstellung erfolgt, ohne zu unterscheiden, wodurch der Verlust oder Verbrauch herbeigeführt worden ist.

Antr. d. GStA.: gleichl. [15.—8.]

---

1. 2. Körperverletzung. - Dolus. - Folgen.
3. Rechtskraft, relative. - Zuständigkeit.

1. Bei einer Körperverletzung ist dem Erfordernisse des Dolus genügt, wenn der Thäter mit dem Bewußtsein handelte, daß er durch seine (vorsätzliche) Handlung dem Andern ein körperliches Mißbehagen zufüge.

Pr. StGB. § 187; StGB. § 223 [n. 6].

2. Der Urheber einer vorsätzlichen Körperverletzung hat die Folgen derselben auch dann zu vertreten, wenn er dieselben nicht vorhersehen konnte.

Pr. StGB. § 194. 44; B.-StGB. §§ 224 [n. 14]. 59.

3. Auf die einseitige Appellation des Angeklagten kann der App.-Richter sich nicht deshalb unzuständig erklären, weil die That ein Verbrechen,

und somit die Zuständigkeit des Schwurgerichtshofs begründet sei.

Vdn. v. 3. Jan. 1849 Abschn. IV [S. 462 n. 62]. Vgl. RdOTr. 11. S. 332.

Erk. (Z. B. I.) v. 8. Sept. 1871 c. Redlin (570. I. Cr.)

R., von dem Knecht K. befragt, was er in einem Fläschchen habe, hatte geantwortet: „Ja, da möchten Sie wohl einmal trinken," und dann auf die Erwiederung des K.: „Na, geben Sie her" — diesem das mit Mirbanöl gefüllte Fläschchen überlassen. K. trank, erkrankte und starb an den Folgen. Von der dieserhalb gegen R. wegen fahrlässiger Tödtung erhobenen Anklage sprach das AG. frei, weil demselben zur Zeit der That nicht bekannt gewesen sei, daß der Genuß von Mirbanöl tödtliche Folgen haben könne. Dagegen verurtheilte das AG. wegen „vorsätzlicher Körperverletzung" aus § 187 des Pr. und aus § 223 des B.-StGB.s, weil R. das Fläschchen dem K. absichtlich zum Trinken gegeben habe, mit dem Vorsatze, bei demselben ein körperliches Mißbehagen hervorzurufen; der durch den Genuß des Oels verursachte Tod des K. sei dem R. nach dem Grundsatze des § 44 des Pr. und des § 59 des B.-StGB.s nicht zuzurechnen, weil ihm ohne eigene Fahrläſſigkeit unbekannt gewesen, daß Mirbanöl ein zur Herbeiführung des Todes eines Menschen geeigneter Stoff sei.

Die NB. des Angeklagten suchte auszuführen, daß das AG. rechtsirrthümlich die Vorsätzlichkeit der Körperverletzung angenommen habe. Dagegen rügte die NB. des OStA.s Verletzung des § 194 des Pr. und der §§ 224. 226 des B.-StGB.s, durch Nichtanwendung; die §§ 44 des Pr. und 59 des B.-StGB.s hätten hier eine Anwendung nicht finden können; es habe somit eine Unzuständigerklärung erfolgen müssen, weil die That ein Verbrechen sei.

Das OTr. hat die NB. des R. zurückgewiesen, auf die NB. des OStA.s aber das Erkenntniß des AG.s vernichtet und zur Sache erkannt. Gründe:

[1.] Der App.-Richter hat für erwiesen angesehen, daß der Vorsatz des Angeklagten bei Ueberlassung des Fläschchens darauf gerichtet gewesen, bei K. ein körperliches Mißbehagen hervorzurufen. Hierdurch ist unbedenklich das nothwendige Erforderniß des § 187 des Pr. StGB.s, resp. des § 223 des B.-StGB.s erfüllt, welche zu ihrer Anwendung verlangen, daß der Thäter mit dem Vorsatze, d. h. mit dem Bewußtsein gehandelt hat, dem Andern ein körperliches Mißbehagen, eine körperliche Mißhandlung, beziehungsweise Verletzung, zuzufügen. Ein Mehreres ist nicht erforderlich, und hierzu kommt, daß der Vorderrichter zugleich angenommen hat, daß es bei der Hingabe des Fläschchens in dem Willen des Angeklagten gelegen hat, daß der ꝛc. K. trinke. Es liegt somit eine selbstständige Thathandlung vor, die, weil sie mit Absicht begangen worden, auch vertreten werden muß.

[2.] Nach den Ausführungen des App.=Richters steht fest: „daß der Angeklagte ꝛc. den Knecht K. vorsätzlich körperlich gemißhandelt hat." — Dies hat sowohl nach den §§ 187 fgg. des Pr. als nach den §§ 223 fgg. des Bund.=StGB.s zur nothwendigen Folge, daß er für den durch diese Handlung herbeigeführten Erfolg, auch wenn er denselben nicht in dem Maße, wie er thatsächlich eingetreten, beabsichtigt hat, aufkommen muß, sobald nur, wie in dem vorliegenden Falle die Vorsätzlichkeit der Handlungsweise überhaupt festgestellt ist. Die §§ 192a fgg. des Preuß. StGB.s lassen hiergegen keinen Zweifel eintreten, und hinsichtlich des B.=StGB.s ergiebt sich dasselbe aus den Bestimmungen der §§ 224. 225 desselben. Auch der Verlauf der diesfälligen Berathungen im Reichstage bestätigt diese Annahme. Es wurde namentlich geltend gemacht, (Verhandlungen ꝛc. S. 666):

> „daß allerdings immer die absichtliche Handlung vorausgesetzt werde, der Erfolg aber mit dieser durchaus nicht in einem solchen Zusammenhange zu stehen brauche, daß er dem Thäter als Culpa zuzurechnen sei. Die Mißhandlung könne von der Art sein, daß ihm, abgesehen davon, daß er eine absichtliche Handlung vorgenommen, weder Dolus noch Culpa zur Last falle."

In Folge dessen ist in den §§ 224. 226 des Bund.=StGB.s, um dadurch eine mildere Beurtheilung einschlagender Fälle zu ermöglichen, die Zulässigkeit einer bloßen Gefängnißstrafe eingeschaltet worden, die in den §§ 219. 221 des zweiten Entwurfes fehlte. Nach alledem müssen im Anschlusse an die thatsächliche Schlußfeststellung des App.=Richters der § 194 des Pr. StGB.s, sowie der § 226 des B.=StGB.s gegen den Angeklagten zur Anwendung kommen.

Das angefochtene Erkenntniß hat dies unterlassen, weil es annahm, daß dem Angeklagten der Umstand, daß eine Folge der von ihm begangenen Mißhandlung der Tod des Verletzten gewesen, nach § 44 des Pr. StGB.s nicht zugerechnet werden kann, weil demselben ohne eigene Fahrlässigkeit unbekannt war, daß das Mirbanöl ein Stoff ist, welcher geeignet ist, den Tod eines Menschen herbeizuführen. Diese Ansicht ist jedoch eine rechtsirrthümliche. Der § 194 des Preuß., beziehungsweise der § 226 des B.-StGB.s, macht denjenigen, der eine vorsätzliche Mißhandlung eines Menschen verübt hat, für den dadurch herbeigeführten Tod des Gemißhandelten verantwortlich, gleichviel, ob er diese Folge voraussehen konnte, oder nicht. Er muß für den wirklich eingetretenen Erfolg einstehen, und auf einen solchen bezieht sich der § 44 des Pr. StGB.s nicht, sondern nur auf diejenigen besonderen Thatumstände, welche zu den Begriffsmerkmalen der Strafthat selbst gehören, was in Fällen der vorliegenden Art nicht zutrifft. Dasselbe ergiebt sich aus dem entsprechenden § 59 des Bund.-StGB.s, welcher das Prinzip des § 44 des Preußischen beibehalten, und nur eine bestimmtere Fassung desselben gegeben hat. Es heißt dort ausdrücklich:

> „Wenn Jemand bei Begehung einer strafbaren Handlung das Vorhandensein von Thatumständen nicht kannte, welche zum gesetzlichen Thatbestande gehören, oder die Strafbarkeit erhöhen, so sind ihm diese Umstände nicht zuzurechnen.“

Hiernach muß eine Rücksichtnahme auf die in Rede stehenden gesetzlichen Bestimmungen ausgeschlossen bleiben, und weil der Appellationsrichter hiergegen gefehlt hat, unterliegt seine Entscheidung der Vernichtung.

[3.] In der Sache selbst konnte auf die Appellation des Angeklagten nach Art. 116 des Ges.'s v. 3. Mai 1852 alsbald erkannt werden, da die thatsächlichen Feststellungen erschöpfend sind. Wenn die NB. in Bezug hierauf geltend macht, daß, weil ein Verbrechen vorliegt, die Kompetenz des Geschwornen-Gerichts einzutreten habe, so wird dabei übersehen, daß gegen das Erkenntniß 1. Instanz nur der Angeklagte appellirt, und dasselbe für ihn die relative Rechtskraft in der Art erhalten hat, daß auf eine höhere Strafe nicht erkannt werden kann, obschon die gesetzliche Qualifikation der strafbaren Handlung, dem höhern Richter verblieben ist; vgl. Erk. Pl. v. 23. Jan. 1860 (Entsch. 42. S. 112*).

Antr. d. GStA.: (ad 3:) entg. [20.—8.]

Beweisantrag. – Staatsanwalt. – Nichtberücksichtigung. – Angeklagter.

Die Nichtberücksichtigung eines vom Staatsanwalte im Interesse des Angeklagten gestellten Beweisantrags kann von dem letzteren im Wege der Nichtigkeitsbeschwerde gerügt werden.

Vdn. v. 3. Jan. 1849 §§ 52 [n. 24]. 126 [n. 41]. Vgl. RdOTr. 1. S. 125; 3. S. 414; 11. S. 49.

Erk. (B. I.) v. 8. Sept. 1871 c. Sonnenberg (734. I. Cr.)

Der App.-Richter hat augenscheinlich darin gefehlt, daß er den vom StA. im Schlußtermine 2. Instanz offenbar zu Gunsten des Angeklagten gestellten Beweisantrag darüber, ob die wahrgenommenen Fußspuren nur bis zur Wohnung des Angeklagten geführt hätten, worin selbstverständlich lag, daß die früheren Zeugen darüber vernommen werden sollten, mit Stillschweigen übergangen hat, da, wenn der StA. nach Art. 1 des Ges.s v. 3. Mai 1852 das Recht hat, „alle ihm erforderlich scheinenden Anträge zu stellen, welche auf die gerichtlichen Verfügungen und Beschlüsse im Laufe der Untersuchung Bezug haben," dergleichen Anträge von Seiten des Gerichts nothwendig wenigstens zum Gegenstande der Prüfung und Beschlußnahme gemacht werden müssen, mögen sie demnächst auch aus formellen oder materiellen Gründen zurückgewiesen werden können; vgl. Motive z. Vdn. v. 3. Jan. 1849 S. 57, desgl. die Entscheid. des OTr.s im JMbl. 1853 S. 437, 1854 S. 161, wo der gleiche Grundsatz in Beziehung auf die Anträge des Angeklagten ausgesprochen ist.

Antr. d. GStA.: entg. [28.—8.]

Sitzungsprotokoll. - Zusätze. - Beweiskraft.

Die im Sitzungsprotokolle von einer anderen Hand als der des Gerichtsschreibers herrührenden Zusätze sind nicht beweisend.

Ges. v. 3. Mai 1852 Art. 78 [n. 53]; Crim.-Ordn. §§ 55. 322. 333. Vgl. RdOTr. 1. S. 510; 2. S. 186; 5. S. 494; 10. S. 546. 618; 11. S. 428.

Erk. (B. I.) v. 8. Sept. 1871 c. Tunkel (740. I. Cr.).

Der Schw.-GH. hatte die von dem Vertheidiger beantragte Befragung eines vernommenen Zeugen über gewisse thatsächliche Momente abgelehnt und denselben nicht vereidet. Das Sitzungsprotokoll enthielt auch die Angabe der Gründe für diese Verfahrungsweise; dieselben rührten aber augenscheinlich nicht von der Hand des Gerichtsschreibers, sondern von der des Vorsitzenden her. Vernichtung. Gründe:

Wenn gleich die — übrigens nur instruktionelle — Vorschrift des § 55 der Crim.-Ordn.: „daß Protokolle durch Darüberschreiben nicht verändert werden sollen," hier nicht entscheiden kann, die Bedeutung des angefochtenen Protokolles vielmehr nur aus Art. 78 des Ges.s v. 3. Mai 1852 zu prüfen ist, so läßt sich doch derjenige Theil desselben, welcher die Gründe der beiden Gerichtsbeschlüsse in Betreff der Vernehmung und der Nichtvereidigung des St. enthält, nicht als beweiskräftig aufrecht erhalten. Das Protokoll ist danach zu beurtheilen, ob sein Inhalt, wie er jetzt vorliegt, deutlich erkennbar ist, und durch die Vollziehung des Protokolles von Seiten des Vorsitzenden und des Gerichtsschreibers die vom Gesetze erforderte Beglaubigung erhalten hat. Unter dem Protokolle v. 2c. über die mündliche Verhandlung befinden sich allerdings die Unterschriften des Vorsitzenden und des Gerichtsschreibers, sie würden den Inhalt desselben, auch den hier interessirenden, an sich erkennbaren, Theil beglaubigen, wenn das Protokoll dem Gesetze gemäß durchweg von dem Gerichtsschreiber aufgenommen, also von seiner Hand geschrieben wäre. Der hier entscheidende Theil desselben ist aber nicht von dem Gerichtsschreiber bei Aufnahme desselben, sondern von dem Vorsitzenden später durch Darüber- und Dazwischenschreiben hervorgebracht. Ob dies vor Vollziehung des Protokolles und ob es in Uebereinstimmung mit dem Gerichtsschreiber geschehen ist, läßt sich aus dem Protokolle nicht ersehen, kann auch nicht nachträglich durch Beweiserhebung aufgeklärt werden. Es fehlt daher ein ausreichender Beweis dafür, aus welchen Gründen des Imploranten Antrag auf Vernehmung des St. über eine bestimmt bezeichnete Thatsache abgelehnt und des St. Vereidigung unterblieben ist, ob überhaupt Gründe von dem Gerichtshofe angegeben sind.

Antr. d. GStA.: gleichl. [39.—8.]

Stempel. - Wechsel. - Verwendung.

Eine Wechselstempelmarke, welche nicht an der vorschriftsmäßigen Stelle aufgeklebt, oder mit andern als den Anfangsbuchstaben des Namens des Inhabers bezeichnet ist, gilt als nicht verwendet.

B.-Wechs.-Stemp.-Ges. v. 10. Juni 1869 §§ 4. 5. 15; Bekanntmachung des Bundesraths v. 13. Dez. 1869 II.

Erk. (Z. I.) v. 13. Sept. 1871 c. Berner & Gen. (579. I. Cr.)

B. hatte zwei Wechsel eingeklagt, welche von der Frau v. G. an eigene Ordre auf ihren Ehemann den M. v. G. gezogen, und dann auf B. girirt waren, und das Accept des M. v. G., sowie oben am Rande (und vor dem Giro der Frau v. G.) die aufgeklebte Stempelmarke trugen, welche aber nicht mit den Anfangsbuchstaben ihres Namens, sondern mit den Buchstaben W. B. (Anfangsbuchstaben des Namens des B.) bezeichnet waren. Ueber die Entstehungsgeschichte der Wechsel geben die genannten drei Personen an: „Es sei beabsichtigt gewesen, daß M. v. B. zwei von B. auf ihn gezogene Wechsel acceptiren solle; B. habe zu diesem Ende die Wechselformulare — zur demnächstigen Unterschrift — ausgefüllt, beide sofort mit der erforderlichen Stempelmarke beklebt, und diese mit den Anfangsbuchstaben seines Namens bezeichnet; erst nachdem die Sache so weit vorbereitet gewesen, sei beschlossen worden, auch Frau v. G. in den Wechselnexus aufzunehmen;

sie habe demzufolge die Wechsel als Ausstellerin unterzeichnet, und sie dann, nachdem der M. v. G. als Bezogener sein Accept hinzugefügt hatte, auf B. girirt, was jetzt nur unter der Stempelmarke habe geschehen können. Hierin fanden die Instanzgerichte eine sowohl dem B. als den Eheleuten v. G. zur Last fallende Stempel-Hinterziehung. NB. Zurückweisung. Gründe:

Das Bundesgesetz v. 10. Juni 1869 bestimmt im § 6:

„daß die Entrichtung der Stempelabgabe erfolgen muß, ehe ein inländischer Wechsel, (wie hier), von dem Aussteller aus den Händen gegeben wird."

Ebenso ist nach § 7 l. c. der Acceptant eines unversteuerten Wechsels verpflichtet, vor der Rückgabe oder jeder anderweitigen Aushändigung des Wechsels, die Versteuerung desselben zu bewirken. Nach § 4 l. c. sind für die Entrichtung der Abgabe sämmtliche Personen verhaftet, welche an dem Umlaufe eines Wechsels im Bundesgebiete Theil genommen haben, wobei im § 5 l. c. diese Theilnehmer speziell aufgeführt werden, worunter sich Aussteller, Indossanten, Präsentanten und jeder Erwerber des Wechsels befinden. Der § 11 l. c. bestimmt weiter:

daß, wenn die Entrichtung der Stempelabgabe unterlassen worden, der nächste, und so lange die Versteuerung nicht bewirkt ist, auch jeder fernere inländische Inhaber verpflichtet ist, den Wechsel zu versteuern, ehe er denselben auf der Vorder- oder Rückseite unterzeichnet, veräußert, präsentirt, aus den Händen giebt 2c., wobei die von den Vordermännern verwirkten Strafen durch die Entrichtung der Abgabe Seitens eines späteren Inhabers nicht beseitigt werden."

Nach dem § 13 l. c. muß die Verpflichtung zur Entrichtung der Abgabe erfüllt werden:

entweder durch Ausstellung des Wechsels auf einem mit dem erforderlichen Bundesstempel versehenen Blankett, oder durch Verwendung der Bundesstempelmarke auf dem Wechsel in der von dem Bundesrathe vorgeschriebenen Weise

und nach § 14 l. c. werden Stempelmarken, welche nicht vorschriftsmäßig verwendet worden sind, als nicht verwendet angesehen.

Die Nr. II. der Bekanntmachung des Bundesrathes v. 13. Dezbr. 1869 verlangt sub 1:

daß die Marken auf der Rückseite der Urkunden, und zwar, wenn die Rückseite noch unbeschrieben ist, am oberen Rande derselben, andernfalls unter dem letzten Vermerke dergestalt aufgeklebt werden, daß oberhalb der Marke kein zur Niederschreibung eines Vermerks hinreichender Raum bleibt. Der inländische Inhaber, welcher die Marke aufklebt, muß sein Indossament, oder seinen sonstigen Vermerk unterhalb derselben niederschreiben.

Unter 2 heißt es dann:

daß in jeder einzelnen Marke mindestens die Anfangsbuchstaben des Wohnorts und des Namens dessen, der die Marke verwendet und das Datum der Verwendung 2c. niedergeschrieben sein müssen.

Nach dem oben angegebenen thatsächlichen Hergange des vorliegenden Falles ist es nun gleichgültig, welche ursprüngliche Absicht die Angeklagten in Betreff der Ausstellung der Wechsel gehabt haben mögen. Für die Beurtheilung, ob eine Stempelsteuer-Kontravention stattgefunden hat, ist allgemein und ausschließlich die gegenwärtige Gestalt der Wechsel maßgebend. Nach dieser erscheint die Frau v. G. als Ausstellerin, ihr Ehegatte als Acceptant, der Angeklagte B. als Remittent, und demnächst die Frau v. G. auch noch als Indossantin. Als Ausstellerin war sie unzweifelhaft die erste Inhaberin und demgemäß nach dem § 6 des B.-Ges.s v. 10. Juni 1869 verpflichtet, ihrerseits, vor dem Weiterbegeben der Wechsel, die Verwendung der Bundes-Stempelmarken in der gedachten vorgeschriebenen Weise selbst zu bewerkstelligen. Sie mußte daher nach Nr. II. 2. der Bundesraths-Bekanntmachung v. 13. Dezbr. 1869 die Marken mit den Anfangsbuchstaben ihres Namens und Wohnorts versehen, wenn sie nach § 14 des B.-Ges.s als verwendet angesehen werden sollten. Dies ist nicht geschehen; die auf den Marken befindlichen Anfangsbuchstaben bezeichnen nur den Namen und Wohnort des Remittenten B. und müssen daher als ungültig erachtet werden. Zwar wäre die Ausstellerin nach § 7 des Bund.-Ges.s v. 10. Juni 1869 berechtigt gewesen, die Wechsel, so lange sie mit einem inländischen Indossamente noch nicht versehen waren, vor Entrichtung der Stempelabgabe zum Zwecke der Annahme zu präsentiren, sie durfte sie aber nicht ohne vorhergegangene vorschriftsmäßige Stempelung, wie sie gethan, weiter begeben. Nach derselben gesetzlichen Bestimmung war der Angeklagte v. G. als Acceptant verpflichtet, die unversteuerten Wechsel vor deren Rückgabe mit den erforderlichen Stempelmarken zu versehen, was festgestelltermaßen nicht geschehen ist. Der Angeklagte B. endlich, war als Remittent nach der Nr. II. sub 1 der cit. Bekanntmachung des Bundesrathes gehalten, die Stempelmarken unter dem auf der Rückseite der Wechsel befindlichen Blankogiro aufzukleben, was er unterlassen und dennoch von den Wechseln Gebrauch gemacht hat. Hiernach sind alle Angeklagte in Gemäßheit der §§ 4. 5. 15 des cit. Bund.-Ges.s der Stempelstrafe verfallen, da nach § 14 l. c. in Verbindung mit der Nr. II. der cit. Bekanntmachung des Bundes-Rathes die nicht vorschriftsmäßig auf den Wechseln befindlichen Stempelmarken als nicht verwendet anzusehen sind.

Antr. d. OStA.: gleichl. [28.—8.]

Diebstahl ꝛc. – Antrag. – Schiffer.

Der Schiffer steht zu seinem Befrachter nicht in einem solchen Lohnverhältnisse, daß es zur Verfolgung eines von jenem gegen diesen verübten Diebstahls ꝛc. eines Antrags des letzteren bedürfte.

R.-StGB. § 247 [n. 7].

Erk. (3. I.) v. 13. Sept. 1871 c. Hinz (595 I. Cr.). [28.—8.]

Jagdfrevel, qualifizirter. – Strafantrag.

Die Verfolgung eines unter erschwerenden Umständen verübten Jagdfrevels ist nicht durch einen Antrag des Verletzten bedingt.

B.-StGB. § 293 [n. 2].

Erk. (V.) v. 13. Sept. 1871 c. Kretzer (OAG. II. 119).

Vernichtung. Das OAG. erwog:

daß, da der Antrag auf Verfolgung nach dem StGB. § 61 ff. nur rücksichtlich einzelner Strafthaten erfordert und als Bedingung der sonst für dieselben ausgeschlossenen Strafbarkeit aufgefaßt wird, also eine Abweichung von den allgemeinen Grundsätzen der mit der Verübung jeder Strafthat von selbst kraft des Gesetzes eintretenden Strafbarkeit enthält, deshalb aber eben nur bei einer ausdrücklichen gesetzlichen Feststellung verlangt werden kann, folglich beim Mangel derselben für die Anwendung des StGB.s § 293, ungeachtet der überdies beschränkten Beziehung dieser Vorschrift auf die vorhergehende des § 292 rücksichtlich der Straferhöhung, außer Berücksichtigung bleiben muß;

daß der § 293 des StGB.s in dem angegebenen Falle um so mehr ohne den Antrag auf Verfolgung zur Anwendung gebracht werden muß, als seine Bestimmungen die Wahrung der öffentlichen Ordnung bezwecken und darum auch theilweise in das über Jagdpolizeiübertretungen sich verhaltende Gesetz vom 26. Febr. 1870 aufgenommen worden sind.

Antr. d. GStA.: gleichl. [65.—6.]

Holz. - Feld. - Entwendung. - Gewinnsucht.

Die Entwendung eines Baumes von einem Felde ist nur nach § 42 Nr. 1 oder 3 der FPO. und nicht nach Nr. 2 ibid. zu beurtheilen. — In einem solchen Falle kann der Instanzrichter die Gewinnsucht des Angeklagten aus der erheblichen Quantität des Entwendeten herleiten.

FPO. v. 1. Novbr. 1847 § 42 Nr. 1—3; B.-StGB. § 242 [n. 66]. Vgl. RdOTr. 9. S. 153.

Erk. (Z. I.) **v. 13. Sept. 1871 c. Stolz** (584. I. Cr.).

St. war, weil er „die Zöpfe von einer Anzahl auf dem Felde stehender Birken abgeschnitten und in der Absicht rechtswidriger Zueignung aus Gewinnsucht weggenommen hatte," aus den §§ 42 Nr. 3 und 45 der FPO., sowie § 242 des B.-StGB.s verurtheilt worden.

Seine NB. rügte Gesetzesverletzung, weil der App.-Richter den geringen Werth der entwendeten Gegenstände feststelle, somit scheide § 42 (Nr. 2) der FPO. hier aus; außerdem irre das AG., wenn es die „gewinnsüchtige Absicht" (§ 45 l. c.) aus der erheblichen Quantität des Entwendeten folgere, denn die Negation der Geringfügigkeit der Quantität sei nur eine der beiden Voraussetzungen, unter welchen § 42 Nr. 2 die Uebertretungsstrafe eintreten lasse, sie reiche also nicht aus, um mit Hülfe des cit. § 45 die Uebertretung als Diebstahl zu strafen. Zurückweisung. Gründe:

Dieser Angriff scheitert daran, daß die That dem Imploranten, wenn er von der gewinnsüchtigen Absicht zunächst keine Anwendung macht, nicht unter Nr. 2, sondern unter Nr. 1 und 3 des § 42 der FPO. fällt. Bäume und Theile derselben gehören allerdings an sich auch zu den Bodenerzeugnissen im gewöhnlichen Wortsinne, der § 42 Nr. 2 bezieht sich aber nur auf solche Bodenerzeugnisse, die nicht, wie gerade die Bäume unter den Nrn. 1 und 3 dieses §, unter einem andern Gesichtspunkte speziell erwähnt sind: Bl. v. 26. Febr. 1868 (RdOTr. 9. S. 154). Es konnte daher der App.-Richter den entwendeten Zöpfen einen geringeren Werth beilegen, aus der erheblichen Quantität derselben aber herleiten, daß aus gewinnsüchtiger Absicht die Imploranten die Zöpfe weggenommen haben; ein Hinderniß läßt sich in dem, einen andern Fall treffenden § 42 Nr. 2 der FPO. nicht auffinden.

Antr. d. GStA.: gleichl. [39.—8.]

Berufungsrichter. – Beweis-Erneuerung, in wie weit?

Der Berufungsrichter, welcher bei der erstrichterlichen Feststellung Bedenken findet, ist nicht verpflichtet, die Beweisaufnahme in einem das ganze Sachverhältniss erschöpfenden Umfange zu bewirken; es genügt, wenn er sie in so weit veranlasst, als jene Feststellung angefochten oder von ihm für bedenklich erachtet ist.

StPO. § 377. Vgl. RdOTr. 10. S. 367.

Erk. (Z.) v. 13. Sept. 1871 Stübichen (OAG. II. 82). 65.—6.]

---

1. 3. Presse. - Drucker. - Redakteur.
2. Konkurrenz. - Formale Vorschriften.

1. Auf jeder Druckschrift muss der Name des Druckers angegeben sein, die Angabe der Firma genügt nicht.

Pr. Preßges. v 12. Mai 1851 § 7.

2. Die Verabsäumung zweier verschiedener Formvorschriften bei der Veröffentlichung einer Druckschrift stellt einen Fall der Real-Konkurrenz dar.

B.-StGB. §§ 73. 74 [n. 14a].

3. Die Angabe eines „verantwortlichen Herausgebers" auf einer Zeitung genügt der Vorschrift des

Pr. Preßges. v. 12. Mai 1851 § 22.

Erk. (V. Z.) v. 13. Sept. 1871 Stürke (OAG. II. 89).

Eine von St. veröffentlichte Zeitung enthielt auf Nr. 1 nur die Firma (nicht den Namen) des Druckers, auf Nr. 2 unrichtige Vermerke über den Wohnort des Druckers sowohl als des Verlegers, und auf Nr. 3 statt der Benennung des „Redakteurs" nur die Bezeichnung eines „verantwortlichen Herausgebers". Von den dieserhalb aus den §§ 7. 22. 24. 39 und 40 erhobenen Anklagen erachtete das AG. nur den die Nr. 2 betreffenden Fall für vorliegend, nahm aber an, daß die beiden unrichtigen Vermerke auf derselben Nr. nur einen Straffall darstelle; dagegen sprach es von der ersten Anklage frei, weil die Angabe der Firma des Druckers genüge, und von der dritten, weil durch die Bezeichnung des G. als „verantwortlicher Herausgeber" die Absicht desselben: die Verantwortlichkeit des Redakteurs zu übernehmen, genügend zum Ausdrucke gebracht sei. — Die diese Annahme anfechtende NB. des StA.s ward vom OAG. zu 1 und 2 für begründet, zu 3 aber für unbegründet erachtet. — Gründe:

[1.] Der § 7 des Preßgesetzes läßt schon nach wörtlicher Auslegung nicht daran zweifeln, daß der persönliche Name des Druckers angegeben werden soll und nicht eine davon verschiedene Firma desselben. Dies wird aber auch als die gesetzgeberische Meinung bestätigt durch die ständischen Verhandlungen über jenes Gesetz, indem bei denselben der auf Bezeichnung der Anstalt, aus welcher die Druckschrift hervorgegangen, gerichtete Aenderungsvorschlag, als weniger zuverlässig, wie der Name, auf die betheiligte Person hinweisend fallen gelassen wurde. Das aus dem D. HGB. Art. 15 und Art. 272, 5 hergeleitete Gegenargument trifft nicht zu, da es sich hier nicht um die privatrechtliche Seite des Druckereigeschäftes handelt, sondern um Vorschriften des öffentlichen Rechtes für die Ausübung des betreffenden Gewerbes. Es kann auch nicht zugegeben werden, daß nach Einführung des Instituts der öffentlichen Firmen-Register durch die Angabe der Firma des Druckers dessen Person ebenso liquide gestellt werde, als durch Angabe seines Namens, denn bei allen denjenigen Drucksachen, welche nicht, wie Zeitungeu, das Datum ihrer Herausgabe tragen, würde bei bloßer Firmenangabe, sofern im Jahre der Herausgabe der Druckschrift ein Firmenübergang stattgefunden hat, immer noch eine anderweitige Ermittelung darüber angestellt werden müssen, ob der frühere oder der spätere Firmeninhaber die betheiligte Person sei.

[2.] Die Berufungskammer hatte übereinstimmend mit der Strafkammer festgestellt, daß auf der Nr. 2 des inkriminirten Volksblattes wissentlich falsche Vermerke sowohl über den Wohnort des Druckers, als über den des Verlegers enthalten sind. Demnach war die Vorschrift des Preßgesetzes in den §§ 7 und 24 zwiefach übertreten, da der Thatbestand des im § 40 mit Strafe bedrohten Vergehens schon durch die wissentlich falsche Angabe zu jedem einzelnen der beiden gesetzlich aufgegebenen Deklarationspunkte erfüllt wird. — Nach der obigen thatsächlichen Feststellung war es rechtsirrthümlich, das Vorhandensein realer Konkurrenz zweier wissentlich unrichtigen Deklarationen auf der Nr. 2 des inkriminirten Blattes zu verkennen. Der Umstand, daß Drucker und Verleger ein und dieselbe Person waren, konnte nur zu einer für die rechtliche Beurtheilung irrelevanten äußeren Vereinfachung der ihrem Inhalte nach festgestelltermaßen zwiefachen Deklaration Veranlassung geben.

[3.] Daß im Allgemeinen die Stellung des Redakteurs von der des Herausgebers verschieden sei, ist vom Berufungsgerichte nicht verkannt, aber angenommen worden, daß es dem Herausgeber freistehe, die Verantwortlichkeit des Redakteurs mit auf sich zu nehmen, wenn seine persönliche Qualifikation zur Bestellung als Redakteur keinem Zweifel unterliege, wie dies hinsichtlich des G. der Fall sei. Für diese Annahme ist geltend zu machen, daß der Regel nach, vergl. Preßgesetz § 7 Abs. 3 §§ 35. 36, der Herausgeber bei Sammelwerken als derjenige betrachtet wird, welcher die Zusammenstellung zur Veröffentlichung vornimmt und auf welchem in gleichem Maße, wie bei Einzelwerken auf dem Verfasser, die umfassendste Verantwortlichkeit ruht. Daß er diese seine Verantwortlichkeit, soweit sie preßpolizeilicher Natur ist, bei Zeitungen auf einen Substituten, den Redakteur, übertragen kann, führt nicht zu der Folgerung, daß es ihm nicht verstattet sei, die ganze Verantwortlichkeit ungetheilt auf sich zu behalten, sofern er nur, wie hier vom Berufsrichter festgestellt worden, diesen Entschluß hinreichend deutlich auf der Zeitung zum Ausdruck bringt.

Antr. d. GStA.: gleichl. [62.--6.]

Gewerbe. – Umherziehen. – Gewerbeschein.

Nicht jeder Gewerbebetrieb im Umherziehen ist gewerbescheinpflichtig, sondern nur derjenige, bei welchem eine der Voraussetzungen zutrifft, die aufgestellt sind im

Hausf.-Regul. v. 28. Apr. 1824 §§ 1—6.

Erk. (V.) v. 13. Sept 1871 c. Weinberg (OAG. II. 109). [68.—6.]

Meineid, fahrlässiger. – Widerruf. – Rechtsnachtheil.

Der Widerruf macht einen fahrlässigen Meineid nur dann straflos, wenn er erfolgt ehe ein Rechtsnachtheil für einen Anderen daraus entstanden ist.

B.-StGB. §§ 163. 158 [n. 3].

Erk. (Z. I.) v. 13. Sept. 1871 c. Wulff (591. I. Cr).

Die Voraussetzungen der Strafausschließung, welche § 163 des B.=StGB.s für den Fall des Widerrufs aufstellt, sind vom App.-Richter erwogen und ohne Rechtsirrthum verneint worden. Zu diesen Voraussetzungen gehört: daß durch die falsche Aussage noch kein Rechtsnachtheil für einen Anderen entstanden sei. Dieser Grund wird durch das Wort „und" dergestalt kopulativ mit den beiden andern Gründen (Mangel einer Anzeige, noch nicht erfolgte Einleitung einer Untersuchung) in Verbindung gebracht, daß er in jedem Falle vorhanden sein muß, wenn der Thäter wegen des von ihm erklärten Widerrufes auf Straflosigkeit Anspruch machen will.

Antr. d. GStA.: entg. [28.—8.]

Beweisantrag. – Nichtprüfung. – Verschulden.

Die Verabsäumung der Prüfung eines gestellten Beweisantrags hat die Nichtigkeit des Verfahrens zur Folge, selbst wenn die Verschuldung nicht den erkennenden Richter trifft.

Ges. vom 3. Mai 1852 Art. 101. [n. 48.].

Erk. (B. II.) v. 14. Sept. 1871 c. Ellmy (210 I. Cr.)

Bei der Einsendung der Akten an das AG. hatte das KG. die Appellationsrechtfertigung des Angeklagten aus Versehen nicht mit abgeschickt, weshalb die darin gestellten Beweisanträge vom App.=Richter unberücksichtigt gelassen wurden. — Vernichtung:

> „die Vertheidigung des E. sei beschränkt; hieran ändere der Umstand Nichts, daß die unterbliebene Prüfung der Beweisanträge ohne Verschulden des App.-Richters statt gefunden habe."

Antr. d. GStA.: gleichl. [14.—3.[

---

1. Antrag. – Zurücknahme. – Gesetzeswechsel.
2. Antrag. – Vorgesetzter. – Richter.

1. Ist unter der Herrschaft eines älteren, einen

Antrag des Verletzten nicht erheischenden Gesetzes die Strafverfolgung wegen einer jetzt ein Antragsvergehen darstellenden Strafthat angehoben worden, so wird die Fortsetzung derselben durch die Zurücknahme des (gestellten oder nicht gestellten) Antrags des Verletzten nicht ausgeschlossen.

B.-StGB. § 2 [n. 19]. Vgl. oben S. 332.

2. Der richterliche Beamte, welcher als Vorgesetzter des Beleidigten den Antrag auf Verfolgung gestellt hat, ist deshalb nicht unfähig, demnächst bei der Aburtheilung der Sache mitzuwirken.

B.-StGB. § 196 [n. 22a]; Vdn. v. 3. Jan. 1849 § 38 [n. 17b.].

Erk. (Z. II.) v. 14. Sept. 1871 c. Sagemerten (133 II. Cr.).

[1]. Zwar gestattet das D. StGB. nach Ausweis der Vorschriften der §§ 64. 194 das. insbesondere bei Ehrenverletzungen die Zurücknahme des auf Strafverfolgung gestellten Antrages bis zur Verkündigung eines auf Strafe lautenden Urtheils mit der Wirkung, daß die rechtzeitig erfolgte Zurücknahme des Antrages die Einstellung des Verfahrens zur Folge hat. Aber die Wirkung des Einflusses, welchen der Verletzte mittelst seiner Erklärungen auf den Fortgang der Untersuchung zu äußern berechtigt ist, ist lediglich nach denjenigen Vorschriften zu beurtheilen, welche zur Zeit der Eröffnung der Untersuchung in Kraft standen und der von dem Beleidigten abgegebenen verzichtenden Erklärung, zu welcher er zur Zeit der Eröffnung der Untersuchung nicht berechtigt war, kann daher schon aus diesem Grunde eine gleiche Wirkung mit der nach §§ 64. 194 des B.-StGB.s zulässigen Zurücknahme des Strafantrages nicht beigelegt werden. Die Zulässigkeit der Zurücknahme des Strafantrages setzt vielmehr einen solchen von dem Verletzten gestellten Antrag als nothwendig voraus, welchen er den bestehenden Vorschriften nach mit Erfolg zu stellen berechtigt war.

[2.] Darin, daß der gedachte Richter sich (als Vorgesetzter des beleidigten Boten zur Stellung des Strafantrages) in dienstlichem Interesse verpflichtet erachtete, ist eine persönliche Betheiligung desselben bei der Sache, wie sie die gesetzlichen Vorschriften — § 143 I, 2 AGO., Vdn. v. 14. December 1833 § 5 Nr. 5 voraussetzen, — in keiner Weise zu erkennen und es ist daher aus jener Thatsache ein zureichender Grund einer NB. wegen mangelnder Kompetenz nicht herzuleiten.

Antr. d. GStA.: gleichl. [37—3.]

Konkurs. – Zahlungseinstellung.

Der Begriff der Zahlungseinstellung ist durch eine vorausgegangene fruchtlose Exekutionsvollstreckung oder durch eine Eröffnung des Konkurses nicht bedingt und wird durch den Nachweis der Befriedigung einzelner Gläubiger nicht ausgeschlossen.

Konk-Ordn. vom 8. Mai 1855 § 308 309; B.-StGB. § 281 [n. 15.].

Erk. (Z. I.) v. 15. Sept. 1871 c. Bock u. Gen. (582 I. Cr.)

In der Erwägung der Vorderrichter: „daß zum Begriffe der Zahlungseinstellung eine vorausgegangene fruchtlose Exekutionsvollstreckung nicht nothwendig gehöre, und durch den Nachweis der Befriedigung einzelner Gläubiger nicht ausgeschlossen werde" — liegt kein Rechtsirrthum. Die Konk.-Ordn. v. 8. Mai 1855 unterscheidet genau die Vermögensunzulänglichkeit von der Zahlungseinstellung. Letztere kann vorhanden sein, während das vorhandene Vermögen an und für sich zur Befriedigung der Gläubiger ausreichen wird. Die Zahlungseinstellung ist ein thatsächlicher Zustand, der es unmöglich macht, den augenblicklichen Anforderungen berechtigter Dritter gerecht zu werden, und hierin hat der Gesetzgeber bei einem Kaufmanne ein der Vermögens-Unzulänglichkeit bei anderen Schuldnern ähnliches Verhältniß erblickt, weil dadurch der Kredit des Gemeinschuldners vernichtet erscheint. Eine erschöpfende Definition der Zahlungseinstellung enthält das Gesetz nicht, die Beurtheilung ihres Vorhandenseins ist in der Hauptsache nach Lage der jedesmal obwaltenden Umstände dem richterlichen Ermessen anheimgegeben, wobei in dem § 113 Abs. 2 l. c. einige spezielle Fälle aufgezählt sind, in denen die Existenz der Zahlungsunfähigkeit anzunehmen ist. Auch haben beide Vorder-Richter mit Recht ausgeführt: daß die Anwendbarkeit der §§ 308. 309 l. c. durch eine voraufgegangene Eröffnung des Konkurses durch den Civil-Richter nicht bedingt ist.

Antr. d. GStA.: gleichl. [20.—6.]

Lotterie. – Preis. – Aequivalent.

Auch derjenige veranstaltet eine Lotterie (Ausspielung), welcher außer dem Loose für den gezahlten Preis noch ein anderweitiges Aequivalent für den letzteren dem Abnehmer überläßt.

Pr. StGB. § 268; B.-StGB. § 286 [n. 4]. Vgl. oben S. 222.

Erk. (B. I.) v. 15. Sept 1871 c. Rautenberg (521. I. Cr.).

Der Buchhändler R. hatte mit dem Absatze mehrerer von ihm verlegter Bücher in der Weise eine Prämienziehung verbunden, daß unter die ersten 3500 Subskribenten eine Anzahl Gewinne in Geld, Büchern und Bildern, nach einem in der ersten Ankündigung mitgetheilten Plane zur Verloosung gelangen sollte. Hierin fand die Anklage die Veranstaltung einer unerlaubten öffentlichen Lotterie (Ausspielung). Das AG. sprach aber frei, indem es erwog: „das Unternehmen charakterisire sich im Wesentlichen als eine zur Vermehrung des Absatzes der Verlagsartikel geeignete Spekulation und unterscheide sich von dem üblichen Verfahren der Verleger: allen Abnehmern Rabatt, bezw. Prämien zu geben, nur dadurch, daß hier nicht alle, sondern nur die durch die Loosenziehung ermittelten Abnehmer Prämien empfingen; dadurch werde aber das Unternehmen nicht zu einer öffentlichen Lotterie, weil das wesentliche Kriterium einer solchen die Möglichkeit des Verlustes auf Seiten des Spielers sei, an welcher es hier fehle, weil die Käufer der betr. Bücher in diesen auch ohne die Aussicht auf eine Prämie ein genügendes Aequivalent erhielten, so daß hier der Begriff der Lotterie (ALR. I., 11 § 547) nicht zutreffe. — Vernichtung. Gründe:

Wenn es gleich an und für sich richtig ist, daß das

Lotteriespiel ein gewagtes Geschäft ist, bei welchem der Spieler die Möglichkeit eines künftigen Gewinns durch einen Einsatz erkauft, den er Gefahr läuft, zu verlieren, (§§ 527 ff. 547 I, 11 ALR.) so ist doch der Umstand, daß dem Spieler für den Einsatz neben der Aussicht auf einen möglichen Gewinn noch ein reales Aequivalent gegeben wird, noch nicht geeignet, um dem Geschäfte den Character einer Ausspielung beweglicher oder unbeweglicher Sachen, im Sinne des § 268 a. a. O. zu benehmen. Wie bereits in einem Erk. des O.-Tr. v. 30. Nov. 1855 c. Boenigk (G. A. 4. S. 263) und noch neuerdings in einem Z. I. v. 2. April 1871 (RdOTr. 12. S. 222) ausgeführt worden, muß nämlich zur Erklärung des § 268 a. a. O. auf die frühere Preuß. Gesetzgebung, insbesondere auf die A. K. O. v. 20. März 1827 (GS. S. 29) und die Vdn. v. 5. Juli 1847 (GS. S. 261) welche die Quelle dieser Vorschrift sind, zurückgegangen werden. Die zuerst gedachte AKO. bestimmt nun unter Nr. 3, daß

> „für einzelne Fälle, insbesondere zur Ausführung wohlthätiger Zwecke oder zur Beförderung des Kunstfleißes die Ministerien des Innern und der Finanzen auch öffentliche Ausspielungen beweglicher Gegenstände mittelst gemeinschaftlich zu ertheilender Konsense gestatten dürften."

Das Recht zur Ertheilung dieser Konsense ist sodann durch den Allerh. Erlaß vom 2. Nov. 1868, also lange nach Publikation des Pr. StGBs. für die ganze Monarchie dem Minister des Innern allein, für einzelne Oberpräsidialbezirke aber den betreffenden Oberpräsidenten beigelegt worden; ein Beweis, daß im Principe die angezogene Bestimmung der A. K. O. v. 20. März 1827 durch den § 268 des Pr. StGBs. keine Aenderung erlitten hat. Wenn demnach aber öffentliche Ausspielungen beweglicher Sachen einer obrigkeitlichen Prüfung und Genehmigung unterliegen, auch wenn sie zur Ausführung wohlthätiger Zwecke oder zur Förderung des Kunstfleißes unternommen sind, so kann eine solche Genehmigung noch viel weniger dann für entbehrlich erachtet werden, wenn die öffentliche Ausspielung, wie nach der Ausführung des App.-Richters im vorliegenden Falle geschehen sein soll, von einem Gewerbtreibenden an Stelle des sonst üblichen Rabatts als eine Spekulation zur Vermehrung des Absatzes seiner Waaren, immerhin also doch zur Erlangung eines Gewinns bewerkstelligt, von ihm also darauf gerechnet wird, daß viele Personen durch die Aussicht, Prämien zu erlangen, zum Ankaufe der ausgebotenen Waaren bestimmt werden, die dieselben sonst nicht gekauft haben würden. Ob dabei schließlich für diejenigen Käufer, die keine Prämien gewinnen, ein realer Verlust entsteht oder nicht, kann dabei um so weniger in Betracht kommen, als sich diese Frage nicht in jedem Falle gleich Anfangs wird beantworten lassen und dieselbe deshalb zum Gegenstande vorgängiger obrigkeitlicher Untersuchung gemacht werden muß. Möchte sie dann auch hinterher zu Gunsten des Unternehmers zu entscheiden sein, so entschuldigt dieses nicht die unterlassene Einholung des Konsenses, da das Gesetz nur die Umgehung der vorgeschriebenen Kontrollmaßregeln, nicht aber das Unternehmen an und für sich mit Strafe bedroht.

Antr. d. GStA.: Vernichtung. [28.—6.]

Berufung. - Berufungsfrist.

Die Vertheidigung des Angeklagten wird beschränkt, wenn über die Berufung desselben vor dem Ablaufe der Rechtfertigungsfrist aberkannt wird.

StPO. Art. 376. 380.

Erk. (V.) v. 20. Sept. 1871 c. Drebel (OAG. II. 81).

Die Nichtigkeitsbeschwerde erscheint begründet. Nach § 376 der St.PO. kann die Zulassung des Rechtsmittels der Berufung und folgeweise nach § 380 ein Verfahren in zweiter Instanz erst dann eintreten, wenn die Rechtfertigungsschrift eingegangen, oder die hiefür bestimmte Frist abgelaufen ist. Letzteres kann nicht eher angenommen werden, als bis nach § 370 Satz 1 Zustellung des Urtheils bewirkt ist. Die Verhandlung der Sache ohne diese Voraussetzung enthält die Verletzung einer wesentlichen Vorschrift des Verfahrens, da der Angeklagte durch solche mit weitern Beschwerden, bezw. Anführung neuer Thatsachen und Beweismittel (§ 375, 376 letzter Satz) ausgeschlossen, also in seiner Rechtsvertheidigung beeinträchtigt werden würde, und unterliegt daher der Vernichtung nach § 390 Satz 3 der St.PO.

Antr. d. GStA.: gleichl. [66.—6.]

Betrug. - Vermögensbeschädigung. - Kompensation.

Eine den Thatbestand des Betrugs erfüllende Vermögensbeschädigung liegt nicht vor, wenn dem Angeklagten gegen den Benachtheiligten eine Gegenforderung zusteht, durch deren Kompensation der zugefügte Nachtheil ausgeglichen würde. Das gilt selbst dann, wenn der Angeklagte bei seiner Handlung an jene Gegenforderung nicht gedacht oder sie (irrthümlich) für unbegründet gehalten hätte.

B.-StGB. § 263 [1. Ausg. n. 32; 2. Ausg. n. 30].

Erk. (B. I.) v. 20. Sept. 1871 c. Fischer (601. I. Cr.).

Die Ehefrau Sch. hatte durch schriftlichen Vertrag dem Schiffer F. die Führung ihres Reisekahns anvertraut und sich dabei ausbedungen, daß er ihr nach jeder Reise die Hälfte der verdienten Nettofracht auszahlen solle. Er hat im Nov. 1868 für einen Dritten 125 Schock Stäbe von R. nach M. verfahren, auch die volle Fracht dafür erhoben, der Frau Sch. aber ihren Antheil nicht ausgezahlt, vielmehr derselben wahrheitswidrig mitgetheilt, er habe diese Fracht noch nicht erhalten, weil Stäbe bei der Ablieferung gefehlt hätten. Hierin fand der erste Richter einen Betrug, und namentlich die Vermögensbeschädigung in der Hinausschiebung der fälligen Zahlung. In zweiter Instanz stellte F. unter Beweis, daß er gegen die Frau Sch. verschiedene Gegenforderungen habe; das AG. bestätigte aber das erste Urtheil, indem es zur Beseitigung jenes Beweisantrags erwog, F. habe durch die vorgebrachte unwahre Thatsache bei der Sch. einen Irrthum erregt, dadurch ihr Vermögen beschädigt und sich einen unrechtmäßigen Vermögensvortheil verschafft; seine Gegenforderungen habe er dabei nicht erwähnt; es sei sonach anzunehmen, daß er an sie gar nicht gedacht oder sie selbst für unbegründet erachtet, und sonach in vollem Bewußtsein der Widerrechtlichkeit seines Verfahrens und der Folgen gehandelt habe.

Vernichtung. Gründe:

Der App.-Richter beseitigt den Kompensationseinwand durch die beiden bereits erwähnten, jedoch alternativ hingestellten Erwägungsgründe, so daß nicht zu entnehmen ist, welcher von ihnen der entscheidende gewesen. Dabei sind sie aber auch, sowohl einzeln für sich, als in ihrem Zusammenhange betrachtet, rechtlich nicht zutreffende. Denn wenn der Angeklagte bei dem in Rede stehenden Vorfalle an seine Gegenforderungen blos nicht gedacht haben sollte, so würden sie ihm deshalb allein, wenn sie wirklich vorhanden gewesen, noch nicht verloren gegangen sein. Er hätte sie vielmehr immer noch geltend machen dürfen, und es würde, im Falle ihres Nachweises, eine Vermögensbeschädigung der verehelichten Sch. nach § 30 I, 16 ALR. nicht vorhanden gewesen sein. Dasselbe gilt von dem anderen Entscheidungsgrunde des angefochtenen Erkenntnisses. Denn sollte der Angeklagte zur Zeit seiner unwahren Mittheilung wirklich der Meinung gewesen sein, daß er seine Gegenforderung nicht werde begründen können, so würde doch dem nichts entgegenstehen, sie jetzt im Laufe der gegenwärtigen, gegen ihn eingeleiteten Untersuchung wegen Betruges, nachweisbar zu machen, und hiermit darzuthun, daß der verehel. Sch. kein Vermögensnachtheil entstanden ist. In beiden Fällen würde also der Kompensations-Einwand, wenn er erweislich wäre, eine rückwirkende Kraft ausüben, und so den objectiven Thatbestand des Betruges durch das Fehlen des hervorgehobenen Erfordernisses beseitigen.

Antr. d. GStA.: entgegen. [20—8.]

App.-Richter. – Feststellung. – Beleidigende Absicht.

Macht der in erster Instanz wegen Beleidigung verurtheilte Angeklagte in zweiter Instanz geltend: er habe zur Vertheidigung eines Rechts gehandelt, so kann der App.-Richter ohne neue Beweisaufnahme, diesen Einwand durch die Erwägung beseitigen, daß die That in beleidigender Absicht geschehen sei.

Ges. v. 3. Mai 1852 Art. 101 [n. 15. 20]. Contra: B. I, 565) v. 15. Mai 1868 (RbOTr. 9. S. 332). Vgl. unten Z. I. 15. Nov. 1871.

Erk. (Z. I.) v. 20. Sept. 1871 c. Hamburger (575. I. Cr.).

H., in 1. Instanz wegen Beleidigung bestraft, hatte in 2. Instanz eingewendet: er habe sich bei dem betr. Vorfalle im Rechte geglaubt; das AG. hatte aber diesen Einwand (ohne neue Beweisaufnahme) für nicht durchgreifend erachtet, weil, „auch wenn H. diesen Glauben gehabt haben sollte, seine Straflosigkeit aus § 193 des B.-St.GB.s um deshalb nicht herzuleiten sei, weil aus den Worten und aus dem ganzen Sachhergange die Absicht zu beleidigen festgestellt werde." — Die hierin eine unzulässige Ergänzung (Abweichung von der erstrichterlichen Feststellung findende NB. des H. ward zurückgewiesen. Gründe:

Der App.-Richter hat nicht eine neue, von der des ersten Richters abweichende schließliche thatsächliche Feststellung getroffen, sondern die im ersten Urtheil vorliegende noch anderweit begründet. Der von ihm als Feststellung bezeichnete Satz ist zur Bestätigung des 1. Urtels und zur Aufrechthaltung seiner die Beleidignng annehmenden Festsetzung aufgestellt und dient nur zur Motivirung des Satzes, daß der etwa vorhandene gute Glaube des Imploranten an ein vermeintliches Recht den Thatbestand im vorliegenden Falle nicht beseitigen könne. Auf dieses in den Acten enthaltene Moment konnte der App.-Richter ohne formelle Beweiserhebung seine Begründung stützen.

Antr. d. GStA.: gleichl. [39.—8.]

Straf-Umwandlung. – Ablehnung. – Rechtsmittel.

Gegen einen eine nachträgliche Strafum-

wandlung ablehnenden Beschluss finden Rechtsmittel nur innerhalb der zehntägigen Frist statt.

StPO. § 436.

Beschl. v. 20. Sept. 1871 c. Rennich (OAG. II, 102.).

Grund: Der § 436 cit. unterscheide nicht zwischen den die Umwandlung aussprechenden oder sie versagenden Beschlüssen.

Antr. d. GStA.: gleichl. [65.—6.]

Rheinisches Verfahren. – Beleidigung ꝛc. ꝛc. – Aufrechnung. – Kosten.

Derjenige, welcher wegen einer auf der Stelle erwiderten Beleidigung (Körperverletzung) für straffrei erklärt wird, kann nach Rheinischem (französischem) Verfahren nicht in die Kosten verurtheilt werden.

B.-StGB. § 199 [n. 11., 2. Ausg. n. 11.] 233; Rh. StPO. Art. 162. 194. 211. 368.

Erk. (Z. II.) v. 21. Sept. 1871 c. Huth (203. II. Cr.).

Verwerfung des vom Ob.-Prokurator ergriffenen Kassations-Rekurses; das OTr. erwog:

daß der § 233 des B.-StGB.s, indem er den Richter ermächtigt, wenn leichte Körperverletzungen mit solchen, oder wenn Beleidigungen mit leichten Körperverletzungen, oder letztere mit ersteren auf der Stelle erwidert werden, für beide Angeschuldigte oder für einen derselben keine Strafe eintreten zu lassen, unverkennbar davon ausgeht, daß unter Voraussetzungen, deren Feststellung dem richterlichen Ermessen im einzelnen Falle überlassen werden mußte, es den Forderungen der Gerechtigkeit nicht entspreche, wegen solcher nach dem System des B.-StGB.s nur auf den Antrag des Verletzten zu verfolgenden leichten Körperverletzungen, für welche der Betroffene sich sofort selbst thatsächliche Wiedervergeltung verschafft hat, noch eine öffentliche Strafe eintreten zu lassen;

daß das Gesetz mithin die Möglichkeit solcher Fälle statuirt, in welchen leichte Körperverletzungen als strafbares Vergehen nicht weiter erscheinen, so daß die deshalb gegen den Freigesprochenen eingeleitete Verfolgung sich nach der Anschauung des Gesetzes als materiell nicht gerechtfertigt darstellen müssen;

daß eine ausdrückliche gesetzliche Vorschrift, nach welcher ein unter solchen Umständen auf Grund des § 233 cit. im Gebiete der rheinischen Crim.-Proz.-Ord. von aller Strafe freigesprochener Beschuldigter dennoch mit den Kosten belegt werden müsse, nicht besteht;

daß aber der aus dem Art. 368 der StPO. hergeleitete generelle Grundsatz, zufolge dessen die Verbindlichkeit zur Tragung der Kosten, als zu einer Wiedererstattung gegen den Staat, ohne Rücksicht auf die Verurtheilung zu einer Strafe überall auszusprechen, wo der Beschuldigte, obgleich freigesprochen, dennoch als in der Sache unterliegend zu betrachten ist, die Verurtheilung eines unter Anwendung des § 233 cit. Freigesprochenen zu den Kosten um so weniger rechtfertigen kann, als der Letztere nach der entwickelten, dem § 233 zum Grunde liegenden Anschauung als unterliegender Theil in keiner Weise betrachtet werden kann;

daß sonach das angegriffene Urtheil, indem es den Beschuldigten auch von den Kosten entband, kein Gesetz verletzte und da auch im Uebrigen gegen gesetzliche Bestimmungen nicht verstoßen ist, der eingelegte Kass.-Rekurs unbegründet erscheint.

Antr. d. GStA.: entgegen. [32.—3.]

Tödtung. – Fahrlässigkeit. – Kausalzusammenhang.

Die fahrlässige Verursachung des Todes eines Menschen hört deshalb nicht auf, strafbar zu sein, weil zu dem unglücklichen Erfolge auch noch andere, vom Angeschuldigten nicht ausgegangene Thatsachen mitgewirkt haben, wenn er in der Lage war die Möglichkeit einer solchen Mitwirkung zu beurtheilen.

B.-StGB. § 59 [n. 23 fgg.]; 222 [n. 3. 4.]. Vgl. oben S. 346.

Erk. (Z. 1.) v. 22. Sept. 1871 c. Leo (616. 1. Cr.)

Implorant findet darin einen Rechtsirrthum, daß — nach der in zweiter Instanz stehen gebliebenen — Annahme des ersten Richters die unvorsichtige Handlung des Imploranten nicht für sich allein den unglücklichen Erfolg herbeigeführt, sondern nur zu dessen Eintreten mitgewirkt hat, und daß auf dieser Annahme die Schlußfeststellung ruht. Dabei hat der Implorant jedoch nicht berücksichtigt, daß, da wohl jeder Erfolg das Produkt verschiedener Faktoren ist, es von der thatsächlichen Erwägung abhängt, ob ein bestimmtes Ereigniß als Folge einer — allein oder mit andern — wirkenden Handlung sich herausgestellt hat, und daß der Thatrichter die Verletzung und den Tod des J. als eine Folge der Handlungsweise des Imploranten bezeichnet. Indem er die Tödtung als die realmögliche Folge dieser Handlung und zugleich die Kenntniß des Imploranten von dieser Möglichkeit annimmt, hat er mit Recht die wirklich eingetretene Tödtung als eine vermittelst der unvorsichtigen Handlung durch Fahrlässigkeit des Imploranten herbeigeführte oder verursachte Tödtung festgestellt.

Antr. d. GStA.s: gleichl. [39.—8.]

Fragstellung, doppelte. - Gesetzeswechsel.

Im Falle eines eingetretenen Gesetzeswechsels begründet die Stellung einer doppelten Frage an die Geschworenen wegen derselben That (je nach den Bestimmungen des einen und des andern Rechts) keine Nichtigkeit, wenn beide Fragen von den Geschworenen bejaht worden sind.

B.-StGB. § 2 [n. 12]; Ges. v. 3. Mai 1852 Art. 81 [n. 25]; Vgl. RbOTr. 5. S. 475.

Erk. (Z. l.) p. 22. Sept. 1871 c. Kalischer (669. I. Cr.).

[28.—8.]

Privatkläger. - Sitzungs-Versäumniss. - Wiedereinsetzung.

Der Privatkläger kann gegen die Versäumung

der zur Hauptverhandlung bestimmten Sitzung nicht eine Wiedereinsetzung in den vorigen Stand erlangen.

StPO. §§ 504. 414.

Beschl. v. 22. Sept 1871 c. Wirbelauer (OAG. II, 30).

Grund: weil der Privatkläger in Ansehung der Rechtsmittel nur die Rechte des Staatsanwalts habe (504), die Wiedereinsetzung in den vorigen Stand gegen die Versäumniß einer Sitzung aber nur dem Angeklagten gewährt sei.

Antr. d. GStA.: gleichl. [64.—6.]

App.-Richter. - Verspätete Rechtfertigung. - Zulassung.

Der App.-Richter kann eine einmal zugelassene App.-Rechtfertigung nicht nachträglich als verspätet zurückweisen. Das gilt auch dann, wenn ein in jener Schrift angetretener Beweis vorläufig wegen ungenügender Präzisirung des Beweisthemas abgelehnt war; eine demnächst erfolgende nähere Präzisirung kann nicht als verspätet angesehen werden.

Ges. vom 3. Mai 1852 Art. 104 [n. 10a.]. Vgl. RbOTr. 4. S. 477.

Erk. (V. I.) v. 27. Sept. 1871 c. Arndt (639. I. Cr.).

Die App.-Rechtfertigung des A. war am 7. Tage der Frist beim AG. eingereicht worden und gelangte von diesem erst nach 8 Tagen an das Gericht 1. Instanz. Demnächst eröffnete das AG. dem A., daß die Vernehmung des von ihm in jener Schrift vorgeschlagenen Zeugen vorläufig abgelehnt werde, weil das Beweisthema nicht gehörig präzisirt sei, die vorgebrachten Behauptungen auch nicht geeignet erschienen, die erstrichterliche Feststellung zu erschüttern. In der Sitzung 2. Instanz präzisirte der Vertheidiger jene Behauptungen näher; das AG. bestätigte aber nunmehr das erste Erkenntniß ohne Weiteres, indem es einerseits sowohl die Appellationsrechtfertigung als die in der Sitzung angeführten Thatsachen für verspätet erklärte.

Vernichtung. Gründe:

Die Appellationsschrift des Imploranten ging am 7. Tage der Präclusivfrist bei dem Richter der II. Instanz ein, erreichte aber den Richter der I. Instanz erst mehrere Tage nach Ablauf dieser Frist. Wie die Art. 29 u. 134 des Ges.s vom 3. Mai 1852 ergeben, hatte der Implorant hierdurch zwar nicht das Recht auf unbedingte Zulassung der verspäteten Schrift, wohl aber das Recht erworben, daß der App.-Richter sich über die Frage aussprechen mußte, ob besondere Gründe vorlägen, die Schrift auch nach Ablauf der Frist zuzulassen, denn die Beeinträchtigung des materiellen Rechtes durch formale Vorschriften soll möglichst verhindert werden. Der zweite Richter hat nun durch seinen Beschluß vom 21. März den Inhalt der Schrift geprüft und für die Zulassung derselben dadurch sich ausgesprochen, daß er die Vernehmung der in ihr genannten Zeugen vorläufig ablehnte, weil das Beweisthema der erforderlichen Präzision und die Behauptungen der Kraft entbehrten, die Feststellung des ersten Richters zu erschüttern. Dieser Beschluß ist die thatsächliche Zulassung der verspäteten Schrift. Nachdem sie einmal geschehen, stand es nicht mehr dem App.-Richter zu, sie dadurch rückgängig zu machen, daß er durch seinen Beschluß vom 24. April die Verspätung der Schrift und den Mangel von Gründen für die Zulassung trotz dieser Verspätung zur Geltung brachte; der unangefochtene erste Beschluß behielt seine Geltung. Durch ihn wurde die Ueberschreitung der Frist in ihren Folgen beseitigt; der Inhalt der Schrift galt als rechtzeitig dem ersten Richter vorgetragen. Daraus folgt weiter, daß die Präzisirung, welche der Vertreter des Imploranten den Beweisanträgen der Appellationsschrift im Audienztermin gegeben hat, nicht eine verspätete Anführung enthielt, sondern als eine Erläuterung der zugelassenen Anträge zu erachten und als solche einer Beurtheilung aus Art. 104 nicht unterworfen war; vgl. B. I. v. v. 27. Apr. 1864 (RdOTr. 4 S. 477).

Dem Beschlusse v. 21. März fehlt auch die Bedeutung, die im Art. 101 dem zweiten Richter auferlegte Prüfung der neuen Anführungen als ausreichend geschehen nachzuweisen. Denn der zweite der beiden für die vorläufige Aussetzung der Beweiserhebung geltend gemachten Gründe, daß zur Erschütterung der Feststellungen erster Instanz die vorgebrachten Behauptungen nicht geeignet erscheinen, dokumentirt nicht diese Prüfung; der in dem ersten Grunde hervorgehobenen mangelhaften Präcisirung ist nach dem Protokolle in dem Audienztermine abgeholfen; überdies war die Ablehnung der Anträge nur eine vorläufige, und schon um deshalb nicht eine solche, wie sie der Art. 101 im Auge hat.

Antr. d. GStA.: entgeg. [39.—9.]

Eisenbahntransport. - Gefährdung.

Die (fahrlässige) Gefährdung eines Eisenbahntransports ist auch dann, wenn die Gefahr nicht Menschen sondern nur den Transportmitteln oder den transportirten Gütern drohte, und eine wirkliche Beschädigung nicht eingetreten ist, strafbar aus

B.-StPO. § 316 [vgl. § 315 n. 9. 10.].

Erk. (Z.) v. 27. Sept. 1871 c. Faust (OAG. II, 110).

[63.—6.]

Jagd. - Jagdfolge.

Die Verfolgung eines angeschossenen Wildes in ein fremdes Jagdrevier stellt eine unbefugte Ausübung der Jagd dar, ist daher nicht aus älteren diesen Thatbestand besonders vorsehenden Gesetzen zu bestrafen, sondern aus

B.-StGB. § 292 [n. 3. 11.].

Erk. (V.) v. 27. Sept. 1871 c. Kolbe (OAG. II, 85). [34.—6.]

Die dem Angeklagten zur Last gelegte Handlung — Verfolgung eines angeschossenen Stücks Rehwild in fremdem Jagdreviere — ist zwar von dem Polizeianwalte nur als eine Uebertretung der Bestimmungen der §§ 29 und 30 des Kurhessischen Jagdgesetzes vom 7. September 1865 zur Anklage gebracht worden. Diese Bestimmungen finden aber darauf keine Anwendung, indem vielmehr der § 292 des

B.=St.GB.s (cfr. Art. VI. der Verordnung vom 25. Juni 1867, § 2 des Bundesges.s vom 31. Mai 1870) maßgebend erscheint, woran sich zufolge § 4 der Strafprozeß=Ordnung bei der Behandlung Seitens der Gerichte zu halten war. — Demzufolge war es unzulässig, unter Anwendung des § 381 der Strafprozeß=Ordnung die Zurückweisung der wider das Urtheil erster Instanz eingelegten Berufung ohne Hauptverhandlung durch Beschluß vorzunehmen.

Antr. d. GStA.: gleichl. [64.—6.]

Diebstahl. - Einbruch. - Gebäude.

Ein, in einem Gebäude mittels Einbruchs verübter Diebstahl ist strafbar aus:

B.-StGB. § 243 Nr. 2 [1. Ausg. n. 33; 2. Ausg. n. 34].

Erk. (Z. I.) v. 27. Sept. 1871 c. Müller (816. I. Cr.).

Der App.=Richter hat bei der beibehaltenen Feststellung der ersten Instanz hinzugefügt: „daß der Diebstahl [mittels Einbruchs] in einem Gebäude verübt worden." Es ist damit der Thatbestand des im § 243 Nr. 2 StGB. mit Strafe bedrohten schweren Diebstahls festgestellt, denn das Erforderniß des Gesetzes: daß aus einem Gebäude gestohlen worden, liegt jedesmal vor, sobald, wie hier, in dem Gebäude selbst der Diebstahl verübt ist.

Antr. d. GStA.: gleichl. [39 —9.]

---

1. Nichtigkeitsbeschwerde. - Ober=Staatsanwalt. - Rechtfertigung. - Bezugnahme.

2. Stempel. - Wechsel. - Beweis.

1. Der Ober=Staats=Anwalt kann seine Nicht.=Beschwerde durch Bezugnahme auf den Inhalt eines gleichzeitig vorgelegten Schreibens der Provinzial=Steuer=Direktion rechtfertigen, sollte die letztere sich auch nicht dem Rechtsmittel angeschlossen haben.

Ges. v. 3. Mai 1852 Art. 111 [n. 3].

2. Von einer eine Wechselstempelhinterziehung

betreffenden Anklage darf der Instanz-Richter nicht lediglich aus dem Grunde freisprechen, weil durch das Vorhandensein der Namens-Unterschrift des Angeklagten unter dem Wechsel die Echtheit derselben nicht dargethan werde, oder weil diese Echtheit nicht aus der vorgelegten, von einer Behörde beglaubigten Abschrift des Wechsels folge; er muß, wenn er in dieser Beziehung Zweifel hegt, die ihm zu Gebote stehenden Beweise erheben.

B.-Wechs.-Stemp.-Ges. v. 10. Juni 1869 § 15; Vd. v. 3. Juni 1841 § 22 [n. 60a].

Erk. (B. I.) v. 27. Sept. 1871 c. Schleusener (620. I. Cr.)

Die Angeklagten waren von der Anklage zweier Wechselstempelhinterziehungen in erster Instanz freigesprochen worden, weil nicht erwiesen sei, daß sie die (dem Gerichte nicht in Urschrift, sondern nur in einer vom Steuer-Amte genommenen und beglaubigten) Wechsel mit ihrer Unterschrift versehen gehabt hätten. Der Pol.-Anwalt appellirte und suchte auszuführen, daß nach Ausweis der beglaubigten Abschriften beide Wechsel die Namensschrift der Angeklagten getragen hätten; die Echtheit derselben müßte daher umsomehr bis zum Beweise des Gegentheils vermuthet werden, als dieselben in einem vorhergegangenen Civilprozeß von jenen gar nicht bestritten worden seien. In zweiter Instanz wurde einer der Wechsel in Urschrift vorgelegt. Nichtsdestoweniger bestätigte das AG. die erstrichterliche Entscheidung, indem es erwog: den Angeklagten müsse ihre Schuld bewiesen werden; an einem solchen Beweise fehle es hier: die Erklärungen in den vorhergegangenen Civilprozessen seien nicht von den Angeklagten selbst, sondern von ihren Bevollmächtigten abgegeben worden, und genügten deshalb zur Begründung einer Ueberzeugung für den Strafrichter nicht; das Vorhandensein der Namensschrift auf dem Wechsel begründe keine Vermuthung für die Echtheit; es sei daher, — zumal für den nicht im Original beigeschafften Wechsel — die erstrichterliche Feststellung nicht erschüttert, 2c. — Der OStA. ergriff die NB. und nahm zur Rechtfertigung auf ein beigelegtes an ihn gerichtetes Schreiben des Prov.-Steuer-Direktors Bezug.

Vernichtung. Gründe:

[1.] Der OStA. hat [zur Rechtfertigung seiner NB.] ein an ihn gerichtetes Schreiben des Prov.-Steuer-Direktors zu St. v. 2c. 2c. im Original eingereicht, in welchem die bereits mitgetheilten Beschwerdepunkte enthalten sind, wobei er erklärt, daß er auf dieselben Bezug nehme, sie auch anerkenne. Hiernach sind die Fristen zur Einlegung des Rechtsmittels gewahrt, und zugleich die Vorschriften der Artt. 107. 110. 111. des Ges.s. v. 3. Mai 1852 beobachtet, weil die Beschwerdepunkte angegeben sind, so daß der entsprechende Einwand der Angeklagten wegfällt.

[2. Der App.-Richter erwägt u. A.]: daß die Namen der Angekl. auf den Wechseln sich befänden, könne keine Vermuthung dafür bilden, daß diese sie darauf gesetzt haben. Diese letztere Erwägung ist jedenfalls eine rechtsirrthümliche und hat die Verletzung des § 15 des B.-Ges.s. betr. d. Wechselstempelsteuer vom 10. Juni 1869 zur Folge gehabt. Der an und für sich als ausreichend angesehene Wechsel giebt in der äußeren Gestalt, in der er sich darstellt, bei Stempelsteuer-Kontraventionen den maßgebenden Anhalt für die Personen der Stempelsteuer-Kontravenienten. Findet der erkennende Richter Veranlassung, bezüglich der Richtigkeit der vorhandenen Unterschriften Zweifel zu hegen, so muß er darüber von Amtswegen Beweis erheben, bezw. den von den Parteien etwa angebotenen aufnehmen. Er darf aber nicht, wie es hier geschehen, die ersichtlichen Unterschriften einfach, als nicht zu beachten, ansehen, um danach seine Entscheidung zu treffen. Dasselbe ist der Fall hinsichtlich der Angeklagten Z. und H. in Betreff des zweiten Wechsels. Es ist allerdings nur eine beglaubigte Abschrift desselben zu den Akten gebracht. Sie genügt indeß als solche für den erkennenden Richter, um nach § 22 der Vdn. v. 3. Jan. 1849 die entsprechende thatsächliche Feststellung zu schöpfen, wie das Kgl. Ob.-Trib. öfter und namentlich in dem Urtheil vom 24. Octbr. 1866 c. Zöllner entschieden hat. Müßten in allen Kontraventionsfällen die Steuerbehörden die Original-Wechsel anhalten, so würde, wie die N. B. mit Recht hervorhebt, der Wechselverkehr gehemmt werden. Hiernach hätte der App.-Richter auch in diesem zweiten Falle auf eine nähere Erörterung eingehen müssen, ob der gedachte Wechsel von den Wechsel-Interessenten 2c. Z. und H., deren Namen auf demselben sich befinden, herrührt, nicht aber den §§ 4 ff. 15. des Ges.s vom 10. Juni 1869 zuwider, auf Freisprechung ohne Weiteres erkennen.

Antr. d. GStA.: entgegen. [20.—9.]

Widerstand. – Vollstreckungsbeamte. – Rechtmäßige Amtsausübung.

Der einen höheren Auftrag ausführende Vollstreckungsbeamte befindet sich nur dann in der rechtmäßigen Ausübung seines Amtes, wenn der ihm ertheilte Auftrag sowohl sachlich als örtlich innerhalb der Grenzen der Amtsbefugnisse des ertheilenden Beamten lag. Ist dieses der Fall, so kommt es weiter auf die materielle Gültigkeit des Auftrags nicht an.

B.-StGB. § 113 [n. 14. 15; — 2. Ausg. n. 15.]

Erk. (Z. I.) v. 27. Sept. 1871 c. Steuer (603. I. Cr.)

Der App.-Richter hatte das die Eheleute St. wegen gewaltthätigen Widerstandes gegen einen Distriktsboten im Dienste verurtheilende erstinstanzliche Urtheil bestätigt, und den Einwand der Angeklagten: der Beamte habe sich nicht in der „rechtmäßigen Ausübung" seines Amtes befunden, mit der Erwägung beseitigt: weil der Distriktsbote zu denjenigen Beamten gehöre, welche ihrer Dienstinstruktion gemäß die ihnen ertheilten Aufträge zu befolgen hätten; demgemäß übten sie ihr Amt rechtmäßig aus, sobald sie sich an den ihnen ertheilten Auftrag hielten; ihnen stehe gar nicht zu, die Gesetzmäßigkeit des höheren Auftrags zu prüfen; hier habe sich der Bote genau an die ihm gewordene Weisung gehalten, 2c. — NB.

Zurückweisung. Gründe.

Die Erwägungen des App.-Richters würden, als allgemeine Grundsätze aufgefaßt, allerdings zu weit gehen. Denn der § 113 des D. StGB.s gewährt seinen Schutz einem der dort bezeichneten Beamten nur insofern, als er sich in der rechtmäßigen Ausübung seines Amtes befindet. Er hat daher unbedenklich seinerseits zu prüfen, ob der ihm ertheilte Auftrag sowohl in örtlicher als in sachlicher Beziehung innerhalb der Grenzen seiner Amtsbefugnisse liegt. Hierüber hinausgehende Anordnungen seiner Vorgesetzten auszuführen, ist er nicht gehalten; dagegen steht ihm kein Recht zu die materielle Richtigkeit seines Auftrages zu untersuchen, und aus einem derartigen Grunde die Erledigung zu verweigern. Der App.-Richter hat nun in dem vorliegenden Falle diese Gesichtspunkte ebenfalls im Auge gehabt. Zunächst hat er den in zweiter Instanz von den Angekl. darüber angetretenen Entlastungsbeweis, daß die Zurückbringung der unv. G. und deren Sachen zu ihrem Dienstherrn nach den näher angegebenen Umständen nicht gerechtfertigt gewesen, keineswegs übersehen, sondern um deshalb für unerheblich erklärt, weil alle angeführten Thatsachen, auch wenn sie richtig seien, und das Verfahren des Distrikts-Commissarius die Mißbilligung der Kgl. Regierung erfahren habe, gleichgültig seien, indem der Distriktsamtsbote etwaige Ungesetzlichkeiten der ihm vorgesetzten Behörde nicht zu vertreten habe. Da diese Erwägung sich nur auf die materielle Gültigkeit des in Rede stehenden Auftrages bezieht, so ist nach dem Obigen der diesfälligen Ausführung des Vorderrichters kein Vorwurf zu machen, und es liegt deshalb eine unzulässige Beschränkung des Vertheidigungsrechts auch nicht vor.

[20.—9.]

Beleidigung, einfache. – Privatklage.

Einfache Beleidigungen (im Sinne des § 343 des Pr. StGB.'s.) können auch jetzt noch nur im Wege der Privatklage verfolgt werden.

N. StPO. § 488; — B.-StGB. Thl. II. Abschn. 14 (S. 324 n. 30); EG. z. Pr. StGB. Art. XVI. [n. 19; 2. Ausg. n. 21]; Contra: Z. II. 1. Juni 1871 (oben S. 291.) Vgl. Z. v. 4. Okt. 1871 c. Reimers (unten).

Erk. (Z.) v. 27. Sept. 1871 c. Wickede (OAG. II. 111).

Das B.-StGB. und das dazu erlassene Einf.-Gesetz lassen die Frage: in welchem gerichtlichen Verfahren die Verfolgung von Beleidigungen Statt finden soll, unberührt und, wo der Privatklage gedacht wird (§ 194), ergiebt sich daraus nichts über das Verhältniß dieser Art von Rechtsverfolgung zu den sonst vorkommenden. Der Beschwerdeführer sucht aber auch nur eine indirekte Aenderung des Prozeßrechts nachzuweisen, indem er davon ausgeht, daß durch die Stellung aller Arten von Beleidigungen unter die Vergehen (§ 185 des B.-StGB.s) die Befugniß der Staatsanwaltschaft zur Verfolgung der, hiervon nach § 488 der StPO. ausgenommenen einfachen Beleidigungen begründet worden sei. — Allein die Bestimmung des § 488, daß die einfache Beleidigung nur der Verfolgung durch die Privatanklage unterliege, ist ersichtlicher Weise nicht aus dem Grunde erfolgt, weil damals diese Art von Beleidigungen lediglich zu den Uebertretungen gehörte, und, da Vergehen von der Verfolgung durch die Privatklage nicht ausgenommen worden sind (§ 487 der StPO.), so ist daraus allein, daß die einfache Beleidigung dermalen unter diese Kategorie gehört, für die vorliegende Frage nichts abzuleiten. — Andererseits kann auch die Bestimmung des Einf.-Ges.'s § 3, wonach, wenn in Landesgesetzen auf strafrechtliche Vorschriften verwiesen wird, welche durch das B.-StGB. außer Kraft gesetzt sind, die entsprechenden Vorschriften des letzteren an die Stelle der ersteren treten sollen, hier nicht in der Art maßgebend sein, daß durch Anwendung derselben auf den ersten Absatz des § 488 diesem eine, die Vorschrift des zweiten Absatzes beseitigende, Erweiterung gegeben würde. — Denn die Hinweisung des § 487 auf § 343 des Pr. StGB.'s hat es mit der in dem cit. § 3 gedachten Uebertragung von strafrechtlichen Vorschriften nicht zu thun, sondern eine ganz andere Bedeutung. — Durch § 487 Abs. 2 der StPO. war im Allgemeinen für alle Ehrenkränkungen in den Fällen der §§ 102. 103. 152—156 und 343 des Pr. StGB.s die Verfolgung mittelst der Privatklage zugelassen worden. Diese sollte aber in den, die überwiegende Mehrheit bildenden, Fällen, in welchen nur die Privatehre, ohne erschwerende Verhältnisse angegriffen und das öffentliche Interesse weniger berührt wird, mit gänzlicher Beseitigung der öffentlichen Verfolgung, welche man nur für die übrigen Fälle beibehalten wollte, statuirt werden. Um nun den Kreis der Voraussetzungen für diese beiden Kategorien abzugrenzen, hat man in § 488 der StPO. auf den Fall des § 343 des Pr. StGB.s, unter der in dem letzteren zwar nicht selbst vorkommenden, aber dem Verhältnisse entsprechenden und, wie u. A. die Motive zu §§ 184. 185. 191 des Entwurfes des B.-StGB.s und die Just.-Min.-Verfügung v. 28. Dez. 1870 Nr. 7 ergeben, auch sonst gebräuchlichen Bezeichnung als einfache Beleidigungen, sich bezogen und dadurch der zweiten Kategorie die in § 487. Nr. 2 der StPO. ferner durch Anführung der betreffenden §§ bezeichneten Fälle zugewiesen. — Hätte die StPO. statt dieser Hinweisung auf Gesetzesstellen die darin angegebenen Voraussetzungen direkt angeführt und den § 488 also etwa so gefaßt:

> „Alle Ehrenkränkungen, welche nicht die Kammern ꝛc. betreffen, nicht öffentlich oder schriftlich geschehen, nicht in Behauptung oder Verbreitung unwahrer Thatsachen ꝛc. bestehen, können nur im Wege der Privatklage verfolgt werden“,

so würde kein Zweifel darüber eintreten können, daß das B.-StGB. hieran nichts geändert habe. Denn die nach Ausscheidung jener schwereren Fälle übrig bleibenden Beleidigungen einfacher Art, mit welchen sich der § 343 des Pr. StGB.s befaßte, lassen sich begrifflich noch immer unterscheiden und dieser in der Natur der Verhältnisse liegende Unterschied ist dadurch nicht vertilgt worden, daß diese leichteren Fälle nicht mehr in einem besonderen Paragraphen behandelt werden, mit den übrigen — und auch nicht einmal durchgehends, so: §§ 186. 187 des B.-StGB.s — ein Strafmaximum gemein haben und das Gesetz dermalen nur einzelner schwererer Fälle besonders gedenkt. — Dasselbe Verhältniß liegt aber auch bei der bestehenden Fassung des § 488 der StPO. vor. Denn es handelt sich bei der Hinweisung auf § 343 des Pr. StGB.'s in Verbindung mit § 487. 2 der StPO. nur um kürzeren Ausdruck für die Auseinanderlegung der Voraussetzungen der ertheilten Prozeßvorschrift und um ein, nicht verloren gegangenes sondern noch immer erkennbares Kriterium.

Es mußte also den Vorinstanzen darin beigepflichtet werden, daß auch indirekt eine Aenderung an der Vorschrift des § 388 der StPO. durch die Bundesgesetzgebung nicht erfolgt sei.

[64.—6.]

Uebergangssteuer. – Branntwein.

Der Uebergangssteuer unterliegt nicht nur der zum Genusse als Getränk dienende Branntwein, sondern jede durch die Operation des Brennens erzeugte alkoholhaltige Flüssigkeit, sollte sie auch durch anderweitige Zusätze zum Genusse unbrauchbar gemacht sein.

Vertr. v. 16. Mai 1865 Art. 11 II. (GS.-S. 641); Zollvertr. v. 8. Juli 1867 Art. 5 II. (BGbl. S. 81).

Erk. (B. II.) v. 28. Sept. 1871 c. Hennekens & Gen. (228. II. Cr.).

H. und Gen. waren beschuldigt worden, wiederholt aus Rheinbaiern nach Preußen Spiritus eingeführt zu haben, ohne davon die Branntwein-Uebergangssteuer zu entrichten. Da sich indessen ergab, daß der eingeführte (hochgradige) Spiritus durch den Zusatz wohlriechender Essenzen den Charakter als Eau de Cologne, also einer „Parfümerie" angenommen habe, und zum Genusse unbrauchbar geworden sei: so stellten beide Instanzgerichte das Verfahren ein. Insbesondere erwog der Anklage-Senat des Rh.-App.-Gerichtshofs, daß nach den oben citt. Verträgen die Uebergangssteuer nur von zum Genusse bestimmten Consumtionsgegenständen zu erheben sei; demgemäß sei auch unter dem aufgezählten „Branntwein" nur die als Getränk dienende alkoholhaltige Flüssigkeit zu verstehen, nicht aber solche, welche mit anderen Stoffen zu gewerblichen oder sonstigen Zwecken dienten, z. B. Firniß, Parfümerien ꝛc.; das finde seine Bestätigung in den (auf der Vereinbarung derselben Vereinsstaaten, zwischen welchen auch die citt. Verträge abgeschlossen worden) beruhenden Zolltarifen, insbesondere auch in dem letzten vom 1. Okt. 1870 Nr. 25. welcher „Branntwein aller Art, Arrak, Rum, versetzte Branntweine" mit 6 Thlr. besteuere, während ebendaselbst unter Nr. 31 „Parfümerien aller Art (also auch die alkoholhaltigen z. B. Eau de Cologne) nur mit 3 Thlr. 10 Sgr., und ebenso unter Nr. 5a „alkohol- oder ätherhaltige Wasser zum Gewerbe- und Medizinalgebrauche, Firnisse aller Art" (somit auch hier Produkte aus Branntwein und anderen Ingredienzen) nur mit 3 Thlr. 10 Sgr. besteuert werden; demgemäß zähle denn auch das amtliche Waarenverzeichniß zum Zollvereinstarif vom 1. Okt. 1870 ausdrücklich das „eau de Cologne und ähnliche wohlriechende Wasser" zu den „Parfümerien" und nicht zum „Branntwein" ꝛc.

Auf den Kass.-Rekurs des Gen.-Prokurators ist dieses Urtheil vernichtet und die Sache zur Fortsetzung der Untersuchung an das LG. zurückverwiesen worden. Das OTr. erwog:

daß die Bestimmungen des Vertrages v. 16. Mai 1865 resp. seiner Erneuerung v. 8. Juli 1867 über die zwischen den einzelnen Vereinsstaaten von verschiedenen Consumptibilien, insbesondere von Branntwein, zu erhebende Uebergangssteuer und die damit im Zusammenhange stehenden Urkunden keinen Zweifel über den Sinn lassen, in welchem sie insbesondere den Branntwein der Uebergangssteuer haben anheimgeben wollen;

daß das zum erneuerten Vertrage vom 8. Juli 1867 gehörige Schlußprotokoll vom nämlichen Tage resp. die demselben unter Anlage B. beigefügte Uebersicht der Steuersätze, welche von denjenigen Vereinsstaaten, wo innere Steuern auf die Hervorbringung oder Zubereitung gewisser Erzeugnisse gelegt sind, von den gleichnamigen vereinsländischen Erzeugnissen erhoben werden, unzweideutig ergiebt, daß die zum Zwecke der beabsichtigten gleichmäßigen Behandlung der inländischen Produkte mit den Produkten anderer Vereinsstaaten auferlegte Uebergangssteuer vom Branntwein nicht nur von der wesentlich als Getränk zu verbrauchenden, im gewöhnlichen Leben so genannten Flüssigkeit erhoben werden sollte;

daß nämlich in der gedachten Uebersicht als Maßstab für die in Preußen und den mit ihm zum Norddeutschen Branntweinsteuerverbande vereinigten Staaten lediglich der Alkoholgehalt bezeichnet und eine Steuer von 6 Thlrn. für ein Ohm bei 50 pCt. Alkohol nach Tralles festgesetzt ist, während für die Brauchbarkeit der Flüssigkeit als Getränk gewisse hier völlig unberücksichtigt gelassene Grenzen bestehen;

daß aber insbesondere in demselben, die Erhebung der Steuer vom Branntwein regelnden Abschnitte unter Nr. 9 bezüglich des Vereinsstaates Baden für die Uebergangssteuer verschiedene Steuersätze ausgeworfen sind, je nachdem es sich a. um Branntwein — was hier mit Rücksicht auf den Gegensatz nur im Sinne des gewöhnlichen Lebens verstanden werden kann — und b. um Weingeist handelt, der letztere sogar mit einer erheblich höheren Uebergangssteuer belegt und dadurch unzweideutig anerkannt wird, daß unter der allgemeinen Rubrik Branntwein jedenfalls nicht allein die zum Getränk geeigneten alkoholhaltigen Flüssigkeiten haben begriffen werden sollen;

daß jeder Zweifel über den Begriff, welchen der Vertrag mit dem der Uebergangssteuer unterworfenen Branntwein verbunden hat, aber schwinden muß, wenn man diejenigen Gesetze in Betracht zieht, durch welche in den zur Erhebung dieser Steuer berechtigten Staaten die Besteuerung des inländischen Produktes geregelt ist, welche mithin auch den Umfang näher erkennbar machen müssen, in dem dieselben ihr Produkt durch die vertragsmäßige Stipulation des Uebergangszolles in der Concurrenz dem in einem anderen Vereinsstaate steuerfrei hervorgebrachten gleichen Produkte haben gleich stellen wollen;

daß das Gesetz vom 8. Juli 1868, betreffend die Besteuerung des Branntweins in verschiedenen zum Nordd. Bunde gehörenden Staaten und Gebietstheilen, welches mit dem seit dem 1. Juli 1869 erfolgten Beitritt von Hessen zum Nordd. Branntweinsteuerverbande auch für den nicht zum Nordd. Bunde gehörenden Theil dieses Staates Gültigkeit erlangt hat, allen im Inlande erzeugten Branntwein mit einer Steuer von $1\frac{1}{16}$ Sgr. für das preuß. Quart

Branntwein zu 50 pCt. Alkoholstärke nach dem Alkoholometer von Tralles belegt (§ 1 l. c.);

daß diese Steuer, ohne jede Rücksicht auf die demnächstige Bestimmung und spezielle Verwendung des gewonnenen Produktes, lediglich erhoben werden soll: a) als Maischbottigsteuer bei der Bereitung von Branntwein aus Getreide oder anderen mehligen Stoffen nach dem Rauminhalte der zur Einmaischung oder Gährung der Maische bestimmten Gefäße und b, als Brennmaterialsteuer bei Bereitung des Branntweins aus nicht mehligen Stoffen nach der Menge der dazu verwandten Materialien (§ 2 l. c.);

daß auch die sämmtlichen im Gesetze enthaltenen, die Erhebung und Controlirung der Steuer betreffenden Vorschriften, indem sie alle Brennereien und alle Destillirapparate umfassen, die Anmeldung, Vermessung ꝛc. aller zur Brennerei überhaupt dienenden Geräthe und die steueramtliche Beaufsichtigung der Brennereien vorschreiben und ordnen, unzweifelhaft jedes durch die Operation des Brennens gewonnene Produkt als Objekt der Besteuerung im Auge haben;

daß wenn auch das Ges. v. 8. Juli 1868 jünger ist als der erneuerte Vertrag, dasselbe doch als Material zur Beurtheilung der damaligen Intentionen der Contrahenten um so mehr von nicht zu bestreitender Bedeutung ist, als dasselbe sich im Allgemeinen dem System und den Detailbestimmungen anschloß, welche in den durch die Krone Preußen neu acquirirten Landestheilen in Folge der Vdn. v. 11. Mai 1867 bereits seit dem 1. Juli 1867 zur Geltung gelangt waren, wie denn auch schon das in den älteren Provinzen unter dem 8. Februar 1819 erlassene Gesetz, betreffend die Besteuerung des inländischen Branntweins und die Ordnung dazu vom nämlichen Tage die Erzeugnisse der Brennereien in gleichem Umfange getroffen hat;

daß daher auch im Sinne der Branntweinsteuergesetzgebung unter Branntwein in keiner Weise nur die zum eigentlichen Genusse als Getränk bestimmte, sondern überhaupt jede durch die Operation des Brennens erzeugte alkoholhaltige Flüssigkeit verstanden werden muß;

daß wenn hiernach also die Bezeichnung Branntwein im steuerlichen und im Sinne des Vertrages resp. der Anlage zum Schlußprotokolle vom 8. Juli 1867 in dieser weiteren Bedeutung aufzufassen ist, unter denselben importirter Spiritus subsumirt werden muß, auch wenn er bei einem Alkoholgehalt von wenigstens 50 pCt. nach Tralles durch Zusatz von ätherischen Oelen parfümirt, insbesondere zu der unter der Bezeichnung Eau de Cologne bekannten Mischung hergerichtet, eingeführt werden soll;

daß es unter solchen Umständen, da der Vertrag, soweit derselbe die Uebergangssteuer — einen nach dem Zwecke dieser Steuer von dem eigentlichen Zollvereinsvertrage unabhängigen Gegenstand — betrifft, zunächst aus sich selbst interpretirt werden muß, und bei dieser Auslegung keinen Zweifel über den Sinn seiner desfalligen Bestimmungen läßt, es auf die Terminologie des die Finanzzölle gegen das Zollvereinsausland bestimmenden Zolltarifs nicht ankommen kann, wenn gleich die Verabredungen der contrahirenden Staaten über die Uebergangssteuer in derselben Uebereinkunft getroffen sind, durch welche die contrahirenden Staaten sich nach Außen zu einem gemeinsamen Zollgebiete zusammengeschlossen und den gemeinsamen Zolltarif angenommen haben.

Antr. d. GStA.: gleichl. [32.—3.]

Stempel. - Zeitung. - Einzelverkauf.

Als „Einzelverkauf" von Exemplaren einer Zeitung im Sinne des § 3 Abs. 2 des Ges. v. 29. Juni 1861 ist jeder besondere Verkauf einer Einzel-Nummer im Gegensatze zum Absatze aller Quartalnummern an die Abonnenten zu verstehen. Die Bestellung einzelner Nummern durch Dritte, um sie als Flug-

blätter zu verbreiten, hebt die Stempelpflichtigkeit derselben nicht auf.

Ges. v. 29. Juni 1861 § 3 Abs. 2; § 6.

Erk. (B. II.) v. 28. Sept. 1861 c. Taxer (220. II. Cr.)

T. hatte, als Verleger der M.-Zeitung von dem zweiten Blatte der Nr. 37 dieser Zeitung außer der Abonnementsauflage 7500 unversteuert gebliebene Exemplare identisch nach Form und Inhalt [also mit der Ueberschrift als „Zeitung"] abgedruckt. Gleichwohl ward er von der aus § 3 des Ges. v. 29. Juni 1861 erhobenen Beschuldigung freigesprochen; die App.-Kammer erwog: aus den Worten des cit. § 3: „Will der Verleger für den Einzelverkauf mehr Exemplare abdrucken lassen, so . . . ." gehe hervor, daß nicht schon ohne Weiteres die äußere Erscheinung der Mehr-Exemplare, sondern wesentlich auch ihr Zusammenhang mit dem Zeitungsverlage (dessen Versteuerung allein bezweckt werde) den Thatbestand einer Defraude bilde; hier stehe fest, daß das betr. Blatt nur einen Wahlaufruf und Besprechungen der bevorstehenden Reichstagswahl enthalten habe; und daß die 7500 Exemplare ausdrücklich vorher von einem Dritten „als Flugblätter" bestellt worden seien, um sie als solche zu verbreiten; nur in dieser Intention seien die Blätter gegen die Erstattung der baaren Auslagen und Arbeitslöhne gedruckt und als „Flugblätter" in die Geschäftsbücher eingetragen, und endlich nicht im Wege des Zeitungsdebits, insbesondere nicht im Einzelverkauf, sondern ohne Konkurrenz des T. durch einen Dritten behufs Erreichung gewisser Wahlzwecke, also durch Mittel und Wege, welche mit dem Zeitungs-Verleger-Gewerbe des T. nichts gemein hätten, in die Hände des Publikums gebracht worden; zwar habe das Regulativ v. 7. Nov. 1861 (das Gesetz v. 29. Juni ej erweiternd) den Worten „zum Einzelverkauf" hinzugefügt: „oder zu sonstiger besonderer Verwendung"; aber auch hierdurch solle nur eine dem Einzelverkaufe gleichbedeutende Thätigkeit des Zeitungsverlegers bezeichnet werden, während T. hier beim Einzelverkaufe nicht thätig gewesen sei.

Kass.-Rekurs des Ob.-Prokurators. Vernichtung. Erwogen ward:

daß nach den thatsächlichen Grundlagen der angegriffenen Entscheidung die Mayener Zeitung, deren Verleger der Beschuldigte ist, zu den im Sinne des Ges. v. 29. Juni 1861 steuerpflichtigen Blättern gehört; auch durch den Beschuldigten von dem zweiten Blatte der Nr. 37 dieser Zeitung außer der zur Besteuerung angemeldeten Abonnentenauflage noch 7500 unversteuert gebliebene Exemplare identisch nach

Form und Inhalt abgedruckt worden sind, nachdem zufolge der weiteren Feststellung des Urtheils dem Beschuldigten Seitens des 2c. S. von M. eine gleiche Anzahl von Abdrücken derjenigen Wahlaufrufe und Besprechungen, welche die bevorstehende Reichstagswahl zum Gegenstande hatten und in dem gedachten Blatte enthalten waren, ausdrücklich als Flugblätter in Bestellung gegeben waren, die Blätter auch in dieser Intention gegen Zahlung der baaren Auslagen und Arbeitslöhne gedruckt und als Flugblätter in die Bücher eingetragen worden sind;

daß wenn hiernach der Beschuldigte, statt besondere Flugblätter setzen und drucken zu lassen, eben so viele Exemplare der betreffenden Zeitungsnummer zur Benutzung als Flugblätter abdrucken ließ und abgab, diese Exemplare nichts desto weniger Exemplare der unter seiner Verantwortlichkeit erschienenen Zeitung blieben, und seine, des Verlegers, Absicht und Meinung, durch den Mehrabdruck derselben nur Flugblätter liefern zu wollen, nicht in Betracht kommen konnte;

daß sodann der im Gesetze berücksichtigte Einzeldebit oder Einzelverkauf von mehr gedruckten Exemplaren einer Zeitungsnummer, für welchen durch die Aufnahme des Absatzes 2 in den § 3 des Gesetzes freie Hand gelassen wurde, unbedenklich lediglich dem Debit der zur Besteuerung angemeldeten Quartalauflage durch das Abonnement auf alle erscheinenden Nummern gegenüber gestellt ist; daß unter dem Einzelverkauf also nicht gerade an den vom Verleger selbst zu bewirkenden Detailverkauf der einzelnen Exemplare im Wege des gewöhnlichen Zeitungsdebits, vielmehr nur, worauf es allein ankam, an den besonderen Verkauf der einzelnen Nr. im Gegensatze zum Absatze aller Nummern des Quartals an die Abonnenten gedacht sein kann;

daß der Einzelverkauf in diesem Sinne ebensowohl den Fall in sich schließt, wo der Verleger den Betrieb der Mehrabdrucke der betreffenden Nummer direkt selbst leitet, als den andern, wo er solche einem Dritten, wie hier rücksichtlich des rc. S. festgestellt ist, auf dessen Bestellung im Ganzen käuflich zur Unterbringung beim Publikum überläßt;

daß für diese Begriffsbestimmung die Höhe des dem Dritten nach dem freien Ermessen des Verlegers gestellten Preises ohne allen rechtlichen Einfluß ist, der, wenn er sich gleich auf die Vergütung der baaren Auslagen und Arbeitslöhne beschränkte, immerhin ein Preis für die zum Einzelverkaufe gelangenden Exemplare blieb;

In Erw., daß der Appellrichter sonach, indem er die Anwendung des mehrgedachten § 3 Abs. 2 des cit. Gesetzes deshalb für ausgeschlossen erachtete, weil die Exemplare der fragl. Nummer nicht im Einzelverkaufe, sondern ohne Concurrenz des Beschuldigten durch einen Dritten behufs Erreichung gewisser Wahlzwecke, also durch Mittel und Wege in die Hände des Publikums gebracht wurden, welche mit dem Gewerbe des Beschuldigten als Zeitungsverleger nichts gemein haben, dem Einzelverkaufe im Sinne des § 3 Abs. 2 eine aus dem Inhalte des Gesetzes nicht zu begründende beschränkende Auslegung gegeben und dadurch diese Gesetzesvorschrift, deren Voraussetzung er genügend festgestellt, durch Nichtanwendung verletzt hat; daß daher seine Entscheidung zu vernichten ist.

Antr. d. GStA.: gleichl. [32.—3.]

Tödtung, fahrlässige. — Brunnen, Verdeckung. — Haftbarkeit.

Für die polizeimäßige Verdeckung eines Brunnens und für die durch die Verabsäumung herbeigeführten Unglücksfälle hat derjenige einzustehen, welcher thatsächlich die Verwaltung der betr. Gegenstände ausübt.

B.-StGB. § 367 Nr. 12 [n. 65; 2. Ausg. n. 68]; 59 [n. 25; 2. Ausg.: n. 22].

Erk. (Z. I.) v. 29. Sept. 1871 c. Ecker (696. I. Cr.)

Ein auf dem Grundstücke der Familie E. gegrabener Brunnen

war nicht gehörig verdeckt worden; hierdurch ward es verursacht, daß ein Kind hineinfiel und ertrank. Die dieserhalb (als zeitliche Verwalterin des Grundstücks) aus § 367 Nr. 12 und 222 des StGB.s verurtheilte Wittwe E. sen., wendete im Wege der NB. ein: das Grundstück rühre von ihrem verstorbenen Sohne her; demgemäß habe der (noch minderjährigen) Wittwe des letzteren (E. jun.) der Nießbrauch und damit der Besitz und die Verwaltung des Nachlaßgrundstücks zugestanden, weshalb auch nur diese, bezw. ihr Vater für die Vernachlässigung und deren Folgen einzustehen habe.

Zurückweisung. Gründe:

Die Unhaltbarkeit dieser Ausführung leuchtet ein, denn mochte der Wittwe des kinderlos verstorbenen E. E. immerhin rechtlich der Nießbrauch und die Verwaltung des gesammten Nachlasses desselben, darunter auch des Nachlaßgrundstückes, zustehen, so hing doch die strafrechtliche Verantwortlichkeit für Handlungen oder Unterlassungen aus dieser Verwaltung nicht von dem Rechte zu derselben, sondern davon ab, wer sie wirklich führte. Wenn der App.-Richter es daher in einer mit der NB. nicht anzufechtenden Weise für thatsächlich feststehend erklärt, daß die Implorantin die Verwalterin gewesen sei, so hat er rechtlich nicht geirrt, wenn er sie sowohl in Betreff der Polizei-Uebertretung, als auch in Beziehung auf die fahrlässige Tödtung für die Schuldige erklärt.

Antr. d. GStA.: gleichl. [28.—6.]

Hausiren. – Stellvertreter. – Steuersatz.

Der Betrieb eines Gewerbes durch einen im Gewerbeschein nicht genannten Vertreter ist auch jetzt noch aus dem Hausir-Regulative v. 28. April 1824 zu bestrafen. Bei Abmessung dieser Strafe ist derjenige Steuersatz zum Grunde zu legen, welcher für denjenigen, für dessen Rechnung das Gewerbe betrieben wurde, anzuwenden ist.

Pr. Hauf.-Regul. v. 28. Apr. 1824 § 26. 28; — B.-Gew.-Ordn. v. 21. Juni 1869 § 62. — Vgl. RdOTr. 11. S. 557.

Erk. (Z. I.) v. 29. Sept. 1871 c. Gründel & Gen. (654 I. Cr.).

Nach der instanzrichterlichen Feststellung hatten

1) ꝛc. Pätzold — — „außerhalb seines Wohnorts, in Ausübung des vom Mitangeklagten Gründel im Umherziehen betriebenen Gewerbes vier demselben gehörige Schweine im Auftrage und für Rechnung desselben verkauft, ohne einen Gewerbeschein zu besitzen"; und

2) ꝛc. Gründel „den in seinem Gewerbescheine nicht genannten Pätzold als Begleiter in seinem Gewerbebetriebe im Umherziehen mitgeführt, auch durch den P. auf seine (des G.) Rechnung die vier Schweine verkaufen lassen."

Der erste Richter erachtete das Hauſ.-Regulativ v. 28. Apr. 1824 nicht für ein Steuer- sondern für ein Gewerbepolizeigesetz und demgemäß in Folge der Verkündung der B.-Gew.-Ordn. v. 21. Juni 1869 für aufgehoben, und strafte aus § 148 Nr. 7 des letzteren. Das AG. verhängte dagegen wider Jeden aus § 28 des cit. Hausir.-Reg. eine Geldstrafe von 64 Thalern ꝛc. — Die, Gesetzesverletzung rügende, NB. der Angeklagten ward zurückgewiesen. Gründe:

Die thatsächliche Feststellung gegen beide Imploranten entspricht der Voraussetzung des § 28 des Hausirregulativs, beide sind daher mit Recht zur Entrichtung der vierfachen Jahressteuer als Strafe verurtheilt worden. Die Jahressteuer ist aus der Person des G. bemessen, da, wie der Zusammenhang der §§ 26. 27. 28 ergiebt, derjenige als der eigentliche Contravenient erscheint, für dessen Rechnung die im Gewerbeschein nicht genannte Person das Gewerbe betreibt. Der zur Anwendung gebrachte § 28 ist auch nicht, wie der erste Richter angenommen hat und die NB. geltend macht, durch die an dem 1. Januar 1870 in Kraft getretenen Tit. III. und X. der D. Gew.-Ordn. aufgehoben worden. Die Preuß. Gesetze über das Hausirgewerbe, das Gesetz v. 30. Mai 1820 über die Gewerbesteuer §§ 20—24, 37b, 38 und 40, das Hausirregulativ v. 28. April 1824 und dessen Ergänzungen enthielten theils gewerbepolizeiliche Bestimmungen, theils Anordnungen über die Hausirgewerbesteuer. Nur jene, nicht auch diese sind durch die D. Gew.-Ordn. getroffen worden: V. I. v. 18. Nov. 1870 (RSOTr. 11 S. 557). Das Verbot des § 20 des Regulativs, nach welchem das Gewerbe für Rechnung des Gewerbeschein-Inhabers von einer in dem Gewerbescheine nicht genannten Person nicht getrieben werden darf, ist durch den § 62 der Gew.-Ordn. wiederholt. Aus der im § 28 des Regulativs ausgesprochenen Strafe für die Uebertretung dieses Verbots ergiebt sich, daß dasselbe wesentlich als ein im Interesse der Gewerbesteuer gegebenes aufzufassen ist, daß eine Verletzung desselben nicht eine Gewerbepolizeicontravention, oder doch nicht allein, sondern vor Allem eine Gewerbesteuerdefraudation enthält. Denn einmal wird im § 28, wie im § 27 dieselbe Strafe, welche der § 26 verhängt, also die Defraudationsstrafe, ausgesprochen, dann auch bezeichnet der § 32 die Straffälle des § 28 ausdrücklich als finanzielle im Gegensatze zu den polizeilichen Straffällen der §§ 29 und 30. Der § 28, soweit er in dieser Sache Anwendung gefunden hat, besteht mithin als steuerstrafgesetzliche Bestimmung noch gegenwärtig und ist vom App.-Richter ebensowenig verletzt, wie die von der NB. angeführten Vorschriften der Gew.-Ordn.

Antr. d. GStA.: gleichl. [39.—6.]

Rechtsmittel. – Angeklagter. – Officium iudicis.

Dem nicht verhafteten Angeklagten ist die Verabsäumung einer Rechtsmittelfrist nicht zuzurechnen, wenn er sich zeitig an das Gericht um protokollarische Aufnahme gewendet, dieses aber die rechtzeitige Vorladung verabsäumt hat.

Vdn. v. 3. Jan. 1849 Abschn. IV. (S. 458 n. 38). Vgl. RdOTr. 8. S. 393; 11. S. 285. 376.

Beschl. (I.) v. 29. Sept. 1871 c. Herforth (168. B. I. Cr.)

H. hatte am 7. Tage der Frist in einer nicht legalisirten Schrift die NB. angemeldet und um protokollarische Aufnahme seiner Erklärung gebeten; seine Vorladung erfolgte nicht, dagegen am 11. Tage die Zurückweisung des Rechtsmittels. — Aufhebung,

„weil dem H. rechtzeitig hätte ein Tag bestimmt werden müssen, an welchem er seine Anmeldung zu gerichtlichem Protokoll hätte wiederholen können."

Antr. d. GStA.: gleichl. [30.—8.]

1. Nichtigkeitsrichter. - Gerichtliches Verfahren. - Statthaftigkeit. - Prüfung.

2. Hausir-Vergehen. - Administratives Verfahren.

1. Der Nichtigkeitsrichter prüft die Statthaftigkeit des gerichtlichen Verfahrens von Amtswegen, auch wenn dieselbe nicht zum Gegenstande der Beschwerde gemacht war. (ind. entschieden.)

Ges. v. 3. Mai 1852 Art. 111. 108 Nr. 2 [n. 15].

2. Ein Hausirvergehen kann nicht zum Gegenstande einer gerichtlichen Strafverfolgung gemacht werden, so lange die betr. Regierung nicht erklärt hat, daß sie auf die administrative Erledigung verzichte.

Ges. v. 3. Mai 1852 Art. 136 [n. 39]; Gew.-Steuer-Ges. v. 30. Mai 1820 § 42a. Vgl. — RdOTr. 3. S. 23. 142; 7. S. 47; 9. S. 636; 10. S. 748; 11. S. 321.

Erk. (B. I.) v. 29. Sept. 1871 c. Jacobsohn (629. I. Cr.)

J., in 2. Instanz wegen Gewerbebetriebs im Umherziehen ohne Gewerbeschein zur [Steuer-] Strafe verurtheilt, rügte im Wege der NB. Verletzung bzw. unrichtige Anwendung des Regul. v. 28. April 1824 § 21 und des Ges. v. 19. Juli 1861 § 20. Das OTr. hat, — ohne auf die bezüglichen Ausführungen einzugehen, die NB. „aus einem anderen Grunde für begründet" erachtet, das Urtheil des AG.s vernichtet und die Sache zur anderweiten Verhandlung ꝛc. in die zweite Instanz zurückverwiesen. Gründe:

Nach den Artt. 135. 136 des Ges. v. 3. Mai 1852 in Verbindung mit dem § 42a des Ges. v. 30. Mai 1820, muß der gerichtlichen Untersuchung wegen Steuer-Kontraventionen ein administratives Verfahren vorausgehen, sofern nicht etwa die Verwaltungsbehörde darauf verzichtet hat. Aus den Akten des vorliegenden Falles erhellet nicht, ob eine derartige Entsagung der Verwaltungsbehörde stattgefunden hat. Die Verfügung des Kgl. Landraths-Amtes zu N. v. ꝛc. überläßt nur die Sache der Kgl. PAnwaltschaft zur weitern Veranlassung, ohne sich darüber auszusprechen, daß eine diesfällige Genehmigung der betreffenden Kgl. Regierung ertheilt worden ist. Die Gerichte und Staatsanwaltschaften dürfen aber, wie bereits das Kgl. Ob.-Trib. öfter, und namentlich noch in dem B. I. v. 13. Nov. 1868 (RGOTr. 9 S. 636) entschieden hat, nicht unbefugter Weise in das Ressort der Verwaltungsbehörden eingreifen, und haben von Amtswegen zu prüfen, ob ihre Competenz, zur Untersuchung und Entscheidung eingetreten ist. Demgemäß hätten die Vorderrichter verfahren und feststellen müssen, ob Seitens der berechtigten Verwaltungsbehörde auf das ihr zustehende Recht, das administrative Verfahren stattfinden zu lassen, verzichtet worden ist oder nicht. Zur Zeit ist dieser Mangel nicht behoben, und es unterliegt daher das angefochtene Appellations-Erkenntniß, ohne daß es auf eine Erörterung der materiellen Beschwerde des Angeklagten ankommt, der Vernichtung.

Antr. d. GStA.: entg. [20.—6.]

Zuständigkeit. - Gesetzeswechsel.

Eine That, welche nach dem zur Zeit der Verübung geltenden früheren Strafgesetze ein Verbrechen darstellte, gehört selbst dann, wenn sie im B.-StGB. nur mit einer Vergehensstrafe bedroht ist, auch jetzt zur schwurgerichtlichen Zuständigkeit.

EG. z. Pr. StGB. Art. XIII. [n. 13]. Vgl. RdOTr. 8 S. 639. 750; 9. S. 65. 490. 626; 12. S. 163. 299.

Beschl. v. 29. Sept. 1871 c. Krause (165. B. I. Cr.). [28.—8.]

Meineid, fahrlässiger. - Offenbarungseid.

Die fahrlässige Ausschwörung eines falschen (assertorischen) Manifestationseides ist — auch im Geltungsbereiche der Pr. AGO. — strafbar aus

B.-StGB. § 163 [n. 3; 2. Ausg.: n. 4]; Pr. AGO. I. 22 § 33.

Beschl. (I.) v. 29. Sept. 1871 c. Kupke (102. B. I. Cr.).

In einem gegen ihn gerichteten Exekutionsverfahren hatte K. beschworen:

„daß er alles zu seinem Vermögen Gehörige richtig und gewissenhaft angegeben, auch Nichts davon verschwiegen oder gefährlicher Weise abhanden gebracht habe, oder durch Andere habe bei Seite bringen lassen."

Auf die Anzeige des Gläubigers, daß K. noch ein mit Roggen bestelltes Grundstück pachtweise besitze, ward eine Voruntersuchung wegen wissentlichen Meineides eingeleitet, in welcher K. geltend machte, jenes Grundstück sei nicht von ihm, sondern von seiner Frau gepachtet. Da die Voruntersuchung nicht genügende Anhaltspunkte für die Wissentlichkeit des Verschweigens bot, beantragte der StA. Eröffnung der Untersuchung wegen fahrlässiger Falschschwörung; beide Gerichte lehnten aber diesen Antrag auf Grund des § 33 I, 22 AGO. ab. (vgl. Z. I. v. 8. Dez. 1853, V. II. 8. Dez. 1853, Z. I. 3. Apr. 1868: Entsch. 25. S. 445; JMbl. 54 S. 87; RbOTr. 9. S. 256). Die Beschwerde des OStA.'s fand hierin eine Verletzung des § 163 des B.-StGB.s durch welchen der cit. § 33 I, 22 AGO. außer Kraft gesetzt sei.

Der Gen.-Staats-Anwalt trat dieser Beschwerde insofern bei, als auch er annahm, daß nach dem Grundsatze des § 2 des B.-StGB.'s und des Art. II. des Einf.-Ges.'s z. Pr. StGB. die positive Vorschrift des cit. § 33 schon durch § 132 des Pr. StGB.'s ihre Geltung verloren habe; er regte aber das Bedenken an, ob nicht die Straflosigkeit eines fahrlässiger Weise falsch ausgeschworenen (assertorischen) Offenbarungseides aus der Natur des letzteren von selbst folge: ein solcher habe (in der Regel) nur das eigene Wissen zum Gegenstande, werde dieses Wissen richtig angegeben, so könne die Beschwörung nicht falsch, der Eid also auch nicht fahrlässig falsch ausgeschworen sein; nur dann, wenn die Eidesformel weitergehe, und dem Schwörenden eine vorherige Ermittlung über das Anzugebende zur Pflicht mache [vgl. z. B. L. 22 § 10 C. VI., 30: .... „ut undique veritate perquisita ..."] könne in der Verabsäumung dieser Ermittlungen, und in der Beschwörung der ganzen Formel eine fahrlässige Falschschwörung gefunden werden; im vorliegenden Falle enthalte die Eidesformel eine solche Versicherung nicht 2c. — Außerdem ward darauf aufmerksam gemacht, daß (wie auch der cit. § 33 I, 22 AGO. ergebe) die strafrechtliche Verfolgung eines ausgeschworenen Offenbarungseides wegen fahrlässiger Verschweigung großen Bedenken unterliege, da bei der Spezifizirung eines Vermögens-Ganzen Auslassungen gar zu leicht vorkommen könnten, weshalb einem Gewissenhaften die Ausschwörung eines solchen Eides immer sehr peinlich sein werde; diese Schwierigkeit werde noch bedeutend vermehrt, wenn jeder denkbare Zweifel in Betreff der Zugehörigkeit eines Gegenstandes angegeben werden müßte, und jede größere oder geringere Fahrlässigkeit bei der Angabe mit Strafen bedroht werde; rc. —

Das OTr. hat den app.-gerichtlichen Beschluß aufgehoben und die Sache zur anderweiten Beschlußnahme an das betr. AG. zurückverwiesen, indem es erwog:

daß nach Artikel 2 der Verfassung für den Nordd. Bund, jetzt für das Deutsche Reich die Bundes- (Reichs-) Gesetze den Landesgesetzen vorgehen, daß mithin der angezogene § 33 I, 22 Pr. AGO. nicht mehr zur Anwendung kommen kann, wenn das seit dem (1. Jan.) 1871 in Kraft getretene Norddeutsche (D. StGB.) Bestimmungen enthält, welche damit nicht vereinbar sind;

daß das letztere der Fall ist, weil der § 162 l. c. des B.-StGB.s sich nur auf den promissorischen, nicht aber auch auf den assertorischen Theil eines Offenbarungs-Eides bezieht, dieser Theil des Eides mithin lediglich als ein dem § 153 am angeführten Orte unterliegender „auferlegter" Eid erscheint, rücksichtlich dessen nach § 163 am angeführten Orte auch die aus Fahrlässigkeit erfolgte falsche Ableistung zu bestrafen ist;

daß, wenn hiernach der vom zweiten Richter gegen die Einleitung der Untersuchung geltend gemachte Ablehnungsgrund zu verwerfen ist, es noch auf eine sachliche Prüfung darüber ankommt, ob im Uebrigen die Anklage begründet ist.

[28.—9.]

Notar. - Hannover. - Siegel.

Nach der Hannöverschen Notariats-Ordnung v. 18. Nov. 1853 § 41 darf der Notar sich nicht statt des Amtssiegels einer Siegelmarke bedienen.

Erk. (Z.) v. 4. Oct. 1871 c. Notar B. (OAG. II. 100).

Da der Notar sich bei allen seinen Amtshandlungen des ihm höheren Orts anvertrauten Amtssiegels bedienen soll (cit. Not.-Ordn. § 5), so war es dem Angeschuldigten nicht erlaubt, ohne eingeholte Zustimmung des Kgl. Ministerii an Stelle des autorisirten Siegels, ein wenn auch ähnliches, doch eigenbeliebiges, Amtszeichen [einer Siegelmarke] zu setzen.

Antr. d. GStA.: gleichl. [62.—6.]

Zeuge. - Vereidung. - Amtseid.

Es unterliegt lediglich der instanzrichterlichen Prüfung, ob die Bekundung eines als Zeuge vernommenen Beamten Thatsachen zum Gegenstande habe, welche sein Amt unmittelbar betreffen, und ob also die Versicherung auf den Amtseid die Beeidung ersetzen könne. Ist vor dem Instanzgerichte ein Antrag auf Ableistung des Zeugeneides nicht gestellt worden, so unterliegt jene Frage nicht der Prüfung des Nichtigkeitsrichters.

Vdn. v. 3. Jan. 1849 § 55 [n. 32]; Cr.-Ordn. § 335 Nr. 2. — Vgl. RdOTr. 7. S. 251; 9. S. 639; 10 S. 455. 500. 771; 11. S. 28. 311. 389.

Erk. (Z. I.) v. 4. Oct. 1871 c. Fabig (508. I. Cr.).

Der Gr. v. L. hat seine Aussage nicht mit dem Zeugeneide bestärkt, sie jedoch auf den Eid genommen, den er nach seiner von dem App.-Richter als richtig erachteten Angabe als Polizei-Verwalter für R. geleistet hat. Dieses Verfahren steht im Einklange mit der Bestimmung des § 335 Nr. 2 der Crim.-Ordn. Glaubte Implorant, daß dennoch die Ableistung des Zeugeneides nothwendig sei, weil die von den Zeugen bekundeten Thatsachen seine Stellung als Polizei-Verwalter nicht unmittelbar betreffen, so mußte er im Audienztermine dieserhalb Anträge zur Entscheidung des Vorderrichters bringen; eine Prüfung seiner übrigens auch nicht weiter motivirten Behauptung, daß der Amtseid nicht genüge, kann in dieser Instanz nicht mehr erfolgen, da sie wesentlich auf thatsächlichen Erörterungen ruhen müßte (RdOTr. 11 S. 311. 389).

Antr. d. GStA.: gleichl. [39.—8.]

Vertheidiger. - Zuordnung. - Nichtigkeitsbeschwerde.

Der (verhaftete) Angeklagte kann nicht Zuordnung eines Vertheidigers für die Instruktion des Rechtsmittels der Nichtigkeitsbeschwerde beanspruchen.

Ges. v. 3. Mai 1852 Art. 110 [n. 36. 37]. Vgl. RbOTr. 2. S. 5; 8. S. 136. 191; 10. S. 489; 12. S. 53.

Erk. (Z. I.) v. 4. Oct 1871 c. Hansen (690. I. Cr.).

Die NB. des H., welcher es u. A. rügte, daß ihm nicht auf seinen Antrag beim KG. ein Vertheidiger für die Rechtfertigung seiner NB. zugeordnet worden sei, ist zurückgewiesen worden, weil

> „die Ablehnung jenes Antrags keine ungesetzliche sei, da das Gesetz dem Angeklagten zwei Wege gestatte, seine NB. einzubringen; eine zwingende Nothwendigkeit, ihm von Amtswegen einen Vertheidiger zuzuordnen, schreibe das Gesetz nicht vor."

Antr. d. GStA.s: gleichl. [20.—8.]

Stempel. - Zweiseitiger Vertrag. - Verschiedene Exemplare. - Nichtvorlegung.

1. Ist über einen zweiseitigen Vertrag die Urkunde in zwei Exemplaren aufgenommen, von welchen jedes durch einen der Kontrahenten unterzeichnet ist, so ist durch beide zusammen die Stempelpflichtigkeit begründet.

Stemp.-Ges. v. 7. März 1822 § 20 Vgl. Entsch. 5. S. 30; 54. S. 369; Z. (I, 856) v. 3. Okt. 1856 c. Wagner; B. (II, 288) v. 4. Nov. 1858 c. Opitz. — Das Gesagte ist aber nicht auf die Korrespondenz auszudehnen, durch welche ein Vertrag zum Abschluß gekommen ist; vgl. RbOTr. 3. S. 205; Fin.-Min.-Verf. v. 19. Dez. 1843 (Schmidt Stemp.-Ges. 2. Ausg. S. 282).

2. Der Thatbestand einer Stempelhinterziehung kann festgestellt werden, auch wenn die stempelpflichtige Urkunde dem Richter nicht vorliegt.

Ebendas. § 12. Vgl. RbOTr. 7. S. 356.

3. Der Richter kann die Vernehmung eines in Vorschlag gebrachten Zeugen nicht lediglich aus dem Grunde ablehnen, weil der vorschlagende Staatsanwalt den Aufenthalt desselben nicht angegeben habe.

Vdn. v. 3. Jan. 1849 § 49 [n. 12]. 52 [n. 43]. Vgl. RbOTr. 1. S. 449.

Erk. (B. I.) v. 4. Oct. 1871 c. Jaffe (622. I. Cr.).

v. W. hatte auf dem Wollmarkte eine Quantität Wolle an J. verkauft und demselben einen Schein ausgestellt, dahin lautend:

„Hierdurch verkaufe ich die diesjährige Wolle von Cz., ca. 60 Centner, à 81 1/2 Thlr. pr. Ctr., an die HH. J. aus B. (Datum). K. v. W.

Sechs Wochen später reichte der RA. H., als Mandatar des J. eine auf jenem Kaufgeschäft beruhende Klage unter Vorlegung jenes nicht gestempelten Scheins ein, und erwähnte darin, daß Kläger einen gleichlautenden Schlußschein auf die Rückseite einer ihrer Geschäftskarten geschrieben, und dem v. W. eingehändigt habe. Hierin fand das betr. StG. einen im kaufmännischen Verkehr zu Stande gekommenen Kaufvertrag und setzte die Stempelstrafe gegen den Kläger fest. Dieser provozirte auf gerichtliches Gehör und erwirkte in beiden Instanzen freisprechende Urtheile. Das AG. erwog insbesondere, 1) die Stempelpflichtigkeit eines schriftlichen Kaufvertrags sei dadurch bedingt, daß eine von beiden Theilen vollzogene Urkunde entstanden sei; das Vorhandensein eines vom Käufer ausgestellten Gegenschlußscheins, welcher dieselbe Abrede enthalte, wie der vorgelegte, würde nicht zur Annahme eines schriftlichen Vertrags, sondern nur zur Annahme eines Surrogats desselben führen; — davon abgesehen würde 2) nur die Produktion des Gegenschlußscheins das Mittel sein, ihn mit dem vorliegenden zu vergleichen. — Schließlich lehnte (3.) das AG. den Antrag des OStA.'s einen in Vorschlag gebrachten Zeugen zu vernehmen deshalb ab, weil der StA. nicht den derzeitigen Aufenthalt des Zeugen angegeben habe.

NB. — Vernichtung. Gründe:

[1.] Mit Recht findet die NB. [in dem zuerst hervorgehobenen Grunde des AG.'s] eine Verletzung des Rechtsgrundsatzes: daß bei gegenseitigen Verträgen die schriftliche Form und die Grundlage der Stempelpflichtigkeit sich auch dadurch vollendet, daß die Kontrahenten nicht ein und dasselbe Exemplar der Vertragsurkunde, sondern verschiedene Exemplare durch ihre Unterschrift vollziehen. — Dieser von der Rechtsprechung anerkannte Grundsatz — Plen.-Entsch. v. 2. Septbr. 1839, Entsch. Bd. 5 S. 30; Erk. v. 20. Januar 1865, Entsch. Bd. 54 S. 369 — greift namentlich dann durch, wenn bei Kauf- und Lieferungsverträgen jeder der Kontrahenten einen die Abreden des Vertrages enthaltenden Schlußschein durch Unterschrift vollzieht und dem andern Theile einhändigt; nicht ein Surrogat eines schriftlichen Vertrages ist dann vorhanden, sondern ein schriftlicher Vertrag selbst. Wird also festgestellt, daß Louis J. dem C. v. W. einen unterschriebenen Gegenschein, wie derselbe von der Anklage behauptet wird, eingehändigt hat, so liegt ein aus beiden Scheinen sich zusammensetzender schriftlicher Vertrag vor, der einen Stempel erfordert.

[2.] Der App.-Richter stellt weiter als Grund für die Freisprechung der Imploranten auf: daß nur die Produktion des Gegenschlußscheins (der Karte, worauf er geschrieben sein soll), das Mittel wäre, ihn mit dem vorhandenen Schriftstück vom 5. Juni 1867 zu vergleichen; — er macht also die Beurtheilung der Stempelpflichtigkeit eines Schriftstückes von dem Vorhandensein desselben abhängig. Dadurch verstößt er, wie die NB. richtig behauptet, gegen den Grundsatz, daß zur Prüfung der Stempelpflichtigkeit einer nicht auffindbaren Urkunde der Inhalt derselben durch alle zulässigen Beweismittel von dem Richter festgestellt werden kann, und daß namentlich der Zeugenbeweis hierbei statthaft ist: — Erk. v. 16. Juni 1865, (Entsch. Bd. 54 S. 373); B. I. v. 13. Juni und 24. Oktober 1866 (RdOTr. 7 S. 356) (GA. 14 S. 832).

[3.] Es ist gleichgültig, daß den derzeitigen Aufenthalt des Zeugen die StAschft. nicht angegeben hat, denn die Unauffindbarkeit des Zeugen hat der Richter, dem die Ermittelung des Zeugen oblag, nicht festgestellt.

Antr. d. GStA.: gleichl. [39.--8.]

Urkundenfälschung, intellektuelle. - Dolus.

Der Thatbestand der intellektuellen Urkundenfälschung ist erfüllt, wenn der Angeklagte in der Absicht handelte, eine unrichtige Beurkundung herbeizuführen; es bedarf dazu nicht einer speziellen Kenntniß von den für jene Beurkundung getroffenen amtlichen Einrichtungen, vielmehr genügt es, wenn be-

absichtigt war, irgend einen urkundlichen Vermerk in amtlichen Registern herbeizuführen.

B.-StGB. § 271 [n. 4. 19].

Erk. (Z. I.) v. 4. Oct. 1871 c. Neumann (685. I. Cr.).

N., zu einer Gefängnißstrafe rechtskräftig verurtheilt, hatte den rc. K. dazu angestiftet, sich, unter der Annahme seines (des N.) Namen bei der Gefängnißverwaltung des KG.'s zu B. zur Abbüßung jener Strafe zu melden. Der wahre Sachverhalt war entdeckt worden, nachdem K. die betr. Zeit im Gefängniß zugebracht hatte, und in den Listen des letztern die Strafe des N. als verbüßt eingetragen worden war. Hierin fanden die Instanzgerichte den Thatbestand des § 271, bzw. § 48 des B.-StGB.'s, weil K. „— es vorsätzlich bewirkt habe, daß eine für Rechtsverhältnisse erhebliche Thatsache in einem öffentlichen Register als geschehen beurkundet wurde, während sie nicht, bezw. von einer anderen Person, geschehen war." In Betreff des Dolus hatte der App.-Richter festgestellt:

> „daß der Angeklagte N. beabsichtigt habe, durch K. alles dasjenige zu thun, was nöthig sei, um das KG. zu B., bezw. dessen Gefängnißverwaltung in den Glauben zu versetzen, daß er (N.) die Strafe verbüßt und irgend einen urkundlichen Vermerk in den Registern der Gefängnißverwaltung herbeizuführen, durch welchen die Strafe des N. als verbüßt bezeichnet werde."

NB. des N. Zurückweisung. Gründe:

Hierin [d. h. in der hervorgehobenen Feststellung des AG.'s] liegt die von der NB. vermißte Kenntniß des Angeklagten, daß Listen über die Verbüßung rechtskräftig zuerkannter Strafen bei den Gerichten geführt und in dieselben die entsprechenden Vermerke eingetragen werden, sowie die darauf gerichtete Absicht, daß eine solche Beurkundung bewerkstelligt werde. Wenn hiernächst der App.-Richter anführt, es sei möglich, daß die Angeklagten keine spezielle Kenntniß von der Einrichtung des gerichtlichen Listenwesens gehabt, so soll dies offenbar nur besagen, daß es gleichgiltig sei, ob der Implorant eine genaue Kenntniß von der Art und Weise, wie jene Listen geführt werden, gehabt, daß aber solche überhaupt bestehen, habe er allerdings gewußt. Das Letztere ist auch das allein Entscheidende, sodaß ein Rechtsirrthum in dieser Beziehung nicht vorhanden ist. Dabei erscheint es unwesentlich, ob der Implorant und der Mitangeklagte K. zugleich die Absicht gehabt, daß N. nicht die ihm zuerkannte Strafe verbüße. Dieser Zweck beseitigt nicht die außerdem vorhanden gewesene Willensrichtung zur Realisirung des in dem zur Anwendung gebrachten Strafgesetze, befindlichen, fernerweitigen Thatbestandes, der geeignet war, als Mittel zum Zwecke zu dienen.

Antr. d. GStA.: gleichl. [20.—8.]

---

1. Beleidigung, einfache. - Privatklage.
2. Strafantrag. - Verlesung.

1. Nach Waldeck'schem Verfahren kann auch jetzt die Beamtenbeleidigung nicht blos im Wege der Privat-, sondern auch in dem der öffentlichen Klage verfolgt werden.

Wald. Einf.-Ges. v. 15. Mai 1855 Art. 13. Vgl. oben S 291. 470.

2. Es bedarf nicht der Verlesung des vom Verletzten gestellten Antrags auf Verfolgung in der Sitzung, zumal wenn in dieser Beziehung kein Bestreiten stattgefunden hat.

B.-StGB. § 61 [n. 31. — 2. Ausg.: n. 35].

Erk. (Z.) v. 4. Oct. 1871 c. Reimers (OAG. II. 103).

[1.] Eine Nichtigkeit des strafgerichtlichen Verfahrens und Erkenntnisses wird von dem Angeklagten deshalb behauptet, weil die in dem StGB. v. 15. Mai 1855 § 98 ausgezeichnete Beamtenbeleidigung durch das B.-StGB. § 185ff. den übrigen Ehrenverletzungen gleichgestellt sei und darum diesen gleich nach dem Einf.-Ges. v. 15. Mai 1855 Art. 13 auch nur im Wege des Civilprozesses, nicht aber mehr nach der StPO. v. 14. Juni 1850 § 162, verfolgt werden könne. Jene Gleichstellung bezieht sich aber nach dem Inhalt der erwähnten Strafbestimmungen nur auf die Anwendung der Strafe auf alle Arten der Ehrverletzung und nicht auf die prozeßrechtliche Behandlung derselben und läßt um so mehr die bisherigen Kompetenzverhältnisse bestehen, als sie die dafür maßgebenden Unterschiede keineswegs ausschließt, und deren Berücksichtigung selbst bei der Strafabmessung nicht unbedingt abweist. Es kann daher jene Nichtigkeit nicht anerkannt werden.

[2.] Eine solche ist mit dem Angeklagten auch darin nicht zu finden, daß der Antrag des Strafanstaltsinspektors Schäfer auf Verfolgung der ihm widerfahrenen Ehrenkränkung nicht in der mündlichen Verhandlung verlesen worden sei. Denn derselbe war nicht sowohl für diese, als vielmehr für die Zulassung der Anklage und des Strafverfahrens überhaupt entscheidend und deshalb schon damals von der Staatsanwaltschaft und dem Gerichte angenommen worden. Es bedurfte daher einer Verlesung des Antrags um so weniger, als in Betreff desselben vom Angeklagten selbst keine Bedenken geltend gemacht wurden.

Antr. d. GStA.: gleichl. [65.—6.]

Rückfall. – Theilweise Verbüßung.

Wenn der zu einer Freiheitsstrafe Verurtheilte und zum Zwecke der Verbüßung dieser Strafe Festgenommene auf dem Transporte zur Strafanstalt entspringt, so liegt keine die demnächstige Rückfälligkeit begründende „theilweise Verbüßung" der Strafe vor.

B.-StGB. § 245 [n. 2].

Beschl. (I.) v. 4. Okt. 1871 c. Rogdanski (178 B. I. Cr.) [30.—8.]

Nichtigkeitsbeschwerde. – Legalisirung. – Entlassener Beamter.

Ein zum Richteramte Befähigter, welcher sich nicht mehr im Staatsdienste befindet, ist nicht befähigt, in einer gegen ihn selbst geführten Untersuchung eine Nichtigkeitsbeschwerde zu legalisiren.

Ges. v. 3. Mai 1852 Art. 110 [n. 32. 33] Vgl. RdOTr. 1. S. 123; 2. S. 454; 5. S. 360; 7. S. 302; 11. S. 66.

Beschl. (I.) v. 4. Oct. 1871 c. Wilhelmi (175 B. I. Cr.) [39—8.]

Kosten. – Gegenseitige Mißhandlung.

Wenn bei gegenseitigen unbedeutenden Mißhandlungen eine Strafe nicht erkannt wird, so ist auch nach Rheinischem Strafverfahren der Beschuldigte nicht in die Kosten zu verurtheilen.

B.-StGB. § 233. 199 [n. 11]; Rh. StPO. Art. 194. Vgl. oben S. 460.

Erk. (Z. II.) v. 5. Oct. 1871 c. Klos (204 II. Cr.)

Die K., der Mißhandlung ihrer Mutter beschuldigt, war vom Rh. ZPG. von Strafe und Kosten freigesprochen worden, weil eine gegenseitige Mißhandlung vorliege. Kass.-Rekurs des öff. Ministeriums, weil nicht Verurtheilung in die Kosten erfolgt sei.

Zurückweisung. Erwogen ward:

daß nach 233 des StGB.'s, wenn leichte Körperverletzungen mit solchen auf der Stelle erwidert werden, der Richter befugt ist, keine Strafe eintreten zu lassen; daß also eine an sich strafbare Handlung in Folge des Hinzutretens eines äußeren Umstandes diesen Charakter verliert und die Verurtheilung des Thäters zu einer Strafe nicht erfolgen soll;

daß nach allgemeinen Grundsätzen des Strafverfahrens die Untersuchungskosten ein Accessorium der Strafe bilden und eine Verpflichtung zur Tragung derselben nur dann eintritt, wenn eine Verurtheilung zu einer Strafe stattfindet; daß dieser Grundsatz sich auch in dem Art. 194 der Rh. Cr.PrO. ausgesprochen findet;

daß eine besondere Bestimmung über Tragung der Kosten in Fällen der Art, wie sie in § 233 des B.-StGB.'s vorgesehen sind, in der Rh. Str.-PrO. nicht enthalten ist und auch nicht enthalten sein konnte, da dem Rh. Strafrecht der Wegfall der Strafe bei wechselseitigen Mißhandlungen auf Grund einer Compensation fremd war;

daß die aus dem Wortlaut der Art. 162 und 368 hergeleitete, übrigens nicht unbestrittene Ansicht, nach welcher die wegen jugendlichen Alters von Strafe freigesprochenen Personen dennoch zur Tragung der Kosten verpflichtet sein sollen, auf Fälle der hier vorliegenden Art eine analoge Anwendung nicht finden kann;

daß nämlich in diesem Falle der strafbare Charakter der Handlung sowie die Schuldbarkeit des Thäters unverändert bestehen bleibt und nur wegen eines in der Person des letzteren beruhenden Umstandes die Verhängung der Strafe nicht stattfindet, während in dem Falle des § 233 R. StGB. die Handlung durch das Hinzutreten eines äußeren Momentes, der Mißhandlung von der anderen Seite, den Charakter eines strafbaren Vergehens verliert, und aus diesem Grunde der Verfolgung und Bestrafung entzogen wird;

daß also mangels einer besonderen entgegenstehenden Bestimmung der Str.-PrO. die Freisprechung von Strafe auch die Entbindung von der Tragung der Kosten zur Folge haben mußte.

Ant. d. GStA.: entg. [37—3].

Kriegsleistungen. – Militairtransporte.

Das franz. Dekret v. 3. Aug. 1808, welches die Nichtgestellung der zu Militärtransporten eingeforderten Pferde ꝛc. mit Strafen bedrohte, ist im Gebiete des Rh. App.-G.-Hofs zu Köln außer Kraft gesetzt, durch

Ges. v. 11. Mai 1851 § 17 ff. 32.

Erk. (Z. II.) v. 5. Oct. 1871 c. Scheidtweiler (208. II. Cr.).

Ein französisches Dekret v. 3. August 1808 hatte im Anschluß an die das Militairtransportwesen regelnden Bestimmungen des Dekrets v. 10. April 1806 diejenigen Personen, welche der Aufforderung des Bürgermeisters zu ihrer Verfügung stehende Wagen und Pferde zu Militairtransporten hinzugeben, keine Folge leisteten, mit einer Geldstrafe bedroht, welche dem Preise der verweigerten Gestellung gleichkomme. Sch. war indessen von der Beschuldigung: „während des Krieges von 1870 der durch den Bürgermeister an ihn ergangenen Aufforderung, ein ihm gehöriges Pferd zum Zweck eines Militairtransports zu gestellen, keine Folge geleistet zu haben", freigesprochen worden, weil die Uebertragung der darin enthaltenen Strafbestimmung auf die Preußischen Gesetze über die Vorspannleistungen unstatthaft sei.

Der von dem Pol.-Anwalt ergriffene Kassationsrekurs wurde verworfen. Erwogen ward:

daß das Dekret vom 3. August 1808 — wie sein Inhalt ergiebt — nur die Bestimmung gehabt hat, die Ausführung der im Dekret vom 10. April 1806 erlassenen Vorschriften über das Militair-Transportwesen zu sichern; daß aber diese Vorschriften des Dekrets von 1806, selbst dessen gehörig erfolgte Publikation vorausgesetzt, ihre gesetzliche Kraft verloren haben würden, nachdem das Militair-Transportwesen für die Kgl. Preußischen Staaten anderweit definitiv geordnet worden ist, und zwar namentlich durch das Edict v. 28. Oktober 1810, das Regulativ vom 29. Mai 1816 und insbesondere durch das Gesetz vom 11. Mai 1851 betreffend die Kriegsleistungen und deren Vergütung, welches letztere Gesetz durch Verordnung vom 22. September 1867 auch in den im Jahre 1866 mit der Preußischen Monarchie vereinigten Landestheilen eingeführt worden ist;

daß in dem letztgedachten Gesetz auch das Vorspannwesen in Kriegszeiten, wovon es sich hier handelt, anderweit (§ 17 und fg. § 22) und zwar dahin geordnet ist, daß zunächst die Kreise und die Gemeinden als die Verpflichteten bezeichnet sind, welchen das Recht eingeräumt ist, von den Ortsbewohnern, nöthigenfalls zwangsweise, die zu den Kriegslieferungen erforderlichen Gegenstände zu entnehmen;

daß daher für den ganzen Preußischen Staat auch die Art des Zwanges geregelt ist, welcher nöthigenfalls angewendet werden soll; daß, da hierbei von Strafvorschriften abgesehen worden ist, das nur in einem kleinen Theil des Preußischen Staats früher gültig gewesene französische Dekret vom 3. August 1808 seine Wirksamkeit verloren hat.

Antr. d. GStA.: gleichl. [14.—3.]

Strafantrag. – Körperverletzung. – Gewerbspflicht.

Die Bestimmung, daß es zur Verfolgung einer mit Uebertretung einer Gewerbspflicht zugefügten Körperverletzung keines Antrags bedarf, bezieht sich nicht bloß auf diejenigen Gewerbe, zu deren Betrieb eine staatliche Genehmigung ꝛc. erforderlich ist.

B.-St.GB. § 232 [n. 5; 2. Ausg. n. 4]; § 222 [n. 12; 2. Ausg. n. 11].

Erk. (Z. II.) v. 5. Oct. 1871 c. Wunderlich (423 II. Cr.).

Das Erkenntniß spricht diesen Satz aus. Gründe:

Es folgt dies schon daraus, daß der erwähnten Bestimmung in § 232 ebenso wenig wie den §§ 230 und 222 eine dahin zielende Beschränkung hinzugefügt ist, und da nach dem allgemeinen Grundsatze in § 1 der Gew.-Ordn. für den Nordd. Bd. v. 21. Juni 1869 der Gewerbebetrieb der Regel nach frei und von der Ertheilung von Conzessionen unabhängig sein soll, so ergiebt sich daraus, daß der Ausdruck „Gewerbe" eine jede, und nicht blos die durch besondere Genehmigung bedingte gewerbliche Erwerbsthätigkeit umfaßt. Die durch die Gew.-Ordn. geschaffene Freiheit des Gewerbebetriebes machte besondere Strafbestimmungen gegen diejenigen nöthig, welche diese Freiheit zum Schaden Anderer mißbrauchen, da die Untersagung des Gewerbebetriebes als Folge derartiger Ausschreitungen in Wegfall gekommen ist und es sind daher die Vorschriften der §§ 220. 230. 232, welche sich als eine Consequenz der vorangeführten Nothwendigkeit darstellen, gerade und wesentlich auf den freien Gewerbebetrieb anwendbar. Außerdem erkennt die Gew.-Ordn. das Vorhandensein von Berufspflichten in § 144 bei allen Gewerbtreibenden und nicht blos bei den einer vorgängigen Conzessionirung unterliegenden ausdrücklich an.

Antr. d. GStA.: gleichl. [38.—3.]

Strafunmündiger. – Holzdiebstahl.

Derjenige, welcher bei Verübung eines Holz-

diebstahls das zwölfte Lebensjahr nicht vollendet hatte, kann wegen desselben nicht strafrechtlich verfolgt werden. Das gilt auch nach dem

Pr. HD.-Ges. v. 2. Juni 1852 § 11. Vgl. B.-St.GB. § 55 [2. Ausg.: n. 10]. 57 [2. Ausg. n. 5]. Vgl. unten: Beschl. II. v. 30. Okt. 1871 c. Niggemeier.

Beschl. (I.) v. 6. Oct. 1871 c. Rothemühl (170 B).

Die Instanzgerichte hatten die Strafverfolgung der noch nicht zwölf Jahre alten Kinder B. und R. wegen einfachen Holzdiebstahls auf Grund des § 55 des B.-St.GB.'s für unstatthaft erachtet. Die Beschwerde des OStA.'s verwies auf den § 11 des (durch § 2 des EG.'s z. B.-St.GB. vollständig in Kraft erhaltenen) Pr. HD.-Ges.'s v. 2. Juni 1852 und regte die Frage an, ob dadurch nicht eine Ausnahme von dem allgemeinen Grundsatze des cit. § 55 für einfache Holzdiebstähle begründet werde. Die Gen.-Staatsanwaltschaft sprach sich für die Verneinung dieser Frage aus, indem sie hervorhob, wie die entgegengesetzte Auffassung dahin führen würde, daß das nicht zwölfjährige Kind, wenn es dreimal wegen eines (mit der Einsicht der Strafbarkeit verübten) einfachen Holzdiebstahls bestraft worden sei, unverfolgt bleiben müsse, wenn es demnächst einen (ev. aus § 242 des St.GB.'s zu bestrafenden) vierten Holzdiebstahl begehe.

Zurückweisung. Gründe:

Der § 55 des D. St.GB.'s untersagt die strafrechtliche Verfolgung desjenigen, der bei Begehung der Strafthat das zwölfte Lebensjahr noch nicht vollendet hat. Der hier ausgesprochene Grundsatz beherrscht das ganze Strafrecht und kommt auch in denjenigen Materien zur Anwendung, für welche durch § 2 des Einf.-Ges.'s v. 31. Mai 1870 die besonderen Vorschriften des Bundes- und Landesstrafrechts in Kraft geblieben sind, wofern nicht in eben dieser Vorschriften eine von dem § 55 abweichende Bestimmung sich vorfindet. Eine solche ist in dem HDGes. vom 2. Juni 1852, namentlich in dessen § 11, nicht enthalten. Denn dieses Gesetz nimmt keine Altersklasse von der kriminellen Zurechnungsfähigkeit vollkommen aus, kennt keine absolute Strafmündigkeit und enthält nur Bestimmungen für dasjenige Lebensalter, in welchem die strafrechtliche Zurechnungsfähigkeit möglich ist, im Einzelfalle aber erst von dem Richter ausdrücklich anerkannt oder verneint werden muß, in welchem die Strafmündigkeit absolut weder gilt noch fehlt. Dem § 11 läßt sich daher kein Hinderniß gegen die Anwendung des § 55 des D. St.GB.'s auf die nach dem Holzdiebstahlgesetze zu verfolgenden Strafthaten entnehmen.

[39.—8.]

Beweisantrag. - Verspätung.

Die Berücksichtigung eines nach Ablauf der Präclusivfrist gestellten Beweisantrags unterliegt auch dann lediglich dem Ermessen des Appellationsrichters, wenn es sich von einer Thatsache handelt, die sich erst nach dem Ablaufe der Präclusivfrist zugetragen haben soll.

Ges. v. 3. Mai 1852 Art. 104 (n. 8.) Vgl. RdOTr. 11 S. 524.

Erk. (Z. I.) v. 6. Oct. 1871 c. Kostenski (768 I. Cr.)

Das OTr. spricht diesen Grundsatz in einem Falle aus, wo sich die vom Angeklagten behauptete, auf die Glaubwürdigkeit eines Belastungszeugen bezügliche Thatsache erst im Zeugenvernehmungstermin zweiter Instanz, also nach Ablauf der präclusivischen Appellationsrechtfertigungsfrist, zugetragen haben sollte.

Antr. d. GStA.: gleichl. [28.—8.]

Vorladung. - Abwesende. - Theilnehmer. - Beeidung. - Nichtigkeit.

1. Die Bestimmungen über die Zuziehung des Angeklagten zur mündlichen Verhandlung gehören dem öffentlichen Recht an, müssen also von Amtswegen berücksichtigt werden.

Vdn. v. 3. Jan. 1849 § 14 [n. 26. 28]; Ges. v. 3. Mai 1852 Art. 33 [n. 6. 7.].

3. Die Beeidung des wegen Mangels des erforderlichen Strafantrags nicht verfolgten Urhebers einer Uebelthat als Zeuge in einem Strafverfahren gegen einen Theilnehmer (Hehler) begründet eine absolute Nichtigkeit.

Krim.-Ordn. § 356 n. 8; Vdn. v. 3. Jan. 1849 § 22 [n. 23]; Ges. v. 3. Mai 1852 Art. 102 [n. 2. 3.]

Erk. (B. II.) v. 6. Oct. 1871 c. Schwarz (772. I. Cr.).

[1.] Wenn die Vorladung des Angeklagten zum Audienz-Termine I. Instanz während der Abwesenheit desselben in dessen bisherigen Wohnorte zu Händen seiner bisherigen Wirthin abgegeben und von dieser nach Inhalt des Botenberichts ohne eine Bemerkung über den Grund seiner Abwesenheit die Besorgung einfach versprochen worden war, so war zwar der erste Richter beim Ausbleiben des Angeklagten nach Vorschrift der §§ 20. 21 Tit. 7 der Proz.-Ordn. und der AKO. v. 27. April 1842 (JMbl. S. 196) selbst unter Berücksichtigung der in dem Erk. des OTr. v. 10. Aug. 1858 (Goltd. Arch. Bd. VI. S. 682) ausgesprochenen strengeren Grundsätze für das Strafverfahren berechtigt, die Insinuation als nachgewiesen zu erachten. Wenn aber der Angeklagte in II. Instanz darüber Beweis antrat, daß er schon vor der Zustellung der Vorladung an seine ehemalige Wirthin deren Haus verlassen und einen anderweiten Wohnsitz genommen gehabt habe, so konnte sich der App.-Richter nicht entbrechen, diesen Beweis zu erheben und dann nach Vorschrift des Art. 102 des Ges. v. 3. Mai 1852 materiell darüber zu entscheiden, ob in I. Instanz mit Recht ohne Zuziehung des Angeklagten erkannt sei oder nicht und ob demnach das I. Urtheil der Aufhebung unterliege oder nicht. Die später erfolgte Zurücknahme dieses vom Angeklagten erhobenen Einwandes ändert hieran nichts, weil die Bestimmungen über die Zuziehung des Angeklagten zur mündlichen Verhandlung dem öffentlichen Rechte angehören, also von Amtswegen berücksichtigt werden müssen.

[2.] Nach dem, was die Vorderrichter im vorliegenden Falle als erwiesen annehmen, liegt eine solche Theilnahme des Imploranten an dem Diebstahle des rc. W. unzweifelhaft vor, und hieraus folgt, daß W., wenn er auch wegen mangelnden Antrages seiner Prinzipalin nicht mit zur Untersuchung gezogen worden war, nach § 356 Nr. 8 der Crim.-Ordn. als Beweiszeuge nicht gelten, folglich auch nicht vereidigt werden konnte. Wenn dieses daher in I. Instanz gleichwohl geschehen ist, so hätte der App.-Richter trotzdem, daß der Angeklagte in II. Instanz deshalb nicht Beschwerde geführt hatte, auch dieser absoluten Nichtigkeit wegen das I. Erkenntniß nach Art. 102 des Ges. v. 3. Mai 1852 aufheben und das weiter dort vorgeschriebene Verfahren eintreten lassen müssen.

Antr. d. GStA.: gleichl. [28.—8.]

Polizeiverordnung - Regierung.

Die Regierung kann in den von ihr erlassenen Polizei-Strafverordnungen den Erlass besondrer Anordnungen, deren Nichtbefolgung sie mit Strafe bedroht, untergeordneten Beamten überlassen.

Vdn. v. 20. Sept. 1867 § 5. 11; Ges. v. 11. März 1850; B.-StGB. Thl. II. Abschn. 29 (S. 616) [n. 37].

Erk. (V.) v. 11. Oct. 1871 c. Johansen (OAg. II. 99).

Die Regierung in S. hatte verordnet, daß sobald von der Ortsbehörde oder dem Landrath ein Befehl dahin erlassen werde, daß gewisse Vorsichtsmaßregeln gegen Verbreitung der Tollwuth der Hunde innerhalb des Polizeibezirks oder des Kreises eintreten sollten, denselben sofort Folge zu leisten und Zuwiderhandlungen bis zu 10 Thlr. zu bestrafen seien. J. ward der Nichtbefolgung eines in Gemäßheit dieser Polizei-Verordnung vom Landrath in J. erlassenen Befehls beschuldigt, aber freigesprochen, weil der Landrath zum Erlaß von Polizeistrafverordnungen nicht zuständig sei. Auf NB. des StA.'s erfolgte Vernichtung. Gründe:

Der als Bekanntmachung bezeichnete Erlaß des Landraths v. 25. Febr. 1871 enthält zwar eine allgemeine Vorschrift, daß innerhalb des Kreises Steinburg alle Hunde ohne Ausnahme entweder an der Kette gehalten oder beim Umherlaufen mit hinreichend sicheren Maulkörben versehen sein sollen, kann aber als eine selbstständige Polizeistrafverordnung nicht angesehen werden, zu deren Erlaß allerdings nur die Regierung oder die mit der örtlichen Polizeiverwaltung betraute Behörde (§§ 5 und 11 der Vdn. v. 20. Sept. 1867) befugt und der Landrath auch im Falle der Beauftragung unzuständig gewesen sein würde. Der fragliche

Erlaß enthält nicht, wie der Vorderrichter mit Unrecht unterstellt, die Androhung einer Geldstrafe bis zu 10 Thlr. für den Fall der Nichtbefolgung seines Befehles, nimmt überhaupt den Character einer Polizeistrafverordnung gar nicht in Anspruch, sondern stellt sich als eine auf Grund der Regierungs-Verordnung erlassene Anordnung hin. Diese Regierungs-Verordnung kann allein als das für den Fall gegebene Strafgesetz angesehen werden.

Dasselbe hat auch nicht den Erlaß einer Strafvorschrift den Ortspolizeibehörden und Landräthen aufgetragen, sondern ihnen nur den Erlaß der Anordnung überlassen, welche in der vorgeschriebenen Weise bei dem Erscheinen von Tollwuth allgemein oder für einzelne Bezirke zu treffen ist. Eine solche Anordnung, deren Nichtbefolgung die zu ahndende Strafthat ausmacht, dem als Organ der Regierung erscheinenden und jedenfalls auch in Polizeisachen für die Städte als Aufsichtsbehörde bestellten Landrath zu übertragen, war die Regierung befugt und es war deshalb auch ohne Dazwischentreten einer entsprechenden Thätigkeit der Ortspolizeibehörde die getroffene Anordnung auch für die Städte des Kreises verbindlich.

Antr. d. GStA.: gleichl. [64.—6.]

Rückfall. - Verjährung.

Die schwerere Strafe des Diebstahls im zweiten Rückfalle wird ausgeschlossen, wenn zwischen der letzten Vorbestrafung und dem jetzt zur Aburtheilung vorliegenden Falle zehn Jahre verstrichen sind; dagegen kommt auf die zwischen der ersten und der zweiten Vorbestrafung verstrichene Frist nichts an.

B.-StGB. § 245 [n. 3; 2. Ausg. n. 4].

Beschl. v. 11. Oct. 1871 c. Prüfer (OAG. II, 125).

In Erwägung: daß nach klarem Wortsinn des § 245 des StGB. die Bestimmungen des § 244 dann ausgeschlossen sind, wenn seit der Verbüßung oder dem Erlasse der letzten

Strafe bis zur Begehung des neuen Diebstahls 10 Jahre verflossen sind, eine Vorschrift dahin, daß auch ein zwischen der ersten Bestrafung und der Begehung des zweiten Diebstahls liegender gleicher Zeitraum die Bestimmungen des § 244 ausschließe, aber nicht ergangen ist und kein Grund vorliegt, in dem Schlußsatze des § 245 das Prinzip ausgesprochen zu finden, daß der Rückfall überhaupt nicht in Betracht komme, wenn die Rückfälligkeit nach Ablauf des fraglichen Zeitraums eintrete,

vielmehr, da der Inhalt des § 60 des Pr. StGB.'s in das D. StGB. nicht aufgenommen und hierin der Rückfall, unter wesentlich anderer Normirung seiner Voraussetzungen im Vergleiche zu den Bestimmungen des Pr. StGB.'s §§ 58. 219. 233. 240 nur bei einzelnen Strafthaten (§§ 244. 250. 261. 264) in Betracht gezogen worden ist, angenommen werden muß, daß der Gesetzgeber auch in Bezug auf die vorliegende Frage sich von dem Prinzip des § 60 des Pr. StGB.'s lossagen und sich auf das beschränken wollte, was der § 245 besagt.

Ant. d. GStA.: gleichl. [64—6.]

Urkunde. - Unterkreuzung.

Eine nur unterkreuzte, der vorschriftsmäßigen Aufnahme entbehrende Schrift ist keine Urkunde im Sinne des R.-StGB. § 267 [n. 60; 2. Ausg. n. 62].

ALR. I, 5. § 116 z. 172 ff. Vgl. oben S. 179.

Erk. (Z. I.) v. 11. Oct. 1871 c. Schurlies (755. I. Cr.).

[28.—8.]

Betrug. - Vermögensbeschädigung. - Versuch.

1. Zum Thatbestande des Betrugsversuchs bedarf es nicht des Eintritts der (gewollten) Vermögensbeschädigung.

Pr. StGB. § 241. 242; R.-StGB. § 263 [n. 78].

2. Die Annahme von Werthpapieren in einem den Courswerth übersteigenden Preise kann ohne

Rücksicht auf den wahren Werth eines damit zu bezahlenden Kaufobjects eine Vermögensbeschädigung darstellen.

B.-StGB. § 263 [n. 14; 2. Ausg. n. 15].

3. Die Versuchshandlung ist entdeckt, sobald sie zur Kenntniss andrer Personen gelangt ist.

B.-StGB. § 46 Nr. 2 [n. 17].

4. Die Bereitwilligkeit, den ganzen Vertrag aufzulösen, schliesst die Strafbarkeit des durch einzelne Bestimmungen desselben versuchten Betruges nicht aus.

B.-StGB. § 46 Nr. 1 [n. 13; 2. Ausg. n. 20 a.].

Erk. (Z.) v. 11. Oct. 1871 c. Spangenthal (OAG. II. 97).

Sp. hatte von den Eheleuten W. ein Gut für 4500 Thlr. gekauft und bei denselben durch Vorspiegelung der falschen Thatsache, daß Preußische 4 pctige Staatsobligationen ebensogut als baares Geld seien und daran nichts verloren werde, sowie durch Unterdrücken der wahren, den Verkäufern unbekannten Thatsache, daß jene Obligationen neben dem Nennwerth noch einen niedrigeren Courswerth hatten, einen Irrthum erregt, welcher sie veranlaßte die Verpflichtung einzugehen, für 2 — 3000 Thlr. des Preises solche Obligationen zu deren Nennwerth anzunehmen. Der Vertrag war, weil die Getäuschten ihren Irrthum zeitig erkannten, nicht zum Vollzuge gelangt; Sp. behauptete, er habe sich freiwillig erboten, von dem ganzen Geschäft zurückzutreten, ehe noch polizeiliche oder gerichtliche Schritte gegen ihn erfolgt waren.

Aus § 263 verurtheilt, rügte er im Wege der NB.: es fehle an jeder Vermögensbeschädigung, da das Gut nur einen geringeren Werth gehabt habe; auch werde die Strafbarkeit eines etwaigen Versuchs durch § 46 Nr. 1 und 2 des B.-StGB.'s ausgeschlossen.

Zurückweisung. Gründe:

[1.] Hiergegen ist zu erinnern, daß der Angeklagte nur wegen versuchten Betruges verurtheilt worden ist, demnach nicht bereits eingetretener Erfolg der Vermögensbeschädigung festzustellen war, sondern nur die auf Vermögensbeschädigung der Mitkontrahenten abzielende, zugleich rechtswidrigen eigenen Vermögensvortheil bezweckende Handlungsweise des Angeklagten. Solche Handlungsweise desselben ist in den Feststellungen zur Genüge dargethan, und es beruht

[2.] auf Rechtsirrthum, wenn Angeklagter meint, es fehle an dem Nachweise, daß die Eheleute W. bei Annahme von 2 — 3000 Thlr. in Pr. 4 pctigen Staatsobligationen zum Nennwerthe in Abtrag auf den zu 4500 Thlr. bedungenen Kaufpreis, weniger für ihre Grundstücke erhalten würden, als deren wahrer Schätzungswerth betrage.

Abgesehen nämlich von dem hier gar nicht behaupteten Falle einer Verletzung über die Hälfte, hat der Verkäufer civilrechtlichen Anspruch auf den vollen bedungenen Kaufpreis, einerlei ob dieser mit dem wahren Werthe des verkauften Objectes übereinstimme oder nicht: 22 § 3 D locati conducti 19. 2. Und daß der Kaufpreis unter den Kontrahenten bereits übereinkünftlich auf 4500 Thlr. bestimmt war, als Angeklagter, beim Niederschreiben des durch Konventionalstrafe thatsächlich garantirten Vertragsentwurfes, die Eheleute W. durch unwahre Vorspiegelungen über gleichen Werth der fraglichen Papiere mit baarem Gelde, dazu vermochte, zu Abträgen in 4 pctigen Pr. Staatsobligationen zum Nennwerthe auf jenen Kaufpreis einzuwilligen, ist in den Feststellungen enthalten.

[3.] Die Anwendbarkeit des § 46 Nr. 2 war schon dadurch ausgeschlossen, daß die Eheleute W. alsbald von der zwischen Courswerth und Nennwerth der fraglichen Papiere stattfindenden Differenz anderweitig Kunde erlangt und gegen ihre durch Vertragsentwurf bezweckte Schädigung Widerspruch erhoben hatten. Denn daß, wie Angeklagter einwendet, nur die Entdeckung durch eine zur strafrechtlichen Verfolgung autorisirte Behörde in der betreffenden Gesetzesbestimmung gemeint sei, findet in der ganz allgemeinen Wortfassung des Gesetzes keinen Anhalt, und ebensowenig lassen sich Argumente für eine solche einschränkende Auslegung aus dem Geiste des Gesetzes auffinden. Es genügt, daß die betrügliche Machination nicht mehr Geheimniß geblieben, sondern zur Kenntniß anderer Personen gekommen war.

[4.] Ebenfalls hat das AG. mit Recht angenommen, daß, auch abgesehen von der Entdeckung, in der Behauptung des Angeklagten, daß er den Eheleuten W. das Anerbieten gemacht habe, den ganzen Kaufvertrag wiederum gegenseitig aufzuheben, überhaupt nicht die Merkmale eines Rücktritts im Sinne des § 46 Nr. 1 des B.-StGB.'s zu befinden seien; denn der betrügliche Bestand des Vertrages beschränkte sich auf die Bestimmung im § 4 desselben, und ein Rücktritt von der hier bezweckten Uebervortheilung der Verkäufer hätte darin bestehen müssen, daß Angeklagter einseitig darauf verzichtet hätte, Abträge auf den bedungenen Kaufpreis mit Obligationen der fraglichen Art zum Nennwerthe, anstatt zum Courswerthe, sich berechnet wissen zu wollen.

Antr. d. GStA.: gleichl. [62.—6.]

Beschlagnahme. - Forderung.

1. Die Strafe des Arrestbruchs trifft auch denjenigen, welcher eine Forderung der Beschlagnahme entzieht.

2. Annahme der Zahlung Seitens des Exequendus enthält eine solche Entziehung, wenn sein Schuldner durch diese Zahlung auch dem Executionssucher gegenüber befreit wird.

B.-StGB. § 137 [n. 7 — 8; 2. Ausg. n. 3. 21 b.]. Vgl. oben S. 360; 5. S. 119.

Erk. (Z. I.) v. 11. Oct. 1871 c. Weise (1609. I. Cr.)

W. bezog als Büreauvorsteher des Rechtsanwalts F. von diesem Gehalt, welches von der Salarienkasse des KG.'s in Beschlag genommen war. Die Arrestverfügung war ihm zugestellt; das an F. erlassene Zahlungsinhibitorium aber war nicht an diesen, sondern in die Hände des W. gelangt, welcher es nicht an F. abgab und sich das verstrickte Gehalt von diesem auszahlen ließ. In der Verurtheilung aus § 137 B.-StGB.'s findet die NB. unter Hinweisung auf das Plenar-Erkenntniß v. 3. Juli 1871 wider Kulecke (oben S. 360) unrichtige Anwendung des Gesetzes.

Zurückweisung. Gründe:

In dem Erkenntnisse wider Kulecke ist davon ausgegangen, daß, wenn dem Schuldner des Exequendus (Drittschuldner) nach Vorschrift des § 101 Tit. 24 der Proz.-

Ordn. aufgegeben ist, an seinen Gläubiger (den Exequendus) „weiter keine Zahlung zu leisten," widrigenfalls das diesem Verbote zuwider Gezahlte ihm auf seine Schuld „als gültige Zahlung nicht angerechnet werden würde," der Exequendus, dem es dennoch gelingt, die solchergestalt in Beschlag genommene Forderung von seinem Schuldner ausgezahlt zu erhalten sie dadurch dem Executionssucher, folglich auch der Beschlagnahme (Verstrickung) nicht entzieht, weil dem Executionssucher gegenüber, die vom Drittschuldner geleistete Zahlung nicht gültig ist, der letztere vielmehr dem ersteren noch einmal Zahlung leisten muß, insofern also der Thatbestand des § 272 des Preuß., jetzt §. 137 des B.-StGB.'s trotzdem, daß der Exequendus dem an ihn erlassenen Verbote zur Erhebung der Forderung zuwidergehandelt hat, nicht vorliegt. Im vorliegenden Falle trifft diese Voraussetzung aber nicht zu, weil, wie der I. Richter ohne Widerspruch des II. für erwiesen erachtet, der RA. F., der Prinzipal des Angeklagten, der das gegen den letztern in Beschlag genommene Gehalt zu zahlen hatte, also der Drittschuldner war, das an ihn erlassene Inhibitorium, so wie die späteren an ihn in dieser Angelegenheit erlassenen Verfügungen, weil dieselben sämmtlich in die Hände des Angeklagten, als seines Büreauvorstehers gelangt waren, gar nicht bekommen, folglich die in Beschlag genommene Forderung in gutem Glauben an den Angeklagten gezahlt und sich damit auch dem Executionssucher gegenüber von seiner Verbindlichkeit befreit hat. War dies aber der Fall, so hat allerdings der Angeklagte, dem das Verbot richtig zugestellt worden war, die dadurch in Beschlag genommene Forderung der Verstrickung entzogen.

Antr. d. GStA.: entgegen. [28.—8.]

Bankerutt, einfacher. — Fahrlässigkeit?

Die im Gesetz hervorgehobenen Fälle des einfachen Bakerutts sind als solche strafbar; es bedarf

dazu nicht noch des Nachweises einer besonderen Fahrlässigkeit.

B.-StGB. § 283 [n. 2].

Erk. (Z. I.) v. 11. Oct. 1871 c. **Wulff** (751. I. Cr.).

Die §§ 259 Nr. 1—4, resp. 261 Nr. 1—4 des Pr. StGB.'s handeln, wie die §§ 281 Nr. 1—4 und 282 Nr. 1—3 des B.-StGB.'s, von den zu unterscheidenden Fällen des betrüglichen und des leichtfertigen Bankerutts. Bezüglich der letzteren nehmen die alleg. Strafgesetze die Existenz des Vergehens an, sobald die in den einzelnen Nummern näher bezeichneten Thatumstände resp. Handlungen und Unterlassungen dargethan sind, ohne daß es auf den Nachweis einer besonderen Fahrlässigkeit ankommt. Der Kaufmann soll sich in den von dem Gesetz bestimmten Zeiträumen von dem Stande seines Vermögens in Kenntniß setzen, er soll nicht durch seine Kräfte übersteigende Wagnisse das Vermögen seiner Gläubiger gefährden. Handelt er hiergegen, so verfällt er dem Strafgesetze, eben weil er die ihm obliegende Vorsicht nicht angewendet, und Alles dem ungewissen Erfolge überlassen hat. Demgemäß hat der App.-Richter nicht geirrt, wenn er erwägt: daß die oben bezeichneten Strafgesetze ohne Rücksicht auf irgend welche culpa bei einem Kaufmanne, der seine Zahlungen eingestellt hat, die alleinige Thatsache des Verbrauches oder Schuldigwerdens übermäßiger Summen durch Differenzhandel mit Waaren oder Börsenpapieren mit Strafe bedrohen. Der gebrauchte Ausdruck: „ohne Rücksicht auf eine culpa“ hat demzufolge nur die Bedeutung, daß in dem übermäßigen Differenzhandel bereits die Verschuldung des Angeklagten liegt, ohne daß ihm außerdem noch eine besondere culpa nachgewiesen zu werden braucht.

Antr. d. GStA.: gleichl. [20.—8.]

Lotterie – auswärtige. – Promessenhandel.

1. Das B.-StGB. hat die Bestimmungen

des Art. 4 Nr. 1 der Einf.=Vdn. vom 25. Juni 1867 nicht außer Geltung gesetzt.

2. Dagegen sind die Vorschriften des Art. 4 Nr. 2 durch § 286 des B.=StGB.'s ersetzt.

Einf.-Vdn. v. 25. Juni 1867 Art. 4 [n. 17]; B.-StGB. § 286 [n. 5] Einf.-Ges. v. 31. Mai 1870 § 2 [n. 28; 2. Ausg. n. 31].

Erk. (Z. II.) v. 12. Oct. 1871 c. Achten u. Gen. (243. II. Cr.).

Die wegen Vertriebs auswärtiger Lotterieloose und wegen sogen. Promessenhandels Verurtheilten, A. u. G., rügten im Wege der NB. daß der der Bestrafung vom AG. zum Grunde gelegte Art. 4 der Einf.-Vdn. v. 25. Juni 1867 nach Einführung des B.-StGB.'s keine Gültigkeit mehr habe. Das OTr. sprach aus, daß die Strafbestimmung des Art. 4 Nr. 1 (das Spielen in auswärtigen Lotterieen und den Verkauf von Loosen derselben betreffend) eine Materie darstelle, mit welcher das B.-StGB. sich nicht befaßt habe, und daß daher der Art. 4 Nr. 1 durch den § 2 des Einf.-Ges. v. 31. Mai 1870 nicht außer Kraft gesetzt sei; daß es sich dagegen mit der Nr. 2 des Art. 4 (dem Strafverbot gegen den Promessenhandel) anders verhalte, ein solcher jetzt vielmehr unter den Begriff der in § 286 mit Strafe bedrohten Veranstaltung von Lotterieen falle. In letzter Beziehung sagen die Gründe:

Zieht man in Betracht, daß dieses Verbot nicht etwa den Fall vor Augen hat, wenn Jemand an einer in seinem Besitz befindlichen mit einer Prämienverloosung verbundenen Obligation einem Andern einen bestimmten Antheil an derselben überträgt, und ihn so zum Miteigenthümer der Obligation macht, sondern daß der Fall mit der Strafandrohung getroffen werden sollte, wenn Jemand einen sogenannten Promessen=Handel treibt, d. h. wenn er in Bezug auf einen bestimmten Prämienschein für eine bestimmte Prämienziehung einem Andern gegen eine von diesem zu zahlende Summe die Zusicherung ertheilt, ihm für den Fall daß dieser Prämienschein gezogen werden sollte, den Schein selbst zu liefern, oder den darauf gefallenen Gewinn zu zahlen; — zieht man ferner in Betracht, daß weder der § 268 des Preuß., noch der § 286 des D. StGB.'s eine Definition von Lotterie oder Veranstaltung einer solchen giebt, daß daher dieser Begriff nach dem gemeinen Sprachgebrauch festgestellt werden muß, nach diesem Sprachgebrauch aber unter Veranstaltung einer Lotterie nur das Unternehmen verstanden werden kann, wonach dem Spieler, der nur seinen bestimmten Einsatz verlieren kann, ein von einer Ausloosung abhängiger und bedingter Gewinn schriftlich zugesichert wird, so unterliegt es keinem Zweifel, daß die in der Nr. 2 verbotene und mit Strafe bedrohte Handlung eben nichts anderes, als das Verbot der Veranstaltung einer speziell bezeichneten Art des Lotteriespiels darstellt. Ist dies aber der Fall, so hat die Nr. 2 des Art. IV. a. a. O. durch den § 286 des D. StGB.'s ihre Anwendbarkeit auf diejenigen Handlungen der beiden Angeklagten verloren, welche nach dem 1. Jan. 1871 von ihnen begangen worden sind.

Antr. d. GStA.: gleichl. [14.—3.]

Chausseegeld. - Befreiungen. - Erndtefuhren.

Der Begriff der „Erndtefuhre" ist nicht davon abhängig, daß die gewonnenen Früchte in das Gehöfte des Eigenthümers gebracht werden. Er findet auch Anwendung, wenn sie vom Felde direct an eine andre Bestimmung gelangen sollen.

AKO. v. 29. Febr. 1840: Befreiungen n. 7b., Zusatz-Vorschriften n. 5.

Erk. (B. II.) v. 12. Oct. 1871 c. Rössing & Gen. (426. II. Cr.).

R. u. Gen. hatten mit Fuhren von Rüben, welche sie von dem abgeernteten Felde direct an die Abnehmer derselben transportirten, bei einer Hebestelle nicht angehalten, und waren obwohl diese in der nämlichen Feldmark lag und sie sich auf die Chausseegeldfreiheit der Erndtefuhren berufen hatten, vom AG. verurtheilt worden,

> weil als solche nur die Fuhren zu betrachten seien, deren Zweck sich darin erschöpfe, in der Feldmark gewonnene Früchte in Gehöfte des Eigenthümers derselben oder doch für denselben ausschließlich zu bergen.

Das OTr. vernichtete das Urtheil, indem es in Beziehung auf den Begriff von Erndtefuhren aussprach:

Der Wortsinn umfaßt überhaupt jedes Einfahren der Erndte vom Felde gleichviel ob dieselbe in den Hof des Eigenthümers der Ernte, resp. eine zur Bergung seiner Ernte sonst verfügbare Räumlichkeit oder nach dessen Bestimmung sogleich an eine andere Stelle zur sofortigen Verwerthung oder zu einem andern Gebrauche gebracht wird; —

es handelt sich überhaupt um eine Erleichterung des Ackerbaues, zufolge dessen der Transport der Feldfrüchte vom Felde weg in einem gewissen engen geographischen Umkreis von der Last des Chausseegeldes ebenso befreit bleiben sollte, als man die Bestellungsfuhren von derselben Abgabe entlastet hatte. Diese Begünstigung würde dem Ackerbauer in beträchtlichem Maaße verkümmert werden, wenn es ihm dann versagt und seine Ernte noch in derselben Feldmark mit Chausseegeld belastet werden sollte, wenn er es im Interesse seiner Ackerwirthschaft findet, dieselbe, sei es in eine Fabrik, sei es in eine Brennerei, sei es zum Markte direkt vom Felde zu verfahren.

Antr. d. GStA.: gleichl. [32.—3.]

Fragstellung. – Veränderte Gesetzgebung. – Widerstand. Angriffe.

1. Ist die Strafbarkeit einer Handlung dadurch bedingt, daß sie diesen Charakter nach verschiedenen Gesetzgebungen an sich trägt, so muß die Fragstellung die Begriffserfordernisse beider umfassen.

Ges. v. 3. Mai 1852 Art. 81 (25) 80 [n. 20]; B.-StGB. § 2 [n. 12, 2. Ausg. n. 13]. Vgl. oben S. 462.

2. Der in dem Gesetz vom 31. März 1837 § 1. 3 gebrauchte Ausdruck „Widersetzlichkeit" ist ein Gattungsbegriff, welcher sowohl den Widerstand als den Angriff des § 117 B.-StGB.'s umfaßt.

Ges. v. 31. März 1837 § 1, 3; B.-StGB. § 117 [n. 11, 13].

Erk. (Z. I.) v. 18. Oct. 1871 c. Heider (699. I. Cr.).

Gegen den H. war wegen Widersetzlichkeit gegen einen in rechtmäßiger Dienstübung befindlichen Forstschutzdiener F. Anklage erkannt. Die Uebelthat war vor Einführung des B.-StGB.'s verübt und wurden daher mit Rücksicht auf die beiden nach § 2 B.-StGB.'s in

Betracht kommenden Gesetzgebungen die Fragen an die Geschwornen dahin gerichtet:

Ist H. schuldig

1) dem F. durch Gewalt Widerstand geleistet zu haben und zwar
   a. mit Gewalt an der Person,
   b. unter vorsätzlicher Körperverletzung desselben,
2) den F. thätlich angegriffen zu haben und zwar
   a. mit Gewalt,
   b. (wie zu 1 b.)?

Die Frage 1 und die Frage 2 zu b. wurden verneint, die letztere dagegen im Uebrigen bejaht und erfolgte nun Verurtheilung wegen Widerstands gegen einen Forstschutzaufseher aus § 1, 3 des Gesetzes v. 31. März 1837 und § 2 und 117 des B.-StGB.'s.

Die NB. des H. rügte Verletzung des § 118 der Vdn. v. 3. Jan. 1849 indem das Verdict den Angeklagten ausdrücklich des thätlichen Widerstandes nicht schuldig erklärt habe; der Angriff aber, dessen er schuldig befunden, vor dem B.-StGB. für sich allein mit Strafe nicht bedroht gewesen sei.

Zurückweisung. Gründe:

Weil der Angeklagte die in Rede stehende strafbare Handlung am 24. Oct. 1870, also unter der Herrschaft des Ges. v. 31. März 1837 über die Strafe der Widersetzlichkeiten bei Forst- und Jagdverbrechen, begangen haben sollte, die Aburtheilung der Sache aber zu einer Zeit erfolgte, in welcher das B.-StGB. v. 31. Mai 1870 in Kraft getreten war, welches in den §§ 117 ff. zum Theil mildere Strafen verhängt, so mußten den Geschworenen besondere Fragen bezüglich der älteren und der neueren Gesetzgebung, wie geschehen, vorgelegt werden. Die erste, verneinte Frage entsprach den §§ 3. 4 des Ges. v. 31. März 1837, die zweite den §§ 117. 118 des B.-StGB.'s, welche mit Ausnahme des erschwerenden Umstandes unter b. bejaht worden ist. Demnächst hat das angefochtene Urtheil nicht gefehlt, wenn es sich der Prüfung unterzog, ob das Verdict zu 2 den Anforderungen des Ges. v. 31. März 1837 und denen des B.-StGB.'s genügt, weil dies nicht Gegenstand der thatsächlichen Entscheidung, sondern Sache der rechtlichen Beurtheilung ist. Aber auch in letzterer Beziehung ist nicht gefehlt worden. Denn der in dem Ges. v. 31. März 1837 enthaltene Ausdruck „Widersetzlichkeit" muß als ein allgemeiner Gattungsbegriff aufgefaßt werden, welcher sowohl die in den §§ 117. 118 des B.-StGB.'s gebrauchte Bezeichnung eines durch Gewalt oder durch Bedrohung mit Gewalt, geleisteten „Widerstandes", als auch die des thätlichen „Angriffs" umfaßt. Es liegt daher kein Widerspruch der Verdicte vor, wenn zwar in dem ersten der dortige „Widerstand" verneint, in dem zweiten dagegen der „thätliche Angriff" bejaht wird, weil beide eben Unterarten der „Widersetzlichkeit" im Sinne des Gesetzes vom 31. März 1837 sind, welche das B.-StGB. besonders hervorgehoben hat. Daß der Tenor des angefochtenen Urtheils demnächst wegen Widerstandes gegen einen Forstschutzaufseher straft, ist eine Ungenauigkeit der Ausdrucksweise, welche jedoch bei dem Inhalte des maßgebenden Wahrspruches der Geschworenen und der demnächstigen Entscheidungsgründe, nicht ins Gewicht fällt, da der eigentliche Sinn nicht zweifelhaft ist. Hiernach war die That des Angeklagten zur Zeit ihrer Begehung bereits eine straffällige, und indem der § 117 des B.-StGB.'s mildere Strafen bestimmt, als das Ges. v. 31. März 1837, so ist derselbe nach § 2 des B.-StGB.'s bei Abmessung der Strafe mit Recht in Anwendung gekommen, weil das Verdict zu 2 alle wesentliche Erfordernisse der §§ 1. 3 des ältern und des § 117 des neueren Strafgesetzes enthält.

Antr. d. GStA.: gleichl. [20.—8.]

Vorladung. - Aushang. - Angehörige.

1. Wenn ein durch Aushang Vorgeladener vor dem Termin seine Wohnung anzeigt, so ersetzt der Aushang die Zustellung der Vorladung nicht mehr.

Ges. v. 3. Mai 1852 Art. 49 [n. 3]. 50.

2. Die Ehefrau des Hausportiers gehört nicht zu dem Gesinde 2c., welchen eine Vorladung wirksam zugestellt werden kann.

Ges. v. 3. Mai 1852 Art. 33 [n. 6].

Erk. (B. I.) v. 18. Oct. 1871 c. Jenson (790. I. Cr.).

Wenn es gleich an und für sich zulässig war, den Angeklagten, dessen Wohnung nicht hatte ermittelt werden können, durch 14tägigen Aushang öffentlich vorzuladen (Art. 50 des Ges.'s v. 3. Mai 1852), so hatte doch diese Vorladung, nachdem der Angeklagte im Laufe der 14tägigen Frist, jedenfalls noch vor dem Audienz-Termine in einer Eingabe v. 3. Juli 1871 selbst angezeigt, daß er seit dem 1. Juli in dem Hause Neuenburgerstraße Nr. 3 wohne, und gebeten hatte, etwaige Zuschriften an ihn dorthin zu richten (Bl. 267), ihre Erledigung gefunden, und es mußte nun eine neue an ihn selbst erlassen und ihm in der angegebenen Wohnung zugestellt werden (§ 20 Thl. I. Tit. 7. AGO.). Der App.-Richter hatte dem entsprechend auch verfügt, der insinuirende Bote jedoch, welcher den Angeklagten nicht anwesend traf, die Vorladung, wie es in dem Botenberichte wörtlich heißt: „an die Portierfrau des Hauses H. abgegeben und von dieser den Empfang bescheiniger lassen.“ Dieses war gesetzlich nicht in der Ordnung, weil nach den §§ 20. 21 a. a. O. gerichtliche Vorladungen, wenn der Adressat nicht zu Hause getroffen wird, nur an die „Angehörigen“ oder das „Gesinde“ des Vorzuladenden, äußersten Falles an den Hauswirth desselben abgegeben werden dürfen, von der Portierfrau H. aber weder zu ersehen noch anzunehmen ist, daß sie zum Angeklagten in einem dieser Verhältnisse gestanden habe.

Antr. d. OStA.: entg. [28.—8.]

Wechselstempelsteuer. – Blankoaccept. – Marke. – Datirung.

1. Die Unvollständigkeit eines mit Accept zurückgegebenen Wechsels befreit den Acceptanten nicht von der Pflicht der Versteuerung.

B.-Ges. v. 10. Juni 1869 § 7. 16.

2. Die Verwendung einer mit einem unrich-

tigen Datum versehenen Stempelmarke ist nicht als eine vorschriftsmäßige anzusehen.

B.-Ges. v. 10. Juni 1869 § 13 a.; Bkm. v. 13 Dec. 1869 (GS. S. 695); Bkm. v. 23. Juni 1871 (B.-GBl. S. 268).

Erk. (Z. I.) v. 18. Oct. 1871 c. Teichmann & Gen. (697. I. Cr.).

Ein von P. auf G. gezogener, von diesem acceptirter eigenbeorderter Wechsel, welcher als Ausstellungstag den 22. März 1871 aufwies und auf der Rückseite eine aufgeklebte Stempelmarke mit dem Kassationsvermerk und das Giro der P. an T. enthielt, war von diesem an das K. Bankcomptoir gelangt. Die Stempelmarke trug zwar das Datum des 22. März, war aber erst im October oder November verwendet. Das AG. verneinte deshalb die behauptete vorschriftsmäßige Stempelverwendung und verurtheilte die P., G. und T. wegen Wechselstempelsteuer-Hinterziehung, fand auch darin keinen Grund zur Freisprechung des G., daß der Wechsel zur Zeit, als dieser ihn mit dem Accept weiter gegeben hatte, noch nicht mit der Unterschrift des Ausstellers und dem Datum der Ausstellung versehen war. Die NB. rügt Verletzung des B.-Ges.'s v. 10. Juni 1869 § 5. 6. 7_1. 13_2. 14 und der Bekanntmachung v. 13. Dec. 1869.

Zurückweisung. Gründe.

[1.] Was zunächst die NB. des G. anbetrifft, so hat er sein Accept auf den noch unversteuerten Wechsel gesetzt und, ohne nun selbst die Versteuerung zu bewirken, ihn dem T. ausgehändigt, zu dessen Gunsten das Wechselgeschäft war. Mit Recht hat der App.-Richter angenommen, daß G. hierdurch der im § 7 Nr. 1 ihm auferlegten Verbindlichkeit entgegen gehandelt hat, denn nach dieser Bestimmung soll der Acceptant eines unversteuerten Wechsels vor dessen Rückgabe oder anderweiten Aushändigung die Versteuerung bewirken; die Unterlassung der Versteuerung zieht die Defraudationsstrafe nach sich (§ 15). Allerdings fehlten zu der Zeit, wo der Wechsel an G. gelangte und zu der, wo er acceptirt von ihm an T. gegeben wurde, auf demselben die Unterschrift des Ausstellers und das Datum der Ausstellung; der App.-Richter hat aber nicht den § 16 des Wechselstempelsteuergesetzes verletzt, wie G. behauptet, wenn er ausführt, daß nach dieser Bestimmung G. gegen die gesetzlichen Folgen der Nichtversteuerung einen Einwand dem

Umstande nicht entnehmen könne, daß der Wechsel zur Zeit der Annahmeerklärung und der Aushändigung mangelhaft gewesen sei. Der § 16 bezweckt, wie aus den Worten und noch deutlicher aus den Motiven zu demselben (Drucksachen des Reichstags von 1869 Nr. 154) hervorgeht, dem, von der Rechtsprechung für durchgreifend erachteten Einwande des Acceptanten zu begegnen, er habe nur ein unvollständig ausgefülltes Wechselformular angenommen und zurückgegeben, denn der Empfänger des solchergestalt acceptirten unvollständig ausgefüllten Wechselformulars wird berechtigt, wie dies auch im vorliegenden Falle geschehen ist, das Fehlende zu ergänzen und so den im Voraus acceptirten vollständigen Wechsel herzustellen. Allerdings erwuchs aus dem Schriftstück in seiner damaligen Beschaffenheit keine Wechselverbindlichkeit (Art 7. der D. Wechs.-Ord.), da jedoch durch Fortsetzung der bereits begonnenen Ausfüllung des Wechselformulars ein vollständiger Wechsel entstehen konnte und entstanden ist, so konnte der Thatrichter ohne Rechtsirrthum die thatsächliche Feststellung treffen, daß G. einen Wechsel acceptirt habe, der zur Zeit der Annahme noch mangelhaft war.

[2.] Auch die NB. der beiden andern Imploranten ist nicht begründet. Nach § 6 des Ges. v. 10. Juni 1869 mußte die P. den von ihr als Ausstellerin unterschriebenen Wechsel versteuern, ehe sie denselben mit dem Giro an T. versehen, diesem einhändigte; T. aber war nach § 11 verbunden, den Wechsel, falls er ihn unversteuert erhielt, vor der Abgabe an die Kgl. Bank zur Versteuerung zu bringen. Die Implorantin P. hat zur Erfüllung dieser Verbindlichkeit, ehe sie den Wechsel als Ausstellerin unterzeichnete, auf die Rückseite des Wechsels eine Stempelmarke von 15 Sgr. aufkleben lassen, während die Steuer nur $10\frac{1}{2}$ Sgr. betrug. Eine Erfüllung der Pflicht zur Versteuerung kann nach §§ 13 Nr. 2 und 14 des Gesetzes in dieser Verwendung der Marke nur dann gefunden werden, wenn die Verwendung nach Maßgabe der Bekanntmachung v. 13. Dec. 1869 (B.-GBl. 1869 S. 691 und 1871 S. 267) erfolgt ist.

Nach dieser Bestimmung soll in die Marke das Datum der Verwendung in Ziffern oder in Buchstaben niedergeschrieben sein. Nach der Feststellung erfolgte die Verwendung der Marke im Oct. oder Nov. 1870; die Marke aber enthält als Datum des Verbrauchs den 22. März 1870, also ein nicht richtiges Datum; nach der weitern Feststellung haben beide Imploranten volle Kenntniß von dieser Unrichtigkeit gehabt. Die Vorschriften über die Verwendung der Stempelmarken müssen genau befolgt werden, da die Besteuerung ohne Mitwirkung der Behörden geschieht und die verwendete Marke in den Händen des Publikums bleibt, der Mißbrauch derselben also möglichst verhindert werden muß. Zur vorgeschriebenen Verwendung gehört daher, daß in die Marke nicht ein beliebiges Datum, sondern das Datum der Verwendung hineingeschrieben wird. Dieses Erforderniß ergiebt sich aus dem bestimmten Wortlaute der Bekanntmachung, es hat auch für die Sicherung des Stempelsteuerinteresses hohe Bedeutung. Die Niederschrift des richtigen Datums erschwert wesentlich, daß dieselbe Marke zu verschiedenen zeitlich getrennten Versteuerungen verwendet wird; Name und Wohnort der Versteuernden zusammen mit dem Tage der geschehenen Verwendung enthalten die Erklärung, daß die beschriebene Marke nach Maßgabe dieser Niederschriften zu einem bestimmten Versteuerungsakte verwendet ist, und entziehen der Marke die Fähigkeit als Beweis einer Versteuerung zu dienen, die von einer andern Person oder an einem andern als dem niedergeschriebenen Tage geschehen sollte.

Antr. d. GStA.s: gleichl. [39.—8.]

Zuständigkeit. – Diebstahl. – Rückfall.

Ein schwerer Diebstahl gehört nur dann zur schwurgerichtlichen Zuständigkeit, wenn die Voraussetzungen des zweiten Rückfalls (B.-StGB. § 244) vorliegen.

Ges. v. 22. Mai 1852 Art. I § 1 Nr. 1; Vgl. oben S. 79.

Beschl. (I.) v. 18. Oct. 1871 c. Willaschek (182. B. I. Cr.).

Der eines (nach dem 1. Jan. 1871 verübten) schweren Diebstahls (StGB. § 243) genügent verdächtige W. war zwar schon zwei mal wegen Diebstahls bestraft. Der Diebstahl, auf welchen sich die zweite Verurtheilung bezog, war jedoch schon vor seiner ersten Bestrafung begangen. Er war also zwar im Sinne des § 58 des Pr. StGB.'s, aber nicht in dem des § 244 des B.-StGB.'s rückfällig. Das OTr. an welches die Sache zur Lösung eines entstandenen negativen Kompetenzconflikts gelangte, entschied für die Zuständigkeit des Kr.-Gerichts, indem es erwog:

daß nach Artikel I § 1 Nr. 1 des Ges. v. 22. Mai 1852 die Untersuchung und Entscheidung wegen eines schweren (nach § 218 des Preußischen Strafgesetzbuchs zu beurtheilenden) Diebstahls durch die Gerichtsabtheilungen erfolgen sollte, insofern nicht der § 58 oder § 219 a. a. O. zur Anwendung kam, an deren Stelle gegenwärtig nach § 3 des Einführungsgesetzes zum Deutschen Strafgesetzbuch vom 31. Mai 1870 die entsprechenden Paragraphen dieses Gesetzbuches getreten sind;

daß das Deutsche Strafgesetzbuch zwar im § 244 eine den § 219 des Preußischen ersetzende Vorschrift enthält, daß es aber an einer Bestimmung in demselben fehlt, welche dem § 58 des Preußischen entspräche, das Allegat des § 58 an der angeführten Stelle des Gesetzes vom 22. Mai 1852 mithin ausscheidet;

daß, wenn hiernach die Verhandlung und Entscheidung der vorliegenden Sache nicht vor das Geschwornengericht, sondern vor die collegialische Abtheilung für Strafsachen des betreffenden Kreisgerichtes gehört, das Königliche Kreisgericht sich mit Unrecht für unzuständig erklärt hat.

Antr. d. GStA.: gleichl. [28.—8.]

Privatanklage. – Beleidigung. – Andre Handlung. – Neue Thatsache.

1. Nur diejenigen beleidigenden Aeusserungen, welche zum Gegenstand der (Privat-) Anklage gemacht waren, können der Entscheidung

zum Grunde gelegt werden; nicht andere zu einer andern Zeit gemachte, wenn auch gleichlautende.

StPO. v. 25 Juni 1867 §§ 4. 76 495.

2. Die Zulässigkeit der Anführung neuer Thatsachen in der Berufungsinstanz bezieht sich nicht auf die zum Klagfundament gehörigen, sondern nur auf die, welche zum Nachweis der in der Klage behaupteten Thatumstände dienen sollen.

Daselbst §§ 377. 385.

Erk. (B. II.) v. 19. Oct. 1871 Jung c. Meiner (450. II. Cr.).

Die Privatanklage war auf bestimmte beleidigende Aeußerungen gestützt. In erster Instanz erfolgte Freisprechung. Auch das Berufungs-Gericht erachtete die zum Gegenstande der Anklage gemachten angeblichen Aeußerungen für nicht erwiesen, verurtheilte aber doch, weil der Verklagte erwiesener Maßen nach Anstellung der Klage ähnliche Aeußerungen gegen andere Personen gemacht habe. Vernichtung, wobei das Ob.-Tribunal die obigen Sätze aussprach.

Antr. d. GStA.: gleichl. [37—3.]

„Arzt" ꝛc. - Titel. - Bezeichnung.

Ob die Bezeichnung, welche Jemand, der nicht als Arzt ꝛc. approbirt ist, sich beigelegt hat, eine dem Titel als „Arzt" ähnliche sei, und ob dadurch der Glaube erweckt werde, er sei eine geprüfte Medizinalperson, — ist nicht nach der abstracten Bedeutung des gewählten Ausdrucks, sondern nach den Umständen des Einzelfalles zu entscheiden.

B.-Gew.-Ordn. v. 21. Juni 1869 § 147 Nr. 3.

Erk. (Z. B. II.) v. 19. Oct. 1871 c. Leyden (205. I. Cr.).

L. hatte in den Zeitungen bekannt gemacht, daß er sich in O. als „Homöopath" niedergelassen habe und an seiner Wohnung ein Schild angebracht mit der Aufschrift: „Homöopath L., Sprechstunden ꝛc." Hieraus, sowie aus sonstigen konkurrirenden Umständen folgerte das AG., daß im vorliegenden Falle der von L. angenommene Titel „Homöopath" eine der eines Arztes ähnliche Bezeichnung sei, durch welche der Glaube erregt werde, als sei er eine geprüfte Medizinalperson. Die NB. des aus § 147 Nr. 3 der B.-Gew.-Ordn. verurtheilten L. suchte auszuführen, daß es bei Prüfung jener Frage nur auf die abstracte Bedeutung der angenommenen Bezeichnung, nicht auf die konkurrirenden Umstände des Einzelfalles ankomme.

Zurückweisung. Gründe:

Die Behauptung der NB. ist nicht richtig: daß es in Beziehung auf das Vorhandensein jener Voraussetzungen lediglich auf die abstracte Bedeutung des gebrauchten Titels sowie darauf ankomme, ob durch diesen Titel, objectiv angesehen, der Glaube erweckt werde, der Inhaber sei eine geprüfte Medicinalperson. Eine solche Annahme findet in dem Wortinhalte des Gesetzes keine Unterstützung; es steht derselben vielmehr entgegen, daß die Bedeutung des gebrauchten Titels und die Wirkung desselben auf den Glauben Andrer durch die nach Ort und Umständen verschiedene Auffassung mit bestimmt werden. Die Strafvorschrift des § 147 $_3$ a. a. O. ist ihrem innern Grunde nach bestimmt, die Heilung einer Krankheit suchenden Personen vor der Täuschung zu bewahren, es sei derjenige, welcher sich, ohne dazu approbirt zu sein, mit der Ausübung der Heilkunde beschäftigt, eine geprüfte Medizinalperson. Sie umfaßt daher alle diejenigen Fälle, in welchen der von einer nicht zur Heilkunde approbirten Person angenommene, dem ärztlichen ähnliche Titel sich geeignet erwiesen hat, jene Täuschung herbeizuführen. Danach erscheint die Erwägung des App.-Richters, von welcher er bei Prüfung des Beweises ausgegangen ist, daß immerhin unter der Bezeichnung „Homöopath" nicht nur ein homöopathischer Arzt, sondern auch ein Anhänger der homöopathischen Heilweise überhaupt verstanden werden möge, daß aber aus den begleitenden Umständen, deren Außerachtlassung der Angeklagte mit Unrecht verlange, zu entnehmen sei, welche Bedeutung im gegebenen Falle der Beides bezeichnende Ausdruck gehabt habe, vollkommen zutreffend, und es ist ein Rechtsirrthum insbesondere nicht darin zu erkennen, wenn der App.-Richter unter Mitberücksichtigung des Verhaltens und Auftretens des Imploranten, insofern derselbe namentlich unter dem Titel „Homöopath" den Heilung suchenden Personen vermittelst eines

Aushängeschildes Sprechstunden bekannt machte, zu dem Schlusse gelangt ist, daß danach durch den gedachten, einem ärztlichen ähnlichen Titel der Glaube erweckt sei, der Inhaber sei eine geprüfte Medizinalperson. Alle diese Erwägungen bewegen sich auf dem Gebiete der den Instanzrichtern vorbehaltenen und in der Nichtigkeits-Instanz nicht angreifbaren thatsächlichen Feststellung.

Antr. d. GStA.: gleichl. [37.– 3.]

Jagdvergehen. – Strafantrag. – Gemeindebehörde.

Die Gemeindebehörde ist als Vertreterin der Interessen der Jagdberechtigten ihres Gemeindebezirks zur Stellung des Strafantrags berechtigt, wenn gegen die Vorschrift des § 6 des Ges.'s v. 7. März 1850 auf den danach ausgeschlossenen Grundstücken die Jagd ausgeübt ist.

B.-StGB. § 61 [n. 8]; § 292 [n. 33]; Ges. v. 7. März 1850 §5. 6. 9. 17.

Erk. (Z. II.) v. 19. Oct. 1871 c. Zurhausen (240. II. Cr.).

Das Urtheil führt aus, daß die in dem Jagdpolizeigesetz v. 7. März 1850 § 6 enthaltene Beschränkung des Jagdrechts im Interesse und zum Rechtsschutz der Jagdberechtigten des ganzen Gemeindebezirks erlassen sei und fährt dann fort:

Ist nun aber dieses der Fall, so sind auch diese Jagdberechtigten als die durch das Vergehen Verletzten zu betrachten, wenn gegen das Verbot des § 6 auf den ausgeschlossenen Grundstücken, die zu dem Gemeindebezirk gehören, folglich zu dem gemeinschaftlichen Jagdbezirk gehört haben würden, wenn sie nicht von demselben ausgeschlossen worden wären, — die Jagd ausgeübt wird. Hierbei ist es vollkommen gleichgültig, ob auf den ausgeschlossenen Grundstücken die Jagd von dem Besitzer derselben oder von irgend einem Dritten ausgeübt wird, da der Besitzer selbst die Jagd nicht ausüben darf, folglich auch nicht berechtigt sein kann, einem Dritten die Befugniß hierzu, sei es stillschweigend, sei es ausdrücklich, einzuräumen, weshalb es auch gleichgültig ist, ob er, falls ein Dritter dort unberechtigt jagt, einen Strafantrag gegen den Jagdfrevler stellt oder nicht, da die unterlassene Stellung des Strafantrags einer stillschweigenden oder ausdrücklichen Einräumung der Befugniß, auf den vom Jagdbezirk ausgeschlossenen Grundstücken zu jagen, gleichkommen, mithin zur Umgehung des Strafgesetzes führen würde. Sind nun aber, wie gezeigt, die Besitzer der den Gemeindebezirk bildenden Grundstücke die durch das Vergehen Verletzten, so sind auch sie zur Stellung des Strafantrags berechtigt, und da sie nach § 9 in allen Jagdangelegenheiten durch die Gemeindebehörde vertreten werden, so war die letztere, welche den Antrag auf gerichtliche Verfolgung des Imploranten rechtzeitig gestellt hat, hierzu im Sinne des B.-StGB.'s vollkommen berechtigt.

Antr. d. GStA.: entgegen. [14.—3.]

Schuldbekenntniß. - Bildung des Schwurgerichts.

Ein auf Schuldbekenntniß nach Art. 75 des Ges. v. 3. Mai 1852 verurtheilter Angeklagter kann seine Nichtigkeitsbeschwerde nicht auf Verletzung der Vorschriften über die Bildung des Schwurgerichts gründen.

Ges. v. 3. Mai 1852 Art. 75 [n. 31]; 108 [n. 38 a.]

Erk. (Z. I.) v. 20. Oct. 1871 c. Kempke (760. I. Cr.)

Das OTr. begründete diesen Satz damit, daß die Verletzung in einem Theile des Verfahrens vorgefallen sein würde, auf welchem das Urtheil nicht ruhe.

Antr. d. GStA.: gleichl. [39.—8.]

Strafantrag. - Zurücknahme. - Bedingung.

Ein Strafantrag kann ebensowenig wie die Zurücknahme eines solchen an Bedingungen geknüpft werden. Bedingte Zurücknahme ist wirkungslos.

B.-StGB. § 61 [n. 24; 2. Ausg. n. 26]; § 64 [n. 13; 2. Ausg. n. 12].

Erk. (Z. I.) v. 20. Oct. 1871 c. Klein (791. I. Cr.).

Der Verletzte hatte den nach § 232 des B.-StGB.'s erforderlichen Strafantrag gestellt, vor dem Audienztermine aber schriftlich erklärt, daß er denselben insofern zurücknehme, als K. die bis jetzt entstandenen

Kosten übernehme. In der Audienz bat er, die schriftliche Zurücknahme nicht zu berücksichtigen. Die Instanzrichter erachteten die bedingte Zurücknahme des Strafantrags für unerheblich und verurtheilten. Das OTr. trat dieser Auffassung bei. Gründe:

Das Gesetz hat es in den freien Willen des Verletzten gestellt, ob er die gerichtliche Verfolgung des Thäters beantragen will oder nicht. Daraus folgt unzweifelhaft, daß er seinen Entschluß, auf Einleitung der Untersuchung anzutragen, in unzweideutiger bestimmter Weise der kompetenten Behörde kund geben muß, und ihn an keine Bedingungen oder sonstige Einschränkungen knüpfen darf. Unrichtig wäre es dabei, wenn man annehmen wollte, daß bei einem etwaigen, nicht bestimmt ausgesprochenen Antrage, die demselben beigefügten Vorbehalte in Wegfall gebracht und als nicht geschrieben angesehen werden müssen, der Antrag vielmehr als ein unbedingter zu erachten sei. Denn nach allgemeinen rechtlichen Grundsätzen sind Willenserklärungen in der von dem Gesetz vorgeschriebenen Weise sowohl der Form als dem Inhalte nach abzugeben. Wenn daher die allegirten §§ 61 ff. l. c. die Eröffnung einer Untersuchung von dem Antrage des Berechtigten abhängig machen, so kann darunter kein anderer, als ein directer klarer, verstanden werden, weil es sonst an einem bestimmenden Willen des Berechtigten ermangelt. Bei einem bedingten Antrage bleibt nichts übrig, als dem Antragsteller zu überlassen, sich bestimmt zu erklären, und bis dahin, daß dies geschehen, die Untersuchung nicht einzuleiten. Ganz dasselbe muß von der Zurücknahme des Antrages gelten. Der Gesetzgeber hat dem Berechtigten eine bestimmte Frist gewährt, binnen welcher er seinen früheren Entschluß ändern darf. Er muß sich daher definitiv entscheiden, ob er seinen Strafantrag zurücknehmen will oder nicht. Unbestimmte Erklärungen oder solche, welche von dem Eintreten oder Nichteintreten gewisser Voraussetzungen abhängig gemacht worden sind, erfüllen die Anforderung des Gesetzes nicht, die eine einfache, bestimmte Zurücknahme im Auge gehabt. Hierbei anzunehmen, daß die hinzugefügten Beschränkungen für nicht geschrieben anzusehen, ist unstatthaft, da ja die Einstellung des Verfahrens von dem Willen des Berechtigten, und nicht von der Willkür des Gerichtes abhängt. Die Auslegung der bedingungsweise abgegebenen Zurücknahme würde unter allen Umständen eine dem Willen des Verletzten entgegenlaufende sein, wenn man sie als eine unbedingte ansehen wollte. Nach alledem hat der App.-Richter rechtlich nicht geirrt, wenn er der, in dem vorliegenden Falle mit einer Bedingung verbundenen Zurücknahme des Strafantrages des Berechtigten keine Wirkung beigelegt hat.

Ant. d. GStA.: gleichl. [20.—8.]

Widerstand. – Rechtmäßige Amtsausübung.

Rechtmäßige Amtausübung liegt nicht vor, wenn ein mit Pfändung beauftragter Executor wissentlich pfandfreie Gegenstände pfändet. Der Widerstand unterliegt in diesem Falle nicht der Bestrafung aus § 113 des B.-StGB.'s.

B.-StGB. § 113 [n. 17.].

Erk. (B. I.) v. 20. Oct. 1871 c. Schimock & Gen. (782. I. Cr.)

Der App.-Richter hatte angenommen, daß die Handlung des Executors durch Ueberschreitung seiner Befugnisse den Charakter der Amtlichkeit und Rechtmäßigkeit nicht verloren habe, da er von der competenten Behörde zu der Zwangsvollstreckung beauftragt war und die Ausführung derselben zu seinem Beruf gehörte.

Vernichtung. Gründe:

Diesem Satz kann in dieser seiner Allgemeinheit nicht beigetreten werden. Selbstredend ging der Auftrag dahin, die Execution nur in executionsfähige Gegenstände zu vollstrecken. Zu diesen gehört nicht das für den Schuldner, dessen Ehegatten und die bei ihnen lebenden Kinder nöthige Bettwerk (Verordnung vom 13. Oct. 1843 GS. S. 336); in dem § 61 der Dienstinstruktion für die gerichtlichen Unterbeamten vom 2. Aug. 1850 — JMBl. S. 271 — wird daher dieses nöthige Bettwerk von der Exekution ausgeschlossen; nur die über diesen Bedarf hinaus bei dem Schuldner vorhandenen Betten sind der Zwangsvollstreckung unterworfen.

Gehörten die Betten, welche der Executor abgepfändet, zu den executionsfreien Gegenständen, und blieb diese Eigenschaft derselben ihm nicht verborgen, so durfte er deren Abpfändung nicht vornehmen. Er trat aus dem durch den § 113 geschützten Kreise der rechtmäßigen Ausübung seines Amtes heraus, sobald er sie dennoch abpfändete; der ihm dann entgegengesetzte Widerstand kann nicht die Strafe des § 113 nach sich ziehen, da diese Bestimmung nicht jede Ausübung des Amtes, sondern nur die rechtmäßige Ausübung des Amtes schützt.

Antr. d. GStA.: entgeg. [39.—8.]

Furtum possessionis. - Besitz des Berechtigten. - Strafantrag.

1. Die Strafbarkeit der Wegnahme eigner Sachen, an denen ein Zurückbehaltungsrecht besteht, setzt den Besitz des Berechtigten voraus.

Pr. StGB. § 271; B.-StGB. § 289 [n. 5. 10; 2. Ausg. n. 11].

2. Das Erforderniß eines Strafantrags ergreift alle nicht schon vor dem 1. Januar 1871 eröffnete Untersuchungen.

B.-StGB. § 2 [n. 19].

Beschl. (I.) v. 25. Oct. 1871 c. Blank (187 B. I. Cr.)

Die Eheleute Bl. hatten aus einer von H. gemietheten Wohnung im Jahre 1870 Sachen ohne Bezahlung des Miethgeldes entfernt, nachdem ihnen H. erklärt hatte, daß er sie mit Beschlag belege. Erst im April 1871 stellte derselbe Bestrafungsantrag und wurde die Einleitung des Strafverfahrens aus § 289 beantragt.

Die Eröffnung der Untersuchung wurde abgelehnt. Gründe:

Der § 271 des Preußischen und der § 289 des B. StGB.'s, welcher die Wegnahme, die Entwendung der eigenen Sache, das furtum possessionis bestraft, setzt den Besitz derselben durch den Berechtigten voraus (§ 3 Allg. LR. Thl. I. Tit. 7), da andernfalls eine Wegnahme unmöglich ist. Ein solcher Besitz des H. an den Bettstücken der Angeschuldigten, welche diese in die dem erstern abgemiethete Wohnung eingebracht und ohne Berichtigung der fälligen Miethe und trotz der Erklärung des Vermiethers, daß er die inferirten Sachen wegen seiner Miethsforderung mit Beschlag belege, aus der Wohnung fortgeschafft haben, ist von dem AR. verneint. Ein Rechtsirrthum liegt hier nicht vor. Denn wenngleich der Vermiether nach § 395 a. a. O. Thl. I. Tit. 21 und § 33 Nr. 4 der Konkursordnung ein Pfandrecht für seine Forderungen aus dem Miethsvertrage an den vom Miether eingebrachten Sachen erwirbt, so gelangen dennoch diese Sachen durch das Einbringen noch nicht in den Besitz des Vermiethers (vgl. Förster, Theorie und Praxis, Band II. S. 207 ff.); in der bloßen Erklärung des H., daß er die Sachen mit Beschlag belege, ist im Einklange mit §§ 48. 50. 51. 70. ff. A. LR. Thl. I. Tit. 7 keine Besitzergreifung gefunden worden. Der Strafverfolgung der Angeschuldigten steht hiernach der Mangel des Thatbestandes entgegen. (Rechtsprechung des Ober-Tribunals II. 104, V. 301, IX. 327).

Hinzutritt, daß es an einem rechtzeitig eingebrachten Strafantrage des Verletzten gebricht. Denn die prozessualische Bestimmung des § 289 des Deutsch. StGB.'s, nach welcher die Verfolgung wegen dieser Strafthat nur auf Antrag eintreten soll, äußert ihre Wirkung auf alle nicht schon vor dem 1. Januar d. J. eröffneten Untersuchungen, auch diejenigen, welche eine früher begangene Handlung zum Gegenstande haben. Es folgt daraus mit Nothwendigkeit, daß der zuerst am 18. April d. J. von dem Vermiether H. gestellte Antrag auf Bestrafung zu spät eingebracht, also wirkungslos ist (§ 61).

Antr. d. GStA.: gleichl. [39.—6.]

Oeffentliche Urkunde. – Trauaufnahmebuch. – Küster.

Das von einem Küster über die Anmeldung von Trauungen dienstvorschriftsmäßig geführte sogenannte Trauaufnahmebuch ist keine öffentliche Urkunde im Sinne des § 271 des B.-StGB.'s.

Pr. StGB. § 255; B.-StGB. § 271 [n. 16].

Erk. (Z. I.) v. 25. Oct. 1871 c. Knoch & Gen. (793 I. Cr.).

Der Mitangeklagte G. hatte im November 1870 zu Berlin vor dem Küster der St. Lukas-Gemeinde wahrheitswidrig erklärt, der ebenfalls erschienene Mitangeklagte K. sei sein Vater und wolle den Heirathsconsens zu seiner Verehelichung mit der anwesenden S. ertheilen. K. hatte auf Befragen, ob er der Vater des G. sei, dieses wahrheitswidrig bejaht und waren beide beschuldigt, dadurch vorsätzlich bewirkt zu haben, daß wahrheitswidrig durch den Küster in das von ihm geführte sogenannte Trauaufnahmebuch eingetragen wurde, daß der mitanwesende Vater des G. den Consens zu der Verheirathung seines Sohnes mit der S. ertheilt habe. Aus § 255 des Pr. StGB.'s angeklagt, erfolgte Freisprechung, weil die Instanzrichter annahmen, daß das sogenannte Trauaufnahmebuch keine öffentliche Urkunde im Sinne des Gesetzes sei.

Die NB. des StA.'s wurde zurückgewiesen. Gründe:

Die Staatsanwaltschaft legt hauptsächlich die Bestimmung des § 123 Thl. I. Tit. 10 der Allg. GO. ihrer Ausführung zum Grunde, nach welcher öffentliche Urkunden solche sind, denen eine vorzügliche Glaubwürdigkeit um deshalb beigelegt ist, weil die Aussteller derselben im Staate dazu bestellt worden sind, dergleichen Urkunden aufzunehmen oder zu bekräftigen.

Hieraus allein läßt sich jedoch keine Entscheidung herleiten; es muß noch zuvörderst der für den vorliegenden Fall vorweg in Rücksicht zu nehmende § 255 des Preußischen Strafgesetzbuches in Betracht gezogen werden. Dieser spricht von Verhandlungen, Erklärungen oder Thatsachen, welche in öffentlichen Urkunden, Büchern, oder Registern beurkundet werden, und damit stehen die Bestimmungen des § 251 Nr. 2 und 3 l. c. im Zusammenhange, welche von Urkunden, die unter Anderem von inländischen Beamten, oder von solchen Personen, welche nach den Gesetzen des Inlandes öffentlichen Glauben haben, aufgenommen, ausgefertigt oder beglaubigt werden, reden, sowie von Büchern, Registern 2c., welche unter amtlichem Glauben geführt werden. Aus alle dem ergiebt sich, daß im Sinne des § 255 l. c. die Verhandlungen 2c. ein formelles Beweismittel unter amtlicher Autorität bilden müssen, wenn die dort angedrohte Strafe verhängt werden soll. Andere Schriftstücke, wenn gleich sie von Beamten oder Behörden, in ihrer amtlichen Eigenschaft ausgestellt, herrühren, fallen nicht unter den gedachten strafrechtlichen Begriff.

Für den vorliegenden Fall ist es nach den §§ 481 ff. Thl. II. Tit. 11 des Allgemeinen Landrechts unzweifelhaft, daß die von den Geistlichen geführten Kirchenbücher über Aufgebote, Trauungen ꝛc. vollständigen Glauben besitzen, und dasselbe gilt nach § 128 Thl. I. Tit. 10 der Allgem. Ger.-Ordn. von den auf Grund dieser Kirchenbücher unter dem Kirchensiegel ertheilten Attesten.

Für die Stadt Berlin besteht ein besonderes, für die Führung der Kirchenbücher erlassenes Rescript des geistlichen Departements vom 21. April 1803 (v. Rabe Bd. 7 S. 462). Nach diesem haben die Küster, welche dazu besonders vereidet werden, die Kirchenbücher zu führen, welche auch die Anmeldungen der Trauungen ꝛc. anzunehmen und alsbald in ein Journal einzutragen verpflichtet sind. In diesem Journale muß der bezügliche Akt von dem vollziehenden Prediger nach vorheriger Berichtigung etwaiger Mängel mittelst eigenhändiger Unterschrift beglaubigt werden. Sodann hat der Küster aus dem Journale, welches die Stelle des Duplikats der Kirchenbücher vertritt, die diesfälligen Vermerke in das Kirchenbuch einzutragen, der Pfarrer aber die Uebereinstimmung des letzteren mit dem Journale nach vorgängiger Vergleichung monatlich zu attestiren.

Hiernach ist es zunächst klar, daß das sogenannte Journal erst dann einen vollständigen Glauben beanspruchen kann, wenn die bezüglichen Eintragungen von dem competenten Geistlichen als richtig bescheinigt sind, weil von diesem etwa vorgekommene Mängel zu berichtigen sind, bis dahin aber eine legale Beurkundung nicht vorliegt.

Festgestelltermaßen ist es in dem gegenwärtigen Falle zur Eintragung in dieses vorgeschriebene Traujournal gar nicht gekommen. Die N.B. behauptet auch das Gegentheil hiervon nicht, sie stützt sich nur auf eine Auskunft des Königlichen Konsistorii der Provinz Brandenburg vom 20. April 1871. Nach dieser ist mit Genehmigung der gedachten Behörde folgendes gestattet:

Da es mitunter vorkommt, daß die Anmeldung der Trauung den betreffenden Akt selbst nicht zur Folge hat, so ist insbesondere bei der St. Lukas-Kirche die Einrichtung getroffen, daß ein doppeltes Journal geführt wird. In das eine, das sogenannte Trauaufnahmebuch, werden von dem Küster die vorkommenden Trauungen gleich bei der Anmeldung nach gehöriger Vernehmung der Anmeldenden eingetragen; in das andere, das nur die wirklich vollzogenen Trauungen enthält, wird, wenn der Trauungsakt vollzogen ist, der Inhalt des ersten Journals übertragen, und in diesem zweiten Journal der Akt von dem Prediger, welcher solchen vollzogen hat, beglaubigt. Aus dem zweiten Journale werden demnächst von dem Küster die Vermerke in das eigentliche Kirchenbuch eingeschrieben.

Dies ist zwar nicht in Abrede zu nehmen, allein daraus folgt noch nicht die Urkunden-Qualität im gesetzlichen Sinne. Das Trauaufnahmebuch wird von dem Geistlichen nicht beglaubigt, die Eintragungen in dasselbe sind keine definitiven, sie unterliegen der Abänderung durch den Pfarrer, und erst dessen Bescheinigung in dem eigentlichen Traujournale giebt den Vermerken amtlichen Glauben. Augenscheinlich hat man, um Veränderungen in dem das Duplicat des Kirchenbuches bildenden Traujournale zu vermeiden, die Führung eines besonderen Trauaufnahmebuches gewählt und diese dem Küster übertragen, der dann der Kontrolle des Geistlichen unterworfen ist.

Kann man zwar demgemäß der Annahme des App.-Richters, namentlich mit Rücksicht auf die amtliche Auskunft des Königlichen Konsistorii der Provinz Brandenburg vom 20. April 1871 nicht beipflichten, daß das Trauaufnahmebuch nichts weiter als ein privates Notizbuch des Küsters ist, weil dasselbe immerhin von einem Beamten im Auftrage seiner vorgesetzten Behörde, in seiner amtlichen Eigenschaft geführt wird, so erscheint es doch nicht als eine Urkunde im Sinne des § 255 des Preußischen Strafgesetzbuches und des hiermit übereinstimmenden § 271 des Deutschen Strafgesetzbuches, indem es ein authentisches Beweismittel nicht darstellt. Dergleichen sind für Fälle der vorliegenden Art, wie bereits erwähnt, nach den §§ 481 ff. Thl. II. Tit. 11 des Allgemeinen Landrechts in Verbindung mit dem § 128 Thl. I. Tit. 10 der Allgem. Ger.-Ordn. nur die gehörig geführten Kirchenbücher welche das Rescript des geistlichen Departements vom 2.. April 1803 keineswegs beseitigt, dieselben vielmehr ausdrücklich beibehalten, und nur reglementarische Vorschriften gegeben hat, in welcher Weise sie zu Stande kommen sollen. Qualificirte sich die That der Angeklagten als ein Verbrechen und nicht, wie hier, als bloßes Vergehen, so würde in der zur Sprache gebrachten Handlungsweise ein Versuch erblickt werden können, der aber bei Vergehen nicht strafbar ist.

Antr. d. GStA.: gleichl. [39.--8]

Gesetzeswechsel. - Rechtskräftige Bestrafung. - Folge.

Derjenige, welcher unter der Herrschaft des Pr. StGB.'s rechtskräftig zum Verluste der Ehre rc. verurtheilt worden ist, bleibt auch nach der Einführung des B.-StGB.'s unfähig, als Zeuge eidlich vernommen zu werden; ein Verstoß gegen diesen Grundsatz hat die Nichtigkeit des Verfahrens zur Folge.

Einf.-Ges. z. B.-StGB. § 6 [n. 11; 2. Ausg. n. 15]; B.-StGB § 2 [n. 7]. Vgl. oben S. 214. 292.

Erk. (B. I.) v. 25. Oct. 1871 c. Neumann (720. I. Cr.).

In 1. Instanz hatte ein vorgeladener Belastungszeuge erklärt, daß er wegen Diebstahls mit 6 monatigem Gefängniß und der Untersagung der Ausübung der bürgerlichen Ehrenrechte auf ein Jahr bestraft und noch nicht wieder in den Genuß der Ehrenrechte getreten sei. Gleichwohl vereidete ihn das Gericht, weil das inzwischen in Wirksamkeit getretene B.-StGB. dem Verluste der bürgerlichen Ehre (der bürgerlichen Ehrenrechte) nicht mehr die Wirkung beilege, dem Verurtheilten die Fähigkeit zum eidlichen Zeugnisse zu nehmen, und daß daher diese Folge mit dem Inkrafttreten des neuen StGB.'s von Rechtswegen unwirksam geworden sei. R. rügte diese Verfahrungsweise in 2. Instanz. Das AG. bestätigte aber die ergangene Entscheidung.

Vernichtung. Gründe:

Diese Auffassung ist eine rechtsirrthümliche und verstößt gegen den Grundsatz der Rechtskraft der Urtheile. Die unter der Gesetzeskraft des Preuß. StGB.'s rechtskräftig verhängte Untersagung der Ausübung der bürgerlichen Ehrenrechte muß, so lange sie dauert, diejenigen Wirkungen beibehalten, welche in den §§ 12 und 21 des Preuß. StGB.'s aufgeführt und somit für einen integrirenden Theil des ergangenen Straferkenntnisses zu erachten sind. Die Emanation des B.-StGB.'s kann — wie auch im § 6 des Einführungsgesetzes zu demselben erkannt ist —, nur die Wirkung haben, daß von dem Tage seiner Gesetzeskraft an nur auf Aberkennung der bürgerlichen Ehrenrechte mit den Folgen erkannt werden kann, welche in diesem StGB. als solche aufgeführt sind. Der I. Richter, welcher dies verkennt, hat in Folge dessen eine wesentliche Vorschrift des Verfahrens — § 356 Nr. 7 der Crim.-Ordn.; § 22 der Verordn. v. 3. Jan. 1849 — verletzt, indem er eine Person, welche gesetzlich als Zeuge nicht vereidet werden durfte, dennoch vereidet und für einen Beweiszeugen erachtet hat, seine Entscheidung und das derselben vorhergegangene Verfahren leidet also an einer Nichtigkeit.

Antr. d. GStA.: gleichl. [30.—8.]

Notar. - Kurhessen. - Immobiliarverkauf.

Der § 5 der Kurhess. Verordn. v. 30. Oct. 1744, welcher den Notaren die Aufnahme von Veraeusserungsverträgen und Pfandverschreibungen über Immobilien untersagt, ist bisher nicht aufgehoben, sondern noch wirksam.

Kurhess. Vdn. v. 30. Oct. 1744 (Kulenkamp: Neue Sammlung II. S. 238).

Erk. v. 25. Oct. 1871 c. Rechtsanw. und Notar R. (OAG. II., 112).

Aufhebung des freisprechenden Erkenntnisses des Ehrenrathes der Rechtsanwalte und Notarien und Belegung des Angeschuldigten mit einer Verwarnung. Gründe:

Was die von dem Ehrenrathe seiner Entscheidung zu Grund gelegte Annahme betrifft, daß der § 5 der Kurhess. Not.-Ordn. v. 30. Oct. 1744, der ausdrücklich nicht aufgehoben, vielmehr noch durch das Regierungsausschreiben v. 22. Juli 1814 aufrecht erhalten worden ist, durch die Bestimmung des Kurhessischen Staats-Ministerialausschreibens v. 10. April 1828 als damit unverträglich in Wegfall gekommen sei, so geht der Ehrenrath davon aus, daß vor dem gedachten Staats-Ministerialausschreiben die Ueberreichung eines außergerichtlich vereinbarten schriftlichen Vertragsaufsatzes ausgeschlossen gewesen sei, vielmehr die Kontrahenten stets den gesammten Vertrag hätten zu Protokoll erklären müssen, das gedachte Ausschreiben aber daneben den außergerichtlichen Abschluß des Vertrages, zu dessen vollständiger Wirksamkeit nur noch die gerichtliche Bestätigung erfordert werde, statuirt habe. Diese Voraussetzungen treffen aber nicht zu. Denn einmal ist nach wie vor die gerichtliche Anzeige des Vertrages, welche entweder blos mündlich oder unter Ueberreichung eines schriftlichen Vertragsaufsatzes zu Protokoll erklärt wird, zunächst erforderlich, um dem Vertrage auch nur unter den Kontrahenten Wirksamkeit zu geben (Vgl. Kontrakten-Ordnung v. 1732 § 3 wiederholt durch Vdn. v. 17. Juni 1828 § 1). Sodann ist die Form der Ueberreichung eines schriftlichen Vertragsaufsatzes nicht erst durch das gedachte Ausschreiben zugelassen, sondern war auch schon früher als statthaft anzusehen (vgl. § 11 der Kontrakten-Ordnung), wovon auch der § 5 der Vdn. v. 30. Oct. 1744 selbst ausgeht, indem er die Ueberreichung von (durch Notare verfaßten) Vertragsauffätzen zur Bestätigung (vgl. Landtagsabschied v. 27 Oct. 1731 § 11) nicht an sich für unzuläßig ansieht, sondern der mehrfachen Kosten wegen das fragliche Verbot erläßt. Endlich war aber auch die Abfassung solcher Vertragsaufsätze nicht blos durch Notare, sondern auch durch andere Personen möglich. Es konnte also durch das Verbot des § 5 die Einreichung derartiger Vertragsaufsätze nicht als schlechthin abgestellt und also auch umgekehrt durch das Staatsministerialausschreiben von 1828 die Abfassung solcher Aufsätze durch die Notare nicht als statuirt angesehen werden.

Auch die nach der Einverleibung des Kurstaats in die Preußische Monarchie erlassenen Gesetze haben den § 5 der Vdn. v. 30. Oct. 1744 unberührt gelassen. Weder die höhere Stufe, auf welche dermalen das Institut der Notare durch vermehrte Anforderungen an deren Ausbildung gestellt worden ist, noch die Einführung der altpreußischen Disciplinar- und Gebührengesetze, wobei die sonstige Gesetzgebung über das Notariatswesen außer Betracht blieb, steht der fortdauernden Anwendung dieses Paragraphen entgegen, und endlich kann auch die Unterstellung des Ehrenrathes, daß durch die notarielle Aufnahme von Immobiliarverträgen doppelte Kosten nicht entständen, schon deshalb hier nicht in Betracht kommen, weil sie auf der irrigen Voraussetzung beruht, daß für die Entgegennahme solcher außergerichtlichen Verträge die Gerichtskosten für Aufnahme zweiseitiger Verträge nicht erhoben werden dürften (vgl. § 16 und 17 des Tarifs des Ges.'s v. 10. Mai 1851).

Die fortwährende Gültigkeit des fraglichen Verbotes steht deshalb nicht zu bezweifeln, und wird die Anwendbarkeit desselben im einzelnen Falle dadurch nicht ausgeschlossen, daß den Vertragsbestimmungen eine Vollmachtsbestellung angehängt wurde.

Antr. d. GStA.: gleichl. [64.—6.]

---

1. Lauenburg. – Disciplinarverfahren. – Berufung. – Frist.
2 Non bis in idem. – Strafurtheil. – Disciplinarverfahren.
3. Feststellung. – Strafurtheil. – Disciplinarverfahren.

1. Nach dem Lauenburgschen Ges. v. 4. Dec. 1869 können in Disciplinarsachen in der

Berufungsinstanz neue Thatsachen und Beweismittel auch nach dem Ablaufe der Rechtfertigungsfrist wirksam angezeigt werden.

cit Ges. v. 4. Dec. 1869 §§ 35. 36. 41; StPO. § 376 Abs. 5.

2. Der criminalrechtlich Verurtheilte kann demnächst wegen desselben Vorfalls auch noch disciplinarisch verfolgt werden, wenn der Strafrichter nach den zur Zeit seiner Entscheidung geltenden Rechtsgrundsätzen die disciplinarische Seite der Sache unberücksichtigt lassen musste, sollte auch zur Zeit der Verübung der That der entgegengesetzte Grundsatz gegolten haben.

3. Der Disciplinar-Richter kann die in einem früheren Criminalverfahren in Betreff des Thatbestandes getroffene Feststellung seiner Entscheidung ohne Weiteres zum Grunde legen.

Erk. v. 25. Oct. 1871 c. Rechtsanwalt Sp. (OAG. II., 116).

[1.] Der Angeschuldigte hat die Berufung rechtzeitig angemeldet, die Rechtfertigungsschrift aber erst am 43. Tage nach der unterm 29. Juni d. J. erfolgten Behändigung des angefochtenen Erkenntnisses, nämlich am 11 August, mithin — vgl. §§ 35. 36 des Lauenburgischen Ges.'s v. 4. Dez. 1869 über die Dienstvergehen der Justizbeamten, — um einen Tag zu spät bei dem Kgl. AG. in Kiel zum Eingang gebracht. Da indeß — vgl. §§ 35. 41 des gedachten Gesetzes, — für das Verfahren in Disciplinarsachen aushülfsweise die Vorschriften des gewöhnlichen Strafprozesses zur Anwendung kommen, und zufolge § 376 Nr. 5 der StPO. auch nach Ablauf der für die Berufungs-Rechtfertigung gesetzten Frist noch neue Thatsachen und Beweismittel bei dem Berufungsgerichte angezeigt werden können, so wird, insofern dergleichen darin enthalten sein möchte, der Inhalt der Rechtfertigungsschrift zu berücksichtigen sein.

[2.] Nach Maßgabe der aufgestellten, gegen die ganze Verurtheilung gerichteten Beschwerde, wird zunächst die sachliche Zuständigkeit des Disciplinargerichtshofes zu prüfen sein. Angesichts des § 4 Nr. 2, § 18 und 89 des mehrgedachten Gesetzes kann diese nicht mit Grund bestritten werden, namentlich läßt sich nicht aus dem Umstande, daß die Unterschlagungen, für welche der Angeschuldigte durch rechtskräftiges Urtheil des Kgl. AG.'s zu Kiel v. 8. Nov. v. J. kriminalrechtlich verurtheilt worden ist, schon vor dem 1. April v. J. geschehen sind, die Folgerung ableiten, daß das Kriminalgericht dem für den 1. April v. J. für Lauenburg geltend gewesenen Grundsatze des Strafverfahrens gemäß, erschöpfend über die einmal zu seiner Kognition gelangte That, auch aus dem Gesichtspunkte der verletzten Amtspflicht hätte aburtheilen müssen. Denn als auf die Anklage wegen Unterschlagung das Hauptverfahren vor der Strafkammer des Kgl. Herzogl. KG.'s zu R. durch Verfügung v. 14. Juli v. J. eröffnet wurde, war das obige Ges. v. 4. Dez. 1869 und das anderweitige Gesetz für Lauenburg vom selbigen Dato über das Strafrecht und Strafverfahren schon seit dem 1. April v. J. in Kraft getreten, und also die Zuständigkeit des Kriminalgerichts auf die Beurtheilung der angeschuldigten Handlungen nach den Bestimmungen des Strafgesetzbuchs für die Preußischen Staaten beschränkt, dagegen deren Unterstellung unter den Gesichtspunkt der verletzten Dienstordnung nach Maßgabe des besonderen Gesetzes über diese vom Strafgesetzbuch nicht behandelte Materie, der ausschließlichen Zuständigkeit des Disciplinargerichtshofes überwiesen. Die Uebergangsbestimmungen im Ges. v. 4. Dez. 1869 über das Strafrecht und Strafverfahren, von denen nicht der Art. XIV. hier in Betracht kommt, sondern der Art. XIX., würden von der dem Vorstehenden nach getheilten Zuständigkeit nur alsdann eine Ausnahme verstattet haben, wenn die Untersuchungssache wegen Unterschlagung vor dem 1. April v. J. nicht allein schon anhängig gewesen, sondern auch schon zu einem Endurtheile in erster Instanz gediehen wäre.

[3.] Zur Begründung disciplinarer Verurtheilung des Angeschuldigten bedurfte es, im Anschlusse an die vorgängigen vom Kgl. AG., Kriminal-Senat, durch rechtskräftiges Urtheil v. 8. Nov. v. J. bestätigten, auf Beweiserhebung gegründeten Feststellungen der Strafkammer des Kgl. Herzogl. KG.'s zu R. v. 19. Aug. v. J. über die thatbestandlichen Merkmale dreier vom Angeklagten verübter Unterschlagungen, welche Feststellungen dem fortfungirenden öffentlichen Ankläger gegenüber um so mehr in Geltung verbleiben müssen, als sie sogar nach StPO. § 10 für einen späteren civilen Klaganspruch maßgebend sind, — nur noch der weiteren Feststellung über des Angeschuldigten Amtseigenschaft und den zwischen jenen Kriminalvergehen und seinem Amte stattfindenden, die Pflichten und Anforderungen des letzteren beeinträchtigenden Zusammenhang 2c.

[62.–6.]

Strafantrag. – Verhandlung. – Anklagebeschluß. – Konkurrenz.

1. Eine vor dem 1. Jan. 1871 eröffnete Untersuchung wegen einer Uebelthat, zu deren Verfolgung nach den damals geltenden Gesetzen ein Strafantrag nicht erforderlich war, behält ihren Fortgang, ohne daß es eines solchen bedarf, auch wenn die mit dem 1. Jan. 1871 in Kraft getretene neue Gesetzgebung einen solchen vorschreibt und die Verhandlung erst später erfolgt.

B.-StGB. § 61. 176 Abs. 3; § 2 [n. 19]. Vgl. oben S. 156. 180. 296.

2. Die Bildung des Schwurgerichts und die Verhandlung über die Thatfrage dürfen nicht deshalb unterbleiben, weil es sich nur noch um Entscheidung über die rechtliche Zulässigkeit der Verfolgung handle.

Vdn. v. 3. Jan. 1849 § 14. 83 [n. 13]; Ges. v. 3. Mai 1852 Art. 108 Nr. 1. 4. 7.

3. Die Verweisung der Anklagkammer verpflichtet das Schwurgericht zur Verhandlung und materiellen Entscheidung auch über Vergehen, die

nur wegen Konkurrenz mit Verbrechen vor dasselbe verwiesen waren, selbst dann, wenn es die Verfolgung dieser Verbrechen für unstatthaft erklärt hat.

Einf.-Ges. v. 14. April 1851 Art. 21; Vdn. v. 3. Jan. 1849 § 78 [n. 27]; Ges. v. 3. Mai 1852 Art. 3 [n. 14]; Art. 6 [n. 5]; B.-StGB. § 61 [n. 33].

Erk. (B. I.) **v. 25. Oct. 1871 c. Wiggers** (826. I. Cr.).

Die Anklagekammer hatte am 14. Sept. 1870 wegen Verletzung der Schamhaftigkeit in Ideal-Konkurrenz mit Unzucht mit Kindern (Pr. StGB. § 150. 144 Abs. 3) Anklage erkannt und die Sache vor den Schwurgerichtshof verwiesen. In der erst im Juni 1871 anstehenden schwurgerichtlichen Sitzung wurde vom Vertheidiger beantragt, die Verfolgung wegen mangelnden Antrags der Verletzten nach § 61 ff. 176 des B.-StGB.'s für unstatthaft zu erachten, wonach es dann einer Verhandlung über die Thatfrage nicht bedürfe. Der Schwurgerichtshof erkannte nun ohne Bildung des Schwurgerichts und ohne weitere Verhandlung, nach Vernehmung des W. über die Generalfragen:

> daß die strafrechtliche Verfolgung des Verbrechens der Unzucht in Ermangelung des jetzt nach B.-StGB. § 176 Abs. 3 und § 2 erforderlichen Strafantrags für nicht statthaft zu erklären und dadurch den Anklagebeschluß, in so weit er das zur Anklage stehende Vergehen vor das Schwurgericht verwiesen, für erledigt zu achten.

Die NB. des St.-Anwalts rügte:

1) die dem älteren Recht fremde Bestimmung des § 176 Abs. 3 des B.-StGB.'s könne auf bereits vor seiner Geltung eingeleitete Untersuchungen keine Einwirkung üben;
2) ohne Bildung des Schwurgerichts, Verhandlung über die Thatfrage, Verlesung der Anklage und Vernehmung des W. zur Sache, habe kein Erkenntniß ergehen dürfen;
3) zu einer Aufhebung des die Sache vor das Schwurgericht verweisenden Anklagebeschlusses sei der Schwurgerichtshof auch in Betreff des mitverwiesenen Vergehens nicht berechtigt gewesen.

Die NB. wurde in allen drei Richtungen für begründet erkannt und das angefochtene Erkenntniß vernichtet.

Gründe:

[Zu 1.] Das Kgl. Ober-Tribunal hat öfter, und namentlich in dem Erk. v. 24. März 1871, in der Untersuchung wider Saeuberlich (JMBl. S. 97) entschieden, daß die Vorschriften der §§ 61 ff. und der damit in Verbindung stehenden anderweitigen Bestimmungen, so auch die des letzten Absatzes des § 176 des Deutschen StGB.'s ausschließlich prozessualischer Natur sind, auf die die materielle Vorschrift des § 2 l. c. keine Wirkung ausübt. Daraus folgt nothwendig, daß in Fällen, wie dem gegenwärtigen, eine vor dem 1. Jan. 1871 eröffnete Untersuchung wegen einer Strafthat, zu deren Verfolgung nach den damals geltenden Prozeßgesetzen ein Strafantrag nicht erforderlich war, auch nachher ihren ungehinderten Fortgang behalten und demgemäß entschieden werden muß. Die dem entgegengesetzt entwickelte Ansicht des Vorderrichters ist eine rechtsirrthümliche.

[Zu 2.] Die Vorschrift des § 14 der Verordnung v. 3. Jan. 1849 ist eine zwingende; nach dieser muß der Fällung des Urtheils bei Strafe der Nichtigkeit ein mündliches öffentliches Verfahren vor dem erkennenden Gericht vorhergehen, bei welchem der Staatsanwalt und der Angeklagte zu hören, die Beweisaufnahme vorzunehmen, und die Vertheidigung des Angeklagten mündlich zu führen ist. Dazu gehört vor allen Dingen ein gehörig besetztes Gericht. In Schwurgerichtssachen muß nach § 83 der Vdn. v. 3. Jan. 1849 bei dem Erscheinen des Angeklagten wie hier, die Bildung des Schwurgerichts durch Ausloosung der Geschworenen stattfinden, und wenn, wie ebenfalls in dem gegenwärtigen Verfahren, nicht die Ausnahme des Art. 75 des Ges. v. 3. Mai 1852 eintritt, die Verhandlung der Sache vor den Geschworenen beginnen. Alles dies ist nicht geschehen; Geschworene sind gar nicht zugezogen werden, die Verlesung der Anklage ist nicht erfolgt, eine sachliche Verhandlung durch Vernehmung des Angeklagten, beziehungsweise die Anhörung des Vertheidigers und des Staatsanwaltes hat nicht stattgefunden, und es ist endlich thatsächlich nicht festgestellt, ob und welche strafbare Handlung dem Angeklagten zur Last fällt, so daß nicht einmal beurtheilt werden kann, ob überhaupt ein Strafantrag der Berechtigten erforderlich war. Es sind dies insgesammt Verstöße gegen den Art. 108 Nr. 1. 4. 7 des Gesetzes v. 3. Mai 1852, welche die Vernichtung des angefochtenen Erkenntnisses nach Art. 107 ₂ l. c. nach sich ziehen müssen.

[Zu 3.] Da der Anklage-Beschluß vom 14. Sept. 1870 dem Art. XXI. des Einf.-Ges.'s zum Preußischen Strafgesetzbuche v. 14. April 1851 und dem Art. 3 des Ges.'s v. 3. Mai 1852 entsprechend, das dem Angeklagten fernerweit zur Last gelegte Vergehen der Erregung eines öffentlichen Aergernisses durch Verletzung der Schamhaftigkeit seiner Connexität mit dem Verbrechen aus § 144 ₃ des Preuß. StGB.'s wegen, zur gleichzeitigen Verhandlung und Entscheidung vor das Schwurgericht verwiesen hatte, mußte dasselbe als die hierzu bestimmte competente Behörde definitiv die Verhandlung darüber, sowie das materielle Urtheil ergehen lassen, und durfte keineswegs den gedachten Beschluß für erledigt erklären und unterlassen, in dem entscheidenden Theile des Erkenntnisses die anderweitige Verfolgung des Angeklagten hinsichts des erwähnten Vergehens der Staatsanwaltschaft vorzubehalten.

Antr. d. GStA.: gleichl. [20.—8.]

Unterschlagung. – Verpfändung. – Zueignung. – Entschädigung. – Restitution.

1. Verpfändung fremder Sachen kann der Richter je nach den Umständen als eine unter den Thatbestand der Unterschlagung fallende Zueignung ansehen.

2. Nachträgliche Entschädigung des Beschädigten und Restitution der rechtswidrig verpfändeten Sachen schließt das bereits vollendete Vergehen der Unterschlagung nicht aus.

B.-StGB. § 246 [n. 35. 42].

Erk. (Z. I.) v. 27. Oct. 1871 c. Cohnfeld (762. I. Cr.).

Das Erkenntniß spricht diese Sätze aus.

Antr. d. GStA.: gleichl. [20.—6.]

Strafantrag. – Vormund. – Zurücknahme.

1. Der Vormund eines verletzten Minder-

jährigen kann im Gebiete des ALR.'s einen unter obervormundschaftlicher Genehmigung abgegebenen Strafantrag, entgegen dem Beschlusse des obervormundschaftlichen Gerichts, nicht zurücknehmen.

B.-StGB. § 64 [n. 1; 2. Ausg. n. 3].

2. Die Eröffnung des Hauptverfahrens kann nicht deshalb abgelehnt werden, weil es „bis jetzt" an dem erforderlichen Nachweis gebreche, daß der Strafantrag zeitig gestellt sei.

B.-StGB. § 61 [n. 32; 2. Ausg. n. 35].

Beschl. (I.) v. 27. Oct. 1871 c. Feltz (192. B. I. Cr.)

Das OTr. erwog:

[Zu 1.] daß der Vorderrichter rechtlich irrt, wenn er mit Rücksicht auf das B.-StGB. und die Bestimmungen des Preußischen Vormundschaftsrechtes, den Grundsatz aufstellt, daß ein Vormund ohne Konkurrenz der obervormundschaftlichen Behörde, allein berechtigt ist, den von ihm eingebrachten Strafantrag rechtzeitig zurückzuziehen,

daß vielmehr das Gegentheil anzunehmen, indem nach den §§ 1 ff. II., 18 ALR.'s diejenigen Personen, welche für sich selbst zu sorgen außer Stande sind, also auch Minderjährige, unter der besonderen Aufsicht und Vorsorge des Staates stehen, zu welchem Behufe Vormünder für dieselben bestellt werden, die in dem § 235 l. c. als „Bevollmächtigte" des Staates bezeichnet sind,

daß bereits hieraus, namentlich aber aus dem § 236 l. c. folgt, daß sie sich nach den einschlagenden gesetzlichen Vorschriften und nach den besonderen Anweisungen des vormundschaftlichen Gerichts bei Ausübung ihrer Functionen zu richten haben,

daß sodann die §§ 237 — 239 l. c. den Vormundschafts-Behörden die Befugniß und die Verpflichtung auferlegen, die Vormünder zu dirigiren, so wie unter beständiger Aufsicht zu halten, die letzteren dagegen verpflichten, in erheblichen, die Person oder das Vermögen der Pflegebefohlenen betreffenden Angelegenheiten, die Genehmigung und besondere Anweisung des Vormundschaftsgerichts einzuholen, namentlich dann, wenn, wie hier von einer Handlung oder einem Vorfalle die Rede ist, woraus bedenkliche Folgen für den Pflegebefohlenen entstehen können,

daß daher in dem gegenwärtigen Falle der Vormund der gemißbrauchten Pflegebefohlenen gehalten gewesen wäre, ehe er seinen früheren Strafantrag gegen den Angeschuldigten F. zurücknahm, die Anweisung, bezüglich die Genehmigung des Vormundschaftsgerichts hierzu nachzusuchen, daß aber jedenfalls der zu den Untersuchungs-Akten gelangte, der Erklärung des Vormundes entgegenstehende Beschluß der Vormundschaftsbehörde, die Wirkung haben muß, die Zurückziehung des Strafantrages für den Strafrichter bedeutungslos zu machen;

[Zu 2.] daß es zwar nach § 61 des B.-StGB.'s zuzugeben ist, daß der dort erforderte Strafantrag binnen einer dreimonatlichen Frist eingebracht werden muß, die mit dem Tage, seit welchem der Berechtigte von der Handlung und der Person des Thäters Kenntniß erlangt hat, zu laufen beginnt, daß aber gerade hieraus und aus dem in den §§ 41. 77 der Vdn. v. 3. Jan. 1849 enthaltenen Grundsatze folgt, daß der gedachte Umstand, bevor darüber endgültig befunden wird, durch eine erschöpfende Beweisaufnahme, namentlich durch Vernehmung des Berechtigten, vollständig festzustellen ist, keineswegs aber, wie geschehen, im Ungewissen gelassen werden darf.

Antr. d. GStA.: gleichl. [20.—8.]

Arrestbruch. – Antrag. – Zahlung. – Cession.

1. Die Verfolgung des Arrestbruchs ist nicht bedingt durch einen Antrag des Verletzten.

2. Auch eine Forderung kann einer angelegten Beschlagnahme entzogen werden, insbesondere auch in der Weise, daß eine bei dem Schuldner mit Arrest belegte Forderung einem Dritten (Gutgläubigen) cedirt

wird, nicht aber durch Empfangnahme der von diesem Schuldner geleisteten Zahlung.

Pr. StGB. § 272; B.-StGB. § 137 [n. 42. 3. 37. 38]. Vgl. unten Z. I. v. 3. Nov. 1871 c. Kröhnert.

Erk (Z. B. I.) v. 27. Oct. 1871 c. Steffen & Gen. (679 I. Cr.).

Auf den Antrag eines Gläubigers G. war gegen die Eheleute St. durch gerichtliche Verfügung die am 1. Oct. 1868 fällige Miethe in Beschlag genommen worden, welche der Miether A. eines der Ehefrau St. gehörenden Hauses den Eheleuten St. verschuldete. Nachdem A. gestorben war, haben die Eheleute St. mit W., dem Schwager der Wittwe A., verabredet, daß dieser ihnen 26 Thlr. zahle, sie ihm dafür die oben erwähnte Miethsrate, sowie die später fällige des folgenden Quartals cedirten und der Wittwe A. gestatteten, die Wohnung zu verlassen, ohne daß sie (Eheleute St.) ihr Retentionsrecht ausübten. Hierin fanden die Instanzgerichte das Vergehen des Arrestbruchs (Pr. StGB. § 272; B.-StGB. § 137). Die NB. rügte, daß die Verfolgung ohne den im § 288 des B.-StGB.'s erheischten Antrag des Verletzten angehoben sei, und gleichzeitig Gesetzesverletzung, welche namentlich darin gefunden wurde, daß die citt. §§ auch auf Forderungen angewendet worden seien. Das OTr. hat diesen letzteren Einwand unter Hinverweisung auf die Plenar-Erkenntnisse v. 31. März 1856 und v. 3. Juli 1871 (JMBl. 1856 S. 146; RdOTr. 12 S. 360), und ebenso den formellen Angriff für unbegründet erachtet, im Uebrigen aber das angefochtene Erkenntniß vernichtet und die Sache zur anderweitigen Verhandlung in die zweite Instanz zurückverwiesen. Gründe:

[1.] Was zunächst den gerügten Mangel eines Strafantrages anbetrifft, so läßt sich dem § 288, der die Vereitelung einer drohenden Zwangsvollstreckung im Auge hat, die Nothwendigkeit eines Antrages nicht für den Fall entnehmen, wenn eine Sache der geschehenen Pfändung oder Beschlagnahme (Verstrickung) entzogen ist. Hier kann die Verfolgung ohne Antrag bewirkt werden.

[2.] Zur Begründung der Feststellung, daß die Imploranten die in Beschlag genommene Sache — die A.'sche Miethsforderung — vorsätzlich der Beschlagnahme ganz entzogen haben, hat der I. Richter, dessen Ausführung der II. Richter billigt und zu der seinigen macht, sich dahin geäußert: Imploranten haben über ihre arrestirte Miethsforderung an A. disponirt, indem sie sich den Betrag derselben von der Wittwe desselben durch den Zeugen W. laut des mit diesem getroffenen Abkommens mit 26 Thaler haben zahlen lassen und Letztere ihre Miethsforderung an die Wittwe A. pro 1. Juli bis 31. Dezmeber 1868 von 40 Thalern cedirt haben. Die Auffassung des Rechtsgeschäftes welches zwischen den Imploranten, der Wittwe A. und dem W. zu Stande gekommen ist, läßt sich hieraus nicht deutlich ersehen; es tritt namentlich nicht deutlich hervor, ob die Wittwe A., bezw. der W., die Summe von 26 Thalern an die Imploranten gaben, um die Schuld des verstorbenen A. zu bezahlen, zu lösen, oder diese Forderung durch Cession zu erwerben. Für die erstere Annahme spricht, daß im weitern Verlaufe seiner Ausführung der Richter erklärt, die Forderung habe rechtsgültig aufgehört, da sie bezahlt sei, für die andere, daß er die Cession derselben der Hergabe jener Geldsumme folgen läßt. Würden die Vorrichter bei ihrer Entscheidung von jener Annahme ausgegangen sein, so hätten sie zu Unrecht eine Entziehung der Forderung aus der Beschlagnahme festgestellt, da, wie in dem (cit.) V. Pl. v. 3. Juli c. ausgeführt ist, dieser Beschlagnahme dadurch nicht entgegen gehandelt wird, daß der Exequendus von seinem die Beschlagnahme kennenden Schuldner (unmittelbar oder mittelbar durch Dazwischentreten eines Dritten) den Betrag der Forderung als Zahlung annimmt. Sind dagegen die Vorderrichter davon ausgegangen, daß W. nicht die A.sche Schuld bezahlt, sondern diese Forderung durch die Cession der Imploranten erworben hat, daß also den Letzteren von W. nicht die A.sche Schuld, sondern Cessionsvaluta gezahlt ist, so bedarf es noch einer weitern Begründung der Feststellung, daß durch die Cession dieses Aktivum der Beschlagnahme ganz entzogen ist. Die in Gemäßheit des § 101 I., 24. AGO. erfolgte Beschlagnahme einer Forderung ist, wie die von körperlichen Sachen, nur eine vorbereitende Handlung. Will der Gläubiger aus der Sache seine Befriedigung sich verschaffen, so muß die körperliche Sache dem Exequendus fortgenommen und verkauft, die

Aktivforderung nach Anleitung des Ges. v. 4. Juli 1822 dem Gläubiger durch Cession übertragen oder durch Assignation zur eigenen Einklagung überwiesen werden. Hat der Exequendus diese Forderung vorher einem Andern abgetreten, dieser also das Eigenthum des Aktivums erworben (§ 393 I., II. A. LR.), so ist diese Handlung, ebenso wie Verkauf und Uebergabe einer körperlichen Sache, geeignet, die geschehene Beschlagnahme zwar nicht zu beseitigen, wohl aber sie zu behindern; denn es bedarf der Fortschaffung des Anspruchs, den der Erwerber der Forderung aus der Cession erworben hat, einer Fortschaffung, die unter Umständen nicht ohne Prozeß erreicht werden kann, wie sehr auch dem Anspruche des Erwerbers der § 83 I, 29 A. GO. sich entgegen stellt. Ein Entziehen der Beschlagnahme läßt sich aber schon dann annehmen, wenn die inkriminirte Handlungsweise an und für sich geeignet ist, die erfolgte Beschlagnahme mehr oder weniger, für immer oder zeitweise zu beeinträchtigen: Erk. v. 14. Mai 1858 und v. 26. Mai 1865 (GA. VI., 715; RdOTr. 6 S. 150). — Bei dem Inhalte des angeführten § 83 und bei den Bestimmungen des § 24. 25 I., 10 A. GO. wird der Umstand von großer Bedeutung sein, ob der neue Erwerber, hier der W., bei dem Erwerbe von der Beschlagnahme Kenntniß hatte oder nicht, da der Erwerb für die Beschlagnahme eine verschiedene Bedeutung hat, je nachdem der Erwerber in guten Glauben an die Dispositionsbefugniß des Veräußerers sich befand oder nicht. Ueber diese Kenntniß des W. haben sich die Vorderrichter nicht ausgesprochen, obwohl es hiernach dieser Feststellung bedarf.

Antr. d. GStA.: entgegen. [20.—6.]

Holzdiebstahl. – Strafunmündiger.

1. Kinder unter zwölf Jahren können auch wegen Holzdiebstahls nicht strafrechtlich verfolgt werden.

2. Dagegen ist es in einem solchen Falle

stattshaft, denjenigen, unter dessen Gewalt und Aufsicht ꝛc. das Kind stand, als unmittelbar für Geldstrafe, Wertherſatz und Kosten haftend, zu verfolgen.

3. Die Bestrafung eines noch nicht achtzehn Jahre alten Holzdiebes ist jetzt durch die Voraussetzungen des § 57 des B.-StGB.'s bedingt.

B.-StGB. § 56. 57 [2. Ausg. n. 5]; Pr. HDGes. v. 2. Juni 1852 § 10. 11. Vgl. oben S. 449; Mebes i. d. StRZ. 11. S. 571.

Beschl. (II.) v. 30. Oct. 1871 c. Riggemeier & Gen. (36 B. II. Cr.).

Die Instanzrichter hatten die Eröffnung der Untersuchung gegen die noch nicht 12jährigen C. N. und A. F. wegen Holzdiebstahls auf Grund des § 56 des B.-StGB.'s und gegen die als haftbar in Anspruch genommenen Väter jener Kinder deshalb abgelehnt, weil § 11 des HDGes.'s v. 2. Juni 1852 nur da zutreffe, wo das Kind wegen „mangelnden Unterscheidungsvermögens freigesprochen werde"; diesem Falle aber nicht der vorliegende gleich zu stellen sei, wo das Gesetz eine Verfolgung des Kindes untersage. Auf die Beschwerde des OStA.'s erachtete das OTr. den ersten Theil jener Entscheidung für gerechtfertigt, den zweiten (die Väter betreffend), als für rechtsirrthümlich. Gründe:

[1.] Die Beschwerde erscheint insofern unbegründet, als Seitens des Kgl. AG.'s die strafrechtliche Verfolgung der beiden genannten Kinder für unstatthaft erachtet worden ist. Denn es kann keinem Bedenken unterliegen, daß der § 55 des B.-StGB.'s, auf welchen sich die Entscheidung des Kgl. AG.'s stützt, einen allgemeinen, das ganze Strafrecht beherrschenden Grundsatz ausspricht, welcher auch rücksichtlich der von Kindern unter 12 Jahren verübten Uebertretungen des Holzdiebstahls um so unbedenklicher Anwendung finden muß, als die abweichenden Bestimmungen des § 11 des Holzdiebstahlsgesetzes v. 2. Juni 1852 rücksichtlich der Strafmündigkeit keine „besondere Vorschrift" im Sinne des § 2 des Einführungsgesetzes zum B.-StGB. v. 31. Mai 1870 darstellen, sich vielmehr lediglich an die zur Zeit in Preußen insofern geltenden allgemeinen Grundsätze des Pr. StGB.'s anschlossen und auf denselben beruhten, also durch die anderweitige Regelung der gesammten Materie von der Strafmündigkeit durch das neue Strafgesetzbuch mit den betreffenden Bestimmungen des ältern Strafgesetzbuchs beseitigt sind.

[2.] Dagegen mußte die Beschwerde, soviel die als haftbar in Anspruch genommenen Väter der beiden Kinder anbetrifft, für begründet erachtet werden. Während nach § 10 des Holzdiebstahlsgesetzes die Haftbarkeit der dort aufgeführten dritten Personen für die Geldbuße, den Werthersatz und Kosten, zu welchen der eigentliche Frevler verurtheilt wird, nur im Falle des Unvermögens der letzteren eintreten soll, schreibt der § 11 vor, daß die nach § 10 haftenden Personen zur Zahlung von Geldbuße, Werthersatz und Kosten, welche den Thäter getroffen haben würden, falls er das 16. Lebensjahr vollendet gehabt hätte, unmittelbar als haftbar verurtheilt werden sollen, wenn rücksichtlich des noch nicht 16jährigen Thäters angenommen werde, daß er ohne Unterscheidungsvermögen gehandelt habe, und deshalb dessen Freisprechung erfolge. Beruht nun schon die Vorschrift des § 10, welche den Vater, Dienstherrn u. s. w. selbst für die Strafe verantwortlich erklärt, auf der Vermuthung seiner eigenen Mitschuld — conf. § 10 in fine — so erachtete das Gesetz diese Vermuthung in noch höherem Maße für begründet, wenn der eigentliche Thäter, ein Kind unter 16 Jahren, ohne Unterscheidungsvermögen gehandelt hatte. Mit diesem Standpunkte des Gesetzgebers müßte es unbedingt unvereinbar erscheinen, daß fernerhin der Vater eines 12—16jährigen, resp. bei Berücksichtigung des B.-StGB.'s bis 18jährigen ohne Unterscheidungsvermögen handelnden Kindes mit der vollen strafrechtlichen unmittelbaren Verantwortlichkeit für die Handlungen seines Kindes belastet bliebe, während diese Verantwortlichkeit für die Handlung eines Kindes unter 12 Jahren, wo deren Voraussetzungen so augenscheinlich in noch erhöhtem Maße vorliegen, deshalb nicht fortbestehen sollte, weil das neue Gesetz — weitergehend als das ältere preußische — diese Kinder für absolut strafunmündig erklärt hat. Eine derartige Herleitung aus den allgemeinen Bestimmungen des

B.=StGB.'s ist aber auch völlig unberechtigt. Die direkte Haftbarkeit eines Dritten für die Folgen der That eines ohne Unterscheidungsvermögen handelnden Kindes nach § 11 des HDGes.'s ist unbedenklich nicht als eine strafrechtliche Folge des formellen Aktes der Freisprechung eines noch nicht Sechszehnjährigen wegen Mangels an Unterscheidungsvermögen, sondern als eine Folge der Strafunmündigkeit des Letztern aufzufassen, welche durch das freisprechende Erkenntniß nur zur rechtlichen Anerkennnug gelangt. Wenn das Gesetz daher auch nur von dem Falle der Freisprechung eines solchen Kindes spricht, so knüpft dasselbe damit doch lediglich an die zur Zeit seines Erlasses gültigen allgemeinen strafrechtlichen Grundsätze an, welche eine absolute Strafunmündigkeit im Sinne des § 55 des B.=StGB.'s nicht kannten, vielmehr ohne Rücksicht auf das Alter des noch nicht 16jährigen Kindes die Feststellung der Strafunmündigkeit in jedem concreten Falle durch richterliches Erkenntniß verlangten. Dadurch, daß an die Stelle jener allgemeinen Grundsätze, diejenigen traten, welche das B.=StGB. in das Strafrecht einführte, konnte daher auch die durch das Holzdiebstahlsgesetz eingeführte, unmittelbare Haftbarkeit der Dritten für die Handlung Strafunmündiger grundsätzlich nicht alterirt werden. Es handelt sich gerade bei dieser unmittelbaren Haftbarkeit recht eigentlich und unzweifelhaft um eine der „besonderen Vorschriften" des Holzdiebstahlsgesetzes im Sinne des § 2 des Einführungsgesetzes zum B.=StGB., welche in Kraft bestehen bleiben sollten. Dieselbe konnte daher zu den allgemeinen Grundsätzen des B.=StGB.'s nur in dasselbe Verhältniß treten, in welchem sie bisher zu den entsprechenden Bestimmungen des Preuß. StGB.'s gestanden hatte. Als eine Folge der neuen Strafgesetzgebung trat mithin nur die Aenderung ein, daß es einer besondern gerichtlichen Entscheidung über das Vorhandensein der zur Erkenntniß der Strafbarkeit ihrer Handlungen erforderlichen Einsicht bei Kindern unter 12 Jahren nicht mehr bedarf, die Strafunmündigkeit derselben vielmehr schon kraft des Gesetzes feststeht. Es kann deshalb keinem Bedenken unterliegen, in diesen Fällen die haftbaren Dritten, deren Lage dadurch übrigens auch materiell keine Aenderung erleidet, fernerhin allein vor Gericht zu stellen, um sich unmittelbar für die Strafe, den Werthersatz und die Kosten verurtheilen zu hören, welche den Thäter getroffen haben würden, wenn er das für die volle Strafmündigkeit entscheidende Alter vollendet hätte.

Das Kgl. AG., welches durch die Beschwerde des P.-Anwalts mit der Beurtheilung der Frage, in wie weit auf Grund des vorliegenden Holzdiebstahlsverzeichnisses eine strafrechtliche Verfolgung einzuleiten gewesen wäre, nach allen Seiten hin befaßt war, hätte daher eine solche, auch den Vätern gegenüber vom Kgl. Forstrichter nicht eingeleitete Verfolgung in dieser Richtung verfügen müssen.

Antr. d. GStA.: gleichl. [32.—8.]

Jagd - Berechtigter. - Beschränkung. - Kurhessen. - Gemeindepächter.

1. Der Jagdberechtigte, welcher einer die Ausübung seines Rechts beschränkenden gesetzlichen Vorschrift zuwiderhandelt, verübt nicht das Vergehen, vorgesehen im

B.-StGB. § 292 [n. 6].

2. Im ehemaligen Kurfürstenthume Hessen ist der Gemeindejagdpächter nicht zur Ausübung der Jagd auf solchen Grundstücken befugt, welche die Grösse von hundert Casseler Ackern nicht erreichen, von dem übrigen Jagdbezirke getrennt und von einem andern Jagdbezirke umschlossen sind.

Kurhess. Ges. v. 7. Sept. 1865. — In diesem Sinne hatte sich auch früher schon das Ober-App.-Gericht zu Kassel ausgesprochen.

Erk. (Z.) v. 1. Nov. 1871 c. Gade (OAG. II. 130). [64.—6.]

Nothwehr. – Ueberschreitung. – Fragstellung.

Die schwurgerichtliche Frage wegen einer Straflosigkeit nach sich ziehenden Ueberschreitung der Nothwehr ist nicht in zwei Fragen (in Betreff der Nothwehr und der Ueberschreitung) zu trennen.

B.-StGB. § 53 [n. 28].

Erk. (Z. I.) v. 1. Nov. 1871 c. Kanarski (748. I. Cr.).

Auf den Antrag des der tödtlichen Körperverletzung angeklagten K. war die Nebenfrage:

> „War K. bei der rc. erwähnten That in Bestürzung, Furcht und Schrecken über die Grenzen derjenigen Vertheidigung hinausgegangen, welche erforderlich war, um einen gegenwärtigen rechtswidrigen Angriff von sich abzuwenden?"

den Geschworenen vorgelegt und von ihnen bejaht worden. Die vom StA. gegen das freisprechende Erkenntniß gerichtete NB. rügte unrichtige Fragstellung; es hätten zwei Fragen, die eine in Betreff der Nothwehr, die andere in Betreff der Ueberschreitung gestellt werden müssen.

Zurückweisung. Gründe:

Die zweite Frage enthält die wesentlichen Merkmale des im § 53 Nr. 3 des B.-StGB.'s, unter dessen Gesetzeskraft die inkriminirte Handlung begangen ist, aufgestellten selbstständigen Strafausschließungsgrundes, welcher zu seinem Vorhandensein erfordert, daß der Angeklagte in Bestürzung, Furcht oder Schrecken über die Grenzen derjenigen Vertheidigung hinausgegangen ist, welche erforderlich war, um einen gegenwärtigen rechtswidrigen Angriff von sich — oder einem Anderen — abzuwenden. Die Frage, so wie sie gestellt ist, ist auch in ihrer Fassung deutlich und nicht geeignet, Mißverständnisse bei den Geschworenen hervorzurufen, eine Zerlegung derselben in zwei Fragen, wie dies die Beschwerde verlangt, würde unstatthaft und besonders geeignet gewesen sein, Unklarheit und Widersprüche in der Beantwortung herbeizuführen. Wenn übrigens die Beschwerde noch behauptet, die Frage hätte enthalten sollen, ob die Handlung des Angeklagten durch die Vertheidigung „geboten" war, so ist auch dies unbegründet, da abgesehen davon, daß hier ein wesentlicher Unterschied zwischen den

Ausdrücken „geboten" und „erforderlich" nicht obwaltet — nicht Abs. 1, sondern Abs. 2 des cit. § 53 die wesentlichen Merkmale der Nothwehr feststellt.

Antr. d. GStA.: gleichl. [30.—8.]

Widerstand. - Gewalt.

Es ist nicht als ein „mit Gewalt geleisteter Widerstand" anzusehen, wenn der von einem Beamten Ergriffene seiner Fortführung, ohne zu handeln, nur die Schwere des eignen Körpergewichts entgegensetzt.

StGB. § 113 [n. 32. 34. 42].

Erk. (**V.** I.) **v. 1. Nov. 1871 c. Koßmann** (659. I. Cr.) [15.—8.]

Beschlagnahme. - Zuständigkeit. - Ueberwachung.

Ein Beamter, welcher beauftragt ist, die Einbringung von Wild in eine Stadt zu überwachen, ist befugt, das ohne die vorschriftsmäßige Bescheinigung über den Erwerb eingebrachte Wild in Beschlag zu nehmen.

Pr. StGB. § 272; B.-StGB. § 137 [2. Ausg. n. 14 a.].

Erk. (**Z.** I.) **v. 1. Nov 1871 c. Müller** (607. I. Cr.)

Zur Beschränkung der Jagdvergehen war durch eine Vdn. v. 22. Juni 1805 § 13 IV. (v. Rabe 6. S. 142; vgl. Cösl. Amtsbl. 1869 S. 222) für einen Theil von Pommern die Bestimmung getroffen worden, daß in die Städte nur solches Wild eingebracht werden dürfe, dessen Erwerb durch eine Bescheinigung eines Forstbeamten oder Jagdberechtigten nachgewiesen sei. Auf die Requisition der Kgl. Regierung zu C. hatte der Prov.-Steuer-Direktor die Steuerbeamten mit der Ueberwachung der Einbringung von Wild in die Stadt C. beauftragt. Demgemäß hatte der Steuer-Aufseher Sch. ein von M. ohne Bescheinigung eingebrachtes Reh mit Beschlag belegt; dessenungeachtet ließ M. das Reh in seine Wohnung bringen und versperrte dem Sch. die Hausthüre durch Vorschiebung des Riegels. Hierin fanden die Instanzrichter den Thatbestand des in § 272 des Pr. und in § 137 des B.-StGB.'s vorgesehenen Vergehens. Die NB. rügte Gesetzesverletzung, weil in keiner Weise die Befugniß des Sch. zur Vornahme der Beschlagnahme dargethan und festgestellt sei. Zurückweisung. Gründe:

Dieser Angriff ist nicht begründet. Dem Thatbestande, wie er in gleicher Weise in dem § 272 des Preußischen und § 137 des B.-StGB.'s bestimmt ist, entspricht vollständig die getroffene Feststellung, namentlich ist die Zuständigkeit des Steuer-Aufsehers Sch. für die geschehene Beschlagnahme von dem Thatrichter angenommen. Diese Annahme ruht auch nicht auf einem Rechtsirrthume. Der Steueraufseher Sch. hatte durch den Auftrag, die Einbringung von Wild in die Stadt C. zu überwachen, die Befugniß erhalten, Wild, welches ohne die vorgeschriebene Bescheinigung vorgefunden wurde, in Beschlag zu nehmen; denn eine solche Maßregel führt zur Sicherung der als Strafe für den Mangel eines Attestes vorgeschriebenen Einziehung des Wildes, überdieß sind in der Vdn. v. 14. Oct. 1813, — vgl. Amtsbl. S. 498 — die am 31. Aug. 1869, a. a. O. S. 222, von der Kgl. Regierung zu C. wieder in Erinnerung gebracht ist, die mit der Controlle der Einbringung von Wild beauftragten Beamten allgemein angewiesen worden, Wild, welches ohne die vorgeschriebene Bescheinigung angetroffen wird, anzuhalten und in Beschlag zu nehmen.

Antr. d. GStA.: gleichl. [39.—8.]

Nichtigkeitsbeschwerde. - Zurückweisung durch den Richter 1. Instanz. - Frist.

1. Die Beschwerde eines Verhafteten über die Zurückweisung einer Nichtigkeitsbeschwerde durch Verfügung des Gerichts 1. Instanz wird auch nach Fristablauf zugelassen, wenn sie so zeitig zu Protokoll erklärt war, daß sie noch innerhalb der Frist hätte beim OTr. eingehen können.

Ges. v. 3. Mai 1852 Art. 112 [n. 9].

2. Das Gericht 1. Instanz kann aus mangelhafter Angabe der Beschwerdepunkte keinen Grund für die Zurückweisung der NB. entnehmen.

Das. Art. 112 [n. 2]. Vgl. RdOTr. 2 S. 95; 10 S. 588; 11 S. 495.

3. Es kann die NB. nicht mehr durch Verfügung zurückweisen, wenn es dieselbe der Staatsanwaltschaft bereits zur Gegenerklärung mitgetheilt hatte.

Das. Art. 112 [n. 5].

Beschl. (I.) v. 1. Nov. 1871 c. Neisser (840 I. Cr.) [39.—8.]

Begünstigung. - Aufforderung nicht zu verrathen.

Die nach Begehung einer Uebelthat durch einen Anderen an einen Zeugen gerichtete Aufforderung, den Thäter nicht zu verrathen, kann als „Begünstigung" angesehen werden.

B.-StGB. § 257 [1. Ausg. n. 13 a.; 2. Ausg. n. 14 a.]

Erk. (Z.) v. 1. Nov. 1871 c. Timmermann (OAG. II. 129).

T. hatte unmittelbar nach der Verübung einer Körperverletzung durch mehrere andere Personen einem anwesenden Augenzeugen zugerufen: „er möge keinen von denjenigen, welche geschlagen hätten, verrathen". Hierin fand das AG. einen „wissentlich geleisteten Beistand, um die Thäter der Bestrafung zu entziehen."

NB. Zurückweisung. Das OAG. erwog:

daß bezüglich der Schlußfolgerung, welche der Berufungsrichter aus dem als erwiesen angenommenen Verhalten des Angeklagten und der Aeußerung desselben auf das Vorhandensein der Voraussetzungen für den Thatbestand der Begünstigung gezogen hat, ein Rechtsirrthum nicht zu erkennen ist.

Antr. d. GStA.: gleichl. [68.—6.]

Strafantrag. - Gesetzwechsel. - Voruntersuchung.

Ist vor Einführung des B.-StGB.'s die Voruntersuchung wegen eines damals ohne Strafantrag zu verfolgenden Straffalles eingeleitet worden, so ist die Fortsetzung des Verfahrens unter der Herrschaft des B.-StGB.'s nicht durch die Stellung eines Strafantrages bedingt, sollte auch das letztere die Verfolgung von einem solchen abhängig machen.

B.-StGB. § 2 [n. 19]. Vgl. oben S. 156. 158. 239. 431.

Erk. (V. I.) v. 1. Nov. 1871 c. Voß (814. II. Cr.).

Es kann nicht bezweifelt werden, daß die Eröffnung einer Voruntersuchung gegen eine bestimmte Person eine gerichtliche Verfolgung in sich schließt. Die Voruntersuchung kann freilich zu keinem Ergebniß führen und muß dann eingestellt werden. Allein ein gleiches Schicksal kann bei einer definitiven Versetzung einer, der grade vorliegenden Strafthat verdächtigen, Person in Anklagestand ebenfalls eintreten, indem durch Erkenntniß eine Freisprechung erfolgt. Dieser Umstand fällt deshalb nicht ins Gewicht. Wird daher vor dem 1. Jan. 1871, wie hier, eine Voruntersuchung eröffnet, so ist, wenn damals die bestehenden Prozeß-Gesetze einen Strafantrag des Berechtigten nicht verlangten, und dies ist bei einem Vergehen aus § 187 des Pr. StGB.'s der Fall, die strafrechtliche Verfolgung der in Anspruch genommenen Person ins Leben getreten, und die demnächstige spätere definitive Versetzung in den Anklagestand hat dann nur die Bedeutung, daß die angefangene Verfolgung durch förmliches Erkenntniß zum Austrag gebracht werden soll, keineswegs aber den Sinn, daß nun erst eine solche beginnt, was dem Vorhandensein des bisherigen Verfahrens gradezu widersprechen würde, das thatsächlich und aktenmäßig vorliegt. — Nach § 44 der Vdn. v. 3. Jan. 1849 besteht der Zweck einer Voruntersuchung darin, die Existenz und Natur des angezeigten Verbrechens so wie die Person des Thäters und die zu seiner Ueberführung dienenden Beweismittel zu erforschen und festzustellen, die Hauptverhandlung und definitive Entscheidung durch Erkenntniß herbeizuführen. Alles dies sind Handlungen, die eine Verfolgung darstellen, zumal dann, wenn, wie hier, bereits gegen eine bestimmte Person, die demnächst wirklich unter Anklage gestellt wird, vorgegangen worden ist.

Antr. d. GStA.: gleichl. [20.—8.]

Veränderter Gesichtspunkt. — Aufmerksam-Machen. — Beamtenqualität.

1. **Hat das Gericht erster Instanz es unter-**

lassen, den Angeklagten vorher darauf aufmerksam zu machen, dass es die That von einem andern Gesichtspunkte aus ins Auge fasse, als die Anklage, so kann dieser Mangel im Wege der Nichtigkeits-Beschwerde nur dann geltend gemacht werden, wenn er in der Berufungsinstanz gerügt war.

StPO. v. 25. Juni 1867 §§ 352. 379.

2. Die Worte des § 359 B.-StGB.'s „im Sinne dieses Strafgesetzes" enthalten eine Hinweisung auf das gesammte Strafgesetzbuch.

B.-StGB. § 359 [n. 1].

Erk. (Z.) v. 1. Nov. 1871 c. Zander (OAg. 127 II.).

Z. war wegen falscher Anschuldigung eines in der Kriegsverwaltung angestellten Bauaufsehers aus § 164 des B.-StGB.'s angeklagt; Verurtheilung erfolgte aber nur aus § 186 wegen Beleidigung. Die Vorschrift der StPrO. § 352, wonach der veränderte Gesichtspunkt eröffnet werden soll, war in 1. Instanz nicht befolgt, eine deshalbige Beschwerde aber in der Berufungsinstanz nicht geltend gemacht. Da der Strafantrag nicht von dem Beleidigten, sondern von dessen vorgesetzter Behörde gestellt war (§ 196 B.-StGB.'s), so kam es auf die Beamtenqualität des erstern an. Die NB. machte geltend

1) Unzulässigkeit der Bestrafung aus einem von der Anklage abweichenden, dem Imploranten nicht eröffneten Gesichtspunkte,
2) Unanwendbarkeit der Begriffsbestimmung des Beamten in § 359 StGB.'s, da dieselbe sich nur auf die unmittelbar vorausgehenden Bestimmungen desselben beziehe.

Zurückweisung. Gründe:

[1.] Da es sich hier nicht um einen der in § 379 Abs. 2 der Strafprozeß-Ordnung vorgesehenen Fälle handelt, so war der App.-Richter, bei welchem der betreffende Anfechtungsgrund (vgl. § 379 Abs. 1 und 390 Nr. 2 der StPrO.) nicht geltend gemacht worden ist, auch nicht in der Lage, hierüber zu erkennen, und es kann somit gegen dessen Entscheidung auf diesen Grund eine Anfechtung nicht gerichtet werden.

[2.] Daß der § 359 des Strafgesetzbuchs nur auf die unmittelbar vorhergehende Strafbestimmung sich beziehe, kann nicht angenommen werden. Auch eine Beschränkung dieser Beziehung auf die Fälle des 28. Abschnitts ist aus den Worten „im Sinne dieses Strafgesetzes" nicht herzuleiten, worunter vielmehr eine Hinweisung auf das gesammte Strafgesetzbuch zu verstehen ist.

Antr. d. GStA.s: gleichl. [64.—6.]

Strafantrag. – Nothzucht. – Zurücknahme.

Im Falle einer Nothzucht ist die Zurücknahme des Strafantrags bis zur definitiven Versetzung in den Anklagestand statthaft.

B.-StGB. § 176 [n. 28; 2. Ausg. n. 26]. 177. Vgl. oben S. 336. 427; und im 13. Bande Z. 17. Jan. 1872, B. II. 8. Febr. 1872.

Beschl. (II.) v. 2. Nov. 1871 c. **Knedeisen** (27. B. II. Cr.).

In Folge eines von der Ehefrau L. gestellten Antrags war K. von der Staatsanwaltschaft beschuldigt worden: „— mit Gewalt unzüchtige Handlungen an der ꝛc. L. vorgenommen zu haben" (StGB. § 176 Nr. 1). Ehe aber die eingeleitete Voruntersuchung zum Abschlusse gediehen war, nahm die L. ihren Antrag zurück. Die Instanzrichter stellten demzufolge das Verfahren ein. Die Beschwerde des OStA.'s, welche ausführte, daß im § 176 unter der „Erhebung der förmlichen Anklage bei Gericht" nur die vom StA. bei dem Gerichte erhobene Beschuldigung zu verstehen sei, ward vom OTr. zurückgewiesen; dasselbe erwog:

daß nach dem Schlußsatze des § 176 a. a. O. die Verfolgung des daselbst mit Strafe bedrohten Verbrechens nur auf Antrag eintritt, dieser Antrag aber, nachdem die förmliche Anklage bei Gericht erhoben worden, nicht mehr zurückgenommen werden kann;

daß die einschlagenden Vorschriften des Preußischen Strafprozesses und zwar die §§ 39. 41. 44, sowie insbesondere 78 der Vdn. v. 3. Jan. 1849, woselbst sich der Ausdruck förmliche Anklageschrift, welche nach erfolgter definitiver Versetzung in den Anklagestand angefertigt werden soll, gebraucht findet, — soweit auf dieselbe hierbei zurückzugehen ist — eine andere Auslegung der gedachten Bestimmung des § 176 des B.-StGB.'s nicht zulassen, als daß unter der förmlichen Anklage vor Gericht die definitive Versetzung des Angeschuldigten in den Anklagestand zu verstehen ist;

daß zwar, — wie in der Beschwerde des Kgl. OStA.'s hervorgehoben wird — das StGB. v. 31. Mai 1870 nicht allein für den Bereich der Preußischen Monarchie sondern für diejenigen der Staaten des Norddeutschen Bundes erlassen worden ist;

daß aber auch abgesehen von den Vorschriften des Preußischen Strafprozesses, — wenngleich dieselben zweifelsohne bei der Abfassung des § 176 des B.-StGB.'s nicht unberücksichtigt geblieben sind, nach dem in dem Gesetze gewählten Ausdruck „förmliche Anklage" zumal mit Rücksicht auf die durch das hinzugefügte Eigenschaftswort erfolgte nähere Präcisirung die Annahme ausgeschlossen erscheint, daß das Gesetz mit den gedachten Worten einen andern Zeitpunkt, als denjenigen des über die Erhebung der Anklage definitiv entscheidenden Prozeßaktes mithin als der verschiedenen Prozeßordnungen im Gebiete des Norddeutschen Bundes gemeinschaftlichen definitiven Versetzung in den Anklagestand als die Grenze habe bezeichnen wollen, bis zu welcher die Zurücknahme des Strafantrages zulässig erscheint;

daß die Entwürfe des B.-StGB.'s eine der Fassung des Schlußsatzes des § 176 a. a. O. gleichlautende Vorschrift nicht enthalten, daß aber unter der im § 57 des ersten, § 62 des zweiten Entwurfs gedachten „Eröffnung der gerichtlichen Untersuchung" bis zu welcher die Zurücknahme des Strafantrages allgemein zulässig sein sollte, doch auch nur die Einleitung des strafgerichtlichen Verfahrens auf Grund der erhobenen Anklage verstanden werden kann;

daß die qu. Vorschrift des § 176, sowie die ähnliche des Schlußsatzes des § 177 des B.-StGB.'s ihre Aufnahme in das letztere einem Beschlusse des Reichstages verdanken, mittelst dessen in wesentlicher Uebereinstimmung mit den gedachten Entwürfen, aber abweichend von dem in § 64 des B.-StGB.'s aufgestellten allgemeinen Grundsatze, die Befugniß des Antragsberechtigten, den von ihm gestellten Antrag zurückzunehmen, ausnahmsweise bis zur Erhebung der förmlichen Anklage beschränkt worden ist, ersichtlich in der Absicht: einmal das Interesse, welches der Verletzte bei Geheimhaltung der in Rede kommenden Vorgänge hat, zu schützen und ihm daher einen ausreichend weiten Zeitraum für die Ueberlegung, ob der Strafantrag zurückzunehmen sei, zu gewähren, andernfalls aber auch die Frist, zu welcher diese Zurücknahme erfolgen darf, mit Rücksicht auf das durch die Schwere der fraglichen strafbaren Handlungen gleichfalls betheiligte Interesse der öffentlichen Ordnung und Sittlichkeit nicht über das durch die erstgedachte Rücksicht gebotene Maß hinaus auszudehnen;

daß die fraglichen Vorschriften der §§ 176. 177 des B.=StGB.'s in derjenigen Auslegung, welche bereits als die aus dem Wortsinne sich ergebende dargelegt ist, der nothwendigen Rücksicht auf das Interesse des Antragsberechtigten vollkommen genügen, weil dasselbe, nachdem die förmliche Anklage erhoben, beziehungsweise die Versetzung in den Anklagestand erfolgt ist, nicht wohl mehr in Frage kommen kann, während anderseits ein Gleiches nicht gelten kann, wenn als Grenze der Zulässigkeit der Zurücknahme des Antrages Seitens des Verletzten schon der Antrag der Staatsanwaltschaft auf Eröffnung der Voruntersuchung, durch welchen das Gericht zuerst mit der Sache befaßt wird, als durch das Gesetz vorgeschrieben angesehen werden sollte;

daß danach aus dem Umstande allein, daß ein solcher Antrag Inhalts einzelner Prozeßgesetzgebungen im Gebiete des Norddeutschen Bundes sich als die eigentliche Strafklage darstellt, ausreichende Gründe für die Annahme, daß das Gesetz den Zeitpunkt eines solchen Antrages allgemein habe als maßgebend für die Zulässigkeit der Zurücknahme des Strafantrages hinstellen wollen, nicht herzuleiten sind;

und daß endlich, — worauf bereits hingewiesen worden ist, — die qu. Bestimmungen der §§ 176. 177 des B.=StGB.'s sich überhaupt als Ausnahme von der in

§ 64 a. a. O. aufgestellten Regel, wonach die Zurücknahme des Antrages bis nach Verkündung eines auf Strafe lautenden Erkenntnisses zulässig ist, sich darstellen und daher eine diese Regel noch mehr beschränkende Auslegung nicht zulassen.

Antr. d. GStA.: gleichl. [37.—9.]

Arrestbruch. - Pertinenz.

Eine Sache, welcher die Bestimmung gegeben ist, dem Zwecke einer andern dauernd zu dienen, ist ein Pertinenzstück der letzteren und wird von der Beschlagnahme dieser mit betroffen, selbst wenn eine körperliche Verbindung beider nicht erfolgt ist.

B.-StGB. § 137 [n. 21 a.]

Erk. (Z. II.) v. 2. Nov. 1871 c. Walter (Karnagel & Gen. 237. II. Cr.).

W. war von der Anklage: einen auseinandergenommenen Reserve-Mahlgang, welcher ein Pertinenzstück einer in Beschlag genommenen Mühle bildete, dieser Beschlagnahme entzogen zu haben", — in 1. Instanz deshalb freigesprochen worden, weil ihm „die Kenntniß jener Pertinenzqualität des Mahlgangs nicht nachgewiesen sei, er vielmehr unter den obwaltenden Umständen wohl habe annehmen können daß der Mahlgang nicht zur Mühle gehöre, da derselbe erst durch die Aufstellung und Verbindung Pertinenz der Mühle geworden sei." Der App.-Richter aber verurtheilte, indem er erwog: der Mahlgang sei nicht erst durch die Aufstellung und Verbindung, sondern schon durch die Einbringung in die Mühle zum Zwecke der Gebrauchsbestimmung in derselben, Pertinenz der Mühle geworden; demgemäß sei der Umstand, ob W. gewußt, daß der Mahlgang in der Mühle aufgestellt gewesen sei, für die Feststellung des Bewußtseins desselben, daß er durch die Entfernung des Mahlganges der Beschlagnahme entgegen handle, unerheblich, und dieses Bewußtsein aus andern (hervorgehobenen) Umständen zu folgern. NB. Zurückweisung. Gründe:

Es ist richtig, daß die Pertinenzqualität einer Sache wesentlich durch die ihr gegebene Bestimmung, dem Zwecke einer andern Sache dauernd zu dienen, begründet wird und daß dazu eine körperliche Verbindung mit derjenigen Sache, deren Zwecke sie dienen soll, nicht nothwendig erforderlich ist (§ 44. 92. I., 2; § 443. 444. I., 20 ALR.). Es ist daher auch richtig, daß unter solchen Voraussetzungen die

Zubehörigkeitseigenschaft des fraglichen Mahlganges sehr wohl schon durch dessen Einbringung in die Mühle zum Zwecke des Gebrauches für dieselbe hergestellt werden konnte, ohne daß es dazu der Aufstellung und Verbindung desselben bedurfte.

Antr. d. GStA.: gleichl. [37.—9.]

Verlesung. – Kommissarische Vernehmung. – Voruntersuchung.

1. Hat der Richter durch motivirten Beschluß die kommissarische Vernehmung eines Zeugen angeordnet, so bedarf es zur Verlesung der so aufgenommenen Zeugenaussage nicht der nochmaligen Anführung der sie rechtfertigenden Gründe.

2. Dagegen wird dadurch nicht die Verlesung der von dem Zeugen in der Voruntersuchung zu Protokoll erklärten Aussage gerechtfertigt, sollte dieselbe auch vom Zeugen bei seiner kommissarischen Vernehmung in Bezug genommen und bestätigt worden sein, es sei denn, daß zunächst das Protokoll über die kommissarische Vernehmung und dann das in jenem in Bezug genommene Vernehmungsprotokoll aus der Voruntersuchung verlesen worden wäre.

Vdn. v. 3. Jan. 1849 § 21 [n. 3].

Erk. (B. II.) v. 2. Nov. 1871 c. Wilk (238. II. Cr.)

[1.] Von den Angriffen gegen das Verfahren in 1. Instanz war derjenige vollkommen begründet, welcher behauptet, daß das Prinzip der Mündlichkeit, insbesondere die Vorschrift des § 21 der Vdn. v. 3. Jan. 1849 verletzt sei. Zwar nicht insofern, als aufgestellt wurde, es hätten bei Verlesung der vom I. Richter bei Feststellung des Thatbestandes in Betracht gezogenen Aussage des Zeugen Sch. in der Audienz v. 17. April 1871 Seitens des Gerichts die Gründe angegeben werden müssen, weshalb diese Verlesung und nicht die Vernehmung des Zeugen in der Sitzung erfolge. Denn das Gericht hatte, als es am 29. Juli 1870 zugleich mit der Einleitung der gerichtlichen Untersuchung die kommissarische Vernehmung des Zeugen Sch. beschloß, dieselbe zugleich mit der großen Entfernung der Wohnung des Zeugen vom Orte des Gerichts motivirt. Eines abermaligen durch Motive unterstützten Beschlusses über die Verlesung bedurfte es daher nicht, es war vielmehr insofern dem Erfordernisse des § 21 cit. Genüge geleistet.

[2.] Wie die NB. aber ferner rügt, constatirt das Protokoll v. 17. April 1871 auch nicht, daß das über die kommissarische Vernehmung des Sch. unter dem 27. Aug. 1870 zu St. abgefaßte Protokoll, sondern nur, daß das über seine frühere eidliche Vernehmung am 21. Juni deff. J. aufgenommene, in der Audienz vorgelesen worden. Nur das Protokoll v. 27. Aug. 1870 war es jedoch, welches in Folge des aus dem angeführten Grunde unter dem 29. Juli 1870 gefaßten Beschlusses die Stelle der Vernehmung des Zeugen in der Audienz vertreten konnte, und wenn dasselbe auch, wie die Akten ergeben — nur eine Bezugnahme auf die früher dem Zeugen am 27. August wiederholt vorgelesene Aussage desselben und deren Bestätigung enthielt, so bildete die Verhandlung vom 27. August doch jedenfalls das nothwendige Zwischenglied, mittelst dessen allein der Richter zur Verlesung des Protokolles vom 21. Juni gelangen konnte. Der Richter mußte zunächst erfahren, daß der Zeuge am 27. August, wo seine Vernehmung zuerst unter der Garantie erfolgte, welche ein Aequivalent für seine Abhörung in der Audienz in Gegenwart des Angeklagten bilden sollte, nicht anders ausgesagt habe als bei seiner früheren Vernehmung. Diese Gewißheit konnte ihm, da der Richter nicht nach dem Inhalte der Akten und dem Ergebnisse ihrer Einsicht, sondern nur nach der vor ihm stattgehabten mündlichen Verhandlung entscheiden soll, und nach der ausdrücklichen Bestimmung des § 21 cit. nur durch die Verlesung des Protokolls v. 27. August 1870 gewährt werden. Indem der Richter I. Instanz diese Verlesung zufolge des Protokolls, welches für den Nachweis der zu beobachtenden Förmlichkeiten nach Art. 78 des Ges. v. 3. Mai 1852 allein maßgebend ist, unterließ, verletzte er den bezogenen § 21 und verstieß gegen das Prinzip der Mündlichkeit, also einen wesentlichen Prozeßgrundsatz, dessen Aufrechterhaltung im Interesse der öffentlichen Ordnung gefordert werden muß, gleichviel ob der Angeklagte die Verlesung jenes Protokolls in der Sitzung beantragt hatte oder nicht. Die Entscheidung des App.-Richters, welcher statt in Gemäßheit des Art. 102 des Ges. v. 3. Mai 1852 zu verfahren, den entsprechenden Antrag des Angeklagten unberücksichtigt ließ und die auf eine nichtige Grundlage gestützte thatsächliche Feststellung des I. Richters seiner eigenen Entscheidung zum Grunde gelegt hat, trat daher mit demselben wesentlichen Prozeßgrundsatz in Widerspruch und mußte daher vernichtet werden.

Antr. d. GStA.: entg. [38.—9.]

Verjährung. - Omissivdelikt.

Ist für die Vornahme einer gesetzlich vorgeschriebenen Handlnng eine Frist bestimmt, so beginnt die Verjährung der Verabsäumung jener Pflicht nicht mit dem Ablaufe der vorgeschriebenen Frist, wenn die Verpflichtung auch nach diesem Fristenablaufe noch fortdauert.

B.-StGB. § 67 [n. 9].

Erk. (B. II.) **v. 2. Nov. 1871 c. Witte** (230. II. Cr).

Eine auf Grund des § 72 des Bergges.'s v. 24. Juni 1865 vom Oberbergamte zu H. unter dem 11. Sept. 1869 erlassene Verordnung hatte (unter Nr. II.) vorgeschrieben, daß die regelmäßige Nachtragung des nach cit. § 72 anzufertigenden Grubenbildes bei regelmäßig betriebenen Bergwerken 1 bezw. 2 mal in jedem Kalenderjahre und jedesmal dann zu bewirken sei, wenn der Betrieb eines Bergwerks auf länger als 3 Monate eingestellt werde. Die von W. geleiteten Bergwerke hatten ihren Betrieb in den Monaten April und Mai 1870 eingestellt, gleichwohl war die Nachtragung der Grubenbilder während der folgenden drei Monate nicht erfolgt. W., deshalb aus §§ 72 und 207 des cit. Bergges.'s angeklagt, ward in beiden Instanzen „freigesprochen", weil die Pflicht zur Bewirkung jener Nachtragung jedenfalls mit dem Ablaufe der in der Verordnung des Oberbergamts bestimmten 3monatlichen Frist eingetreten sei und damit auch der Lauf der (3monatlichen) Verjährungsfrist begonnen habe; diese sei nicht inne gehalten, da die erste zur Unterbrechung der Verjährung geeignete richterliche Handlung erst aus dem März 1871 datire.

Vernichtung und Zurückverweisung der Sache in die zweite Instanz. Gründe:

Der erste Satz der in Ausführung des § 72 des Bergges.'s vom 24. Juni 1865 von dem Königlichen Oberbergamt zu Halle unter dem 11. Sept. 1865 erlassenen Verordnung enthält die allgemeine Regel:

> daß die Nachtragung des Grubenbildes bei jedem betriebenen Bergwerk mindestens einmal in jedem Kalenderjahre erfolgen müsse.

Es kann nun keinem Zweifel unterliegen, daß dieser Regel, dem Minimum dessen, was von jedem Bergwerke geleistet werden muß, von dem Angeklagten, sofern dieselbe überhaupt auf die in Rede stehenden Gruben Anwendung findet, erst alsdann zuwider gehandelt gewesen sein würde, wenn er das ganze Kalenderjahr vorübergehen ließ, ohne der Verpflichtung Genüge zu leisten, das Grubenbild beider Gruben nachtragen zu lassen.

Der dritte Satz derselben Verordnung, zufolge dessen die Nachtragung jedesmal erfolgen muß, wenn der Betrieb eines Bergwerks auf länger als 3 Monate eingestellt wird, hat nun zwar nicht etwa den Sinn, daß außer der im ersten Satze angeordneten Nachtragung der Bergwerksbesitzer „dann noch jedesmal", also in allen Fällen, das Grubenbild besonders nachtragen lassen müsse. Dieser Satz ist vielmehr augenscheinlich nur dahin zu verstehen, daß bei derartiger Einstellung des Betriebs, — ohne Zweifel, weil es für nöthig erachtet wurde, daß der jüngste Zustand des eingestellten oder aufgegebenen Bau's urkundlich konstatirt werde, — eine Nachtragung dieses Zustandes erfolgen müsse, wodurch aber unbedenklich der in dem ersten Satze gestellten allgemeinen Anforderung von jedem betriebenen d. h. im Laufe des Jahres betriebenen, Bergwerke das Grubenbild einmal nachtragen zu lassen, entsprechen würde, wenn vor dem Zeitpunkte der Einstellung im Laufe des Jahres eine Nachtragung noch nicht erfolgt wäre, während die Nachtragung des jüngsten Zustandes andererseits durch eine bereits vorher im Laufe des Kalenderjahres stattgehabte Nachtragung selbstverständlich nicht ersetzt werden würde.

In jedem Falle trat mit der Einstellung des Betriebs die Verpflichtung zur alsbaldigen Nachtragung des Grubenbildes ein, die in dem Falle, wo bisher im Jahre eine Nachtragung noch nicht stattgefunden hatte, rücksichtlich des Zeitpunktes, welchen das Grubenbild darzustellen hatte, noch unbestimmte Verpflichtung wurde zu einer bestimmten und die Bergbehörde war nun ohne Zweifel berechtigt, auf die alsbaldige Nachtragung in geeigneter Weise hinzuwirken.

So lag die Sache auch hier nach der thatsächlichen Feststellung des ersten Richters.

Der Angeklagte hat nach diesen Feststellungen als Repräsentant der beiden Gruben Jacob und Victoria im Jahre 1870 die Grubenbilder der Gruben nicht nachtragen lassen. Es ist ebenso thatsächlich festgestellt: „daß der Betrieb der Grube Victoria spätestens im Mai 1870 und der Grube Jacob spätestens am 15. April 1870 vollständig und definitiv eingestellt worden ist und bis zur Erhebung der Anklage nicht wieder aufgenommen wurde." Hieraus folgt, daß der Angeklagte, welcher vor der Einstellung der Arbeiten die Grubenbilder noch nicht hatte nachtragen lassen, bei der definitiven Einstellung derselben verpflichtet wurde, seiner noch nicht erfüllten Obliegenheit zur einmaligen Nachtragung des Grubenbildes pro 1870 nunmehr sogleich nachzukommen, ohne der Bergbehörde gegenüber den ihm sonst zustehenden Aufschub bis zu Ende des Jahres in Anspruch nehmen zu können. Aber wenn in dieser Weise die Verpflichtung des Repräsentanten auch zu einer gegenwärtigen geworden war, so konnte doch nicht gleichzeitig schon die Anklage wegen deren Nichterfüllung begründet sein. Diese setzte selbstverständlich eine schuldbare Omission des Angeklagten voraus, welche erst alsdann vorlag, wenn der vom Gesetze für die Erfüllung der Verpflichtung bestimmte Zeitraum verstrichen war.

Die in Rede stehende Verordnung enthält aber — abgesehen von der dem Revierbeamten vorbehaltenen Befugniß zur Anberaumung kürzerer Fristen, wovon hier nicht die Rede ist, — rücksichtlich der Nachtragung des Grubenbildes bei Einstellung des Betriebs eine besondere allgemeine Terminsbestimmung nicht. Beim Mangel einer solchen kann deshalb auch hier nur der in dem ersten Satze als Regel hingestellte Ablauf des Kalenderjahres als maßgebend betrachtet werden. Eine Omissions-Uebertretung war also auch in diesem Falle erst mit Ende des Jahres konsumirt, erst von da eine desfallsige Anklage bei Gericht zulässig. Es konnte deshalb auch selbstverständlich der Lauf der Verjährung des § 67 des Deutschen Strafgesetzbuchs erst mit demselben Zeitpunkte beginnen.

Der dreimonatliche Zeitraum, binnen welchem der Betrieb des Bergwerks bereits geruht hat, von dessen Ablauf der Rekursrichter eventuell jedenfalls den Beginn der Verjährung rechnen will, ist strafrechtlich völlig ohne Bedeutung.

Die Verordnung des Oberbergamts hat durch die Bestimmung jener Dauer nur die kürzeren Betriebseinstellungen ausscheiden wollen, welche eine Nachtragung des jüngsten Grubenbildes nicht zu erheischen schienen.

Der Rekursrichter, welcher ausführt: „daß jedenfalls mit dem Ablaufe jener 3 Monate für den Angeklagten die Verpflichtung eingetreten gewesen sei, das Grubenbild nachtragen zu lassen, und mit dem Eintritte dieser Verpflichtung auch die Verjährung der Strafverfolgung beginne,“ übersieht hierbei, daß bei Omissionsübertretungen der Eintritt der Verpflichtung zu einer Handlung nicht mit dem Eintritte des Rechtes zur Erhebung der Anklage wegen Nichterfüllung dieser Verpflichtung der Zeit nach zusammenfallen kann, und berechnet deshalb die Verjährung der Anklage von einem Zeitpunkte an, wo für diese noch nicht actio nata vorhanden war.

Antr. d. GStA.: gleichl. [39.—8.]

Zuständigkeit. - Kreisgericht. - Deputation.

Das zuständige Kreisgericht kann, indem es die Untersuchung eröffnet, die Sache zur Verhandlung und Entscheidung vor eine von ihm ressortirende Deputation verweisen.

Vdn. v. 2. Jan. 1849 § 21; Ges. v. 26 Apr. 1851 Art. 7; Gesch.-Regul. v. 18. Juli 1850 § 34; Vdn. v. 3. Jan. 1849 § 39 [n. 17].

Erk. (Z. I.) v. 3. Nov. 1871 c. Heinrich (803. I. Cr.)

Das zuständige KG. zu A. hatte gegen H. die Untersuchung wegen Majestätsbeleidigung eröffnet und gleichzeitig die Sache zur Verhandlung und Entscheidung an die von ihm ressortirende Gerichts-Deputation zu U. verwiesen, welche demnächst in der Sache erkannte. Die NB. des Angeklagten rügte Inkompetenz, weil die Eröffnung der Untersuchung von demselben Gerichte habe ausgehen müssen, welches demnächst auch zur Sache erkannt habe, hier also von der Deputation zu U. Zurückweisung. Gründe:

Nach § 21 der Vdn. v. 2. Jan. 1849 und Art. 7 des Ges.'s v. 26. Apr. 1851 können an dazu geeigneten Orten Gerichtskollegien als Deputationen und besondere Abtheilungen der Kreisgerichte für die kollegialisch zu behandelnden Civil- und Strafsachen eines gewissen Bezirks bestehen, und nach § 34 des Geschäftsregulativs für die Gerichte I. Instanz v. 18. Juli 1850 hat das Kreisgericht die Befugniß in speziellen Fällen diesen Deputationen eine vor das KG. gehörende Civil- oder Strafsache zur Verhandlung und Entscheidung zu überweisen oder zu belassen. In dem vorliegenden Falle ist die strafbare That in Riether-Werder begangen, währenddem der Angeklagte damals in N. wohnte. Beide Orte liegen im Ueckermünder Kreise und gehören zum Bezirke des KG.'s in Anclam, unter dem die Gerichtsdeputation zu Ueckermünde steht, währenddem sich in Neuwarp nur eine Ger.-Commission befindet. Hiernach war das KG. zu A. in Folge des Art. 2 des Ges.'s v. 3.

Mai 1852 das zuständige Untersuchungsgericht und berechtigt, die Versetzung des Imploranten in den Anklagestand, sowie es gethan, auszusprechen, zugleich aber nach den oben angegebenen Bestimmungen befugt, die Verhandlung und Entscheidung der Sache nach seinem Ermessen der unter ihm stehenden Kreisg.-Deputation zu U. zu übertragen, ohne daß die letztere genöthigt war, von Neuem die Eröffnung der Untersuchung auszusprechen.

Antr. d. GStA.: gleichl. [20—8.]

Beweisantrag. — Benennung von Zeugen.

Die bloße Benennung von Zeugen ist nicht [nothwendig] als ein Antrag auf Vorladung und Vernehmung dieser Zeugen anzusehen und macht daher eine Beschlußnahme über die letztere nicht unerläßlich.

Vdn. v. 3. Jan. 1849 § 52 [n. 7].

Erk. (Z. I.) v. 3. Nov. 1871 c. Katt (844. I. Cr.).

Die NB. des K. rügte es als Beschränkung seiner Vertheidigung, daß die Vernehmung mehrerer Zeugen, welche er in Beziehung auf eine vorgebrachte Thatsache im Audienztermine „benannt" habe, weder erfolgt noch durch Gerichtsbeschluß abgelehnt worden sei.

Zurückweisung. Gründe:

Der § 52 der Vdn. v. 3. Jan. 1849 verpflichtet das Gericht zur Vernehmung der Zeugen, deren Abhörung der Angeklagte „verlangt," insofern das Gericht die Umstände über welche die Abhörung „beantragt" ist, wesentlich findet; es folgt daraus die Verpflichtung, den Beweisanträgen zu entsprechen oder die Gründe für deren Ablehnung ersichtlich zu machen; ein Verstoß hiergegen beschränkt in unzulässiger Weise die Vertheidigung. In Verbindung hiermit steht die Vorschrift des Art. 78 des Ges. v. 3. Mai 1852, nach welcher die Anträge des Angeklagten und die darauf ergangenen Entscheidungen in das Audienz-Protokoll aufgenommen oder demselben als Beilage einverleibt werden müssen. Von solchen Beweisanträgen unterscheidet sich die bloße Benennung von Zeugen über Thatsachen; aus jenen ergiebt sich das Verlangen des Angeklagten nach deren Vernehmung, die bloße Benennung und Namhaftmachung von Zeugen kann vielleicht das Gericht bestimmen, von Amtswegen die Zeugen zu laden und zu hören, sie verpflichtet dasselbe aber nicht einen Beschluß zu fassen, falls die Vernehmung nicht erforderlich erscheint. Im vorliegenden Falle ist ein Antrag auf Vernehmung der Frau K. und deren Schwester von dem Imploranten nicht gestellt.

Ant. d. GStA.: gleichl. [39.—8.]

Waarenbezeichnung. - Verkehr.

Wer eine fälschlich mit der Firma ꝛc. eines Andern bezeichnete Waare in den Verkehr bringt, verwirkt, selbst wenn bei ihrem Verkauf die falsche Bezeichnung nicht sichtbar war, die Strafe des

B.-StGB. § 287 [n. 12 a.; 2. Ausg. n. 14 a.].

Erk. (Z. I.) v. 3. Nov. 1871 c. Weltzl (761 I. Cr.).

W. aus § 287 des StGB.'s verurtheilt, weil er „sogenanntes Kölnisches Wasser, welches fälschlich mit der Firma des inländischen Fabrikanten F. bezeichnet war, in den Verkehr gebracht habe," — rügte im Wege der NB. Gesetzesverletzung, weil, wie die Instanzrichter anerkannten, die Waaren im verpackten und eingewickelten Zustande verkauft worden seien, ein Einzelverkauf der Flaschen aber nicht stattgefunden habe. Zurückweisung, weil

„der Thatbestand des § 287 festgestellt sei, und es hierbei auf den gemachten Einwand nicht ankomme."

Antr. d. GStA.: gleichl. [30.—8.]

Urtheil. - Erläuterung. - Antrag.

Der höhere Richter ist nicht befugt, dem unteren Richter aufzugeben, die Tragweite der Erwägungen und Feststellungen seines Urtheils nachträglich zu erläutern.

Ges. v. 3. Mai 1852 Art. 31 [n. 41 a.].

Erk. (Z. I.) v. 8. Nov. 1871 c. Bernsee (817. I. Cr.).

Die NB. des Angeklagten B. suchte auszuführen, daß die Erwägungen und Feststellungen des ersten Richters sehr unklar und verschiedener Auslegung fähig gewesen seien, und daß die in zweiter Instanz beibehaltene Feststellung an demselben Mangel leide. Er knüpfte daran den Antrag: „den Richter erster Instanz aufzufordern, sich über den Sinn seiner thatsächlichen, in 2. Instanz beibehaltenen Feststellung und namentlich darüber auszusprechen, ob festgestellt werden sollte, daß ꝛc. . . .“. Zurückweisung. Gründe:

Der Antrag: „den Sinn und die Tragweite der Erwägungen und Feststellungen des Erkenntnisses I. Instanz durch den I. Richter nachträglich angeben zu lassen“, — ist vollständig unstatthaft. Der jedesmalige höhere Richter ist allein befugt, nach Maßgabe des ihm unterbreiteten Urtheils des früheren Richters, und nach den von diesem zum Grunde gelegten Erwägungen bezüglich Feststellungen und rechtlichen Ausführungen zu prüfen und zu entscheiden, ob gegen gesetzliche Vorschriften gefehlt worden ist oder nicht. Dazu ist eben der Instanzenzug gegen richterliche Entscheidungen eingeführt, wie sich aus der Natur der Rechtsmittel von selbst ergiebt, indem, wenn im Laufe der höheren Instanz wiederum ein früherer Richter über die Bedeutung seiner Motive angegangen werden sollte, ein anderes Urtheil als das ursprüngliche herbeigeführt werden würde. Ein solches abnormes Verfahren findet in keiner gesetzlichen Vorschrift einen Anhalt.

Antr. d. GStA.: gleichl. [20.—8.]

---

1. **Widerstand. – Amtshandlung. – Dolus.**
2. **Real-Konkurrenz. – Zusatzstrafe. – Rechtskraft.**

1. **Der Widerstand gegen einen im höheren Auftrag thätigen Exekutivbeamten ist straflos, wenn der Angeklagte von dem höheren Auftrage keine Kenntniß hatte.**

B.-StGB. § 113 [n. 26].

2. **Ist der einer Uebelthat schuldig Befundene vorher schon wegen einer in Realkonkurrenz begangenen Uebelthat verurtheilt worden, so ist die Verhängung einer Gesammtstrafe (einer Zusatzstrafe zu der zuerst verhängten) nicht dadurch bedingt, daß jene Verurtheilung bereits rechtskräftig geworden sei.**

B.-StGB. § 79 [n. 9].

Erk. (B. I.) v. 8. Nov. 1871 c. Drewello (783. I. Cr.)

[1.] Der Angeklagte hatte in II. Instanz behauptet, daß ihm bei dem incriminirten Vorfalle unbekannt gewesen sei, daß seine Entfernung aus seinem Büreau von dem KG.'s-Direktor K. angeordnet war, der App.-Richter hat aber die Feststellung, daß der Gerichtsbote X., welcher diese Entfernung vollstreckte, dabei in der rechtmäßigen Ausübung seines Amtes sich befunden hat, nur darauf gegründet, daß er feststellt, der KG.'s-Direktor K. habe dem Gerichtsboten X. den Auftrag ertheilt, den Angeklagten aus dem Büreau zu entfernen und Letzterer diesen Auftrag vornehmen müssen. Eine solche Feststellung genügte nicht, wo es darauf ankam, festzustellen, daß der Angeklagte von dem dem ꝛc. X. gewordenen Auftrage wirklich Kenntniß gehabt hat, der App.-Richter hat daher den § 113 des B.-StGB.'s unrichtig angewendet.

[2.] Es hatte ferner der I. Richter zwar anerkannt, daß am 17. Dez. 1870 ein Straferkenntniß gegen den Angeklagten ergangen ist, er hatte es aber für unzulässig erklärt, die gegenwärtige Strafe als eine Zusatzstrafe festzusetzen, weil jenes Erkenntniß noch nicht die Rechtskraft beschritten hatte. Dadurch hatte der I. Richter die ausdrückliche Vorschrift des, bei Abfassung seines Erkenntnisses bereits in Kraft getretenen § 79 des B.-StGB.'s verletzt; der App.-Richter hat aber diese Nichtigkeit nicht auf dem im Art. 102 des Ges.'s v. 3. Mai 1852 vorgeschriebenen Wege reprobirt, vielmehr die Entscheidung des ersten Richters lediglich bestätigt, das Appellationserkenntniß mußte daher auch aus diesem Grunde der Vernichtung unterliegen.

Antr. d. GStA.: gleichl. [30.—8.]

Krankheit ansteckende. – Aufsichtsmassregel.

1. Die Strafbestimmung des § 327 des StGB.'s ist nicht auf die Verletzung allgemeiner und für alle Personen angeordneter Aufsichtsmaass-

regeln beschränkt, sondern auch auf die Verletzung individueller Anordnungen anwendbar.

2. In dem ehemaligen Kurfürstenthume Hessen kann der Landrath allein die Anordnung treffen, dass ein Haus, in welchem eine Erkrankung an den Blattern eingetreten ist, mit einem dieses kundmachenden Anschlage zu versehen sei.

B.-StGB. § 327 (n. 4); Kurhess. Vdn. v. 31. Dez. 1828 § 1.

Erk. (Z.) v. 8. Nov. 1871 c. Frank (OAG. II. 134).

[1.] Zunächst wird in der NB. der Sinn des § 327 des B.-StGB.'s unrichtig aufgefaßt, indem die unter den Schutz des Strafgesetzes gestellten Maßregeln der zuständigen Behörde keineswegs als solche charakterisirt worden sind, welche allgemein, für alle Personen wirksam seien, vielmehr kein Grund vorliegt, die im einzelnen Falle zur Verhütung der Weiterverbreitung einer ansteckenden Krankheit getroffene Maßregel der Absperrung ꝛc. erkrankter Personen davon auszuschließen.

[2.] Was aber die bestrittene Zuständigkeit des Landrathsamtes anlangt, so hat der § 1 der hier einschlagenden kurhessischen Vdn. v. 31. Dez. 1828 keineswegs die Anordnung, daß das Blatterhaus mit dem betreffenden Anschlage zu versehen sei, einem Zusammenwirken des Kreisraths und des Physikus mit Nothwendigkeit zugewiesen, indem insbesondere das, was unmittelbar vorher von den gemeinschaftlichen Veranstaltungen ꝛc. gesagt wird, auf Maßregeln sich bezieht, wobei das sachverständige Ermessen des Medizinalbeamten nicht entbehrt werden kann, diesen Maßregeln aber die Anbringung eines Anschlages nach erlangter Kunde eines Krankheitsfalles nicht gleichgestellt werden und einseitig erfolgen kann.

Auch eine Konstatirung des wirklichen Vorhandenseins der Krankheit vor Anbringung des Anschlags ist nicht vorgeschrieben und insofern schon die — der Erörterung angemachte Gegenvorstellungen vorbehaltene — Frage, ob wirklich ein Krankheitsfall vorliege, für den Rechtsbestand der Maßregel ohne Erheblichkeit, wie dieses auch von der, durch die Verordnung nicht vorgeschriebenen schriftlichen ꝛc. Benachrichtigung gilt, da es nur darauf ankommen kann, ob der Betroffene von dem Umstande Kenntniß hatte, daß das Anhängen des Anschlages durch die zuständige Behörde angeordnet worden war.

Antr. d. GStA.: gleichl. [64.—6.]

Arrestbruch. – Forderung. – Cession.

Durch die Cession einer mit Beschlag belegten Forderung an einen Dritten, wird die letztere der Beschlagnahme entzogen.

R.-StGB. § 137 [2. Ausg. n. 3. 21 a. 37. 38]. Vgl. oben S. 360. 507. 542.

Erk. (Z. I.) v. 8. Nov. 1871 c. Kröhnert (811. I. Cr.).

K. war aus § 137 des StGB.'s verurtheilt worden, weil er „— eine Forderung von 200 Thlr., welche für ihn auf dem N.schen Grundstücke eingetragen, und welche — wegen einer von der A. W. gegen ihn eingeklagten Alimentenforderung durch gerichtliche Verfügung mit Arrest belegt war, vorsätzlich durch Cession an seinen Sohn der Verstrickung entzogen hatte". Die im Interesse des Angeklagten vom OStA. ergriffene NB. ward vom OTr. zurückgewiesen. Gründe:

Durch die Cession trat die Forderung an N. aus dem Vermögen des Imploranten in das seines Sohnes über; wollte nun die W. die Exekution in diese Forderung unter Anwendung des Ges.'s v. 4. Juli 1822 vollstrecken, so stellte sich ihr der Erwerb des Aktivums durch den Cessionar entgegen. Allerdings könnte sie vielleicht mit Erfolg die Ungültigkeit dieser Cession ihrem Anspruche gegenüber ausführen, namentlich wenn der Arrest in das Hypothekenbuch eingetragen worden (Hyp.-Ordn. II. § 234); aber selbst dann war die Beschlagnahme, wenn auch nur zeitweise, beeinträchtigt, und schon hierin liegt ein Entziehen im Sinne der angewendeten Strafbestimmungen (Erk. v. 14. Mai 1858 — GA. 6. S. 715).

Antr. d. GStA.: gleichl. [39.—8.]

Privatklage. - Einfache Beleidigung.

Die Vorschrift, dass „einfache Beleidigungen" nur im Wege der Privatklage verfolgt werden können, ist durch das B.-StGB. nicht aufgehoben worden.

Ob eine Beleidigung als eine „einfache" anzusehen sei, ist auch jetzt noch nach den §§ 102. 103. 152 — 156, bzw. § 343 des Pr. StGB.'s zu beurtheilen.

N. StPO. § 488; EG. z. Pr. StGB. Art. XVI. [n. 19; 2. Ausg. n. 21]. Vgl. oben S. 291. 470. 493.

Erk. (Z.) v. 8. Nov. 1871 c. Lange (OAG. II, 135).

Die prozessualische Bestimmung im ersten Satz des § 488 der StPO., daß die einfache Beleidigung (§ 343 des Pr. StGB.'s) nur im Wege der Privatklage verfolgt werden könne, hat durch das B.-StGB. keine Abänderung erfahren. Daraus, daß letzteres alle Beleidigungen als Vergehen gestraft wissen will, folgt weder, daß bei allen Beleidigungen nunmehr nach § 487, 488 Satz 2 der Staatsanwalt neben dem Beleidigten zur Verfolgung berufen sei, weil dermalen ein besonderes Strafgesetz für einfache Beleidigungen nicht mehr bestehe, noch auch, daß nur die Privatklage bei allen nach dem B.-StGB. zu bestrafenden Beleidigungen stattfinde, weil letzteres besonders qualifizirte Beleidigungen nicht unterscheide. Für die Anwendung des § 488 in seinem ersten Absatz ist vielmehr auch ferner entscheidend, ob die Beleidigung eine der in den §§ 102. 103. 152 — 156 oder im § 343 des Pr. StGB.'s gedachten Art sei. Durch die Feststellung der ersten Instanz, daß Angeklagter durch den an den Obergerichtsanwalt L. geschriebenen Brief dessen Ehre verletzt, ist die Anwendbarkeit des § 343 zufolge der Bestimmung im § 152 Satz 1 des Pr. StGB.'s ausgeschlossen, und sohin der § 488 Satz 1 der StPO. nicht verletzt. Es kann sonach dahingestellt bleiben, ob der § 488 Satz 1 auch dann nicht Platz greife, wenn der § 102 des Pr. StGB.'s Anwendung fände, während dessen Voraussetzung nach Inhalt des B.-StGB.'s nicht vorliege, weil der Rechtsanwalt danach, wie der Pflichten, so auch des Schutzes des „Beamten" entbehre. Das angegriffene Urtheil hat weder selbst, noch durch Billigung des erstinstanzlichen ausgesprochen, daß eine Beleidigung eines „Beamten" in Beziehung auf seinen Beruf vorliege, vielmehr nur als Erschwerungsgrund für die Strafzumessung erwogen, daß der Beleidigte in Beziehung auf seinen Beruf verletzt sei, und der Beruf in Ausübung eines Staatsamtes bestanden habe, als welches das StGB. den Beruf des Anwalts im § 31 Satz 2 (vgl. auch § 132 und 28. Abschnitt: Ueberschrift und §§ 333. 334. 336. 352. 356) anerkennt.

Antr. d. GStA: gleichl. [66.—6.]

Nichtigkeitsbeschwerde. - Mangelhafte Feststellung. - Gesetzesverletzung.

1. Die Vorschrift, dass jedes Urtheil sich darüber aussprechen muss, welche wesentlichen Merkmale des betreffenden Straffalles für festgestellt zu erachten seien, ist eine wesentliche, bei Nichtigkeitsstrafe zu beobachtende.

StPO. § 353. 386.

2. Die Rüge der „Gesetzesverletzung" schliesst die Rüge der mangelhaften Feststellung der Begriffsmerkmale des Thatbestandes in sich*).

StPO. § 393. 389.

Erk. (Z.) v. 8. Nov. 1871 Bergmann c. Lorenzen (OAG. II, 122)

B., mit seiner gegen L. wegen Beleidigung erhobenen Privatklage abgewiesen, ergriff die NB., welche er aber nur auf Verletzung der §§ 185 und 193 des StGB.'s stützte. Das OAG. hat das angefochtene Erkenntniß vernichtet und die Sache an das Gericht 2. Instanz zurückverwiesen. Gründe:

---

*) Die Anwendung eines Strafgesetzes kann nur dann gerechtfertigt sein, wenn alle Begriffsmerkmale des betr. Thatbestandes festgestellt sind; fehlt es an einer solchen Feststellung, so ist das Strafgesetz unrichtig angewendet, also verletzt.

Die Strafkammer hat nicht, wie es ihr die §§ 353 und 386 der StPO. zur Pflicht machen, im Anschlusse an die vorliegenden Beweise in ihrem Erkenntnisse sich darüber ausgesprochen, welche wesentlichen Merkmale der den Gegenstand der Privatklage bildenden That als festgestellt oder nicht festgestellt zu betrachten, sondern sich darauf beschränkt, ohne eine daran geknüpfte und als solche klar erkennbare thatsächliche Schlußfolgerung die Aussagen der Parteien und Zeugen zu wiederholen, so daß es dem Erkenntnisse an jeder faktischen Unterlage für die Gesetzesanwendung überhaupt und demnach auch der §§ 185 und 193 zur Zeit gebricht. Es kann nicht zweifelhaft erscheinen, daß die gedachten Prozeßvorschriften zu den wesentlichen gehören und das Urtheil daher nach § 390 der Prozeß-Ordnung nichtig ist. Auch unterliegt es keinem Bedenken, diese Nichtigkeit dahier auszusprechen, da der vorliegenden materiellen Beschwerde des Privatklägers ihrer Tendenz nach die Bedeutung beiwohnt, daß darin auch derjenige prozessualische Angriff einbegriffen sein soll, welcher die beabsichtigte Anwendung des Strafgesetzes erst ermöglicht.

Antr. d. GStA: Vernichtung. [68.—6.]

Beschwerde. - Frist. - Staatsanwalt.

Für die Staatsanwaltschaft beginnt der Lauf der Frist zur Einlegung einer Beschwerde gegen einen gerichtlichen, eine beantragte Strafumwandlung betreffenden, Beschluß mit der Behändigung einer Abschrift; es bedarf dazu nicht nothwendig der Behändigung einer Ausfertigung.

Ges. v. 3. Mai 1852 Art. 14 [n. 1 a.] 33. 133.

Beschl. (I.) v. 8. Nov. 1871 c. Podschwinna (196 B. I. Cr.)

Auf den Antrag des StA.'s hatte das KG. eine gegen P. verhängte Gefängnißstrafe mit Rücksicht auf eine anderweitige Verurtheilung desselben zu Zuchthausstrafe in Zuchthaus von 29 Tagen verwandelt; eine einfache Abschrift dieses Beschlusses war dem StA. am 30. Aug. zugegangen; die von ihm beantragte Ausfertigung wurde ihm erst am 27. Sept. behändigt. Die von ihm an demselben

Tage ergriffene Beschwerde wies das AG. als verspätet zurück. Beschwerde an das OTr., weil der Lauf der Frist des Art. 133 des Ges. v. Mai 1852 arg. Art. 33 ibid. erst mit der Insinuation einer Ausfertigung beginnen könne. Zurückweisung. Gründe:

Daß diese Frist nicht vor dem Ablaufe desjenigen Tages beginnt, an welchem der Staatsanwaltschaft die Ausfertigung des Beschlusses behändigt ist, läßt sich nicht anerkennen. Denn die Bestimmung des § 127 der Vdn. v. 3. Jan. 1849 und des Art. 110 des Ges.'s v. 3. Mai 1852, nach welchen der Anfang der Frist zur Einlegung des Rechtsmittels wider das in Abwesenheit des Angeklagten verkündete Urtheil von der Zustellung der Ausfertigung des Erkenntnisses abhängt, bezieht sich allein auf den Angeklagten und gestattet keine analoge Anwendung auf die Staatsanwaltschaft; der angezogene Art. 33 des Ges.'s v. 3. Mai 1852 enthält nicht Vorschriften dafür, in welcher Form Verfügungen, Beschlüsse und Erkenntnisse bekannt gemacht werden sollen, sondern regelt nur deren Insinuation, entscheidend ist daher der § 8 der Allg. Verfügung v. 13. Nov. 1849 (JMBl. S. 460), nach welchem Verfügungen und Beschlüsse der Gerichte der Staatsanwaltschaft urschriftlich und nur auf Verlangen in einfachen Abschriften mitgetheilt werden. Dieser Bestimmung entspricht das Verfahren des Kgl.'s KG. zu L., welches dem dortigen Staatsanwalt nicht den Originalbeschluß vorlegen, sondern eine Abschrift desselben einhändigen ließ; bedeutungslos ist hierbei, daß später das Gericht, wohl im Hinblick auf § 22 a. a. O., dem Staatsanwalt auf dessen besonderes Verlangen den Verwandlungsbeschluß noch in Ausfertigung übersandte.

Antr. d. GStA.: gleichl. [39.—8.]

Oeffentlichkeit. – Ort. – Ausdehnung.

In Beziehung auf die Oeffentlichkeit einer Handlung ist nicht der Ort entscheidend, wo der Thäter sich zur Zeit der Handlung befand, sondern

der Raum, über welchen sich die Wahrnehmbarkeit der Handlung erstreckte.

B.-StGB. § 85 [n. 6] 183. Vgl. RbOTr. 11. S. 387.

Erk. (Z. I.) v. 10. Nov. 1871 c. **Perplies** (353 I. Cr.).

P. hatte sich an einem Privatorte, wo er von den auf einem benachbarten Wege Vorübergehenden gesehen werden konnte, schamlos entblößt; deshalb aus § 183 des StGB.'s bestraft, rügte er Gesetzesverletzung, weil seine Handlung nicht an einem öffentlichen Orte und somit nicht „öffentlich" verübt sei. Zurückweisung aus dem oben angegebenen Grunde.

Antr. d. GStA.: gleichl. [33—6.]

Konnexität. - Vereinigung. - Aufhebung.

Der Beschluss, durch welchen das mit mehreren zusammenhängenden und mit einander vereinigten Sachen befasste Gericht verordnet, dass mit dem Hauptverfahren gegen einzelne der Angeklagten inne gehalten werden solle, während gegen die übrigen verhandelt und rechtskräftig entschieden wird, — ist nicht als eine Wiederaufhebung der Vereinigung anzusehen; es bleibt daher das Gericht mit jenen Sachen befasst, sollten sie auch, einzeln betrachtet, nicht seiner Zuständigkeit angehören.

N. StPO. § 57.

Beschl. v. 15. Nov. 1871 c. **Grunwald** (Honig & Gen. OAG. II, 138).

Gegen siebenzehn Angeschuldigte war das Hauptverfahren wegen Landfriedensbruches eröffnet und die Sache vor den Schw.-G.H. verwiesen worden. Vor diesem erschienen aber nur 13, da die vier andern flüchtig waren. Der GH. beschloß daher mit dem Verfahren gegen diese vier „inne zu halten", wogegen er gegen die 13 erschienenen verhandelte und rechtskräftig entschied. Demnächst beantragte die StA.-schaft die Vereinigung der die vier übrigen betreffenden Sachen mit den nunmehr rechtskräftig erledigten aufzuheben und jene vor die für sie (einzeln betrachtet) zuständige Strafkammer zu verweisen. Das AG. hat aber entschieden: daß ein solcher Trennungsbeschluß „nicht zu fassen sei", weil die Trennung thatsächlich schon dadurch herbeigeführt worden sei, daß mit den jetzt noch rückständigen Sachen innegehalten, in Betreff der übrigen aber rechtskräftig entschieden sei. — Auf die Beschwerde des OStA.'s hat das OAG. den Beschluß des AG.'s vernichtet und unter Aufhebung der bisherigen Vereinigung aller Sachen, die jetzt noch rückständigen vor die Strafkammer verwiesen, indem es erwog:

daß der Beschluß des Schwurgerichts vom 27. September 1871, daß mit dem Hauptverfahren gegen die Angeklagten Millbrat, F. Grunewald, Gottlieb Grunewald und Otto Pagel inne gehalten werden solle, bis deren Verhaftung ausführbar erscheine, nicht als Beschluß einer Aufhebung der Vereinigung der wider diese Angeklagten anhängigen Strafsache mit der wider die übrigen Angeklagten anhängigen angesehen werden kann, sondern sich nur als eine Aussetzung der Hauptverhandlung darstellt,

auf diesen Grund hin wegen der vermeintlich dadurch thatsächlich bewirkten Aufhebung der gedachten Vereinigung aber nicht, wie geschehen, die Ertheilung des von der Kgl. Kronanwaltschaft beantragten Beschlusses abgelehnt werden konnte.

Antr. d. GStA.: entg. [64.—6.]

Betrug. – Versuch. – Täuschung.

Der Thatbestand eines Betrugsversuchs ist nicht durch das Gelingen der unternommenen Täuschung bedingt.

B.-StGB. § 263 [n. 78].

Erk. (Z. I.) v. 15. Nov. 1871 c. Kropka (547 I. (r.)

Zum strafbaren Betrugsversuch wird keineswegs das Gelingen der Täuschung in Beziehung auf die vorgebrachte unwahre oder unterdrückte wahre Thatsache erfordert. Vielmehr konnte der App.-Richter in jenem mit der Absicht, sich einen rechtswidrigen Vermögensvortheil zu verschaffen, erfolgten Vorbringen oder Unterdrücken den Anfang der Ausführung des Vergehens, wie ihn beide Strafgesetzbücher zum strafbaren Versuch erfordern, ohne Rechtsirrtum erblicken. Wenn derjenige, den der Thäter zu täuschen versucht, sich nicht täuschen ließ, so ist deshalb weder das

Objekt, noch das angewendete Mittel an sich für untauglich zu halten.

Antr. des OStA.: gleichl. [33.—8.]

---

1. Branntweinsteuer. - Defraude. - Absicht.
2. Steuer. - Nachzahlung. - Urtheil.

1. Im Falle einer Einmaischung in einem undeklarirten Gefäße genügt zur Verhängung der Defraudationsstrafe nicht die bewußte und vorsätzliche Begehung der objektiv eine Steuer-Kontravention darstellenden Handlung, [vielmehr bedarf es der Absicht, durch Benutzung eines undeklarirten Maischraums die Zahlung der Steuer zu umgehen, welche bei vorschriftsmäßiger Deklaration zu leisten gewesen wäre].

AKO. v. 10. Jan. 1824 Nr. 5. Vgl. RbOTr. 5. S 520.

2. Der Strafrichter hat nicht über die Nachzahlung einer hinterzogenen Steuer und ebensowenig über die Haftbarkeit eines Dritten für eine nachzuzahlende Steuer zu erkennen.

ALR. II, 14 § 78 ff.; B.-Ges. v. 8. Juli 1868 (BGbl. S. 404); Ges. v. 3. Mai 1852 Art. 136 [n. 30. 31]; Oppenhoff Ressortges. S. 72. n. 205. Vgl. RbOTr. 2. S 223.

Erk. (Z. B. I.) v. 15. Nov. 1871 c. Kwiatkowski & Donath (675. I. Cr.).

In der Brennerei des D. hatte der Brennknecht Kw. aus einem in abnehmender Gährung sich befindenden Bottich Maische geschöpft und in einen andern in steigender Gährung sich befindenden Bottich gegossen. Hierin fanden die Instanzrichter eine Steuer-Kontravention und verhängten die durch die AKO. v. 10. Jan. 1824 Nr. 5 angedrohte Strafe, sprachen aber von der gleichzeitig erhobenen Anklage der Steuer-Defraudation frei, weil nicht erwiesen sei, daß K. durch seine Handlung eine Einmaischung vorzunehmen beabsichtigt habe. Die gegen diesen letzteren Theil der Entscheidung vom OStA. und vom Provinzial-Steuer-Direktor wegen Gesetzesverletzung ergriffene NB. ward zurückgewiesen, dagegen das angefochtene Erkenntniß insofern vernichtet, als dasselbe die im ersten Urtheile enthaltene Freisprechung des Brennereibesitzers D. von der subsidiarischen Verhaftung für die vorenthaltene Steuer bestätigt hatte; gleichzeitig ward diese Freisprechung beseitigt. Gründe:

[1.] Es ist der NB. darin beizupflichten, daß der App.-Richter das B.-Ges. v. 8. Juli 1868 (BGBl. S. 384) durch Anwendung verletzt hat, da dieses nur die Besteuerung des Branntweins in gewissen nicht zum Preuß. Staate gehörigen Gebietstheilen des damaligen Nordd. Bundes betrifft, der Inhalt dieses Ges.'s, soweit er hier Anwendung finden kann, stimmt aber völlig mit der Preuß. Gesetzgebung. Diese ist durch das Appell.-Urtheil nicht verletzt. — Das durch die AKO. v. 20. Juni 1822 (GS. S. 176) genehmigte Regulativ v. 11. Dez. 1820 führte die Maischbottichsteuer ein, d. h. die Steuer, welche für die Handlung des Einmaischens erhoben und nach dem Inhalte des Maischbottichs berechnet wird; seine Bestimmung im § 11, daß jede Einmaischung in andern als in den deklarirten Gefäßen die Defraudationsstrafe und eine Geldstrafe von 100 Thaler nach sich ziehen soll, ist durch die Nr. 5 der AKO. vom 10. Jan. 1824 dahin geändert, daß neben dieser Geldstrafe die Defraudationsstrafe nur dann eintreten darf, wenn die Absicht der Verkürzung der Steuer nachgewiesen wird. Zur Begründung dieser Absicht ist die bewußte und vorsätzliche Begehung der eine Maischsteuer-Contravention bildenden That nicht ohne Weiteres und für sich allein hinreichend: Z. I. v. 22. Febr. 1865 (RdOTr. 5. S. 520); die Frage, ob diese Absicht im Einzelfalle anzunehmen ist, auch gegenüber dem Satze, daß objektiv jede Einmaischung, die in einem undeklarirten Maischraume erfolgt, der — bei vorschriftsmäßiger Deklaration zu entrichtenden — Steuer entzogen wird (B. II. v. 2. Nov. 1870 RdOTr. 11. S. 539) wesentlich aus thatsächlichen Erwägungen zu beantworten. Der App.-Richter hat nun in der Handlung des K. zwar eine Einmaischung im gesetzlichen Sinne gefunden, zugleich aber festgestellt, daß K. nicht die Absicht gehabt hat, durch das Ueberschöpfen des Eimers Maische aus Bottich 2 in Bottich 3 eine Einmaischung vorzunehmen oder Maische zuzubereiten, daß er vielmehr nur um die Verunreinigung des Bottichs 2 zu verhindern dieses

Ueberschöpfen vorgenommen hat; aus diesen Thatsachen gelangt der App.-Richter zur Verneinung der Absicht der Steuerverkürzung. — Auf eine solche thatsächliche Feststellung, die ohne wahrnehmbaren Rechtsirrthum entstanden ist, hat das angefochtene Urtheil das Gesetz richtig angewendet.

[2.] Was dagegen die wider D. getroffene Entscheidung anbelangt, so gilt als Grundsatz, daß in Untersuchungen wegen Steuerdefraudationen die Verpflichtung zur Zahlung der Steuer kein Gegenstand des richterlichen Erkenntnisses sein darf, soweit nicht im Einzelfalle eine Ausnahme festgesetzt ist (§ 78 ff. II, 14 ALR.). Dieser Grundsatz gilt für jede Verbindlichkeit zur Steuerzahlung, mag sie eine prinzipale oder eine subsidiäre sein. — Das Reichsgesetz v. 8. Juli 1868 (RGBl. S. 404) macht im § 2 den Brennereitreibenden haftbar mit seinem Vermögen für die Steuer, welche von seinen Gewerbsgehülfen in Folge einer von ihnen begangenen Zuwiderhandlung gegen die Vorschriften der Branntweinsteuer-Gesetzgebung vorenthalten ist, wenn diese Steuer von dem eigentlichen Schuldigen wegen seines Unvermögens nicht beigetrieben werden kann. In denjenigen Fällen, in welchen die Berechnung der vorenthaltenen Steuer lediglich auf Grund der in der Branntweinsteuer-Gesetzgebung vorgeschriebenen Vermuthungen erfolgt, soll nach § 3 die — übrigens beschränktere — subsidiarische Haftbarkeit des Brennereitreibenden durch richterliches Erkenntniß ausgesprochen werden. Für die andern Fälle enthält das Reichsgesetz keine Ausnahmebestimmung, es greift daher der allgemeine Grundsatz durch. Der App.-Richter, der mit dem I. Richter die eventuelle Haftbarkeit des Imploranten D. für die Steuer verneint hat, ohne daß die im § 3 des bezeichneten Reichsgesetzes enthaltene Voraussetzung der Zulässigkeit eines richterlichen Ausspruchs vorhanden ist, hat dadurch diese Bestimmung verletzt, sowie oben allegirte landrechtliche Bestimmung.

Antr. d. OStA.: gleichl. [39.—8.]

---

1. App.-Richter. – Selbstverständliches Merkmal. – Feststellung.

2. Majestätsbeleidigung. – Strafmaß.

1. Hat der erste Richter einen die gesetzliche Begriffsbestimmung erschöpfenden Thatbestand festgestellt, so kann der App.-Richter ein in zweiter Instanz zum ersten Male bestrittenes selbstverständliches Merkmal ohne neue Beweiserhebung feststellen.

Ges. v. 3. Mai 1852 Art. 101 [n. 20]. Vgl. RbOTr. 4. S. 351; 6. S. 261; 7. S. 655; 9. S. 56. 332. 535; 10. S. 696; 12. S. 459.

2. Im Falle einer Majestätsbeleidigung kann Festungshaft nicht unter zwei Monaten verhängt werden.

B.-StGB. § 95 [n. 10; 2. Ausg. n. 12].

Erk. (Z. I.) v. 15. Nov. 1871 c. Maciejewska (851. I. Cr.).

[1.] Es erhellt nicht, daß die Angeklagte bereits in erster Instanz behauptet hätte, bei ihrer in Rede stehenden Aeußerung das Bewußtsein des ehrverletzenden Charakters derselben nicht gehabt zu haben und der 1. Richter stellt fest, daß sie durch jene Aeußerung Seine Majestät den König beleidigt hat. Hiermit ist zugleich, wie der App.-Richter ausführt, das erforderliche Bewußtsein zur Erfüllung des vorliegenden Thatbestandes ausgesprochen und das angefochtene Erkenntniß verstößt nicht gegen den Art. 101 des Ges. v. 3. Mai 1852, wenn es, bei der erstrichterlichen thatsächlichen Feststellung stehen bleibend, ohne vorherige neue oder wiederholte Beweisaufnahme den diesfälligen, in II. Instanz ausdrücklich geltend gemachten, jedoch mit keinen neuen, unter Beweis gestellten Thatsachen unterstützten Einwand durch Hervorhebung der dagegen streitenden Thatumstände beseitigt.

[2.] Der § 95 des B.-StGB.'s lautet zwar in seinem Schlußsatze:

„ . . . . . wird mit Gefängniß nicht unter zwei Monaten oder mit Festungshaft bis zu fünf Jahren bestraft,“

und man könnte versucht werden, aus dieser nicht ganz genauen Fassung herzuleiten, daß bei Bestimmung der Dauer der Festungshaft, entsprechend dem § 17 l. c. auf das dort zugelassene Minimum von einem Tage herabgegangen werden darf. Dies würde indeß dem anderweitig erkennbaren innern Sinne des § 95 l c. entgegen laufen. Die Prinzipalstrafe desselben ist Gefängniß und sie darf niemals geringer als zwei Monate sein. Das Gesetz läßt hierbei noch eine weiter gehende Milderung zu, aber nur in der Art, daß statt des Gefängnisses die Festungshaft eintritt. Diese größere Milde bezieht sich jedoch nicht auf die Dauer der leichteren Freiheitsstrafe, was daraus erhellt, daß die sonst nach § 17 cit. bis auf 15 Jahre auszudehnende zeitige Festungshaft in dem § 95 cit. auf 5 Jahre eingeschränkt ist, mithin mit dem im § 16 l. c. vorgeschriebenen Höchstbetrage der Gefängnißstrafe korrespondirt. Daraus folgt zugleich der mindeste Betrag der Festungshaft mit zwei Monaten; der Gesetzgeber hat nichts Anderes aussprechen wollen, als daß, je nach den obwaltenden Umständen, auf eine Gefängnißstrafe oder auf Festungshaft von zwei Monaten bis zu fünf Jahren erkannt werden soll. — Könnte hiergegen noch das geringste Bedenken aufkommen, so würde sich dieses durch die ähnlichen Bestimmungen der §§ 96. 97. 99. 100. 101 l. c. beseitigen, welche alle die genauere folgende Fassung haben:

„. . . . wird mit Zuchthaus — Gefängniß — oder mit Festungshaft von gleicher Dauer bestraft."

Es erhellt aus alle dem die Richtigkeit der vorstehenden Ausführung, namentlich aber aus dem § 97 l. c., nach welchem die Beleidigung eines Mitgliedes des landesherrlichen Hauses &c. mit Gefängniß von wenigstens einem Monate bis zu drei Jahren, oder mit Festungshaft von gleicher Dauer bestraft wird, — und es daher undenkbar ist, daß die Strafe für die Beleidigung des Landesherrn bis auf einen Tag Festungshaft herunter sinken könnte.

Antr. d. GStA.: entgegen. [20—8.]

Nichtigkeitsbeschwerde. – Frist. – Urtheilsverkündung.

Die Frist zur Einlegung der Nichtigkeitsbeschwerde läuft nur dann von der Verkündung des Urtheils in Gegenwart des Angeklagten an, wenn das Sitzungsprotokoll ergiebt, daß gleichzeitig die Urtheilsgründe mitgetheilt seien.

Ges. v. 3. Mai 1852 Art. 32 [n. 6]; Abschn. IV. (S. 458 n. 42).

Beschl. (I.) v. 15. Nov. 1871 c. Mahnke (193. B. I. Cr.).
Antr. des GStA.: gleichl. [28.—8.]

Versuch. – Diebstahl. – Vorhandensein der Sache.

Der Versuch eines Diebstahls ist strafbar, sollte das (existirende) gewollte Objekt desselben auch auf dem eingeschlagenen Wege nicht erreichbar gewesen sein.

B.-StGB. § 43 [n. 13; 2. Ausg. n. 12].

Erk. (B. I.) v. 15. Nov. 1871 c. Ruhle (830. I. Cr.).

Die R. hatte der Wittwe X., als diese auf dem Eisenbahnhofe aus einem angekommenen Zuge ausgestiegen war, in der Absicht zu stehlen, in die Kleidertasche gegriffen, dort aber Nichts gefunden, weil die X. kurz vorher ihr Portemonnaie aus der Tasche herausgenommen und in ein Körbchen gesteckt hatte. Deshalb des Diebstahls angeklagt und in erster Instanz verurtheilt, war die R. in zweiter Instanz freigesprochen worden, weil „am Orte der That, d. h. in der Tasche der X., kein Diebstahlsobjekt gewesen, der vollendete Diebstahl also nicht hätte ausgeführt werden können," und weil „von dem Versuche, als einem Anfange der Ausführung der That, nur da die Rede sein könne, wo die Ausführung der That an sich möglich sei". Vernichtung und Zurückverweisung der Sache an ein anderes AG. Gründe:

Die Strafbarkeit des Versuchs beruht darauf, daß die an sich straflose äußere That als die Bethätigung des auf eine Strafthat gerichteten Willens und zwar als die unvollkommene Erscheinung dieses Willens, ihre wahre Bedeutung durch ihre Zurückbeziehung auf diesen Willen erlangt. Die Handlung, welche diesen Willen bethätigt, muß den Anfang der Ausführung der That enthalten; sie muß aber auch in dem individuellen Falle untauglich gewesen sein, zur Vollendung der That zu führen, da sonst nicht der

Versuch, sondern Vollendung eingetreten wäre. Ob eine absolut untaugliche Handlung niemals zur Bethätigung des Willens ausreicht, auch dann nicht, wenn der Thäter sie für geeignet hält, um den Naturgesetzen zufolge die beabsichtigte äußere Wirkung hervorzubringen, kann auf sich beruhen; eine relativ untaugliche Handlung ist zu dieser Bethätigung nicht bloß geeignet, sondern erforderlich. Denn eine solche ist diejenige Handlung, welcher im konkreten Falle eine — von Anfang an vorhanden gewesene oder während der Handlung eingetretene — Thatsache die Eigenschaft der Tauglichkeit entzieht, wodurch die beabsichtigte verbrecherische Handlung verhindert, d. h. zur relativ unmöglichen (unausführbaren) gemacht wird. — Es hat nun der erste Richter im Hinblick auf § 43 des StGB.'s gegen die Angeklagte festgestellt,

1) den Entschluß, fremde bewegliche Sachen der Frau X. in der Absicht rechtswidriger Zueignung wegzunehmen, und zwar ein Portemonnaie mit Geld, wie die Gründe ergeben,
2) die Bethätigung dieses Entschlusses durch
3) Handlungen, welche einen Anfang der Ausführung des Diebstahls enthalten; diese Handlungen bestehen in dem Hineinfassen in die Kleidertasche der Frau X.

Der App.-Richter legt darauf Gewicht, daß hieneben das Nichtvorhandensein einer beweglichen Sache in der Kleidertasche festgestellt ist, leitet hieraus ab, daß die Ausführung eines Diebstahls in der Kleidertasche objektiv unmöglich, und folgert weiter, daß ein Anfang dieser Ausführung daher nicht vorhanden gewesen sei. Dieser Schluß ist nicht zutreffend. Wäre thatsächlich festgestellt, daß die Angeklagte nur in der Kleidertasche habe stehlen wollen, so ließe sich die Prüfung nicht abweisen, ob etwa der App.-Richter den Griff in die leere Tasche für ein absolut untaugliches Mittel erachtet hat, den Inhalt der Tasche zu stehlen; es ist aber nach der Feststellung der Entschluß der Angeklagten ein nicht so begrenzter gewesen; sie hat der

Frau X. — ohne Einschränkung auf einen bestimmten Verwahrungsort — bewegliche Sachen, namentlich das Portemonnaie mit Geld, zu stehlen beabsichtigt. — Daß die Ausführung dieser Absicht unmöglich, daß es unmöglich gewesen ist, der Frau X., die ja — nach der Annahme der Thatrichter — verschiedene Sachen, darunter auch ein Portemonnaie mit Geld, bei sich führte, diese Gegenstände zu stehlen, das hat der App.-Richter nicht festgestellt, sondern nur festgestellt, daß der Griff der Angeklagten in die Kleidertasche ein (relativ) untaugliches Mittel zu diesem Diebstahl um deshalb war, weil die Tasche geleert, namentlich das Portemonnaie kurz vorher von der Eigenthümerin an einen anderen Aufbewahrungsort geschafft war. Diese Räumung der Tasche aber war das der Vollendung des Verbrechens auf dem von der Angeklagten gewählten Wege entgegen tretende Hinderniß; es machte die Entwendung durch den Griff in die Tasche objektiv unmöglich (unausführbar). Der App.-Richter verkennt die Rechtsgrundsätze in Betreff des Versuchs, wenn er gegenüber dieser Sachlage allgemein ausspricht: von dem Anfange der Ausführung der That könne nur da die Rede sein, wo diese Ausführung an sich objektiv möglich ist. Seine auf diesem rechtsirrthümlich angenommenen Satze beruhende Entscheidung, welche die Schlußfeststellung des ersten Richters durch die von ihm festgestellten Thatsachen negirt, ist daher nichtig; unter Aufhebung des Urtheils muß die Sache nochmals in zweiter Instanz und zwar bei einem anderen Apellations-Gerichte, zur Verhandlung gelangen.

Antr. des GStA.: gleichl. [39.—8.]

Holzdiebstahl, vierter. - Werthersatz.

Auch wegen eines im dritten Rückfalle verübten Holzdiebstahls ist neben der Strafe die Verurtheilung zum Werthersatze auszusprechen.

HDGes. v. 2. Juni 1852 § 16. 18. Vgl. RdOTr. 1. S. 433.

Erk. (Z. I.) v. 15. Nov. 1871 c. Schulz (678. I. Cr.).

Nach der ausdrücklichen Vorschrift des Einf.-Ges.'s v. 31. Mai 1870 sind neben dem neuen StGB. die besonderen Vorschriften des Landesstrafrechts über den Holz-(Forst-) Diebstahl in Kraft geblieben und nur in Betreff der Strafe ist gemäß § 3 a. a. O. der § 242 des B.-StGB.'s in die Stelle des § 216 des Pr. StGB.'s, auf welchen § 16 des Ges.'s v. 2. Juni 1852 verweiset, getreten. Daß aber neben dieser Strafe bei einem Holzdiebstahl im Sinne dieses Gesetzes auch dann von Amtswegen auf die Verpflichtung des Angeklagten zum Werthsersatz zu erkennen ist, wenn ein solcher Diebstahl im dritten Rückfalle vorliegt, folgt unzweifelhaft aus der Fassung des § 18 a. a. O. und seiner Stellung hinter den §§ 16 und 17 dieses Gesetzes.

Antr. d. GStA.: gleichl. [30.—8.]

Sachbeschädigung. – Oeffentlicher Nutzen. – Strafantrag.

Die Strafverfolgung wegen vorsätzlicher Beschädigung einer zum öffentlichen Nutzen rc. dienenden Sache ist nicht durch einen Antrag des Verletzten bedingt.

B.-StGB. § 304 [n. 13].

Erk. (Z. I.) v. 17. Nov. 1871 c. Hrubi (836 I. Cr.) [39.—8.]

Widerstand. – Bewaffnete Macht. – Rechtmäßige Ausübung des Berufs.

Der Widerstand gegen ein Mitglied der bewaffneten Macht ist nur dann strafbar, wenn der Betreffende in der rechtmäßigen Ausübung seines Berufs sich befand, wenn er also dazu berufen war, die entwickelte Thätigkeit auszuüben; es genügt nicht, wenn er glaubte, berufen zu sein.

B.-StGB. § 113 [n. 17 a. 55 b.]

Erk. (B. I.) v. 17. Nov. 1871 c. Klugert (833. I. Cr.).

In dem Tanzlokale des Gastwirths W. war eine Schlägerei zwischen Civilpersonen entstanden; W. forderte deshalb den als patrouillirender Unteroffizier im Dienstanzuge anwesenden Sergeanten H. auf, einzuschreiten; als dieser aber demzufolge die Anwesenden um Ruhe bat, ging der Gerichtsschulze K. auf ihn zu, faßte ihn an der Schulter rc und äußerte: „er (H.) habe Nichts zu sagen; er selbst sei Schulze, H. dürfe höchstens nach Urlaubskarten fragen, und solle sich wegbegeben." Hierin fanden die Instanzgerichte den Thatbestand des § 113, da H. sich in der rechtmäßigen Ausübung seines Dienstes befunden habe; derselbe habe (nach seiner Versicherung) Instruktion gehabt, auf Anrufen des Wirths einzuschreiten; selbst wenn er aber auch seine Instruktion mißverstanden hätte, so könne bei seinem guten Glauben eine bloße Instruktionswidrigkeit ihn des Schutzes des Gesetzes nicht verlustig machen. — Vernichtung und Zurückverweisung der Sache an ein anderes AG. Gründe:

Wenn es sich um die Anwendung des ersten Absatzes des § 113 des B.-StGB.'s handelt, also um den Widerstand gegen einen Beamten, so wird dabei ausdrücklich vorausgesetzt, „daß der Beamte sich in der rechtmäßigen Ausübung seines Amtes befunden habe." Derselbe muß daher in persönlicher und sachlicher Beziehung zur Vornahme der in Rede stehenden Handlung befugt gewesen sein; fehlt es an dem einen oder dem andern Erfordernisse, dann hat eben keine rechtmäßige Amtsausübung stattgefunden und die Erwägungsgründe des angefochtenen Erkenntnisses übersehen grade die, gegen den frühern § 89 des Pr. StGB.'s speziell abweichende Bestimmung des angezogenen § 113 l. c., welche erst durch die Berathungen im Reichstage herbeigeführt worden ist. Zweifelhaft kann indeß die Beurtheilung des zweiten Absatzes des § 113 l. c. werden. Er lautet:

> „Dieselbe Strafe tritt ein, wenn die Handlung gegen Personen, welche zur Unterstützung des Beamten zugezogen waren, oder gegen Mannschaften der bewaffneten Macht, oder gegen Mannschaften einer Gemeinde, Schutz- oder Bürgerwehr in Ausübung des „Dienstes" begangen wird.

Hier fehlt der im ersten Absatze eingeschaltete Ausdruck: in „rechtmäßiger" Ausübung, und es frägt sich, ob dies ein bloßer Redaktionsfehler, oder eine absichtliche Ausnahme ist. Das Letztere läßt sich jedoch nicht annehmen. Der ganze § 113 l. c. ist dem § 161 des VZollges.'s v. 1. Juli

1869 (BGbl. S. 317) nachgebildet, welcher die Widersetzlichkeit gegen einen Zollbeamten bei rechtmäßiger Ausübung seines Amtes bestraft. Die Rechtmäßigkeit der Amtshandlung ist daher die prinzipielle Voraussetzung der Strafbarkeit der entgegenstehenden Handlung, und beherrscht somit den ganzen Inhalt des § 113 des B.-StGB.'s. Derselbe lautete nach dem § 94 des ersten Entwurfes und dem § 111 des zweiten genau so, wie der § 89 des Pr.StGB.'s, nur daß es statt der in dem letztern enthaltenen Worte: „während der Vornahme einer Amtshandlung" in dem zweiten Entwurfe hieß: „während einer Amtshandlung". Statt dessen verlangte der Reichstag in zweiter Lesung eine dahin gehende Fassung: „während einer innerhalb seiner Zuständigkeit vorgenommenen Amtshandlung", worauf in letzter Lesung der jetzige Text gewählt wurde (Stenogr. Ber. S. 428 ff. 1169). Daraus erhellt unzweifelhaft der oben angegebene Sinn des ganzen § 113 l. c., der sonst auch bei einer entgegengesetzten Auslegung einen Widerspruch des zweiten mit dem ersten Absatze enthalten würde, der dem Gesetzgeber nicht aufgebürdet werden darf. Die Voraussetzung der vorangegangenen Stelle des § 113 l. c. ist bei der nachfolgenden stillschweigend als selbstverständlich gedacht worden, obschon es sicherer gewesen wäre, dieselbe zu wiederholen. Im Uebrigen enthalten die §§ 117 ff. bei den Widersetzlichkeiten gegen Forst- und Jagdbeamte dasselbe Prinzip, so daß jedes etwaige Bedenken schwinden muß.

Es ist demgemäß der NB. beizupflichten, daß es darauf ankam, zu ermitteln, ob der Sergeant H. instruktionsmäßig berechtigt war, ohne Requisition der kompetenten Civil-Polizei-Behörde den zwischen Civil-Personen entstandenen Streit zu schlichten, beziehungsweise gegen dieselben einzuschreiten. Denn nur in diesem Falle, oder wenn vorschriftsmäßig schon die Anrufung des Gastwirths genügend gewesen wäre, würde das Einschreiten des &c. H. ein rechtmäßiges gewesen sein, und den Schutz des § 113 des B.-StGB.'s beanspruchen können. Der App.-Richter hat dies verkannt und von einer rechtsirrthümlichen Anschauung ausgehend, den § 113 l. c. angewendet, ohne den Entlastungsbeweis zu erheben.

Antr. d. GStA.: gleichl. [20.—8.]

Hausiren. – Viehhandel. – B.-Gew.-Ordnung.

Auch nach der Verkündung der B.-Gew.-Ordnung ist der Hausirhandel mit Vieh (Pferden) durch die Lösung eines Gewerbescheins bedingt.

Hauf.-Regul. v. 28. Apr. 1824 § 2; B.-Gew.-Ordn. v. 21. Juni 1869 § 55. 66. Vgl. RdOTr. 11. S. 557.

Erk. (Z. II.) v. 17. Nov. 1871 c. Rosenbaum (820. I. Cr.).

R. war, weil er „— in verschiedenen Ortschaften ꝛc. mit Pferden das Hausir-Gewerbe ohne Gewerbeschein betrieben" hatte, aus den §§ 2. 7. 20. 26. 31 des Regul.'s v. 28. Apr. 1824 und aus der Dekl. v. 31. Dez. 1831 zu einer Geldbuße von 64 Thlr. verurtheilt worden. Seine NB. rügte Gesetzesverletzung, weil § 2 cit. durch § 55 der B.-Gew.-Ordn. v. 21. Juni 1869 aufgehoben sei; dieser mache den Handel mit „Waaren irgend einer Art" außerhalb des eignen Wohnsitzes ꝛc. vom Besitze eines Legitimations- oder eines Gewerbescheins abhängig; dagegen wiederhole er nicht das im § 2 des Pr. Hauf.-Regulativs enthaltene Verbot des Vieh- und Pferdehandels ohne Gewerbeschein; der Ausdruck „Waaren" im cit. § 55 umfasse Vieh und Pferde nicht mit, wie dieses auch aus dem Hausir-Regulativ hervorgehe. Zurückweisung. Gründe:

Das Hausirregulativ vom 28. April 1824 bestimmte im § 2, „daß derjenige eines Gewerbescheines bedarf, wer Waaren ohne Bestellung an einen oder mehrere Orte außer seinem Wohnort bringt, oder versendet, um solche daselbst außer den Märkten zu Zeiten selbst zu verkaufen ꝛc." Dasselbe sollte bei Vieh- und Pferdehändlern stattfinden, welche die Thiere an einen oder mehrere Orte hinbringen, und zuweilen dieselben öffentlich versteigern lassen, oder welche sich beim Durchführen derselben an einzelnen Orten, des Verkaufs wegen, eine Zeit lang verweilen. Das Regulativ faßte hiernach den Begriff von „Waaren" im engeren dem gewöhnlichen Leben angehörigen Sinne auf und mußte deshalb den Vieh- und Pferdehandel besonders erwähnen, um ihn unter das Hausirgewerbe zu bringen. Die B.-Gew.-Ordn. v. 21. Juni 1869 ist von dieser, allerdings deutlicheren Vorschrift, abgewichen, ohne dadurch jedoch in der Hauptsache etwas zu ändern. Der Tit. 3 derselben handelt von dem Gewerbebetriebe im Umherziehen und der an die Spitze desselben gestellte § 55 bestimmt allgemein:

„Wer außerhalb seines Wohnortes ohne Begründung einer gewerblichen Niederlassung und ohne vorgängige Bestellung in eigener Person 1) Waaren irgend einer Art feilbieten will ɩc., bedarf, vorbehaltlich der in den §§ 44 und 64 getroffenen Bestimmungen, eines Legitimationsscheines."

Die neue Gewerbeordnung faßt hiernach den Begriff einer „Waare" in dem allgemeinsten Sinne dahin auf, daß darunter jedes Feilbieten von allen und jeden Gegenständen verstanden worden ist, also generell jeder Handel mit solchen. Daß dies der Gedanke der Gesetzgebung gewesen, folgt aus dem, dem Ausdrucke „Waaren" hinzugefügten, Beisatz „irgend einer Art". Eine Ausnahme hiervon macht der Schlußsatz in Betreff der rohen Erzeugnisse der Land- und Forstwirthschaft. Zu diesen gehören im weitesten Sinne Pferde allerdings; daß dies aber in Betreff des Gewerbebetriebes im Umherziehen nicht gemeint worden, erhellt aus dem § 66 Nr. 1 l. c., welcher das größere Vieh von denjenigen rohen Naturerzeugnissen ausschließt, die auf Wochenmärkten verkauft werden dürfen, und der § 71 l. c. schreibt ausdrücklich vor,

„daß der Einzelverkauf der zu Messen und Märkten gebrachten Waaren außer der Marktzeit nur unter denselben Bedingungen zulässig ist, unter welchen derselbe statthaft sein würde, wenn die Gegenstände nicht auf den Markt gebracht wären."

Es kommt jedoch bei der vorliegenden Frage: ob der im Umherziehen stattgefundene Verkauf von Pferden gewerbesteuerpflichtig gewesen, überhaupt auf alles dies nicht an. Der § 2 des Einf.-Ges.'s z. B.-StGB. v. 31. Mai 1870 bestimmt ausdrücklich, daß unter Anderen, alle Steuergesetze des Bundesstrafrechts und des Landesstrafrechts nach wie vor in Kraft geblieben sind. Daraus folgt, daß die Bestimmung, wer zur Lösung eines Gewerbescheins zum Hausirhandel verpflichtet ist, ausschließlich aus dem Regulativ v. 28. April 1824 zu entnehmen ist, und die Vorschriften der B.-Gew.-Ordn. über die Nothwendigkeit eines Legitimationsscheins hiermit nicht zusammenfallen. Die ergangene amtliche Anweisung zur Ausführung des Titels 3 der Gewerbeordnung hebt dies ganz besonders in ihrem Eingange hervor, und die Richtigkeit dessen ist nicht im Mindesten zu bezweifeln, und folgt bereits aus § 5 der Gewerbeordnung. Demgemäß ist der § 2 des Regulativs vom 28. April 1824 für den Pferdehandel in Bezug auf die Erlegung der Gewerbesteuer nach wie vor maßgebend und die Entscheidung der Vorderrichter keineswegs rechtsirrthümlich.

Antr. d. GStA.: gleichl. [20.—8.]

Urkunde. – Zweiseitiger Vertrag. – Einseitige Unterschrift.

Ein zweiseitiger, nur von einem der Kontrahenten unterzeichneter Vertrag ist eine Urkunde.

Pr. StGB. § 247; B.-StGB. § 267 [n. 127; 2. Ausg. n. 135]. 274 Nr. 1.

Erk. (Z. I.) v. 17. Nov. 1871 c. Stäbel (843. I. Cr.)

Ein zweiseitiger, nur von einem der Kontrahenten unterschriebener Vertrag ist nach civilrechtlichen Grundsätzen jedenfalls für den Unterzeichner verbindlich (vgl. Entsch. des Geh. Ober-Tr.'s Bd. 4 S. 214 ff., Bd. 5. S. 30 ff.), insofern also im Sinne der §§ 247. 243 Nr. 8 des Pr. StGB.'s als eine Urkunde anzusehn. Hierin ist im vorliegenden Falle auch durch den § 274 Nr. 1 des B-StGB.'s, welches eine gesetzliche Definition des Begriffes „Urkunde" überhaupt nicht enthält, keine Aenderung eingetreten, weil, wenn auch diesem gegenüber der App.-Richter das vorliegende Schriftstück für eine Urkunde erklärt, hierin ebenfalls Rechtsirrthum nicht erkennbar ist.

Antr. d. GStA.s: gleichl. [23.—8.]

Schuldbekenntniss. – Thatbestand. – Merkmale. – Gerichtshof. – Nichtigkeitsrichter.

Es ist nicht unerlässlich, dass ein in einer Schwurgerichtssache abgelegtes Schuldbekenntniss alle Merkmale des den Gegenstand der Anklage bildenden Straffalles ausdrücklich umfasse Das Gericht hat zu prüfen, ob jene Merkmale aus dem Bekenntnisse, und aus den auf die „nähere Befragung“ vom Angeklagten abgegebenen Erklärungen zu entnehmen seien. Das Ergebniss dieser Prüfung unterliegt der Kritik des Nichtigkeitsrichters nur insoweit, als es sich dabei um die Verletzung von Rechtsnormen, vor Allem des Rechtsgrundsatzes der Aktenmässigkeit handelt.

StPO. § 345. 447.

Erk. (Z.) v. 22. Nov. 1871 c. Arends (OAG. II., 29).

Die NB. des StA.'s rügte, daß das in einer Schwurgerichtssache vor der Strafkammer abgelegte Schuldbekenntniß des Angeklagten die Merkmale des betreffenden Verbrechens (des Versuchs eines mittels Einbruchs zu verübenden Diebstahls) nicht erschöpfe und somit die Strafverhängung nicht rechtfertige. Zurückweisung. Gründe:

In der NB. ist davon ausgegangen, daß dieses Geständniß sich entweder wörtlich gleichlautend oder wenigstens in völlig gleichbedeutenden Ausdrücken an die Anklage und die darin enthaltene Substanziirung der That anschließen müsse, was vorliegend weder in Beziehung auf die Merkmale des Diebstahls, noch diejenigen des Einbruchs und des Versuchs der Fall sei. Es kann diese Auffassung keine Billigung finden.

Die Einräumung des Angeklagten zur ersten That geht dahin, daß er in der Nacht 2c. in der Absicht einen Diebstahl an Waaren daselbst zu begehen, sich an das Ladenfenster in der Kellerwohnung des 2c. D. in A. „gemacht“, mittelst einer eisernen Feile die vor dem Fenster angebrachte eiserne Stange zu beseitigen versucht, dazu aber habe nicht gelangen können, weil dieselbe nach Innen mit einem eisernen Bolzen versichert gewesen; daß, nachdem er vernommen, daß O. von dem Geräusch erwacht, er sein Vorhaben aufgegeben habe und, noch ehe er sich einige Schritte entfernt, arretirt worden sei.

So wenig sich nun bestreiten läßt, daß das Eingeständniß vor der Strafkammer ebenso wie der Ausspruch der Geschwornen, welchen es zu ersetzen bestimmt ist, die Anklage in allen darin enthaltenen wesentlichen Merkmalen der That erschöpfen muß, so folgt doch daraus eine so streng formale Einrichtung dieses Zugeständnisses noch nicht, wie die Beschwerde sie voraussetzt. Ist solche bei dem Geschwornenausspruch nach der Natur desselben leichter zu erreichen, indem es sich dabei um die Beantwortung einer bestimmten regelmäßig nur die Auflösung des Legalbegriffs in sich schließenden Frage handelt, so kommt bei dem Eingeständniß in Betracht, daß demselben vor Allem der Charakter voller Freiheit durch klare Einsicht in seinen thatsächlichen Inhalt bewahrt bleiben muß und diese je nach der Persönlichkeit des Angeschuldigten leichter in Gefahr gerathen kann, wenn daraus die abstrakte That, entkleidet von allen konkreten, nicht blos unterscheidenden Nebenumständen, ersichtlich gemacht werden soll.

In dieser Richtung bestimmt denn auch § 345 der StPO., daß der Angeklagte über alle Thatsachen, die zu den Merkmalen der ihm zur Last gelegten strafbaren Handlung gehören, näher befragt werden soll. Da diese nähere Befragung ohne ein Eingehen auf alle ihre Gesammtheit bildenden subjektiven und objektiven Einzelmomente meistens unthunlich sein wird, so erkennt damit das Gesetz bereits mittelbar an, daß eine solche Abstraktion als ausschließliche Form des Eingeständnisses nicht in seiner Absicht gelegen haben kann. Es wird vielmehr der Natur der Sache nach vollkommen ausreichen, wenn das Gericht sachlich, obschon anschließend an die Umstände des Einzelfalles, alle wesentlichen Merkmale der Anklagethat in dem Eingeständnisse wieder findet und es zu diesem Behufe nicht der Heranziehung außerhalb liegender faktischer Momente bedarf. Unrichtig ist es namentlich, die rein interpretative Thätigkeit des Gerichts bei Beurtheilung eines derartigen Zugeständnisses als eine Mitwirkung bei Beantwortung der Thatfrage zu bezeichnen, wie Seitens der Beschwerdeausführung geschieht. Es handelt sich dabei nicht um die Folgerung neuer Thatsachen aus bereits gegebenen, sondern darum, ob nach Absicht und Inhalt des Zugeständnisses darin die Thatsachen, welche die Begriffsmerkmale bilden, mit einbegriffen sein sollen und einbegriffen sind.

In Ausübung dieser seiner Funktion hat das Kreisgericht vorliegend das Eingeständniß des Angeklagten der Anklage entsprechend erachtet. Die Richtigkeit dieser Annahme unterliegt einer Prüfung im Wege der Nichtigkeitsbeschwerde nur insoweit, als es sich dabei um Verletzung von Rechtsnormen, vor Allem des Rechtsgrundsatzes der Aktenmäßigkeit, handelt. Eine solche ist indessen nicht erfindlich. Was zunächst den Begriff des Einbruchs und des Versuchs anbelangt, so ist die Erklärung des Angeklagten mit der Annahme der Strafkammer vereinbar, daß darin die Absicht, den beschlossenen Diebstahl mittelst Einbruchs zu begehen und die Vornahme von Handlungen, welche den Beginn der Ausführung dieser Absicht enthalten, Ausdruck gefunden habe. Dasselbe gilt von dem Begriffe des Diebstahls, sowohl hier, wie gegenüber der Einräumung des Beschuldigten zur zweiten Anklage, „daß er dem ꝛc. R. eine Hose entwendet," indem auch nach gemeinem Sprachgebrauche die Ausdrücke „Diebstahl" und „Entwendung" als identisch mit „Wegnahme einer fremden beweglichen Sache mit der Absicht rechtswidriger Zueignung" erachtet werden.

Antr. d. GStA.: gleichl. [68.—6.]

---

1. Zeuge. – Damnifikat. – Glaubwürdigkeit.
2. Zeuge. – Verstandesschwäche. – Uneidliche Vernehmung.

1. Es unterliegt lediglich dem instanzrichterlichen Ermessen, inwiefern dem als Zeuge

vernommenen Damnifikaten, mit Rücksicht auf dessen Interesse bei der Sache, Glauben beizumessen sei.

StPO. § 161.

2. Ebenso unterliegt es dem richterlichen Ermessen, ob eine an Verstandesschwäche leidende Person als Zeuge uneidlich zu vernehmen sei.

StPO. § 162.

Erk. (Z.) v. 22. Nov. 1871 c. Stroh (OAG. II., 6). [62.—6.]

Vertheidigung, Beschränkung. - Rüge. - Sitzungsprotokoll.

Die Nichtberücksichtigung eines gestellten Beweisantrags kann nur insoweit zum Gegenstande einer Beschwerde in der Nichtigkeits-Instanz gemacht werden, als das Sitzungsprotokoll ergiebt, daß jener Antrag wirklich an den Instanzrichter gerichtet worden ist.

Vdn. v. 3. Jan. 1849 § 52 [n. 9. 10. 10 a.].

Erk. (Z. II.) v. 23. Nov. 1871 c. v. Broich (202. II. Cr.). [32.—9.]

Zeuge. - Mitschuldiger. - Nichtigkeit.

1. Die eidliche Vernehmung eines Mitschuldigen als Zeugen ist unstatthaft und hat die Nichtigkeit des Verfahrens selbst dann zur Folge, wenn die Verfolgung jenes Mitschuldigen wegen Mangels des erforderlichen Antrags des Verletzten unzuläſſig war.

Cr.-Ordn. § 356 Nr. Nr. 8.; Vdn. v. 3. Jan. 1849 § 22 [n. 22. 23].

2. Leidet das erstrichterliche Verfahren an einer solchen Nichtigkeit, so kann der App.-Richter von der Vernichtung nicht deshalb absehen, weil er seinerseits annimmt, daß auch die unbeeidete Aussage des Mitschuldigen Glauben verdient haben würde.

Ges. v. 3. Mai 1852 Art. 102 [n. 4]. Vgl. RbOTr. 8. S. 136; 10. S. 710.

Erk. (Z. II.) v. 23. Nov. 1871 c. Stöhr (265 II. Cr.)

Die Ehefrau St., welche in erster Instanz wegen Anstiftung des Dienstknechts E. und des Schmiedelehrlings H. zu einem von diesen zum Nachtheile der Ehefrau M. verübten Diebstahle verurtheilt worden war, rügte es in zweiter Instanz, daß der angeblich von ihr angestiftete (also mitschuldige) Dienstknecht E. (welcher, weil in Kost und Lohn der Bestohlenen stehend, in Ermanglung eines Antrags der letzteren unverfolgt geblieben war) vom ersten Richter eidlich als Zeuge vernommen worden sei. Das AG. erkannte auch an, daß diese Vereidung „nicht hätte geschehen sollen", erwog aber, daß dieselbe auch nicht rückgängig gemacht werden könne, und daß dieselbe diejenige Glaubwürdigkeit nicht weiter erhöht habe, welche dem E. als einem geständigen Mitschuldigen beiwohnte — und bestätigte dann das erste Urtheil.

Vernichtung. Gründe:

[1.] In den beiden Urtheilen erster Instanz v. rc. ist thatsächlich festgestellt, daß der ursprünglich Mitangeklagte E. sich an den Diebstählen wissentlich betheiligt hat, welche den beiden Angeklagten zur Last gelegt werden; — und derselbe ist in dem ersterwähnten Urtheile nur um deswillen außer Verfolgung gesetzt worden, weil seine Dienstherrschaft, bei welcher er gegen Lohn und Kost diente, den Strafantrag gegen ihn zurückgezogen hat. Nun erklärt aber der § 356 Nr. 8 der Crim.-Ordnung alle diejenigen, welche an dem Verbrechen, worüber ihr Zeugniß erfordert wird, oder an den daraus entstandenen Vortheilen wissentlich mittelbar oder unmittelbar Theil genommen haben, für gänzlich unfähig zur Ablegung eines Zeugnisses; es durfte mithin der erste Richter den rc. E. nicht als Zeugen beeidigen, wie in der Verhandlung v. rc. geschehen ist und noch weniger durfte derselbe auf das Zeugniß des E., als eines glaubhaften Zeugen, seine thatsächliche Feststellung gründen, wie er gethan hat. Selbstverständlich konnte hieran der Umstand nichts ändern, daß in Folge der Zurückziehung des Strafantrags Seitens der Dienstherrschaft die Strafverfolgung gegen den E. eingestellt worden war, da das Gesetz die Unfähigkeit eines Menschen zur Ablegung eines Zeugnisses nicht von dessen Bestrafung wegen der in Rede stehenden Strafthat, sondern von dessen wissentlicher Betheiligung an derselben abhängig macht.

[2.] Nach Art. 102 des Ges.'s v. 3. Mai 1852 mußte daher der App.-Richter das Urtheil v. 1. Juni 1871 wegen des vom I. Richter begangenen Verstoßes gegen wesentliche Prozeßvorschriften vernichten, und mit der Vernichtung desselben zerfiel auch die thatsächliche Feststellung des I. Richters von selbst, und zwar um so mehr als der Nichtigkeitsgrund gerade darin bestand, daß die Feststellung in einer gesetzlich unzulässigen Weise zu Stande gekommen war. Nach dem Wegfall der thatsächlichen Feststellung I. Instanz konnte daher von einer Aufrechterhaltung derselben für die II. Instanz — wenn sie auch hier auf andere Beweis-Momente zu stützen versucht wurde, — ebensowenig die Rede sein, als davon, daß sie der Entscheidung des II. Richters zu Grunde gelegt werden könne. Das einzig correcte Verfahren nach der bezogenen Gesetzesstelle bestand vielmehr allein darin, daß der App.-Richter, nach Vernichtung des Urtheils v. 2c. die Sache entweder zur abermaligen Verhandlung und Entscheidung in die I. Instanz zurückwies, oder auf Grund einer neuen Beweisaufnahme selbstständig eine neue thatsächliche Feststellung herbeiführte und mit Zugrundelegung derselben in der Sache erkannte.

Antr. d. GStA.: entg. [14.—9.]

Betrug. – Vermögensvortheil. – Darlehen.

Die Erlangung eines Darlehens kann eine den Thatbestand des Betrugs erfüllende Vermögensbeschädigung darstellen, selbst wenn später eine Rückzahlung desselben erfolgt ist.

B.-StGB. § 263 [n. 26].

Erk. (Z. I.) v. 29. Nov. 1871 c. Pauder (583. I. Cr.)

Thatsächlich ist festgestellt, daß eine Beschädigung des Vermögens des F. stattgehabt hat; es liegt auch kein Rechtsirrthum darin, wenn die Vorderrichter eine solche angenommen haben, obgleich der Angeklagte später das erhaltene Darlehen an F. zurückgezahlt hat, da die Beschädigung in dem Momente, wo er sich das Darlehn durch Vorbringen einer falschen Thatsache verschafft hatte, eingetreten und damit das Vergehen des Betruges perfekt geworden war, und ein späterer Ersatz des Schadens hieran nichts zu ändern vermochte.

Antr. d. GStA.: gleichl. [33.—8.]

Urkundenfälschung. – Gewinnsucht. – Geschwornenspruch.

Bei einer Urkundenfälschung bildet die „Absicht, sich rc. einen Vermögensvortheil zu verschaffen" (nicht aber die „rechtswidrige Absicht" des § 267) einen erschwerenden Umstand, über welchen die Geschwornen besonders abstimmen und das Ergebniß im Ausspruche besonders erwähnen müssen.

B.-StGB. § 268 [n. 1]; Ges. v. 3. Mai 1852 Art. 91 Abs. 4.

Erk. (B. I.) v. 29. Nov. 1871 c. Plath (900. I. Cr.).

Die Geschwornen hatten die Frage, ob Pl. schuldig sei

„— — in rechtswidriger, und in der ferneren Absicht sich einen Vermögensvortheil zu verschaffen, einen vor ihm ausgestellten — — Wechsel durch Hinzufügung der Worte: „angenommen: A. Metike" fälschlich angefertigt und von demselben zum Zwecke der Täuschung Gebrauch gemacht zu haben" —

einfach dahin beantwortet:

„Ja, er ist schuldig, mit mehr als sieben Stimmen."

Das aus § 268 des StGB.'s verurtheilende Erkenntniß ward vernichtet, und die Sache an den Schw.-GH. zurückverwiesen. Gründe:

Der Hauptunterschied [zwischen den §§ 267 und 268 des B.-StGB.'s und § 247 des Pr. StGB.'s] besteht darin, daß im Pr. StGB. zum Thatbestande einer jeden Urkundenfälschung die gewinnsüchtige, oder die Absicht einem Anderen einen Schaden zuzufügen, gehört, währenddem nach dem § 267 und 268 des B.-StGB.'s nur eine rechtswidrige Absicht erforderlich ist und das Vorhandensein dieser bereits den Thatbestand einer Urkundenfälschung in seiner einfachen Gestalt begründet. Erst der § 268 des B.-StGB.'s belegt, und zwar mit einer härteren Strafe, „eine Urkundenfälschung, welche in der Absicht begangen wird, sich oder einem Andern einen Vermögensvortheil zu verschaffen oder einem Anderen Schaden zuzufügen." Durch den Ausdruck „Urkundenfälschung" in dem § 268 l. c. ist ausgesprochen, daß zur Anwendung dieses Strafgesetzes, zunächst der volle Thatbestand des in dem § 267 enthaltenen Begriffes festgestellt sein muß, und daraus folgt, daß die in dem § 268 befindliche „Absicht" ein, die Hauptthat begleitender Umstand im Sinne des letzten Absatzes des Art. 91 des Ges.'s v. 3. Mai 1852 ist. In dieser Weise hat bereits das Plenar-Erkenntniß des Kgl. OTr. v. 17. Dez. 1855 c. K. (JMBl. pro 1856 S. 27) entschieden, in welchem nachgewiesen ist, daß die, die Hauptthat begleitenden erschwerenden Umstände, auch solche Momente sind, welche die schon in einfacher Gestalt strafbare Handlung dergestalt qualificiren, daß diese dadurch im Systeme des materiellen Strafrechtes einen anderen strafrechtlichen Charakter erhält, sie dadurch, wie hier, zu einem Verbrechen wird. — Hiernach war es in Gemäßheit des Art. 91 l. c. erforderlich, daß die Geschwornen über den, in der ihnen vorgelegten Frage, enthaltenen erschwerenden Umstand der Absicht, sich einen Vermögensvortheil zu verschaffen, besonders abstimmten und wenn sie ihn bejahten, das Stimmen-Ergebniß in dieser Hinsicht ausdrücklich ersichtlich machten. Dies ist nach Ausweis des Fragebogens nicht geschehen, vielmehr lautet die Antwort ganz allgemein:

„Ja, er ist schuldig, mit mehr als sieben Stimmen."

Der Schw.-GH. war demzufolge nicht berechtigt, den Angeklagten nach den allegirten Strafgesetzen zu bestrafen, er mußte vielmehr die Ergänzung des Verdiktes veranlassen. Er hat dies nicht gethan und dadurch die öfter erwähnten prozessualischen und materiellen Vorschriften verletzt, so daß das angefochtene Erkenntniß nebst dem demselben vorangegangenen mündlichen Verfahren, nach Art. 107 des Ges.'s v. 3. Mai 1852 der Vernichtung unterliegt. Demzufolge ist es gleichgiltig, daß die fernere Behauptung des Imploranten, auch die in der Frage enthaltene „rechtswidrige Absicht" sei ein derartiger begleitender Umstand, unrichtig ist, indem diese nach dem § 267 des StGB.'s zu dem Begriffe der Hauptthat in ihrer einfachen Gestalt gehört, und daher ein allgemeines thatsächliches Erforderniß bildet.

Antr. d. GStA.: gleichl. [20.—8.]

Gewerbsmäßigkeit (Jagdfrevel). - Begriff.

Der Begriff der „Gewerbsmäßigkeit" setzt eine fortgesetzte auf Erzielung eines Erwerbes gerichtete Thätigkeit voraus; er ist nicht durch den Nachweis mehrerer verübter Einzelhandlungen bedingt.

B.-StGB. § 294 [n. 1]; § 260 [n. 2].

Erk. (3. I.) v. 1. Dez. 1871 c. Bartsch (868. I. Cr.).

B., wegen "gewerbsmäßig betriebenen unberechtigten Jagens" aus § 294 des B.-StGB.'s bestraft, stützte seine NB. auf die Rüge einer durch Verkennung des Begriffs der „Gewerbsmäßigkeit" begangenen Gesetzesverletzung: „mit Unrecht habe der App.-Richter die ihm untergelegte fortgesetzte auf Erzielung eines Erwerbes gerichtete Thätigkeit aus den angegebenen Momenten des festgestellten einzelnen Jagdfrevels entnommen, da zu einer fortgesetzten Thätigkeit mindestens zwei strafbare Momente [Fälle?] erwiesen und diese durch denselben leitenden Gedanken verbunden sein müßten."

Zurückweisung. Gründe:

Der erste Richter hatte die Gewerbsmäßigkeit schon darin gefunden, daß die Ausübung der Jagd auf Rehe Seitens des kinderlosen Imploranten, über seinen Bedarf hinausgehe. Der II. Richter hat indeß seinerseits eine weiter reichende Prüfung eintreten lassen. Er erkennt rechtlich zutreffend an, daß zum Begriffe der Gewerbsmäßigkeit eine fortgesetzte, auf Erzielung eines Erwerbes gerichtete Thätigkeit gehöre. In dieser Beziehung knüpft er an die gegenwärtige Ueberführung des Angeklagten in dem vorliegenden Falle, einen in dem Jahre 1869 von den rc. K. wahrgenommenen Hergang an, welcher darauf schließen läßt, daß der Implorant bereits damals unberechtigt jagte. Es wird damit das Verfahren desselben bei dem jetzigen Vorfalle, und schließlich der Umstand in Verbindung gebracht, daß bei der, in der Wohnung des Angeklagten vorgenommenen Haussuchung ein alter Karabiner zum Auseinandernehmen, dessen Wilddiebe sich meistens zu bedienen pflegen, ferner ein eiserner, zu einer Flinte gehöriger Ladestock, so wie gebrauchte und ungebrauchte Zündhütchen gefunden worden sind. Auf Grund dieser Momente, und in Anbetracht, daß der Angeklagte bereits wegen Diebstahls nach dem Forstgesetz bestraft ist, konnte der App.-Richter, wie er gethan, zu der Feststellung der Gewerbsmäßigkeit gelangen, da es ein feststehender Grundsatz der Rechtsprechung ist, daß, wenn sonst die jedesmal ermittelten, dem Einzelfalle vorangegangenen und denselben begleitenden Umstände entsprechend hinzutreten, die Gewerbmäßigkeit der Handlungsweise ganz füglich angenommen werden kann, sollte auch die Existenz mehrerer Fälle nicht speziell nachweisbar gewesen sein.

Antr. d. GStA.: gleichl. [20.—8.]

Gerichtsstand, (Militär-, Civil-). –

Kommt ein während des Militärdienststandes verübtes Vergehen erst nach dem Uebertritte in den Beurlaubtenstand zur Sprache, so ist der Civilgerichtsstand begründet, insofern kein „militärisches Verbrechen" vorliegt.

Mil.-StGB. v. 3. Apr. 1845 (II.) § 15.

Erk. (Z. I.) v. 1. Dez. 1871 c. Bulang (869. I. Cr.).

B., wegen einer Schlägerei, an welcher er sich im Febr. 1871 betheiligt, und wegen einer dabei zugefügten Körperverletzung verurtheilt, rügt im Wege der NB. die Unzuständigkeit der erkennenden Civilgerichte, weil er zur Zeit der Verübung jener Uebelthaten noch Soldat gewesen und aus diesem Verhältnisse erst am 16. März 1871 entlassen worden sei. Zurückweisung. Gründe:

Die Beschwerde ist unbegründet, da die bei der Civilbehörde zu Protokoll gegebene Denunciation der Verletzten erst am 23. März 1871 an die Militärbehörde gelangt ist, nach § 15 a. a. O also die Untersuchung und Entscheidung den Civilgerichten zusteht, weil die vorliegende Strafthat in einer Körperverletzung im Privatstreite mit Civilpersonen besteht. Der Angeklagte behauptet zwar, daß, weil diese Strafthat ein Vergehen sei, die Bestimmung des § 15 a. a. O. über gemeine Verbrechen auf dieselbe nicht angewendet werden könne; diese Ausführung ist jedoch verfehlt. Zu der Zeit, wo das Militär-StGB. v. 3. April 1845 verkündet wurde, war die Eintheilung der Strafthaten in Verbrechen, Vergehen und Uebertretungen, welche § 1 des StGB.'s vom 14. April 1851 aufgestellt, noch nicht ins Leben getreten und im Geltungsbereiche des Tit. 20 Thl. II. des ALR.'s und resp. der Crim.-Ordn. war „Verbrechen" der allgemeine Ausdruck für strafbare Handlungen. Nach der ganzen Einrichtung des Militär-StGB.'s und namentlich dem Gegensatze des I. Abschnitts im II. Tit. des I. Thl.'s desselben, welcher von den militärischen Verbrechen der Personen des Soldatenstandes handelt, zu dem II. Abschnitte dieses Titels, welcher von den nicht militärischen Verbrechen der Personen des Soldatenstandes handelt, so wie nach den Bestimmungen der §§ 8. 14. 15 und 17 im Thl. II. des Milit.-StGB.'s kann es aber keinem Bedenken unterliegen, daß dieses Gesetzbuch unter gemeinen nur die nicht militärischen Verbrechen versteht, zu den militärischen gehören aber Schlägereien und Körperverletzungen nur, wenn sie, abgesehen von der Verletzung spezieller durch den Militärdienst gebotener Pflichten, zwischen Unteroffizieren und Soldaten stattgefunden haben (§ 176 I. Mil.-StGB).

Antr. d. GStA.: gleichl. [30.—8.]

---

1. Rechtskraft, relative. – Aenderung der Qualifikation.
2. App.-Richter. – Abweichende Feststellung. – Beweis-Ergebniß.

1. Der Appellationsrichter ist durch die relative Rechtskraft nicht behindert die vom ersten Richter angenommene rechtliche Qualifikation der verfolgten That abzuändern, insofern er nur nicht das verhängte Strafmaaß verschärft.

Vdn. v. 3. Jan. 1849 Abschn. IV. [S. 460 n. 60.. Vgl. RdOTr 11. S. 589.

2. Der App.-Richter ist nur dann befugt, auf den Grund einer neuen Beweisaufnahme von der erstrichterlichen Feststellung abzuweichen, wenn er diese Abweichung in erkennbarer Weise auf das Ergebniß dieser neuen Beweisaufnahme stützt; eine Bezugnahme auf das Beweis-Material, welches bereits dem ersten Richter vorlag, genügt dazu nicht.

Ges. v. 3. Mai 1852 Art. 101 [n. 101]. Vgl. RdOTr. 2. S. 256; 3. S. 343. 401. 480; 4. S. 508; 5. S. 127; 10. S. 421.

Erk. (ZB. I.) v. 1. Dez. 1871 c. Fickert (691. I. Cr.) [33.—8.]

Urkunde. – Geschwornenspruch. – Fragstellung.

Bei einer Anklage wegen Urkundenfälschung muß aus dem Geschwornenspruche hervorgehen, ob die Schrift eine (Privat-) Urkunde und ob sie zum Beweise von Rechten 2c. erheblich gewesen sei; zu diesem Ende genügt es nicht, den Wortinhalt der Schrift in die Frage aufzunehmen.

B.-StGB. § 267 [1. Ausg. n. 35; 2. Ausg. 36]. Vgl. oben S. 303.

Erk. (B. I.) v. 1. Dez. 1871 c. Häusler (657. I. Cr.)

In der schwurgerichtlichen Untersuchung gegen den mehrerer Urkundenfälschungen Angeklagten H. war der Wortlaut der vier angeblich gefälschten Schriftstücke vollständig in die vier Hauptfragen aufgenommen worden; weiter aber enthielten diese Fragen Nichts darüber, ob jene Schriftstücke, „Urkunden", insbesondere ob sie „Privaturkunden" und ob sie zum Beweise von Rechten 2c. von Erheblichkeit seien. Auch das verurtheilende Erkenntniß ging in seinen Gründen auf diese Frage nicht näher ein, sondern erklärte nur die §§ 249 des Pr. und 262. 270 des B.-StGB.'s für anwendbar. Auf die NB. des Angeklagten erfolgte Vernichtung und Zurückverweisung der Sache an den Schw.-GH. Gründe:

Die NB. scheint davon auszugehen, daß die Prüfung der Frage, ob die fraglichen Schriftstücke beweiserhebliche Privaturkunden seien, in den Bereich der Beurtheilung des Schwurgerichtshofes gehört habe; es kommt aber hierauf nicht weiter an, da die nicht gehörige Feststellung des von den angewandten strafgesetzlichen Bestimmungen vorausgesetzten Thatbestandes gerügt ist. Was die letzteren betrifft, so ist der Schwurgerichtshof mit Recht davon ausgegangen, daß mit Rücksicht auf den § 2 der einleitenden Bestimmungen zum B.-StGB. dessen Strafbestimmungen als die milderen im vorliegenden Falle in Anwendung zu bringen waren, und daß daher der Thatbestand auch diesen Bestimmungen entsprechend festzustellen war. Das B.-StGB. enthält nun aber keine Definition des Begriffes einer Urkunde, beschränkt dagegen in den §§ 267 ff. die Strafbarkeit der Fälschung von Privat-Urkunden auf solche, welche zum Beweise von Rechten oder Rechtsverhältnissen von Erheblichkeit sind. Hiernach ist die Bedeutung des Wortes Urkunde in hohem Maaße ausgedehnt worden und nicht mehr auf Schriftstücke beschränkt, sondern es sind darunter auch vielerlei andere zum Beweise von Thatsachen, beziehungsweise von Rechten oder Rechtsverhältnissen bestimmte Gegenstände begriffen. Es ist daher Aufgabe der thatsächlichen Feststellung, im einzelnen Falle die Frage zu beantworten, ob ein bestimmter Gegenstand, insbesondere ein bestimmtes Schriftstück den Begriff der Urkunde und namentlich einer solchen Privaturkunde, die zum Beweise von Rechten oder Rechtsverhältnissen von Erheblichkeit ist, erfülle. Die Urkundenqualität und die Erheblichkeit einer Privaturkunde zum Beweise von Rechten und Rechtsverhältnissen, sind thatbestandliche Merkmale der Privaturkunden-Fälschung und müssen daher nach Art. 87 des Ges.'s v. 3. Mai 1852 ebenso wie die sämmtlichen übrigen thatbestandlichen Merkmale der in Rede stehenden strafbaren Handlung in die Frage an die Geschworenen aufgenommen werden. — Selbst wenn man den Begriff der Urkunde als einen Rechtsbegriff ansieht, obgleich das B.-StGB. eine Definition der Urkunde nicht enthält. würde es hierdurch, wie bereits in dem Z. Pl. v. 5. Juni 1871 c. Gratzig (RGOTr. 12. S. 303) ausgeführt ist, nicht gerechtfertigt werden, — den Geschworenen die Feststellung des in Rede stehenden thatbestandlichen Momentes zu entziehen und dem Schwurgerichtshofe zu überweisen. Vielmehr würde alsdann gemäß Art. 82 l. c. nur eine eventuelle Ersetzung jenes Rechtsbegriffes durch gleichbedeutende und zu ihrem Verständnisse Rechtskenntnisse nicht erfordernde Ausdrücke, insofern dies nach Lage des einzelnen Falles ausführbar wäre, eintreten können. Dieser Bestimmung wird aber, soweit es sich von der Fälschung eines Schriftstückes handelt, durch Aufnahme des Wortlautes desselben in die Frage an die Geschworenen nicht genügt. Denn ein solches Verfahren führt nothwendig dahin, daß den Geschworenen die ganze Auslegung des Schriftstückes, die gesammte Beurtheilung seiner Bedeutung entzogen und in die Hände des zur Beantwortung solcher thatsächlichen Fragen nicht berufenen Schw.-GH.'s gelegt wird. Der Schwurgerichtshof hat daher dadurch, daß er das thatbestandliche Merkmal, ob die in Rede stehenden Schriftstücke Privaturkunden, erheblich zum Beweise von Rechten oder Rechtsverhältnissen seien, nicht in die an die Geschworenen gestellten vier Hauptfragen aufnahm, gegen die Bestimmungen des mehrcitirten Art. 81 verstoßen, sowie dadurch, daß er auf den hiernach nicht gehörig festgestellten Thatbestand die oben gedachten strafgesetzlichen Bestimmungen anwandte, die letzteren durch unrichtige Anwendung verletzt, und es unterliegt mithin sein Urtheil nebst dem vorangegangenen schwurgerichtlichen Verfahren aus diesem Grunde der Vernichtung.

Antr. d. GStA.: entgegen. [33.—8.]

Verleger. – Haftpflicht. – Dolus. – Nachweis des Verfassers.

Der Verleger einer Druckschrift haftet für den strafbaren Inhalt derselben im Sinne des § 35 des Preßges.'s v. 12. Mai 1851, auch wenn er jenen Inhalt nicht gekannt hat. Diese Strafbarkeit ist auch nicht dadurch bedingt, daß er bei seiner, den Inhalt der Schrift betreffenden, gerichtlichen Vernehmung aufgefordert worden sei, den Verfasser oder Herausgeber nachzuweisen.

Preßges. v. 12. Mai 1851 § 35. Vgl. RdOTr. 2. S. 91; 4. S. 494; 5. S. 464; 6. S. 162.

Erk. (Z. I.) v. 1. Dez. 1871 c. Krause (617. I. Cr.)

Die NB. des wegen des strafbaren Inhalts einer von ihm verlegten Druckschrift aus § 35 des Preßges.'s v. 12. Mai 1851 verurtheilten K. rügte Verletzung dieses Paragraphen, weil

1) nicht festgestellt sei, daß er den strafbaren Inhalt der Schrift gekannt habe; und

2) weil er bei seiner ersten gerichtlichen Vernehmung vom Untersuchungsrichter nicht nach dem Verfasser derselben befragt worden sei; es habe dessen bedurft, weil der von ihm benannte Herausgeber im Bereiche der Preußischen Gerichtsbarkeit keinen persönlichen Gerichtsstand gehabt habe.

Zurückweisung. Gründe:

[1.] Daß der Angeklagte, wie die NB. behauptet, den strafbaren Inhalt [der Druckschrift] gekannt haben müsse, erfordert das Gesetz zur Verhängung der gedachten Strafe keineswegs. Die Strafandrohung hat den Zweck, den Verleger bei der Veröffentlichung von Druckschriften zur Vorsicht anzuhalten, damit für den Fall, daß sich der Inhalt des Preßerzeugnisses als strafbar erweist, die Strafverfolgung nicht vereitelt werde. Das Gesetz legt daher dem Verleger die Verpflichtung auf, sich nach dem Verfasser oder Herausgeber des ihm zur Veröffentlichung Mitgetheilten, insbesondere danach umzusehen, ob derselbe im Bereiche der Preußischen Gerichtsbarkeit einen persönlichen Gerichtsstand hat und daher für die diesseitige Strafverfolgung erreichbar ist. Nur dadurch, daß er bei seiner ersten gerichtlichen Vernehmung einen Verfasser oder Herausgeber, bei dem dies zutrifft, nachweist, kann er die in Rede stehende Strafe von sich abwenden, wogegen dieselbe in allen anderen Fällen wegen seines Mangels an Vorsicht und ohne daß es seinerseits irgend eines dolus bedarf, gegen ihn Anwendung findet.

[2.] Der App.-Richter hat an der thatsächlichen Feststellung des I. Richters, daß die fragliche gerichtliche Vernehmung des Angeklagten in seiner Eigenschaft als Verleger des rc. Anzeigers die in Rede stehenden Inserate und deren strafbaren Inhalt zum Gegenstande hatte, Nichts geändert, und hiernach ergab sich für denselben, da ihm die

Verpflichtung, wenn er die Wirkung derselben von sich abwenden wollte, einen dem Preußischen Gerichtsstande unterstehenden Verfasser oder Herausgeber der Inserate namhaft zu machen und nachzuweisen. Wenn er der ihm durch § 35 auferlegten Verpflichtung nur in der festgestellten ungenügenden Weise nachkam, so mußte dies das gesetzliche Präjudiz, daß er weitere Angaben oder Nachweisungen in der gedachten Richtung nicht machen könne oder wolle, zur Folge haben und ihm demnach den ihm durch den gedachten § 35 eröffneten Weg der Exkulpation wegen des strafbaren Inhalts der Inserate ein für alle mal abzuschneiden.

Antr. d. GStA.: gleichl. [33.—8.]

Widerstand. – Steuer-Exekutor. – Rechtmäßige Amtsausübung.

Ein Steuer-Exekutor, welcher bei einer in Abwesenheit des Schuldners vorgenommenen Pfändung nicht einen Gemeinde- &c. Beamten oder zwei unbescholtene Männer zuzieht, befindet sich nicht in der rechtmäßigen Ausübung seines Amtes; ein ihm dabei geleisteter Widerstand ist sonach nicht zu bestrafen aus
R.-StGB. § 113 [n. 17 a.]; — **Vdn. v.** 30. Juli 1853 § 16. **Vgl.** oben S.

Erk. (Z. I.) v. 1. Dez. 1871 c. Lepke (861. I. Cr.).

Die L. war von der Anklage: „dem Steuer-Exekutor M. in der rechtmäßigen Ausübung seines Amtes durch Gewalt Widerstand geleistet zu haben", freigesprochen worden, weil M. der Vorschrift der Vdn. v. 30. Juli 1853 § 16 entgegen in Abwesenheit des Schuldners eine Pfändung (mit Gewalt) vorgenommen habe, ohne den Ortsvorstand, einen oder mehrere Gemeinde- oder Polizeibeamten, oder zwei unbescholtene Männer zuzuziehen, und somit sich nicht in der rechtmäßigen Ausübung seines Amtes befunden habe." Die NB. des OStA.'s suchte auszuführen, die von dem zuständigen Beamten in Ausführung eines zuständigen Befehls der kompetenten Behörde vorgenommene, auch objektiv die legalen Grenzen in keiner Weise überschreitende Amtshandlung verliere dadurch noch nicht den Charakter einer „rechtmäßigen Ausübung des Amtes", weil er statt zweier nur einen unbescholtenen Mann zugezogen habe, da die betreffende Vorschrift des cit. § 16 nur als eine reglementarische, somit nicht wesentliche anzusehen sei.

Zurückweisung. Gründe:

Der § 113 des B.-StGB.'s setzt zu seiner Anwendung nothwendig voraus, daß der betreffende Beamte sich in der rechtmäßigen Ausübung seines Amtes befunden hat, als ihm der gewaltsame Widerstand entgegengesetzt wurde. Es bestimmt aber der § 16 der hier in Betracht kommenden Vdn. v. 30. Juli 1853 ausdrücklich: daß, wenn der Schuldner, wie in dem vorliegenden Falle, zu der Zeit, da die Pfändung vorgenommen werden soll, sich entfernt hat, bei der zu vollstreckenden Pfändung die Zuziehung des Ortsvorstandes, eines oder mehrerer Gemeinde- oder Polizeibeamten oder zweier unbescholtener Männer erforderlich ist." Der gebrauchte Ausdruck: „erforderlich" läßt deutlich erkennen, daß die angeordnete Zuziehung, in einer oder der andern vorgeschriebenen Art, die nothwendige Voraussetzung ist, um mit der angeordneten Zwangsvollstreckung beginnen zu können. Es ergiebt sich dies um so mehr, als der § 16 l. c. die frühere allgemeine Regel einer solchen Zuziehung bei allen Auspfändungen ohne Unterschied beseitigt und nur diejenigen Fälle bezeichnet hat, in denen sie unbedingt statt haben muß. Festgestelltermaßen hat nun der Exekutor M. bei der in Rede stehenden Exekutionsvollstreckung gegen den abwesenden Schuldner, nur einen unbescholtenen Mann zugezogen und solchergestalt nicht blos gegen eine reglementarische Vorschrift gehandelt, sondern eine Pfändung in einer Weise vorgenommen, die nach der maßgebenden Vdn. v. 30. Juli 1853 unzulässig, also ungesetzlich war. Er befand sich daher keineswegs in der rechtmäßigen Ausübung seines Amtes, sondern außerhalb derselben, und kann den Schutz des § 113 des B.-StGB.'s demgemäß nicht in Anspruch nehmen.

Antr. d. GStA.: entg. [20.—8.]

Disciplin. – Dienst-Entlassung. – Verfahren.

Ist im Disciplinarverfahren in erster Instanz auf eine Strafe, zumal auf eine Vermögensstrafe erkannt

worden, so wird die vom Angeschuldigten ergriffene Berufung nicht dadurch erledigt, daß derselbe demnächst auf seinen Antrag des Dienstes entlassen worden ist.

Erk. (I. Civ.-Sen.) v. 1. Dez. 1871 c. Kreisrichter P. (47. D. I. Sen.).

Der Kreisrichter P. hatte gegen das ihn wegen Verletzung seiner Amtspflichten und wegen unwürdigen Verhaltens im Amte mit einem Verweise und einer Geldstrafe von 50 Thalern bestrafende erste Erkenntniß die Berufung eingelegt, sodann aber auf seinen Antrag die Entlassung aus dem Justizdienste erlangt. Als demnächst die Sache zur Verhandlung in zweiter Instanz vor dem OTr. gelangte, kam es in Frage, ob das Disciplinarverfahren durch das Ausscheiden des P. aus dem Justizdienste für erledigt zu erachten, und von der Abfassung eines Erkenntnisses zweiter Instanz abzusehen sei. Der erschienene Vertheidiger des Angeschuldigten erklärte sich zur Zurücknahme der Berufung nicht ermächtigt. Das OTr. verneinte jene Frage und bestätigte das erste Erkenntniß mit der Maßgabe, daß die erkannte Geldstrafe in Wegfall zu bringen sei. Gründe:

Dem Antrage, das Disciplinarverfahren für erledigt zu erachten 2c. und den dafür angeführten Gründen, nämlich daß, da der Angeschuldigte heute nicht mehr im Amte sei, die Möglichkeit, im Disciplinarwege über ihn zu urtheilen und ihn disciplinarisch zu bestrafen, überhaupt aufgehört habe, der Disciplinarrichter daher auch nicht mehr kompetent sei, in zweiter Instanz zu erkennen, die Wirkung des in erster Instanz gefällten Erkenntnisses vielmehr, weil dasselbe nach Analogie des Falles, wenn der Angeschuldigte gestorben wäre, nicht rechtskräftig werde, für immer suspendirt bleibe, — hat nicht beigepflichtet werden können, denn diese Analogie ist für zutreffend nicht zu erachten. Ebensowenig aber läßt sich annehmen, daß in dem ungewöhnlichen und äußerst selten vorkommenden Falle, daß einem zur Disciplinar-Untersuchung gezogenen Beamten, bevor das auf Bestrafung lautende Erkenntniß des Disciplinargerichtes rechtskräftig geworden, die Dienstentlassung ertheilt wird, dadurch allein dem Disciplinargerichte zweiter Instanz ohne Weiteres die Möglichkeit und Zuständigkeit entzogen werde, auf die gegen das in erster Instanz gesprochene Urtheil eingelegte Berufung zu erkennen. Es kommt dabei wesentlich ebenso darauf an: von wem die Berufung eingelegt, als darauf: welche Strafe in erster Instanz erkannt worden ist. Hier kann die Frage ganz auf sich beruhen bleiben: ob, nachdem die Entlassung des Beamten erfolgt ist, die Staatsanwaltschaft für berechtigt angesehen werden könnte, eine von ihrer Seite zum Zwecke der Strafänderung resp. Schärfung gegen das in erster Instanz gefällte Urtel eingelegte Berufung weiter zu verfolgen. Denn im vorliegenden Falle hat der Angeschuldigte gegen das ihn mit einem Verweise und einer Geldbuße bestrafende und zu den Untersuchungskosten verurtheilende, also namentlich auch Vermögens-Nachtheile festsetzende Erkenntniß Berufung eingelegt, dieselbe aber nicht zurückgenommen, also zu erkennen gegeben, daß er der ihm bewilligten Dienstentlassung ungeachtet, bei dem vor den zuständigen höheren Richter gebrachten Antrage auf Freisprechung von Strafe und Kosten stehen geblieben ist. Nirgends in den Gesetzen ist vorgeschrieben, daß ein solcher Antrag in Folge der Entlassung unstatthaft oder schon deshalb, weil die durch die Berufung eingetretene Suspension der Rechtskraft des gefällten Disciplinar-Strafurtheils in solchem Falle für immer fortdauere oder, was auf dasselbe herauskommen würde, weil dieses Erkenntniß als gar nicht gesprochen anzusehen sei, von selbst erledigt werde. Ist aber weder das Eine noch das Andere der Fall, so muß auch noch nach der Dienstentlassung eines in erster Instanz disciplinarisch bestraften Beamten auf die von ihm zeitig und gehörig eingelegte Berufung von dem zuständigen Disciplinargerichte entschieden werden. Als zuständig, resp. zuständig geblieben, ist aber dasjenige Gericht zu erachten, welchem derselbe nach seiner amtlichen Stellung vor seiner Entlassung unterworfen war. Es ist deshalb diesseits auch früher schon angenommen worden, daß zur Entscheidung darüber: ob ein gewesener Richter, welcher zum Rechtsanwalt ernannt worden, während seiner richterlichen Dienstzeit disciplinarisch gefehlt habe, — diejenigen Disciplinargerichte kompetent geblieben seien, welche dazu nach dem Gesetze, betreffend die Dienstvergehen der Richter, vor der Ernennung des Angeschuldigten zum Rechtsanwalte zuständig gewesen.

[—9.]

Meineid. - Verleitungsversuch. - Ehrenrechte. - Zeugnißfähigkeit.

Die (obligatorische) Aberkennung der bürgerlichen Ehrenrechte und die Unfähigkeit zum eidlichen Zeugnisse treffen nur denjenigen, welcher einen „Meineid" geschworen, nicht denjenigen, welcher es (erfolglos) unternommen hat, einen Andern zur Begehung eines Meineids zu verleiten.

B.-StGB. § 161 [n. 2]. 159. Vgl. oben S. 229. 349.

Erk. (Z. Pl.) v. 4. Dez. 1871 c. Küper (8. Pl., II. Cr.).

Der Schw.-GH. hatte es abgelehnt, den des „(erfolglosen) Unternehmens, einen Andern zur Begehung eines Meineids zu verleiten" — schuldig befundenen K. der bürgerlichen Ehrenrechte verlustig und zur Ablegung eines eidlichen Zeugnisses unfähig zu erklären. Die NB. des StA.'s, welche Verletzung des § 161 des StGB.'s rügte, ward von den vereinigten Abtheilungen des Senats für Strafsachen zurückgewiesen. Gründe:

Der dem angefochtenen Urtheil in der NB. gemachte Vorwurf der Verletzung des § 161 des B.-StGB.'s beruht auf der Unterstellung, daß das im § 159 daselbst vorgesehene Verbrechen der erfolglosen Unternehmung einer Verleitung eines Anderen zu einem Meineide im Sinne des Gesetzes ebenfalls als das Verbrechen des Meineides aufzufassen sei. Diese Unterstellung ist aber eine irrige. Was das B.-StGB. unter dem Verbrechen des Meineides versteht und verstanden wissen will, ist in den §§ 153 bis 155 einschließlich ausgesprochen, und der hier aufgestellte Begriff des Meineides stimmt vollkommen mit dem gewöhnlichen Sprachgebrauch überein. Nach diesen Vorschriften ist das wesentliche Kriterium des Meineides die wissentliche

Verletzung eines vor Gericht oder vor einer anderen zuständigen Behörde abgeleisteten Eides oder einer an Stelle des Eides abgegebenen zulässigen religiösen Betheuerung. Ein Meineid setzt daher mit Nothwendigkeit die wirkliche Abgabe einer religiösen Betheuerung der gedachten Art und die wissentliche oder absichtliche Verletzung des Eides oder der Betheuerung voraus, so daß die Strafe des Meineides immer nur den physischen Urheber dieses Verbrechens, und nach § 48 a. a. O. den Anstifter der wirklich vollbrachten That als intellectuellen Urheber derselben treffen kann. Ganz anders verhält es sich mit dem erfolglosen Unternehmen der Verleitung eines Anderen zu einem Meineid; ein solches Unternehmen ist im § 159 cit. als ein selbstständiges, auf anderen Voraussetzungen beruhendes, Verbrechen behandelt. Von dem Meineide unterscheidet sich das im § 159 vorgesehene Unternehmen wesentlich und charakteristisch dadurch, daß derjenige, welcher verleitet werden sollte, entweder gar keinen Eid geschworen, oder eine religiöse Betheuerung nicht abgegeben, oder doch wenigstens seinen Eid oder seine Betheuerung nicht wissentlich und absichtlich verletzt hat. Es kann daher weder nach dem Wortlaute noch nach dem Geist des Gesetzes die Absicht des Gesetzgebers gewesen sein, die im ersten Absatz des § 161 angedrohte strengere Strafe auch auf den Fall des § 159 auszudehnen. Man kann selbst zugeben, daß das StGB. eine förmliche Definition des Meineides nicht aufstellt, hieraus folgt aber keineswegs, daß alle im neunten Abschnitt unter der Ueberschrift: „Meineid" aufgezählten strafbaren Handlungen als Verbrechen des Meineides aufgefaßt werden könnten. Der Inhalt der §§ 156 bis 160 zeigt deutlich, daß in diesem Abschnitt auch Handlungen mit Strafe bedroht sind, welche unmöglich als Verbrechen des Meineides anzusehen sind, weil bei denselben von der Ableistung eines Eides ꝛc. folglich von der wissentlichen Verletzung desselben keine Rede ist; ferner geht aus diesen §§ hervor, daß der Gesetzgeber sehr genau unter den darin aufgezählten Fällen unterscheidet, und den zwischen einem Meineid und dem Verbrechen des § 159 bestehenden Unterschied hebt der Gesetzgeber schon dadurch auf das unzweifelhafteste hervor, daß er für das letztere Verbrechen im Höchstbetrage eine um die Hälfte geringere Strafe androht, als gegen das erstere, was deutlich ergiebt, daß er beide Verbrechen nicht für identisch betrachtet hat und betrachtet wissen will.

Da das B.-StGB. wesentlich aus sich selbst interpretirt werden muß, so kann es hierbei weder auf Ansichten von Rechtslehrern über das gemeine deutsche Strafrecht, noch auf spezielle Bestimmungen früherer Strafgesetzgebungen ankommen, noch weniger aber verdient die Ansicht eine nähere Erörterung, daß derjenige, der einen Andern zu einem Meineide zu verleiten versucht, ebenso strafwürdig erscheinen müsse, als der Meineidige selbst, denn es handelt sich hier nicht de lege ferenda, sondern von der Auslegung einer positiven Gesetzesvorschrift, und der Gesetzgeber hat gerade dadurch, daß er für das eine Verbrechen eine doppelt so hohe Strafe androht, als für das andere, deutlich zu erkennen gegeben, daß er jene Ansicht eben nicht theile.

Antr. d. GStA.: gleichl. [14.—9.]

---

1. Strafantrag. – Zurücknahme. – Einstellung des Verfahrens. – Beschluß.
2. Strafantrag. – Vorgesetzter. – Uebermittlung.

1. Hat der Verletzte seinen Antrag auf Strafverfolgung rechtzeitig zurückgenommen, so kann im Geltungsbereiche der Preuß. Crim.-Ordnung die Einstellung des Verfahrens auch nach der „Eröffnung der Untersuchung" durch Beschluß erfolgen.

B.-StGB. § 64 [1. Ausg. n. 16; 2. Ausg. n. 15]; Crim.-Ordn. § 478. Vgl. oben S. 142.

2. Wenn ein beleidigter Beamter den Antrag auf Verfolgung zunächst seinem Vorgesetzten einreicht, und dieser denselben an den Staatsanwalt übermittelt, so ist diese letztere Handlung nicht als eine

vom Vorgesetzten selbst ausgegangene Stellung des Antrags anzusehen.

B.-StGB. § 196 [1. Ausg. n. 23 a.; 2. Ausg. n. 19 a.].

Beschl. (Pl.) v. 4. Dez. 1871 c. Vogt (I. Cr. 38 Pl. 7).

In Folge eines vom Gerichtsboten Sch. gestellten, von der KG.'s-Kommission zu D. „zur weiteren Veranlassung" an den StA. übermittelten Antrags war gegen V. wegen „wörtlicher Beleidigung des zc. Sch. in Ausübung seines Berufs" Anklage erhoben und die Untersuchung eröffnet worden. Da aber im Sitzungstermine Sch. seinen Antrag zurücknahm, beantragte der StA. unter Hinverweisung auf § 478 der Crim.-Ordn. die Einstellung des Verfahrens „durch Erkenntniß" auszusprechen. Das KG. sprach indessen diese Einstellung durch „Beschluß" aus, und das AG. wies die hiergegen ergriffene Beschwerde zurück, weil § 478 cit. nur da Anwendung finde, wo „über die Schuld oder Unschuld des Angeklagten" zu entscheiden sei, nicht aber in dem hier vorliegenden Falle, wo die Zurücknahme des Antrags die Einstellung des Verfahrens gesetzlich zur Folge habe.

Der OStA. focht diesen Beschluß durch Beschwerde beim OTr. an: § 478 der Cr.-Ordn. finde hier Anwendung, weil dieser nach eröffneter Untersuchung die Abfassung eines Erkenntnisses über Schuld oder Unschuld vorschreibe, die Schuldfrage aber die umfasse, ob der Angeklagte durch seine That dem Strafgesetz verfallen sei; dazu gehöre auch die Frage nach der Statthaftigkeit der Strafverfolgung; der dem materiellen Strafrechte angehörende § 64 des B.-StGB.'s könne an jenem prozessualischen Grundsatze Nichts ändern; im vorliegenden Falle komme hinzu, daß noch zu erörtern gewesen sei, ob nicht auch der Vorgesetzte des Sch. (die KG.'s-Kommission zu D.) [durch Uebermittlung des von jenem gestellten Antrags] einen selbstständigen Antrag auf Verfolgung gestellt habe.

Zurückweisung. Gründe:

Die Preußische Strafprozeßgesetzgebung unterscheidet zwischen denjenigen gerichtlichen Entscheidungen, welche durch Erkenntniß (Urtheil) zu erfolgen haben, und denjenigen, für welche die Form des Beschlusses ausreicht, nach dem Zwecke und Gegenstande dieser Entscheidungen. Die fernere Unterscheidung in Schluß- oder Endererkenntnisse und Vorerkenntnisse (Verweisungserkenntnisse), wie sie dem gemeinen Strafprozeß (vgl. Heffter, Criminalrecht § 679) und anderen neueren Strafprozeßgesetzgebungen zu Grunde liegt, (vgl. Kgl. Sächs. StPO. Art. 11. 233. 235. 236.

239) — ist der Preußischen Strafprozeßgesetzgebung fremd. Nach der durch Zweck und Gegenstand bestimmten Form der gerichtlichen Entscheidungen richten sich auch die gegen dieselben zulässigen Rechtsmittel. Gegen Erkenntnisse steht den Parteien das Rechtsmittel der Appellation (Berufung), des Rekurses, der Nichtigkeitsbeschwerde, gegen gerichtliche Beschlüsse das der Beschwerde zu (§§ 126. 165 der Vdn. v. 3. Jan. 1849, Art. 106, 11 seq. des Ges.'s v. 3. Mai 1852). Gegenstand der Entscheidung durch Urtheil ist wesentlich die Frage, ob der Angeklagte schuldig oder nicht schuldig sei (§ 478 der Crim.-Ordn. — § 22 der Vdn. v. 3. Jan. 1849; Art. 30 des Ges.'s v. 3. Mai 1852 vgl. §§ 1. 4. 262 der StPO. v. 25. Juni 1867). Für andere im Strafverfahren erforderliche Anordnungen und Verfügungen gilt der Regel nach die Form der Beschlüsse (Art. 5 Nr. 2 des Ges. v. 3. Mai 1852 — Art. 6. 7. a. a. O. — § 76 ff. der Vdn. v. 3. Jan. 1849). Die Frage, ob bei dem Mangel eines gesetzlich erforderlichen Antrages auf Strafverfolgung diese zu unterbleiben hat, berührt die Schuld- und Thatfrage nicht, und fällt also der Regel nach nicht in das Gebiet der durch Erkenntniß abzugebenden Entscheidungen. In den Fällen, in welchen ein Strafantrag nicht gestellt oder in gesetzlich zulässiger Weise zurückgenommen ist, fehlt es an den Voraussetzungen der Strafverfolgung, mithin auch an denjenigen eines Strafurtheils (vgl. cit. Vdn. § 9). Nun ist es zwar richtig, daß der erkennende Richter, wenn er auf erhobene Anklage und in Folge der Eröffnung der Untersuchung mit der Entscheidung der Schuldfrage einmal befaßt ist, auch andere die Schuld oder Nichtschuld des Angeklagten nicht unmittelbar berührende Fragen, insbesondere die Frage über die Statthaftigkeit der Strafverfolgung in Folge eingetretener Verjährung, Mangel eines Strafantrages oder vorliegender res judicata — soweit darüber nicht bereits im Untersuchungs- und Beschlußverfahren endgültig entschieden ist — mit zu seiner Kognition zu ziehen und

über dieselben zu erkennen hat; (vgl. cit. Vdn. § 1; Oppenhoff, Strafverfahren § 23 n. 66. 3; § 260 der R. StPO.); denn da der Richter die Schuldfrage nach ihrem ganzen Umfange frei zu prüfen und zu entscheiden hat, ohne dabei an die Auffassung des Eröffnungs- oder Anklagebeschlusses in Betreff der Statthaftigkeit der Strafverfolgung gebunden zu sein, so fallen nunmehr auch die gedachten zur Zeit der Entscheidung noch streitigen und die Schuldfrage mittelbar beeinflussenden Fragen in den Kreis jener Entscheidung. Von diesen Fällen unterscheidet sich aber die im § 64 des B.-StGB.'s bis zur Verkündung eines auf Strafe lautenden Erkenntnisses zugelassene Zurücknahme des Strafantrages sehr wesentlich. Indem das Gesetz die Zurücknahme des früher gestellten Strafantrages mit der an dieselbe geknüpften Wirkung für zulässig erachtet, tritt nunmehr diejenige Sachlage ein, welche vorhanden gewesen sein würde, falls ein Strafantrag überhaupt nicht gestellt worden wäre. Die Strafverfolgung ist in solchem Falle durch das Gesetz selbst, welches die Zurücknahme des Antrages als der nothwendigen Voraussetzung der ersteren gestattet, ausgeschlossen. Es kann daher, falls die Zulässigkeit der Zurücknahme nach Anleitung des § 64 des StGB.'s an sich keinem Bedenken unterliegt, eines richterlichen Urtheils darüber nicht bedürfen. Da das Gesetz die Zurücknahme des Antrages in die Hand des Verletzten legt, so macht es die Frage, ob die Strafverfolgung ausgeschlossen sein soll, in gleicher Weise lediglich von seiner Entscheidung abhängig, wie dies vor Eröffnung der Untersuchung der Fall war. Der Zweck des Antrages ist auf Strafverfolgung, die Zurücknahme desselben dahin gerichtet, daß die Strafverfolgung unterbleibe, mithin, daß nicht verhandelt und nicht erkannt werde. Der Gesichtspunkt, unter welchem die Zurücknahme des Antrages gestattet wird und erfolgt, wird also verrückt, wenn dessen ungeachtet eine Entscheidung durch Urtheil geboten sein sollte. Der Richter ist vielmehr der Natur der Sache nach nunmehr lediglich darauf angewiesen, der Strafverfolgung ein Ende zu machen und dies geschieht ausreichend durch einen gerichtlichen Beschluß, welcher konstatirt, daß es an den gesetzlichen Voraussetzungen der fortgesetzten Strafverfolgung fehle. Grundsätzlich liegt mithin, — soweit nämlich in Betreff der Thatsache und Zulässigkeit der Zurücknahme des Antrages, kein Bedenken obwaltet, — keine Veranlassung vor, in den einschlagenden Fällen die Entscheidung durch Urtheil zu verlangen.

Es mag hierbei zugleich bemerkt werden, daß es de lege ferenda für die Gesetzgebung an jedem aus Nothwendigkeit oder Zweckmäßigkeit herzuleitenden inneren Grunde fehlte, in den betreffenden Fällen die Entscheidung durch Urtheil zu gebieten. Eine solche Entscheidung würde immerhin den Voraussetzungen und dem Begriffe eines mittelst des vorgeschriebenen Rechtsmittels anfechtbaren Strafurtheils nicht entsprechen. Vielmehr würde eine gesetzliche Disposition dahin, daß die Beendigung des Strafverfahrens in den Fällen der erfolgten Zurücknahme des Strafantrages durch Erkenntniß herbeigeführt werden müsse, konsequent auch dahin führen müssen, für ein solches nur aus formellen Gründen gebotenes Urtheil andere Bedingungen und Voraussetzungen aufzusuchen, als sie das Gesetz üerigens an den Erlaß eines Strafurtheils knüpft. Denn die bei Strafe der Nichtigkeit (vgl. cit. Vdn. § 14. 22) für die mündliche Verhandlung und Urtheilsfällung vorgeschriebenen Bedingungen, öffentliches, mündliches Verfahren, Vorladung und Vertheidigung des Angeklagten und Beweisaufnahme sind für derartige Fälle, in welchen es sich eben nur darum handelt, die unstreitige Thatsache, daß die Strafverfolgung durch Zurücknahme des Strafantrages ausgeschlossen ist, formell zu konstatiren, offenbar unwesentlich, eine Betrachtung, welche auch in der Doctrin dahin geführt hat, in den einschlagenden Fällen die Vorladung des Angeklagten für entbehrlich zu erklären, obwohl ein solches Verfahren sich ersichtlich mit den bestehenden Vorschriften, — vorausgesetzt, daß in der Sache erkannt werden soll, — nicht vereinigen läßt.

In der That aber ist es auch nach der bestehenden positiven Gesetzgebung keinem Zweifel zu unterwerfen, daß die Form des Erkenntnisses für derartige Fälle nicht geboten ist. Durch die Vorschrift des § 478 der Crim.-Ordn. wird die entgegengesetzte Annahme nicht gerechtfertigt, weil dieselbe eben nur die Fälle ins Auge faßt, in welchen über Schuld und Unschuld ein förmliches Erkenntniß abgefaßt werden soll. Ein allgemeiner Grundsatz, dahin gehend, daß nach erfolgter Eröffnung der Untersuchung dieselbe nur durch ein förmliches Erkenntniß des Richters beendigt und zur Erledigung gebracht werden könne, läßt sich weder aus dem Wortinhalte noch aus dem inneren Grunde dieser Vorschrift entnehmen. Anderweitig ist die vorliegend aufgeworfene Frage in der älteren Prozeßgesetzgebung nicht entschieden. Es erklärt sich dies zur Genüge daraus, daß der Grundsatz, nach welchem die Zurücknahme des Strafantrages bis zur Verkündung des Erkenntnisses gestattet ist, erst in der neueren Gesetzgebung allgemein Anerkennung gefunden hat. — Wohl aber ist schon früher in der Praxis in den Fällen von der Abfassung eines Erkenntnisses abgesehen worden, in welchen die Möglichkeit fernerer gerichtlicher Verfolgung, sei es durch den Tod, oder durch später eingetretene Unzurechnungsfähigkeit des Angeklagten ausgeschlossen erschien. Die Neue StPO. v. 23. Juni 1867 hat diese Rechtsübung sodann durch die Vorschrift des § 259 in ihrem Geltungsgebiet zum Gesetze erhoben. Es erscheint zutreffend, wenn in dem Antrage der Kgl. GStA.-schaft v. 30. Mai cr. bemerkt wird, daß der gegenwärtig in Frage kommende Fall der Zurücknahme des Strafantrages von den vorstehend gedachten Fällen sich nur insofern unterscheide, als die Unzulässigkeit fortgesetzter Strafverfolgung sich bei den letzteren als eine thatsächlich, hier aber als eine rechtlich begründete darstellt. Würde schon diese Lage der bisherigen Gesetzgebung berechtigen, in den geeigneten Fällen die Beendigung des Verfahrens durch richterliche Beschlußnahme für zulässig zu erachten, so finden die in dieser Beziehung geltend gemachten Bedenken doch jedenfalls ihre Erledigung durch die Vorschrift des § 64 des StGB.'s:

> „Nach Verkündung eines auf Strafe lautenden Erkenntnisses kann der Antrag nicht zurückgenommen werden.
>
> Die rechtzeitige Zurücknahme des Antrages gegen eine der vorbezeichneten Personen hat die Einstellung des Verfahrens auch gegen die andern zur Folge."

An sich schon läßt sich mit der Disposition des Gesetzes, nach welcher eine Zurücknahme des Strafantrages bis zur Verkündung des Erkenntnisses gestattet ist und mithin als Bedingung ihrer Zulässigkeit vorausgesetzt wird, daß ein Erkenntniß nicht gefällt sei, die Annahme schwer vereinigen, daß der Gesetzgeber nichts destoweniger von der Nothwendigkeit eines Erkenntnisses im Falle der Zurücknahme des Antrages ausgegangen sei. Ueberdies aber bezeichnet § 64 a. a. O. in seinem zweiten Absatze die Einstellung des Verfahrens als Wirkung des zurückgenommenen Antrages. Strafurtheil und Einstellung stehen, wenigstens nach Preußischem Prozeßrecht im gegensätzlichen Verhältnisse (cit. Vdn. § 47. 40). Das Gesetz giebt mithin durch seine Fassung unzweideutig zu erkennen, daß es eben nur die Einstellung des Verfahrens, nicht aber die Form des Erkenntnisses für dieselbe als geboten erachtet.

Die Entstehungsgeschichte des § 64 des B.-StGB.'s steht dieser Auffassung zur Seite. § 53 des Pr. StGB.'s lautete:

> Nach Eröffnung der gerichtlichen Untersuchung kann der Antrag auf Bestrafung nicht wieder zurückgenommen werden, soweit nicht in einzelnen Fällen ausdrücklich etwas Anderes bestimmt ist.

Wurde der Antrag auf Strafverfolgung vor Eröffnung der Untersuchung zurückgenommen, so erfolgte nach Preußischem Prozeßrechte die Einstellung des Verfahrens durch Beschluß. Der Entwurf zum B.-StGB. schloß sich der

Bestimmung des § 53 des Pr. StGB.'s lediglich an (§ 57 a. a. O.). Erst in Folge eines Reichstagsbeschlusses erhielt § 64 des B.-StGB.'s seine gegenwärtige Fassung. Hätte dabei die Wirkung der Zurücknahme des Antrages in Beziehung auf die Form der Beendigung des Verfahrens anders als bisher bestimmt werden sollen, so war eine ausdrückliche Vorschrift darüber an der Stelle. Statt dessen ist eine Ausdrucksweise gewählt, welche, wie früher, die Einstellung des Verfahrens an die Zurücknahme des Antrages geknüpft hat und keinen Anhalt für die Annahme gewährt, daß sie durch Urtheil ausgesprochen werden müsse.

Der vorstehend in Betreff der Bedeutung, welche der Bestimmung des § 64 a. a. O. in Beziehung auf die aufgeworfene Frage beizulegen ist, dargelegten Auffassung läßt sich endlich auch nicht mit Recht entgegensetzen, daß § 64 a. a. O. keine prozessualische Vorschrift enthalte und mithin als ein hier Norm gebendes Prozeßgesetz nicht angesehen werden könne. Das B.-StGB. enthält eine Reihe von Bestimmungen überwiegend prozessualischen Inhalts, in deren Wirksamkeit als Prozeßgesetze dadurch, daß sie ihre Stelle im StGB. gefunden haben, nichts geändert wird. Insbesondere aber haben sämmtliche Vorschriften des B.-StGB.'s, welche sich auf den für die Statthaftigkeit der Strafverfolgung erforderlichen Antrag beziehen, (§§ 61—65. 176. 196 u. a. l. c.) wesentlich und überwiegend den Charakter von Prozeßgesetzen, wie dies auch bei der Entscheidung über die Anwendbarkeit beziehungsweise Unanwendbarkeit dieser Vorschriften auf die vor Geltung des B.-StGB.'s begangenen strafbaren Handlungen wiederholt von dem Kgl. OTr. anerkannt worden ist; vgl. u. a. B. I. v. 24. März 1871 [RdOTr. 12. S. 180].

Aus der vorstehenden Ausführung folgt selbstverständlich nicht, daß in allen Fällen, in welchen die Zurücknahme des Strafantrages nach Eröffnung der Untersuchung, aber vor Verkündung des Straferkenntnisses erfolgt, über die Beendigung des Verfahrens nicht durch Urtheil entschieden werden dürfe. Eine solche Entscheidung ist insbesondere in denjenigen Fällen nicht ausgeschlossen, in welchen die Thatfrage der erfolgten Zurücknahme des Antrages oder deren Zulässigkeit und Wirksamkeit bestritten ist; sie muß sogar in dieser Form namentlich dann erfolgen, wenn sich ein derartiger Streit erhebt, nachdem die Sache bereits zur mündlichen Verhandlung gelangt ist. Dagegen ist die der Beschwerde des OStA.'s zu H. zu Grunde liegende Auffassung unrichtig, nach welcher die Form der Entscheidung durch Erkenntniß lediglich aus dem Grunde nothwendig sein soll, weil die Zurücknahme des Antrages erst nach Eröffnung der Untersuchung erfolgt war.

Zwar ist, — was den vorliegenden Fall betrifft, — in der gedachten Beschwerde noch hervorgehoben, daß auch der Vorgesetzte des beleidigten Beamten einen Antrag auf Strafverfolgung gestellt habe, so daß der Verzicht des letzteren nicht entscheiden könne. Allein nach Ausweis der Akten ist in der That nur Seitens des Beleidigten, Gerichtsboten Sch., unterm 2c. ein Antrag auf Bestrafung gestellt, und in der Uebermittlung desselben an die Kgl. Staatsanwaltschaft Behufs weiterer Veranlassung Seitens der dem Sch. vorgesetzten Kgl. KG.'s-Commission II. zu D. kann ein selbstständiger Strafantrag dieser Behörde nicht gefunden werden.

Antr. d. GStA.: gleichl. [20.—9.]

Widerstand. - Amtsausübung. - Dolus.

Die Strafbarkeit eines einem Beamten während der Ausübung seines Amtes geleisteten Widerstandes ist durch das Bewusstsein bedingt, dass der Beamte in Ausübung seines Amtes begriffen sei.

B.-StGB. § 113 [n. 26].

Erk. (V.) v. 6. Dec. 1871 c. Koch (OAG. II., 140). [65.—6.]

Strafantrag. - Inhalt. - bei wem?

Dem Erfordernisse eines Antrags auf Verfolgung ist genügt, sobald der Verletzte seinen Wunsch, dass der Schuldige zur Strafe gezogen werde, deutlich einem Beamten gegenüber ausgesprochen hat, welcher berufen ist, Anzeigen der fraglichen Art an den zur Verfolgung berufenen Beamten gelangen zu lassen.

B.-StGB. § 61 [n. 15. 17; 2. Ausg. n. 17. 19].

Erk. (Z.) v. 6. Dec. 1871 c. Kracke (OAG. II., 142.).

Die NB. des Angeklagten rügt einen Rechtsirrthum des Schw.-GH.'s zu St. insofern, als derselbe angenommen hat, es liege der nach § 176 des StGB.'s im Fragefalle erforderliche Antrag auf Verfolgung der Strafthat vor. Diese Beschwerde stellt sich jedoch als unbegründet dar. Die Akten bezeugen, daß der Vormund resp. der Vater der fraglichen Kinder dem Ortsvorsteher N. innerhalb der im § 61 des StGB.'s bestimmten Frist, mindestens ihr Begehren, daß die Sache angezeigt werden solle, zu erkennen gegeben haben. In diesen von Seiten der Berechtigten (vgl. § 65 ibid.) gemachten Aeußerungen konnte das Gericht vorliegend mit vollem Rechte einen Strafantrag erblicken, denn es ist dadurch der Wunsch der betreffenden Personen, daß die Sache untersucht und folgeweise der Schuldige zur Strafe gezogen werden möge, deutlich ausgesprochen. Es genügt aber auch der bei dem Ortsvorsteher gestellte Antrag, um die gesetzliche Frist zu unterbrechen. Die Gesetze enthalten keine besondere Vorschrift darüber, wo und bei wem der Antrag zu stellen sei, indessen ist aus § 2 der StPO. zu schließen, daß die Kronanwaltschaft diejenige Behörde ist, an welche der Antrag gelangen muß, damit sie die betreffenden Delikte verfolgen könne. Beim Mangel einer hindernden gesetzlichen Bestimmung wird man aber der Natur der Sache nach es für genügend halten müssen, wenn von Seiten des Berechtigten bei einer Behörde oder einem Beamten der Antrag gestellt wird, die gesetzlich verpflichtet sind, denselben zur Kenntniß der Kronanwaltschaft zu bringen, und die insofern als Organ der letztern erscheinen. Zu diesen muß nun (nach Einsicht der Landgemeinde=Ordnung v. 28. Apr. 1859 § 69, der Ministerial=Bekanntmachung de eodem § 32 und der §§ 61 und 59 der StPO.) der Ortsvorsteher, als Inhaber der Ortspolizei=Gewalt unzweifelhaft gerechnet werden, da sich hiernach dessen amtliche Verpflichtung, an ihn ergehende Anzeigen von Delikten an die Kronanwaltschaft zu befördern, nicht bezweifeln läßt.

Antr. d. GStA.: gleichl. [62.—6.]

Sachbeschädigung. – Eisenbahn. – Herstellung.

Die Herausnahme einer Schiene aus einer Eisenbahn ist nicht nothwendig als eine Sachbeschädigung anzusehen, wenn dieselbe zu einem momentanen Gebrauche bewirkt und die Schiene nach diesem Gebrauche sofort wieder an ihre Stelle gebracht ist, ohne daß die Bahn oder der Betrieb auf derselben dadurch gelitten hätte.

B.-StGB. § 303 [n. 13].

Erk. (Z. I.) v. 6. Dez. 1871 c. Lehmann & Gen. (848 I. Cr.).

Auf dem Bahnhofe der Oberschlesischen Bahn zu P. waren für den Dienst der damals noch im Bau befindlichen Märkisch-Posener Bahn mehrere Lokomotiven 2c. angekommen, welche in Ermanglung einer Schienenverbindung auf die zuletzt erwähnte Bahn nicht hinübergeführt werden konnten. Da die Direktion der Oberschlesischen Bahn die Erlaubniß zur Herstellung einer solchen Verbindung versagte, ward diese und die Hinüberschaffung der Wagen durch die Angeklagten in der Weise bewirkt, daß L., welcher zeitweise den Inspektor auf dem Oberschlesischen Bahnhofe vertrat, am Abend nach der Ankunft des letzten Zuges durch das Löschsignal den Betrieb auf jener Bahn einstellte, und daß dann durch herangezogene Arbeiter eine Schiene der Oberschlesischen Bahn herausgenommen und durch Einlegung einer Curve die erforderliche Verbindung mit der Märkisch-Posener Bahn zeitweise hergestellt wurde; nach Ueberführung der Wagen wurde dann der alte Zustand sofort wieder hergestellt, so daß der Dienst auf der Oberschlesischen Bahn keine Störung erlitt. Hierin fanden die Instanzgerichte nicht den Thatbestand einer den Angeklagten zur Last gelegten Sachbeschädigung. Die NB. des OStA.'s ward zurückgewiesen, weil die Instanzgerichte den objektiven Thatbestand des Vergehens verneint hätten; es heißt sodann in den Gründen weiter:

Diese Feststellung, welche schon für sich allein die Freisprechung der Angeklagten bedingt, ist aber wesentlich thatsächlicher Natur und insofern nach Art. 107 des Ges.'s v. 3. Mai 1852 einem Angriffe mittelst der NB. nicht zugänglich. Es läßt sich auch nicht behaupten, daß sie etwa aus einem Rechtsirrthume hervorgegangen, und daß insbesondere das Herausnehmen der Schienen in rechtlicher Beziehung mit Nothwendigkeit als eine Sach- (Vermögens-) Beschädigung habe aufgefaßt werden müssen, weil, wenn diese Schienen, wie feststeht, nach gemachtem Gebrauche wieder an ihre vorige Stelle gebracht wurden, ohne daß die Bahn selbst, oder der Betrieb auf derselben dadurch gelitten hatte, hierin zugleich ein vorübergehender, wenn auch widerrechtlicher Gebrauch einer fremden Sache gefunden werden konnte, den ältern Gesetzgebungen als s. g. furtum usus mit Strafe bedrohen, während schon dem Preußischen und auch dem jetzt geltenden B.-StGB. ein solches Vergehen fremd ist.

Antr. d. GStA.: gleichl. [28.—8.]

---

1. Angeklagter. – Sitzungsprotokoll – Abschrift.
2. Thatbestand, objektiver. – Feststellung.

1. Es ist nicht unstatthaft, dem Angeklagten Abschrift des Sitzungsprotokolls einer früheren Instanz zu ertheilen; ob aber einem solchen Antrage statt zu geben sei, unterliegt dem instanzrichterlichen Ermessen, welches im Wege der Nichtigkeitsbeschwerde nicht angefochten werden kann.

Vdn. v. 3. Jan. 1849 § 17 [n. 1]. Vgl. RdOTr. 1. S 67. 337; 3. S. 391; 10. S. 596.

2. Der erkennende Richter ist nicht verpflichtet, in Betreff des objektiven Thatbestandes eine abgesonderte Feststellung zu treffen.

Ebendas. § 22 n. 5.

Erk. (Z. I.) v. 6. Dez. 1871 c. Lipinski (744. I. Cr.).

[1.] Der erste Richter hat den Antrag des Angeklagten, ihm Abschrift des Audienz-Protokolls I. Instanz mitzutheilen, aus dem rechtlich unzutreffenden Grunde zurückgewiesen, daß diese Mittheilung unstatthaft sei [vgl. Beschl. I. 24. Sept. 1869 RdOTr. X. S. 596], während sie doch nur nicht vorgeschrieben ist und es daher von dem Ermessen des Richters abhing, ob sie zu bewilligen sei. Es kann hieraus aber eine Nichtigkeit des II. Erkenntnisses nicht hergeleitet werden, weil der App.-Richter diesen Antrag ebenfalls geprüft und aus dem jedenfalls nicht verwerflichen Grunde zurückgewiesen hat, daß der Vertheidiger, für welchen die Abschrift erbeten war (nach § 17 der Vdn. v. 3. Jan. 1849) die Akten selbst hätte einsehen können.

[2.] Die §§ 136 ff. der Crim.-Ordnung, nach welchen der objektive Thatbestand noch abgesondert von den Beweisen für die Thäterschaft in gewissen Formen festgestellt werden muß, sind, wenn gleich als reglementarische Vorschriften vom Untersuchungsrichter noch immer zu beachten, doch seit der Aufhebung der Regeln über die Wirkung der Beweise durch den § 22 der Vdn. v. 3. Jan. 1849 nicht mehr dergestalt verbindlich, daß ihre Nichtbeachtung eine Nichtigkeit zur Folge haben könnte (vgl. Goltd. Archiv, Bd. V. S. 251. 252. 518; Bd. IX. S. 557. 772. 773; Bd. X. S. 350); es konnte daher der App.-Richter, trotzdem, daß der den Eigenthümer des Waldes vertretende Förster B. etwas Bestimmtes darüber nicht anzugeben vermocht hat, wie viel aus demselben geschlagenes Holz überhaupt entwendet worden sei, ohne sich einer Nichtigkeit schuldig zu machen, aus den Aussagen der übrigen Zeugen entnehmen, daß nicht nur ein solcher Diebstahl stattgefunden, sondern daß auch der Angeklagte ihn verübt habe.

Antr. d. GStA.: gleichl. [28.—8.]

Strafunmündiger; – 16 (18) Jahre. – Zuständigkeit.

Verbrechen ꝛc. eines noch nicht achtzehn Jahre

alten Strafunmündigen gehören zur Zuständigkeit der Gerichtsabtheilungen.

Ges. v. 22. Mai 1852 Art. IV.; Einf.-Ges. z. Pr. StGB. Art. XIII. [n. 17; 2. Ausg. n. 17]. Vgl. Elf.-Lothr. Vdn. v. 30. Aug. 1871 Art. 12; JMin.-Verf. v. 28. Dez. 1870 Nr. 3 (JMBl. S. 380).

Beschl. (I.) v. 6. Dez. 1871 c. Rosenthal (214 B. I. Cr.).

Die über 16, aber noch nicht 18 Jahre alte R. war wegen mehrerer Verbrechen vor die Gerichtsabtheilung gestellt worden; diese erklärte sich unzuständig, weil die schwurgerichtliche Kompetenz begründet sei; das AG. sprach dagegen wiederum die Eröffnung der Untersuchung (vor der Gerichtsabtheilung) aus: Der den vorliegenden Kompetenzkonflikt lösende Beschluß des OTr.'s trat der Ansicht des AG.'s bei und hob demgemäß das Inkompetenz-Urtheil des KG.'s auf indem es erwog:

daß die Beschuldigte zur Zeit der Verübung der jetzt vorliegenden Verbrechen beziehungsweise Verbrechensversuchs schon das sechszehnte, aber noch nicht das achtzehnte Lebensjahr zurückgelegt hatte; daß der Art. IV. des Ges.'s v. 22. Mai 1852 zwar nur Verbrechen von Personen, welche zur Zeit der That das sechszehnte Lebensjahr noch nicht vollendet hatten, von der Zuständigkeit des Geschworenengerichts ausschließt; daß sich diese Bestimmung aber unzweifelhaft auf den § 43 des Pr. StGB.'s bezieht, wonach Personen unter sechszehn Jahren als strafunmündig betrachtet und jedenfalls für die von ihnen begangenen strafbaren Handlungen nicht mit der vollen Strafe des Gesetzes behandelt werden sollten; daß mithin, wenn gegenwärtig der § 57 des B.-StGB.'s das Alter der Strafunmündigkeit auf achtzehn Jahr hinausgerückt hat, und dieser Paragraph in die Stelle des § 43 des Pr. StGB.'s getreten ist, nach dem im § 3 des Einf.-Ges.'s v. 31. Mai 1870 ausgesprochenen Grundsatze statt der im Art. IV. des Ges.'s v. 22. Mai 1852 enthaltenen Worte: „das sechszehnte Lebensjahr" gegenwärtig: „das achtzehnte Lebensjahr" gesetzt werden muß.

Antr. d. GStA.s: gleichl. [20.—8.]

Diebstahl. – Aufstehendes Holz. – Holzdiebstahlsgesetz. – Feldpolizei-Ordnung. – Feststellung.

Bei einem Diebstahle aufstehenden (durch den Dieb vom Boden getrennten) Holzes muß der Instanzrichter eine positive oder negative Feststellung in Betreff derjenigen Momente treffen, nach welchen zu entscheiden ist, ob die Strafe aus dem Strafgesetzbuche, aus dem Holzdiebstahlsgesetze oder aus der Feldpolizei-Ordnung zu verhängen sei.

B.-StGB. § 246 [n. 73. 75]. Vgl. RdOTr 8. S. 550; 11. S. 553.

Erk. (B. II.) v. 7. Dez. 1871 c. am Darl (250. II. Cr.).

a. D. war, weil er „ꝛc. von einem dem Gr. v. W. gehörenden Grenzwalle 14 hochgewachsene Eichen durch von ihm bestellte Arbeiter hatte abhauen lassen, und an einen Holzhändler verkauft hatte", wegen Diebstahlsversuchs aus den §§ 43. 242 des StGB.'s verurtheilt worden. Vernichtung. Gründe:

Der Gegenstand der in Rede stehenden Entwendung sind stehende vom Stamme gehauene Bäume. Eine derartige Entwendung ist, wenn sie auf Grundstücken erfolgte, wo das entwendete Holz hauptsächlich der Holznutzung wegen gezogen wurde, nach § 1 ff. des Ges.'s v. 2. Juni 1852 als Holzdiebstahl, soweit dies aber nicht der Fall, und im Falle der Entwendung in gewinnsüchtiger Absicht (§§ 45. 42 der Feldpolizeiordnung v. 1. Nov. 1847) als Diebstahl nach den Vorschriften des StGB.'s, sonst aber nach § 42 ad 3 der Feldpolizeiordnung zu bestrafen. Danach gewährt die thatsächliche Feststellung des App.-Richters keine ausreichende Grundlage für die Anwendung der §§ 242. 43 des B.-StGB.'s und dies um so weniger, als nach thatsächlichen Erwägungen des ersten Erkenntnisses, welche sich der App.-Richter angeeignet hat, die auf Anweisung des Imploranten abgehauenen Bäume auf einem Grundstücke standen, welches von jeher forstmäßig bewirthschaftet ist. Es hätte also der, sei es positiven, sei es negativen Feststellung darüber: ob das entwendete Holz sich auf einem Grundstücke befand, auf welchem das Holz hauptsächlich der

Holznutzung wegen gezogen wird, sowie, wenn dies nicht der Fall war, Feststellung der gewinnsüchtigen Absicht, falls Diebstahl angenommen wurde, bedurft. Die Entscheidung des App.-Richters mußte sonach, weil dieselbe die Vorschriften der §§ 43. 242 des B.-StGB.'s auf einen ungenügend festgestellten Thatbestand angewendet und mithin durch unrichtige Anwendung verletzt hat, vernichtet werden.

Antr. d. GStA.: gleichl. [37.—9.]

Unterschlagung. - Fremde Sache. - Wechsel-Inhaber.

Der Wechsel-Inhaber kann an dem durch Verwerthung des Wechsels erhaltenen Gelde eine Unterschlagung verüben, wenn er nach einer, mit seinem Vordermanne getroffenen, Abrede verpflichtet war, an diesen den erhobenen Betrag abzuführen.

B.-StGB. § 246 [n. 8—10]; D. Wechs.-Ordn. Art. 10.

Erk. (Z. II.) v. 7. Dez. 1871 c. Brauer (278. II. Cr.).

Br. hatte von K. einen von diesem auf ihn girirten Wechsel mit dem Auftrage erhalten, denselben zu verwerthen, von dem erhobenen Betrage 2 Thlr. als Entschädigung für sich zu behalten, den Rest aber an K. abzuführen. Er hat den ganzen Betrag sich zugeeignet und ist deshalb wegen Unterschlagung verurtheilt. Seine NB. fand hierin eine Verletzung des Art. 10 der D. Wechs.-Ordn. bezw. der §§ 127. 128 I., 5 ALR., weil der Wechsel durch das Giro sein Eigenthum geworden, der darauf erhobene Betrag somit für ihn keine fremde Sache gewesen sei. Zurückweisung. Gründe:

Nach der [zwischen den Parteien getroffenen] Abrede war es, abgesehen von der vollen Wirksamkeit des Giro gegenüber dem Bezogenen nicht rechtsirrthümlich, das von dem Angeklagten unter der Verpflichtung zur Ablieferung empfangene Geld als fremdes zu betrachten. Auch kann nicht davon die Rede sein, daß jene Abrede als Nebenabrede bei dem im Giro vorliegenden schriftlichen Vertrage anzusehen und deshalb nach den bezogenen Paragraphen des ALR.'s nicht zu berücksichtigen gewesen sei. Sie ist vielmehr selbst als der eigentliche, formell gültige Vertrag unter den Kontrahenten zu betrachten, und das Giro bietet nur das Mittel, den Angeklagten zur selbstständigen Erhebung und Beitreibung der Forderung zu legitimiren.

Antr. d. GStA.: gleichl. [32.—9.]

---

1. Nichtigkeitsbeschwerde. – Anmeldung. – Rechtfertigung.
2. Schwurgerichtshof. – Antragsvergehen. – Fragstellung. – Unstatthaftigkeit der Verfolgung.
3. Jagdfrevel, qualifizirter. – Strafantrag.

1. Der Staatsanwalt kann die Rechtfertigung der Nichtigkeitsbeschwerde sofort mit der Anmeldung verbinden.

Ges. v. 3. Mai 1852 Art. 110 [n. 22]. Vgl. RdOTr. 9. S. 167.

2. Der durch einen Anklagebeschluß mit einer Sache befaßte Schwurgerichtshof ist nicht befugt, ohne vorgängige Erwirkung eines erschöpfenden Geschwornenspruchs die Strafverfolgung wegen des Mangels des erforderlichen Antrags des Verletzten für unstatthaft zu erklären.

Vdn. v. 3. Jan. 1849 § 78 [n. 44].

3. Die Strafverfolgung wegen qualifizirten Jagdfrevels ist nicht durch einen Antrag des Verletzten bedingt.

B.-StGB. § 292. 293 [n. 2]. Vgl. oben S. 445.

Erk. (B. II.) v. 7. Dez. 1871 c. Butz & Gen. (276 II. Cr.).

B. und Gen. waren wegen eines Verbrechens und eines mit diesem konnexen qualifizirten Jagdfrevels (StGB. § 293) vor den Schw.-GH. verwiesen worden. Dieser erachtete aber die Verfolgung wegen des letzteren Vergehens in Ermanglung eines Antrags des Verletzten für unstatthaft und sah deshalb von einer Fragstellung in Betreff dieses Anklagepunkts gänzlich ab, und setzte sodann im Endurtheile in Betreff des letzteren die Angeklagten „außer Strafverfolgung". Auf die NB. des StA.'s ist diese Entscheidung vernichtet und die Sache zur Aburtheilung jenes Jagdvergehens an die Abtheilung des KG.'s verwiesen worden. Gründe:

[1.] Zunächst unterliegt es in formeller Hinsicht keinem Bedenken, daß es der Staatsanwaltschaft unbenommen war, schon mit der Anmeldung der NB. auch die Beschwerdepunkte vorzutragen; denn der Art. 110 des Ges.'s v. 3. Mai 1852 schreibt nur vor, daß die Anmeldung ohne Wirkung bleibe, wenn die Angabe der Beschwerdepunkte nicht rechtzeitig, das heißt zur rechten Zeit, also nicht zu spät, erfolge.

[2.] Was sodann die lediglich auf Verletzung einer wesentlichen Vorschrift des Verfahrens gegründete NB. selbst anbetrifft, so kann es schon nach der ganzen Oekonomie und den durchgreifenden Grundlagen des schwurgerichtlichen Verfahrens keinem Bedenken unterliegen, daß es dem Schw.-GH. nicht zustehen kann, rücksichtlich einer Handlung, wegen deren der Angeklagte durch den Anklagesenat definitiv in den Anklagestand versetzt worden ist, die Stellung einer diese Handlung betreffenden Frage an die Geschworenen zu unterlassen, wenn er an derselben ein wesentliches Merkmal des Strafgesetzes vermißt, oder seiner Ansicht nach die prozessualischen Vorbedingungen ihrer Verfolgung nicht gegeben sind. Der Schw.-GH., welcher überhaupt, soweit das Gesetz selbst nicht ein Anderes bestimmt — Art. 75 l. c. — nur entscheiden kann unter der durch das Gesetz geordneten Mitwirkung der Geschworenen, ist nicht berufen oder berechtigt, die Anklage, so lange nur diese vorliegt, bezw. den Beschluß des Anklagesenates, seiner rechtlichen Kritik zu unterziehen. Er hat nur über die Anwendung des Gesetzes auf die von den Geschworenen durch ihren Ausspruch festgestellten Thatsachen zu erkennen. Insbesondere der Art. 81 l. c. schreibt deshalb auch bei Strafe der Nichtigkeit vor, daß die Fragen an die Geschworenen alle Thatsachen enthalten müssen, welche die wesentlichen Merkmale der dem Angeklagten zur Last gelegten strafbaren Handlung bilden. Nur durch eine den ganzen Inhalt der Anklage umfassende Feststellung kann jene erschöpft werden. Das Verfahren des Schw.-GH., welcher rücksichtlich der 3 erstgenannten Angeklagten wegen des Jagdvergehens und der Hülfeleistung bei demselben eine Frage an die Geschworenen nicht gestellt hat, leidet daher insoweit an einer Nichtigkeit, welche auch dadurch keineswegs gedeckt werden konnte, daß bei der Verhandlung vor dem Schw.=GH., inhaltlich des Audienz=Protokolles, gegen die Fragestellung, sowie sie erfolgt ist, kein Widerspruch Seitens der Staatsanwaltschaft erfolgt ist. Gleichwohl würde die Vernichtung des Erkenntnisses wegen mangelnden rechtlichen Interesses nicht ausgesprochen werden dürfen, wenn der Ansicht des Schw.=GH.'s beigepflichtet werden könnte, daß die Strafverfolgung wegen eines unter den im § 293 des B.=StGB.'s gedachten Umständen verübten Jagdvergehens durch den Antrag des dadurch Verletzten bedingt werde.

[3.] Diese Ansicht ist aber als richtig nicht anzuerkennen. Die Schlußworte des § 292: „Die Verfolgung tritt nur auf Antrag ein", — können sprachlich nur auf das einfache Jagdvergehen bezogen werden. Daß für das qualifizirte Jagdvergehen — § 293 — nur das Strafmaximum anders und höher gegriffen worden ist, kann nicht berechtigen, jenen Schlußworten, welche eine nicht auszudehnende Beschränkung des allgemeinen Rechts der Staatsanwaltschaft zur Strafverfolgung enthalten, einen Sinn beizulegen, welcher über die aus ihrer Stellung sich ergebende Tragweite derselben hinausgeht. Es kommt dabei noch in Betracht, daß bei den unter den Umständen des § 293 verübten Jagdvergehen neben demjenigen des Privatbeschädigten auch das öffentliche Interesse mehr oder minder in den Vordergrund tritt, welches Schutz des Wildes gegen völlige Vernichtung und Schutz gegen die besonderen Gefahren verlangt, die sich an die unberechtigte Ausübung der Jagd in Wäldern, zur Nachtzeit und von Mehreren gemeinschaftlich, knüpfen.

Antr. d. GStA.: gleichl. [32.—9.]

Strafart. – Gewerbebetrieb, Untersagung. – Steuervergehen.

Die durch ein Landesgesetz für ein Steuervergehen angedrohte Entziehung der Berechtigung zum Gewerbebetriebe, ist nicht beseitigt durch

Einf.-Ges. z. B.-StGB. § 6 [n. 3; 2. Ausg. n. 8]; B.-Gew.-Ordn. v. 21. Juni 1869 § 143. — Vgl. oben S. 243. 266.

Erk. (B. II.) v. 7. Dez. 1871 c. Haas (272. II. Cr.).

Die Bundes-Gewerbeordnung, welche am 21. Juni 1869 erlassen ist, also dem Einführungsgesetze zum StGB. für den Nordd. Bund v. 31. Mai 1871 nur kurze Zeit vorherging, enthält im § 143 die Bestimmung:

> „Die Berechtigung zum Gewerbebetriebe kann, abgesehen von der Concessions-Entziehung und der in diesem Gesetze gestatteten Untersagung des Gewerbebetriebes (§ 15 Abs. 2 und § 35) weder durch richterliche noch durch administrative Entscheidung entzogen werden. Ausnahmen von diesem Grundsatze, welche durch die Steuergesetzgebung begründet sind, bleiben so lange aufrecht erhalten, als diese Steuergesetze in Kraft bleiben."

Demnach ist in demjenigen Bundesgesetze, welches die Regelung des Gewerbebetriebes zum speziellen Gegenstande hat, zugleich mit der Aufstellung des Grundsatzes, daß die Berechtigung zum Gewerbebetriebe nicht mehr entzogen werden könne, die noch speziellere Bestimmung getroffen, daß die Entziehung der Berechtigung zum Gewerbebetriebe, welche in den Steuergesetzen gegen Zuwiderhandlungen gegen dieselben angedroht sei, noch ferner zulässig sein solle, und zwar so lange, als diese Steuergesetze in Kraft seien. Diese Schlußbestimmung beruht ohne Zweifel auf der Anschauung, daß von dem besonderen Standpunkte der zum Theil auf Vereinbarungen zwischen den Zollvereinsstaaten beruhender Steuergesetzgebung aus, werde geprüft werden müssen, ob und welche anderweitige Maßregeln zur Sicherung der Steuergefälle anzuordnen seien, bevor auch bei Steuervergehen jene Strafe aufgehoben werden könne. Gegenüber einer derartigen, in dem Spezialgesetze über den Gewerbebetrieb enthaltenen, die Materie der Entziehung der Berechtigung zum Gewerbebetriebe bei Steuervergehen als Strafe speziell regelnden Bestimmung, welche zugleich die Dauer ihrer Geltung vorgezeichnet hat, erscheint das jüngere Bundesgesetz, nämlich die Vorschrift des § 6 des cit. Einf.-

Ges.'s, welche die Entziehung der Berechtigung zum Gewerbebetriebe wegen Steuervergehen nicht besonders ins Auge faßt, als eine allgemeine und daher als eine solche, durch welche jenes Spezialgesetz nicht ohne Weiteres aufgehoben wird. Dies würde nur dann angenommen werden können, wenn das jüngere Gesetz die Absicht, die in dem Spezialgesetz noch vorbehaltenen Ausnahmen von dem dort adoptirten Grundsatze durch die allgemeine Vorschrift zu beseitigen, in erkennbarer Weise zum Ausdruck gebracht hätte. Dies aber ist nicht geschehen; gegen eine solche Absicht spricht klar die bereits hervorgehobene kurze Aufeinanderfolge der beiden von denselben gesetzgebenden Faktoren erlassenen Gesetze. Daß die Bestimmungen des § 143 der Gew.-Ordn. unberührt durch das StGB. und das Einf.-Ges. zu demselben fortbestehen sollten, und es vollständig außer der beabsichtigten Tragweite des letztgedachten Gesetzes gelegen habe, durch § 6 desselben die in § 143 der Gewerbeordnung gemachten Vorbehalte zu treffen, wird denn auch durch die Materialien zum StGB. vollständig bestätigt. Die amtlichen Motive desselben stehen unbedenklich auf diesem Standpunkte. Zu dem von der fahrlässigen Tödtung handelnden § 217 des Entwurfs erwähnen dieselben zunächst als Grundlage der neuen Bestimmung den § 184 des Pr. StGB.'s,

> „welcher den Thäter auch mit dem Verluste der Befugniß zur selbstständigen Betreibung seiner Kunst oder seines Gewerbes bedroht hatte, wenn er die Aufmerksamkeit oder Vorsicht aus den Augen gesetzt hatte, zu welcher er vermöge seines Berufes oder Gewerbes besonders verpflichtet war."

Dabei motiviren sie nur die Nothwendigkeit einer Aenderung durch Hinweisung auf den § 143 der Gew.-Ordn. und führen (S. 114) aus:

> „es sei darnach als die Meinung des Gesetzes anzunehmen, daß die Entziehung der Berechtigung zum Gewerbebetriebe künftig — von der besondern im § 143 für die Steuer- und Preßgesetzgebung bestimmten Aus-

nahmen abgesehen, — überhaupt als Strafart nicht mehr zulässig sei, die Verletzung besonderer Berufspflichten vielmehr nur mit der gewöhnlichen Strafe belegt werden solle. — So bedenklich das gerade in seiner Anwendung auf die hier in Rede stehenden strafbaren Handlungen auch erscheinen möge, so habe sich doch der Versuch verbieten müssen, ein eben erst gesetzgeberisch sanctionirtes Prinzip wieder zu durchbrechen. Es habe vielmehr die in dem § 184 des Pr. StGB.'s bei fahrlässiger Tödtung und im § 102 bei vorsätzlich oder fahrlässig verübter Körperverletzung vorgeschriebene Strafe der Verlustigerklärung des Rechts zum selbstständigen Gewerbebetriebe fortfallen müssen."

Dieser Standpunkt der Motive, nach welchem unzweifelhaft die hervorgehobene Ausnahme neben dem, eben erst gesetzgeberisch sanktionirten Prinzipe und neben dem StGB. fortbestehen sollten, hat bei den Verhandlungen im Reichstage von keiner Seite Widerspruch gefunden. Weder in der Commission bei der Vorberathung des § 217 noch bei den Berathungen im Hause über denselben Paragraphen und den § 6 des Einf.-Ges.'s ist von irgend einer Seite auch nur ein Bedenken gegen die Auffassung der Motive erhoben worden. Es ist daher die Annahme berechtigt, daß der in den Regierungsmotiven dargelegte Standpunkt auch vom Reichstage getheilt worden sei. Hiernach sind also die Bestimmungen des § 143 der B.-Gew.-Ordn. über die fernere ausnahmsweise Zulässigkeit der Untersagung des Gewerbebetriebes als Strafe als noch in Kraft bestehend zu betrachten.

Antr. d. GStA.: gleichl. [32.—9]

Konkurs. - Zahlungseinstellung. - Befriedigung eines Gläubigers. - Exekution. - Erstattung.

1. Die Befriedigung eines Einzelgläubigers nach eingetretener Zahlungseinstellung ist strafbar,

sollte sie auch geschehen sein, um eine bereits begonnene Zwangsvollstreckung abzuwenden.

2. Die Strafbarkeit der gedachten Handlung wird dadurch nicht aufgehoben, daß der Konkursverwalter gegen den befriedigten Gläubiger auf Erstattung des Gezahlten klagt [und diese erzielt].

Konk.-Ordn. v. 8. Mai 1855 § 308.

Erk. (Z. I.) v. 8. Dez. 1871 c. Berliner (872. I. Cr.).

B., der Befriedigung eines Gläubigers L. nach eingetretener Zahlungseinstellung (Konk.-Ordn. § 308) angeklagt, wendete ein: L. habe wegen einer eingeklagten Wechselforderung Exekution nachgesucht und der Exekutor diese bereits angetreten; nur zur Abwendung dieser Exekution habe er (B.) dem L. Waaren offerirt, welche, wenn sie von jenem nicht angenommen wären, durch den Exekutor gepfändet sein würden; übrigens könne von einer Benachtheiligung der übrigen Gläubiger nicht die Rede sein, weil der Konkurs-Verwalter gegen L. auf Herausgabe der Waaren zur Masse geklagt habe. — Er griff sodann das verurtheilende Erkenntniß durch NB. an. Zurückweisung. Gründe:

[1.] Der Angeklagte hatte, wie der App.-Richter angenommen, seine Zahlungen bereits eingestellt, als er seinen Gläubiger L. durch Hingabe von Waaren befriedigte, dadurch jedoch seine übrigen Gläubiger benachtheiligte. Er durfte dies nach der ausdrücklichen Vorschrift des § 308 l. c. nicht und mußte, wenn er dem Andringen des rc. L. entgehen, und nicht den Strafgesetzen verfallen wollte, dem § 113 l. c. entsprechend, zur Sicherung seiner gesammten Gläubiger auf Eröffnung des Konkurses antragen.

[2.] In seiner Strafbarkeit wird ferner dadurch Nichts geändert, wenn der Konkurs-Verwalter wider den Kaufmann L. auf Rückgabe der empfangenen Waaren zur Konkurs-Masse geklagt hat, es fällt dies bei der vorangegangenen strafbaren und vollendeten Handlungsweise des Imploranten in keiner Weise ins Gewicht.

Antr. d. GStA.: gleichl. [20.—6.]

Nachbildung. - Schutz. - Bundesstaat. - Photographie. - Preußisches-, Reichs-Gesetz.

1. Hat ein Bundesstaat die Beschlüsse der

Deutschen Bundesversammlung v. 9. Nov. 1837 und v. 19. Juni 1845 verkündet, ohne zur Erlangung des dort gewährten Schutzes besondere Bedingungen oder Förmlichkeiten vorzuschreiben, so genießen die dort veröffentlichten Kunstwerke im ganz Deutschland den gewährten Schutz gegen unbefugte mechanische Vervielfältigung, insbesondere also auch in Preußen, sollten auch die hier durch das Ges. v. 11. Juni 1837 vorgeschriebenen Förmlichkeiten nicht beobachtet sein.

2. Eine durch Photographie bewirkte Nachbildung einer Handzeichnung wird des Schutzes gegen mechanische Nachbildung (z. B. gegen eine durch Photographie vervielfältigte Nachzeichnung) theilhaftig.

3. Sind ein Kunstwerk und eine dazu gehörige Unterschrift mechanisch nachgebildet worden, so ist die Strafe aus dem Pr. Ges. v. 11. Juni 1837 und nicht aus dem Reichsges. v. 11. Juni 1870 zu verhängen, wenn der Nachdruck der Unterschrift ein integrirender aber nebensächlicher Theil der Nachbildung war.

Erk. (Z. I.) v. 8. Dez. 1871 c. Linde & Gen. (856. I. Cr.).

Z. hatte eine Bleifederzeichnung (eine politische Karrikatur darstellend) angefertigt, darunter vier von ihm verfaßte Verse gesetzt, und das Ganze in Bremen photographisch vervielfältigen und in den Handel bringen lassen. Nach einer dieser Photographien ließ der Kaufmann L. in Berlin durch den Maler M. eine mit jener übereinstimmende Handzeichnung in Tusch ausführen, versah diese mit denselben Versen, wie die des Z., ließ dann das Ganze photographiren und brachte die Abdrücke in den Handel. Hierin fanden die Instanzgerichte die unbefugte Nachbildung eines Kunstwerks und den Nachdruck der darunter befindlichen Verse und straften aus §§ 10. 11. 30 des Ges.'s v. 11. Juni 1837. Nichtigkeitsbeschwerde. Zurückweisung. Gründe:

[1.] Die Frage, ob die durch den Angeklagten vorgenommene Nachbildung der Z.schen Zeichnung unerlaubt ist, läßt sich aus dem Preuß. Ges. v. 11. Juni 1837 nicht beantworten. Wiewohl nämlich Z., der seine photographisch vervielfältigte Zeichnung in Bremen erscheinen ließ, auf Grund des Beschlusses der Deutschen Bundesversammlung v. 6. Sept. 1832 (Ges.=S. 1833 S. 25) und des Publikations=Patents v. 27. Nov. 1837 unter a. — Ges.=S. S. 161 — den Schutz dieses Preuß. Gesetzes erlangen konnte, sobald er den in den §§ 27 ff. aufgestellten Voraussetzungen genügte, so ist doch das Vorhandensein derselben von den Thatrichtern nicht festgestellt. Dagegen ergiebt sich aus der Bremischen Gesetzgebung das Verbot dieser ohne Genehmigung des Z. erfolgten Nachbildung. Nach der Feststellung der Thatrichter hat sich diese Gesetzgebung darauf beschränkt, die beiden Beschlüsse der Deutschen Bundesversammlung v. 9. Nov. 1837 und v. 19. Juni 1845 ohne weitere landesgesetzliche Bestimmungen zu publiziren, so daß diese allein entscheiden. In dem Beschlusse v. 9. Nov. 1837 wurde als Gesammtwille des Bundes (Art. X. der Wiener Schlußakte) ausgesprochen (Art. 1 und 2):

1) daß Werke der Kunst ohne Einwilligung des Urhebers oder desjenigen, welchem er seine Rechte an dem Original übertragen hat, auf mechanischem Wege nicht vervielfältigt werden dürfen.
2) daß denjenigen Werken, auf welchen der Herausgeber oder Verleger genannt ist, dieser Schutz in allen Staaten des Bundes auf die Dauer von mindestens zehn Jahren gebührt.

Das hier von der Bundesversammlung den einzelnen Staaten vorgeschriebene geringste Maß des Schutzes wurde in dem Beschlusse v. 19. Juni 1845 (Ges.=S. 1846 S. 149) erweitert. In ihm wird nicht blos den Werken, auf welchen Herausgeber oder Verleger genannt ist, sondern allen literarischen Erzeugnissen und Werken der Kunst gegen Nachdruck und unbefugte Nachbildung ein Schutz auf die Dauer von dreißig Jahren gewährt, die vom Erscheinen des Werkes und, wenn der Urheber genannt ist, von seinem Tode ab gerechnet werden. Jene Beschränkung der in dem ältern Beschlusse als nothwendig hingestellten Schutzfrist auf gewisse Werke ist in dem Beschlusse v. 1845 weder ausdrücklich noch durch die Anführung des Art. 2 des Beschlusses v. 1837 aufrecht erhalten worden. Von Bundeswegen erhielt jedes Werk der Kunst Schutz gegen mechanische Vervielfältigung; die Landesgesetzgebung sollte diesem Schutze keine geringere Dauer geben als dreißig Jahre. Da nach der Feststellung der Vorderrichter in Bremen besondere Bedingungen und Förmlichkeiten zur Erlangung dieses von der Bundesversammlung gewährten Schutzes nicht vorgeschrieben sind, so konnte Z. diesen Schutz gegen unbefugte mechanische Vervielfältigung seines Bildes auch in Preußen in Anspruch nehmen (Beschl. v. 19. Juni 1845 Nr. 3) und durch seinen Strafantrag die Bestrafung des Angeklagten mit den in dem Preußischen Gesetze vorgesehenen Strafen herbeiführen.

[2.] Die Vervielfältigung ist gegen den Angeklagten von den Vorderrichtern festgestellt; der App.-Richter bezeichnet namentlich als das Objekt der Nachmachung die Handzeichnung des Z., nicht das Erzeugniß der Photographie. Diese kommt hier nicht als ein selbstständiges Verfahren in Betracht — sie würde von diesem Gesichtspunkte aus keinen Schutz genießen, sie war vielmehr nur das von Z. gewählte mechanische Mittel der Vervielfältigung seiner schutzberechtigten Zeichnung. Wiewohl nun der Angeklagte das Bild des Z., sei es dessen Original, sei es dessen photographische Vervielfältigung, nicht unmittelbar, sondern die durch M. von jenem Bilde genommene Zeichnung durch Photographie mechanisch vervielfältigt hat, die Anfertigung einer Copie aber, weil nicht mechanisch bewirkt, an sich straflos erscheint, so gilt diese Straflosigkeit nicht von derjenigen Copie, welche, wie hier, nur als Mittel zur Vervielfältigung des schutzberechtigten Kunstwerks gebraucht ist.

[3.] Die verhängte Strafe ist den Preuß. Gesetzen entnommen und das Reichsgesetz v. 11. Juni 1870 mit Recht von der Anwendung ausgeschlossen, weil der App.-Richter, wenn er auch das wegen unerlaubten Nachdrucks der vier Unterschriftsverse strafende Erkenntniß erster Instanz bestätigt, ausdrücklich erklärt, dieser Nachdruck sei ein integrirender und zwar nebensächlicher Theil der Nachbildung des Z.schen Bildes, und deshalb mit dem ersten Richter eine besondere Bestrafung dieses Nachdrucks nicht ausgesprochen hat.

Antr. d. GStA.: gleichl. [39.—8.]

Ober-Tribunal. - Vernichtung. - Verweisung vor ein anderes Gericht. - Wirkung.

Hat das Ober-Tribunal ein appellationsgerichtliches Erkenntniß vernichtet und die Sache zur abermaligen Verhandlung 2c. an ein anderes App.-Gericht verwiesen, dieses sodann das erstinstanzrichterliche Urtheil vernichtet und die Sache an das betr. Kreisgericht zurückverwiesen, — so ist für die Appellation gegen das demnächst ergangene neue Urtheil der ersten Instanz das ressortmäßig vorgesetzte Appellations- nicht jenes Verweisungs-Gericht zuständig.

Ges. v. 3. Mai 1852 Art. 117 [n. 11 a.]

Beschl. (I.) v. 8. Dez. 1871 c. v. Pablocki (218. B. I. Cr.).

Das OTr. hatte ein in der Sache ergangenes Erkenntniß des AG.'s zu Cöslin vernichtet und die Sache zur nochmaligen Verhandlung und Entscheidung an das AG. zu Stettin verwiesen. Dieses vernichtete seinerseits das Urtheil erster Instanz und wies die Sache an das betr. KG. zurück. Das demgemäß ergangene neue Urtheil erster Instanz ward abermals durch Appellation angegriffen, welche wiederum an das vorgesetzte AG. zu Cöslin gelangte. Hier erging zunächst ein Beweis-Resolut. Der OStA. hielt indessen dafür, daß das AG. zu Cöslin nicht mehr zuständig sei, daß vielmehr die frühere Entscheidung des OTr.'s die Zuständigkeit des AG.'s zu Stettin für alle folgenden Phasen des Verfahrens fixirt habe. Seine dieserhalb gegen jenes Resolut ergriffene Beschwerde ward aber zurückgewiesen. Gründe:

Das in Folge der früher eingelegt gewesenen Nichtigkeitsbeschwerde ergangene Erkenntniß des Kgl. OTr.'s v. 21. April c. hatte nur die damals nothwendig gewordene anderweitige Entscheidung in zweiter Instanz, dem Kgl. AG. zu Stettin übertragen. Dasselbe hat demgemäß, wie die OStA.-schaft selbst angegeben, auch erkannt, indeß die Sache zur nochmaligen Verhandlung und Entscheidung in die erste Instanz, an das Kgl. KG. zu Lauenburg zurückgewiesen, wozu es an sich berechtigt war. Das gedachte Urtheil ist rechtskräftig geworden, und somit der ursprüngliche Instanzenzug wieder eingetreten. Auf das demnächst erlassene Erkenntniß des gedachten KG.'s, gegen welches die Angeklagten appellirt haben, kann somit folgeweise blos das vorgesetzte AG. zu Cöslin entscheiden, da die dem AG. zu Stettin für den bestimmten Fall beigelegte Ermächtigung erloschen ist. Außerdem würde es, selbst wenn dies nicht wäre, unzulässig sein, das erlassene Beweis-Resolut des Kgl. AG.'s zu Cöslin im Wege der Beschwerde aufzuheben, und es kann daher den Anträgen der OStA.-schaft überall nicht stattgegeben werden.

Antr. des GStA.: gleichl. [20.—8.]

Zeuge. – Diensteid. – Gewesener Beamter. – Holzdiebstahlsgesetz.

1. Wird ein aus dem Dienste geschiedener Beamter als Zeuge vernommen, so kann seine Vereidung nicht durch eine Verweisung auf den Amtseid ersetzt werden.

2. Handelt es sich um eine, nicht aus dem Holzdiebstahlsgesetze zu bestrafende Uebelthat, so kann die Verweisung eines als Zeuge vernommenen Forstbeamten auf den von ihm in Gemäßheit des § 33 des cit. Ges.'s geleisteten Eid, die Ausschwörung des Zeugen-Eides nicht ersetzen.

Crim.-Ordn. § 333. 335; HDGes. v. 2. Juni 1852 § 33; Vdn. v. 3. Jan. 1849 § 55 [n. 32 ff.] Vgl. RdOTr. 4. S. 361; 9. S. 227. 573; 10. S. 709.

Erk. (B. I.) v. 8. Dez. 1871 c. Stein (862. I. Cr.)

In der gegen die Eheleute St. wegen Diebstahls an geschlagenem Holze geführten Untersuchung war der frühere, inzwischen aus dem Dienste ausgeschiedene städtische Förster H. (in 2. Instanz) als Zeuge vernommen worden, und hatte die Wahrheit seiner Aussage auf den von ihm ein für alle Male in Gemäßheit des § 33 des cit. HDGes.'s abgeleisteten Eid versichert. Vernichtung des Verfahrens 2c. Gründe:

Von der im § 333 der Crim.-Ordn. gegebenen Vorschrift, daß jeder Zeuge den gesetzlichen Zeugeneid ableisten muß, enthält der § 335 die Ausnahmen; er bestimmt namentlich unter Nr. 2, daß bei Personen, die in Eid und Pflicht stehen, die Verweisung auf den Amtseid genügt, wenn sie in Sachen ihr Zeugniß ablegen, welche ihr Amt unmittelbar betreffen. Es folgt daraus, daß diese für den Beamten gemachte Ausnahme in dem Augenblicke aufhört, wo er aus dem Amte scheidet; er muß dann den allgemeinen Zeugeneid leisten, wenn er auch Wahrnehmungen aussagt, die er in seiner früheren amtlichen Stellung amtlich gemacht hat, denn er gehört nicht mehr zu den Personen, die in Eid und Pflicht stehen. Hiernach war es unstatthaft, daß der Zeuge H., wenn er wirklich als Stadtförster in 2c. den vorgeschriebenen Diensteid geleistet hatte, bei seiner in der II. Instanz erfolgten Vernehmung zu einer Zeit, wo er nicht mehr Stadtförster in 2c. war, seine Aussage auf jenen angeblichen Diensteid genommen hat. Seine Zeugenaussage stände daher unbeschworen da, selbst wenn ein Diensteid anzuerkennen wäre. Dies ist aber nicht der Fall.

[2.] Bei der Annahme als Stadtförster ist H. nur auf den Eid verwiesen worden, den er am 2c. bei der Kgl. KGC. zu G. geleistet hat. Nach Ausweis des Protokolles wurde aber H. damals bei seiner Annahme in den Forstdienst nur ein für alle allemal in der im § 33 des HDGes.'s v. 2. Juni 1852 vorgeschriebenen Weise vereidigt. Dieser Eid ist der generelle promissorische Zeugeneid für Untersuchungssachen, in denen es sich um Holzdiebstahl im Sinne des bezeichneten Ges.'s handelt; er ist weder der in der Vdn. v. 6. Mai 1867 (GS. S. 715) vorgeschriebene Diensteid, noch ein in anderen Untersuchungen zur Geltung gelangender Eid; in der vorliegenden, einen Diebstahl an geschlagenem Holze betreffenden Sache, konnte die Ableistung des Zeugeneides durch Uebernahme der Aussage auf den von H. auf das HDGesetz geleisteten Eid nicht ersetzt werden.

Antr. d. GStA.: gleichl. [39.—6.]

Rechtskraft, relative. - Strafabmessung. - Gesetzeswechsel.

Die relative Rechtskraft eines ausdrücklich das geringste gesetzliche Strafmaß verhängenden Urtheils zwingt den durch die alleinige Appellation des Angeklagten befaßten höheren Richter nicht, die Strafe mit Rücksicht auf ein inzwischen in Kraft getretenes milderes Gesetz bis auf den Mindestbetrag des letzteren herabzusetzen.

Vdn. v. 3. Jan. 1849 Absch. IV. [S. 464 u. 65]. Vgl. oben S. 391.

Erk. (Z. I.) v. 13. Dez. 1871 c. Hensel (906 I. Cr.)

Die Gründe, welche den ersten Richter geleitet haben, um innerhalb der Grenzen des von ihm anzuwendenden Strafgesetzes die Strafe wie geschehen abzumessen, sind, wenn sie auch im ersten Urtheile ausgedrückt sind, für den App.-Richter nicht bindend. Als daher nach Verkündung des ersten Urtheils das B.-StGB. in Kraft getreten war, welches in § 285 das hier in Rede stehende Vergehen mit einer milderen Strafe bedroht, als § 267 des Pr. StGB.'s, der App.-Richter also das erstere anzuwenden hatte (§ 2 des B.-StGB.'s), war die Abmessung der Strafe innerhalb der Grenzen desselben seinem freien Ermessen überlassen und er durch den Grundsatz der relativen Rechtskraft nur verhindert, eine härtere Strafe als die vom ersten Richter erkannte festzusetzen. Da nun der App.-Richter die vom I. Richter erkannte Geldstrafe von 200 Thlr. auf 100 Thlr. ermäßigt und dabei die im § 285 des B.-StGB.'s bestimmten Grenzen inne gehalten hat, so ist auch diese Beschwerde des Angeklagten unbegründet.

Antr. d. GStA.: gleichl. [30.— 8.]

1. Zeuge. - Nichtvereidung. - Nichtigkeit.
2. Betrug. - Absicht. - Rechtswidrigkeit.

1. Die Nichtvereidung eines vernommenen Zeugen begründet keine Nichtigkeit des Verfahrens, wenn der Instanzrichter seine Feststellung gar nicht auf die Bekundungen jenes Zeugen gestützt hat.

Vdn. v. 3. Jan. 1849 § 55 [n. 23. 28. 30]. Vgl. RbOTr. 1. S. 116; 4. S. 467; 5. S. 46; 8. S. 31. 40; 11. S. 59.

2. Bei der zum Thatbestande des Betruges erforderten, auf Verschaffung eines „rechtswidrigen" Vermögensvortheils gerichteten Absicht, ist als „rechtswidrig" dasjenige anzusehen, zu welchem der Thäter im gegebenen Falle kein Recht hat.

B.-StGB. § 263 [n. 6].

Erk. (Z. I.) v. 13. Dez. 1871 c. Mendel (890. I. Cr.).

In erster Instanz war der Bankier X. als Belastungszeuge vernommen worden, seine Vereidung war aber unterblieben, weil der StA. auf diese verzichtet und der Vertheidiger dagegen Nichts eingewendet hatte. Dies rügte der Angeklagte in 2. Instanz, das AG. fand indessen darin keinen Nichtigkeitsgrund, weil das erstrichterliche Erkenntniß auf jenes Zeugniß gar nicht eingegangen sei, desselben gar nicht Erwähnung thue, und weil sonach die Bekundungen des X. thatsächlich gar nicht als Beweismittel gedient hätten. — Die NB. griff diese Verfahrungsweise als gegen einen wesentlichen Grundsatz des Verfahrens verstoßend an, und rügte außerdem Verletzung des zur Anwendung gebrachten § 263 des B.-StGB.'s, indem sie ausführte, der gesuchte Vermögensvortheil sei kein „rechtswidriger" gewesen, — da die Absicht dahin gegangen sei, den gewöhnlichen Handelsgewinn und außerdem einen Zuschlag für den, ohne Sicherheit und auf mehrere Monate gewährten Kredit zu erzielen. — Zurückweisung. Die Gründe sprechen in Betreff des zweiten Beschwerdepunktes den obigen Grundsatz (2) aus, und führen rücksichtlich des ersten aus:

„es sei richtig, daß das Erkenntniß der ersten Instanz der Aussage des X. keine Erwähnung thue; zwar werde in den Entscheidungsgründen beiläufig eine von X. bekundete Thatsache, aber ohne Bezugnahme auf einen diesfällig erbrachten Beweis angeführt; da aber noch ein anderer gehörig vereideter Zeuge diese Bekundung gemacht habe, so habe das

AG. zu der Annahme gelangen können, daß die Deposition des X. gar nicht als Beweismittel gedient habe; unter diesen Umständen sei die Ansicht, daß aus der Nichtvereidung des X. keine Nichtigkeit herzuleiten sei, keine rechtsirrthümliche."

[20.—8.]

Schlachtsteuerhinterziehung. – Rückfall. – Gewerbe. – Untersagung.

Derjenige, welcher sich einer Schlachtsteuerhinterziehung im zweiten Rückfalle schuldig macht, verwirkt die Untersagung des Betriebs des Fleischergewerbes auf Zeit, sollte er auch zur Zeit der Vorbestrafungen jenes Gewerbe noch nicht selbstständig betrieben haben.

Steuer-Ordn. v. 8. Febr. 1819 § 62. 63. 94; M.- u. Schl.-St.-Ges. v. 30. Mai 1820 § 17; B.-Gew.-Ordn. v. 21. Juni 1869 § 143; EG. z. B.-StGB. § 6 [2. Ausg. n. 8]. Vgl. B. I. v. 30. Mai 1862; Z. I. v. 17. Sept. 1869; B. I. v. 19. Juli 1871 (RdOTr. 2. S. 428; 10. S. 572; 12. S. 424) und die Note l. c. 2. S. 428.

Erk. (Z. I.) v. 13. Dez. 1871 c. **Michaelis** (912. I. Cr.) spricht den obigen Grundsatz unter Hinverweisung auf B. I. v. 19. Juli 1871 [RdOTr. 12. S. 425] aus.

Antr. d. OStA.: gleichl. [39.—8.]

Eröffnungsbeschluß. – Beschwerde. – Staatsanwalt.

Der Beschluß, durch welchen die Untersuchung eröffnet worden ist, kann vom Staatsanwalt nicht im Interesse des Angeklagten (z. B. weil die That nicht strafbar sei) durch Beschwerde angefochten werden.

Vdn. v. 3. Jan. 1849 § 12 [n. 3]; Ges. v. 3. Mai 1852 Art. 15. Vgl. RdOTr. 6. S. 45; 10. S. 437, 550; Sic: Beschl. I. v. 15. Nov. 1871 c. Rose (199. B. I.).

Beschl. (I.) v. 13. Dez. 1871 c. N. (219. B. I.)

N. war, weil er vor seiner Anstellung dem App.-Gerichts-Präsidenten gegenüber eine unrichtige diensteidliche Versicherung über seine Schuldverhältnisse abgegeben habe, aus §§ 125. 128 des Pr., und aus §§ 153. 155 des B.StGB.'s definitiv in den Anklagestand versetzt worden. Gegen diesen Beschluß ergriff der OStA. die Beschwerde, weil es gesetzlich unzulässig gewesen sei, dem N. eine solche eidliche

Erklärung aufzuerlegen. Zurückweisung aus dem oben angeführten Grunde und

„weil die Beschwerde auf der Behauptung beruhe: die falsche amtseidliche Angabe des rc N. sei einer allgemeinen Strafbestimmung nicht erreichbar und könne nur eine disciplinarische Ahndung herbeiführen, und weil sie zu dem Antrage gelange, den Beschluß aufzuheben und den N. bezüglich der Anschuldigung des wissentlichen Meineids außer Verfolgung zu setzen."

Antr. d. GStA.: gleichl. [39.—8.]

Kriegszustand. - Wiederaufhebung. - Widerstand gegen einen Beamten.

Gelangt ein während des „Kriegszustandes" begangenes Verbrechen nach Aufhebung jenes zur Aburtheilung durch das berufene Civilgericht, so hat dieses die Strafe nicht aus dem Ges. v. 4. Juni 1851, sondern aus dem „ordentlichen Strafgesetze" zu verhängen, ohne Unterschied, ob während des Belagerungszustandes die Untersuchung von dem Kriegsgerichte oder von dem Civilgerichte selbst geführt war.

Ges. v. 4. Juni 1851 § 15.

Erk. (Z. I.) v. 13. Dez. 1871 c. Ramm & Gen. (888. I. Cr.)

R. und Gen. waren unter der Anklage:

„am 31. Aug. 1870 im Inlande und zwar im Bezirke des zweiten Armeekorps, welcher durch Allerh. Vdn. v. 21. Juli 1870 in den Kriegszustand erklärt war, einem Gendarmen als Abgeordneten einer Civilbehörde in offener Gewalt und mit gefährlichen Werkzeugen versehen, Widerstand geleistet zu haben"

aus § 8 des Ges.'s v. 4. Juni 1851 vor den Schwurgerichtshof verwiesen worden (vgl. oben S. 89. 215). Die Sache gelangte aber erst nach der durch Allerh. Vdn. v. 27. März 1871 bewirkten Wiederaufhebung des Kriegszustandes zur Aburtheilung; der Schw.-GH. erachtete daher arg. § 15 des cit. Ges.'s jenen § 8 nicht mehr für anwendbar und strafte nur aus § 113 des B.-StGB.'s. NB. des StA.'s, welcher auszuführen suchte: § 15 cit. treffe nur zu, wenn während des Kriegszustandes die Untersuchung vor dem Kriegsgerichte, nicht aber wenn sie, wie hier, von vornherein vor dem Civilgerichte geführt worden sei. Zurückweisung. Gründe.

Die Wirksamkeit der Kriegsgerichte tritt nach § 10 des Ges.'s v. 4. Juni 1851 nur dann ein, wenn der Art. 7 der Verfassungs-Urkunde suspendirt worden ist. Dieser Ausnahmezustand hört nach § 15 l. c. auf, sobald der Belagerungszustand seine Endschaft erreicht hat. Es tritt dann nicht blos der frühere ordentliche Gerichtsstand, an welchen die bis dahin von den Kriegsgerichten erlassenen Urtheile sammt Belagstücken und dazu gehörenden Verhandlungen, sowie die noch schwebenden Untersuchungen abgegeben werden, ein, sondern es werden die letzteren auch, mit Ausnahme der in dem § 9 l. c. gedachten Fälle nach den ordentlichen Strafgesetzen abgeurtheilt. Der Sinn dieser Vorschrift ist daher unzweifelhaft der, daß nach aufgehobenem Belagerungs- beziehungsweise Kriegszustande, die während der Dauer desselben für das Gemeinwohl des Staates vorhandene Gefahr nicht mehr besteht, und deshalb bei dem wieder allgemein eingetretenen gewöhnlichen Rechtszustande, auch für die während der Kriegsperiode begangenen, und nach den für dieselbe geltenden strengeren Gesetzen zu beahndenden Handlungen, die ordentlichen Strafgesetze maßgebend sein sollen. Einen ferneren Belag hierfür bietet die Nr. 8 des § 13 l. c. dar, nach welchem kriegsgerichtliche, auf Todesstrafe lautende Erkenntnisse, die aber während des Ausnahmezustandes noch nicht vollzogen worden sind, dergestalt umgewandelt werden sollen, daß diejenige Strafe, welche, abgesehen von dem Belagerungs- beziehungsweise Kriegszustande, die gesetzliche Folge der, von dem Kriegsgerichte als erwiesen angenommenen That gewesen sein würde, substituirt wird. Hiernach kann es nicht in Zweifel gezogen werden, daß, wenn überhaupt eine Suspension des Art. 7 der Verfassungs-Urkunde, wie in dem gegenwärtigen Falle, nicht stattgefunden hat, Kriegsgerichte gar nicht in Funktion getreten sind, und daher die jedesmalige Untersuchung von vornherein bei dem ordentlichen Gerichte geschwebt hat, nach aufgehobenem Kriegszustande die sonst verwirkte Strafe nach den ordentlichen, dieserhalb erlassenen Strafgesetzen bestimmt werden muß. Es liegt somit durchaus keine Lücke in der Gesetzgebung vor, sofern nur dem Sinne derselben gefolgt wird. Demgemäß hat auch das angefochtene Urtheil rechtlich nicht geirrt, wenn es, wie geschehen, erkannt hat.

Antr. d. GStA.: gleichl. [20.—8.]

Anstifter. – Mehrere Uebelthäter.

Derjenige, welcher durch eine einzige Handlung mehrere Personen zu einer Mehrzahl selbstständiger Uebelthaten angestiftet hat, ist Theilnehmer an jeder der letzteren; es finden somit die Grundsätze von der Real-Konkurrenz auf ihn Anwendung.

B.-StGB. § 48 [1. Ausg. n. 33; 2. Ausg. n. 34].

Erk. (B. I.) v. 13. Dez. 1871 c. **Schrauer** (842. I. Cr.)

Nach der instanzrichterlichen Feststellung hatten sich die Brennerei-Arbeiter B. und F. (jeder) einer (selbstständig vorgenommenen) den Steuerbeamten vorher nicht angezeigten Einmaischung schuldig gemacht und zwar in der Absicht der Steuer-Verkürzung. Sie waren dazu durch einen (an beide gleichzeitig ergangenen) Befehl des Brennerei-Verwalters Schr. veranlaßt worden. Alle drei wurden daher solidarisch aus der AKO. v. 10. Jan. 1824 wegen der Steuer-Kontravention zur Zahlung von 100 Thalern, und außerdem jeder der Angeklagten B. und F. wegen Steuer-Defraudation zu einer Geldstrafe von 59 Thlr. 6 Sgr. als dem Vierfachen der durch Jeden umgangenen Steuer verurtheilt, eine gleiche Strafe von 59 Thlr. 6 Sgr. ward endlich auch gegen Schr. verhängt und dabei erwogen, daß ihn, da er sich der Anstiftung der beiden Haupt-Angeklagten durch eine einheitliche Handlung schuldig gemacht habe, auch die Geldstrafe nur im einmaligen Betrage treffen könne. — Auf die NB. des Provinzial-Steuer-Direktors ist das app.-gerichtliche Erkenntniß in Betreff dieses letzteren Punktes vernichtet und Schr. zur doppelten Geldstrafe von 118 Thlr. 12 Sgr. verurtheilt worden. Gründe:

Nach der Feststellung haben sowohl B. als F. jeder besonders eine Steuerdefraudation begangen; zu jeder dieser beiden Strafthaten hat der Implorant Schr. den Thäter angestiftet; aus dem Grundsatze, der im § 48 des B.-

StGB.'s Ausdruck gefunden hat, daß auf den Anstifter (den intellektuellen Urheber) dasselbe Strafgesetz, wie auf den Thäter (den physischen Urheber) anzuwenden ist, folgt die Nothwendigkeit, den Schr. so zu bestrafen, als ob er der physische Urheber der beiden Defraudationen ist. Da nach der Feststellung zwei durch selbstständige Handlungen begangene Defraudationen vorliegen, so muß den Schr. die Summe derjenigen Geldstrafen treffen, welche B. und F. verwirkt haben. Der App.-Richter gelangt nur zu einer der beiden gleich hohen Geldstrafen, indem er den Grundsatz von der Absorption der Strafe, der für die ideelle Konkurrenz zutrifft, wegen der weitern Feststellung zur Geltung bringt, daß Schr. durch eine und dieselbe Handlung beide Thäter angestiftet hat. Durch diese Feststellung wird aber die Voraussetzung der ideellen Konkurrenz nicht gegeben d. h. eine einheitliche, strafbare, mehrere Strafgesetze verletzende Handlung. Der App.-Richter bezeichnet als die einheitliche Handlung den gleichzeitig an die beiden Mitangeklagten B. und F. und zwar ungetrennt ertheilten Befehl (zur Einmaischung). Diese Handlung war aber nicht sofort eine strafbare; sie erhielt ihre strafrechtliche Bedeutung erst durch die Wirkung, welche sie bei den angestifteten Mitangeklagten hervorbrachte, also durch deren als Effekt der Anstiftung begangene Strafthat, sie wurde im vorliegenden Falle zur Anstiftung zweier Defraudationen. Der von dem App.-Richter als einheitliche Handlung aufgefaßte Befehl an die beiden Mitangeklagten war das Mittel, durch welches Schr. strafrechtlich sich zum Theilnehmer an zwei selbstständigen, von einander getrennten Strafthaten machte. Indem der App.-Richter hiernach zu Unrecht die Theilnehme des Schr. an zwei verschiedenen Strafthaten, die von verschiedenen Thätern begangen wurden, als eine einzige strafbare Handlung mit Strafe belegte, hat er die angezogenen Vorschriften der beiden StGB. verletzt; seine Entscheidung mußte insoweit vernichtet werden.

Antr. d. OStA.: gleichl. [39.—8.]

Gewerbe. – Umherziehen. – Geschäftsvermittlung.

Derjenige, welcher außerhalb seines Wohnorts im Umherziehen ohne vorherige Bestellung gewerbsmäßig Geschäfte (z. B. Aktien-Zeichnungen) vermitteln will, bedarf dazu eines Gewerbescheins.

Regul. v. 28. Apr. 1824 § 7.

Erk. (Z. I.) v. 13. Dez. 1871 c. Smieszek (901. I. Cr.) wendete den obigen Satz auf den Sm. an, weil er gewerbsmäßig außerhalb seines Wohnorts in den Kreisen P. und O. Geschäfte zwischen dem Gründungs-Comité eines polnischen Theaters in P. und dritten Personen durch Aufsuchen von Aktionären bezw. Theilnehmern der zu gründenden Gesellschaft und Empfangnahme der ersten Rate auf die Aktien im Umherziehen ohne vorherige Bestellung und ohne einen Gewerbeschein gelöst zu haben, vermittelt hatte."

Ant. d. OStA.: gleichl. [20.—8.]

---

1. Rheinisches Verfahren. – Succumbenzstrafe. – Mehrheit der Kassationskläger.
2. 3. Ausfuhrverbot. – Unternehmen der Ausfuhr. – Freiwilliger Rücktritt.

1. Sind mehrere Personen wegen einer (durch verschiedene selbstständige Handlungen geleisteten) Beihülfe zu einem Vergehen verurtheilt worden, so ist Jeder zur Hinterlegung der vollen Succumbenzstrafe verpflichtet, wenn sein Kassationsrekurs annehmbar sein soll.

Rh. StPO. Art. 419. 420. Vgl. RhOTr. 4. S. 274; 12. S. 100.

2. Das „Unternehmen" einen Gegenstand verbotswidrig auszuführen ist vollendet, sobald der Thäter Alles gethan, um seine auf eine solche Ausführung gerichtete Absicht zu erreichen. — Die Aufzählung im § 136 des VZollges.'s ist nicht limitativ.

3. Der freiwillige Rücktritt macht das (vollendete) Unternehmen einer verbotswidrigen Ausfuhr nicht straflos.

VZollges. v. 1. Juli 1869 § 134; B.-StGB. § 43 [1. Ausg. n. 30; 2. Ausg. n. 29], § 82 [2. Ausg. n. 4. 5].

Erk. (Z. II.) v. 14. Dez. 1871 c. Hoppe, Müller & Cappel (Aronstein & Gen. 231. II. Cr.)

A. und L. hatten im Oktober 1870 von H., M. und C. in Solingen Waffen angekauft, und — des ergangenen Verbotsgesetzes v. 8. Aug. 1870 ungeachtet — es unternommen, dieselben in der Weise ins Ausland (nach Belgien) auszuführen, daß sie sie auf einem Eisenbahnpersonenzuge als bloßes Passagiergut mitnahmen. Sie erreichten indessen die Grenze nicht, wurden vielmehr in Köln auf dem Centralbahnhofe angehalten. — Hierin fanden die Instanzgerichte den Thatbestand der Kontrebande (BZollges. v. 1. Juli 1869 § 134) und verurtheilten auch die Verkäufer H., M. und C. als Gehülfen dieser Kontrebande, weil

> „Jeder von ihnen einen Theil jener Waffen, wissend daß dieselben sofort und ohne die erforderliche Erlaubniß des Bundes-Kanzler-Amts ins Ausland geschafft werden sollten, an A. und L. verkauft und zum sofortigen Transporte bereit gestellt hätten," hierin aber eine Beihülfe durch That zu finden sei.

Den Einwand des C.: er habe selbst in Köln die Beschlagnahme der im Besitze des A. und des L. befindlichen Waffen veranlaßt und somit die wirkliche Ausfuhr freiwillig verhindert, erachtete die App.-Kammer für nicht geeignet seine Beihülfe zum (vollendeten) Unternehmen der Ausfuhr straflos zu machen.

Gegen das Urtheil 2. Instanz haben H., M. und C. den Kassationsrekurs ergriffen und Verletzung der §§ 134. 136. 137. 139 des BZollges.'s v. 1. Juli 1869, C. außerdem auch die Verletzung des § 46 Nr. 2 des B.-StGB.'s gerügt, weil er durch Veranlassung der Beschlagnahme der Waffen von dem „Unternehmen ꝛc." freiwillig zurückgetreten sei. — Die Succumbenzstrafe ist nur von M. und C. hinterlegt worden.

Das OTr. hat den Rekurs Aller verworfen,

[1.] den des H. als unannehmbar, weil er keine Succumbenzstrafe hinterlegt habe.

In Betreff der übrigen Kassationskläger ward erwogen:

[2.] daß der § 134 des BZollges.'s v. 1. Juli 1869 schon das Unternehmen der Ausfuhr von Gegenständen, deren Ausfuhr untersagt ist, als das consumirte Vergehen der Contrebande charakterisirt, also in unzweifelhafter Weise erkennen läßt, daß der Thatbestand dieses Vergehens nicht auf den Fall beschränkt werden sollte, wenn Gegenstände gegen ein ausdrückliches Verbot des Staats bereits über die Landesgrenze hinausgeführt worden sind, also namentlich das betreffende Grenzzollamt passirt haben, sondern daß auch diejenigen Fälle unter das Strafgesetz fallen sollen, in denen eine solche Ausfuhr erst unternommen worden, auch ohne daß dem Contravenienten die Erreichung seiner gesetzwidrigen Absicht gelungen ist, daß es demnach zur Anwendung des Gesetzes genügen muß, wenn eines Theils die gesetzwidrige Absicht des Contravenienten constatirt und anderntheils nachgewiesen ist, daß er seiner Seits Alles gethan hat, um jene gesetzwidrige Absicht zu erreichen; daß für diese Bestimmung des Begriffs der Contrebande ein Grund auch darin liegt, daß in den wenigsten Fällen die Zuwiderhandlung gegen ein Ausfuhr-Verbotsgesetz würde constatirt und verhindert werden können, wenn die Consumirung des Vergehens von dem Passiren des Grenzzollamtes oder von der Ueberschreitung der Landesgrenze abhängig gemacht worden wäre, da eines Theils die Zuwiderhandlungen gegen Ausfuhr-Verbote erfahrungsmäßig am häufigsten nicht auf den Zollstraßen, sondern auf den schwer zu überwachenden Neben- und Schleichwegen versucht werden, und da andern Theils nach einmal erfolgter Ueberschreitung der Landesgrenze die Verhinderung einer Zuwiderhandlung gegen das Ausfuhr-Verbotsgesetz wo nicht ganz unmöglich, doch jedenfalls sehr erschwert sein würde; daß die im Kassationsrekurs aufgestellte Behauptung, es komme bei diesem Vergehen auf einen dolus criminalis auf Seiten des Beschuldigten nicht an, eine völlig verfehlte ist, da schon die Worte des § 134 cit.: „wer es unternimmt ꝛc." auf die Verfolgung einer strafbaren Absicht Seitens des Contravenienten hindeuten, und sodann eine Reihe anderer Bestimmungen des Gesetzes — z. B. § 136 Nr. 1. lit. b. und e, 2. lit. b; § 137 des VZollges.'s — gerade ein doloses Verhalten dessen, der Gegenstände wider ein Verbot ausführen will, zur Bedingung seiner Strafbarkeit machen; daß ferner, wenn die Kassationskläger die Feststellung einer bestimmten, gegen das Zollgesetz verstoßenden Thatsache vermissen, dieser Verstoß gegen das Zollgesetz eben in dem festgestellten Unternehmen der verbotswidrigen Waffenausfuhr zu finden ist; daß das Gesetz bei der großen Verschiedenartigkeit der Fälle, in denen ein solches Unternehmen zu Tage treten kann, die speziellen Thatsachen, welche ein solches strafbares Unternehmen charakterisiren sollen, weder aufgezählt hat noch aufzählen konnte, so daß die Würdigung aller Umstände des concreten Falles der gewissenhaften Prüfung und der Einsicht des erkennenden Richters überlassen bleiben mußte; daß die Instanzrichter eine solche Prüfung haben eintreten lassen, indem sie aus dem Umstand, daß A. und L. geständigermaßen die fraglichen Waffen nur zu dem Zweck in Solingen kauften, um sie ohne Genehmigung der Behörde ins Ausland auszuführen, — daß dieselben diese Waffen mit sich nahmen, sie als Passagiergut verpacken ließen und bei sich führten, um sie auf diese Weise der Controle an der Grenze zu entziehen, und daß sie auf dem direkten Wege nach der belgischen Grenze nur dadurch an der Fortsetzung ihrer Reise und der Ausfuhr der Waffen verhindert wurden, daß man sie in Köln verhaftete, — auf das Vorhandensein eines solchen strafbaren Unternehmens im Sinne des § 134 cit. schlossen, und dasselbe feststellten; daß mithin eine Verletzung des allegirten § 134 nicht vorliegt; daß aber auch ebensowenig die §§ 136 und 137 a. a. O. verletzt sind, da der § 136, welcher eine Reihe von Fällen aufzählt, in denen ohne Weiteres eine Contrebande als konsumirt betrachtet werden soll, und der § 137, welcher es ausspricht, daß das Dasein einer Contrebande lediglich, also ohne daß weitere Beweise in dieser Hinsicht nothwendig seien, — durch die im § 136 bezeichneten Thatsachen begründet werde, es nicht nur nicht ausschließen, daß ein solches Vergehen auch in anderer Weise, als in den speziell bezeichneten Fällen, als konsumirt angenommen werden könne, da vielmehr aus der Fassung beider Paragraphen unzweifelhaft hervorgeht, daß auch andere Arten der

Verletzung von Ausfuhr=Verbots=Gesetzen nicht straflos bleiben sollen;

daß noch weniger der § 139 a. a. O. den Kassationsklägern zur Seite steht, da die Instanzrichter thatsächlich festgestellt haben, daß A. und L. nur durch ihre Verhaftung in Köln an der Ausfuhr der Waffen verhindert worden sind, und da diese beiden Beschuldigten selbst nicht behauptet haben, daß sie eine Deklaration der Waffen bei dem Grenzzollamt beabsichtigt hätten, eine solche Absicht auch von den Instanzrichtern nicht unterstellt werden konnte, weil die Deklaration der Waffen beim Mangel eines Erlaubnißscheines deren Beschlagnahme, jedenfalls deren Zurücksendung, folglich die Vereitelung des ganzen, von den Beschuldigten selbst zugestandenen Reisezwecks zur Folge hätten haben müssen.

[3.] Auf den Cassationsrekurs des A. C. In Erwägung, daß in Betreff dieses Kassationsklägers in dem angefochtenen Urtheil thatsächlich festgestellt ist, daß derselbe bei der nämlichen Gelegenheit neun Offiziersäbel, welche sich ebenfalls unter den in Beschlag genommenen Waffen befanden, dem Mitbeschuldigten A. verkauft und dem Mitbeschuldigten M. zur Beipackung zu den übrigen von A. und L. aufgekauften Waffen übergeben hat, wissend, daß dieselben ohne Erlaubniß der Behörden ins Ausland ausgeführt werden sollten, daß er also, mit dem strafbaren Zweck des Waffenaufkaufs bekannt, wissentlich dem A. die Mittel zur Ausführung des Vergehens der Contrebande verschafft hat; daß der vorige Richter in diesen Thatsachen eine strafbare Theilnahme des Kassationsklägers an dem Vergehen des A. im Sinne des § 34 des Preuß. und des § 49 des B.=StGB.'s finden konnte und gefunden hat, weshalb eine Verletzung der gedachten gesetzlichen Vorschriften hier nicht vorliegt; daß, wenn nach der Annahme des vorigen Richters der Kassationskläger zur Beschlagnahme der fraglichen Waffen mitgewirkt hat, gleichwohl der § 46 Nr. 2 des StGB.'s zu seinen Gunsten nicht angewendet worden ist, hierin eine Verletzung dieser Bestimmung nicht gefunden werden kann, da es sich hier, wie oben gezeigt, nicht um einen Versuch, ein Vergehen zu verüben, sondern um ein bereits konsumirtes Vergehen handelt.

Antr. d. GStA.: gleichl. [14.—9.]

Strafantrag. - Verletzter. - Inhaber.

Derjenige, welcher als Vertreter des Eigenthümers eine Räumlichkeit (Sache) inne hat, ist im Falle eines Hausfriedensbruchs befugt, die Strafverfolgung zu beantragen.

Dasselbe gilt im Falle einer Sachbeschädigung, zumal, wenn er dem Eigenthümer für die Erhaltung der Sache verantwortlich ist.

B.-StGB. § 65 [n. 3], 123 [1. Ausg. n. 22; 2. Ausg. n. 21], 303 [2. Ausg. n. 19].

Erk. (Z. II.) v. 14. Dez. 1871 c. Pohlert (283. II. Cr.).

Nach § 65 des B.-StGB.'s ist in Bezug auf die Handlungen, deren Verfolgung nur auf Antrag eintritt, lediglich der Verletzte zur Stellung eines solchen Antrages berechtigt, sofern nicht rücksichtlich einzelner Delikte besondere Bestimmungen getroffen sind. Als „verletzt" in diesem Sinne ist derjenige anzusehen, welcher durch eine Strafthat in seinen Rechten unmittelbar gekränkt, beziehungsweise in seinen selbstständiger Interessen beeinträchtigt ist. In dem vorliegenden Falle steht es unbestritten fest, daß die Eheleute J. senior, während der längeren Abwesenheit ihres zum Heere einberufenen Sohnes, dessen Haus bewohnt und verwaltet, und die Gastwirthschaft desselben für ihn geführt haben. Auf Grund dieses Verhältnisses, mag man dasselbe vom Gesichtspunkte der freiwilligen Geschäftsführung, oder der vermutheten Volmacht betrachten, war J. senior berechtigter Inhaber des Hauses. In Folge dessen standen ihm die Rechte zu, welche aus der Pflicht folgten, dasselbe zum Besten und im Interesse des Eigenthümers zu erhalten und namentlich die Verfügung über die Wohnung während der Dauer des Mandats oder der Geschäftsführung. Das unberechtigte Eindringen in eine Wohnung oder unbefugte Verweilen in einer solchen, trotz erfolgter Aufforderung zur Entfernung, charakterisirt sich aber als Eingriff in das Verfügungsrecht des Inhabers über dieselbe. Derjenige, welchem das Letztere zusteht, wird durch eine solche Handlung in seinem Rechte gekränkt, und ist als der Verletzte im Sinne des § 65 anzusehen. Daraus folgt nach dem vorstehend Ausgeführten, daß der J. senior zur Stellung des Antrages auf Verfolgung wegen des von dem Imploranten begangenen Hausfriedensbruches mit rechtlicher Wirkung befugt war. Ein Gleiches gilt auch in Bezug auf das fernere Vergehen der Sachbeschädigung. J. sen., welcher in Folge des oben erwähnten Verhältnisses berechtigter Inhaber der in dem Hause befindlichen, seinem Sohne zugehörigen Gegenstände war, hatte, sei es als Geschäftsführer oder als Mandatar, die Verpflichtung, dieselben für letzteren zu erhalten, und war ihm eintretenden Falles für diese Erhaltung verantwortlich. Durch die Beschädigung oder Zerstörung dieser Sachen wurde also auch ein selbstständiges Interesse des J. senior beeinträchtigt, und war er daher auch hier als Verletzter zur Stellung des Antrages auf Verfolgung des P. berechtigt.

Antr. d. GStA.: gleichl. [39.—8.]

Urkunde. – Amtliche Aufbewahrung. – Beiseiteschaffung.

1. Ist eine Urkunde zum Zwecke der amtlichen Aufbewahrung an eine Behörde gelangt, so wird ihr, auch wenn sie dort nicht vorschriftsmäßig behandelt worden ist, der Schutz des § 133 des B.-StGB.'s zu Theil.

2. Dieser Paragraph setzt nicht die Absicht voraus, die öffentliche Ordnung zu verletzen.

B.-StGB. 133 [n. 4 a. 9 a.].

Erk. (Z. I.) v. 15. Dez. 1871 c. Grosch (902. I. Cr.).

G. war, weil er „— eine auf dem Gerichtslokale zu N. amtlich aufbewahrte Aktenpiece (das Gesuch eines Dritten um Stundung einer

Gerichtskostenschuld) vorsätzlich bei Seite geschafft hatte," — aus § 133 des B.-StGB.'s bestraft worden. Seine Gesetzesverletzung rügende NB. ward zurückgewiesen. Gründe:

[1.] Die That des Angeklagten könnte als Vergehen wider § 348 Abs. 2 des StGB.'s in Betracht kommen, welcher — milder als der § 106 des Pr. StGB.'s — den Beamten bestraft, der ihm amtlich zugängliche Urkunden vorsätzlich bei Seite schafft; dieser Gesichtspunkt ist jedoch der Erörterung ferngeblieben; es ist die Voraussetzung dieser Strafbestimmung nicht festgestellt. Die thatsächlichen Annahmen des App.-Richters sind auch nicht aus einer rechtsirrthümlichen Auffassung der Grundsätze des Rechts, namentlich des § 133 des D. StGB.'s hervorgegangen. Das Stundungsgesuch des H. würde beim ordnungsmäßigen Verfahren vom Kanzleidirektor präsentirt und dann — ohne daß es einer Eintragung in das Journal bedurfte — dem Kassenkurator zur Verfügung vorgelegt worden sein: §§ 5. 6 des Büreau-Reglements v. 3. Aug. 1841, § 31 der Instruktion zur Verwaltung der gerichtlichen Salarienkassen v. 10. Nov. 1851 und allgemeine Verfügung v. 7. Juli 1855 III. Nr. 5 (JMBl. S. 207). Beides ist allerdings nicht geschehen, nur der Angeklagte hat dieses Gesuch präsentirt, selbstständig darauf verfügt, und seine Verfügung zum Abgang gebracht. Wenn man aber erwägt, daß der Präsentationsvermerk auch von dem Rendanten, als Büreauvorsteher, auf das Gesuch gesetzt werden konnte, — § 6 des Büreau-Reglements, — daß der Angeklagte zu den unter dessen Verantwortlichkeit arbeitenden Gehülfen desselben gehörte, — § 5 a. a. O. — daß er im Kassenlokal die Eingabe präsentirt und hiernächst für die Aufbewahrung dieses Gesuchs während mehrerer Monate in der von der Kassenverwaltung hierzu bestimmten Hülle gesorgt hat, — wie dies Alles von den Thatrichtern festgestellt ist, so kann bei der Bestimmung des § 31 der Kassen-Instruktion, welche als den Ort der Aufbewahrung solcher Gesuche bis zum Zeitpunkte der Zahlung oder

Niederschlagung der Kosten, die Kasse bezeichnet, darin kein Rechtsirrthum gefunden werden, daß die angegriffene Entscheidung das Gesuch des H. zu der Zeit, als es von dem Angeklagten beseitigt wurde, für einen Aktentheil erklärt, der sich zur amtlichen Aufbewahrung an einem dazu bestimmten Orte befand. Bedeutungslos erscheint hierbei, ob dieses Gesuch dem Dezernenten, dem Kassenkurator, Veranlassung zu einer Verfügung gegeben, oder gar, ob es zu der beantragten Stundung geführt hatte.

[2.] Der Angeklagte erachtet die Bestrafung aus § 133 nicht für gerechtfertigt, weil er nicht gegen die öffentliche Ordnung gefehlt, sie vielmehr hergestellt habe, indem er das erste ordnungswidrig von ihm behandelte Gesuch durch ein anderes, gehörig behandeltes Gesuch, ersetzt habe, und weil er nur von der Absicht geleitet gewesen sei, seine Ordnungswidrigkeit vor der Anzeige des Kalkulators K. zu verbergen. Allein wiewohl die in § 133 mit Strafe bedrohte Strafthat zu den Vergehen wider die öffentliche Ordnung gehört, so wird dennoch zur Anwendung des Absatzes 1 des Strafgesetzes, welchem die Strafe entnommen ist, nicht noch die Feststellung einer auf Verletzung der öffentlichen Ordnung gerichteten Absicht erfordert: es genügt das vorsätzliche Zuwiderhandeln gegen diese Strafbestimmung. Dies aber findet sich in der thatsächlichen Feststellung. Der Beweggrund, aus welchem der Angeklagte gehandelt hat, entbehrt jeder Bedeutung bei der Frage nach dem Thatbestand, und kann nur bei der Abmessung der Strafe in Betracht kommen, diese ist in den Grenzen des Gesetzes geblieben.

Antr. d. GStA.: gleichl. [39.—8.]

Strafantrag. – Anklage. – Andere Uebelthat.

Ist die Untersuchung wegen eines nicht zu den Antragsvergehen gehörenden Straffalles eröffnet worden, so bleibt die Verfolgung ohne Antrag statthaft,

sollte sich auch im Laufe des Verfahrens herausstellen, daß die That lediglich ein Antragsvergehen sei.

B.-StGB. § 61 [n. 5. 6; 2. Ausg. n. 6; § 2 n. 19]. Vgl. RdOTr. 11. S. 530; 12. S. 187. 257.

Erk. (B. I.) v. 15. Dez. 1871 c. Hahnau (927. I. Cr.)

Nachdem die Geschwornen den H. der vorsätzlichen Körperverletzung schuldig befunden, es aber für nicht erwiesen erklärt hatten: „daß der Tod des Verletzten durch die Körperverletzung verursacht worden sei", — sprach der Schw.-GH. den Angeklagten „von der Anklage der Körperverletzung mit tödtlichem Erfolge frei" und setzte ihn wegen einfacher vorsätzlicher Körperverletzung außer Verfolgung, weil es an dem zur Verfolgung der letzteren erforderlichen Antrage des Verletzten fehle. Auf die NB. des StA.'s ist das Erkenntniß in Betreff des letzteren Punktes vernichtet und die Sache zur anderweiten Verhandlung und Entscheidung über die zu verhängende Strafe [unter Aufrechthaltung des Geschwornenspruchs] zurückverwiesen worden. Gründe:

Das Kgl. OTr. hat bereits in einem ähnlichen Falle (durch Z. I.) c. Jahns am 10. Mai 1871 [oben S. 257] entschieden, daß der § 61 des B.-StGB.'s und die damit zusammenhängenden speziellen Strafvorschriften rein prozessualischer Natur sind und das materielle Strafgesetz nicht berühren, sofern die Eröffnung der jedesmaligen Untersuchung nach den bestehenden Bestimmungen des Verfahrens erfolgt ist, — was in dem jetzt vorliegenden Falle geschehen. Denn der Gegenstand des Anklagebeschlusses v. ꝛc. und der Anklage v. ꝛc. war eine im § 187 des Pr. StGB.'s und dem § 223 des B.-StGB.'s vorgesehene vorsätzliche körperliche Mißhandlung, zu welcher der in dem § 194 des Pr. und dem § 226 des B.-StGB.'s enthaltene erschwerende Umstand trat, daß durch diese That der Tod des Verletzten verursacht worden. Hierzu war ein Antrag des Letzteren, um den Angeklagten strafrechtlich verfolgen zu können, nicht erforderlich, es gedieh vielmehr die ganze, ihm zur Last gelegte Handlung ihren sämmtlichen Bestandtheilen nach, mit Einschluß des Erfolges, zur richterlichen Entscheidung. Fiel nun auch durch das von dem Gerichtshofe bestätigte Verdikt der Geschworenen, der gedachte erschwerende Umstand fort, so blieb doch noch die an sich strafbare That in ihrer einfachen Gestalt übrig, die mit Recht durch den Anklagebeschluß und die Anklage zugleich unter Verfolgung gestellt war, und demnächst ihrer Straffälligkeit nicht entkleidet wurde.

Antr. d. GStA.: gleichl. [20.--8]

Spielkartenstempel. - Versendung. - Kompletirung.

1. Die die „Versendung" von Spielkarten betreffende Vorschrift des § 17 des Ges.'s v. 23. Dez. 1867 bezieht sich nur auf Versendungen ins Ausland.

2. Die Kompletirung eines gestempelten unvollständigen Spiels Karten durch andere (der Steuerbehörde nicht vorgelegte) Karten und die Veräußerung ꝛc. desselben ist nicht aus § 19, sondern aus § 17, ev. aus §§ 12. 14 l. c. zu bestrafen.

Erk. (Z. B. I.) v. 15. Dez. 1871 c. Heidborn (910. I. Cr.).

Das KG. hatte den Spielkartenfabrikanten H. von der Anklage:

> „— wiederholt ganze Spiele ungestempelter Spiel-Karten ohne Mitwirkung der Steuer-Behörden versendet zu haben,"

freigesprochen, ihn dagegen, weil er

> „— wiederholt einzelne Spielkarten zur Ergänzung unvollständiger gestempelter Spiele aus seiner Fabrik ohne Mitwirkung der Steuerbehörde entfernt habe", —

aus § 19 des Ges.'s v. 23. Dez. 1867 zu einer Geldbuße von zehn Thalern verurtheilt. In der Sitzung 2. Instanz hatte die verfolgende Provinzial-Steuer-Direktion in Beziehung auf den ersten Anklagepunkt unter Beweis gestellt: „daß H. wiederholt die Kompletirung aus seiner Fabrik verkaufter Fehlspiele, an welchen eine oder mehrere Karten fehlten, in der Weise bewirkt habe, daß er die von den Kunden eingesandten gestempelten Coeur-Aß-Blätter der unvollständigen Spiele in andere nach Format und Moussirung dazu passende vollständige Spiele einrangirt und die durch diese Operation gebildeten Spiele dem betreffenden Kunden als Ersatz für die verkauften Fehlspiele übersandt, bezw. daß er den Kunden als Ersatz sofort andere gestempelte vollständige Spiele übersandt, die von den Kunden zurückgeschickten Coeur-Aß-Blätter der Fehlspiele aber dazu benutzt habe, durch Zulegung anderer, dazu passender Kartenblätter neue Spiele zu formiren, welche demnächst als gestempelte Spiele verkauft und versendet worden seien."

— Das AG. hatte aber diesen Beweisantrag abgelehnt, weil dieses Verfahren — wenn erwiesen — doch nicht unter den Thatbestand des in Bezug genommenen § 17 l. c. fallen würde; die dort verbotene „Versendung“ ungestempelter Karten ohne Mitwirkung der Steuer-Behörde beziehe sich nur auf die Versendung ins Ausland, da es nur bei dieser der Mitwirkung der Steuerbehörde bedürfe.

Hierin fand die NB. eine Verletzung des § 17, ev. der §§ 12. 14 des cit. Ges.'s, weil die Mitwirkung der Steuerbehörde nach § 5 des Fin.-Min.-Regulativs v. 19. Juni 1868 auch beim inländischen Absatze eintrete. Die unter Beweis gestellte Verfahrungsweise des H. falle nicht unter § 19 des cit. Ges.'s, denn es handle sich nicht blos um das Versenden einzelner ungestempelter Karten, sondern ganzer ungestempelter Spiele; der Stempel, — wenn er auch nur auf ein Blatt aufgedruckt werde, — stelle eine auf das ganze etiketirte Spiel gelegte Steuer dar; der Stempelabdruck beziehe sich somit auf alle Einzelblätter, er sei zu allen kassirt und verwendet; demgemäß dürfe das gestempelte Coeur-Aß-Blatt nicht anderen Spielen beigefügt werden, vielmehr stelle eine solche Handlung eine Hinterziehung dar, da jedes Spiel einer besonderen Versteuerung unterliege; eventuell treffe hier § 12 (bezw. § 14) l. c zu, da jedenfalls H. „ungestempelte Karten veräußert habe.“

Vernichtung und Zurückverweisung der Sache an ein anderes App.-Gericht. Gründe:

[1.] Dem App.-Richter ist zwar darin beizupflichten, daß der in dem § 17 des Ges. v. 23. Dez. 1867 befindliche Ausdruck: „Versenden“ sich nur auf das Versenden von Spielkarten in das Ausland bezieht, denn das ganze erwähnte Gesetz und das damit in Verbindung stehende Regulativ des Finanz-Ministers v. 19. Juni 1868 unterscheiden genau die Fabrikation von Spielkarten zum inländischen Absatze, und die solcher zur Versendung in das Ausland. Nur die erstgedachten Spielkarten bedürfen der Stempelung (Nr. 5 des Regulativs), die letzterwähnten nicht, indem sie unter Aufsicht der Steuerbehörden verpackt und mit Begleitscheinen abgefertigt werden: Nr. 6 l. c. Fertige, ungestempelte Karten dürfen nach der Nr. 4 des Regulativs nur in einem der Steuerbehörde angezeigten, gegen Entwendung gesicherten Behältniß niedergelegt werden, welches von dem Fabrikanten unter Verschluß zu halten ist, wogegen der früher angeordnet gewesene Mitverschluß der

Steuerbehörde in Wegfall gekommen und dem Fabrikanten sub Nr. 7 l. c. zur Pflicht gemacht worden, diejenigen Karten, welche unmittelbar nach deren Fertigstellung zur Stempelung oder Versendung in das Ausland gelangt sind, ohne in das gedachte Behältniß aufgenommen zu sein, in dem hierzu bestimmten Buche zu verzeichnen. Nach alle dem ist es nicht zweifelhaft, daß der gesetzlich gebrauchte Ausdruck: „Versenden" nur auf die Versendung von Spielkarten in das Ausland zu beziehen ist. Es kommt daher nicht weiter darauf an, ob unter der ferner getroffenen Bezeichnung: „Karten" ganze Spiele oder auch einzelne Karten zu verstehen sind.

[2.] Dagegen sind die übrigen Ausführungen der NB. begründet. Denn es ist zuvörderst richtig, daß nach den §§ 1. 2 des Ges.'s v. 23. Dez. 1867 der Stempel, wenngleich er nur auf eine einzelne Karte, das Coeur-Aß oder eine sonstige zu bestimmende, aufgedrückt wird, doch das ganze betreffende Spiel Karten, und nicht die einzelne Karte, auf der er sich befindet, umfaßt. Es ergiebt sich dies näher aus der Nr. 8 des Regulativs v. 19. Juni 1868, nach welcher „jedes Kartenspiel mit einem Umschlage zu versehen ist, der so eingerichtet sein muß, daß er das Kartenspiel vollständig zusammenhält, und die Stempelung desselben, ohne Lösung des Umschlages gestattet." Auf diese Weise bedeckt der Umschlag, nachdem die Stempelung erfolgt ist, den ganzen Inhalt und dieser sowohl, wie jedes seiner einzelnen Blätter erscheinen gestempelt. Eine Verwendung hieraus zu irgend einer Kompletirung anderer Spiele ist eine gesetzwidrige, da nach § 8 des Ges.'s v. 23. Dez. 1867 die Kartenfabrikanten unter Kontrole der Steuerbehörde stehen, und die Stempelung selbst, nach der Nr. des Regulativs durch diese erfolgen muß, entgegengesetzten Falles die vorgeschriebene Kontrole verloren gehen, und jeder Umgehung der Steuer freier Raum gewährt werden würde. Daß dem so ist, erhellt deutlich aus dem § 276 des B.-StGB.'s, nach welchem derjenige, der Stempelabdrücke, welche zum

Zeichen stattgehabter Versteuerung gedient haben, zu stempelpflichtigen Gegenständen verwendet, außer der Strafe, welche durch die Entziehung der Stempelsteuer begründet ist, noch besonders bestraft wird. — Demzufolge waren die Behauptungen der Steuerbehörde von Einfluß, die dahin gingen: daß der Angeklagte entweder von den verkauften Fehlspielen, die von den Kunden eingesandten gestempelten Coeur-Aßblätter der unvollständigen Spiele in andere, nach Format und Moussirung passende, vollständige Spiele einrangirte, und diese dadurch neu gebildeten Spiele den Kunden als Ersatz zustellte; oder daß er den Kunden sofort gestempelte vollständige andere Spiele übersandte, und die von den Kunden zurückgeschickten gestempelten Coeur-Aß-Blätter der Fehlspiele dazu benutzte, durch Zulegung anderer dazu passender Kartenblätter neue Spiele zu bilden, welche demnächst als gestempelte Spiele verkauft wurden. Es wäre näher zu erörtern und festzustellen gewesen, in welcher Weise und wie oft der Angeklagte zu Werke gegangen ist, um demnächst zu prüfen, ob er dem § 17 des Ges.'s v. 23. Dez. 1867 entgegen gehandelt, welcher auch dessen gedenkt, daß die in einer Fabrik gefertigten Karten den revidirenden Steuerbeamten nicht vollständig angegeben und vorgelegt worden, oder aus der Kontrole unbefugt entfernt sind. Eventuell hätte doch erwogen werden müssen, ob nicht wenigstens die §§ 12. 14 des alleg. Ges.'s Platz greifen.

Antr. d. GStA.: gleichl. [20.—8.]

Jagdbarkeit. - Schwan. - Mark Brandenburg.

In der Mark Brandenburg ist der wilde Schwan jagdbar. Das unberechtigte Jagen wilder Schwäne ist jetzt nicht mehr aus älteren, auf dieses bezüglichen besonderen Landesvorschriften zu bestrafen, sondern aus

B.-StGB. § 292 [n. 29] ff. Vgl. Churmärk. Mand. v. 9. Dez. 1620 (v. Rabe I., 27); id. Holzordn. v. 1. Febr. 1622; id. Edikt v. 12. Mai 1668, bezw. v. 5. Nov. 1683 (ibid. I., 124); id. Holz- rc. und Jagd-Ordn. v. 20. Mai 1720 (ibid. I., 531).

Erk. (Z. I.) v. 15. Dez. 1871 c. Koch (800. I. Cr.).

K. hatte nach der instanzrichterlichen Feststellung auf dem Lechnitzer See einen Schwan durch einen Schuß getödtet, und war dieserhalb der Zuwiderhandlung gegen das Publikandum der Churmärkischen Kriegs- und Domänenkammer v. 17. Sept. 1787 (vgl. Bekanntmachung der Kgl. Regierung zu Potsdam v. 28. Mai 1870) angeklagt worden, weil angenommen wurde, der Schwan sei ein zahmer gewesen. Der App.-Richter erachtete indessen letzteres für nicht erwiesen, nahm vielmehr an: der Schwan sei ein wilder gewesen, und strafte wegen unbefugter Ausübung der Jagd aus § 292 ff. des B.-StGB.'s. Die NB. des OStA.'s fand hierin eine Verletzung des cit. Publikandums und der Märkischen Holz- rc. und Jagd-Ordn. v. 20. Mai 1720; jenes Publikandum unterscheide nicht zwischen wilden und zahmen Schwänen, und verweise in Betreff der Strafen wegen „unbefugter oder zu verbotener Zeit geschehenen Wildpretschießens" auf die Bestimmungen der cit. Jagd-Ordnung, diese müßten sonach im Falle des Erlegens eines wilden Schwans zur Anwendung kommen. — Zurückweisung. Gründe:

Es ergiebt sich aus dem Mandate v. 9. Dez. 1620, der Holzordnung v. 1. Febr. 1622, den Edikten v. 12. Mai 1668 resp. 5. Nov. 1683 und der verbesserten Holz- Mast- und Jagdordnung für die Mittel-, Alt-, Neu- und Uckermark rc. v. 20. Mai 1720 unzweifelhaft, daß für die Mark Brandenburg von jeher die wilden Schwäne als Wildpret angesehen worden sind, und als jagdbare Thiere zur hohen Jagd gehörten, welche dem Landesherrn als Regal zustand. Das Letztere ist zwar im Laufe der Zeit und namentlich durch das Ges. v. 31. Okt. 1848 beziehungsweise das Jagd-Polizei-Gesetz v. 7. März 1850 in Wegfall gekommen, nach denen die Jagd jedem Grundbesitzer auf seinem Grund und Boden zusteht. Allein das ist geblieben, daß wilde Schwäne in der Mark Brandenburg jagdbare Thiere sind, und daß die in dem Ges. v. 26. Febr. 1870 über die Schonzeiten des Wildes enthaltenen Bestimmungen, welche in dem § 1 sub Nr. 10 der wilden Schwäne ausdrücklich gedenken, sowie es bereits in der Vdn. v. 9. Dez. 1842 geschehen war, gelten. Daraus folgt jedoch ferner, daß das unberechtigte Jagen wilder Schwäne nicht mehr nach den früheren gesetzlichen Vorschriften, namentlich nicht nach der Forst-Ordn. v. 20. Mai 1720 und dem Publikandum v. 17. Sept. 1787 beahndet werden kann, sondern nur nach den dafür gegebenen allgemeinen Strafgesetzen, und zwar um so mehr, als die Verhandlungen in dem Landtage über das Gesetz v. 26. Febr. 1870 ergeben, daß die in der Regierungs-Vorlage unter § 8 aufgenommene Bestimmung:

„In den Theilen der Mark aber, für welche die Forstordnung v. 10. Mai 1720 (soll heißen 20. Mai) erlassen war, bleibt rücksichtlich der Schwäne das Publikandum v. 17. Sept. 1787 in Giltigkeit",

abgelehnt, und deshalb in dem Gesetze v. 26. Febr. 1870 auch nicht aufgenommen ist, so wie verordnet worden, daß alle dem gegenwärtigen Gesetze entgegenstehenden Gesetze und Verordnungen aufgehoben sind.

Antr. d. GStA.: gleichl. [20.—8.]

Beweisanträge. - Nichtberücksichtigung. - Rüge.

Omissionen des ersten Richters in Beziehung auf gestellte Beweisanträge, welche in zweiter Instanz nicht gerügt worden sind, können nicht zum Gegenstande einer Nichtigkeitsbeschwerde gemacht werden.

Ges. v. 3. Mai 1852 Art. 102 [n. 3].

Erk. (Z. I.) v. 15. Dez. 1871 c. Luckwaldt (926. I. Cr.). [40.—8.]

Angeklagter. - Denunciation. - Mittheilung.

Dem Angeklagten steht kein gesetzliches Recht zu, Mittheilung der gegen ihn eingegangenen Denunciation zu fordern.

StPO. § 222. Vgl. Oppenh. Pr. Strafverf. § 43 n. 12; § 47 n. 20.

Beschl. v. 15. Dec. 1871 c. Pflugk (AOG. II, 31)

erwog:

daß der angegriffene Beschluß des Kgl. AG.'s zu K. v. 24. Okt. 1871: es stehe dem Beschwerdeführer ein gesetzliches Recht auf Mittheilung der Denunciation gegen ihn nicht zu, nicht auf Verletzung eines Gesetzes oder Rechtsgrundsatzes beruht.

Antr. d. GStA.: gleichl. [66.—6.]

Strafantrag. – Gesetzeswechsel. – Verzicht.

Die Fortsetzung eines Strafverfahrens, welches unter der Herrschaft eines älteren, keinen Antrag des Verletzten erheischenden Gesetzes ohne einen solchen rechtsgültig angehoben worden ist, wird durch einen nach Einführung des einen solchen Antrag erfordernden B.-StGB.'s ausgesprochenen Verzicht 2c. des Verletzten nicht ausgeschlossen.

B.-StGB. § 2 [n. 19]. Vgl. oben S. 156. 180. 239. 332. 350. Siehe auch Z. I. v. 6. Okt. 1871 c. Ortelt (598).

Erk. (S. I.) v. 15. Dez. 1871 c. Wegener (933. I. Cr.).

Gegen W. war im Dez. 1870 Anklage wegen Beschädigung einer fremden (dem 2c. X. gehörigen) Sache ohne Antrag dieses X. aus § 281 des Pr. StGB.'s erhoben worden. Da indessen in der am 19. April 1871 stattgefundenen Hauptverhandlung der als Zeuge vernommene X. erklärte, daß er eine Bestrafung des W. nicht verlange," so erklärten die Instanzgerichte „die Strafverfolgung für unstatthaft", weil es an dem jetzt nach § 303 des B.-StGB.'s erforderlichen Antrage fehle. Vernichtung und Zurückverweisung der Sache an das AG. Gründe:

Es kann dahingestellt bleiben, ob der Beschädigte rechtzeitig und in gehöriger Weise während des Laufes des Jahres 1870 einen Strafantrag gestellt hat, weil die in Rede stehende That unter der Herrschaft des damals geltenden Pr. StGB.'s begangen wurde, welches nach seinem § 281 einen derartigen Antrag nicht verlangte, und die Untersuchung selbst noch vor dem 1. Januar 1871, zu welcher Zeit das B.-StGB. in Kraft trat, den bestehenden Vorschriften gemäß eingeleitet worden ist. Das Kgl. OTr. hat in der Untersuchung c. Saeuberlich [oben S. 180] am 24. März 1871 und demnächst öfter entschieden: daß die Vorschriften des § 61 des B.-StGB.'s und der damit in Verbindung stehenden speziellen Strafgesetze lediglich prozessualischer Natur sind und keinen Einfluß auf das materielle Strafgesetz ausüben, daß vielmehr eine vor dem 1. Jan. 1871 nach den damals geltenden Bestimmungen des Verfahrens mit Recht eingeleitete Untersuchung ihren ungestörten Fortgang behalten muß. — Es folgt hieraus mit

Nothwendigkeit, daß der Beschädigte, wenngleich die Fällung des Erkenntnisses in der Zeit nach dem 1. Januar 1871 stattfindet, dennoch keine Befugniß hat, die Einstellung des Verfahrens zu verlangen. Denn da er keine Berechtigung hatte, die Eröffnung eines solchen zu beantragen, so liegt es auch außer dem Bereiche der Möglichkeit, einen nicht vorhandenen, oder doch nicht mit gesetzlicher Wirkung eingebrachten Antrag zurückzunehmen. Muß die rechtmäßig eröffnete Untersuchung, obschon ein Wechsel der Gesetzgebung inzwischen stattgefunden, ihren Fortgang behalten, so ergiebt sich daraus von selbst, daß es, wenn das neue Gesetz, wie hier nicht der Fall, dieß nicht etwa ausdrücklich vorschreibt, nicht in der Macht eines dabei persönlich Betheiligten steht, in irgend einer Weise hemmend entgegenzutreten. Nur dann, wenn die §§ 61 ff. l. c. eine materielle Bedeutung hätten, könnte es möglicherweise in Frage kommen, ob eine wie jetzt stattgehabte Zurücknahme des Strafantrages von Bedeutung wäre. Da jedoch die allegirten Vorschriften eine solche Tragweite nicht haben, so erübrigt sich eine diesfällige Erörterung.

Antr. d. GStA.: entg. [20.—8.]

Beschlagnahme. – Entziehung. – Dritter.

Der Dritte, welcher eine gegen einen Andern in Beschlag genommene Sache der Verstrickung entzieht, verwirkt die Strafe des

B.-StGB. § 137 [1. Ausg. n. 1. 4; 2. Ausg. n. 1. 24. 28]. Vgl. S. 669.

Erk. (Z. I.) v. 20. Dez. 1871 c. Günther (879. I. Cr.).

G., aus § 137 bestraft, weil er eine gegen einen Anderen in Beschlag genommene Sache der Verstrickung entzogen hatte, wendete im Wege der NB. ein: jener Paragraph sei, ebenso wie § 272 des Pr. StGB.'s nur auf Denjenigen anwendbar, gegen welchen die Beschlagnahme gerichtet gewesen sei. Zurückweisung. Gründe:

Wenn gleich der § 272 des Pr. StGB.'s ursprünglich nur gegen denjenigen gerichtet war, gegen welchen eine Pfändung oder Beschlagnahme von Sachen stattgefunden hatte, dritte Personen hingegen nur in einzelnen speziell aufgeführten Ausnahmefällen wegen Beiseiteschaffung solcher Sachen mit Strafen bedrohte, so hat doch der § 272 gerade wegen der Unzulänglichkeit dieser Ausnahmefälle (vgl. die Landtagsverhandlungen in Goltd. Arch. 4. S. 124. 134) durch das Ges. v. 14. April 1856 (GS. S. 217) die allgemeine Fassung erhalten:

„Wer Sachen, welche durch die zuständigen Behörden oder Beamten gepfändet, oder in Beschlag genommen worden sind, vorsätzlich ..... der Pfändung oder Beschlagnahme .... entzieht rc."

und ist in dieser Fassung demnächst auch in den § 137 des B.-StGB.'s mit der unwesentlichen Abänderung übergegangen, daß statt der Worte: „der Pfändung oder Beschlagnahme" der gleichbedeutende Ausdruck: „Verstrickung" gebraucht worden ist.

Antr. d. GStA.: gleichl. [28.—8.]

Zeuge. – Mitschuldiger. – Uebertretung.

Der Grundsatz, daß ein [rechtskräftig verurtheilter] Mitschuldiger zur Ablegung eines eidlichen Zeugnisses unfähig sei, gilt auch für Uebertretungen, insbesondere auch für Holzdiebstähle.

Crim.-Ordn. § 333. 356 Nr. 8; Vdn. v. 3. Jan. 1849 § 22 [n. 23 a]. Vgl. RdOTr. 1. S. 371; 9. S. 601; 10. S. 634.

Erk. (B. I.) v. 20. Dez. 1871 c. Kasprzycki (932. I. Cr.).

Nach §§ 333 und 356 Nr. 8 der Crim.-Ordn. dürfen diejenigen Personen, die an einem Verbrechen Theil genommen haben, in der Untersuchung gegen einen wegen seiner Mitschuld an diesem Verbrechen Angeklagten zwar uneidlich als Zeuge gehört, niemals aber mit dem Zeugeneide belegt werden. Wie sich aus den §§ 1. 2 der Crim.-Ordn. und aus anderen Stellen derselben ergiebt, ist unter „Verbrechen" jede „Gesetzesübertretung" im Sinne des § 1 der Vdn. v. 3. Jan. 1849, jede „strafbare Handlung" (Strafthat) im Sinne des § 1 des Preußischen und des Deutschen Strafgesetzbuchs zu verstehen, also „Verbrechen, Vergehen und Uebertretung." Diese Unfähigkeit der Mitschuldigen zum Zeugeneide überdauert ihre rechtskräftige Verurtheilung zur Strafe, da hierdurch gerade die unanfechtbare Feststellung ihrer Mitschuld gegeben wird.

Antr. des GStA.: gleichl. [39.—8.]

Arrestbruch. – Thäter.

Die Bei-Seite-Schaffung einer in Beschlag genommenen Sache durch einen Dritten ist strafbar, sobald sie mit der Kenntniß von der angelegten Beschlagnahme bewirkt wurde.

StGB. 137 [2. Ausg. n. 24]. Vgl. S. 667.

Erk. (Z. I.) v. 20. Dez. 1871 c. Pohl (893. I. Cr.). [40.—8.]

Strafe. – Rechtskraft. – Neues Gesetz.

Der unter der Herrschaft des Pr. StGB.'s rechtskräftig zu einer Zuchthausstrafe Verurtheilte bleibt während der Strafzeit auch nach dem In-Kraft-Treten des B.-StGB.'s unfähig, sein Vermögen zu verwalten ꝛc.

EG. z. B.-StGB.; 6 [n. 11; 2. Ausg. n. 15]; Pr. StGB. § 11. Vgl. oben S. 213. 292.

Beschl. (I.) v. 20. Dez. 1871 c. Wagner (208 B. I. Cr.).

W., unter der Herrschaft des Pr. StGB.'s rechtskräftig zu Zuchthausstrafe verurtheilt und diese Strafe zur Zeit abbüßend beantragte nach dem In-Kraft-Treten des B.-StGB.'s die Aufhebung der in Gemäßheit des § 11 des Pr. StGB.'s eingetretenen Unfähigkeit zur eigenen Vermögensverwaltung, sowie der bestellten Vormundschaft, weil das neue GB. eine solche Unfähigkeit als Strafe und namentlich als Folge der Zuchthausstrafe nicht mehr kenne. Die Instanzgerichte haben diesen Antrag abgelehnt, weil das B.-StGB. auf früher rechtskräftig verhängte Strafen keinen Einfluß ausübe. Die an das OTr. gerichtete Beschwerde ward zurückgewiesen, weil

„die in der angefochtenen Verfügung enthaltene Ausführung eine überall rechtlich zutreffende sei."

Antr. d. GStA.: gleichl. [20—6.]

Urtheil, rechtskräftiges. – Gesetzeswechsel. – Strafunmündiger.

Eine vor dem 1. Jan. 1871 gegen ein Kind unter zwölf Jahren rechtskräftig verhängte Strafe kann auch nach dem In-Kraft-Treten des B.-StGB.'s eine Abänderung nicht erfahren.

Einf.-Ges. z. StGB. § 6 [n. 11; 2. Ausg. n. 15]; StGB. § 2 [n. 7]. Vgl. oben S. 531.

Beschl. (II.) v. 21. Dez. 1871 c. Wolff (1. B. II. Cr. v. 1872).

W. hatte darauf angetragen, eine gegen seinen noch nicht zwölfjährigen Sohn vor dem 1. Jan. 1871 rechtskräftig verhängte Strafe mit Rücksicht auf § 55 des B.-StGB.'s aufzuheben. Seine gegen die ablehnenden Bescheide der Instanzgerichte ergriffene Beschwerde ward zurückgewiesen, und ihm in dem betreffenden Beschlusse eröffnet:

daß die Bestimmung des B.-StGB.'s, nach welcher gegen Personen, welche das 12. Lebensjahr noch nicht vollendet haben, eine strafrechtliche Verfolgung nicht stattfinden soll, erst mit dem 1. Jan. 1871 in Kraft getreten ist, und nach § 2 dieses Strafgesetzbuches auf die vor diesem Zeitpunkt bereits rechtskräftig entschiedenen Straffälle keine Anwendung finden kann. Da die Verurtheilung Ihres Sohnes bereits vor mehreren Jahren erfolgt ist, so kann die inzwischen eingetretene Aenderung der Gesetzgebung auf das gegen denselben ergangene rechtskräftige Urtheil keinen Einfluß haben.

Antr. d. GStA.: gleichl. [38.—8.]

Register.

I. Sach-Register.

(Die mit lateinischen Schriftzeichen gesetzen Worte verweisen auf Rechtssätze, welche dem durch die Strafprozessordnung vom 25. Juni 1867 geregelten Verfahren angehören. — Die Nummern bezeichnen die Seite. — Die mit Cursivschrift gesetzten Nummern verweisen auf Entscheidungen des Kgl. Ober-App.-Gerichts, die übrigen auf solche des Kgl. Ober-Tribunals.)

II. Quellen-Verzeichniß.

A. Strafgesetzbuch für den Norddeutschen Bund (das Deutsche Reich).

B. Preußisches Strafgesetzbuch vom 14. April 1851.

Einführungs-Gesetz.

Waldeck'sches Einführungs-Gesetz vom 15. Mai 1855.

Einführungs-Vdn. v. 25. Juni 1867.

Strafgesetzbuch.

C. Verordnung vom 3. Januar 1849.

D. Gesetz vom 3. Mai 1852.

E. Preußische Kriminal-Ordnung.

F. Rheinische Straf-Prozeß-Ordnung.

G. Strafprozessordnung für die neuen Landestheile v. 25. Juni 1867.

H. Allgemeine Gerichts-Ordnung.

I. Allgemeines Landrecht.

K. Deutsche Wechsel-Ordnung.

L. Einzelne Gesetze, Verordnungen ꝛc.

Druckfehler.

S. 30 Z. 12 v. o. hinter „Kindesmordes" einzuschalten: „für schuldig."
" 39 " 16 v. o. l. unordentliche st. ordentliche.
" 64 " 10 v. o. l. § 281 st. § 261.
" 82 " 1 v. o. l. 1843 st. 1845.
" 106 " 5 v. u. l. ein st. vier (wöchentlichen).
" 153 " 6 u. 7 v. o. ist das Wort „Aktes" vor „auch" zu streichen und vor „bestehen" einzuschalten.
" 155 " 6 v. o. ist hinter „1837" einzuschalten: „bestraft,"
" 195 " 12 v. o. l. „des" st. „das".
" 198 " 13 v. o. l. „gerichteten" st. „gerichtete".
" 198 " 16 v. u. ist das Wörtchen „er" zu streichen.
" 208 " 14 v. o. l. 166 st. 266.
" 223 " 11 v. o. l. „das" st. „daß".
" 419 " 3 v. o. l. 1852 st. 1822.
" 425 " 6 v. u. l. 14. April 1851 (Ges. v. 22. Mai 1852) st. 3. Mai 1852.
" 467 " 10 v. o. l. Januar 1849 st. Juni 1841.
" 498 " 9 v. o. l. 209 st. 423.
" 546 " 9 v. o. l. 449 st. 429.